トニー・ジャット

20世紀を考える

聞き手 ティモシー・スナイダー

河野真太郎訳

みすず書房

THINKING THE TWENTIETH CENTURY

by

Tony Judt
with
Timothy Snyder

First published by The Penguin Press, New York, 2012

Japanese translation rights arranged with
Jennifer Homans c/o The Wylie Agency (UK) LTD, through
The Sakai Agency, Tokyo

20世紀を考える＊目次

ダニエルとニコラスに

まえがき

本書は歴史書であり、伝記であり、また倫理学書でもある。

本書はヨーロッパとアメリカ合衆国における近現代の政治思想の歴史だ。その主題は、一九世紀終盤から二一世紀初頭にかけてのリベラル、社会主義、共産主義、ナショナリスト、そしてファシストの知識人たちによってさまざまなかたちで理解された、権力と公正である。本書はまた、二〇世紀の半ば、第二次世界大戦とホロコーストという歴史的激動の直後に、そして東欧で共産主義者たちが権力を掌握しつつあった時にロンドンに生まれた歴史家にして評論家のトニー・ジャットの知的な伝記でもある。そして最後に、本書は政治思想の限界（そしてその再生の可能性）についての、また政治における知識人の道徳的・精神的失敗（そしてその義務）についての思索でもある。

わたしの考えでは、トニー・ジャットは、思想の政治についてこれほどまでに広い視点で書くことができる唯一の人物だ。二〇〇八年現在、トニーはフランス史についての情熱のこもった論争的な著作、知識人とその政治参加、そして『ヨーロッパ戦後史』と題された、一九四五年以降のヨーロッパについての堂々たる歴史書の著者である。彼は、道徳的記述や歴史記述の才能を、短い書評とより長い学問的な著作にいかんなく発揮し、これら二つの形式をほぼ完成の域まで引き上げた。しかしながら本書が構想されたのは、あの〔二〇〇八年〕一一月のある時点でトニーはもう、すくなくとも慣例的な意味ではもはや著述をすることができなくなったと分かったからだった。トニーはもう手を動かすことができないとわたしが気づいた次の日、わたしは彼に本を一緒に書こうと提案した。トニーはALS〔筋萎縮性側索硬化症〕、すなわち麻痺を進行させ、確実な、そして通常はすみやかな死をもたらす神経変成症を罹患していたのである。

本書はトニーとわたしとのあいだの長い対話のかたちをとっている。二〇〇九年の冬、春、そして夏のあいだの毎週木曜日に、わたしはニューヘイヴン発ニューヨーク・グランドセントラル駅行きの八時五〇分の電車に乗り、そこから地下鉄に乗って、トニーが妻のジェニファー・ホーマンズと二人の息子たち、ダニエルとニックとともに暮らしていた地域へと通った。わたしたちの会合は午前一一時に予定されていたので、わたしはふつう、カフェで一〇分あまりを過ごして、その日の主題について考えをまとめ、メモをとったものだ。わたしはそのカフェで、かなり熱いお湯で手を洗い、またトニーの家でもう一度洗った。トニーは彼の病状のために非常な寒気におそわれており、わたしは彼と握手できるようにそうしたのである。

二〇〇九年一月にわたしたちが対話を始めたとき、トニーはまだ歩くことができていた。家のドアノブを回して玄関を開けることはできなかったものの、彼は玄関に立ってわたしを出迎えることはできていた。すぐにトニーは居間の肘掛け椅子に座ってわたしを出迎えるようになった。春には彼の鼻と頭の大部分は呼吸器に覆われており、もはや機能しなくなった肺に代わって呼吸を助けていた。夏にはわたしたちはトニーの書斎で、蔵書にかこまれ、大仰な電動車椅子から彼がわたしを見下ろすといったかっこうで対談をした。ときにわたしはその機械の操作を、もちろんトニーにはそれができないために、行った。そのころにはトニーは、頭、目、声帯を除いて体を動かすことができなくなっていた。本書を纏めるという目的のためには、それで十分であったのだが。

病が彼の体をむしばんでいくのを見るのは、特にそれが急速に進行している際には、非常に悲しい経験であった。二〇〇九年の四月には、トニーは足が使えなくなり、その後数週間で肺が使えなくなったのだが、彼はもう数週間しか生きられないだろうとわたしは確信した（彼の医者たちも確信していたと感じられた）。それゆえになおさら、そのような時期にトニーとともにする時間をわたしにも与えてくれたジェニファーと彼の息子たちには感謝したし、今でも感謝している。だがあの対談はまた、知的な養分の大いなる源であり、集中することの快楽、コミュニケーションの和合、よい仕事をなしとげたという満足感を与えてくれるものでもあった。その時々に話題にしている主題に傾注し、トニーの思考についていくことは、夢中にさせる仕事であり、それは至福のひとときであった。

わたしティモシー・スナイダーは東欧史の専門家であるが、その東欧では口述による著作は誇るべき伝統の地位を享受している。このジャンルのもっとも高名な例はチェコの作家カレル・チャペックによる、戦間期チェコスロヴァキアの哲人大統領トマーシュ・マサリクへの一連のインタヴューであろう。[*1] 偶然にも、その本はトニーがチェコ語で通して読んだ初めての本であった。おそらく最上の口述による著作は、ポーランド系ユダヤ詩人アレクサンデル・ヴァットによる堂々たる自伝、『わたしの世紀』であろう。[*2] この自伝は、カリフォルニアに移住していたチェスワフ・ミウォシュ[*3]によって、テープ録音を介してワットから聞き取られたものである。この本をわたしが初めて読んだのは、ワルシャワからプラハに向かう列車の中で、わたしが歴史学の博士課程での勉強を始めたばかりの頃だった。わたしがトニーに口述による著作を提案した際に、これらの先例が念頭にあったわけではないし、またわたしは自分のことをチャペックやミウォシュに比肩する人物だと思っているわけでもない。ただ、そのような種類の本を多く読んできた東欧史家として、読み継がれていく本が対話から生まれうるということを、当然だと思っていただけである。

トニーに対するわたしの質問は、三つの源から発している。わたしのもともとの、かなり漠然とした計画というのは、トニーの著作について最初から終わりまで、つまりフランス左翼についての彼の本から『ヨーロッパ戦後史』にいたる歴史書について語り、政治的知識人の役割や歴史家という職業についての広い議論を引きだそう、というものであった。わたしは本書で実際に明確に語られている主題、つまりたとえばトニーの著作におけるユダヤ人問題のとらえどころのなさや、フランス史が普遍的な性格をそなえていること、そしてマルクス主義の力と限界といった主題に関心をいだいていた。東欧はトニーの倫理的・知的な世界観を拡張したという直感がわたしにはあったものの、その直感がどれほど深い意味で当たっていたかは分かっていなかった。わたしは対談を通じてトニーの東欧との縁やそのほかについて多くを知った。それも、ティモシー・ガートン・アッシュとマーシ・ショア*4が示唆し、トニーが同意したところに従って、わたしたちは対談のいくつかの回をトニーの著作ではなく人生に充てたからである。最後に、トニーは二〇世紀の知的生活の歴史を書く計画があることを明らかにしていた。わたしはその本の目次の概要を第三ラウンドの質問の基礎とした。

本書が対話をもとにしているという性格のために、その著者たちはほかの何千冊もの本に精通している必要があった。トニーとわたしは面と向かって対話していたわけであるから、文献を参照してチェックする時間などなかった。トニーはわたしが何を質問するか前もって知ってはおらず、またわたしもトニーがどう答えるか前もって知ってはいなかった。本書に収録された対談には、二人の精神が対話を通じて果断に格闘した際の自発性、予測不可能性、そしてときには遊びが反映されている。しかし全編を通じて、そして特に歴史にまつわる章においては、わたしたちの頭脳に収められた蔵書の力が必要であり、そして特にトニーのあり得ないほどに膨大で、きれいに目録化されたそれの力に頼ることになった。本書は対話の力を主張するものであるが、おそらく読書の力をより強く主張するものでもある。わたしはトニーとともに学んだことはないが、彼の頭脳の蔵書目録はわたしのそれとかなり重複するものであった。わたしたちのそれまでの読書はひとつの共有空間をつくり出しており、その中でトニーとわたしは、行き先が分からなくなったような場合には標識や見通しを指摘しあいながら、冒険の旅をともにしたのである。

それにしても、語ることとそれを本にして出版することは別物である。ここに述べたような対談は、正確にいかにして本書になったのか？　それぞれの対談は録音され、デジタル・ファイルのかたちで保存された。若き歴史家イェディーダ・カンファーが文字起こしをした。文字起こしはそれ自体が知的に労力を要する仕事であった。というのも、不完全な録音からわたしたちが何をしゃべっているのかを解読するためには、イェディーダはわたしたちが何について語っているのかという知識をそなえていなければならなかったからだ。彼女の献身と知識がなかったら、本書を完成させることははるかに困難だったにちがいない。二〇〇九年の夏から二〇一〇年の春にかけて、わたしは筆記録を編集し、トニーの同意を得た計画に従って九つの章に分割した。二〇〇九年の一〇月と一二月にわたしは、二〇〇九年度に滞在していたウィーンからニューヨークに飛び、進展について打ち合わせた。ウィーンからわたしは原稿を電子メールでトニーに送り、トニーはそれを修正して送り返してきた。

本書の各章は、伝記的な部分と歴史をあつかう部分に分かれている。つまり、本書はトニーの人生を順に追っていきつつ、二〇世紀の政治思想のもっとも重要な主題のいくつかを横切っていくような形になっているのだ。その主題とは、ユダヤ人問題そしてドイツ問題としてのホロコースト、シオニズムとそのヨーロッパの起源、イギリスの例外主義とフランスの普遍主義、マルクス主義とその誘惑、ファシズムと反ファシズム、東欧における、倫理としてのリベラリズムの復興、ヨーロッパとアメリカ合衆国における社会計画である。各章の歴史をあつかうセクションでは、トニーの発言は明朝体、わたしの発言は**ゴチック体**で印刷されている。自伝セクションもまた対話がもとになっているけれども、わたしの発言はすべて削除した。ということで、各章はトニーの短い伝記で始まり、それは明朝体で印刷されている。ある時点でわたしが質問をし、それはゴチック体になっている。そこから、歴史をあつかうセクションが始まるようになっている。

伝記と歴史とを結合させる主旨とは、もちろん、トニーの関心事と業績が、井戸からバケツで水をくみ上げるかのように、彼の人生を知ることによって引き出して理解できるということではない。わたしたちはみな、地面にまっすぐに掘られた穴ではなく、自分自身でもどこにつながっているのか分からない広大な地下洞窟のようなものである。複雑に見える仮面を剝げば物事は単純なものであると主張したいという欲求は、二〇世紀の悪疫のひとつであった。トニーに彼の人生のことを質問するにあたって、わたしは単純な説明への欲求を満たそうとはせず、地下洞窟同士をつなげているかもしれないが、その存在は最初はぼんやりとしか感じられない通り道を探して、洞窟の壁をたたきながら進んだのである。

たとえば、トニーはユダヤ人であったがゆえにユダヤ史を書いたというのは正しくない。彼は実際には、ユダヤ史について書いたことはなかったのである。彼の世代のユダヤ系の学者たちの多くと同様に、トニーはみずからの主題の中でホロコーストを明示的に中心に置くことを避けた――たとえホロコーストの個人的な記憶が、ある水準では彼の研究の方向を定めたとしても。また、トニーは自分がイギリス人であるからイギリス人について書くわけでもない。少数の例外を除いて、彼はイギリスについてそれほど多くを書いてはいないのだ。イギリス人らしさ、または彼が具体的に受けたイギリスの教育のおかげで、トニーは文学形式に対する趣味を身につけ、彼の知的な感情と彼の世代――つまり一九六八年世代――の政治の激動を切り抜けていくための参照文献の体系を手に入れたのである。トニーのフランスとの強いむすびつきは、出自に由来するというよりは、（わたしの意見では）普遍的な問題、またはすくなくともヨーロッパの問題を解くための唯一の鍵を求める切望に、つまり奉じられようが拒絶されようが、真実を生み出すかもしれない革命の伝統を求める切望に由来するものだ。トニーはおもに東欧の人びととの親交によって東欧人となっている。しかし、まさにそういった友情によってトニーは大陸へのまなざしを広げていったのである。トニーはみずから選んだ市民権という点においてはアメリカ人である。だが、彼のアメリカへの同一化というのは、偉大であるけれどもつねに批判を必要とする国との同一化という風情なのである。

本書のこの形式、つまり自伝が思想史のさまざまな主題へと展開していくという形式によって、ひとりの人物の人生を通してひとつの精神が活動する様を、そしてさらにはおそらくその精神が発展し、改善していく様子を、読者が体験することができればよいと願っている。ある意味で、その思想史はすべてトニーのうちにある。この事実は、毎週、彼と語り合いながらわたしがまったく物質的・身体的に直面して理解したことである。本書の頁に印刷されているあらゆる事柄は、トニーの精神（またはわたしの精神）のうちにあったものであるはずだ。歴史がいかにしてひとりの人間のうちに取り込まれ、そしてそれがいかにして再び外に提示されるのかという疑問は、本書のような種類の本であればこそ、答えることのできる疑問であろう。

トニーはかつて、わたしが彼から長年にわたって受けてきた恩を返す方法は、その時がやってきたらわたしが若者たちを手助けすることだ、とわたしに言ったことがある。（トニーはわたしより二一歳年長であった。）当初は、わたしは本書のことを、彼の忠告を無視して（それも初めてのことではないが）彼に直接恩返しをする手段であると考えていた。ところが、対話はあまりにも喜びに満ち実り豊かなものだったので、本書をつくり出す労苦をなんらかの恩返しとみなすことはできなくなってしまった。なんにせよ、いったいわたしは誰に恩返しをしているというのか？ 読者としてであれ研究者仲間としてであれ、わたしは本書でトニーが現している、そのすべての姿を知っていた。対話を通してずっと、トニーが長じるにしたがっていかにしてより良い思想家、著述家、そして歴史家になっていったのかということに個人的な興味をいだいていた（その問題を直接にとりあげることはしなかったが）。全体として、それに類する質問に対してトニーが選んだ答えは、彼のさまざまなアイデンティティのすべてにおいて、そして彼のさまざまな歴史の方法において、彼が外部者《アウトサイダー》であったからだというものだった。

トニーは本当に外部者《アウトサイダー》なのか？ かつては献身的なシオニストであった人物は、ユダヤ人のあいだでは内部者《インサイダー》なのか、外部者なのか？ 元マルクス主義者であるというのは、知識人のあいだでは内部者なのか、外部者なのか？ ケンブリッジ大学キングズ・カレッジで奨学金受給学生であったことは、イングランドにおいて内部者なのか、外部者なのか？ フランスの高等師範学校で博士論文を書いたのは、ヨーロッパ大陸では内部者なのか、外部者なのか？ ポーランド知識人と親交をむすび、チェコ語を解する人物は、東欧において内部者なのか、外部者なのか？ ニューヨークでヨーロッパ研究の研究所を統轄することは、ほかのヨーロッパ人の目から見て内部者のしるしなのか、それとも外部者のしるしなのか？『ニューヨーク・レヴュー・オヴ・ブックス』誌において歴史研究者仲間を容赦なく評することは、学者のあいだで内部者であることを示すのか、それとも外部者であることを示すのか？ 末期の変成疾患をわずらいながら公的な医療保障を受けられないことによって、トニーはアメリカ国民として内部者となるのか、外部者となるのか？ どの疑問にも、イエスともノーとも答えられる。

わたしが思うに、真実はより興味深いものである。叡智というものはどうやら、内部者であり同時に外部者であることから生まれ、目を見開き耳をそばだてて内部を通過し、そこから外部に出て思考し書くことから生まれるのだ。トニーの人生があきらかにしているように、このような移動は何度でもくりかえして行うことができる。トニーは自分のことを外部者だと思いながら、すばらしい仕事をやってのけた。外部者はある論争の前提条件を暗黙のうちに受け容れつつ、必死の思いで正論を主張する。そのためには守旧的な防壁を切り崩し、内部者の聖域へと突破していくことが必要になるのだ。トニーは(彼独自の基準において)正論を述べることは少なからずあったが、それよりも興味深いとわたしが感じたのは、偉大なるフランスの歴史家マルク・ブロックが「理解」と呼んだものを行うトニーの能力がしだいに強まっていったことである。あるひとつの出来事を理解するためには、歴史家はひとつの枠組みを手放していくつかの枠組みが同時に正しいことを認めなければならない。そのような理解は直接の満足を与えてくれなくなるものの、はるかに朽ちることの少ない結果をもたらしてくれる。このような意味での複数主義をトニーが受け容れたことによってこそ、トニーの最上の仕事、とりわけ『ヨーロッパ戦後史』が生まれたのだ。この点、つまりこの複数主義の問題をめぐる地点においてこそ、トニー自身の知的な道程は二〇世紀の思想史に出会ったのである。本書の二つの部分、つまり伝記的な部分と歴史的な部分の時間的な道筋は一九八九年、つまり東欧でのさまざまな革命と、マルクス主義の枠組みの決定的な崩壊の年で合流するのだが、その年というのは、トニーが彼の比肩するもののない、そしてこれ以降もおそらく比肩しようがないであろう戦後ヨーロッパの歴史をどうやって書くか考え始めた年だったのだ。

トニーとわたしが初めて出会ったのもそのころだった。わたしは、一九九〇年春に東欧の反体制派が直面したジレンマについてのトニーの長い論文の草稿を、ブラウン大学でトマス・W・サイモンズ・ジュニアが教えていた東欧史の授業で読んだ。その直後に、メアリー・グラックの手引きのおかげで、トニーとわたしは直接会うことができた。[*5] グラックとサイモンズ両教授のおかげで、わたしは東欧史に魅了されるようになり、のちにそれをオクスフォード大学で熱心に研究することになったのである。そのころから始めた二〇年間にわたる読書と著述が、本書の対話をする力をわたしに与えたわけだ。トニーは（今ふりかえってみれば）一九八九年に決定的な転回点に到達していた。もうひとりの偉大な論争家との最後の論争（つまり『過去未完了』における、サルトルとの論争）をくりひろげた後に、またときには立場性を明確にしたエッセイをその後に書くことはあったけれども、トニーはより穏健で、より実りの多い真実の観念へと傾倒していくのである。

一九八九年の東欧におけるさまざまな革命に貢献した知識人たち、たとえばアダム・ミフニクやヴァーツラフ・ハヴェルのような知識人たちは、真実のうちに生きることに関心をよせていた。[*6] どういうことか？ 本書の多くの部分は、知識人と政治の歴史書として、大きな真実、つまりときには虚偽や犠牲を要請するように見える偉大な原因や最終的な目的についての信念と、小さな真実、つまり、発見されたありのままの事実とのあいだの区別をつけることに傾注している。大きな真実というのは、一部のマルクス主義者が言うような、確実に来るべき革命であるかもしれないし、ドレフュス事件の際のフランス政府やイラク戦争時のブッシュ政権の場合のように、明白な国益のことかもしれない。しかしたとえわたしたちが、ドレフュス事件の際のゾラや、イラク戦争の際のトニーのように、小さな真実を選んだとしても、真実の要諦が何であるかはいまだに不明確なままなのである。

二一世紀の知識人につきつけられた課題はつぎのようなものだ。すなわち、真実そのものを支持しつつ、同時にその複数の形態や根拠を認めることである。本書の最後ではトニーは社会民主主義を擁護するが、それはそのような態度がいかなるものかを示す例である。トニーは国民社会主義がもたらした災禍のすぐ後に生まれ、マルクス主義がスローモーションでその信用を失っていく時代を生きた。彼の大人時代はリベラリズムに新たな命を与えようとするいくつかのこころみの時代であったが、そのこころみのどれも普遍的に受け容れられるものではなかった。大陸とその思想が挫折していくそのさなかで、社会民主主義は概念として生き残り、政治計画として実現されもした。トニーの人生のあいだに社会民主主義は建設され、そして時には解体した。社会民主主義の再建というトニーの主張は、いくつかの異なる論拠にもとづき、さまざまに異なる真実についてのいくらかの異質な直感にうったえつつなされたものである。もっとも強力な主張は、アイザイア・バーリン[*7]が好んだ言葉を使うなら、社会民主主義は人間らしい生活を可能にしてくれるというものだ。

こういったさまざまに異なる真実のいくつかが、本書の頁の上で、しばしば組みあわされたかたちで、やりとりされるであろう。たとえば、歴史家にとっての真実と評論家にとっての真実は異質なものである。歴史家は、評論家が現在起きていることについて知りうる以上に、過去のある瞬間について知ることができるし、知らなければならない。評論家は、歴史家よりはるかに、自分自身の時代の偏見を考慮に入れることを強いられ、したがって主張を強調するために誇張をすることを強いられる。真正であるという意味での真実と、正直であるという意味での真実は別物だ。真正であるということは、ある人が、ほかの人にも生きてほしいと望むあり方で生きることにほかならず、正直であるというのは、それが不可能だと認めることにほかならない。それと似ているが、慈善《チャリティ》の真実と批評の真実は異なる。わたしたち自身とほかの人びとのうちにある最上の部分を引き出すためにはその両方を必要とするが、それらは同時には実現できない。これらの異なる真実の組みあわせのすべてをある究極の真実の形態へと還元することはもちろん、それらの共通の土台となるようななんらかの真実へと還元することはできない。かくして、真実の探求とはさまざまな種類の探索を必要とするものなのである。なるほどこれは複数主義だが、この複数主義とは相対主義の類義語なのではなく、むしろ対義語なのだ。複数主義は、さまざまに異なる真実がそれぞれの精神的な現実性をもっているということを認めるが、それらがすべて単一のものさしで、単一の価値観ではかれるという考え方を拒絶するのだ。

わたしたちが探究するのではなく、逆にわたしたちを追いかけてくるひとつの真実があり、それは完全な真実である。すなわち、わたしたちはみな死すべき存在であるという真実だ。ほかのさまざまな真実は、ブラックホールのまわりの星々のように、この真実のまわりをより輝かしく、瑞々しく、しかし重みを失いながらまわっているのである。この最終的な真実がわたしに、本書にこの完成形を与える後押しをしてくれた。本書は、ある一定の期間に一定の力を傾注することによってのみ生じ得た。それはわたしの側にとっては友に対するちょっとした親しみの身ぶりだったかもしれないが、トニーの側ではとてつもない身体的な苦役であった。だが、本書は闘争についての本ではない。本書はこの精神がたどった人生についての本であり、またこの思慮にとんだ生についての本である。

二〇一〇年七月五日、プラハにて

意見の歴史を研究することは、精神の解放に必要な準備である。

――ジョン・メイナード・ケインズ

第一章　残るは名のみ――ユダヤ人問題を問うユダヤ人

わたしの子供時代について考えるには、二つの方法があります。ひとつの視点から見れば、それは非常に因習的で、いくぶんか孤独で、下層中産階級そのものといった一九五〇年代ロンドンの子供時代でした。べつの視点から見ると、それは中欧東部出身のユダヤ人移民の経験に特権的に集約された、二〇世紀中葉の歴史の表現であり、それは異国的で、ほかからはきわだった子供時代でした。

わたしのフルネームはトニー・ロバート・ジャットです。ロバートというのはわたしの母ステラが選んだ英国風の名前なので、母の話から始めたいと思います。わたしの母方の祖父ソロモン・デュダコフは、ロシア帝国の首都サンクトペテルブルクで育ちました。わたしが覚えている祖父の姿は（わたしが八歳のときに亡くなったのですが）、巨体であごひげをたくわえたロシアの軍人タイプで、レスラーにユダヤ律法者をかけあわせたような感じでした。じっさいは彼は仕立屋でした。その仕事は軍で学んだのでしょうけれども。母方の祖母はジャネット・グリーンバーグといって、モルダヴィア出身のユダヤ系ルーマニア人でしたが、彼女の家系はどこかでジプシーと交わっているという噂がささやかれていました。祖母はたしかに荷馬車に乗ったジプシーの占い師のような相貌で、小柄で、腹に一物をかかえていそうな、ちょっと恐ろしい感じでした。ルーマニアのその地方にはおなじ名前の家族が多くいて、そのうちいくつかの家族はおなじ町の出身で縁戚関係にあったと思われるので、わたしの息子たちは、わたしたちの家族があの偉大なユダヤ人強打者、ハンク・グリーンバーグ[*1]の親戚だという、もっともらしいがまずあり得ない主張を長いこと吹聴していたものでした。

母の両親はロンドンで出会いました。ジャネット・グリーンバーグとその家族は一九〇三年のキシナウでのユダヤ人虐殺《ポグロム》[*2]ののちにロンドンに逃れていたのです。何万人ものほかのユダヤ人と同様、祖母の家族は当時としては前代未聞の暴力から逃れたのです。ロシア帝国のベッサラビアという近隣の地方で四七人のユダヤ人が殺害されたのですから。グリーンバーグ家は一九〇五年までにはロンドンに到着していました。母の父ソロモン・デュダコフもロシアからイングランドに逃れていましたが、違う理由からでした。家族の伝承によると、父親をギャングから守るために、彼はそのひとりをあやまって撲殺してしまったというのです。彼はそれから、叔父のパン屋のオーブンの中で一夜を過ごし、国を出たと。この逸話はおそらくちょっとロマンティックに粉飾されたものだと思います。というのも、祖父が逃亡したタイミングを考えると、ソロモンはほかの何十万人のユダヤ人とほぼおなじ時期に、おなじ理由でロシアを去ったと考えられるのです。それはどうあれ、ソロモンはまっすぐイングランドに向かいました。そうして、母の両親は一九〇五年以前にイングランドに来て、その年に結婚したのです。わたしの母ステラ・ソフィー・デュダコフはロンドンのイースト・エンドのユダヤ地区のすこし南で一九二一年に、八人の子供の末っ子として生まれました。彼女は、ロンドンの埠頭地域付近のロンドン労働者階級の住む地域で、つねにすこし居心地の悪い思いをしていましたが、いずれにせよ母は自分の家族でも、コミュニティの中でも、落ち着くということを知らない人だという印象でした。

母と同様に、わたしの父は東欧にルーツをもつユダヤ系の家庭に生まれました。ただ彼の場合、その家族はロシア帝国からイギリスに渡るまでに、ベルギーとアイルランドに立ち寄ります。父方の祖母アイダ・アヴィゲイルは、カウナスのちょっと南西にあるリトアニアの村で、今はリトアニアに属していますが当時はロシア帝国に属していたピルヴィシュケイ出身でした。荷馬車屋をしていた父が早く亡くなると、彼女は家族のパン屋で働きました。一九〇〇年代のあいだに、アヴィゲイル家は西へと向かい、コネのあったアントワープのダイヤモンド産業に入ることにしました。そこベルギーでアイダはわたしの父方の祖父と出会います。アヴィゲイル家のほかの人びとはブリュッセルに移住し、ひとりはテキサス州で衣料品店を始めました。

父方の祖父イーノック・ユット〔Yudt〕はワルシャワ出身でした。母方の祖父とおなじく、イーノックもロシア軍に従軍しました。彼は一九〇四年から一九〇五年の日露戦争のころに軍を去って、すこしずつ西方へと向かっていき、第一次世界大戦前にはベルギーに到達したようです。彼と祖母は、合流して大きくなった家族とともに、一九一四年八月のドイツ軍によるベルギー侵攻を予期してロンドンへと向かいます。二人は第一次世界大戦をロンドンで過ごし、結婚して二人の子供をもうけました。一九一九年に二人はアントワープに戻り、そこで、一九二〇年にわたしの父ジョーゼフ・アイザック・ジャットは生まれたのです。

わたしの第一の洗礼名であるトニーは、アヴィゲイル家の方に由来します。アントワープで育った父は、従姉妹たちと大変親しくしていました。それは彼の母方の叔父の三人の娘たちで、名前をリリー、ベラ、そしてトニー〔Toni〕——おそらくアントーニアの省略形——といいました。父はブリュッセルに住んでいたこの娘たちとよく会っていました。末娘のトニーは父より五歳年下で、父は彼女をとても慕っていましたが、父が一九三二年にベルギーを去ってからは定期的な連絡はなくなってしまいました。

一〇年後、トニーとベラはアウシュヴィッツに送られ、殺されます。リリーは、ベルギー生まれの姉妹たちとは違い、ロンドン生まれのユダヤ人としてドイツ人に強制収容されながら生き残ります。ナチスによる人種分類のちょっとした謎のひとつです。

わたしは一九四八年に、トニーの死の五年後に生まれました。わたしに従姉妹の名をつけようと主張したのは父でしたが、母は戦後イングランドにわたしが「とけこむ」ことができるよう、イギリス人らしい名前をつけたいと考えました。そのような次第で、わたしには予備そして保険としてロバートという名が与えられたわけですが、これまでのところトニーとしてしか知られていません。わたしの知り合いはほとんどみんなわたしのファーストネームはアントニーだと思いこんで、ちゃんと訊くことはしません。

父方の祖父イーノック・ユットは、永続的な移民状態にある、経済的に周縁化されたユダヤ人でした。彼は物を売る以外にとくに技能をもっておらず、その技能もたいしたことはなかった。一九二〇年代には、彼はどうもベルギー、オランダ、ドイツのあいだの闇市をしのぎとしていたようです。しかし一九三〇年あたりに状況がちょっと厳しくなり、それはおそらく借金と迫り来る経済破綻のためだったと思いますが、イーノックは移住することを余儀なくされました。しかしどこへ？ イーノックは、エイモン・デ・ヴァレラ[*3]のもとで新たに自治を行っていたアイルランドはユダヤ人を歓迎していたと確信していましたし、その点で彼はある程度事情をよくつかんでいました。デ・ヴァレラは新生アイルランドに商業を誘致することに躍起になっており、彼は、アイルランドのカトリック教徒にあっては因習的なことですが、反ユダヤ的で、したがってユダヤ人はものの売り買いには長けており、経済に役立つだろうと当然のように思いこんでいたのです。そのような次第で、ユダヤ人移民は、仕事をする意思があり、また雇用を見つけることができさえすれば、ほとんどなんの規制もなくアイルランドに迎え入れられていました。

イーノック・ユットは、最初はアントワープに家族をのこしてダブリンに行きました。彼はネクタイや、女性の下着、ストッキング、つまり雑衣類《シュマッター》〔イディッシュ語のszmataに由来する言葉〕製造の商売で身を立てました。やがてイーノックは家族を呼び寄せることができるようになり、最後の二人、つまりわたしの父とその兄ウィリーがダブリンにやってきたのは一九三二年のことでした。わたしの父は五人の子供たちのひとりでした。一番上は女の子で、ファニーといいました。それから四人の男の子が続きます。ウィリー（ヴォルフ（Wolff）の愛称）、父のジョーゼフ・アイザック、マックス、そしてトーマス・ハイム（Chaim）です（彼はアントワープではハイムと呼ばれていましたが、ダブリンではハイミー〔hymieは軽蔑的に「ユダヤ人」を意味する俗称でもある〕、イングランドではトミーになりました）。父はベルギーとアイルランドではアイザック・ジョーゼフで、それからイングランドではジョーゼフ・アイザックになり、ついにはただジョーと呼ばれるようになりました。

父はアイルランドを牧歌的な理想郷として記憶していました。家族はダブリンのすこし南の大きな家に間借りをしていましたが、父はそれまで、それほどの広々とした空間や緑を見たことがなかったのです。アントワープのユダヤ人居住アパートからやってきた彼とその家族にとっては、その原野を望む小さなマナー・ハウスの二階の部屋に住むことは贅沢そのものに思えたことでしょう。そういうわけで、父のアイルランドの記憶はこの安らぎと広大さの感覚によって完全に彩られており、偏見や苦難の思い出によって陰ることはほとんどなかったのです。父はもちろん英語をまったく知らない状態でアイルランドに来ましたが、ベルギーでの一二歳までの生活で三つの言語を習得していました。つまり、家庭ではイディッシュ語、学校でフランス語、そして街路で覚えたフラマン語です。彼はフラマン語はしだいに忘れてしまい、わたしが生まれたころには完全に話せなくなっていました。また生きたイディッシュ語を話すことはもはやありませんが、ただイディッシュ語は消極的には彼の中に存在しています。奇妙ですが、フランス語はかなり覚えていて、強いられて学習した言語というのは、母語を使う動機がなくなってしまった際にもっとも長く覚えている言語になるのではないか、などと考えてしまいます。

ダブリンでの家業に失敗した後の一九三六年に、ロンドンに移住していた祖父の祖父の兄弟が祖父をイングランドに呼び寄せました。かくして、ユット家方の祖父は経済的な無能力のためにアイリッシュ海を渡ってイングランドに移住することになります。父は彼とともにイングランドにむかい、一四歳で学業をやめて半端仕事をすることになります。そういうことで、わたしの両親は二人とも一〇代の後半をロンドンですごしましたが、母は、イングランド生まれだけあって、父よりもはるかにその精神においてイギリス人的であったし、ずっとそうでした。二人とも一四歳になった時点で学業を終えましたが、父とはちがって母ステラは確固たる技能があり手に職を持っていました。彼女は不安定な状況にはありましたが、女性向けの美容師のもとで修業をつんでおり、その職業は当時、世に出たいと望む女の子にとっては立派で信頼のおける職業だったのです。

ステラ・デュダコフとジョー・ジャットを結びつけたのは第二次世界大戦でした。戦争の勃発にあたって、父は軍に入ろうとしましたが、彼は適任ではないと言われてしまいました。彼の肺は結核に冒されており、それは兵役免除のりっぱな理由となりました。いずれにせよ、彼はイギリス国民ではなかったのです。じっさいのところ、父には属する国がありませんでした。ベルギーで生まれたけれども、たんにベルギー住民というだけで、国民ではなかった。当時のベルギーの国籍法は、国籍を申請する前に両親がベルギー国民であることを要求しており、述べた通りジョーの両親はロシア帝国からの移民でした。ですから父は、「ナンセン・パスポート」[*4]を持ってロンドンにやってきたのです。それは、当時の、国籍のない人たちのための旅券ですね。一九四〇年の秋にドイツ空軍がロンドンを空襲し、それはもちろん今ではブリテンの戦いとして知られる戦闘でした。空襲――ロンドン大空襲《ブリッツ》ですね――から逃れて両親はオクスフォードに行き、そこで二人は出会うことになります。父の姉は、あるチェコ人難民（確証はありませんがおそらくユダヤ人）に惚れこんで、オクスフォードまでついていったのです。ロンドン北部の家が空襲にあったのちに、父もふくむ家族の残りのほとんどが彼女の後を追い、父はオクスフォードのアビンドン・ロードで二年間、貯炭所と、それから生協の配達の仕事をして暮らしました。父は運転免許を持っていませんでしたが、戦時中は免許制度が停止されていたので、ヴァンに乗って配達をしていたのです。母も戦時をオクスフォードですごしました。彼女の育ったロンドン東部の地域は、埠頭地域が近いために攻撃を受けつづけており、家と働いていた美容院は空襲でなくなってしまいました。母の両親はイングランド東海岸のキャンヴェイ島に移住しましたが、母はオクスフォードに行きます。オクスフォードのことを彼女はしだいに愛するようになり、いつもノスタルジックな輝きに満ちた記憶としてこの町のことを語っています。両親はオクスフォードで一九四三年に結婚し、そのすぐ後にロンドンに戻ることになります。

戦後に、母はロンドンでふたたび美容師として身を立てていきます。両親は二人で小さな美容院を始め、それでかつかつではありますが十分に家族を養っていけたのです。両親の記憶によれば、戦後の数年間は非常に厳しいものでした。父は一九四七年にニュージーランドに移住することを検討さえしましたが、彼はいまだイギリスのパスポートを持っておらず、無国籍状態のおかげで簡単にはイギリス自治領の国に入ることが無理な状況だったため、その計画をあきらめました。（最終的にパスポートを手に入れたのは一九四八年でした。）

わたしは一九四八年、ロンドン東部のベスナル・グリーンにあった救世軍病院で生まれました。わたしの最初の記憶は、おそらくトテナム・ハイ・ロードだと思いますが、その通りを歩いているところです。記憶している限りでは、わたしたちの小さな美容院には階段があって、店の上のわたしの家族が住んでいた部屋へと続いていました。わたしは一度その様子を母に語ってみたことがありますが、彼女は、そうまったくその通り、そんな感じだったと言いました。当時わたしはだいたい一八ヵ月から二歳のあいだでした。ロンドン北部での生活の記憶はほかにもあって、両親の寝室の窓からトラックやバスを眺めたのを覚えています。また、祖父のイーノック・ユットによって連れてこられた、強制収容所の生き残りの若者たちに引き合わされた、幼いころの記憶があります。それは四歳か五歳のころだったはずです。

当時はまだホロコーストとは呼ばれていなかったものについて、まだ知らなかったころの記憶はわたしにはありません。しかし、ホロコーストはイングランドにおけるその誤解を招くような誤表象、とくに非常にイングランド的な母に典型的な誤表象によって、わたしの頭の中では混乱していました。母は、イギリス女王がラジオで、そしてその後にはテレビでクリスマスの挨拶をすると起立しましたが、父は対照的に頑として座ったままでした。二人ともそれぞれ政治的な理由でそうしたわけですし、また父の場合は彼自身がとくに自分をイギリス人だと思っておらず、車からコーヒーにいたるまで、趣味はすべて大陸的だったということもあります。とにかく、母は、ナチスのことを考えるときには、かならずベルゼン[*5]のことを言ったものでした。彼女はその映像を、ベルゼンの収容所がイギリス軍によって解放された際のブリティッシュ・ムーヴィートーン・ニュース[*6]で初めて見たわけですが。

彼女はこのように、ユダヤ人収容を主目的とはしなかったベルゲン＝ベルゼン収容所とは対照的に、ユダヤ人が多数殺害されたアウシュヴィッツ、トレブリンカ、ヘウムノ、ソビボル、ベウジェツ収容所のことはよく知らないという点において典型的なイギリス人だったわけです。そういうわけで、わたしがホロコーストについていだいていたイメージというのは、東欧の収容所の若き生き残りたちとの親交と、ベルゼンでの骸骨の映像とを混ぜあわせたものになってしまいました。小さな子供のときには、それ以上のことは何も分からなかった。トニーというのが誰で、なぜわたしが彼女の名前をもらったのかを知ったのはずっとのちになってからでした。正確にいつだったかは思い出せませんが。父はわたしが若いころに話したと言うのですが、それはなかったと思います。彼はリリー（ロンドンに住んでいて時々会っていました）のことはよく話しましたが、リリーの姉妹のベラとトニーのことを語ることはまれだったのです。ホロコーストがあらゆるものを、偏在するけれども漠とした霧のようにおおっていた感じでした。

非ユダヤ人についてだけでなく、ユダヤ人についてもステレオタイプというのはもちろん消えずに残っていました。わたしたち東方ユダヤ人《オストユーデン》、つまり東欧出身のユダヤ人の中にはあきらかな序列がありました（とはいえ東方ユダヤ人全体が、もちろん中欧のドイツ語を話す教養あるユダヤ人たちに軽蔑されていたわけですが）。おおまかに言うと、リトアニアとロシアのユダヤ人は、文化的ならびに社会的地位の上で自分たちが優越していると考えており、ポーランド（とくにガリツィア）とルーマニアのユダヤ人は、丁重に言えば、つつましい存在でした。この格付けは、わたしの両親の結婚をめぐる対立と、結婚によって広がった家族全体にあてはまるものでした。わたしの母は、腹を立てたときなどは、父に、あんたなんかポーランド系ユダヤ人のくせに、などと言ったものでした。そうすると父は、お前こそルーマニア系だろう、とやりかえしたのです。

両親はどちらも子供をユダヤ人として育てることに関心はありませんでした。ただし、完全な同化が真に問題になりうることはなかったのですが。父はある程度完璧な英語を話し、それと分かるような訛りはなかったけれども、結局は外国人だったのですから。わたしはずっと、うちの家族はどこかちがうと分かっていました。いっぽうでは、わたしたちには非ユダヤ人の友人がおり、どう見てもイギリス化された生活をしていましたから、ほかのユダヤ人とは異質でした。ですがその非ユダヤ人の友人とも同化することはできなかった。結局、わたしたちはユダヤ人だったわけで。

とりわけ母には友人がまったくいないようでした。例外はドイツ系のユダヤ人女性エスター・スターンハイムでしたが、彼女のかかえる悲しみをわたしは子供ながらに感じていました。エスターの両親はドイツ人に射殺されました。兄はイギリス軍兵士として戦死しました。姉はパレスチナに逃れていましたが、のちに自殺しました。エスター自身は弟とともに列車でドイツから脱出しました。二人は生き残りましたが、弟の方はなんらかの精神疾患をかかえていました。戦間期イングランドでは、そのような移民家族の悲劇はありふれたもので、よく知られたものでした。しかしそういった個々の悲劇は、それを生み出したより大きな破局とは切り離して取り扱われ、語られるのが常でした。ですが、そういった人びとと知り合いながら成長することで、わたしはある種の経験を知らないうちに吸収していたのです。

子供のときにさえ、わたしは自分たちがあまりにも異質だと感じていたので、それがどのように異質で、どうして異質なのかを理解することにほとんど意味は感じられませんでした。これは、意識的に非ユダヤ的であったわが家のような家族にさえもあてはまることです。わたしはバルミツヴァの式[*7]を受けたのですが、そうしなければ祖父母に対して申し訳を立てることができないし、立てようとしても非常に困難だったからです。しかしそれを除けば、わたしの家庭にユダヤ的な部分は皆無でした。一九五二年に両親は、ロンドン北部のユダヤ人街という「中欧の模造品」とでもいうべき息苦しいゲットーから逃げ出して、南へ、テムズ川をこえてパトニー〔ロンドン南西部の地域〕に移住しました。現在からふりかえって見ると、これは民族的な自己否定という積極的・肯定的な行為でした。というのも、パトニーにはほとんどユダヤ人はおらず、いたとしてもおそらくわたしの両親の見方に共感し、自分たちのユダヤ人性は積極的に捨ててしまおうという傾向をもっていたでしょう。

そういうわけで、わたしはユダヤ人として育てられはしませんでした。もちろん、ユダヤ人であることに変わりはありませんでしたが。毎週金曜の晩に、わたしたちは車に乗りロンドンを横断して祖父のイーノック・ユットの家に行っていました。イーノックは彼らしく、ロンドン中心部の北部にあるスタムフォード・ヒルのはずれをすみかに選んでいました。スタムフォード・ヒルは、宗教的に熱心なユダヤ人たち、黒い帽子をかぶって黒いカフタンを着ていたのでわたしの父が「カウボーイ」と呼んでいた人たちの住む場所でした。そのように、祖父は子供時代の正統的なユダヤ教世界からは距離をとりつつ、でも必要を感じたときにはユダヤ教を信奉できるくらいは近くにとどまっていたのです。わたしたちは安息日〔ユダヤ教では土曜日〕の前の晩に車で訪問していたので、祖父母を怒らせないように、車は曲がり角のむこうに駐車せねばなりませんでした（祖父母はわたしたちが運転をしてきたということは重々承知していましたが、そのことを近所に知られたくはなかったのです）。

乗っていた車そのものでさえも、父の非ユダヤ的なユダヤ人性を表していました。父はシトロエンの大ファンでしたが、その会社がユダヤ人の一族によって設立されたという事実を、彼がわたしに言ったことは一度もないと思います。父はけっしてルノーには乗りませんでしたが、それはおそらくルイ・ルノーが悪名高いナチスの戦時協力者で、ルノーはヴィシー政権のシンパであったことの罰としてフランス解放後に国有化されてしまったためでしょう。そのいっぽうで、プジョーは家族の会話の中では好意的な扱いを受けていました。つまるところ、プジョー家はプロテスタントの出であって、カトリックかつ反ユダヤ主義的なヴィシー政権時代のフランスに巻きこまれることはなかったのです。こういった背景を口に出して言う者はいませんでしたが、どういうわけかそれはわたしにとってはまったくもって明白なことだったのです。

一九五〇年代も半ばになると、祖父の金曜の晩餐のほかの客たちにはしばしばアウシュヴィッツの生き残りたちが含まれるようになり、祖父はその人たちを「あの子ら《ボーイズ》」と呼んだものでした。祖父は最初彼らのいく人かに、一九四六年にロンドンのウェスト・エンドの映画館で、ポーランド語かイディッシュ語で話しているのを聞きとがめて知り合ったのでした。この子たちは、もうそのころはりっぱな若者だったわけですが、父とその兄弟が活発に参加していたプリムローズ・ジューイッシュ・ユース・クラブに参加しました。ある時点で、父と二人の兄弟、そして「あの子ら」のうちの二人がサッカーチームの結成イレブンに加わりました。チームの写真を見ると、その若者たちの腕に入れ墨が彫られているのが分かります。

リトアニア系ユダヤ人の祖母は、おどろくほどにやわらかく、甘く、しょっぱく、強い味付けをした食事を延々と出しつづけて、金曜の晩餐にユダヤ式フルコースを供したものでした（料理の腕前に難のあったわたしの母による、ちょっと質素なイギリス系ユダヤ人の食卓とは、びっくりするような対照をなしていました）。そのような晩には、わたしはユダヤ性《イディッシュカイト》の温かい風呂につかったわけです。というのもそういった金曜の晩には、すくなくとも年長の世代はイディッシュ語で話したので。それはどこまでもユダヤ的な環境で、それゆえにまた非常に東欧的な環境でもありました。四〇年後、わたしは中欧東部を訪問して人びとと知り合うようになった際に、似たような里帰りの感覚を覚えることになりました。そこでは人びとはお茶をグラスで飲み、そのお茶にケーキのかけらを浸しながら食べ、煙草の煙とブランデーの香気のなかでおたがい大声で話す、そんな様子なのです。わたしの個人的な「マドレーヌ」[*8]ですか？ 甘いレモンティーをしたたらせたアップル・ケーキですね。

わたしの家族はだいたい一九五七年から一九六四年のあいだ、戦後の好景気のつかのまの幻影をそれなりに経験しました。当時、女性の美容院は、ビッグ・ヘア〔長い髪を逆立ててふくらませたヘアスタイル〕のはやった時代で、もうかる商売だったのです。両親はより広い美容院を手に入れて、それなりのお金を稼いでいました。当時、わが家ではつぎつぎにオーペア〔外国人の住み込み家政婦〕の女性を雇って、わたしと（一九五六年に生まれた）妹のデボラの世話をさせることができたくらいでした。当時、イギリスのほとんどのオーペアはスイス、フランス、スカンディナヴィア出身者でした。しかし奇妙な偶然で、わが家ではドイツからのオーペアの女の子を雇ったことがあったのですが、彼女はわずかの期間しかいませんでした。というのも、彼女の部屋にドイツ国防軍の制服を着た彼女の父の、堂々たる写真が見つかったので、父は彼女を首にしたのです。わが家で働く栄誉に浴した最後のオーペアの女の子は、まだほんの一六歳で、わたしが彼女をよく覚えているのは、わたしの目の前で逆立ちをやってみせたときに露わになった、非常に魅力的な肢体の記憶のおかげです。彼女も長続きはしませんでした。

そのように、わが家はある程度の贅沢ができるようになり、海外旅行もできるようになりました。父はいつも大陸に戻る方法を探し求めていました。戦後の早い時期から、父は短い休暇の小旅行で大陸に行ったり来たりしていました。母は、ほかのいろいろな側面でそうだったのと同様、この問題についてもイングランド的な人物だったので、ブライトンに行けば満足でした。なんにせよ、一九六〇年の夏に、以前雇っていたデンマーク人のオーペアの招待で、ドイツに行くことになったのです。スキヤンという小さな町の出のアグネス・フィンボーが、ユトラント半島で彼女の家族のところに数週間過ごさないかと誘っていたのです。ハリッジ〔イングランド、エセックス地方の港町〕からエスビアウ〔デンマークの港町〕に直接行く船にどうして乗らなかったのかはわかりません。ですが、父は習慣を変えない人で、わたしたちはヨーロッパ大陸に行くときはいつもドーヴァーからカレーに渡るフェリーに乗ったのです。そのときにもそのルートをたどり、ベルギーそしてオランダへと陸路を取り、アムステルダムに住む父の親戚を訪問したと思います。

そのアムステルダムの親戚たちが戦争で命を落とさなかったことは特筆に値します。祖父のイーノック・ユットにはブルーハという名の姉がおり、彼女はポーランドで結婚して二人の子供を産んでいました。ブルーハはポーランドの最初の夫と別れてベルギーにやってきて、第二号の夫サーシャ・マーバー（劇作家のパトリック・マーバーの親戚）と結婚しました。ブルーハは二人の子供を一緒に連れてきており、第二の夫にはすでに二人の子がいましたが、二人はそれからさらに二人の子供をもうけました。こういったことは、わたしたちがときに思いこんでいるよりははるかに古きユダヤ人の世界では、よくあることだったのです。ブルーハはアウシュヴィッツで、家族の多くとともに殺されました。

しかし、ブルーハの最初の結婚相手との娘であるポーリーナは生き残りました。一九二八年にポーリーナはベルギー系ユダヤ人と結婚していましたが、彼女のいとこであるわたしの父は結婚式をよく覚えていました。父はお祝いに参加するためにブリュッセルまで行ったのです。ポーリーナの夫は仕事を見つけられず、オランダのゴム農場の管理人としての仕事を見つけたインドネシアへと、出来たての家族を連れて行きました。その結果、ポーリーナははからずも当時オランダの植民地であったインドネシアで暮らすことになったのです。夫婦は三人の子供をもうけましたが、三人とも女の子で、名前をシーマ、ヴェラ、アリエットといいました。戦時中、ポーリーナと娘たちはインドネシアで日本の収容所に収監されました。もちろんユダヤ人としてではなく、敵国民として。一家に伝わる話では、これは本当だと思うのですが、ポーリーナの夫は現地人の従業員たちの権利を守ろうと試みたのちに、占領日本軍によって斬首されてしまったそうです。しかしポーリーナと娘たちは戦争を生き抜いて、一九四五年にオランダに帰国しました。一九四九年にオランダがインドネシアの独立を承認したとき、この四人の女性たちはインドネシアとオランダの市民権の選択ができ、オランダを選びました。そういう経緯で、彼女たちはアムステルダムで生きてわたしたちに会うことになるのです。

オランダからデンマークに行くためには、ドイツを横断せねばなりません。ドイツ国内で足を止める必要がないように、父はオランダでできるだけのガソリンを買って、実際三分の二くらいは止まらずに行けました。しかし高速道路のない当時ですから、わたしたちは疲れてしまい、ドイツで一晩泊まらざるを得ませんでした。父は望みさえすればイディッシュ語を介して知っているドイツ語でなんとかできただろうことに疑いはありませんが、彼はとにかくドイツ人とやりとりをしたくなかった。ところが、わたしたちはドイツのホテルに泊まることになったわけで、やりとりは避け得なかった。わたしは一二歳で、話すことはしたがってすべてわたしに託されました。学校での授業と、フランス語を話す一族の人びとへの訪問のおかげで、わたしはすでにそこそこのフランス語を話せましたが、まだドイツ語の勉強は始めていませんでした。ですから、基本的にわたしは、父が前もってイディッシュ語との共通点を教えてくれたのを頼りに、独自のドイツ語をでっちあげて話すしかなかった。かくして、たった一七年前にアウシュヴィッツでガス処分された子供の名前をもらった少年であったわたしが、ドイツの片田舎のホテルの受付に降りていって、ドイツ語でこう告げたわけです。「わたしの父がシャワーを使いたいのですが」と。

このように、わたしの若者時代の世界とは、ヒトラーから遺贈された世界でした。たしかに、二〇世紀の思想史（そして二〇世紀の思想家の歴史）にはそれ独自の型というものがあります。すなわち、右翼だろうが左翼だろうが、知識人がそれを因習的な物語形式で、またはイデオロギー的な世界観の一部として語る際に、そこにあてはめるような型です。しかしいまや、二〇世紀の思想や思想家のいかなる歴史にもしつこく介入し侵入してくるべつの物語が存在するということはあきらかでしょう。つまり、ヨーロッパのユダヤ人に降りかかった災厄です。わたしたちの時代の思想史の「登場人物」たちのうち、おどろくほど多くがまたその物語に、とくに一九三〇年代以降の場合には、参加しているのです。

ある意味では、それはわたしの物語でもあります。わたしは成長し、勉強をして歴史家に、そして願わくは知識人になりました。ユダヤ人問題は、わたしの知的生活において、またじっさい歴史家としての仕事においても中心にあったことはありませんでした。しかしそれは、避けようもなく、またしだいに力を増しながら、侵入してくるのです。この本の目的のひとつはそのようなさまざまな主題がおたがいに遭遇することを許す、つまり二〇世紀の思想史がユダヤ人の歴史と出会うことを許すことでしょう。これは学者としての仕事であると同時に、個人的な事業でもあります。結局のところ、これらの主題をその仕事において切り離してきた人たちの多くは、ユダヤ人自身なのですから。

わたしたちの時代のユダヤ史と思想史とのあいだの複雑な関係を理解するためのひとつの出発点は、あなたとわたしが共有する場であるウィーンでしょうか。シュテファン・ツヴァイク[*9]からわたしたちが受けついだ、ウィーンのイメージのひとつはこれです――寛容で、コズモポリタンで、エネルギーあふれる中欧、帝国の首都を擁する文学共和国〔a republic of letters は「文壇」と訳すがここは直訳した〕であると。しかしそのような物語にユダヤ人の悲劇が忍び込んできます。ツヴァイクの回顧録『昨日の世界』は二〇世紀をふりかえって記述し、第二次世界大戦の恐怖を第一次世界大戦以前の世界へのノスタルジアと統合しています。

ツヴァイクと彼の同時代のユダヤ人たちにとって、第一次世界大戦以前のハプスブルク圏の世界は、帝国内にオアシスのように点在する都市、つまりウィーンやブダペスト、クラクフ、チェルノヴィッツにかぎられたものでした。ツヴァイクの世代の知識人たちは、（ユダヤ人であれば）ハンガリーやクロアチア、ガリツィアの田園地帯には、世界のほかの場所の知識人とおなじくらいに、親しんではいませんでした。さらに西に行くと、ハプスブルク君主国はザルツブルク、インスブルック、ニーダーエースタライヒ、オーバーエースタライヒ、そして南チロルの山岳地帯まで広がっていましたが、そのような場所ではウィーンのユダヤ人は、またより広くウィーンの文化的生活は、謎であるか憎しみの対象であるかのどちらか、またはその両方だったのです。

ですから、ツヴァイクやその他の作家を、中欧の失われた世界へのガイド本として読む際には気をつけなければなりません。一九八五年にわたしはウィーン歴史博物館で開催されていた展覧会に行きました。そのタイトルは「夢と現実――ウィーン一八八〇―一九三〇年」というものでした。ある展示室では、学芸員たちはウィーンのある右翼新聞のページを拡大したものを貼り出していました。その記事はもちろんドイツ語で書かれていましたが、コズモポリタニズムの恐怖を主題とするものでした。ユダヤ人やハンガリー人、チェコ人やスロヴァキア人などが、ウィーンを汚染し犯罪を生み出している、とね。学芸員はこの記事を、単語別そしてその語源別にちがった色でマークし、そのほとんどが文学的なドイツ語に属さない単語だということを示そうとしていました。このどうしようもなく排外的なののしりの言葉の多くは、その著者にはよく知られていないイディッシュ語、ハンガリー語、スラヴ語起源の言葉で書かれた、というわけです。

ハプスブルク君主国、すなわち古きオーストリア帝国はこのように二重のアイデンティティを持っていました。当時のヨーロッパではほかのどこにも増して、微細な差異に対するナルシシズムというフロイトの法則にのっとったあからさまな偏見に出会う可能性が高かったのです。同時に、この場所のアイデンティティの中にはさまざまな国民、言語、文化がほどきがたくからまりあい、分離しがたい形で混ぜあわされていました。ハプスブルク圏というのは、シュテファン・ツヴァイク的な人物、またはヨーゼフ・ロート[*10]的な人物がもっともくつろいでいられる場所でしたが、また同時にそこから最初に追放されたのも彼らユダヤ人だったのです。

そのアイロニーをもうすこし追求してみましょう。当時の文学の精髄とも言うべき非常に高踏的な文学的ドイツ語を生み出すにあたって、かくも傑出した役割をはたすことになったのは、まさにほかならぬロート的な人物やツヴァイク的な人物、そしてほかの、ドイツ語で書くヨーロッパの同化ユダヤ人たちでした。カール・ショースキー[*11]による古典『世紀末ウィーン』は、その点を十分に強調できているかどうか、疑問です。ショースキーの物語の、オーストリア人の主人公たちは、明確にユダヤ的な性質と出自をそなえており、しかし一世代も経たないうちに彼らを拒み、うち捨ててしまうドイツ文化に畏敬をもって根づいていたわけですが、ショースキーはその点をうやむやにしてしまっているように思います。

そうですね。わたしのような出自の東欧ユダヤ人は、そこに同化し、その価値を認められるような高級文化に根づくことはできませんでした。彼らは敵対的なポーランド人、ウクライナ人、ルーマニア人の言語や文化に同一化することなどできなかった。彼らをとりかこむこういった人びとと彼らの関係は大部分において、敵対、無知、そしておたがいに対する恐怖にのみ基礎づけられた関係だったのです。彼ら自身の宗教とユダヤ性《イディッシュカイト》というユダヤ民族の遺産については、二〇世紀になると、若い世代の西方ユダヤ人たちはそれもますます拒絶する傾向にありました。かくして、ヨーロッパのユダヤ人の統一的な歴史という考え方そのものが、ひかえめに言っても問題ぶくみのものになったのです。わたしたちは地域、階級、言語、文化、そして社会に出ていく機会（またはその機会の欠如）といったものによって分断され、ばらばらになっていました。ほかならぬウィーンにおいても、帝国の周縁のユダヤ人がその首都になだれこむにつれて、ドイツ語を話すユダヤ人の文化は希釈され、分断されるという事態に直面しました。しかし一九二〇年代も半ばにさしかかると、ウィーンやブダペスト生まれのユダヤ人たちは、たとえその一族が東方の田舎の出であろうとも、自分たちを「ドイツ人」だと考えるように育てられました。そのようなわけで、彼らがもっていて失うとすればドイツ性だったのです。

わたしの最初の妻の母方の一族は、ヴロツワフ〔ポーランド南西部の都市〕出身の、裕福なユダヤ系の専門職階級でした。それは、ずっと昔に確立された、ドイツのユダヤ系ブルジョワジーの典型的タイプです。彼女の家族はナチス・ドイツを逃れ、イングランドに身を落ち着けましたが、彼らはやることなすことドイツ的なままでした。部屋の装飾から、食べ物、会話、おたがいと新参者を見分けるための文化的な参照枠にいたるまで。叔母さんのひとりはわたしに身の程をしらせるために、わたしがあれこれのドイツの古典を読んだことがあるかどうかと、たびたび慇懃にたずねたものでした。彼らの喪失の感覚は、どこにでもはっきりと感じられました。彼らを見捨てたドイツ世界は、彼らの知る唯一の世界であり、暮らす価値のある唯一の世界だった。その不在は、ナチスが加えたどのような苦痛よりも、はるかに激しい苦痛の源だったのです。

それとはまったく異質な、東欧のユダヤ人の出自をもつわたしの父は、彼の姻戚たちが毎年のように休暇になるとドイツに帰っているというのを知って、おどろきを隠せませんでした。父はまったくの当惑の表情で母の方を向いて、小声でたずねたものでした――え、だって、どうしてそんなことができるんだ、と。じつを言うと、わたしの最初の義母はドイツに対する好意をずっと失わずにいました。子供時代を過ごしたシュレジエンと、彼女がしだいによく知るようになっていた、新たな住みやすいボン共和国〔西ドイツの歴史学における呼び名〕に対しても。義母とその姉は、正道を踏みはずしたのは国ではなくヒトラーだったと確信しつづけていました。「ドイツ精神」は、二人にとって生きた現実でありつづけた。

ドイツ精神は、ユダヤ人の普遍的な価値のひとつの理想であり、その正反対に位置する国際的な革命がもうひとつの理想でした。いくつかの点において、二〇世紀の悲劇の本質は、一九三〇年代までにこれらの普遍的価値がいずれも信用を失ってしまったことにあり、それが含意するものが、そのあとの数十年にわたって、あのように恐ろしい帰結をヨーロッパ中に波及させることになるのです。しかし、この物語における反ユダヤ主義の役割は、人びとが盲目的に思いこんでいるほどに単純なものだとはかぎりません。カール・ルエーガー[*12]が一八九七年に、明確に反ユダヤ主義を綱領として最初にウィーン市長に選ばれたとき、ウィーンの文化的な自信に満ちたユダヤ人たちは、彼に民族的または文化的なアイデンティティを定義する権威を認めませんでした。ユダヤ人たちは自分たちのアイデンティティについてはすくなくとも確信をもっており、おそらく、そうたずねられれば（これはルエーガーの主張なのですが）、誰がドイツ人になれて誰がなれないかではなく、誰がユダヤ人で誰がそうではないか、という選択をする方を好んだことでしょう。彼らにとってルエーガーというのは、のちの世代にとってのヒトラーとおなじく、一過性の逸脱だったのです。

ハプスブルク君主国における反ユダヤ主義という新たな政治の形態を、ユダヤ人や自由主義者は、不快ではあるけれども飼い慣らすことができるだろうと考えました。まさにこの時代、つまり一九世紀から二〇世紀の変わり目に、オーストリアの社会主義者たちは反ユダヤ主義を、「愚か者の社会主義」と呼びました。つまりその社会主義は、自分たちの階級の利害をまだ理解することができず、したがって、資本主義による搾取を批判する代わりにユダヤ人を――工場主やデパート王としてのユダヤ人を――非難する労働者たちのことです。結局、もし問題がたんに愚かさの問題であるなら、それは教育によって対処できるはずです。労働者がちゃんと自己意識と知識をそなえれば、ユダヤ人を非難することはなくなるだろうと。ヨーロッパの中心的な都市地域における「帝国主義的自由主義」のおかげで、ユダヤ人は大都市に移住して地位上昇することができました。ユダヤ人が（または社会主義者たちが）それを放棄する、またはその希望と約束への信を失うことなどありましょうか？

有名なハンガリーの経済学者ニコラス・カルドアの例をとってみましょう。[*13] カルドアは戦間期のハンガリーで育ち、自分のことをまずなによりも、彼が生まれたブダペストの教養ある上流中産階級の一員だと考えていました。彼の世界とは、教養ある、ドイツ語を話す、ドイツ語での教育を受けたハンガリーのユダヤ人の世界だったのです。一九七〇年代にわたしがカルドアに初めて会ったときまでに、彼は若い世代のハンガリーの経済学者や知識人の訪問を受けていたそうですが、彼はそういった人びとを、好意的に言っても、共感をもちつつも距離をとって見ていたというところでした。つまり、彼はそういった人びとを、新たな時代になって地位を上昇させた田舎者であり、親の世代の文化や言語をはぎとられて、ちいさな共産主義の前哨地にとじこめられた人びとと見ていたのです。それに対して、わたしのイングランドのユダヤ人としての子供時代には、ユダヤ人はいつもあきらかに、アーレントのカテゴリーを適用するなら、成り上がり者またはパリア〔インドの最下層民、転じて社会ののけ者〕でした。ニコラス・カルドアはあきらかに、そのどちらのアイデンティティも、ブダペストの若者時代に獲得することはありませんでした。

ブダペストはウィーンよりさらに顕著な選択的同化の例でした。ハンガリー人は、一八六七年にハプスブルク君主国の内側で国家主権に近いものを獲得して、一種の近代都市のモデルとしてその首都を建築し始めました。ほかの国から建築と都市計画のひな型を輸入して、公園、カフェ、学校、駅そして目抜き通りといったものでできあがった目を見張るような都市世界をつくり出したのです。この新たな都市で、ハンガリー人たちは、程度においては驚くべきほどに、しかしなんらの意図ももたず、多くの都市居住ユダヤ人たちをハンガリー社会へとみごとに統合してみせたのです。

あのような統合は、たとえ避けようもなく不完全なものであっても、もっともうまく同化したポーランドやルーマニアのユダヤ人にとっても手の届かないものでした。ロシア帝国のユダヤ人強制集住地域に指定された地区と、そのすぐ西側の地域では、ユダヤ人は広まっていた思いこみにさからって生きることを強制されました。つまり、あるユダヤ人個人がどれだけすばらしく、同化が可能な人格をもっていたとしても、ユダヤ人社会そのものは、定義上、また長くつづいた習慣のために、国民の空間にとっては異質なものであるということです。ウィーンにおいてでさえも、とくに一八六七年の憲法改正以降、ユダヤ人は帝国によって開かれたドイツの文化的空間に参加することのみが許されており、一九一八年以降、ドイツ系のオーストリアが国民国家として再定義されると、その中でのユダヤ人の地位ははるかに問題ぶくみのものとなりました。

問題を図式的に整理するとこのようになります。ヨーロッパの東半分は、言語の分断と制度の不安定性のために、ユダヤ人のような外部者にとってとりわけ住みにくい場所になったのです。ウクライナ人、スロヴァキア人、ベラルーシ人その他は、近隣の民族とは区別された独自の国民空間を定義し確保するという難題に直面していたので、そこにユダヤ人が存在することは事態を複雑にして敵対関係を生み出すのみで、ユダヤ人は国民の不安を表現するための標的になったのです。ハプスブルク君主国の中でさえも、ユダヤ人がどういう位置を占めていたかと言えば、ほとんど田園地帯である帝国の中に点在する都市文明という位置だったのであり、第一次世界大戦後に帝国が解体してしまい、国民国家の空間によって再定義されてしまうと、そこでは町や都市は海のように広がる農村生活の中の孤島というぐあいなので、ユダヤ人は自分たちの場所を失ってしまったのです。

　わたしはのちにヨーゼフ・ロートを読んでいるうちに気づくことになるあることを、わたしの家族の文脈で理解していたと思います。すなわちそれは、わたしの両親と祖父母は、その出身にもかかわらず、ポーランドやリトアニア、ガリツィアやルーマニアについてなにも知らなかったということです。彼らが知っていたのは、帝国でした。結局のところ、ほとんどのユダヤ人にとって重要だったのは、中心で下される決定であり、上から彼らに与えられる庇護だったのですから。ユダヤ人は地理的には周辺に暮らしているかもしれませんが、利害関係や同一化という結びつきによって、帝国の中心にくくりつけられていたのです。わたしの父方の祖母のような、リトアニア南西部のピルヴィシュケイのユダヤ人村《シュテトル》で育っていたひとは、外側の世界のことをなにも知らなかったのです。祖母のように、そういった人たちはユダヤ人村のことは知っており、帝国の地方都市でユダヤ人がかなりを占めているヴィルナについては知っていましたし、また世界（彼らに理解できる意味合いでのそれ）についても知っていました。そのほかのすべて、つまりその地方全体や、周囲に住んでいる人びと、土地のキリスト教の風習などは、彼らの人生が延々と続く舞台となるべきからっぽの空間にすぎなかったのです。今日よく言われるのは——それも、当たっていることなのですが——ユダヤ人の隣人のキリスト教徒たち（ウクライナ人、ベラルーシ人、ポーランド人、スロヴァキア人など）は、自分たちの社会のただ中にあるユダヤ人コミュニティについてひどく無知です。キリスト教徒たちはユダヤ人のことを歯牙にもかけず、ユダヤ人についての古くからの偏見をいだいていました。しかし、〈異教徒たち〉に対するユダヤ人の感情についても、ほぼおなじことが言えます。なるほど、両者の関係はどこまでも不公平なものでした。ですがおたがいへの無知という点においては、すくなくとも一定の対称的な関係があったのです。

じっさい、二〇世紀を通して、中欧と東欧における民族浄化、そしてさらに恐ろしい事態が簡単に起こってしまった原因は、まさにこのおたがいの無知による相互依存という関係でした。このことは、たとえばウクライナやベラルーシの生存者たちの証言を読むと非常に明確に浮き彫りになります。なぜ自分たちがユダヤ人だとよばれたのか、割礼といった議論の余地のない身体的特徴は除いて、その理由は何だったのかをユダヤ人が思い出すとき、彼らは典型的には、ユダヤ人がほかから切り離され、隔離された社会空間に生きていたゆえに、彼ら（つまりわたしたち）が単純にできなかったことを列挙します。ユダヤ人は主の祈りを知らなかったとか、またヨーロッパのこの地域では馬に乗れたり、畑を耕したりできるユダヤ人はまれだったとか、そういうことです。生き残ったユダヤ人は、ユダヤ人社会の中でもマイノリティであるのが特徴的で、なんらかの偶然によってそういった物事を知っていた人たちだったのです。

以上のことは、たとえばフランツ・カフカの、民族的な排外主義の境界線のこちらとあちらを行き交いするような苦しみにみちた物語に読みとれるものに類似しています。つまり、ユダヤ人社会のせまさの「恐怖」と、ユダヤ人文化の「栄光」のあいだの行き交いということです。ユダヤ人であることとは、すなわち同時に、境界線の中に閉じ込められ、教育もなく、しばしば貧しい小さな世界に属することを意味します。しかしそれにしても、そのユダヤ人社会をとりかこむ人びとの基準にてらしてみると、この引きこもったユダヤ人世界は同時にとびぬけて教養があり読み書きに長けたものであり、それは内向きの文化かもしれないが、それにもかかわらずひとつの文化だったわけです。さらに、ユダヤ人文化は時間と空間において広がりをもつ普遍的な文明にむすびついたものだった。このパラドクスから、よく言われるユダヤ人の（我々は選民であるという）過剰な自負心と、つねに安全をおびやかされた小社会の特徴である、自分たちが脆弱だという深い感情の両方が生まれたのです。理解できることですが、一九世紀末葉と二〇世紀初頭の多くの若きユダヤ人たちは、ユダヤ文化のこの両方の側面に背を向けようと必死でがんばりました。

ウィーンやブダペスト、さらにはプラハでは（さらに西のコズモポリタンな都市は言うまでもないことですが）、専門的職業への取り込み、経済・社会的な上昇、そして言語上の同化はすべて、野心をいだく若きユダヤ人たちに開かれていました。ですが、そこにはガラスの天井がありました――つまり、政治です。政治は、ユダヤ人がキリスト教世界の中心に入っていく、つまりその世界の事情や情勢を知り、その高級文化を理解して自分たちのものにするためのひとつの手段でした。帝国主義の時代には、それで大丈夫でした。統治と支配を行うという意味での「政治」は、ほとんどのユダヤ人の手にはとどかないものでしたが、それはひとつの活動というよりは、社会から身を守るための防壁のようなものだったのです。しかし国民国家というポスト帝国の空間においては、政治はかなり異質な機能をもち、国家は庇護者というよりは脅威の源になりました。

そうですね。現在ではこう言うと奇妙に聞こえるかもしれませんが、民主主義は、自由主義的専制の中で繁栄したユダヤ人にとっては破局的なものでした。とくに、ヨーゼフ二世のもとでのオーストリア帝国と、それを奇妙なかたちで神格化した、フランツ・ヨーゼフ二世の長い治世のあいだに続いた期間、つまり一八四八年から一九一六年という期間で、政治的な圧迫の続いた時代ですが、文化的・経済的な解放の時代でもありました。大衆社会が新たで危険な試練となって迫っていました。ユダヤ人はいまや便利な政治的ターゲットになっただけではなく、王室もしくは皇帝という名目上の庇護者がしだいに力を失っていたのです。この激動の過渡期を生きぬくために、ヨーロッパのユダヤ人は完全に姿を消すか、さもなくば政治的なゲームのルールを変えるしかなかったのです。

そういうわけで、二〇世紀の最初の数十年には、非民主主義的なかたちでのラディカルな変化を求め、それにともなって宗教・言語・民族性に意味がないと主張し、そのかわりに社会的・経済的なカテゴリーが主要なものであると主張をするような、ユダヤ人の性格が生まれてきたのです。そしてまた、その時代の革命の大変動から生じた左翼的な権威主義政体の第一世代において、ユダヤ人が活躍したという、よく指摘される事実もそこから生まれてきたのです。一九一八年から先の歴史を見ると、もしくは現在からふりかえって見ると、このことはわたしにとっては完璧に腑に落ちることです。シオニズムへの積極的な傾倒だとか、そうでなければほかの国へ逃げ出すという選択肢がなかったヨーロッパのユダヤ人にとって、唯一の希望は帝国の現状を永続させるか、そうでなければ帝国のあとを継いだ国民国家を抜本的に変容させるための対抗を行うしかなかったのです。

すくなくとも戦間期においては、明白な例外がありましたが、それはトマーシュ・マサリクのもとでの、真に民主主義的で比較的寛容だったチェコスロヴァキアです。この時代のチェコスロヴァキアは、すくなくもと近隣のルーマニアやハンガリー、ポーランドと比べると、多民族国家でありすべての少数民族が多かれ少なかれ許容されていました。というのも、「チェコスロヴァキア人の」多数派社会というものは確実に存在しておらず、チェコ人たち自身でさえも相対的な多数派を占めていたにすぎなかったのです。ですからドイツ人、スロヴァキア人、ハンガリー人、ルテニア人、ユダヤ人がみな、ドイツ人はとくに近隣の諸国から輸入された民族統一主義的な感情に感化されやすかったものの、それなりの居場所を見つけることができたのです。

あなたがカフカを、彼のさまざまなアイデンティティ、つまりユダヤ人、チェコ人、ドイツ人というアイデンティティのあいだを落ち着きなく行ったり来たりしているというふうに読んでいるのには驚かされます。彼の主題とは、それまでは遠巻きに庇護を与えてくれるものだった国家が、危険なほどに近い存在となり、つねに監視し、評価し、判決をくだすような抑圧の源となった際に人間が直面する恐怖であるという解釈もおなじくらい正当なものに思えますが。

いやじっさいその通りで、とりわけカフカのもっとも有名な作品からそのような教訓を読者が学ぶとしても、それは完全に理解できることとです。しかし、カフカにおける権威の問題には、個人的なものと政治的なものの混合がちりばめられているという印象を、わたしはよく受けるのです。つまり、カフカの作品を、彼の父との苦渋にみちたやりとりの陰のうちにあるものとして読むことにおおいに説得力があるいっぽうで、彼をチェコ人、ユダヤ人、そして中欧の歴史というより広い文脈に置いても、その読みとは矛盾しないのです。当時のその地域において、権威と権力は、抑圧的であると同時に両面価値的な部分もありました。たとえば『審判』や『城』における、「権威=当局《オーソリティーズ》」に対する主人公の感情をめぐる曖昧性は、ユダヤ人の歴史に見いだせ、またあの地域における連綿と続く独裁と占領に対する多くの人たちの反応にも見いだせる曖昧性を反映し、例示しているのです。

一八九〇年代と一九〇〇年代を考えるにあたっては、父を権威の象徴だと理解するか、それとも権威を父の象徴と理解するかという問題はおそらく大問題ですね……。

ここまで議論してきた諸カテゴリーを少し展開させてみたいのですが。あなたがほのめかしたもうひとつのパターンとはポーランドであり、そこではユダヤ人の同化が進んではいましたがハンガリーにおけるほどには進んでおらず、したがってほとんどとは言わないにせよ多くのユダヤ人が、自分たちは国民の一部だと感じるようになっていた、というぐあいでした。ですから、ウーチやワルシャワでは、古きロシア帝国の最晩年ごろから、かなり意識的にポーランドの文明と文化に同化し、自分たちを問題なくポーランド人でありかつユダヤ人であると考えることをユダヤ人が選ぶという顕著な現象がありました。そうは言っても、ポーランドの言語と文化は致命的な（ユダヤ人以外にとっても致命的な）特質をかかえもってしまっていました。つまり、それは質実にして魅力的であるがゆえに、それに属する人間を地方的な存在にし、コズモポリタンな忠誠関係から遠ざけてしまうに十分であったし今もそうであるが、マイノリティを吸収して庇護するほどには十分に大きくも自信を持ってもいなかったという特質です。

ドイツ、ハンガリー、またはオーストリアのユダヤ人の中に、あなたがポーランド出身の教養あるユダヤ人に感じ取っているような、親密さと魅惑と怨恨《ルサンチマン》の複雑な複合体を感じたことはありません。わたしは以前、著名な中世史家であり、「連帯」の運動家にして外務大臣であったブロニスワフ・ゲレメクが、[15]フランスのテレビでインタヴューを受けているのを見たことがあります。善意のインタヴュアーは、ずっと尋ねつづけていました――苦難のときにあって、大きな個人的な喜びと援助を与えてくれた本は何でしたか？　と。ゲレメクはそこで、いくつかの発音不可能な（ポーランドの）名前をすらすらと述べたのですが、あきらかにインタヴュアーはその名前を知りませんし、聴衆もおなじように煙に巻かれて、儀礼的な静けさをもって反応していました。そのフランス人のインタヴュアーは、中欧の、ユルゲン・ハーバーマスであるとか、ゲルショム・ショーレムといった知識人の名前が出てくるだろうと思っていたので、何も言うことができなかったというのがありありと見えました。ポーランドという国は、その中に住む教養あるユダヤ人が非常に洗練されたものになるくらいには大きな国なのですが、事情通の外部者以外には、自分たちの文化について語るとどうしようもなく韜晦趣味に見えてしまうのです。これは、ヨーロッパのほかのユダヤ人コミュニティにはあてはまらないことだと思います。

ユダヤ系ポーランド人、ポーランド系ユダヤ人、つまりポーランド人でもあるユダヤ人は、ポーランド人一般がかかえているものに似た、規模の問題をかかえているようにわたしにはずっと思えています。つまり、ポーランドは中規模の国で、それゆえにみずからの存在に下手に誇りを持ちつつ、同時にほかの国から見ると中途半端に不在であるような国です。

ポーランド人とユダヤ人は今おっしゃった以上のことを多く共有しています。みずからの中心性を大げさに言うのでなければ、つねに周縁化される危険にあると感じてしまうような、例のポーランド系ユダヤ人の――ポーランド人とユダヤ人の――傾向があります。ノーマン・デイヴィスの『ヨーロッパ』

では、導入に置かれている地図が、ワルシャワが震源地となるように配置されています。そしてじっさい、デイヴィスによるヨーロッパの物語において、ポーランドそのものが、それ自身の歴史の中心に、そしてそのほかのすべての中心にみずからを据えることに成功しているのです。これはわたしにとってはどう見てもばかげたことです。ワルシャワが、なにかの中心であるなどということはないし、ヨーロッパの歴史上のほとんどの期間においてもそうでした。

ところがユダヤ人もこれとおなじようなことをするのです。たとえば自分たち自身の歴史を、二〇世紀とその意味の中心に置く、など。とくにここ合衆国で教える場合などには、第二次世界大戦のあいだの人びとの関心事や決断の中心から、ホロコーストがどれほど遠く離れたものであったかを伝えるのは非常に難しいものです。わたしはホロコーストが重要でなかったと言いたいわけではなく、ましてや現代において重要でないと言いたいわけでもありません。そういうことではなく、もしわたしたちが近過去を公平に記述したいと思うなら、わたしたちは現在の自分たちの倫理的または共同体主義的な優先事項を、過去へと反映させて読みこむようなことをしてはならないのです。厳しい話ですが現実は、ユダヤ人、ユダヤ人の苦しみ、そしてユダヤ人の絶滅は当時の（ユダヤ人とナチスを除いた）ヨーロッパ人のほとんどにとっては圧倒的に重要な問題というわけではなかったのです。わたしたちが、ユダヤ人そして人道主義者として現在ホロコーストに付与する中心性は、何十年もあとになってようやく生じたものなのです。

ですが、ある重要な意味で、ポーランドはあらゆることの中心にあります。ユダヤ人の生に関するかぎりにおいて、ヨーロッパ史は三つの段階を経過しました。中世におけるその中心はあきらかに、西欧および中欧でした。それからペストと追放が起こり、そののちにはユダヤ人とユダヤ人の生活は東へ、ポーランド・リトアニア共和国とオスマン帝国へと向かいました。そして最後に近現代――それは、そう、一八世紀終盤に、フランスでの革命とポーランドの分割とともに始まるわけですが――の始まりの結果、ガリツィアに住んでいた、ヨーロッパ・ユダヤ人の非常に多くの部分が初めてハプスブルク君主国の傘下に入ることとなったのです。そのユダヤ人の子供たちや孫たちはモラヴィアへと移り、それからついにはウィーンにたどりついて、そこでヨーロッパの近代主義《モダニズム》を生み出すことになったのです。わたしたちがここまで話題にしてきたのはこれらの人びとであり、じっさい彼らはわたしたちが現在使っている概念の多くを発明した人びとで、それゆえにユダヤ人の近代への同化、吸収、参加について語るならば、わたしたちはかならずポーランドから始めなければならないのです。

もし時計を一九三九年で止めるならば、あなたの言うことになにも反対しません。その場合は、物語とその意味は、ヨーロッパのポーランド語圏のユダヤ人の、都市化と解放でクライマックスに達する過程に調和するようなものになるべきでしょう。しかしその後どうなるでしょうか? ポーランドは歴史の表舞台から乱暴に追い出されてしまいます。最初は第二次世界大戦によって、つぎに共産主義の乗っ取りによって、それから、その後の数十年にわたって、ユダヤ人になにが行われたかがしだいにあかるみに出て理解されたことによって。記憶が修復され、ユダヤ人の受苦の記憶に対する感受性がしだいに高まったことによって、ポーランドの地位はユダヤ人の物語の中で低下しただけでなく、決定的に否定的な視点で見直されることになってしまいました。かつてはユダヤ人の母国であったポーランドは、ユダヤ人の壊滅の見物人にして時には参加者となったのです。

この荒涼たるイメージが、わたしの見るところ、ポーランドのユダヤ人の歴史をさかのぼって影を落とすことになります。つまり一九三〇年代から、その前の数世紀にわたってさかのぼっていくのです。その結果生じたポーランドとは――これはたしかに、わたしが育った際に家族の中で経験したポーランドでしたが――ユダヤ人が暮らすにはあまりよいとはいえない場所でした。その反面で、ユダヤ人の歴史は地理的な解放という未来志向の物語となります。つまり、まちがった場所からのがれ、よりよい場所への道を見つける物語です。この近代の物語におけるよりよい場所とは西欧でありカナダであり合衆国であり、または、より大きな問題をはらむのですが、イスラエルであるかもしれない。ですが、けっして東欧ではないのです。逆に、まちがった場所の方はほとんどつねに、ライタ川からブーグ川までの範囲の現実の、または（こちらの方が普通ですが）想像上の東欧の内部のどこかなのです。ユダヤ人のこういった地理上の犠牲者性が、いまや昔からの物語を完全に覆いつくしてしまったので、その二つを解きほぐすことが非常に難しくなってしまったのです。

それはまったくもって正しいと思います。ですがわたしがこころみているのは、あなたの提示するユダヤ史の二つの系譜、すなわち東欧の地方的な系譜と、中欧のコズモポリタンな系譜とをつなげようということです。

もういちど、世紀末ウィーンにおける静態的で非時間的なユダヤ人の生活のイメージを考えてみましょう。このイメージは、ツヴァイクやロート、ショースキーの著作から得られる美しい像です。

ユダヤ人の達成という地平線に目をこらし、なんらかしっかりと明確なものを見つけ、そしてそれが壊れてしまうのを、というのも壊れてしまうことは分かっているのですから、待っているという塩梅なのです。ですがそれはそもそもしっかりとして明確であったことなどなかったのです。ユダヤ人はモラヴィア時代から一世代、ガリツィア時代からは二世代隔たってしまっており、したがって、一八世紀の終わりにそれ自体破壊されてしまった旧いポーランド・ユダヤ人の世界とそうかけ離れた状況にあったわけではないのです。

そのような説明の仕方が行うこととは、一八世紀終わりのある世代のユダヤ人の若者たちを物象化してしまうことです。彼らはこのウィーン世界を引き継いだわけではなく、生み出したのであり、それから老年になって謙虚に、自分たち自身の達成を歴史が破壊してしまったことを責めるのではなく、それが歴史のおかげで生み出されたことに感謝しているわけです。

ツヴァイクはその破壊について書いているのみならず、そのために自殺をしました。そして、歴史上起こったことのため——つまり、まずは一九一八年以降、そして一九三四年に、ナチスのクーデターの試みとオーストリア内戦、そしてとりわけ一九三八年から一九四五年のあいだにオーストリアがナチス・ドイツの占領下にあったという歴史のために——ツヴァイクの物語は、そのような歴史がなければ持ち得なかったような信憑性を、過去遡及的に獲得したのです。つまり、そこで起こったのはとにかくひどい破局であり、かけがえのないものが台無しになり、永久に失われてしまったのだという物語ですね。

おなじようなことが、ポスト印象主義のパリという世紀末のおとぎの国について言えないだろうかと思いますね。結局、フランスは（そしてとりわけパリは）現実として深く分断された社会であり、あい争う政治的記憶と、宗教や社会政策をめぐるかまびすしい論争によって切り裂かれていたのですから。しかしながら、ふりかえって見ると、フランス人自身がこの数十年を――ツヴァイク風に――栄光の夜明けであったのが、戦争と政治によって影を落とされ、道を逸らされていった時代として説明し、理解するように数年のうちになっていました。その際、戦争はもちろん政治でさえもご都合主義的にほかの国民のせいにされるわけですが。

このようなノスタルジックな物語の残響は、イギリスの著名な経済学者ジョン・メイナード・ケインズの、『平和の経済的帰結』においてさえも聞き取ることができます。一九二一年という早い段階で、ケインズは第一次世界大戦前の自分の若者時代という、失われてしまった世界に対する明確な思慕をこめて語っているのです。このような文彩は、ヴィクトリア朝時代の最後の数十年に生まれた世代にはおおいに共有されたものでした。一九世紀終わりに蔓延していた自信と不安のなさと、その気分を受けついだ楽観的な二〇世紀最初の十年を知っている年代である彼らは、繁栄と幸福が永久につづくというだけではなく、新たで希望に満ちた世界が作られつつあるとかつては感じられた世界が完全に崩壊してしまうのを目の当たりにするまで生きることになる世代だったのです。

当然、わたしたちはケインズのことをまずなによりも、経済の停滞の時期には国家が介入できるのだという議論に基づいた、経済の一大学派を創造した経済学者だと考えています。しかしケインズがこの結論に個人的な経験からたどりついたという点で、あなたはもちろん正しいです。この点については後でもうすこし注目しましょう。当面は、かなり広い観点で見てみたいと思います。ケインズは、第一次世界大戦以前の世界について、旅行するためにパスポートがいらず、ただ銀行に人をやって適切な量の金塊をもってこさせ、イギリス海峡を渡る船の予約さえすれば旅に出ることができる、そんな世界であるというすばらしい文章を書いています。

一九世紀から二〇世紀への変わり目に、状況はよくなりつつあり、それもイギリス国内だけではないと考えたケインズたちは確かに正しかった。グローバルな貿易は増加の一途をたどっていました。オーストリア＝ハンガリー帝国は南下して地中海へと手を広げ、ロシアにおいてさえも、農地改革がついに田園地帯の経済を大きく侵食しはじめていました。

たしかにその時代は、政治的やイデオロギー的にではなく、経済的な意味での大きな自信の時代でした。その自信は二つの形を取りました。まず、新古典派の経済学者とその信奉者たちの見方ですが、資本主義は好調であり、その後も好調のままで、それ自身を終わりなく更新していくような源泉と資源をその懐に抱え持っているという考え方がありました。それからもういっぽうに、それと平行する、おなじくらい近代主義的な見方があり、それによれば資本主義は、それが現在繁栄しているか否かは関係なく、それ自身の軋轢や矛盾の重さに耐えかねて没落し崩壊する運命にあるシステムです。この二つの見方は、出発点はまったく違いますが、言ってみれば両方とも未来志向の視点であり、また両者ともその分析において少なからぬ自己満足に陥った見方なのです。

一九世紀終盤の経済的な不況の後の二〇年間は、グローバル化の最初の偉大な年月でした。世界経済は、ケインズが示唆したような意味で、真に統合されつつありました。まさにその理由のために、第一次世界大戦のあいだとその後における崩壊の規模と、大戦間期の経済縮小の速度は、現在でさえもきちんと理解することが難しいくらいのものだったのです。パスポートが導入され、金本位制は復活し（イギリスの場合は一九二五年に、大蔵大臣ウィンストン・チャーチルによって、ケインズの反対を押し切って復活させられ）、通貨は崩壊し、貿易は衰えました。

このすべての事態の含意を考える際のひとつの考え方は、つぎのようなものです。すなわち、繁栄する西欧の経済の中核となる国々でさえも、長年にわたる縮小と保護主義の後に一九一四年の水準へと回復するのに、一九七〇年代半ばを待たねばならなかったということです。つまり、西洋の産業国の経済は（合衆国という例外を除いて）六〇年間にわたる衰退を経験したのであり、その六〇年は二度の世界大戦と先例のない経済的な不況を特徴とした、ということです。ほかの何にも増してこのことこそが、わたしたちがここまで話してきたこと、そしてさらには二〇世紀の世界史の背景そして文脈となっているのです。

ケインズが『雇用、利子および貨幣の一般理論』（初版一九三六年）を書いた時には、彼は安定と不安定の問題に関心がありました、というより、その問題にとりつかれていたと言ったほうが正確でしょうか。古典派経済学者たちと、新古典派というその後継者たち（つまりケインズ自身の師たち）とは対照的に、ケインズは、不確定性という状況——そしてそれにともなう社会的・政治的不安定——は、資本主義経済においては、例外というよりは標準としてとりあつかわれるべきだと確信していました。要するに、ケインズは、彼がちょうど経験したばかりの世界を理論化してみせようとしたのです。安定性というものは、完全なる市場の本来的な状況であるどころか、規制されていない経済活動の副産物、それもあてにはならず、めったに得られることもない副産物なのですから。なんらかの形での介入が、経済的な福祉のための、そしてときにはそもそも市場が生き残るための必要条件である、と。明確にイギリス風の調子ではあるものの、この結論はつまるところツヴァイクの変奏ととらえることができるでしょう。つまり、かつてはあらゆるものが安定していると考えていたが、いまやすべては流動的になってしまった、と。

そうです。非常に衝撃的ではありませんか、ツヴァイクの『昨日の世界』のまさに第一章は安寧ということを主題としており、しかもそれを失われたものとして扱っているというのは。それによってツヴァイクは、戦争があって物事が変わってしまったという以上のことを言おうとしています。ツヴァイクがあれほどのノスタルジアをもって正確に思い出している、彼の若者時代の生活のすべて――彼の父の家庭や、人びとが予想通りの役割を演ずるような関係性――は、より広い経済的な安寧をともない、かつそれを必要としていたわけですが、そのような安寧は永久に失われてしまったのです。

この論点を否定的な言い方で述べることもできると思います。第一次世界大戦後には、安定的で実質的なグローバルな商業というものが不在だったために、ナショナルな経済を自足的にするという課題は二〇世紀の暗黒面だったともいえます。結局、ナチスとソヴィエトは両者とも、福利の条件としての規模の魅力に取り込まれてしまいました。つまり、十分な空間と生産能力、そして労働者がいれば、自己充足的になることができ、それによってグローバルな商業と交換が与えてくれるはずの安寧を、独自にふたたび手に入れることができる、と。

かくして、スターリンが述べたように、ある一国で社会主義が実現しさえすれば、世界革命が延々と先送りになることはどちらかといえば重要ではないということになります。ヒトラーが信じたように、十分な生存圏《レーベンスラウム》があれば、それに匹敵するものを達成できると——支配者人種による専制政治のような。

ですから、あらたな種類の帝国を創造したいという欲望が、ポスト帝国の国民国家は規模として小さすぎるという感覚とあいまって、存在したのです。一九二〇年代のオーストリア人は経済的な生命力欠如《レーベンスンフィヒカイト》にとりつかれていました。つまり、オーストリアはすべてを失い、あのようなアルプス山脈の狭く貧しい地域にとじこめられて、独立した政体として存在することはとてもできなかったのです。この「生命力欠如」という言葉そのものが、当時の雰囲気を伝えてきています。

ですが、戦間期のオーストリアは、国土が縮小し国力が減退していたにもかかわらず、例外的に洗練され、しっかりと確立された社会主義運動にめぐまれていたということを思い出す必要があります。その運動は一連の、最初は一九三四年に、それから一九三八年に再び起きた反動クーデターの結果敗北し、決定的に崩壊してしまったのですが。オーストリアとは、第一次世界大戦が大陸ヨーロッパにもたらしたものを蒸留したエッセンスのような国でした。革命の危険とさらにはその可能性、自己充足的な国民国家への渇望（とその不可能性）、経済的な資源の支えをもたない市民空間における政治的な平和共存がしだいに困難になっていたことなど。

　偉大な歴史家のエリック・ホブズボーム[*15]による、一九二〇年代ウィーンでの彼の子供時代と若者時代についてのコメントには驚かされます。彼は書いていますが、その時代のウィーンにいると、すでに破壊されてしまった世界と、これから生まれいずる世界とのあいだの辺土《リンボ》にいる感じがしたというのです。また、そのオーストリアにこそ、わたしたちの時代の経済理論のべつの大潮流、つまりケインズの仕事とむすびつけられるさまざまな帰結とは鋭く対立し、カール・ポパー、ルートヴィヒ・フォン・ミーゼス、ヨーゼフ・シュンペーター、そしてその上に燦然と輝くフリードリヒ・ハイエク[*16]の著作と同一視される潮流の起源が見いだされるのです。

　一九三〇年代のオーストリアの崩壊のあとの四分の三世紀は、ケインズ対ハイエクの決闘の時代と見ることができるでしょう。ケインズは、わたしが述べてきたように、経済的な不安定性という条件のもとで安定的な結果が出てくると想定するのは思慮の足りないことであり、それゆえにそのような安定した結果をもたらすために介入をする方法を案出したほうがよい、という所見から出発しました。ハイエクはというと、かなり意識的にケインズに対抗し、またオーストリア経験を基礎として、『隷属への道』で、介入は――いかに善意と好意にもとづいていても、またいかなる政治的文脈にあるとしても、あらゆる計画は――悲惨な結果をもたらさずにはすまないと議論しています。『隷属への道』は一九四五年に出版されており[*17]、当時すでに形成されつつあった第二次世界大戦後のイギリス福祉国家は、第一次世界大戦後のウィーンにおける社会主義の実験とおなじような運命をたどるだろうという予見は非常にきわだったものです。社会主義的な計画から出発すれば、ヒトラーやそれに比すべき後継者を生み出して終わりだろうと。つまりハイエクにとって、オーストリアと、そしてじっさい戦間期ヨーロッパの災厄の教訓を煎じ詰めればつぎのようになるでしょう――介入するなかれ、計画するなかれ、と。計画をすることは、最終的には国家の利益のために社会を（そして経済を）破壊する者たちに主導権をゆずりわたしてしまうことだ、と。四分の三世紀ののちにも、多くの人たち（とくにここ合衆国の人たち）にとって、これが二〇世紀の主要な教訓として消えないで残っているのです。

オーストリアという国はあまりにも中身が詰まっているので、矛盾する教訓を引き出すことは造作もないですね。ウィーンの社会主義都市計画家たちの歴史的な業績は、オーストリアという国全体の規模では反復されることはありませんでした。（現在そうであるように）第一次世界大戦後に社会主義者によって支配され、有名な新規住宅ストックや、魅力的な都市の小コミューンなどをみごとにつくりあげたのは、結局、オーストリアの中央政府ではなく、ウィーンの都市自治政府だったのです。国のほかの地方にとって計画の危険の象徴となったのは、公営住宅でした。コミューンがうまく機能したまさにその理由で、それらは「ユダヤ人」や「マルクス主義者」の支持母体として利用された、というわけです。それから、あなたが言及したあの最初の危機、つまり一九三四年のオーストリア内戦では、（キリスト教保守政党に支配された）中央政府は、ウィーンをのぞむ丘の上に砲火器をならべて、まったく文字通りに社会主義に対する砲撃をくわえはじめたのです。カール・マルクス・ホーフ[*18]や、他の多くの労働者階級の集合住宅《ホーフ》と、それに付随した幼稚園、保育所、プール、商店などが砲撃されました。それらは、自治都市による計画がまさに実行されたものであり、ほかならぬその理由で唾棄されたわけです。

まったくそのとおりです。皮肉なことに、オーストリア経験とはつねに、なににもまして都市のマルクス主義左翼と、ウィーンやその業績のすべてに疑いの目を向けるキリスト教右翼とのあいだの政治的な邂逅だったわけですが、その経験は経済理論という地位まで高められてしまったのです。まるで、オーストリアで起こったこととは、計画と自由とのあいだの論争であるかのように見えますし――それはまちがいなのですが――、また計画された都市から権威主義的な抑圧へ、そして究極的にはファシズムへ、という出来事の連鎖が、経済的な計画と政治的な独裁とのあいだの必然的な因果関係として要約できるのは当然である、とでもいうようなのです。こういった一連の思いこみは、オーストリアという歴史的文脈をとりはらわれ、またじっさい歴史的な参照関係そのものをとりはらわれて、数人の迷妄から覚めたウィーンの知識人のスーツケースにつめこまれて合衆国へと輸入され、シカゴ経済学派だけでなく、現代の合衆国における、政策の選択をめぐるあらゆる重要な対話を染め上げたのです。

その点については後で論じましょう。しかしユダヤ人のウィーンに別れをつげる前にひとつ。二〇世紀にまつわるオーストリアの教訓は、心理学という形もとりませんでしたか？

ジークムント・フロイトは絶好のタイミングで登場して中欧の思想家たちの一世代全体に影響を与えました。アーサー・ケストラーからマネス・シュペルバーにいたるまで、[*19] 若者時代のマルクス主義への傾倒から抜け出すための論理的な足がかりとは、心理学でした。それぞれの好みに従ってフロイト派、アドラー派、ユング派などありましたが。マルクス主義そのものとおなじように――マルクス主義についても後で論じますが――、ウィーンの心理学は世界を脱神話化し、普遍的なひな型にあてはめて行動や決断を解釈する、包括的な物語を見つける方法を提供してくれました。そしてまたおそらく、世界をいかにして変えるか（といっても一度に人間一人ずつしか変えられませんが）についての、比較的に野心的な理論も、提示したのでしょう。
　結局、心理学というものは、この点ではマルクス主義とユダヤ・キリスト教の伝統と明確に類似しているわけですが、自己欺瞞、必然的な受苦、没落、そしてその後につづいてやってくる自己意識、自己に対する知、克己と究極的な回復へといたる物語を提示してくれるものだったのです。わたしは世紀転換期あたりに生まれた中欧人たちの回顧録を読んで、同時代に分析や「説明」、あの新たな学問分野のさまざまな概念（神経症、抑圧など）が大流行したことについて、いかに多くの人たちが（とりわけユダヤ人が）コメントしているかに驚いています。この、表面的な説明の深層を掘り下げることへの、神秘の扉をこじあけることへの、それが説明している対象によって否定されるがゆえになおさら真実に迫るような物語を見つけることへの魅了――たしかにこれは、マルクス主義の手続きに不気味にもよく似ています。

もうひとつの類似性があります。フロイト主義からは、マルクス主義からとおなじように、三部構成の楽観的な物語を抽出することができます。私有財産がわたしたちの本性を破壊してしまった世界にわたしたちは生まれた、という代わりに、精神分析では、わたしたちはなんらかの原罪が犯され（もしくは犯されず）、父が殺害され（または殺害されず）、母は姦淫された（またはされなかった）世界へと生まれた、ということになります。しかしわたしたちは、そういったことについて罪の意識を抱くような世界に生まれてきているのであり、わたしたちは本来わたしたちが手にするはずだった本性を――それはおそらく純粋に理論的なものですが――奪われているということになります。わたしたちは、家族の構造を理解し、セラピーを受ければ、そのような「自然の＝本来の」状態に還ることができる、と。しかしマルクスに言えることが、フロイトにもあてはまります。つまり、実際にそのようなユートピアに到達できるとして、それがどのようなものなのかがちょっとはっきりしないのです。

マルクス主義の物語と同様に、フロイトの物語においては、過程が正しいものでありさえすればまちがいなくよい結果が得られるのだ、という信念をゆるぎなくもつことが、決定的に重要視されます。言いかえると、もし初期の傷や葛藤を正しく理解し、それを克服すれば、必然的に約束の地に到達できるということです。そして、この成功の保証それ自体が、そこに到達するための努力を正当化するに十分なものなのです。マルクス自身の言葉で言えば、未来という料理をつくるための手引き書に載せるレシピを書くことは彼の本分ではなく、彼はただ、わたしたちが今日の原材料を正しく利用しさえすれば、未来の料理手引き書は生まれるだろうと約束しただけなのです。

フロイトの用語を使って言うなら、あなたの仕事のうちにおける転移《ディスプレイスメント》だとわたしには思えるもの、または二〇世紀の歴史にきざまれた大きな断絶、つまりホロコーストについて質問させてください。あなたのヨーロッパ史の題名は『戦後』です〔邦訳は『ヨーロッパ戦後史』〕。この題名はそれ自体、新たな歴史を書いたのだという主張なわけです。しかし、この本を一九四五年から書き起こすことで、あなたはユダヤ人の大虐殺について書かずに済んだということはないでしょうか。またじっさい、あなたの歴史家としての仕事はほとんどユダヤ人問題を俎上にのせることは、それがあからさまに問題である場合にも、ありません。ということでわたしの質問は、わたしたちが今はホロコーストと呼ぶものが、あなたが個人的に歴史について考える際の考え方に影響をおよぼし始めたのは（実際におよぼしているとして）いつだったのでしょうか？

わたしが、ホロコーストの歴史記述の歴史についてなんらか特別な洞察をもっているとしたら、それはホロコーストがわたしの人生のあとをぴったりと追跡してきたからです。前に述べたように、わたしは一〇歳の子供としてはとびぬけてこの主題について情報を得ていました。そしてさらに、一九六〇年代のケンブリッジ大学で学生だったころ、わたしはその主題にとびぬけて無関心だったと告白せねばなりません。ホロコーストだけではなく、ユダヤ人の歴史一般について無関心だったのです。さらには、たとえばフランスの占領時代のことを、ユダヤ人の追放にすこしも触れずに勉強したとしても、まったく驚くようなことはなかったと思います。

じっさいわたしはヴィシー政権下のフランスという主題について専門的な研究をして論文を書きましたが、そこで設定した問題は（それは当時の学問のあり方を忠実に反映したものだったのですが）フランスのユダヤ人とはなんの関係もないものでした。当時の歴史家たちの関心を独占していた問題はいまだ、あの時代の右翼政治の本性といったことだったのです。ヴィシー政権とはいかなる政体であったか？反動的？ファシズム？保守的？というぐあいに。とはいえ、わたしがあの時代のフランスのユダヤ人の運命について、なにも知らなかったということではありません。それどころかまったく逆で、よく知っていました。しかしどういうわけか、その個人的な知識はわたしの学問的な関心に、ヨーロッパ研究にさえも、統合されることはありませんでした。一九九〇年代になってはじめて、その主題はわたしの学問的な関心の中心へと移動したのです。

おそらくこのあたりでハンナ・アーレントを導入するとよいのではないでしょうか。アーレントはホロコーストを、その実行者や犠牲者だけではなく、あらゆる人にとっての問題としてあつかった、初期の影響力ある人物ですから。アーレントは三つの主張をして、ホロコーストはドイツ人とユダヤ人だけに限定されるべき問題ではない――彼女自身はドイツ人でありユダヤ人でもあるのですが――と示唆しています。第一に、ナチスの政策は、より広い「全体主義」の範疇に照らし合わせて、つまり大衆社会の問題と産物として見たときに一番よく理解できるとアーレントは述べます。第二に、その大衆社会は「群衆」と「エリート」とのあいだの病的な相互作用を反映しており、それはアーレントが近代と呼ぶもののきわだったジレンマをなしています。アーレントはそこから踏みこんで、近代社会のもうひとつの特徴は、分散された責任のパラドクスだと主張します。つまり、官僚制が個人の道徳的責任を希釈し曖昧なものにし、それを不可視にしてしまって、アイヒマンを、そしてアイヒマンとともにアウシュヴィッツを生むのだと。第三に、アーレントは――一九四六年のカール・ヤスパースへの手紙の中だったと思いますが――ヤスパースが暗黙の形而上学的な罪の意識と呼んだものが、あらたなドイツ共和国の基礎たるべきだと主張しました。このように、アーレントはいわば、ホロコーストについての歴史的な対話を、それが始まる前に結論づけて終了させてしまったといえます。

すばらしい要約だと思います。わたしはアーレントの崇拝者とはいつも馬が合わないのですが。彼ら彼女らは圧倒的に、近代の本性や共和国の見通し、集団的行動の目的についてのアーレントの野心的な省察や、たとえば『人間の条件』で提示されたような種類の準哲学的な思索に夢中になる傾向があります。それとは反対に、多くの読者はアーレントの、ユダヤ人や、彼女が「悪の陳腐さ」と名づけたものについての発言に戸惑い、またさらには腹を立てています。

対照的にわたしは、アーレントはその思索的なテクストの多くにおいて、いらいらするほどにつかまえどころがなく、形而上学的だと思います。それもまさに、認識論的な正確さと歴史的な証拠が求められるような領域について、そうなのです。それにしても、ラーエル・ファルンハーゲンについての伝記的研究から、アイヒマン裁判の報告[*20]にいたるまで、近現代社会におけるユダヤ人の状況についてアーレントが述べていることは、わたしには完全に的確だと思います。彼女の述べることがすべて正しいというわけではありません。アーレントは東方ユダヤ人《オストユーデン》の消極性、または事実上の利敵協力をあまりにも勇み足に糾弾する、つまり言いかえれば、東方ユダヤ人を、彼ら彼女らが受けた苦しみの一部を理由に非難するのです。この感受性のなさによって、アーレントの批判者のつぎのような主張に裏づけが与えられてしまいました。すなわち、アーレントはウーチ〔ポーランド中部の大都市〕のような場所のユダヤ人の状況を理解しておらず、ドイツ系ユダヤ人の教育《ビルドゥング》の典型的な産物である彼女が想像できることといえば、フランクフルトやケーニヒスベルクのような場所のユダヤ人の状況だけであると。そのようなドイツの都市では、ユダヤ人はよりよい紐帯をもっており、進行中の出来事をはるかに洗練されたかたちで認識しており、とどまるか、逃げるか、はたまた抵抗するかというより多くの選択肢をもつという贅沢を許されていた、というわけです。

しかしそれにしても、アーレントはひとつのことを完全に正しく理解しています。たとえば、あの賛否両論の表現、「悪の陳腐さ」を考えてみてください。アーレントはヴェーバー的な近代世界の理解を反映した観点からこれを書いています。つまりその世界とは、国家が行政官僚によって統治されており、その官僚そのものがとても小さな単位へと分割され、その小さな単位の中で決定や選択が、いわば個人の非・主導権によって実行されているという、そのような世界です。そのような制度的な環境の中では、非活動が活動《アクション》となります。つまり、積極的《アクティヴ》＝活動的な選択の不在が選択そのものの肩代わりをする、などなどということが起きるのです。

アーレントが『イェルサレムのアイヒマン』を出版したのは一九六〇年代はじめだったということを思い出してください。彼女がその本で議論したことは、当時まだ共有された意見とはなっておらず、そうなるのはまだ数十年先、という時代だったのです。一九八〇年代にもなれば、ナチズムの歴史は、そしてさらにはあらゆるかたちの全体主義の歴史は、悪意をもって意識的かつ意図的に犯罪的な行為に走る極悪人たちの物語へと切り詰められたら、十全に理解することはできなくなるというのは、その分野の専門家のあいだでは共有された見解になっていました。

もちろん倫理的または法的な観点からは、個人に還元するような考え方はより道理にかなっています。というのも、わたしたちは集団的責任や罪という考え方になじんでいないというだけではなく、罪と潔白という問題を満足のいくようにとりあつかうためには、なんらかの意図や行動についての証拠を必要とするからです。しかし法的な基準、またさらには倫理的な基準でさえも、歴史を説明するためにわたしたちに利用可能なすべての観点を包含することはできません。そのような状況になければなんということのない人間で、（列車の運行時刻の管理のような）まったくなんということのない行動を、良心の呵責もなく行っている人間が、それでも非常に大きな悪を生み出すことができるのはいかにして、そしてなぜなのかという説明をしようというときには、法や倫理の基準はまさに不十分さを露呈するでしょう。

クリストファー・ブラウニングの、占領下のポーランドでのドイツ警察大隊の歴史である『普通の人びと』[*21]では、おなじような問題がもちあがっています。この本でも、あのような状況になければ匿名で姿の見えない存在だったであろうのに、毎日毎週、いかなる基準にてらしても人道に対する罪となるような活動——つまり、ポーランド系ユダヤ人の大量射殺——にとりくむことになってしまった人びとが描かれています。彼らが何をしているのか、どうしてそれを行っているのか、それをわたしたちはどうやって記述できるのか、ということを考える端緒につくことさえ、どうやればいいのだろうと思います。

アーレントがこころみたことは、ただ起きたことを普遍的に説明する方法を見つけだすことでした。そしてもちろんジャン゠ポール・サルトルも同時期におなじことを追求していました。サルトルも第二次世界大戦中にヨーロッパで起きたことの、普遍的な心理的肖像を提示しようという企図に乗り出していたのです。道徳的な創造性と責任という実存主義の観念は、内在的な価値を失った孤独な世界に対する解答であったでしょう。そういった観念はすべて、もちろんマルティン・ハイデッガーに由来しますが、そのつながりについてはのちに論じることにしましょう。

アーレントは正しく、ホロコーストの意味はユダヤ人の犠牲者とドイツ人の犯罪者のみに狭く限定されているわけではなく、普遍的で倫理的な観点でのみ理解できるとしてみましょう。そうすると、戦争によって霊感を受けた実存主義者は、そのもっとも孤独な犠牲者に思いをめぐらせる義務があ

るというふうに見えることになります。こう考えると、サルトル自身が比較的、ホロコーストにおけるフランスの責任の問題について関心が薄かったという疑問がもちあがります。

サルトルの最悪の欠点は、第二次世界大戦を直視できなかったことだ、とは思いません。ですが、占領時代におけるサルトルの政治的な近視眼は、それ以来の彼の完全に非政治的な世界観とひきくらべて理解されるべきだとは思います。この男は結局、ドイツで過ごした一年と、フランスでの瞠目すべき人民戦線の交流の経験にもかかわらず、一九三〇年代をなんの政治的な関わりあいも、いかなる反応もなしにすごすことができた男なのです。回顧してみると、サルトルが、彼の友人の多くとおなじく、こういったすべてのことについて気にかけていたことに疑いはありません。サルトルの後の、誠実さや自己欺瞞、責任といった主題についての道徳的著作のいくつかは、彼自身の良心の呵責の過去遡及的な投射として、おそらくは理解されるのが最善でしょう。

しかしながら、サルトルについていつもわたしが当惑するのは、一九三〇年代や一九四〇年代という時代の不明瞭さが晴らされたずっと後になっても、彼があいかわらず問題を直視して考えることができないことでした。結局、どうしてサルトルは共産主義の犯罪について論じることをあれほどかたくなに拒み、スターリンの晩年における反ユダヤ主義について顕著にも沈黙したのでしょうか？　もちろん答えは、サルトルはそういった犯罪について倫理的な観点で考えることはしない、もしくはすくなくとも彼自身に倫理的な責任を生じさせるような言語では考察しない、という意図的な選択をしたというものです。ようするに、彼は困難な選択を避ける方法を見つけたのです。同時にもういっぽうで、困難な選択を避けることは、まさに彼が有名にも定義し弾劾したような意味での自己欺瞞の実践だとあくまで主張しながら。

この、許しがたい混同、または、もっと遠慮なく言えば偽装こそ、まさにサルトル的な観点から許容不可能だとわたしが考えるものです。彼の世代がとりわけ混乱していたり惑わされていたりというわけではないでしょう。ジャン＝ポール・サルトルは、ハンナ・アーレントだけではなく、アーサー・ケストラーやレイモン・アロンと一歳も違わないのです。その、一九〇五年あたりに生まれた世代は、二〇世紀のもっとも影響力のある知識人の一団であったことに疑問の余地はありません。彼ら彼女らはちょうどヒトラーが権力をにぎるころに成人に達しており、歴史的な渦巻きの中にいやおうなくひきこまれていき、当時の悲劇的なあらゆる選択に直面しました。ただし彼ら彼女らはほとんど選択の余地は与えられず、ある陣営を選ぶ、または属する陣営を押しつけられたわけですが。戦後には、その世代はほとんど、年齢がまだ十分に若く、年長世代にふりかかった不信にはさらされなかったので、彼ら彼女らは早熟な知的・文学的な影響力を行使し、その後数十年のヨーロッパ（とアメリカ）の論壇を支配しました。

マルティン・ハイデッガー自身はナチスのシンパだったということで合衆国では完全に受け容れ不可能になってしまいましたし、それとあいまって、多くのアメリカの知識人は現象学はそれじたい本質的に国民社会主義的だと信じています。そのいっぽうで、ハイデッガーに由来するサルトルの実存主義は、アメリカの大学の諸学部でとても人気が出て、いまだに人気です。ですが、わたしたちの関心事に戻って言うと、アーレントとサルトルだけではなく、ヨーロッパの知識人の一世代全体が、直接的であれなんであれ、ハイデッガーにつながっていました。

そこでの大きな筋書きとしては、一九三〇年代から一九六〇年代のヨーロッパ知識人に対して、ポスト・ヘーゲル、ポスト観念論のドイツ思想がかつてないほどのインパクトを与えた、ということになります。ある視点、つまりドイツの哲学的な影響という視点から見ると、この筋書きは西欧におけるマルクス主義思想の興隆（と後の没落）を含んでいると理解されるべきです。マルクスの知的な魅力は、彼の名前のもとに運営をしている政党の政治的な影響力とは違って、マルクスの初期の著作と、若きヘーゲルの論争と応答に彼がルーツをもっていることに、学者たちがしだいになじみをもってきたことと切り離して考えることはできません。しかしすくなくとも、もっと偏狭な、フランスの視点から見ると、一九世紀の偉大なドイツ人たちとその後継者たちの魅力の一部は、フランス自生の哲学的な伝統との対比のうちにあったということはあきらかです。なにしろフランスの伝統は、一九三〇年代までには若い世代の関心事には悲惨なほどに応えないものになっていたからです。まずはフッサールから、そしてその後彼の弟子のハイデッガーからもたらされた現象学は、自己とはフロイトの心理学的自己よりは深い何かであるという、魅惑的な考え方を提供してくれたのです。それは、非本来的な世界において、本来性の概念を提示してくれたのです。

かくして、かつてもこれまでも流行の奴隷になることはなかったレイモン・アロンでさえも、彼の博士論文（一九三八年）の中で、ドイツ思想が二〇世紀と同時代について知的に考察するための唯一の方法を提示してくれたと述べたのです。じっさいわたしは、すでにオーストリア経験主義の影響を受けていた英米の文脈の外側で、このアロンの発言に同意しないであろう当時の重要な思想家を思いつくことができません。東方はもちろん、フランスやイタリアにも、ドイツ現象学の実存主義的な読解で真剣な比較にあたいするようなものは出て来ず、第二次世界大戦後の大陸思想の大部分をドイツ思想が植民地化することになるのです。じじつ、ナチズムの敗北とドイツの文化的生活の荒廃ののちに、思想という分野だけでドイツが二〇世紀初期の優位をたもちつづけたというのは、ちょっとした皮肉以上のものです。

ナチス・ドイツの崩壊ののち、アーレント、ヤスパース、そしてこの二人を後追いして、政治哲学者のユルゲン・ハーバーマスには向かうべき場所がありました――つまり、歴史です。「わたしたちは」――というのはアーレントとヤスパースのことですが――「わたしたちは地獄を経験し、いまその経験を政治哲学へと昇華しようとしているのだ。それをわたしたちは、哲学的な道具や用語のつまった福袋をたずさえて行おうとしており、それはドイツの教育の伝統のおかげでわたしたちに利用できるようになったものなのだ。わたしたちは、このあらたなアプローチに着手するにあたって、体系的にすることはたしかにできないかもしれないが、わたしたちははっきりと説得力をもって語るつもりだ。そしてもちろん、わたしたちが本当に関心を向けていることは、ドイツの歴史的経験を、立憲主義の正当化へと翻訳する方法をはっきりさせることだ。」

ハーバーマス流の、歴史の重荷に力点をおいた立憲主義が、たとえばアーレントによって描かれた共和制の倫理と、正確な意味で比較可能かどうかは、ちょっと分かりません。アーレントの言っていることは、イギリスまたはアメリカ思想で従来理解されている意味での「共和制」とはかなり異質なもののように、わたしには思えます。アーレントの共和制は、ある歴史の見解だとか、さらには人間性の自然なつくり、または人工的なつくりの理論（啓蒙主義の論争におけるような）を基礎としているものではなく、故ジュディス・シュクラーが「恐怖のリベラリズム」と呼んだものにむしろ接近するのです。[*22] アーレントの共和制は、造語をするならば、恐怖の共和制なのです。この考え方においては、近代的で、デモクラティックな政治の基礎は、近代的でデモクラティックな政体を造りあげ、保存することができない場合にどのような帰結がもたらされるか、というわたしたちの歴史意識であらざるをえません。乱暴に言ってしまえば、重要なのは物事を正しい方向にもっていくことに過度に熱中するよりは、物事を間違った方向に向けてしまうことの危険をできる限り理解することなのです。

アーレント流の、またヤスパース流、ハーバーマス流の解決方法はあまりにも脆弱です。もし第二次世界大戦が特別な歴史的瞬間で、そこからわたしたちはなんらかの形而上学的、またはすくなくともメタ政治的な教訓を引き出したいのなら、それは大戦についてわたしたちが語る語り方に関して一種のタブーを設けるということを含意します。このことは確実にべつの種類の問題を引き起こします。つまり、立憲主義者たちがわたしたちのやっかいな歴史を利用しようとしている、その利用法とはそりが合わないようなことを、歴史家たちやほかの人たちは最終的に語るであろうからです。それが、わたしたちがかつてよりも多くを知っている、という理由からだとしても。

あなたは正しいのかもしれない。ですがわたしたちは背景というものを理解しようとする必要がありますす。こんにちでは、アーレント、ヤスパース、またはハーバーマスの念頭にあった共和国とは、西ドイツのことだったという事実を忘れないことが重要です。戦後には複数のドイツがあり、複数のドイツ問題があった。一九四九年の建国以後、共産主義の東ドイツの方が、ナチズムと折り合いをつけようという努力においてはるかに真剣に見えました。そしてじっさい、東ドイツはナチズムを公的に弾劾することに、明白なイデオロギー的利点のためですが、より積極的でした。対照的に西ドイツでは、ナチス政権にいまだ共感をよせるとても多くの人びとがいました。そのような態度に対して、あらたな連邦共和国の当局が眉をしかめることはなかったのです。ナチズムは、悲惨な敗北をもたらしたことによって彼らを失望させたかもしれないが、それ以外の点で、なんらかのとびぬけた犯罪の科《とが》を負わされるべきものではなかったのです。

このようなものの見方はドイツ人の精神の中で、犠牲者の感覚によって強められながら、生きつづけました。東欧と中欧からの多数のドイツ民族の追放と、ソヴィエト連邦でのドイツ兵の抑留の継続が、そのような感情に拍車をかけました。かくして、自身の敗北と道徳的恥辱の意味を十分にのみこむことができないように見える西ドイツと、（すくなくとも自称するところでは）そのような物語を完全に体内化し、じっさい、敗北したファシズム国家ではなく、反ファシズムの抵抗勢力として自分たちの姿を提示する東ドイツとのあいだの分離が、どんどん明確になっていったのです。

一九五〇年代のはじめには、アメリカ人、イギリス人、そしてあきらかに西ドイツ首相のコンラート・アデナウアーは、政治的な境界線だけでなく、倫理的な境界線も引きなおしました。いまや問題は、全体主義的な共産主義を相手に戦われる冷戦になったのです。かつて、ドイツ人とは問題の原因でしたが、いまやドイツ人は解決となり、あらたな敵に挑む最前線の同盟国となったのです。ドイツの再軍備は、ソヴィエト連邦に対抗する西側の同盟を強化するだろう、と。フランスでは、そのような速度でギアを上げていくことに対して一定の抵抗がありましたが、イングランドとくに合衆国ではこのプロセスは素早く、とどこおりなく進んでいきました。しかしまさにその理由で、合衆国を、時代錯誤的なドイツのナショナリズムの、さらにはナチズムの盟友だと事後的にとらえなおす口実を、左翼のかなりの部分は与えられたのです。この感情は最初、六〇年代半ばに表面化してきたのですが、新左翼と、ドイツ連邦共和国における国会外の政治の、中心的なレトリック戦略の一部となったのです。

冷戦は確実に、西側におけるホロコーストについての議論を抑制してしまいました。しかし、ソヴィエトがそのような議論を推進したがっていたようにも見えません。わたしたちがホロコーストについて知らなかったことを知り得なかった理由のひとつは、ソヴィエトによるホロコーストのとりあつかいです。戦中に、スターリンは非常に意識的に、西洋の同盟国から資金を集める手段としてユダヤ人問題を利用しました。のちにスターリンは一八〇度転回して、彼の広報活動を助けてくれたユダヤ人に牙をむいて、殺したり、粛清したりしました。

その結果、トレブリンカ〔ワルシャワ付近の収容所〕はソヴィエト版の第二次世界大戦史からほとんど消え去ってしまいます。ソヴィエトの小説家ワシーリー・グロスマン[*23]はソヴィエトの戦争特派員としてトレブリンカに一九四四年九月に行っています。グロスマンは〔一九三二—三三年の〕大飢饉、スターリンの恐怖政治、スターリングラード攻防戦について完全によく知っていましたし、彼の母は〔ウクライナの〕ベルディチェフでドイツ人に殺されたということを知っていました。そして彼がトレブリンカにたどりつき、そこの奇妙な用地を目にしたとき、そこで何が起きたかを理解するのは簡単でした。ドイツ人は何十万ものユダヤ人をガスで毒殺したのです。グロスマンはそれについて非常に長い記事を書き、それは「トレブリンカという地獄」と名づけられています。

しかしこういった、ユダヤ経験の特殊性を強調する著作が出版できたのは、ほんの限られた短期間だけでした。戦争終結から数年のうちに、スターリンの突然の転向がおとずれます。それはソヴィエト連邦内部だけではなく、共産主義ポーランドと共産主義の東欧全体に影響をおよぼすものでした。その結果は、かなり長い間影響をもちつづけるのですが、ナチスによる犠牲者の一種の普遍化を強要するというものでした。つまり、トレブリンカやほかの、その立地が奪還された強制収容所で大量虐殺されたあのすべての人びとは、たんなる純粋な人間であり、平和に暮らすソヴィエト（またはポーランド）国民だったのだ、と。

戦時中にユダヤ系の俳優が特別扱いされ、ニューヨークに行って金儲けをすることができたというのは、ソヴィエト社会においては通例通りではなく例外だったのは確かです。そしてあきらかに、マルクス主義の伝統のうちに育った人にとっては、ファシズムを説明する際には階級の観点で考えたほうがはるかに簡単でした。とりわけ、「偉大なる祖国のための戦争」を反ファシズム闘争として記述したほうが、スターリンの最近までの同盟相手との争いを、人種差別主義者に対抗する戦争ではないことはもちろん、反ドイツ的な行為として提示するよりも、当時のソヴィエト指導部の意向に矛盾しなかったのです。それゆえ、理にかなったことですが、ユダヤ人は物語から姿を消してしまいます。

戦争のあいだに、ユダヤ人の苦しみの存在が否定されたとか、それが最小限にきりつめられたというわけではありません。皮肉なことに、東欧とソヴィエト連邦のユダヤ人は、根絶させられる過程において、啓蒙主義時代のヨーロッパ人によって遠い昔に約束されていた平等を手に入れたのです。ユダヤ人はほかのすべての人たちとおなじ、ほかのすべての人たちから区別されることのない市民となったのです。かくして、ユダヤ人は、泣きっ面に蜂という状況だったのです。ユダヤ人として殺された彼らは、どの国であろうと、命を落とした時点で偶然にいた国の国民としてのみ追悼され、公式に記憶されたのです。

　こんにちでさえも、マルクス主義やソヴィエト連邦にまったく共感していなくとも、ソヴィエト版の、ドイツ人による大量殺人という物語のほうをはるかに好む多くの人たちがいます。戦後のソヴィエトに関する歴史記述とプロパガンダは、民族ではなく国民の迫害を強調するものだったので、それは国民の苦しみと国民の抵抗を喧伝することにお墨付きを与え、推奨しさえもしたのです。

　わたしの友人にして同僚のヤン・グロス[*24]であれば、これにくわえて、そのような出来事の説明の仕方は、特定の場所で特別の魅力をもったと議論するでしょう。つまり、ポーランドやルーマニア、またおそらくスロヴァキアで。殺されたのが宗教のせいであれ、また「人種」のためであれ、国籍のためであれ、はたまた占領や虐殺をともなうかつてない暴虐の戦争の過程で偶然に殺されたのであれ、あらゆる種類の犠牲者を一緒くたにすることで、ソヴィエト版の物語は、ユダヤ系ルーマニア人やユダヤ系ポーランド人などの殺戮が、そういった国々で局地的に生じた遺憾な問題ではないという、当惑させる事実をぬぐい去ってしまったのです。すべての犠牲者がひとまとめにされてしまえば、過去遡及的な報復や歴史記述の修正といった危険は減るのです。もちろん死者たちは、自分たちの経験がこのように書き換えられることに反対したいと思うでしょうが、死者には投票権がありません。

もしあなたがポーランド系ユダヤ人で、戦後ポーランド社会で成人して暮らし、どうにか同化をしてある程度成功したキャリアをつんだとします。一九六八年の共産党による反ユダヤキャンペーン以前と、さらにはその後にもそのような人たちはポーランドにいたわけですが、その場合、自分自身をそのような歴史から切りはなして考えるのは難しくなるでしょう。しかし、ユダヤ人をめぐるこのすべての物語と、その後の神秘化をスターリンのみのせいにすることはできません。責任の多くはヒトラーにもあるのです。第二次世界大戦で殺されたポーランド人の数は、ポーランド人が考えているほどに多くはないものの、それでも非常に多数が殺されました。ふつう言われる三〇〇万人というのはまずないですし、おそらく二〇〇万人には達しておらず、一〇〇万人に近いと思いますが、それにしても恐ろしい数字です。

それから、経験自体の不明瞭さもあります。たとえば、ポーランドの国内軍[*25]の諜報部に二人の人物が所属していたとします。その諜報部は、フランスのレジスタンスにおけるおなじ部署と同様に、かなりユダヤ人の割合が高いのですが。その二人のうちのひとりが、政治的理由または単なる偶然で死ぬとしましょう。そしてもうひとりはユダヤ人として処刑されます。この二人は、まったく違う理由で弾劾される可能性もありました。そのように、おなじ出来事がいかなる経験であるか、不明瞭なのです。また、ワルシャワ・ゲットー[*26]を思い出してください。この場所は、いったんその跡地が一掃されてしまうと、ドイツ人がポーランド人を何千人も処刑した場所、ということになってしまうのです。そういったポーランド人の遺体は当時、ドイツ人が最近までユダヤ人のために使っていた即席の火葬場で燃やされたのです。ときにはじっさい、同時にかり集められたユダヤ人の生き残りたちと一緒に。遺灰はもちろん混ぜられました。

複雑にからまりあった歴史的な出来事についての問題は、それを構成しているさまざまな要素をよりよく理解するためには、それらの要素をばらばらに分解せねばならないということです。しかし出来事の流れを十全に理解するためには、そういった要素をふたたびからめて見なければなりません。東欧のユダヤ人の歴史、そしてじっさい東欧史そのものの大部分は、残念なことに、無理やりに分離させられたかたちであるか、そうでなければいかなる区分もすまいという決然たる拒絶によって成り立っているのです。分離は出来事の大きな流れのある部分を歪めてしまいますし、分離がまったくないことは、ほかの部分を相対的に歪曲させてしまう効果をもたらします。

このジレンマは、感受性の高い歴史学者にとって真のジレンマなのですが、西欧ではそれほどにやっかいなかたちをとっては現れません。ですがじじつ、これはヨーロッパの東半分で第二次世界大戦があれほどまでに語りにくく、理解しがたい理由なのです。ウィーンより西側では、わたしたちは直面している曖昧な出来事をよく理解できていると思います。それは抵抗運動や利敵協力、そしてそのニュアンスや結果に関するものであり、しばしばそれは、戦前の政治的な対立が戦時中の選択という仮面をかぶって再演されているのです。西欧では、いわゆる「グレーゾーン」、つまり、占領された人びとが直面する選択肢や機会のはらむ道徳的な複雑さは、おおいに議論されてきましたし、そこで登場する人物たちが戦後に提示した嘘や自己正当化のための思いこみもおおいに議論されてきました。つまるところ、わたしたちはこの時代の包括的な歴史を描こうと思えば絶対に利用しなければならない、歴史の構成要素を理解しているのです。しかし、東欧の歴史家にとっては、その構成要素自体をどうやって同定するのか、ということを決めるのが、いまだに第一の仕事となっているのです。

さらには、東欧史の不在は東欧をこえた問題になり得ます。この地域で起きたことが明確に語られなければ、ドイツ人は国民史の中へと、または犠牲者としての国民という歴史へと、こっそり戻ってしまうことが可能になります。一九八〇年代と一九九〇年代、そして今世紀の最初の十年の、ドイツにおける議論の変化にはわたしはびっくりしていますし、それにあなたも同意なさるのではないかと思います。それらの年代における議論の違いというのは、歴史化と犠牲者化との対照にかかわりのあるものです。一九八〇年代には、西ドイツで熱心に行われていた論争とはいまだ、ヒトラー政権の一三年間を国民の物語の中にどうやって位置づけるか、というものでした。この困難な議論の諸条件は、四〇年近く前にすでにアーレントとヤスパースによって定められていました。一九八〇年代後半に歴史家論争《ヒストリカーシュトライト》を引き起こしたハーバーマスの目的は、ナチス時代の道徳精神が独特だったことを強調することでした。彼に対する批判者はもちろん、歴史はそのような道徳的な調子で書けるものではない、わたしたちは、それを「正常化」する危険があっても、なんらかの方法でドイツ史を語る方法を見つけなければならないのだ、と、ハーバーマスに反論しました。しかし、一〇年もたたないうちに、一九八九年のさまざまな革命の余波の中、論争は非常に対立的な主張とそれへの反論へとずらされていきました。すなわち、誰が苦しんだのか、誰の手によって、そしてどれくらい、といった疑問です。それはかなり異質な問題なのですが。

同感です。ドイツではかなり最近まで、苦しみの度合いの競争という問題そのものを歴史的な問題の枠組みとするのは、正当だとはみなされていなかったはずです。もちろん、それ自体政治的に正当ではない集団においては別でしょうが。また当時、ドイツ人が、連合国側の爆撃によるドイツ人の犠牲者について書いているのに出くわすなど予想もしなかったでしょう。とりわけ、だれあろうギュンター・グラスが、戦争の末期にソヴィエトによってバルト海に沈められた、ヴィルヘルム・グストロフ号に乗っていて溺死したドイツ人難民たちを追悼するベストセラー小説を著すだろうなどとは、想像もしなかったでしょう。[*27] ドイツ人の犠牲者が、不適切な歴史的題材だというわけではありません。そうではなく、ドイツ人の苦しみを強調し、暗にそれを、ドイツ人の手によってほかの人びとにくわえられた苦しみと比較するという観念自体が、ナチスの犯罪を相対化してしまうことに危険にも近づいていってしまう可能性をはらんでいたということです。

おっしゃるとおり、このすべては一九九〇年代のあいだに変化していきました。興味深い疑問は、なぜ変化したのかというものでしょう。ひとつの答えは、世代の移行があった、というものです。一九八〇年代終盤には、ハーバーマスは、同志ドイツ人たちはその歴史を「正常化」する権利を得ていない、その選択肢がドイツ人にはまったく開かれていないと、いまだに主張することができましたし、それが読者のあいだに対立や論争を引き起こすこともなかったのです。しかし一〇年後に、一九八九年の諸革命と東ドイツの消滅、そしてその後のドイツ統一のおかげで、歴史がドイツを正常化してしまったとき、正常化は……正常な〔＝ふつうの《ノーマル》〕ものになってしまっていたのです。

こんにちのドイツは再統合された国であるのみならず、もっとも残滓的な意味でさえも、もはや占領された国ではないのです。その意味で第二次世界大戦は、約五〇年間つづいたのちに、歴史的にと同様に法的にも終了したのです。ドイツの正常化は、予想されるとおり、その歴史の、そしてそれとともにヨーロッパの歴史全体の書き直しを促進しました。こんにちでは、ドイツ人たちは、ほかの国の歴史記述においてわたしたちにとってはなじみのあるものに非常に近い用語法で、自分たちの過去にむきあっています。この視点の変更が起こったのは、まさに西洋各地の歴史・政治的論争において、「犠牲者」ということが舞台の中心に躍り出た一〇年間であったために、苦しみの比較や謝罪、追悼といった問題が――これは、アメリカにおけるアイデンティティ・ポリティクスから南アフリカの真実和解委員会にいたるまで、同時代にはおなじみのものですが――ドイツでの議論でも中心に来るというのはおどろくべきことではありません。

「真実を語ること」は、相争う「さまざまな真実」と、それらを公に吹聴することの危険のために、長いあいだそれ自体が問題をはらんだ行為でしたが、いまやそれは美徳そのものになったのです。そしてあなたが語るべき真実が大きなものであればあるほど、同胞国民と同情を寄せる観察者たちの注意をより強くひきつける権利をもつことができるのです。かくして、ユダヤ人のジェノサイドという究極の真実と対抗するように見えるあきらかな危険にもかかわらず、ドイツの近い過去の、これまでは不都合であったエピソードを公然と語ることで、多くの物語を語ることを後押しするという可能性が開けるわけです。

もちろん真の問題は、ある共同体が「真実を語る」と主張するとき、彼ら彼女らは自分たちの苦しみを最大限に強調した物語を語っているだけではなく、ほかの人びとの苦しみを暗に最小限のものに見積もるということをしているのです。

第二章　ロンドンと言語——英語で書く／イングランド《イングリッシュ》の著述家

わたしにとって学校は、家のような場所でもなければ、家からの逃避の場所でもありませんでした。友人も含めたほかの子供たちには、訛りのない祖父母がいました。とても小さなことではありますが、そのことはわたしをまごつかせ、おそらくすこし疎外感を与える事実でした。わたしの世界では、祖父母というものはみな訛っているものでした。祖母や祖父とはそういう存在だったのです。つまり、祖父母は話していたら突然にポーランド語やロシア語、またはイディッシュ語を話し始めるために、完全には理解のおよばない人たちだったのです。わたしの小学校では、校長が親ユダヤ的な情熱を無思慮にほとばしらせて、わたしを、ユダヤ人はいかに賢いかということの実例として使い、それによってわたしのクラスメートの半分から、ねたみをこめて嫌われるのを確実にしてしまう、ということがありました。学校生活の残りのあいだ、このことはずっとわたしについてまわったものです。

一一歳でわたしは、直接助成校のひとつであるエマニュエル校に入学しました。直接助成校というのは、基本的には無償の選抜校で、のちにイギリスにおける教育の総合制へのまちがった移行によって、民間セクターへとおいやられた学校です。[*1] 千人強の男の子たちの学校のうち、ユダヤ人は五人いるかいないか、というところでした。そこでわたしはおおいに反ユダヤ主義的な態度に遭遇しましたが、その男の子たちの親も、疑いなく反ユダヤ主義的でした。この学校はサウス・ロンドンの下層中産階級と労働者階級のためのものだったのですが、当時その階級の中で反ユダヤ主義はめずらしいものでも、特筆すべきものでもなかったのです。

わたしたちはイングランドにどれほど反ユダヤ主義があったか、すくなくとも一九六〇年代の根本的な変化が起き、ホロコーストに対する意識が覚醒していくまでは、忘れていました。ウィンストン・チャーチルがそれを忘れなかったのは確かですが。戦時中のイギリス諜報部は、ユダヤ人についてひろまっていた疑いの感情と、戦争は「彼らユダヤ人」のために戦われているのだという消えることのない不平の声を、チャーチルに届けていました。そのために、チャーチルは戦時中にはホロコーストについての議論を抑圧し、英国空軍が強制収容所を爆撃すべきかどうかについての論争を検閲しました。

わたしは、ユダヤ人がいまだめずらしく、目立つ外部者の一部であるようなイングランドで育ちました。当時、アジア人はほとんどいませんでしたし、また黒人もさらに少なかった。もしユダヤ人が、とくにエマニュエル校の通学圏で疑いの目を向けられるとすれば、それはユダヤ人が学業においてよい成績をとりすぎるとみなされていたからでもなければ、商業の才能がありすぎて大もうけをしすぎると考えられていたからでもありません。わたしたちが、たんに外来の存在だったからです。当時はまだほとんどの人たちがキリストを信じていたのにわたしたちは信じず、見知らぬ外国の土地からやってきた、もしくはやってきたと思われていたからです。あからさまに反ユダヤ的な学生の数はじっさいは非常に少ないものでしたが、その少数は声が大きく、恥知らずな連中でした。

ラグビーがおそらくわたしをいくぶんかは助けてくれたでしょうけれども、そういった反ユダヤ的な少年たちにとって、わたしはつねに、眼鏡をかけた典型的なユダヤ人少年でした。一度か二度、わたしは反ユダヤ的な愚弄の言葉にかっとなって喧嘩をしましたし、この、時に敵意にかこまれた環境は、わたしの中等学校での年月の魅力をおおいにそこなってしまいました。わたしは学校に出席し、勉強をしてスポーツをし、それから帰り道では悪童たちにつかまらないよう気をつけながら家に帰りました。しかしそのほかの点で、わたしは中等学校での経験全体についてまったく無関心で、当時なんらかの喜びを感じていたような記憶がほとんどありません。

わたしが学校から得ることがなかったのは、集団的なアイデンティティの感覚です。わたしは孤独な子供でしたし、ずっとそうでした。わたしの妹は八歳年下だったので、一緒にすごす時間はほとんどなかった。七歳から一五歳になるまで、わたしの好きな時間つぶしといえば寝室で本を読むこと、自転車に乗ること、それから列車旅行でした。一九世紀後半にエマニュエル校はバタシー〔ロンドン南西部〕の、クラパム・ジャンクション駅のちょっと南の三角形の敷地に移動していました。敷地は二本の鉄道路線にはさまれていました。ヴィクトリア駅からの南行きの路線が東側に、ウォータールー駅から南西に、大西洋岸の港へと向かう路線が学校の西を走っていました。どの授業も、どんな会話も列車の音で中断させられたのです。学校は、わたしの青年時代の孤独の主要な源泉でしたが、すくなくともそこからの逃避の道は示唆してくれたというところでしょうか。

それでもやはり、学校はほかのすべてのキリスト教の子供たちとおなじような教育と影響にわたしを晒しました。それはともかく、比肩するもののないジェイムズ王版の聖書のおかげで、学校教育はわたしにより質の高い英語を身につけさせてくれました。ですが、学校教育の影響は、それよりもさらに深いものではないかと思います。もし今でも、正統派ユダヤ教の教会堂と、田舎にある英国教会どちらの方が違和感がないか、とたずねられたとしたら、わたしはその両方で、それぞれちがった意味で違和感がないと答えなければならないでしょう。わたしは、正統派ユダヤ教の教会堂で行われていることがすぐに理解でき、それを共有することができたでしょうが、わたしのまわりの人びとの生きる世界の一部である感じはまったく得られなかったでしょう。逆に、わたしはイングランドの田舎にある教会と、それをとりまくコミュニティの中で完全にほっと落ち着くことができたでしょう。信仰を共有はせず、儀式のさまざまな象徴に同一化することはないとしても。

学校はわたしを、もうひとつのやり方でイングランド人にしました。学校では良質の英文学を読むのです。エマニュエル校は、もっとも厳格なものだと正当にも考えられていた、ケンブリッジの高校のシラバスに従っていました。わたしたちは、チョーサー、シェイクスピア、一七世紀の形而上詩人、一八世紀の古典主義詩人など、詩を読みました。また散文も読みました。サッカレー、デフォー、ハーディ、ウォルター・スコット、ブロンテ姉妹、ジョージ・エリオットなど。わたしは英作文で賞をもらったことがありますが、賞品は適切にもマシュー・アーノルドの本でした。当時の教師たちはF・R・リーヴィスの影響下にあり、英文学の文化の、いかめしくも保守的な見方を推奨していました。[*2]

このようなものの見方は、当時はかなりひろまっていたわけですが、それが意味したのは、一九六〇年代の子供たちは、前の世代に与えられたものとほとんど異なることはなく、さらにはより良質な教育の恩恵に浴することができたということです。わたしのような人間が、若者時代のラディカルな政治から、長じてリベラルな主流へとすんなりと転向していくことを可能にしたのは、おそらくこのような伝統文化の参照枠の幅ひろさであり、イングランドを祖国と感じることは厳密にはないにせよ、英語の世界になじんでいられる感覚だったのでしょう。

それがどうあれ、学校はわたしに、言語としての英語の理解力、そして英語の書き物の理解力を与えてくれて、それはわたしが外国のものに強い関心を向け、また外国とのつながりが強かったにもかかわらず、ずっと身についたままでした。わたしの同時代の歴史家たちの多くは、時流に流されたり、選択親和力のせいだったり、または専門分野の志向のために、大陸ヨーロッパ人になりました。わたしもそうだったと思います。しかしそういった人たちのほとんどよりも、これは奇妙に聞こえるかもしれませんが、わたしは自分をイングランド人だと深く感じていましたし、ずっとそのように感じてきています。わたしは自分がほかの人びとよりもうまい英語を書けているかどうか分かりませんが、自分が本当に喜びを感じながら英語を書いていることには確信があります。

わたしたちはすでに、ヨーロッパにおける第一次世界大戦の精神的な意義について話しましたね。第一次世界大戦の後に大陸を襲った破綻は、一〇年遅れてイングランドを襲ったように思われます。それに対して、ほかの帝国、たとえばハプスブルク君主国のような内陸の帝国では、断絶は明確に、即座にやってきました。戦争、敗北、成功した革命と失敗した革命、いずれにせよかなり急速に新たな世界が生じました。たしかに、こういった変化は中欧と東欧の全体で、何年間かは抵抗を受けましたし、じっさい東方では一九二〇年代になっても戦闘をつづける軍隊がありました。しかし当時、なにか新たなものが生成しつつあったのです。ケインズは、まちがいなく大きな物事の図式を正確にとらえていました。それとは対照的に、小英国の内部では、戦前の世界への回帰を夢見ることが、しばしのあいだは可能だったのです。

典型的な一九二〇年代の声はイーヴリン・ウォーの『卑しい肉体』[*3]です。この作品は、第一次世界大戦後の一種のんきで、その時を豪勢に楽しもうといった態度と、しのびよる変化の影に対する、階級意識もまじえた無頓着さとを結合してみせています。特権階級は、すくなくともつかのまのあいだは、その特権を享受しつづけました。つまりその特権とは、戦前の生活と資源の、内容ではないにせよその形式のことです。当時の代表的な左翼（そして詩人）であるスティーヴン・スペンダー[*4]が三〇年代を決定的に重要な政治の一〇年だったとふりかえっていることを思い出しましょう。しかしスペンダーは同時に、ほかの多くの人たちと同様に、二〇年代をそれとの対照で、おどろくべき政治的な静観主義の時代として思い出しているのです。その後数年以内に、イングランドの思想家、作家、学者たちは戦間期の政治的な敵対の現実にとつぜん目覚めることになるわけですが、彼ら彼女らは、この政治的な関わりあいと参加という新たに発見された世界を理解してそこに意味づけをするための、国内における参照枠というものをほとんどもちあわせていなかったのです。

じっさいイングランドにおいて、大恐慌は、ヨーロッパの大部分においてそうだったのとは違って、一連の危機の最新版というものではありませんでした。それは唯一の、危機そのものだったのです。経済的な不況は政治的な左翼を崩壊させました。ほんの二年前にあれほどの鳴り物入りで選挙に勝った労働党政権は、失業とデフレーションという試練に直面して一九三一年には屈辱的にも敗北することになります。労働党自体が分裂します。党の重要人物たちは、指導者層のほとんどを含めてですが、「挙国一致政府」と呼ばれる、保守党との連立政権に入っていきます。一九三一年から一九四五年のチャーチルの選挙戦敗北にいたるまで、政治的な保守派が連邦王国を支配したのであり、その周辺に労働党からの脱党者や、ロイド・ジョージのかつては偉大であった自由党の生き残りがちらほらといた、というぐあいだったのです。

かくして、この時代の大部分にわたって、政治的左翼は政権から遠ざかっていただけでなく、権力の行使から完全に切り離されていました。左翼内部での政治的な論争は、そして現状肯定的なしきたりに対して異議を申し立てるような対話は事実上すべて、因習的な意味での議会政治の外側へとおいやられてしまったのです。もしイングランドの知識人が、一九三〇年代にそれまで以上の重要性を獲得したとすれば、それはこの国が突然に自分たちの文化的な重要性に気づいたからではなく、また全体としてより政治意識に目覚め、したがってより「ヨーロッパ的」になったからでもなく、たんにラディカルな異議申し立てや意見が形成され、議論されるような公共空間、もしくは対話がほかに存在しなかったからなのです。

スティーヴン・スペンダーのどの妻だったか忘れましたが、おそらくアイネズだったと思いますが、またスペンダーの彼女宛の手紙だったか、その逆だったかも忘れましたが、離婚の後につぎのような文章を書いたのは、たしかアイネズだったと思います。[*5] 曰く、「最初あなたはあまりにも愛してくれなかった。それからあなたはあまりにも愛しすぎた」と。一九二〇年代と三〇年代のイングランドの対照というのはまさにそのような——

——まさにそうですね——

というのもスペンダーは、一九二〇年代にはイングランドの祖国にとじこめられた後に、（ここでは彼をひとつの典型例としてあつかっているのですが）まずクリストファー・イシャウッドとW・

H・オーデンとともにベルリンに行き、それからウィーンにおもむいて、そこでナチスのクーデターの失敗と一九三四年の内戦〔二月内乱〕を目撃することになります。スペンダーはまた革命のさなかのスペインでもしばらくの時をすごしています。このすべては、三〇年代の回顧録である『世界の中の世界』で、「現実に悩まされる」経験として記述されています。あたかも現実というものは、人を悩ませるはずのないものであるのが、いまや人を悩ませているゆえに、その存在を認めざるを得ない、とでもいうようなニュアンスです。

奇妙にも、スペンダーの地理的な彷徨と、その彷徨から引き出された発言は、レイモン・アロン[*6]の所見を彷彿とさせるものです。アロンはヒトラーが権力を掌握したまさにそのときに、若き大学院生としてドイツで教えていました。アロンはフランスに戻り、同僚や同時代人――当時全体主義にはまったく関心を抱いていなかったサルトルもふくめて――に迫り来る現実について説得をしようと必死でこころみました。たしかにフランスのケースは多くの点で異質ではありますが、イギリスの経験と類似した部分もあります。フランスの一九二〇年代もまた、すくなくとも知識人にとっては、脱政治化の一〇年でしたし、それに対して一九三〇年代はもちろん熱狂的な政治参加の時代でした。

それにしても、「すくなすぎるか、さもなければ多すぎる」症候群、つまり、政治的な無関心と怒り心頭の政治参加とのあいだの振幅は、ほかのどこよりもイングランドで顕著だったでしょう。一九三四年から一九三八年という決定的な年月のあいだに、共産党が上流中産階級のオクスブリッジ出身のひと世代を誘惑してシンパとし、党を擁護させ、活動的な同志とし、さらにはまれなケースではありますが共産主義のために公然とスパイ活動をさせることに成功したのは、イングランド独特のことでした。

すくなくともいくつかの場合に——一〇年後に登場するケンブリッジ・グループ[*7]にはあてはまりませんが——左翼への魅惑というのは、ワイマール期のドイツの経験と関係があるということには同意なさるでしょうか。というのも、ここでの登場人物のうちのいく人か、つまりオーデン、イシャウッド、スペンダーにとって、ワイマール期のドイツはもっとも魅力的な民主主義国だったからです。素敵な若い男たちがいて、最高の建築のある国です。

オットー・ワーグナー[*8]と服装倒錯者たちのあいだにあって、ドイツがイングランドより興味深く見えた、というのはたしかにそのとおりでしょうし、じつを言えば、じっさいに興味深かったのです。ベルリンとウィーンで、じじつ何か常軌を逸していて面白いことが起きていました。オクスフォードから卒業したばかりで、この濃密な文化の中心地にやってきた若きイングランド人にとって、イングランドとドイツの対照は、それは強烈だったにちがいありません。しかしおなじことはフランス人にもあてはまるのです。若きアロンにとっては、彼の哲学・社会学の教育を完成させようと望むなら、ドイツに留学して勉強するべきだということは自明のことでした。すくなくともその点では、ドイツで一年間をすごしてドイツ語を勉強した（しかしドイツの政治についてはなにも学ばなかった）サルトルにもおなじことが言えます。二人は、ほかの多くの人びとと同様に、あの国のまったきエネルギーに魅了され、感銘を受けたのです。そこにはもちろん、つまらぬつばぜり合いを展開する政治セクトから発散される否定的なエネルギーもふくまれていましたが。

ワイマール共和国の残響は何十年も消えませんでした。わたしたちとおなじ歴史家のエリック・ホブズボームのことを考えてみてください。この議論の文脈では、彼はオーストリア＝ドイツですごした子供時代から一九三〇年代にケンブリッジの知識人層へと移動をしたわけで、一種の多国籍的イギリス知識人とみなすべき人です。ワイマール共和国が崩壊しつつあった時代にベルリンに住んでいたホブズボームは、当時の雰囲気と出来事に強烈な影響を受けるには十分な年齢（一五歳）に達していました。ホブズボームの回顧録には、この時期の彼の感情について、感動的に、そして強い説得力をもって語っている部分があります。彼のその後の長い人生のどの時点よりも、より生き生きとし、より深く政治に参加し、文化的に、さらには性的にもエネルギーが充溢した感覚についてです。ずっと後になって、ホブズボームは回顧録の中で東ドイツと東ベルリンについて肯定的に書き、またさらにはそれらを擁護さえしています。東ドイツは陰鬱で非効率だったのはたしかかもしれないが、一定の魅力はあったのであり、東ドイツが消えてしまうのを目にするのは残念だと。ホブズボームがエーリッヒ・ホーネッカー〔東ドイツ国家評議会議長、在任一九七六―一九八九年〕の東ドイツと彼の若者時代のワイマール共和国を混同しているのではないかという考えを拒むのは難しいでしょう。スペンダーとその仲間とおなじように、ホブズボームには、あれほどにいかがわしくも魅惑的で、存在が脅かされて自己防衛ができないけれども、でもけっして退屈ではないあの民主主義国家に対する、見まがうことのない愛情があるのです。このような記憶は、イギリス人のある重要な転換点にあたる世代を形成するに際して非常に重要なものとなりますし、またその後数十年のその世代の政治を特色づけることになるのです。

生きられた経験ではなく、創りあげられた神話としてのソヴィエト連邦が、遠い背景にありますね。ワイマール期のドイツに魅了され、それから共産主義に魅了されたこういったイギリスの知識人たちにとって、その魅了というのは、「ブルジョワ」と「民主主義」というカテゴリーを混ぜあわせることに共産主義者たちが成功したこととなんらかの関係があるかもしれません。彼らにとってのワイマール共和国とは、民主主義的ブルジョワとはほど遠いものでした。

ブルジョワ民主主義についてまずいのは名詞〔民主主義〕のほうではなく形容詞〔ブルジョワ〕のほうである、という考え方は、マルクス主義修辞学者たちによる本当にすばらしい発明でした。西洋民主主義国家の問題が、それらがブルジョワ的であること（それが何を意味するにせよ）だとすれば、そのような国に住むことを強いられた内部の批判者たちは、リスクを背負うことなしに批判をくり出せるということになります。つまり、ブルジョワ民主主義から距離をとることは、その人になんの犠牲も強いませんし、制度そのものに脅威を与えることもほとんどありません。それに対して、一九三三年以前のドイツで民主主義から批判的な距離をとることは、その民主主義の崩壊に積極的に関わっていくことを意味する可能性が非常に高かったわけです。ようするに、ワイマールの知識人は自分たちの言説の傾向から出てくる政治的な論理をそのままに生きることを強いられたのです。イングランドのだれも、それに比較できるような選択肢に直面したこともなければ、直面してもいません。

ブルジョワと民主主義とのあいだの連結は、マルクス主義者によるフロイトのみごとな翻案であるようにわたしには思えます。つまり、弁護士の父や銀行員の父に対して、子供時代の子供じみた反抗の特権を自由に享受しているあいだだけは、反対できるということです。

ええ、まあ、幼児期のエディプス・コンプレックスについての考察から、種の歴史へと人をむすびつける、成熟したヘーゲル的な論理の枠組みへと横ずらしをするのは簡単といえば簡単です。ですが、鋭い感性をもった知的な大人であれば、自分自身の利害とそれが衝突しない限りにおいてしか、そのような思考にふけることはできないでしょう。ところが、あなたがもし、ブルジョワジーが危機に瀕していて根本からばらばらにされたような国で、ブルジョワの両親の子供として生まれたなら、そのような思考と自己の利害は衝突するものなのです。というのもそのような場合には、自分の階級の出自から距離をとることはたいした助けにならないからです。その場合、罪のある階級の相続者であるというだけで糾弾されるには十分なのですから。ソヴィエト連邦や共産主義のチェコスロヴァキアにおいては、二世代にわたる「ブルジョワ」の帰結はまったくもって不快なものでしたが、まさにそれと同時に、ニューヨークやロンドン、パリやミラノのブルジョワは、自分たちを〈歴史〉の代弁者の地位へと押し上げていたのです。

イングランドでは政治によって人びとが分断されることが、ヨーロッパ大陸におけるよりはすくないように思えます。たとえば、T・S・エリオットがスペンダーの詩集を出版するなど。[*9]

一九三〇年代までは、イングランドの著述家や思想家のさまざまな重なりあう集団は、共有された政治によってではなく、共通のルーツと自然な親和力、そして趣味によってつなぎとめられていました。ブルームズベリー・グループ、フェビアン協会、チェスタトン、ベロック、ウォーを中心とするカトリックのネットワーク[*10]は、美学的もしくは政治的な対話の閉じこもった世界をつくりあげており、その世界に入れるのはイングランドの知識人の、内輪で選ばれた小さな集団だけでした。

イングランドの教養あるエリートは、アメリカやヨーロッパの基準からすると非常に小さな集団でしたし、おそらく今でもそうです。ほとんどのイングランドの知識人は遅かれ早かれおたがいに知り合いになるような、狭い世界に生きています。ノエル・アナン[*11]はケンブリッジ大学のキングズ・カレッジでエリック・ホブズボームと同世代でしたが、やがて自分の出身のカレッジの学寮長となり、それからユニヴァーシティ・カレッジ・ロンドンの学長を歴任、その後数十年のあいだ、イングランドの制度的・文化的な生活において重要なほぼあらゆる公的な委員会にかかわりました。彼の回顧録のタイトルは『わたしたちの時代』です。これが「彼らの時代」ではなく「わたしたちの時代」であることに気をつけてください。みんながおたがい顔見知りであるというのが表れています。アナンの回顧録のタイトルと内容に含意されているのは、彼の世代が集団として国政をとりしきってきたのだ、という前提なのです。

それはじっさいその通りでした。一九六〇年代後半まで、イングランドで大学まで進学する子供たちの割合は、先進国のどこよりも低かったのです。その、よい教育を受けた小さな集団の中で、オクスフォード大学かケンブリッジ大学出身の者たちだけが（もしくは、これはさらに少数の例外ですが、いくつかのロンドンの大学の出身者だけが）、この知的・政治的な主流体制《エスタブリッシュメント》の内輪のサークルに入ることを許される可能性があったのです。この小集団をさらに煮詰めて、かなりの数にのぼる、当然に頭の悪い「七光り」学生、つまり階級や親の力によってオクスブリッジに入学した学生たちを排除すれば、イングランド文化とイングランドの知識層の源泉たる社会的・遺伝子的プールは非常に小さいということはあきらかです。

しかしオクスフォード大学やケンブリッジ大学は、帝国諸地域から学生を受け入れませんでしたか？

イエスそしてノーです。いっぽうでは、一九五〇年代終盤までは、黒や茶色の顔に出会うことなしにロンドンで一生をすごすことが可能だったということを思い出す必要があります。じっさいに肌の黒い人に出会うことがあったとして、それはほとんどの場合イギリスの教育制度に選別されて吸い上げられた、インドの限られたエリートのひとりだったでしょう。その吸い上げというのは、イギリスの寄宿学校のインドでの模造品を通じてであったり、インドの貴族が伝統的にその息子たちを送り、そこから帝国のエリート大学への入学を確実なものにした、イングランドのパブリック・スクールを通じてであったりしました。ですから、そう、オクスフォード大学とケンブリッジ大学には、一九世紀の後半から、さまざまな出自のインド人がたしかにいました。その一部がやがて祖国を指導してイギリスからの独立へと導くことになるわけですが。しかし、そういったインド人の存在を、傑出した個々の事例はのぞいて、重要だと考える必要はないと思います。

イングランドの知識人の小さな供給源をひろげるもうひとつの方法は、政治的な亡命者をくわえることでした。オクスフォードのアイザイア・バーリンはおそらくもっともよく知られた例でしょう。バーリンは、わたしたちがここまで話題にしてきた人物のすべてとは言わないにしてもほとんどを知っていたはずです。ラトヴィア出身のロシア系ユダヤ人という、完全なアウトサイダーであったにもかかわらず。

ですがアイザイア・バーリンは独特な存在でした。ユダヤ人であり外国人であったことはたしかですが、完全なインサイダーでした。バーリンはイギリスの文化的な主流体制《エスタブリッシュメント》の中では異国の存在だと認識されていましたが、まさにその理由で、彼はイギリスの体制の外来のものを同化吸収する機能と能力の典型的な事例になったのです。このことはもちろん誤解を生じさせやすいことです。アイザイア・バーリンはうたがいなく、同化吸収がうまくいった顕著な事例ではありますが、まさに彼が異国の存在であることが、彼を、より受け容れやすくすることはなかったにせよ、まったく脅威とはならない人物にしてしまったのです。初期の段階から、バーリンに対する批判者は、彼の成功はひとつの立場を取ろうとはしないこと、「ぐあいの悪い」立場に立ちたがらないことに大部分負っていると言っていました。バーリンが彼の同業者にとってあれほど許容可能な人になったのは、この柔軟な順応力のおかげでした。まずは学部学生として、そして英国学士院の院長、オクスフォード大学のあらたなカレッジ〔一九六五年創設のウルフソン・カレッジ〕の創設者として。

それとは対照的に、ほとんどのアウトサイダーというものはその本性からしてぐあいの悪い立場に立っているものです。自分のコミュニティに対する批判者という役割を見つけてしまったインサイダーにもおなじことがあてはまるでしょうけれども。おそらくジョージ・オーウェルがもっともよく知られた例でしょうか。生まれつきそのような立場にあるのであれ、時間をかけてそうなったのであれ、そういった男たちは難しい人物です。舌鋒鋭くとげのある性格を持っているものです。バーリンにはそのような欠点はありませんでした。そのことはうたがいなく彼の魅力の一部だったでしょう。しかし、年月が経つにしたがって、その性格は彼の中で、論争を呼ぶ問題についてのある一定の控えめさや、はっきりと発言することへのためらいへと育っていってしまい、それがやがて彼の名声を陰らせることになってしまったのです。

「制度」は確実に、問題のない種類の人たちを同化することができました。それは、エリック・ホブズボームのような人、すなわちアレクサンドリア生まれでウィーン育ち、ベルリンに暮らすドイツ語話者のユダヤ人共産主義者を迎え入れることができました。ナチス・ドイツからのがれた難民としてロンドンに到着してから一〇年以内に、ホブズボームは使徒会、すなわち、ケンブリッジでもっとも聡明な若者たちによる推薦制の秘密結社の一員になっていました。これ以上のインサイダーがあり得るでしょうか。

そのいっぽうで、ケンブリッジやオクスフォードでインサイダーとなるには、従順さは求められませんでした。ただし、知的な流行への従順さは別で、それは知的な同化をするためのある能力の機能でしたし、現在もそうです。その能力の一部というのは、いかにしてオクスフォードの教授《ドン》に「なる」かを知ることです。つまり、けっして政治的に攻撃的になりすぎないような英国的な会話をいかにしてこなすかを本能的に理解することですし、アイロニー、ウィット、そして精妙に調整された無頓着さを適用することによって、道徳的な真剣さや政治的立場、倫理的な堅苦しさをいかにしてやわらげるかを知ることです。たとえば戦後のパリでそのような能力を発揮するなどというのは、想像するのが難しいでしょう。

それは、政治的選択にあたって、個人的な生活、とくに愛情生活の問題が、結局はフランスの知識人よりもイギリスの知識人にとってより重要である、という帰結をもたらすかもしれませんね。フランスの知識人は政治的な議論によって分断されますが、恋人のあとに従ってさまざまな政治的立場を選択するということは、より少ないと思います。

アーサー・ケストラーとシモーヌ・ド・ボーヴォワールは一夜かぎりのひどいセックスをしていますね。そのことが、二人の手紙のやりとりや回顧録から判断できる範囲で、二人の政治的な決別の原因になることもなければ、また決別を止める障碍になることもありませんでした。ボーヴォワールはあきらかにアルベール・カミュに惹きつけられていましたが、それが一因で、サルトルはカミュにあれほど嫉妬していたのでしょう。それにしても、そのような人間関係と、二人の政治的な不一致とは、なんにせよ関係がなかった。

それとは逆に、すくなくとも一九七〇年代を通して、イギリスの知識人のあいだの性関係——同性愛と異性愛の両方ですが——は、たしかに彼ら彼女らの社会的な選択親和関係の中核にありました。イギリス知識人の性生活が目立って興味深い側面をそなえているだとか、大陸ヨーロッパの知識人より活発だとか言いたいわけではまったくありません。それでも、二〇世紀を通してイギリスの知識人が、性生活以外の分野では比較的に寡黙で消極的だったことを考えると、彼ら彼女らの感情的なもつれあいは、あくまでほかの国との比較でですが、ある程度顕著なものだと思います。

帝国の諸地域出身の人びとが、イギリスの知的生活ではいまだに重要ではなかったとしても、帝国そのものが経験の源泉として重要だったことはたしかですよね？　ビルマのジョージ・オーウェルなどを考えても。

オーウェルは一九二四年から一九二七年まで、ビルマの帝国警察で、下級ではありますが現地では上級官吏の職についていました。オーウェルを読んでいて、彼が帝国そのものに関心を寄せていくという感じはけっして受けません。当時の彼の著作が示唆するのは、やがて時満ちてオーウェルのイングランドそのものについての所見を透徹することになる、一連の道徳的・政治的な見解の萌芽です。それは確実に、帝国支配に対する批判から生じたものなのですが。ビルマ問題（またはインド問題）は現地における不公正を超越しており、とりわけ帝国支配の不正と不可能性にかかわるものだ、というオーウェルの意識は、確実に、帰国してからの彼の政治的な立場を特色づけることになりました。

オーウェルは、〔帝国の〕公正と従属の問題は、階級や政治といった伝統的な主題と同様に左翼によって取りあげられなければならないと理解した、最初の評論家のひとりだったとつけくわえるのが公平というものでしょう。実際、そのような公正や従属の問題をあつかうことこそが、左翼であることの意味の一部をそれ以来構成してきたのです。戦間期のかなり後の方になるまで、国内での社会改良主義や、さらには政治的急進主義と、自由主義的な帝国主義を結びつけることは完全に可能だったということを、わたしたちは忘れがちです。ついその直前までは、イギリスにおける社会改善の鍵は帝国を維持し、護り、さらには拡大することであると信じられたのです。一九三〇年代になると、このような立場は政治的にと同様倫理的に矛盾しているように聞こえはじめますが、オーウェルはこの感性の変化にかなり貢献したといえるでしょう。

文学、つまり、当時の出版物で、とりわけ一九三〇年代世代が読んでいたであろう小説が、帝国の世界を考えるための方法として役立ったということはあると思いますか？　ジョーゼフ・コンラッドや後期グレアム・グリーンを考えてみてください。登場人物が外国、それも多くの場合帝国の中のどこかへ行って、物事の真相をあばくような。もちろんスパイ小説の場合には、スパイというのは真相をあばくよう訓練を受けているのであたりまえではありますが。

帝国のポピュラー文学は本当は道徳的問題を主題としています。誰が善人で、誰が正しく（ふつうはわたしたちが正しいわけですが）、誰が間違っているか（やつらが間違っている、というのが典型です）。たとえば一九三〇年代に出てくる、スパイやドイツ人についての文学は、帝国を枠組みとしている部分がかなり大きいです。それはスパイや、姿を消すレディなどを中心とする一九三〇年代の映画にも言えますね。しかしわたしの印象としては、そういった主題はむしろ「中欧」を舞台とすることが多いように思います。中欧というのはその場合、一種神話的な領域であり、神秘と密議の場であるわけですが、範囲としてはだいたいアルプス山脈からカルパティア山脈まで広がって、さらに南や東に行くともっと神秘的になっていくというぐあいです。一九世紀後半のイギリス人にとって異国的なものといえばインドや近東だったのに対して、一九三〇年代になると異国的なものはチューリッヒから列車で行ける範囲にあるというのは面白いですね。それはそれなりに帝国文学のアップデート版で、ビルマ人のかわりにブルガリア人が使われたということでしょう。このように、興味深いことですが、イギリス人は世界中にいながらにして自国にいる感覚をいだきつつ、異国風だと感じられるのは、それほど離れていない、しかし永久に帝国の外側にあるヨーロッパの国々なのです。

シャーロック・ホームズはボヘミアで謎解きをしていますね。[*12] そこではみんなドイツ語を話して、だれもチェコ語を話さない。もちろん、このことの政治的な含意は、ボヘミアはわたしたちがほとんど知らない遠くの国だということです。逆説的なことですが、ビルマについてはおなじことは言えなかった。

まったくその通りです。ビルマは、わたしたちがいろいろと知っている遠くの国ですね。しかしもちろん、中欧がおびている距離と神秘の感覚には、遠いルーツがあります。シェイクスピアの『冬物語』における「ボヘミアの岸辺」を考えてみてください。[*13] この、〔ドーヴァー海峡を渡ってカレーから向こうに行けば〕ヨーロッパは帝国よりも神秘的だというイングランド的な感覚は、古くから確立されていたものです。イングランド人にとって、すくなくとも彼らの自己イメージにおいては、より広い世界は参照枠として意味をもち得ます。が、ヨーロッパは、あまり緊密に結びつけられたくはないなにかなのです。ビルマ、またはアルゼンチン、南アフリカに行って英語を話し、イングランド人が所有する会社を、またはイングランド流の経済を経営・運営することはできます。ですが皮肉なことに、それはスロヴェニアではできないのであり、それゆえスロヴェニアの方がはるかに異国だということになります。

そして植民地インドやインド諸国〔インド、インドシナ、東インド諸島を総称する旧称〕では、それが白人の学校の同級生であろうが、教育を受けた茶色の従属民であろうが、おなじような参照枠をもった人びとに出会います。こんにちでさえも、カリブ海、西アフリカ、東アフリカまたはインドの、五〇歳以上の大学出の男女が、イギリスの同時代の人たちとどれだけおなじ教育内容を受けているかというのは、まったく驚くばかりです。わたしがカルカッタ〔コルカタ〕またはジャマイカ出身の同世代人に会っても、わたしたちはすぐにおたがいになじんで、文学からクリケットにまでいたる参照項や記憶を交換できるでしょうが、ボローニャやブルノ〔チェコ東部〕の行きずりの知り合いとおなじようにしようとしても無理でしょう。

一九三〇年代には、未知の東方に対する、明確にイングランド独特のロマンスが生じます。すなわち、ソヴィエトのスパイ、「ケンブリッジ五人組」のことですが。

注目していただきたいのは、三〇年代の五人の共産主義のスパイは、ケンブリッジ大学のふたつのエリート・カレッジと緊密に結びついていたということです。その二つとはキングズ・カレッジとトリニティ・カレッジです。この二つのカレッジというのは、それでなくとも特権的な一九三〇年代のイングランド知識人層の、さらに選別的な部分集合ですね。

一九三〇年代のイギリスにおける共産主義のシンパには、おもに二種類がいました。ひとつめは、典型的には若い上流中産階級のイングランド人で、一九三六年から一九三九年のスペイン内戦の際に共和国を救うためにスペインに行った人びとです。そういった男たちは、進歩主義者たちでした。彼らは最初から自分たちのことを、ヨーロッパ左翼の一族の一員とみなしており、自分たちが遭遇せんとしている状況には通じていました。彼らのほとんどは幻滅してイングランドに戻り、そのうちでの最上の人びとは自分たちの幻滅について、かなりためらった後ではあれ、興味深い証言を残しました。ジョージ・オーウェルはためらいませんでしたが。彼は帰国してすぐに『カタロニア賛歌』で彼の希望と幻滅の記憶を書いてみせましたから。

第二のグループは共産主義と運命を共にし、その政治信条のありかを公然と認めた人たちでした。若きエリック・ホブズボームと、共産党歴史家グループ*14の彼の将来の仲間たちはおそらくイングランドでの例としてはもっとも有名でしょう。

「ケンブリッジ五人組」の若者たちは、この二つの範疇のどちらにもすんなりとあてはまりません。彼らの、ソヴィエト連邦にとっての使用価値は、彼らには政治的な所属を示す外的な印がなにもなかったという、まさにそのことにあったのです。はじめから、彼らのアイデンティティは隠されたものでした。彼らがソヴィエトのスパイとして徴用された理由とはまさに、もっと有名な左翼知識人や左翼学生が、スパイとしては役に立たないということがあきらかだったからなのです。

ケンブリッジ五人組のうちの二人、キム・フィルビーとガイ・バージェスは、その上流階級のしゃべり方とすばらしい教育にもかかわらず、イングランドの中ではアウトサイダーのイングランド人でした。キム・フィルビーは、彼の父、つまりオリエント学者にしてイギリス国教を離反した帝国建設者のセント・ジョン・フィルビーから、帝国主義に対する激しい憎悪と、イギリスの帝国政策は倫理的に弁護の余地のないもので、政治的にも破滅的だというひそかな信念を受けつぎました。何年も後になって、フィルビーが（その仮面がはがされそうになったので）イングランドを逃れてモスクワへと亡命することを強いられたとき、彼はみずからの選択の清廉潔白さについて決然としてなんの疑いも抱いていない人間でした。フィルビーはソ連で完全に幸せだったというわけではありませんが、すくなくとも彼は、ソ連に行くことは生涯にわたる選択をしたことの論理的帰結だと完全に理解していました。

ガイ・バージェスは、彼を知る多くの人たちによれば、紳士の服を着た悪党といった人物でした。酔っぱらってばかりでしたし、性的に貪欲で、彼の政治が注意深く理性的な思考の産物だったといった考え方を真剣に受け容れるのはむずかしいものがあります。もちろんまさにこういった理由のために、バージェスは理想的なスパイだったのです。『紅はこべ』[*15]以来の伝統的な、まぎれもない定型ですね。しかし、（バージェスをケンブリッジ大学から採用した）イギリスの諜報部が、はたまた（五〇年代前半の逃亡まで彼を支配していた）ソヴィエトの諜報部が、このバージェスという男こそ微妙な機密の仕事を任せられる男だと、いったいどうして考えたのかは謎のままです。

五人組のうちの三人目、高名な美術史家のアンソニー・ブラントはおそらく、イギリスの主流体制の内部でこれらの男たちが占めた地位を、そしてまた、多かれ少なかれ偶然に正体が露見することがなければ占めつづけたであろう地位を、もっともよく立証する人物でしょう。つまるところ、ブラントはインサイダー中のインサイダーでした。もっとも保守的な種類の学芸員的な美学的批評を実践する唯美主義者にして学者だったのですから。忘れてはならないのですが、この男は、王室の学芸員にまでのぼりつめた人物だったのです。それにもかかわらず、三〇年という長きにわたって、ブラントはある政治体制にゆるぎなく身を献じていたのです。つまりその体制とはスターリニズムであり、それはすくなくとも原理上は、ブラントがそのキャリアを通して公的に支持していたものとは明白に対立する価値観、利害、そして目的を象徴していたのです。

ですがブラントが一九七九年にソヴィエトのスパイとしてすっぱ抜かれたときにさえも、上流社会における彼の立場と、イングランドのその上流社会に独特の慣例が彼を守ろうとしました。女王がブラントから爵位を剝奪し、トリニティ・カレッジが名誉特別研究員の地位を取りあげたのちに、彼を英国学士院から追放しようという動きがありました。すると、学士院の特別会員のかなりの数が、そうなったら辞任するとおどしたのです。その人たちは、左翼というだけではなく、その会員の中には知的な質と政治的な忠誠は区別しなければならないと論じる者たちがいたのです。かくしてブラントは、すなわち、スパイであり、コミュニストであり、偽善者であり、嘘つきであり、イギリスの諜報員を危険にさらし、その命を奪うことに積極的に関わったかもしれない人物であるブラントは、それにもかかわらず、彼から英国学士院の特別会員資格を剝奪するに足るような深刻な罪は犯していないと彼の同僚の一部に思われていたのです。

このように、ケンブリッジのスパイたちは、アメリカでモスクワのためにスパイ活動をしたことが露見した人びとに着せられた汚名をこうむることはありませんでした。合衆国においては、スパイはアウトサイダーでした。ユダヤ人、外国人、「負け犬」、すなわち単純な金銭の必要というのでなければ理解不可能な動機を持った男性や女性たちだったのです。ローゼンバーグ夫妻[*16]がその典型例ですが、そのような人びとは厳しく罰せられ、一九五〇年代の誇大妄想的な雰囲気の中で処刑されたのです。イギリス人のスパイがこういった見方をされることはけっしてなかったと思いますし、ましてやあのように残虐なあつかいを受けることもなかったでしょう。むしろ、彼らの活動は人びとの頭の中でロマン化されました。しかしなによりも、彼らはイギリスの支配階級の出身者であるという事実によって守られたのです。

外国の観察者の視点から見れば、そのような出自と、犯罪が意味するその出自に対する裏切りは、もっと強い怒りをひきおこしただろうと想像されます。しかし実際には、その出自はその怒りの打撃を弱めたのです。「ケンブリッジ五人組」は、自分たちの政治や人生についていかなる選択をしたにせよ、自分たちの出自を乗り越えることができなくてある意味幸運だったのです。彼らは、スパイがイングランド人として生まれて幸運だった事例なのです。すくなくとも二〇世紀においては、ということですが。同時代のほかのほとんどすべての国とは対照的に、イングランドは裏切ったり批判したりしても安全な国だったのです。知識人の政治参加は、それがスパイ活動というところまで押し進められた場合にさえも、ドーヴァー海峡のむこう側や大西洋のむこう側よりもはるかに小さな危険しかともなわないように見えたのです。つまるところ、二〇世紀のほとんどの期間にわたって、大陸ヨーロッパのだれかが、友人を裏切るくらいなら国を裏切る、と言ったE・M・フォースター[*17]を賛意をこめて引用するのはちょっと想像できなかったわけです。

マクリーン、バージェス、フィルビーは、さらにはブラントでさえも、彼らの政治的関与に対して、純粋に個人的な側面でおおきな対価を支払ったわけですが、そのいっぽうで、同時代に同国イギリスの知識人がとった選択はほぼすべて、その対価をほとんど求めることのないものでした。エリック・ホブズボームは、おそらく彼の世代のイギリスの学者としてはめずらしく、そのキャリアを通してずっと公然かつ公式に共産党員でしたが、ケンブリッジ大学の経済史教授職から排除されるという、比較的に小さな対価しか払いませんでした。ロンドン大学バークベック・カレッジでの（申し分のないはずの）教授職を受け容れることを強いられて、ホブズボームはそこで退職を待ちながら彼の成功した公的な知識人としての人生の果実を摘み取ることを余儀なくされました。支払うべき対価という問題としては、これはそれほどに法外な値段というわけではないでしょう。

ですがこれは確実に、対価を支払うというだけの問題ではありませんよね？　イギリスのエリートというのはまったく異質な機会や環境の世界に生きています。ポーランドの共産主義者たちは一九

三七年と三八年に、自分たちの政府によってではなく、みずから進んで亡命をした先のモスクワのソヴィエト指導層によって殺されました。ポーランドのユダヤ人は一九四〇年代はじめに、ユダヤ人だからという理由でドイツ人に殺されました。エリック・ホブズボームとおなじ世代の、ポーランドの有望な知識人たちは、ドイツ人とソ連人の両方によって、一九三九年と一九四〇年に殺され、また一九四四年にはワルシャワ蜂起でドイツ人に殺されました。もしホブズボームがポーランドにいたとしたら、彼はこのどれか、またさらにはほかの多くの機会に殺されてもおかしくなかったでしょう。しかるにイングランドでは、彼の高名な反体制的でラディカルな政治的所属にもかかわらず、ホブズボームは、彼の国だけではなく二〇世紀全体の、最高峰ではないにせよ、確実にもっとも影響力のある歴史家になりました。

ホブズボームは、世界のほかの半分の地域でなら、学者としてのキャリアのみならず、すべての公的な生活から排除される原因に確実になったであろうような政治的忠誠に対して、対価を支払うことはありませんでした。世界のほかの半分の地域では、ホブズボームが公に肯定した共産主義への献身は、確実に利益をもたらすか障害となるかのどちらかでしょうし、また短期的には利益と障害の両方をもたらすでしょう。しかるにイングランドでは、ホブズボームが共産党員であることは、ほとんどの評論家たちにとってちょっと興味深い情報という程度にとどまっています。彼の同時代人の多くに、程度は低いとはいえ、おなじことがあてはまります。

どのような世界に住んでいるかによって話は変わります。ポーランドの詩人アレクサンデル・ヴァットは、「わたしの小型鉄製ストーブの片側からわたし、もう片側からわたし」という詩を書きました[*18]。これは、T・S・エリオットの「荒地」を彷彿とさせるような詩です。じじつ、これら二編の詩は両方とも、びっくりするほど類似した詩人の展開の瞬間を間接的にあきらかにしています。エリオットはこの後宗教へと向かうことになりますが、ヴァットはというと、彼の世代の多くのポーランド人と同様に、左翼へ、そして最終的には共産主義へと傾きます。ですが両者の場合において、二人は基本的には内面の疑念にむけて語りかけ、それを解決しようとしているのが分かります。しかし、二人が立場を入れかえたと想像してみましょう、それは（つまるところヴァットは最終的には一種のキリスト教徒になるのですから）想像不可能ということはまったくないはずです。そうすると明確になるのは、偶然性というおそろしい要素です。つまり、ドイツ以東においては、若者時代と大人時代のはじめのころというのは、道をふみはずさせる罠や釣り針がよりたくさんあるわけです。

東にむかう必要はありません。フランスにおいても、ヴィシー政権という大きな釣り針があって、フランスの知識人の一世代がまるまる釣りあげられましたからね。それを言うなら、イングランドにおいても、一九三〇年代にファシズムの見込みをめぐって当時はまだ危険性が認識されていなかった危険なゲームをすることができました。しかし、それはゲームにすぎなかった。イギリスでは、ファシズムは政権をにぎるところからは遠くかけ離れていました。そういうわけで、共和国スペインに同情をよせた政治関与に戯れる左派がいたわけですが、極右には政治的な盟友に近づいて火遊びをしたイングランドの詩人やジャーナリストたちがいました。彼らは結局、長期間にわたる非難や社会的排除をこうむることなしに、そういった盟友と手を切ることに成功したのですが。ナチズムはおそらくそれとはちょっと異質だったわけですが、ただイングランドには一九三八年という段階になってもまだ、ヒトラーを共産主義または騒乱に対抗するための防壁として擁護する貴族や社説の執筆者がたくさんいたのです。しかし、ドイツのユダヤ人の運命に関心があった人はほとんどいなかったとはいえ、ソンムの戦いから二〇年もたっていない段階でドイツの独裁者と手を結ぶというのはイギリス人にとってはちょっと難しいことだった。ですがイタリアは別問題で、ムッソリーニに対する支持は、彼の道化じみたふるまいにもかかわらず、そしてまたある程度はそのために、驚くほど高いままだったのです。

第二次世界大戦前の一〇年間のイングランドにおけるファシズムへの共感にひとつの共通する性質があるとすれば、それは、ファシズムが外国の観察者に向けて見せたモダニズムの相貌に由来するものだったと思います。とりわけイタリアにおいては、ファシズムは政治的教義というよりは、ある症候的な政治のスタイルでした。それは若々しく、自己主張が強く、エネルギーに満ち、変化と行動と革新の味方でした。おどろくほど多くのその崇拝者にとって、ファシズムとはつまるところ、くたびれて、懐古的で、灰色に染まった小イングランドの世界にはないと感じられたあらゆるものだったわけです。

この視点から見ると、当時左派と右派両方が一般的に思いこんでいたのとはちがって、ファシズムとは共産主義の対立項ではまったくなかったのです。ファシズムの魅力の源泉とはなによりも、そのブルジョワ・デモクラシーとの対照でした。オズワルド・モーズリー[*19]は、未曾有の経済危機に直面して行動することが言語道断にもできなかったと、正当な批判を同志に向けて、一九二九年から三一年の労働党から脱党し、「新党」を結成し、それはやがてイギリスファシスト連合（BUF）へと変身していきます。ですがここで気をつけたいのは、イングランドの政治においては重要な勢力となったファシスト政党がなかったそのかぎりにおいて、ファシズムの「スタイル」に漠然とした共感を表明することはなんら汚名や危険をもたらさなかったということです。しかしモーズリー率いるファシスト党が、一九三六年[*20]に一般市民のあいだでの暴力行為を先導し、公的な当局機関に挑戦をしはじめると、そのような共感は蒸発してしまったのです。

散発的な、自由意思による知識人のファシズムへの共感と、国民社会主義のドイツは与《くみ》しやすく好ましいのだ、という保守派《トーリー》の無思慮とのあいだには、本当に重なりはほとんどないと言えるのでしょうか？

それは政治的ではなく、社会的区分の問題ですね。高等な保守派《トーリー》の政治の世界というのは、ほとんどの知識人が迎え入れられることのない世界でしたし、また知識人の多くもそのような世界との結びつきを求めはしませんでした。トーリーの貴族が、田舎のカントリーハウスで、ヒトラーがドイツに秩序をもたらした業績に乾杯をして、ナチスの党大会を賞賛している様子を想像してください。また、より深刻ですが、国際的な共産主義の脅威に対抗するためにナチスの指導者と手を組むことを検討している様子を。そのような会話は、オーウェルの言い方を借りればより愚昧な方のイギリス保守派のあいだで実際に交わされたのです。しかしそのような仲間内に知識人が入ることはまれで、たとえもしそこに迎え入れられて主人たちの見解を共有するようなことがあれば、軽蔑をまじえた冷笑をあびせられたことでしょう。つまるところ、それはユニティ・ミットフォード[*21]の世界だったのです。彼女はモーズリーその人が結婚した、かのミットフォード家の娘のひとりでしたが。しかし、ユニティの姉妹のうちの二人

（ナンシーとジェシカ）の成功した文人としてのキャリアにもかかわらず、ミットフォード家はどこまでも上流階級的でした。姉妹のヒトラーへの関心は、現実のものであれ想定上のものであれ、彼の社会政策とは関係がありませんでした。

そのような人びとの大半にとって重要なのは、帝国でした。そして、ヒトラーと取引をしてヨーロッパ大陸を支配する権限を与え、いっぽうでイギリスには海外での自由裁量権を残しておくことは、望ましいと同時に可能なことでもある、とこの人びとが考えた背後には、イギリス帝国を保存したいという利害関心がありました。一九四五年以降に、反ファシズムの戦争に勝利したことを誇っている国イギリスで、オズワルド・モーズリーがもはや彼のファシスト組織を再興することができなくなったとみるや、彼が帝国忠勤同盟を設立したのは偶然ではありません〔一九五四年設立〕。ここで人びとをつなげた糸は、帝国のみが――世界中の、イングランドの白人の同盟者たちと、それにくわえてアフリカその他で生産を行う土着の臣民たちのみが――興隆する世界の強国からイギリスを守ることができる、という信念でした。つまるところ、ロンドンは（一九二〇年代にはすでに主要な経済上のライヴァルになっていた）アメリカに頼ることはできないし、フランスをあてにするべきでもない、と考えたのはモーズリーひとりではなかったのです。つまり、ドイツに賭けるのがもっとも見込みがあったのです。ドイツは歴史上の敵国かもしれないし、その政策は一部の人にとっては好ましくはないかもしれないが、そのどちらの憂慮もそれほど問題とはならなかったのです。

そうすると想起されるのは、世紀転換期のイングランドで隆盛を誇った親ドイツ的な帝国主義思想の学派です。これについてはポール・ケネディが『英独敵対関係の起源――一八六〇―一九一四年』でみごとな詳細さで論じています。[*22] 第一次世界大戦以前には、保守党にも自由党にも、当時興りつつあったフランスやロシアとの協約関係よりも、帝国ドイツとの連盟にこそイギリスの未来はかかっていると判断した人びとがいました。ときには激しいものになった産業の競争（それもカルテルや保護貿易で簡単に調整できましたが）を括弧に入れれば、ドイツとイギリスは基本的に対称で両立可能な利害関心をもっていたのです。この認識は一九三〇年代になってもまだ広く共有されていました。しかしドイツはいまやナチス・ドイツとなったので、そこにははるかに右翼的で、反ユダヤ的で、そしてもちろん反共産主義的な側面がくわわりました。そういった側面はもちろん、同時代のケンブリッジやロンドンでときに表に出てきた、ロマンティックでモダニスト的なファシズムへの共感とはほとんど関係ない世界のものでした。

そうすると、スターリン流の推論、つまり資本主義者はソヴィエト連邦に敵対して同盟しうるし、じっさいするだろうという推論は、まったく無根拠というわけではないと示唆できそうです。というのも、スターリンはいくつかの点で正しかった。つまり、ヒトラーはソヴィエト連邦を追い落とそうと計画しており、ブルジョワ民主主義諸国はその見こみをかなり歓迎するだろうという予測は正しかった。

一九三九年八月の独ソ不可侵条約、つまりヒトラーとスターリンとの同盟は、当時はかなりの衝撃を与えました。しかしそれは、ソヴィエトにとっては時間かせぎになりました。

もしスターリンが彼の配下のスパイの言うことに耳を貸して、ドイツは一九四一年六月にソ連を侵略するだろうと理解した上で条約を結んでいれば、さらに賢明な一手になったでしょうね。それにしてもたしかに、独ソ不可侵条約は西洋を混乱におとしいれ、ソヴィエトにこれといった不利益を与えることなしに、ドイツの攻撃を数ヵ月にわたっておしとどめさせるというめざましい効果をあげました。そして忘れてはならないのですが、ドイツのポーランド侵攻がせまっている状況で、西洋の同盟が、たとえスターリンに助力の手をさしのべたいと考えたとしても、できることは皆無だったのです。ここ西洋の内部にいると、わたしたちはこの事態を、ポーランドの掠奪に直面した際の英仏の無能力という観点でとらえます。しかし、モスクワの視点から見ると、ソヴィエトの外交政策は西洋の対話相手の無能力も考慮に入れながら外交をせねばならなかったというふうになります。

たしかにイギリスとフランスはポーランドのためになにもしませんでした。ですがその二国は、同盟国のポーランドを侵略したという理由で、ドイツに宣戦布告しました。そしてもちろん、モスクワの手の内はあきらかになり、その手が打たれてしまった以上、その時点でソヴィエトは同盟国ではなくなりました。ソヴィエトはドイツによる攻撃を口実として利用し、（東）ポーランドに自分たちで侵攻し、それからそれにつづく二ヵ月のあいだ、あらゆる手を駆使してヒトラーのご機嫌取りをしようとしました。その結果ヒトラーはノルウェー、北海沿岸低地帯、そしてフランスを好き放題に侵略し、これらの国々はほんの数週間で陥落することになったのです。このことで今度は、チャーチル率いるイギリスは孤立し、ナチス・ドイツの無敵にも見える陸上部隊に相対することになったのです。

ここで、最初からあなたに尋ねたかった質問にたどり着くことができました。つまり、ウィンストン・チャーチルは知識人だったのでしょうか？

チャーチルはその問題と、そのほかの多くの点において、珍しい、興味深いケースです。チャーチルは、イギリスの基準から見て主要な貴族の一族の出身（ブレニムの戦い[*23]で著名なマールバラ公爵の子孫）ですが、彼自身は傍系の後裔です。彼の父ランドルフ・チャーチル卿はヴィクトリア朝時代後期の政治における重要人物でしたが、（政治的な誤算と梅毒によって）みずからの墓穴を掘ってしまい、その結果息子は汚された遺産をひきつぐことになりました。さらに、イングランドのもっとも偉大な宮殿のひとつ（オクスフォード付近のブレナム宮殿）で生まれ、多くのイギリスの王族よりも家系を過去にさかのぼってたどることができるにもかかわらず、ウィンストン・チャーチルはハーフのイングランド人でした。というのも、母はアメリカ人だったのですから。

上流階級のほかの仲間たちとおなじく、ウィンストン・チャーチルは高名なパブリックスクール（彼の場合はハロー校）に通い——そして、落第しました。貴族紳士階級のほかの多くの子弟たちとおなじように、彼は軍隊に入りました。ただしチャーチルは、エリートの近衛師団への辞令を受けず、そうではなく騎兵隊の平《ひら》の小銃兵となることをえらび、一八九八年に、（スーダンの）オムドゥルマンの戦いで、イギリス陸軍最後の騎兵隊の突撃に参加することになります。チャーチルの政治キャリアにおいて、彼は保守党と自由党のあいだで三度所属政党を変え、そうするうちに彼は内閣の地位へと登りつめていきました。内務大臣、大蔵大臣、海軍大臣などを歴任し、その海軍大臣を務めていたときには、ガリポリの戦い（一九一五年）における軍事的な大損害の責を負うことになります。要約すれば、チャーチルの政治キャリアとは、才能のありすぎたアウトサイダーのキャリアだったのです。つまり、無視するには能力のありすぎる人物、しかし最高位の職につけるにはあまりに非因習的で「頼りにならない」人物だったのです。

イギリスの政治家としてはめずらしいことですが、チャーチルは——家計がつねにあやうかったため、著述業で稼がなければならなかったのですが——自分の波瀾万丈の生涯について、ちょっと距離をおきつつも、その生涯を生きながらコメントしています。『わが半生』、または第一次世界大戦の回顧録（それは回顧録というよりは大戦当時のチャーチルの役割についての弁明書ですが）におけるように直接的に、またはボーア戦争（チャーチルは参戦して一時捕虜となり脱走しています）についての厳密にジャーナリズム的な著作において、チャーチルは彼の時代の出来事の参加者にして同時に記録者でもあったのです。[*24] しかしまた、彼はおおいにイギリス帝国の歴史についても書きましたし、彼のかなり興味深い先祖マールバラ公爵の伝記も書きました。[*25] ようするに、チャーチルは公事に活発に関わりつつ、同時に歴史や文学に貢献したわけです。この組みあわせは、イングランドよりもフランス、さらにはアメリカでははるかにおなじみなものでしょう。

しかしだからといってチャーチルが知識人だということにはなりません。イングランドの基準にてらしてみると、彼はあまりにも活発に公的な政策立案や公的な選択にかかわっており、公平無私な評論家とはみなせないのです。またもちろん大陸の基準にてらしても、彼は概念的な思索には傲岸にも関心を向けなかった。チャーチルの著作は長々しい経験主義的な物語で構成されており、ときどき立ち止まっては物語を道徳的な調子で語りなおすだけで、それ以上はほとんどなにもありません。しかしそれにしても、ウィンストン・チャーチルが、ウィリアム・グラッドストン以来のイギリス史上でもっとも文学的な政治家であることにまちがいはないのです。なんにしても、チャーチルは彼の時代においては独特の存在で、彼の後を継ぐ人間もいませんでした。

フランスのレオン・ブルムやドイツのヴァルター・ラーテナウ[*26]のようなイメージで「政治に参加する知識人」を探し求めている人は、イングランドの中だけに限定して探していては残念な結果に終わるでしょう。そう言ったからといって、イングランドに知的な才能をもった政治家がいなかったと言いたいわけではありません。そうではなく、イングランドの政治家たちがその名を知られているのは、知的な才能によってではないということです。純粋に形式的な意味で、ハロルド・ウィルソン（一九六四年から七〇年、そして一九七四年から七六年に労働党党首として首相を務めた）はたしかに知識人でした。ウィルソンは一九一六年に生まれ、三〇歳になる前にオクスフォード大学で経済学の講師に登用され、大学の同僚たちからは学者として非常に高い評価を得たのですが、その後彼は政治に向かい、四五歳という比較的若い年齢で労働党の党首となったのです。

しかし政権を握ってからは、ウィルソンは期待ほどの成果をあげることができず、彼自身の政治的同族たちの中でしだいに疑いの目を向けられるようになります。キャリアの終わりのころには、彼はうさんくさく、道をふみはずし、欺瞞的で、不誠実で、冷笑的で、やる気がなく、そして最悪なことに無能力だと、ひろくみなされていました。たしかに、ここに述べた性質のほとんどは、ことに知識人は「鼻持ちならない連中」だと片付けられてしまうような国では、知識人階級の一員であることと矛盾しないでしょう。それにしても、ウィルソンは二脚の椅子のあいだに落ちこんでしまったのです。つまり、政治家としても失敗し、知識人の同僚たちも失望させて。

かなり種類はちがいますが、イングランドの政治の世界にいたもうひとりの知識人はハーバート・ヘンリー・アスキスです。彼は一九〇八年から一九一六年まで自由党の首相でしたが、第一次世界大戦のさなかに自由党の同僚デイヴィッド・ロイド・ジョージと野党の保守党に転覆させられました。アスキスは真の思想家であり、学者らしく内省的でした。イングランドにおける意味での古典的な一九世紀的リベラルで、二〇世紀という、彼にとってはほとんど意味をなさない、彼の性分にはまったくあわない時代でますます根を失って漂流している人物でした。ウィルソンとおなじく、といってもアスキスの場合もっと多くの言い訳が可能でしたが、彼もまた政治的には失敗したと、時がたつにつれてみなされるようになりました。ただし、アスキスの初期の改革や革新が、のちの福祉国家への道を均《なら》したのですが。

おそらく、イングランドでのもっとも高水準の政治の場に知識人を捜し求める人が直面する真の困難とは、大陸ヨーロッパでならば、イデオロギー的に形づくられた政治運動を駆動するのは、知識人の手になる政治課題の一覧なわけですが、それがロンドンにはまったく存在しなかったということです。

ベンジャミン・ディズレーリについてはどうでしょう?

初期の人物としては、ディズレーリはたしかに古典的な典拠とでもいえる人物です。しかしディズレーリが知的な政治課題を追求していたというのは難しいでしょうし、また彼のさまざまな目的が政治的な事業において十全に実現したというのもまた難しいでしょう。ディズレーリには、何が可能か、そして何が必要かということの両方についての、つまり重要なものごとには変化を加えたくないと願うならば、どれだけの変化が必要とされているのかということについての、飛びぬけて鋭い政治的本能がありました。その点でディズレーリはエドマンド・バークからトマス・マコーリーにつらなる系譜のイングランド史を体現する存在といえるでしょう。つまり、一八・一九世紀を通して、大きな変容を避けるために小さな調整を国がうまくなしとげてきたという、連綿とつづく物語です。

しかしもちろんこれは「大きな」や「小さな」で何を意味するかによってくる話です。ディズレーリは、百万の有権者を選挙人名簿につけくわえた一八六七年の第二次選挙改正法を中心となって進めました。たとえこれを、計算ずくの政治的な安全弁の解放とみなす、つまりより根本的な改正を求める民衆の要求をおさえる方策とみなすにしても、これは標準以上の政治的知性を要する改正でした。ディズレーリは、大衆による選挙での支持の可能性を看取し、デモクラシーはかならずしも支配エリートの中核にある権力を切り崩しはしないと理解した、保守党で最初の政治家でしたが、彼はまた、イギリスが世界的な強国でありつづけるためには変化しなければならないと初期段階において理解した点において、ヴィクトリア朝中期の同時代人の中でもなみはずれた存在だったのです。

ディズレーリは、イングランド人が自分たち自身を、そして自分たちの偉大さとその使命を理解するためには、彼がイングランド人たちのためにそれを飾り立てて見せてあげなければならないという感覚をもっていました。それはチャーチルにもあてはまります。

この場合も、アウトサイダーはより容易にものごとを理解できます。思い出していただきたいのですが、ディズレーリはユダヤ家庭の生まれです。チャーチルのように——チャーチルはアウトサイダーではないにせよ、一匹狼であることはうたがいないですが——ディズレーリは自分の国だけではなく、自分の政党と自分の社会階級に対する、才能にあふれた観察者でした。とくにチャーチルは帝国の避けようもない没落から目と耳をそらしたわけで、どちらの人物にも多くを求めることはできませんが、どちらも自分が指導している国の特性を精密に理解していました。わたしたちの時代においては、このようなアウトサイダーの政治家は少ない。マーガレット・サッチャーをのぞいては、その資格をみたす人はいないと思います。

サッチャー女史は、いかなる定義にてらしてみても、インサイダーの党（つまり保守党）の中におけるアウトサイダーでした。まず、彼女は女性でした。彼女は地方の下層中流階級の出身でした。父親はグランサムの僻地で雑貨屋をいとなんでいました。サッチャーはオクスフォード大学への入学を勝ち取りますが、その学問分野の選択が独特です。じっさい、女性の化学者というのはめずらしいものでした。彼女は二大政党のうちの、社会的により退行した方の党で、立身出世をしていくことになります。第二次世界大戦後の数十年で権力をたくわえていった世代の男たちから党をひきついで。

サッチャー女史に一貫したイデオロギー的な政治綱領があったとまでは言いませんが、彼女は確実に教条的な偏見を心にいだいており、その偏見に、適宜その場の都合にしたがってラディカルな政治実践を付加していくということをしました。マーガレット・サッチャー自身はまちがいなく知識人だったにもかかわらず、彼女は自分の直観を正当化し、それを説明する手助けをしてくれる男性知識人に異常なほどにひきつけられていました。その男性知識人たち自身がアウトサイダーであり、因習まみれになっていないかぎりは、ということですが。彼女があれほどまでに徹底的にその政策と野望を否定した、より穏健な保守派とはちがって、サッチャー女史はユダヤ人に対してまったく偏見をもっておらず、彼女の個人的な助言者を選ぶにあたってはユダヤ人をいくぶんひいきにしたくらいです。最後に、そしてこれまた保守党の前任者たちとは対照的に、彼女は経済学者の著作にかなりの共感を示していました。ただし、悪名高くも、ひとつの特定の学派、つまりハイエクとオーストリア学派のみでしたが。

インングランドでアウトサイダーになる方法はもうひとつあります。つまり、公然と宗教的な人間になること、またはカトリック教徒になることです。T・S・エリオットは、わたしたちがここまで論じてきた人びとの多くの人生を煎じ詰めたような人物ですね。

一六世紀に、イングランドの宗教改革とヘンリー八世によるカトリックの土地建物の接収の過程で、イングランドのローマカトリック教徒たちは外の闇へと放り出されました。[*27] それにもかかわらずイングランドは、とびぬけて影響力をもつりっぱなカトリックの著名人の、とぎれることのない伝統を誇っています。つまり、公爵や貴族、ジェントリー階級の人物で、カトリックを信奉していると知られているけれども、それにもかかわらず、一定の地位と特権を、それらを濫用はしないという前提で許され、そして体制派の教会（つまり英国教会）や公的領域には口出しをしない人物たちです。すくなくとも一八二〇年代そしてカトリック解放法〔一八二九年〕までは、イングランドのカトリック教徒は足元に気をつける必要がありました。カトリック教徒が信仰を行い、教え、著述をすることのできる、指定された領域があったのです。しかしカトリック教徒は、国の知的・政治的な問題に、完全に同化されることはありませんでしたし、そういった問題の領域に居心地よくおさまることはありませんでした。

この問題は、見た目以上に複雑です。英国国教会主義《アングリカニズム》はプロテスタンティズムとはちがいます。英国教会は奇妙な存在です。そのもっとも保守的なところでは、それはここ合衆国の監督教会派の信者たちよりもはるかに装飾過多で伝統にしばられた信仰です。本質において、高教会派の英国国教会主義は、教皇なきカトリック主義です（そしてまた、カトリック教徒自身がこれを捨て去るまでは、ラテン的なもののぬきのカトリック主義でした）。そのいっぽうで、もっとも根っこの部分では、英国教会は――これはとくにカトリック主義の力が弱いイングランド東部のいくつかの地域における、村落コミュニティに体現されていますが――スカンディナヴィアのプロテスタント主義に（長きにわたって監督の権威のもとに形式化されてきた聖餐式を除けば）似ています。いずれも装飾性は欠如しており、その権威はひとりの、多くの場合はやせこけていて精神の面だけでなく装束の面でも地味でひかえめな牧師に帰属します。このタイプの牧師は、一九世紀終わりから二〇世紀初頭のイングランドの文学の多くでよく知られた、名ばかりのプロテスタントのタイプです。

この奇怪な宗教をたばねているのは、長きにわたって確立されてきた、権力との同一化です。ノーフォークの村の小さな教会からリヴァプールやヨークの高教会派の大聖堂にいたるまで、そのすべてが「英国教会《チャーチ・オヴ・イングランド》」なのです。歴史的には、イングランドにおける教会と国家とのあいだのつながりは、異常なほどに緊密なもので、支配階級エリートは圧倒的に英国教会の家から出ていますし、教会そのものが政治的な主流体制にがっちりと結びつけられています。とりわけ、みな貴族院に席をもち、かつてはこのうえない権勢をほこってきた偉大なる主教たちを通じて。主教や大主教は小さな家族のネットワークの中から生まれてくるのが通例で、そのネットワークは長年にわたって教会の管理者階級を再生産してきたわけですが、その人たちは同様に軍隊の将校や、帝国の総督や、王室の公使などといった地位におさまることも容易だったのです。英国国教会主義と結びつけられた主流体制《エスタブリッシュメント》のアイデンティティは、したがって、いくぶん曖昧模糊とした神学的なしるしよりもはるかに重要なものなのです。この教会はなによりも英国教会なのであり、キリスト教の方は時にはほとんど副次的なものに見えることさえあるのです。

エリオットの一九三〇年代における存在とは、マシュー・アーノルドの後期ヴィクトリア朝期における存在と等価なものです。つまり、近代に直面した、精神的にはいくぶん神経質な声であり、文学的な感性からしだいに宗教的な感性へと傾いていった声という意味で。しかしわたしたちは、ケンブリッジ大学のエリオットの大敵、文芸批評家のF・R・リーヴィスの存在を忘れてはなりません。リーヴィスも、嗜好と感性によってはエリオットにおとらぬくらいに愛されまた憎まれた人だったのです。多くのちがいがあることを認めつつ、リーヴィスの局所的な立場の取り方を、大西洋をはさんだライオネル・トリリング*28のそれと比較することもできるでしょう。トリリングは、影響力ある解釈者にして文学的趣味の支配者であり、高踏な美学的判断を、時にくり出す政治的介入と混ぜあわせた人でした。

またこの人たちとロンドンのブルームズベリー・グループとの類似性もあります。つまり美的な志向が、政治的そして（とくに）道徳的見解にとって本源的であるという、とてもイングランド的な観念ですね。まあ確かに、このような観念は、ブルームズベリーやケンブリッジで一生のほとんどをすごせる人たちだけがふけることのできる贅沢というものです。エリオットにも似たような部分はありますが、ただし彼の美的選択の概念はブルームズベリー・グループのそれよりもはるかに広いもので、また彼の道徳的な関心はすべてをおおいつくす包括的なもので、そしてもちろんしだいに宗教的な感性によって制限されていきました。

思うに、ここで作用しているのは、道徳的または美的な判断に秩序と予見可能性をとりもどさせるという問題への、さまざまなアプローチのうちの一変種です。イングランドの一九三〇年代を特徴づける——そして一九五〇年代まで響きつづける——関心事のひとつは、知的なものであれ政治的なものであれ、「相対主義」の海におぼれてしまうことへの恐怖心です。この比較は奇妙に聞こえるかもしれませんが、エリオットは（そしてわたしの教師たちの世代に大変な影響を与えたリーヴィスは）、サルトルとおなじように、わたしたちは選択をせねばならない、無関心はもはや選択肢にはならず、判断のための規範となる基準を、いったいどこから獲得してくればいいかはかならずしも明確ではないとしても、見つけださねばならないという見解を代表して語りました。

さまざまな美学的・文学的な調子で語られてはいますが、何が正しく何がまちがっており、ものごとはなぜ現状のようになっているのかを語る必要がある、という、当時勃興していた感覚が、イングランドにおける、文学と政治の両面における参加《コミットメント》の時代の重要な特徴だったのです。時にはこの感性は宗教へと傾いていくこともあり、その側面は、現代のわたしたちが世俗的な観点から歴史をふり返る際に見落としがちなこの時代の側面だったのです。

第三章　家族的社会主義——政治的マルクス主義者

わたしの父方の祖父イーノック・ユットは、現在はポーランドの首都であり、当時はロシア帝国西部の大都市だったワルシャワで生をうけました。当時あの場所の多くのユダヤ人の若者たちと同様に、イーノックは社会主義者でした。彼は、ロシア帝国初の大きな社会主義政党である、「ブンド」〔リトアニア・ポーランド・ロシア・ユダヤ人労働者同盟、一八九七年結成〕のシンパでした。この政党はユダヤ系の政党であり、東欧のほとんどのユダヤ人の母語であるイディッシュ語で運営されていましたが、ヨーロッパから太平洋までまたがるロシア帝国全体での社会主義革命をめざすものでした。イーノックの息子、つまりわたしの父ジョー・ジャットは一四歳で学業を終えて、最初はダブリン、それからロンドンで雑役夫をしました。父もまた社会主義者でした。子供のころ、父は、ユダヤ人の若者たちをパレスチナへと集め、そこで社会主義を建設することを使命としていた社会主義シオニズムの青年運動である「青年近衛兵団《ハショメール・ハッツァイエール》」に属していました。それは、ユダヤ人社会民主主義労働者協会《ブンド》の社会主義とはかなり異質な概念でした。「ブンド」は、ユダヤ人は異国の地に移民をするのではなく、暮らしている場所の社会秩序を変えるべきだと強く主張したのですから。

第二次世界大戦前のある時点で、一〇代の後半だったころに、父はイギリスの社会党へと鞍替えをしました。イギリス社会党は、ロンドンを本拠とする小さなマルクス主義の分派で、父のようなユダヤ人の独学者たちにかなり依存した政党でした〔一九一一年から一九二〇年まで存在〕。そのころまでには、父は若者時代のシオニズムを、時々回帰することはあったけれども、おおかれすくなかれ放棄していました。わたしが生まれたのは一九四八年、つまりイスラエルが建国され、チェコスロヴァキアが共産主義国になってソヴィエト支配下の東側ブロックを完成させた年でした。わたしは冷戦の世界で育ち、わたしの家族のルーツである東欧は今もこれからもずっと共産圏で、その支配体制はソヴィエト連邦によって維持されるのだということを当然のことと思っていました。ユダヤ人の政治と生活はもはや東欧の諸地域とは無関係であるが、マルクス主義をめぐる論争はその地域と深い関係があると。

父とわたしは、A・J・P・テイラーによる、一時間の、台本なしだけれどもみごとな、ヨーロッパ史を主題とするテレビでの講座を見たものです。[*1] 父は、ひじ掛け椅子に座ってマルクス主義の立場から批判をくり出していました。わたしの一三歳の誕生日に、父はアイザック・ドイッチャーによるレフ・トロツキーの伝記全三巻[*2]を買ってくれましたが、おそらくそれは、わたしがそろそろ善人と悪人の区別を学んでしかるべき年頃だという理由だったのだと思います（もちろん、その物語における主要な悪役はスターリンでした）。トロツキーは当時、社会主義左翼にとっては重要人物でした。ロシア革命でレーニンのもっとも緊密な協力者として働いた後に、レーニン死後の後継者争いで彼はスターリンに出し抜かれてしまいます。

ドイッチャーの非常に同情的なトロツキーの伝記は、父も読んでいたのですが、あり得たかもしれない共産主義の理想像を消さないでおく助けとなりました。わたしの父のような人たちはトロツキーをかなり評価する傾向にあるのですが、それは彼らがレーニンを、悪意ある人物ではなく、誤った道にみちびかれた人物として見たからです。彼らにとって、腐敗はスターリンからはじまるのです。トロツキーの支持者や同盟者の多くがユダヤ人だったというのは、おそらく適切なこととして受け止められたのでしょう。ドイッチャーの伝記は、わたしが初めて与えられた大冊の本でした。ずっと後になって、わたしはそのお礼に、有名なエッセイ「非ユダヤ的ユダヤ人」をふくむドイッチャーの著作集を父にプレゼントしました。彼がそのプレゼントに大喜びしたかどうかはちょっと分かりませんが。

ドイッチャーの主題は、わたしにとってはすでにおなじみのものでした。わたしはその年齢のころにマルクスを読み始めたと思います。父は、イギリス社会党が出版した、『資本論』の縮約版を持っていましたから。わたしはまた、『賃労働と資本』『価値、価格、そして利潤』、それからエンゲルスの『空想から科学へ』、『共産党宣言』を読み、また『反デューリング論』も読みましたが、これはちんぷんかんぷんでした。わたしはティーンのあいだをとおして、当然のことながら限られた理解力でですが、同年代の人たちの五年先を行きながらマルクスを読んでいたと思います。一五歳の時に、一九六二年に出版されてまだそんなにたっていなかったエリック・ホブズボームの『革命の時代』〔邦題は『市民革命と産業革命』〕を読みました。もちろん父は、イングランドの偉大なる全体主義の批判者ジョージ・オーウェルを読めと言いましたし、わたしはオーウェルのエッセイや小説を当時むさぼるように読みました。またアーサー・ケストラーの『真昼の暗黒』と、『神は躓ずく』に所収された共産主義への幻滅をめぐるケストラーのエッセイも読みました。これらの作品は、戦後数十年における左翼からの離反者教育のための中心的な作品であり、左翼への入信も間もないころにそれらを読んだわたしは幸運な受益者でした。

わたしの家庭では、ソヴィエトの共産主義はマルクス主義ではないと、そしてすくなくともスターリン以降は、ソヴィエトの共産主義者は本来的なマルクス主義者ではないとつねに理解されていました。

父は、一九三〇年代後半のロンドンのイーストエンドにおける、反ファシズムのデモの記憶を語ってわたしを楽しませてくれたものでした。彼の説明によれば、共産主義の組織者たちが人びとを送り出してはファシストたちと戦わせ、カフェに行ってその結果を待っていたそうです。このような考え方においては、共産主義者とは、労働者を送り出して、自分たちの名のもとに殺させ、その果実をあとから摘む連中ということになります。その結果、これは非常に不当な考え方だったわけですが、わたしは共産主義の組織者たちはシニカルな臆病者たちだと思うようになりました。このような見解は、父の政治的な知人のほとんどが属していた一九四〇年代のイギリス社会党党員のあいだではよくある見解でした。しかし、一九六〇年代になると、父と、同世代の社会党員たちは、一種の迷いの解けたマルクス主義の仲間ことばへと後退していきました。その言語は、あらゆることを説明してくれるいっぽうで、ほかのみんながいかなる妥協をし、裏切りをしていたかを証明できる言語でした。というわけで、労働党が一九六四年総選挙でついに勝利した際の、わたしの労働党に対する熱狂は、家では冷や水を浴びせられました。あんな連中からは何も期待しちゃだめだ、とね。

母は父の政治と思想に対して寛容な態度を示しましたが、その態度は、おおまかに言って、ヘダ・マルゴリウス・コヴァーリ[*3]が、共産主義チェコスロヴァキアでの生活の比肩するもののない回想録『残酷な星のもとで』において、彼女の夫の幻想に対して示した態度とおなじでした。つまり、男たちは惑わされており、自分たちに作り話を聞かせて抽象概念を信じこんでいるが、それに対して女性たちは現実をまっすぐに見つめることができる、と。ただし、コヴァーリの、ユダヤ系チェコ人で共産主義者のルドルフ・マルゴリウスとの結婚はおそらく、わたしの両親の結婚よりは親密なものでした。見せしめ裁判にかけられて一九五二年に死刑判決を受けた後にさえも、ルドルフは妻への最後の訪問の際に、君は美しい、と伝えることを忘れませんでした。

一九六八年といえば、ヨーロッパ史におけるマルクス主義の最後のチャンスの年でしたが、その時わたしはケンブリッジ大学の学生でした。わたしの友人の一部とはちがって、わたしは最前線に立ちもしなければ、運動の指導をする立場にも立ちませんでした。当時、わたしが腹を立てているとすれば、それはヴェトナム戦争についてであり、そのような腹の立て方というのは、当時は非常に強い感情ではあったけれどもよくあるものでした。わたしは六〇年代後半の反ヴェトナム戦争の大きなデモに参加しました。とくに、有名なグローヴナー・スクウェアでの行進と、アメリカ大使館への正当だったかどうかうたがわしい攻撃はよく覚えています。わたしはまた、ケンブリッジやロンドンでの集会にも参加しました。しかしなにしろそこはイングランドですから。つまり、つぎのような説明を聞いていただければその意味は分かると思います。

わたしはケンブリッジで、デニス・ヒーリーに反対するデモに参加していました。ヒーリーは当時政権にあった労働党の防衛大臣で、労働党はすくなくとも原則上はリンドン・ジョンソンの戦争を支持していたわけです。ヒーリーは講演の後、車でケンブリッジを去ろうとしているところで、トランピントン通りを南へ向かっていました。わたしも含む多くの学生がその車のそばを駆けていき、飛びはねて、叫んでいました。わたしの友人のピーター・ケルナーにいたっては車に飛び乗って屋根をバンバンと叩きはじめました。もちろん車は走り去って、気づいてみればわたしたちは、学寮の夕食時間が迫っているというのにトランピントン通りの反対の端に来てしまっていました。*4 そこでわたしたちは、ケンブリッジの市街の中心を走って帰りはじめました。いつのまにかわたしは、デモの規制を命じられた警官と横にならんで走っていました。速歩で進みながら、その警官はわたしの方を向いて聞きました。「それで、デモはどうでしたか、サー？」と。わたしはといえば、そのような質問を奇怪だともばかげているとも思わず、ふり向いて答えました。「うまくいったと思うよ、そう思わないかい？」と。それで、わたしたちはそのまま進み続けたのです。こんなのは、革命を起こす方法だとはとても言えません。

そう、わたしは一九六八年の春にパリに行き、ほかのみなとおなじようにその歴史の奔流に流されました。しかし、わたしのうちに残っていた社会マルクス主義的な思想形成のおかげで、わたしは当時フランスで人気のあった、学生たちが革命的な階級になるだろう、いや、学生こそがその階級なのだ、という考え方に対して、直感的な疑念をいだきました。ですから、わたしはその年のルノーのストライキやほかの占拠運動には大変に感銘を受けたものの、ダニエル・コーン＝ベンディットや「敷石の下は砂浜だ」というスローガン*5にそれほど熱狂することはなかったのです。

この、左翼政治とたんなる学生運動との区別は、あの秋に、歴史家のエリック・ホブズボームによってわたしにとって明白なものにされました。一九六八年当時、わたしはキングズ・カレッジ歴史学会の事務局長で、その役職はその何年も前にエリックが務めていたものでした。ホブズボームは多くの重要な側面において、真のキングズ・カレッジの忠臣でした。ホブズボームが一九三〇年代に学生として過ごし、一九五〇年代半ばには評議員となったキングズ・カレッジは、彼の人生のある分野においては、彼がより頻繁にむすびつけられる共産党よりも多くを意味していたのです。ホブズボームはその時キングズ・カレッジにやってきて、洗練された政治的説教を垂れ、暗にその年の革命的な若者たちを却下しました。マルクスの有名なフォイエルバッハに関する第一一テーゼを転倒させて、重要なのは世界を変えることではなく、世界を理解することである時もある、とね。

ホブズボームの言葉はわたしの心の琴線にふれました。わたしにとって魅力があったのはつねに分析的なカール・マルクス、つまり革命の予言者ではなく、政治評論家としてのカール・マルクスだったのです。マルクスの才能を理解し、また彼の中心的なメッセージを会得するために、学生にマルクスの著作をひとつ勧めるとしたらどれにするかと尋ねられれば、『ルイ・ボナパルトのブリュメール一八日』を選ぶでしょう。次点はたぶん『フランスにおける階級闘争』と『フランスの内乱』です。マルクスは、そのより広い理論的な考察にどんな欠点があったとしても、天才的な論争的評論家でした。そのため、一九六〇年代の、「青年マルクス」と「後期マルクス」の信奉者たち、つまり疎外の哲学者と政治経済学の理論家としてのマルクスの信奉者たちのあいだの論争にはまったく心を動かされませんでした。わたしにとって、マルクスはつねになによりも政治的な出来事や社会的な現実の観察者であったのです。

一九世紀から二〇世紀への転換期の、初期の政治的マルクス主義者たち、理論家たちや党員の男性・女性から話を始めてみましょう。こういった人びとはマルクスを、そしておたがいの著作を読み、同時に、革命や総罷業《ジェネラル・ストライキ》、さらにはひょっとすると選挙（これは当時議論が分かれましたが）によって、権力をにぎるという真正な希望をいだいた人びとでした。それは一八八九年から一九一七年の第二インターナショナルの時代であり、だいたいマルクスの死（一八八三年）からレーニンによる革命までの時代です。これらの人びとは、知的な面で主流体制《エスタブリッシュメント》の一部でした。彼ら彼女らは大学を出ており、自分たちの時代独特の哲学的な言語で語り、時代は自分たちの味方であると信じたという単純な意味だけでなく、自分たちはものごとの秩序を理解することができるのだと考えたという意味においても、政治について概して自信にみちあふれていました。またこの人たちは怒っており、自分たちの怒りをはっきりと表現しました。そのことは、そう、現代の知識人とはきわだって異なっています。現代の知識人は怒りを抱くか、または表向き怒りを表明するかのどちらかで、その両方であることはめったにないのですから。

明確な政治的世代や、政党ごとに明確に異なる性格というものは存在します。ロンドンの、ヘンリー・ハインドマンのもとでの社会民主連盟[*6]を、またはヴィルヘルム・リープクネヒト、アウグスト・ベーベル、カール・カウツキー、エドゥアルト・ベルンシュタインのもとでのドイツにおける社会民主党の興隆[*7]を、さらにはジャン・ジョレスのフランス社会党[*8]での大権を考えてみてください。もちろん、イタリア、オランダ、ベルギー、ポーランド、そして言うまでもなくロシアの例も考えてみてください。

こういった社会主義者の世代はどこから生じてきたのでしょうか? この世代は、真に宗教を脱した最初の世代でした。そこから一世代さかのぼるだけで、ダーウィン論争、キリスト教対社会主義の論争、そしてロマン主義後期の宗教復興をめぐる論争のまっただなかです。この世代のうちの多くの人びとは、自分たちの政治的または思想的な存在としての興隆は、ニーチェ風に言えば神の死の後の清明なる残照のうちにあったと述べています。彼ら彼女らは不信心だったというだけではありません。というより、信仰の問題は彼ら彼女らにとってもっとも重要な問題ではなくなっていたのです。解放後のユダヤ人であれ、反聖職者主義のフランス・カトリック教徒であれ、北欧の非活動的な社会民主主義プロテスタントであれ、この人たちは、かつては社会の不公正を批判する際に使われていた、古い純粋に道徳的な用語法からは自由になっていました。ゲオルギー・プレハーノフとロシア人たち、またはジョレスとフランス左翼の強迫的な唯物論を説明しようと思うなら、この集団を、大変なエネルギーをそそいで、社会を一連の世俗的問題として考えようと追求した一世代として見なければ、ほかに説明のしようがないでしょう。

もし政治に、何にも超越し優先して考慮すべき事項があるとすれば、それは社会の意味ではなく、その目的だということになりました。これは微妙ではありますが決定的な転換でした。ちょっと回り道をして、イングランドのリベラリズムを検討してみると、そのことは明確に分かります。信仰からのリベラルな切断はあきらかに啓蒙主義から始まりますが、啓蒙主義においては、人間の目的についての思想の枠組みを構成する部分としての信仰は、たんに消散してしまいます。しかしつぎの段階があって、それはイングランド（とフランス）においては非常に重要な段階でした。すなわちそれは、一九世紀の、一八五〇年からの四半世紀における、現実的な信仰の崩壊です。そのような環境に生まれた新たなリベラルたちは、彼ら彼女らの世界は信仰なき、根拠なき世界であると理解していました。ですからこの人たちは、世界をあらたな哲学的な思考法によって根拠づけようとしたのです。ニーチェが、人間は道徳的行動を起こすためには現実主義的な根拠が必要であるが、その根拠とはどんなものになるかについての合意に達せられないため、そのような根拠は得られないだろうと書いた時、彼はこの問題の一面に触れているといえます。いまや神は死んだのだから、人間はそのような根拠のための基礎を得ることはできず、それでもやはりそういった基礎なしには、行動のための根拠は得られないというわけです。

同様に、ケインズは『若き日の信条』のなかで、ケンブリッジ大学の哲学者G・E・ムーア[*9]について書いています。こう言って大まちがいではないでしょうが、ムーアは、ニーチェがもしイングランドに生まれたらなっていたであろうような人物でした。神は存在せず、倫理的なあらゆる問題には根本的な非—必然性があるが、それでもわたしたちはなんらかの従うべき規則を案出せねばならない。たとえそれが、エリートだけのためのものだとしても、と。というわけで、このエリート集団は、それ自身の行動の規則について自分たちに語りかけ、しかる後にそういった規則に従わなければならない理由を広く世界にむけて語りかけるのです。イングランドにおいては、これはジョン・スチュアート・ミル以降の功利主義の倫理の、選択的な翻案を生み出しました。つまり、わたしたちはカント的な倫理的命法を独占するが、のこりの人類はその命法に従う功利主義的な根拠を与えられて満足すべきなのだ、なぜならそれはわたしたちの世界への贈り物なのだから、と。

このような姿勢こそ、第二インターナショナルのマルクス主義がとっているように見える姿勢です。それは一連の、自己に対して課されたネオ・カント主義的な、何が間違っており何が正しくあるべきかについての規則や規範なのですが、ただしそこには、〈歴史〉は自分たちの味方をしているのだと自信満々に目的地へと向かって歩を進めるにはどうすればよいかを、自分たち自身やほかの人びとに説明することを目的とした科学のいろどりが半分は塗り込んであるのです。厳密に言えば、マルクスによる資本主義の説明から、なぜ社会主義が生じるべきなのか（つまり価値判断の意味で、なぜ生じるべきなのか）の理由は引き出せないのです。レーニンはこのことを理解し、社会主義の「倫理」は宗教的な権威の二日酔いであり、宗教的な権威の代替物であると認めました。こんにちではもちろん、そのような倫理こそが社会民主主義の有益な残存部分のほぼすべてなわけですが、第二インターナショナルの時代には、そういった倫理は社会主義のハードなリアリズムに対する脅威となったのです。

マルクス主義はその、教育を受けた知的な批評家たちの第一世代にのみならず、一九六〇年代に入ってもとびぬけた魅力をはなちつづけました。わたしたちは忘れがちなのですが、マルクス主義というのはいかにして歴史が作用するか、そしてなぜ作用するかについてのおどろくほどに魅力的な説明なのです。〈歴史〉は自分たちの味方で、進歩は自分たちの方向を向いていると知ることは、だれにとっても心慰められる約束でしょう。この主張のおかげで、そのあらゆる形態におけるマルクス主義は、同時代のほかのラディカルな思想とは一線を画したのです。無政府主義者は、システムがいかに作動するのかについての理論をもちあわせていませんでしたし、改良主義者はラディカルな社会変容について語るべき物語をもっていませんでしたし、リベラル派は、ものごとの現状について人が感じてしかるべき怒りについて説明することができませんでした。

あなたの宗教についての見解は正しいと思うのですが、宗教は二つの明確に異質で対立する方法で終わりをむかえたというのに同意なさるでしょうか。

ひとつは世俗的な倫理という形です。一九世紀終わりのドイツ語圏での、宗教の代替物としてのカントのリヴァイヴァルは、第二インターナショナルにおいて、一八九〇年代から一九〇〇年代のウィーンのオーストリア系マルクス主義者によってもっとも明確に表現され、イタリアのマルクス主義者アントニオ・グラムシはそれを制度的に組織化する必要があることを、明敏にも見抜きました。そこから、グラムシのヘゲモニーの思想が出てきます。実際上、党に所属する知識人は自意識的に教会の権力構造を模写し、それによって社会における倫理の再生産を制度化せねばならないのです。

しかしさらには終末論の問題もあります。つまり、最終的な救済、人間の本性への回帰の思想ですが、それは、世俗世界において自己犠牲に人を走らせる動機を与えるような、おどろくべき思想です。犠牲がなによりも優先されるというのは、基本的にレーニンの思想なのですが。思うに、これら二つの概念はいずれも宗教の代替物に十分なり得ているものですが、ただしこの二つはそれぞれまったく違うところへと人をみちびいていくのです。

おっしゃるとおりです。その二つはさまざまに異なる場所で、いろいろな強度で現れるものです。たとえば終末論的な思考法はスカンディナヴィア半島のプロテスタントにとっては、あまり魅力のないものでした。これはよく言われることですが、スウェーデンのような場所では社会民主主義がすでに支配的な農業労働者の選挙民たちのあいだに深くくい込んでいたために、共産主義がスカンディナヴィアで勢力をふるう余地はなかったと言うだけでは十分ではないのです。それはたしかに本当ですが、十分な説明にはなっていないのです。スカンディナヴィア半島には、ノルウェーの、かえりみられず怒りに燃えた漁師たちの一部を除いて、「いちかばちか、これをかぎりにすべてを転覆させろ」式の政治をよしとする選挙民はけっしていないのです。

また、新たに宗教を組織しようという無意識下の衝動もありませんでした。組織的な形式——つまり、グラムシ的なヘゲモニーの概念ですとか、党が、ヒエラルキーとエリート階級、祈禱書と教理問答によって完成される組織化された宗教にとってかわらねばならないという観念——は、なぜレーニン的なモデルにもとづいた組織化された共産主義が、プロテスタントの国よりもカトリックやギリシャ正教の国でよりうまく根づいたのかをある程度説明してくれます。イタリアやフランスで（そしてつかのまであれスペインで）、共産主義は社会民主主義より健闘してきたのです。

カトリックの国についてよくされる議論は、その中で大衆的な左翼政党が形成される組織の一形態としての労働組合を発展させるような、実質的な労働力というものが存在しなかったというものです。ですがこの議論はまちがっています。フランスにはかなりの数のブルーカラー労働者がいましたし、その労働者たちはさまざまな時点において、かなりよく組織されていました。労働者たちは政治的には組織されていなかったというだけなのです。「パリの赤いベルト」[*10]における労働者階級の政治的な組織化は、うたがいなく共産党の成果で、それまでは〈サンディカリスト〉（つまり労働組合）は、政党との有機的なつながりがなかったために、大筋においてはたいした影響力を持っていませんでした。労働者たちは、社会主義が人びとを組織しようとする野心を抱いているというまさにその理由で、社会主義に懐疑の目を向けたのです。

それとはまったく対照的な事例が、イングランドです。イングランドでは、一八七〇年にはすでに先進的で熟練した労働運動が完全に形成されていました。一八八〇年代以降、つまり社会民主主義が形成されつつあったのとおなじ時代に、大都市には非熟練労働力がさらに増えて、しだいに重要性を獲得していきました。不穏で、不利な立場におかれているがゆえに容易に動員されるような労働者たちです。その結果、一八八〇年代初頭からある程度合法的なものになっていた労働組合運動が急速に伸長し、その政治的活動は一九〇〇年の労働者代表会議へとなだれこみ、その六年後には本格的な労働党となり、労働党は二〇世紀を通して組合の支配層によって占有され資金提供を受けます。しかし、当時の労働党の指導層はメソジストで非国教会を出自とする人びとに偏っていたにもかかわらず——というより、おそらくそうであったがゆえに——大陸のラディカリズムの特徴であった宗教的な終末論と教会による組織化が、イングランドでは完全に不在でした。

マルクス主義の秘密の一部というのは、それがラディカルな政治の、国民的な土着の伝統とおどろくほどに親和性が高かったことではないでしょうか？

マルクス主義は、ヨーロッパのラディカル思想を深いところから構成していました。マルクスは自分で気づいていた以上に、一九世紀初期の社会批評や経済理論の多くを統合してみせた人です。たとえばマルクスは、フランスの政治的パンフレット発行者の典型であり、同時にイギリスの古典派経済学のマイナーな評論家でもありました。このように、このヘーゲル主義形而上学のドイツ人学徒は、ヨーロッパの左翼に、ラディカルな怒りの土着的な伝統と親和的で、さらにはその伝統を超越していくための物語を提示してくれるような、独自の遺産を遺贈したのです。

たとえばイングランドはどうでしょう。一八世紀のラディカルな熟練工や土地を奪われた農民の道徳経済《モラル・エコノミー》は、資本主義の破壊的創造性と、そのあとに残された焼け野原の中での人間の惨状を中心とする物語を主張することによって、マルクス主義に直接に力を与えていくことになります。ここでも、マルクスその人とおなじく、まだとりもどせるかもしれない失われた世界、という物語にわたしたちは遭遇します。もちろん、その物語のより古い〔道徳化された〕もの、たとえばリチャード〔ウィリアムの誤りか〕・コベット[*11]の筆になるそれなどは、破壊を、それもとりわけ人間同士の関係の衰退を強調します。そのいっぽうでマルクスは、資本主義の残骸の山から生まれ出るはずの、より高次の形態の人間の経験というヴィジョンによって、まさにその破壊を利点へと変えてしまいますが。

すくなくともこの点で、マルクスの終末論はそれ自体、初期の産業化がもたらした、深い喪失と混乱の感覚に便乗したにすぎないといえます。つまり、マルクスは我知らず、人びとがすでに長いあいだ語っていた物語を表現し認識するための枠組みを供給したのです。これが、マルクス主義の魅力のひとつの源になりました。資本主義の作用についての不完全な説明と、未来に何が起こるかについての保証（そのほとんどは実現しませんでしたが）だけでは、四つの異なる大陸の知識人、労働者、政治的ご都合主義者たちと社会運動家たちの想像力を、一世紀以上にわたってとらえつづけることは不可能だったでしょう。マルクス主義を魅力的なものとする感情的な根拠が、すでに存在していたのです。

ヘーゲルの魔術なのではないですか、トニー？　あなたがおっしゃるように、マルクスが結合しようとしたものは、基本的に保守的な世界観、つまり過去についての霊的な見方と、わたしたちにとって悪いものはじつはわたしたちにとってはいいものなのだという、弁証法の議論の二つだったのですから。たとえばエンゲルスの家族についての議論を考えてもいいですし、また私的所有によって腐敗させられる前の種の本性についてのマルクスの思想を考えてもいいでしょう。ここでは、先史的もしくは非歴史的な過去における人間の統一と調和についての、このうえなく濃密な議論がなされており、今日でも立ち止まって味読せずにはいられません。ヘーゲルの弁証法を介して、ノスタルジアが、過去の美を破壊するものはなんであれ受け容れるのみならず、歓迎する能力と結合されるのです。都市を抱擁し、工場を受け容れる。この二つは両方とも想像的破壊を表しているからです。資本主義はわたしたちを抑圧するように思えるかもしれないし、疎外するように思えるかもしれない、また確実にわたしたちを貧窮化させるのですが、それにもかかわらず資本主義にはそれ独自の美というものがあり、資本主義は客観的な達成物なのである、と。のちにわたしたちが人間本性を取り戻した際には、その果実を摘み取ることになるのだ、と。

忘れてはならないことですが、マルクス主義者はその弁証法的な対峙において明確に有利な立場におかれています。すべてはうまくいっていると主張するリベラル派と進歩派に対して、マルクスは受苦と喪失、腐敗と破壊の強力な物語を提示します。それに同意して、さらには過去の優越性の主張をそこにつけくわえて盛りこんでいこうとする保守派を、マルクスはもちろん鼻で笑いました。そういった変化は、中期的にはいかに魅力のないものであっても、よりよい未来のためにわたしたちが支払う、必要でありまたいずれにせよ避け得ない対価である、と。変化は苦しみと喪失をもたらすものであるけれども、その価値はあるのだ、と。

マルクス主義の魅力はまた、キリスト教とダーウィニズムの両方とむすびついています。両者とも、一九世紀の終盤において哲学および政治の気運に、それぞれちがうやり方でのみ込まれていきました。社会主義者たちはキリスト教とダーウィニズムをいったん忘却し、そしてそれをさまざまな方法で再発明していったのだ、というふうにわたしたちはだいたい合意しています。キリスト教について、またキリストの受苦に付せられた意味について考えてみてください。その目的はこの不完全なる地上においては限定的にしか与えられておらず、救済は来世で待っていると。ダーウィンの普及者（そして、フリードリヒ・エンゲルスなどの、ダーウィンを通俗化した人びと）について言えばこんな感じです――彼らの主張では、進化は政治的な変化のヴィジョンと矛盾しないばかりか、変化を要請しているのだ。さまざまな種が生まれ、競争するのだから。人生は自然とおなじように情け容赦ないものであるが、種の絶滅は（階級の絶滅とおなじく）科学的だけでなく道徳的にも理にかなったものなのである、と。絶滅はよりよき種の誕生へとつながるのであり、最終的にわたしたちはそのような運命にみまわれるかもしれないが、物事は最善へと向かっているのである、と。

二〇世紀の初頭になると、そのエンゲルス版のダーウィニズムの方がはるかに影響力をもつようになります。エンゲルスはマルクスの死後、一三年間〔正確には一二年間強〕生きていました。一三年というのは、マルクスの広まって受け容れられたテクストに、エンゲルス独自の読解を植えつけていくには十分な時間です。エンゲルスは友人マルクスよりも明晰にものを書きました。また彼は、ハーバート・スペンサーなどのおかげで民衆的な科学思想が政治・教育の主流へと入っていったそのすぐあとの時代に書くという幸運にもめぐまれました。たとえば、エンゲルスの『空想から科学へ』は、教育を受けた一四歳なら読むことができます。しかし、そのような平易さこそがもちろん問題なのです。エンゲルスは、一九世紀の進化論を改ざんして、ダーウィンの著作を日常生活についての教訓話へと切り下げてしまいました。マルクス主義はいまやあらゆることについての口当たりのよい物語となってしまいます。つまり、もはや政治的な物語でも、経済分析でも、社会批評でもなく、一般的な世界についての理論のひとつに堕してしまったのです。

その原型においては、マルクスの新宗教的な側面はある目的を、つまりそこから見れば物語の全体が意味をなすような終着点をともなっており、それはみずからがどこに向かっているか分かっていました。エンゲルスの手にかかると、それは単純な目的論へと圧縮されてしまいました。人間の生と歴史はそれがやってきた場所からやってきて、それが向かうべき場所へと向かっていくだろうが、それが何か理解可能な意味をもっているとして、その意味が未来の展望から引き出されるわけではないのは確実である、と。このような側面において、また彼にはよいところが多くあるのは認めるとしても、エンゲルスはハーバート・スペンサーに似ているところがあります。つまり、機械論的で、主張があまりに大げさで、未来の展望が大風呂敷で、調和に欠けた素材をつなぎあわせて、時計の歴史から指の生理学にまでいたるあらゆるものに適用可能な物語をつくりあげてしまうところなどです。このような万能の説明は、非常に重宝なものだと分かりました。そのような説明は、あらゆる人に理解できるだけでなく、エリート知識人層による解釈の排他的な権威を正当化してくれたのです。党を明確な中心とするようなレーニンのモデルは、そのような正当化ぬきには考えられないでしょう。しかし、まさにそうであるからこそ、弁証法的唯物論を不条理なものにしてしまったエンゲルスは非難されるべきなのです。

言語をいかなる環境において使うかということに関係する、ある儀礼的な習慣のために、マルクス主義はプロテスタントよりもカトリックの国でより強い影響力をもつというあなたの論点に戻りましょう。おなじような種類の議論を、ユダヤ教と、そのラディカルな政治との関わりあいについてすることはできるでしょうか？

マルクス主義は世俗的宗教であるということは、自明であるように思われます。しかし問題は、それがどの宗教をなぞっているのか、ということです。それはかならずしも明白ではありません。マルクス主義は伝統的なキリスト教の終末論の多くの部分をふくんでいます。つまり人間の堕落、救世主、救世主の受苦とそれによる人類の代償的な救い、救済、復活、などなどです。ユダヤ教もふくまれていますが、それは内容よりは様式の問題です。マルクス、そしてのちの興味深いマルクス主義者たちの一部（ローザ・ルクセンブルクや、おそらくレオン・ブルム）のうちに、そしてまた『ノイエ・ツァイト』[*12]誌上で交わされたドイツ社会主義者たちの果てしない論戦のうちに、わたしたちは〈ピルプール〉の一変種を見いだすことができます。〈ピルプール〉とは、ユダヤ律法学者の審判や、伝統的なユダヤ教の説教や物語の中心にある、自己目的化し遊戯化した論争の形式のことですが。

マルクス主義の諸概念のまったくの狡猾さを考えてみてください。つまり、マルクス主義によるさまざまな解釈はおたがいを反転し、横切りあうために、存在するものが存在しないことになったり、かつて存在したものがべつの姿をとって回帰したりします。破壊は創造となり、保存することは破壊的な行為となる。偉大なるものは卑小なものとなり、現在の真実はやがては過去の幻想として滅ぶ運命にある。マルクスの著作を研究し、さらには彼についての著述をしているような人たちに対して、このマルクスの意図と遺産のかなり明白な側面をわたしが述べると、そのような人たちは多くの場合にだんだん不快な様子になっていきます。多くの場合、その人たちはユダヤ人であり、マルクス自身のユダヤ人としての素性を強調されて、あたかも家族問題に踏みこまれたかのように、気まずい思いをするようです。

思い出すのは、ホルヘ・センプルンの回顧録『なんと美しい日曜日！』[*13]の中の場面です。センプルンの家族がスペインから追放された後に、二〇歳の彼はフランスのレジスタンス活動にひきずりこまれ、しかる後に共産主義者として逮捕されてしまいます。ブーヘンヴァルト収容所に送られてから、センプルンはあるドイツ人の共産主義者の庇護を受けます。疑いなく、そのおかげで彼は生きのびるのですが。ある時点でセンプルンはその老人に、「弁証法」とは何か説明してくれと尋ねます。すると返ってきた答えはつぎのようなものです——「つねに足で着地する技芸と技術だよ」と。これこそユダヤ律法学者風の修辞学でしょう。権威と確固たる信念という固い足場へと足で着地する技芸と技術——とりわけ技芸《アート》——というわけです。革命的マルクス主義者になることとは、根無し草であること、それもとくに宗教的な根を持っていないことを最大限活用し、そのいっぽうで、半分意識的に、ヘブライ学校の生徒であればよくなじんでいるような推論の様式を手放さないでいることでした。

ユダヤ人の社会主義者は、ロシア帝国のそれよりも早く、またよりよく組織化されていたということは忘れられがちです。じっさい、「ブンド」は、ロシア共産党よりも早くできており、ロシア共産党の原型となっています。レーニンはみずからの立場をはっきりとさせるために、彼の信奉者を「ブンド」からきりはなす必要がありました。これはもっとよく知られたボリシェヴィキとメンシェヴィキとのあいだの分断よりも重要な分断です。

レーニンはこの世代、この環境、つまり第二インターナショナルでどのような役割をになっていたと考えますか？

ロシア人たちの存在は、第二インターナショナルの中ではいくぶん浮いた存在でした。というのも、第二インターナショナルは、国民国家の政治システムに一般的にうまく一体化したマルクス主義政党の集合だったわけですが、ロシアの急進派は、独裁帝政の中でそのように一体化することはまずできなかったのですから。ブルジョワ政府への参加という、第一次世界大戦の前夜にはインターナショナルにおいて主要になった問題は、独裁帝国の臣民にとってはなんの関心もない問題だったのです。

ロシアのマルクス主義者は、唯物主義で、ドイツ式の社会民主主義を信奉する多数派（年老いたプレハーノフによって体現されていた）と、若きレーニンによって主導された急進的運動家の少数派とのあいだで、深く分断されていました。この分断は、考えてみれば、あらゆる権威主義的社会への反対者の中ではよくあるおなじみの対立でした。つまり、権威主義的な支配者による周辺的な改革が誠実な意図のもとになされたと評価しようとする者たちと、そのような改革は何にも増して危険なものであると考える者たちとの対立です。これによって、より根本的な変化を求める勢力が弱められ、分断されてしまうのです。

レーニンはマルクス主義から革命の概念を引き出して、それを再解釈し、改訂し、そしてロシアにおける革命の土着の伝統を復活させました。一世代前のスラヴびいきの人びとは、ロシアにおけるいかなる急進的な行動も、明確にロシア的な物語をもち、明確にロシア的な軌跡をたどるのだという愉快な考えにひたっていました。その中には、独裁帝政を掘り崩しつつもロシア社会の独特の価値を保存する方法として、テロリズムを支持する者たちもいました。レーニンは直接行動主義、行動による革命主義、暴力革命運動、暗殺などといったロシアの積年の伝統は腹に据えかねていたものの、彼はそういった伝統についてまわっていた自発的行動の強調は捨てずにいることを主張しました。しかしレーニンの自発的行動主義は、きたるべき革命というマルクス主義のヴィジョンによってがんじがらめになっていたのです。

しかしレーニンは、無意味な暴力の嫌悪を共有していたロシアの社会民主主義者に対しても、おなじくらいに否定的でした。ロシアの伝統においては、スラヴびいきに対立するのは西洋化の推進者たちで、その人たちは、ロシアの問題とはその後進性にあると基本的に信じていました。ロシアには何も明確な美点はなく、ロシア人の目標は、西欧の国々によってすでに切り開かれた、発展の道へと国を進ませることだ、と。西洋化の推進者たちはまたマルクス主義に傾倒し、マルクスと政治的な進化論者たちの著作から、西洋ですでに起こったこと、そしてこれから起こるであろうことは何であれ、最初にそれが起きた西洋においてより純粋な形で起こったと推論しました。資本主義、労働運動そして社会主義革命は、先進国において最初に経験され、そのロシアにおける形態はよりゆっくりと、後になってやってくるかもしれないが、それは待つ価値のあるものなのだ。このような態度を、レーニンは発作的に口をきわめてののしったものでした。そのようにして、ボリシェヴィキの指導者たちは、西洋的な分析と伝統的なロシアの急進主義を結合することに成功したのです。

この結合は、純然たる理論的な優秀性の証左であると考えられるのが常でしたが、わたしはそうは思いません。レーニンは卓越した戦略家であって、それ以上のものではなかったのですが、第二インターナショナルでは、理論的な立場をとらないかぎりは重要人物にはなれず、そのためレーニンは天才的なマルクス主義の弁証家であると自分を売りだしたし、賞賛者にはそのように喧伝されたのです。

レーニンの成功は、未来を大胆不敵に予測することとも関係あるのではないかと思います。レーニンはマルクスを決定論者として、歴史の科学者としてあつかいました。同時代の、もっとものの分かっているマルクス主義者たち——アントニオ・グラムシ、アントニオ・ラブリオーラ、スタニスワフ・ブショゾフスキ、そしてジェルジ・ルカーチ[*14]——は、その先例にならうことは拒みました(ただしルカーチは後に変節しますが)。それにしてもこの歴史の科学という点において、レーニンの著作は、エンゲルスの著作についで大きな影響力をふるいました。

そしてレーニンは、「歴史の科学者たち」は、実験を観察するのみならず、実験に介入し、あれこれといじくりまわすことが許されていると断じました。結局、もしわたしたちが結果がどのようなものになるか前もって分かっているなら、さっさとその結果を出してしまえばいいではないか、とりわけその結果がこれだけ望ましいものならば――というわけです。しかしそうやって壮大な思想を信じこむことで、本当は卑小で些細で魅力に欠けた現実の現在の意味について、自信が持てるようになるわけです。

このことが今度は、当時まだ広まっていたカント派のマルクス主義、つまりマルクス主義にそれ独自の、自己充足的な倫理を備えつけようとするマルクス主義には不利に働きます。レーニンにとって、倫理というものは過去遡及的に効果を発揮するものです。小さな嘘、些細な欺瞞、とるにたらない裏切り行為やちょっとした偽善はすべて、後に出てくる結果の観点から見て正当化され、それによって道徳的に許容可能なものにされるのです。そして小さなものにあてはまることは、結局最終的には大きなものにも適用できることになるのです。

未来について自信を持つ必要さえもありません。問題は、原理として、その説明が未来の名のもとになされることを許すのか、それともそういった説明の清算は毎日行われるべきだと考えるかということです。

予測の帰結についてさらにできる区分というのは、そういった未来に依存する計算を自分たち自身またはは他人のためにする人たちと、そういった計算をして、それを他人に自由気ままに押しつけることができると感じている人たちとのあいだの区分です。未知のものではあるがおそらくよりよい未来のために今苦痛を甘んじて受ける、というのと、そのおなじ、証明不可能な仮説の名のもとに他人の受苦を公認することとは別物です。このことこそが、わたしの見解では、二〇世紀の知識人の罪です。つまり、自分勝手な見解にもとづく未来の名のもとに、ほかの人たちの運命にかかわる判決をくだすことです。その未来について、判決をくだす人間はなんの深いかかわりもないくせに、それについてその人物は特権的で完璧な知識を持っていると主張するのです。

現在から未来へのつながりを論証するには、すくなくとも二つの論理があります。ひとつは、ある未来のイメージから始めて、それから過去へとさかのぼっていって現在に至り、それから、未来へと向かう段階はどんなものか語る、というものです。もうひとつは現在から出発して、もし近い未来が現在とかなり似てはいてもある明確な点では改善しているとすれば、未来はもうすこしよいものになりはしまいか、というものです。この区別を敷衍すると、政策立案と共産主義革命との区分ということになりそうです。

その区別が重要だというのには同意します。しかしあなたはちょっとした歴史的躓きの石に足をとられています。その、公的な政策についての二つの考え方は両方とも啓蒙のプロジェクトというひとつの源から発しているのですから。

デイヴィッド・ロイド・ジョージのような、一九世紀の古典的な自由主義者《リベラル》の例をとりましょう。一九〇六年から一九一一年の自由党政権下でロイド・ジョージが導入した国民保険政策のような、彼の革新的な税制プロジェクトは、ある一連の検証されていない前提にもとづいたものです。つまり、ある種類の現在行われる行動は、短期的なコストや政治的な不人気という犠牲をはらうことはあっても、のぞましい結果を生み出すことが十分に期待できるという前提です。かくしてロイド・ジョージその人でさえも、これは首尾一貫した改革者であればだれでもそうなるのですが、自分の現在の行動は、将来もたらされる利益によって正当化されるし、それによってのみ正当化されるうるのであり、そのような利益に反対するのは愚かなことであると、気づいてみれば暗に主張しているわけです。

この意味で、社会主義（またはすくなくとも社会民主主義）とリベラリズムとをわかつ認識論的な深い亀裂は存在しません。両者は、数学的な計算にもとづく計画を強迫観念的に基礎にするような公共政策とは、まったく異質です。そういった政策は、（現在についての情報はもちろん）未来の帰結についての完全な、またはほぼ完全な知識をもっていると主張できるかぎりにおいてみずからを正当化できます。経済についてであれなんであれ、現在の情報も未来の情報も、完全なかたちでわたしたちに与えられることはないゆえに、計画とは本来的に欺瞞的なものなのであり、計画が包括的であればあるほど、その主張はより欺瞞的になるのです（完全な、または効率的な市場という概念についてもほぼおなじことが言えますが、めったに言われることはありません）。

しかし、リベラリズムや社会民主主義が、その未来についての主張が実現するかしないかで隆盛したり没落したりはしないのに対して、共産主義はします。だからこそわたしは、共産主義が消滅した余波で、ひとつのモデル、思想、大きな物語としての社会民主主義が崩壊してしまったことは残念かつ不公平なことだったと考えるのです。それは自由主義者《リベラル》にとっても悪い知らせでした。というのも、社会民主主義的な公共の問題のとらえ方についての批判というのは、なんであれ自由主義者《リベラル》にも向けうるものだからです。

リベラリズムとマルクス主義を認識論的に区別する試みをちょっとやってみたいと思います。リベラリズムは人間性についての楽観的な前提から出発しますが、現実にはすぐに坂を滑り落ちていって、もうすこし悲観的になるべきだということを学ぶわけです。そのためにはもうすこし介入が、謙虚さが、はたまたエリート主義などが必要だということに。そしてそれこそがリベラリズムの歴史です。すくなくとも国家の介入を受け容れた、二〇世紀初頭のニュー・リベラリズムの。

リベラリズムが人間性についての楽観主義を前提とし、その前提が経験をへるにしたがって侵食されてしまうなら、マルクス主義は、そのヘーゲル主義の伝統のおかげで、すくなくともある本質的な事実を前提としています。つまり、人間の疎外です。マルクス主義の見解とは、だいたいつぎのようなものです。わたしたちの本性はかなり悪いものであるかもしれないが、かなりよいものにもなりうる。その条件と可能性の両方の根源にあるのは、従属変数としての私有財産です。つまるところ、変化は真にわたしたちの手中に、それもおどろくべきかたちであるのです。革命とともに、私有財産の体制のみならず、不公平、孤独、ひどい人生といったものにも終焉がもたらされる。そのような未来がわたしたちの手中にあるがゆえに、自然そのものが交換可能になります。もしくは、わたしたちがおかれた現在の不十分な状況が不自然なものになるのです。そのようなヴィジョンにてらして見ると、ほとんどあらゆるラディカルな手段や権威主義的な態度は想像可能でさらにはのぞましいものにさえなります。これは、自由主義者《リベラル》がまず思いつくことのない結論です。

いや、その認識論的そして道徳的な分裂は、自由主義者とマルクス主義者を分断しているのではなく、マルクス主義者の内部を分断しているのです。そう考えると、過去一三〇年かそこらを検討してみれば、もっとも重要な分断線は、（とくに若者時代に）マルクス主義の物語のもっとも極端なヴァージョンに惹きつけられたけれども、結局つきつめるとその含意するものを——したがって、つまるところはその前提を——受け容れることのなかったマルクス主義者たちと、そういったマルクス主義に最後まで、その帰結もひっくるめて信をおくことができると考えたマルクス主義者たちのあいだを分かつものです。あらゆるものはこうであり、さもなければ違うものなのだという考え方があります。つまり、あらゆるものはあるひとつのものであるか、さもなくば別のものであって、同時に両方ではあり得ないという考え方、なにか（たとえば拷問）が悪しきものであれば、それはそれがもたらす結果のおかげで、弁証法的によきものにされうるなどということはないという考え方です。この考え方は、非マルクス主義的であるし、これまでもずっとそうであって、したがってそのような考え方は、ご存じの通り、「修正主義」として非難されてきました。それも正当なことで、というのもそのような認識論的経験主義は、リベラル政治思想から生じてきたもので、マルクス主義の魅力の核にある宗教的な論理のスタイルとは明確に袂を分かつ、そしてこれまでつねに分かってきたものだからです。

なんにせよ、過去一世紀のほとんどのあいだ、自分たちをマルクス主義者以外の何かと考えるなど——ましてや「リベラル」などと考えるなど——恐ろしくてとてもできなかった社会民主主義者の多くは、過去遡及的にものごとを必然的なものへと変えていくという究極の一手を打つことができませんでした。ほとんどの場合に、社会民主主義者たちは幸運にもその選択を避けることができました。北欧では、社会民主主義者は現存の権力を転覆したり圧制したりする必要なしで権力を獲得することができました。ドイツでは、憲政上の、または道徳的な強制に対して妥協をしたくない者たちは、社会民主主義的なコンセンサスからは身を引きました。

フランスでは、共和制の政治によって押しつけられた妥協によって、この問題は無意味なものになっていましたし、イングランドではラディカルな左翼が周辺的だったおかげでこの問題設定は不必要でした。逆説的にも、こういったすべての国々では、自称マルクス主義者たちが作り話をしつづけることができました。つまり、彼らは、自分たちの行動は歴史についてのマルクス主義的な物語から発するものであると、そのような主張を額面どおりに受けとった場合の含意に直面することなしに信じつづけたのです。

しかし、ロシアが第一の典型的な事例ですが、ほかの国では、まさにマルクス主義者が歴史とほかの人びとに対する仮借のない権限を主張できたがゆえに、マルクス主義者は権力を掌握することができたわけです。ですから、一九一七年のボリシェヴィキ革命〔十月革命〕の後には、自分たちの理論の人間的な帰結を飲み込もうとはしない人びとと、そのおなじ帰結が自分たちが思っていたとおりの悲惨さであり、そしてまさに悲惨であるがゆえに理論に説得力があると考えた人びとのあいだに、先鋭で消えることのない断絶が生じました。つまり後者の人びとはこう言うわけです。非常につらい。わたしたちは困難な選択をせねばならない。悪事を行う以外に選択肢はないのだ、これは革命なのだから。もしわたしたちがオムレツを作りたいのだとすれば、今は卵をとろ火でゆでているような時ではないのだ、と〔「卵を割らなければオムレツは作れない」ということわざより〕。言いかえれば、この革命は過去と、そしてわれわれの敵との決別なのであり、人間の変容という包括的な論理によって正当化され説明されるのだ、と。このような論理がたんなる抑圧のように思えたマルクス主義者は〔そのように思うのも無理からぬことですが）、自分たちの教義の含意をとらえそこねた科《とが》で糾弾され、〈歴史〉のくずかごの中に廃棄処分されたのです。

カール・カウツキーは、一九一七年までは社会主義ヨーロッパの権威的な知識人でしたが、彼について魅力的だとわたしが思うのは、ロシア革命が起きたとき、彼はたんに思考を停止して帰結を飲み込むことはしなかったということです。そうではなく、ほかの彼ほど有名ではないマルクス主義者とおなじように、カウツキーはレーニンの行動を、伝統的なおなじみのマルクス主義的分析の枠組みにあてはめて検討したのです。ほかの一部の社会主義指導者たちとは対照的に、レーニンがそう言ったからボリシェヴィキ革命はマルクス主義革命なのだとは、カウツキーは信じることができなかった。

その通りです。カール・カウツキーとエドゥアルト・ベルンシュタインは、一九一七年までは、戦前のドイツにおける社会主義論争の特色であった、修正主義をめぐる細部の論争で対立していましたが、この二人はロシアにおける行動が批判的なマルクス主義思想に対して持っている含意を受け容れることができませんでした（ここで、この二人はそれぞれのやり方でエンゲルスに近かった、したがってほかのだれよりも、初期の従来的なマルクス主義に近かったということはふれておく価値があるでしょう）。

ローザ・ルクセンブルクは、彼女の根本的な緊急性の議論に対するカウツキーとベルンシュタインの両者の静観主義に批判的でしたが、彼女は違う事例でした。彼女はレーニン主義の欠点に、すくなくとも二人とおなじくらいに意識的でした。じっさい、彼女のボリシェヴィキ批判は、知的にもっとも厳密なものでした。しかし彼女のドイツの仲間たちとはちがって、ルクセンブルクは過去との根本的な決別の可能性と必要性を主張しつづけました。ただし、レーニンによって主張されたのとはかなり異質な根拠でですが。

そのような決別の可能性に対する信念は、一九一七年になってさえもといいますか、一九一七年にいたってこそ中心的なものになったのでしょうね。

中世または初期近代のキリスト教の世界観とのアナロジーで語ると、本当に重要なのは人間の救済なわけです。もしわたしが教義を信じるなら、わたしはあなたの意志よりも、あなたの死すべき魂について配慮をし、あなたを救済することに心をさかなければならない。それがたとえあなたを拷問にかけ、最終的にあなたを殺すことになっても、もしわたしがあなたの魂を救済できるなら、わたしは正しいことを行うのみならず、わたしがなすべきなのが自明であることも行うだろう、と、こういうわけです。

このような論理から、リベラリズムはたしかに袂を分かっています。この論理は、人びとの目的がその個々の人びとから生じてきて、それがほかの人びとに経験的に認識可能であり、その人びとに対して拘束力があると考えるのです。より深い目的とものごとの意味の認識可能性をマルクス主義思想へと、またさらにはマルクス主義の伝統の（知られているとおりの）レーニン主義的な理解へと導入したのはヘーゲル主義でした。

このようにして、歴史の究極の目的は——それは〈革命〉をつうじて獲得され、その観点から理解されるのですが——不滅の魂と相同のもの、なんとしてでも救済されるべきものとなります。これは、凡庸な意味での信仰や信念以上の問題です。何十年にもわたって、それは「革命」に、あらゆる犠牲を正当化することが可能でじっさいに正当化してきた神秘と意味を付与してきたのです。とくに自分以外の他人の犠牲であり、それがむごたらしければむごたらしいほどよい。

なぜあれほど多くの人たちが、自分たちと自分の人生をレーニン主義と一九一七年の革命以降のソ連に捧げたのかを理解するためには、信仰だけではなく、コミュニティと歴史的な背景を考えなくてはなりません。共産主義の蜃気楼はたんなる社会民主主義、つまり福祉国家つきの民主主義よりもはるかに包括的なものです。共産主義の野望は人びとに広くおおいかぶさったわけですが、それは、歴史を全体論的な観点から理解し、社会の目標とそこへの個人の参加とのあいだの関係が抽象となってしまうほどの一般化を行う人びとを惹きつけました。これまでだれも、社会民主主義の神が躓いたなどということは言いません。しかし、共産主義の神が躓くというのははるかに広く共有された物語です。それはもちろん、まさに信仰の喪失をめぐる物語なのですが。

そうですね。一九一七年のロシア革命以降は、ボリシェヴィキが神秘的信仰を独占してしまったように見えます。どうして共産党のシンパたち、つまりそのもっとも血なまぐさい瞬間にソ連と同一化した人たちが、あれほど簡単に信仰をもつことができたのでしょうか？

共産主義者としてであれ進歩的なシンパとしてであれ、ソ連に信を置いていた人たちの物語は、実際は彼らが目にしたものとは関係のないものでした。そこに居合わせた人たちがどうして真実を見ることがなかったのか、と問うのは的外れです。ソ連で起きていることを理解していた人びとの大多数は、現場に行ってものを見た人たちではなかったのですから。それに対して、真の信者としてソ連に行った人たちは、ふつう信者のままで帰ってきました（アンドレ・ジッドが有名ですがまれな例ですね）。

なんにせよ、信者が追い求めているような真実は、同時代の証拠を参照することでは証明不可能で、未来に出るはずの結果によってしか証明できないものです。現在の数限りない割れた卵を正当化するのはいつも、未来に大きなオムレツができるのだという信心だったのです。もし信じるのをやめ、、、たとしたら、それはこれまでどうやら誤読していた社会的なデータをひとつ、たんに放棄するということにはとどまらないのです。それは、未来の成果が保証されているかぎりはどんなデータでも正当化してくれるような物語を放棄することだったのです。

共産主義はまた、信者連のあいだに強烈な共同体の感情を提供もしました。フランスの詩人クロード・ロワ[*15]は、彼の回想録の第一巻で、彼の若き日のファシズムを回想しています。この第一巻は『わたし』と題されています。ところが、彼の共産主義時代をあつかう第二巻は、意味深にも『わたしたち』と題されているのです。これは症候的ですね。共産主義の思想家たちは、同族意識を持った知識人の共同体の一部だと感じており、そのことは彼らに、自分たちは正しいことをしているんだという感覚だけでなく、歴史とともに歩を進めているのだという感覚も与えたのです。「わたし」だけではなく、「わたしたち」がこれを行っているんだ、と。この観念によって孤独な群衆という概念が克服され、共産主義者の個人を、歴史的なプロジェクトだけでなく、集団的な過程の中心にすえることが可能になったのです。

そして、ソ連に幻滅した人たちの回想録の多くが、信心の喪失だけでなく、共同体の喪失という観点で語られていることは興味深いことです。困難なのは、スターリンの所業を直視することではなく、一緒になってソヴィエトを信じていたほかのすべての人たちと袂を分かつことだったのです。このように、信心と、共有された忠誠心のかなり強い魅力、これらの組みあわせが、ほかの政治運動にはなかった力を共産主義に与えたのです。

もちろん、さまざまな思想家のグループが、さまざまな理由で共産主義に惹きつけられました。アーサー・ケストラーのような、一九〇五年あたりに生まれた一世代は、最初期のレーニン主義に惹きつけられ、一九三六年のスターリンの見せしめ裁判や一九三九年の独ソ不可侵条約によってもっとも遅く幻滅を味わいました。第二次世界大戦の輝ける赤軍のイメージや、（想像上のものと現実のもの両方の）共産主義諸党の英雄的な抵抗運動、そして、もしアメリカが代替案であるならば、そしてアメリカが資本主義のもっとも粗野な体現であるならば、共産主義を選ぶことは容易だという感覚によって誘惑を受けた世代とは、この一九〇五年の世代はかなり違っていました。

その、遅い方の世代には、一九五六年に、ソヴィエトによるハンガリー侵攻によって幻滅した人たちが多くいました。早い世代の共産主義者にとってもっとも重大だったのが社会民主主義の挫折と、ファシズムと共産主義とのあいだの一見解消不可能な選択肢だったのに対して、一九四〇年代や五〇年代になると、とるべき選択肢はかなり違ってきているように見えました。スターリンが冷戦を強く押し出して、基本的にはおなじような選択肢を提示しようとしていたにもかかわらず。そのような次第で、シンパー――というのはつまり、共産主義に共感しているけれどもそれにしっかりと参加するほどではない人たちのことですが――は、戦間期よりもその後の物語において重要になっていきます。というのも、後の時代での顕著な問題は、人びとが共産主義者であることをやめて、元共産主義者になったのかどうか、なったとしたらいつ、ということだったからです。

伝記のうえで、ある人が共産党員になった瞬間、または共産主義とのつながりを宣言する瞬間というのは非常に重要です。そこには一種の、二重時間の罠とでもいえるものがある。その瞬間から、革命はあなたの目の前をずっと、虹のように、後退しつづけるのです。そしてそれを追おうとしつづける。そのいっぽうであなたの背後にあって遠ざかっていくのは、あなたがその選択をし、それとともにおそらく多くの友人をつくったり、あらたな恋人を見つけたりした青春時代です。そして、そういった友人や恋人から、その瞬間から自分を切りはなすのは非常にむずかしいと、そういった人びとは思ったのではないでしょうか。

ここでも、エリック・ホブズボームの回顧録について考えてみましょう。彼の回顧録の中には、彼の人生のすべてはドイツのワイマール共和国末期にむすびつけられ、そこにむすびつけられることによって彼の政治的忠誠は説明可能になるという感覚があります。一九三二年に、ホブズボームは一五歳でベルリンにおり、ドイツの民主主義が崩壊するのを目にして共産党に入党し、その瞬間は二〇世紀の大きな転換点であり、その選択の瞬間に自分は選択を行っているのだ、という感情をあきらかに持っています。その選択は彼の残る人生のすべてをかたちづくっただけでなく、それ以前の出来事に根拠と意味を与えました。おなじ選択をしたけれども後にそれを拒絶した人たちの多くは、自分たちの人生に意味を与えてくれるものは何なのかをちゃんと説明することができず、途方に暮れることになります。かつては意味を与えてくれたものを批判して書き、語ることに没頭する以外に、人生に意味が見いだせなくなるのです。イニャツィオ・シローネ、ウィテカー・チェンバーズ、[*16] マネス・シュペルバーのような元信者たちについて考えると、そこには二種類の感情的な低音が響いていることが分かります。つまり、信心の喪失を表現しようとする試み、そしてかつて抱いていた信心を合理化しようとする試みです。もちろん、信心の喪失は、信心を持つことよりは魅力的な経験ではありません。ですからそのような信心から身を引くことが合理的なのかもしれませんが、そうすると得るよりも失うものの方が多くなってしまうのです。合理化の興味深い事例はアニー・クリージェル〔一九二六—九五年〕でしょう。彼女はフランスの歴史家で、最初はスターリン主義者でしたが後に反共産主義者になった人です。クリージェルの回想録は『わたしが理解していると思ったこと』と題されています。シドニー・フックの回想録『不調和』もまた、どうして「わたしは当時、ものごとを明確に理解していると思いこんでいたのか」を説明しようとする一連の試みです。フランソワ・フュレの『幻想の過去』も、二〇世紀の歴史にみせかけつつ、おなじことについて書いています。[*17] いずれも、「わたしの」かつての選択は、信心の問題であるというよりは、ある状況に対する合理的な反応の問題だったのだ、と主張しているのです。またそうすることによって、共産主義者になるという選択と、共産主義者をやめるという選択の両方について誇りを持つことができるわけです。

フュレには過度の合理化のみごとな例があります。彼は一九四七年にケストラーの『真昼の暗黒』

を読んだと言っています。ケストラーによるソ連での粛清の描写によって、自分は共産主義者になるべきではないと説得されるどころか、若きフュレは、スターリンのみせしめ裁判における尋問者と被尋問者の両方の理性に感銘を受けたというのです。

ただ、忘れてはならないのは、ケストラーはその小説を書いたときに、弁証法の魅力から自身を解き放ってはいなかったということです。ケストラーが示そうとしたのは、どうしてあれほど多くの人びとがそういった思考法に誘惑されたのかということでした。しかし、あの小説があれほど成功した理由のひとつは、彼自身がまだそれにどこか誘惑されている部分があったからです。

だからこそ『真昼の暗黒』は、どうして人びとが共産主義にひきつけられたのかという、内部からのよい報告となっているわけですね。しかしこの作品は、大粛清が実際はどのようなものであったかのよい報告にはなっていません。この小説は一九三七年と三八年に射殺された何十万人もの労働者や農民のことにはふれていないのですから。

ケストラーの説明によれば――この点では彼はホブズボームとおなじなのですが――いい連中と悪い連中はみな共産主義者なのです。まず、すべての犠牲者たち、すくなくとも重要な犠牲者たちはみな、共産主義者です。さらには、「犯人」はスターリン主義者たちであって、彼らは「よい」共産主義を自分たちの目的のために利用し、さらには法や権力を濫用して、気にそわない、または取り除いてしまいたい共産主義者同志を糾弾したのです。あなたが指摘するように、これはソヴィエト史のこの時代のもっとも重要な側面でした。もちろんそのような論理が粛清の暴力を正当化することはありません。しかし当時の知識人にとっては、そういった正当化が重要だったのです。

知識人たちにとって本当に重要だったのは、身のまわりの環境でした。つまり、自分の知っている人びと、または自分の知っている人たちに似た人びと、そしてそういった人びとに起こる出来事という意味です。そういった環境の外側には、集産主義化された農民がおり、彼らは土地を失い、一九三〇年代には何百万人という単位で飢餓に苦しみ、おなじ三〇年代の後半には何十万人という単位で銃殺されたというのにです。

ケストラーの『恐竜の足あと』のなかに、「サン＝ジェルマン＝デ＝プレの小さな浮気者たち」というう愉快なエッセイがあります。彼はフランス人のシンパや共産党員たちを覗き魔として、つまり壁の穴から歴史を覗き見てはいるが、けっしてそれを直接は経験していない者たちとして書いています。共産主義の犠牲者たちを、人間の犠牲者ではなく、〈歴史〉の犠牲者として描き直せば都合がよいでしょうし、じっさいそのように描き直されてきたのです。かくして共産主義とはすなわち、歴史がその仕事をし損ねた国において、ヘーゲル的な精神が歴史の仕事の肩代わりをすることだと理解されました。そのような距離をとった立場からであれば、〈歴史〉のコストとベネフィットといった議論が可能になります。しかしその場合、コストはだれかほかの人間が背負い、ベネフィットは自分の思うがまま、ということになるわけです。

ある意味ではこれは、わたしが学部生のころにキングズ・カレッジで学んだ、産業革命をめぐる論争にどこか似ています。短期的に見れば人間に対するひどい結果をもたらしたが、それは必要だったし利益をもたらすものだったのだと。その変容は必要なものだった、なぜなら産業化なくしては、農業社会におけるマルサス的な行き詰まりをのりこえるのに必要な富が生みだされなかっただろうから、と。そして、長い目でみればみんなの生活水準を上げたのだから、産業革命は利益をもたらしたのだと。

ですからこの議論は、（その犯罪の規模を認める場合の）西欧の共産主義の擁護者の議論に似ています。違いはもちろん、一八三三年にはだれもロンドンで机の前に座って、産業革命を計画し、長期的な利益のためには、いかなる犠牲を生みだそうとも、産業革命をほかの人びとにおしつけるに値するぞと決めた、などということはなかったのですが。

この観点はベルトルト・ブレヒトの、多くの人たちには賞賛されていますが不快な詩に要約されています――「憎しみは、下劣なものにたいするそれですら／顔をゆがめることを。／怒りは、不正にたいするそれですら／声をきたなくすることを。ああ、ぼくたちは／友愛の地を準備しようとしたぼくたち自身は／友愛をしめせはしなかった。[*18]」つまり、現在の犯罪を正当化するためには、わたしたちは未来の利益をしっかり見据えなければならない、ということです。しかしそのような物語において、犠牲はつねにほかの人びとに、さらにふつうはほかの時間と場所におしつけられるということを忘れないでいるといいでしょう。

それは政治的ロマン主義の実践のようにわたしには見えます。二〇世紀のほかのところで、似たような事例が見いだせますね。多くの人、とりわけ知識人がもはや来世の存在を信じない世界にあって、死はまったくちがう意味を獲得する必要があります。死には理由がなければならない。それは歴史を前進させるためでなければならない。神は死んだ、死よ永遠なれ、というわけです。

そのような死生観は、第一次世界大戦と、それが生みだした死と暴力の崇拝がなかったら、想像するのがもっと難しかったでしょう。共産主義知識人とファシスト知識人は一九一七年以降の年月において、命を賭した苦闘と、それが社会的ならびに美的にもたらす有益な帰結という問題に深くひきつけられていたという点で共通していました。とくにファシスト知識人は、戦争と国内での暴力を正当化し、それに魅力を与えるために、死を利用しました。そのような破壊行為から、よりよき人間とよりよき世界が生じるのだと。

「そういったものはすべておさらばした」と言って自分たちの幸福をありがたがる前に、そのようなロマン主義的感性からわたしたちが脱したということはまったくない、ということを忘れずにいましょう。わたしは、二〇〇六年に第二次レバノン戦争[*19]が起きたときの、当時のジョージ・W・ブッシュ政権の国務長官だったコンドリーザ・ライスの反応をよく覚えています。イスラエルによる南レバノン侵攻と、それがひきおこした市民への被害の規模についてコメントしたライスは、それが「あらたな中東の産みの苦しみ」だと堂々と宣言したのです。当時わたしは、これはどこかで聞いたことがあるぞ、と思ったのを覚えています。もうお分かりですよね。この場合も、〈歴史〉があらたな世界を生みだす手段としてほかの国の人びとの苦難が正当化され、それによって、本来ならば許され得ず釈明の余地もない出来事に意味を与えるわけです。アメリカの保守党の国務長官が二一世紀にそのような偽善に訴えることができるなら、半世紀前のヨーロッパ知識人が似たような正当化の手段を持ち出してもなんの不思議もありません。

すこしだけエリック・ホブズボームに話題を戻しましょう。あのような種類のあやまちをおかし、しかもそれを正すことのなかった人間が、時満ちてもっとも重要な二〇世紀の解釈者のひとりになるとは、どうやって可能だったのでしょう？　しかも彼の事例というのは、唯一無二というわけではありません。

思うに、その質問への答えはいろいろなものをあきらかにしてくれるでしょう。わたしたちは、二〇世紀の幻想、とくに共産主義の幻想をいったんは共有していなければ、二〇世紀のかたちを十分には理解できないという、おそらくホブズボーム自身もいまだ主張するでしょうが〔原著の出版時にホブズボームは存命〕、そういう感覚から完全には抜け出せずにいます。ここで、二〇世紀思想史家は、基本的に解決不可能な領域に足を踏み入れてしまいます。一九三〇年代に人びとがおこなった選択（とその理由）は、わたしたちには理解可能です。これは、わたしたち自身がそのような選択をした、と想像することができなくても、また、二〇年後にはそのおなじ人びとが自分たちの選択を後悔する、またはその選択を、若気の至りだとか、状況に強いられてだとか、都合良く解釈するであろうということを、完全によく知っていても、かわらず真実なはずなのです。

共産主義者であったがゆえに、その人は共感をもった理解をでき、共産主義が本当はどのようなものであったか知っており、その人はその時代の主要な問題に関わっていたのであり、歴史家としての仕事をするための原材料をもっているのだ、というわけですね。それは歴史家には大きな強みとなるでしょう。というのも、共感をもった理解というのはおそらくみんなが求めているものでしょうから。しかし、もしその主張が、スターリン主義者であったがゆえに知識人としての強みがあるのだ、というものになるとすれば、純粋に方法論的な観点からは、元ナチスであったらなあ、という話にもなりかねないですね。

一九三三年に高名なドイツ人たちによってなされた、ナチスを歓迎するという選択、またナチスからの歓迎を受け容れ、ナチスが彼らの共犯と沈黙とひきかえに提示した高い地位を受け容れるという選択、これは、こんにちのわたしたちにとっては、理解不可能です。人間としての怯懦《きょうだ》だと理解する以外には。ですから現代から振り返ってもその選択は問題をはらんだものでありつづけており、わたしたちは「若気の至り」だとか、「状況に強いられて」ということによって、罪を軽減させることにはかなりの抵抗を覚えるわけです。つまるところわたしたちは、ある種類の過去の政治的微罪については断固許さないが、べつの罪は許容し、さらには共感を寄せるというような態度をとっているのです。これは一貫性がなく、支離滅裂にさえ見えるかもしれませんが、そこには一定の論理というものがあるのです。

二〇世紀の歴史を、ナチの政策を立案し宣伝した者たちの精神に分け入って理解しようとすることには、ほとんど利点は見いだせません（ジョナサン・リテルの『慈しみの女神たち』[*20]にたいする最近の賛辞をわたしが共有できない理由のひとつはこれです）。ナチス知識人のうち、その議論が二〇世紀の思想を、歴史的に興味深いかたちで代表しているような例はひとつたりとも思いつきません。

それとは逆に、一部のルーマニアやイタリアのファシスト知識人の唾棄すべき著作については、共感をもってではないにせよ、注意深く読むべき理由はたくさん思いつきます。わたしが言いたいのは、ドイツ的なかたち以外のファシズムは、結局はジェノサイドや、民族の徹底的破壊を中心とはしないのだから、なんらかのかたちでより許容可能であるとか、消化できるということではありません。わたしが言いたいのは、ドイツ以外のファシズムは、ナショナリズム的なルサンチマン、または地理的な不公正という了解可能な枠組みの内側で作動したのであり、その枠組みは理解可能であるというだけではなく、その枠組みは、わたしたちが生きている世界を了解可能なものにしようと願うならば、ある程度の応用可能性をもっていたし、今ももっているような枠組みだということです。

ところが、ナチス時代のドイツ知識人が、ナチス党員として、またはナチスのシンパとして語っていたことのほとんどは、ほかならぬドイツのみにしかあてはまらないようなことばかりでした。じっさいナチズムは、それが利用したロマン派およびポストロマン派の国民的伝統とおなじように、ドイツ人を唯一無二のものにしているのは何か、ということにまつわる一連の主張に寄生していたのです。ルーマニアの――もしくはイタリアやスペインの――ファシスト知識人たちは、自分たちが普遍的な真実や概念を信奉しているのだ、と長いこと信じていました。もっともナルシスティックな愛国者の例を挙げるとしても、ロベール・ブラジヤックやドリュ・ラ・ロシェル*21のようなフランスのファシスト知識人は、自分たちがフランス国境のはるか外側でも重要で興味深い存在たりうると想像して疑わなかったのです。すくなくともこの意味では、彼らは共産主義知識人と比較できます。共産主義知識人もまた、近代とその不満についての説を提示していたわけですから。そういうことで、そういったファシスト知識人から学べることがあるのです。

イタリアのリベラル愛国者であるジュゼッペ・マッツィーニ*22が一九世紀ナショナリズムについて書

いた際に、彼はそのナショナリズムはあなたが示唆したような意味で普遍的な命題たりうるし、そうあるべきだと、堂々と述べています。つまり、もし民族自決がイタリアにとってよいものであるなら、原則としてそれがあらゆる人にとってよいものでないという理由はないだろう、と。多くのリベラル国家が誕生しうるだろうと。一九二〇年代と三〇年代のファシズムはそのような思考法の、戦後における歪曲された跡継ぎだと理解可能です。つまり、原則として、ある国のファシストはほかの国のファシズム同志たちの野望に共感できるのだと。しかし、国民社会主義者はそんな望みは抱けません。ナチズムはドイツ独自のものなのであり、その形式と内容はほかならぬドイツ向けのものなのだから、ほかの国が使うためのモデルにはならない、と。

それにしても、まさにあなたがおっしゃったことを理由として、国民社会主義は結局普遍的なものではなかったといえるのかどうか、疑問に思っています。自分自身の人種の幻想を崇拝するというのは極端な、まったくもって極端な例ですが。それにしてもたしかに、わたしたちはみな、自分たちが独自の存在だと考える誤謬におちいってしまうものではないでしょうか？　自分を例外と考える傾向は、人間の普遍的な欠点では？

そうかもしれません。あなたがしている議論はどちらかといえば抽象的なものですね。つまり、思想家自身に関わるものではなく、その思想家または思想家の何百万人もの犠牲者たちが餌食になった誤謬の一般的本性から、わたしたちが学べるかもしれないことに関わる議論です。くりかえして言いますが、ナチスと、自分たち独自の視点で自分たちの普遍的な性質を保持し、それを主張した知識人とのあいだの区別を維持することは可能だしそうしなければなりません。その普遍的な性質というのは、政治であれ、人間社会の起源であれ、資本主義の仕組みであれ進歩の意味であれ、自分たちは国際的な対話に参加しているんだ、という、典型的に啓蒙主義的な理念ですね。共産主義知識人は――そして一定の留保をすればファシスト知識人は――そのような対話を継ぐ人たちだったと自信をもって言えます。ナチスの知識人については、単純な話、それは言えません。

第四章　キングズ・カレッジとキブツ――ケンブリッジのシオニスト

一九六三年でしたが、父はわたしにイスラエルに行ってみないかと提案しました。父と母は、そのすこし前にイスラエルに初めて行っていたのです。両親はユダヤの青年組織ドロールを発見していました。この組織はキブツ運動とむすびついており、イングランドの若いユダヤ人のために、夏期のイスラエルへの旅行を組織していたのです。わたしは、ロンドンでこの運動を運営していたイスラエルの勧誘者たちに夢中になりました。つまり、長い歴史をもつ左派キブツ運動体のキブツ連合を代表していたツヴィ・デュビンスキーとマヤ・デュビンスキーです。ツヴィは公式の改宗勧誘者で、二〇代後半にしてカリスマ的なシオニストでした。彼の妻マヤはパリ生まれで（彼女の伯母は、わたしのまたいとこと結婚していたと、のちになって判明したのですが）、美人のコズモポリタンでした。わたしはその夏、二人とともにイスラエルに行き、そして完全にとりこになりました。

かくして、わたしのキブツとのロマンスは始まったのです。イスラエルには魅力的な女の子たちや、ひとなつっこいユダヤ人の少年たちがいて、彼らは自分たちがユダヤ人であることや、まわりをとりかこむ敵意によって悩まされるということはありませんでした。イスラエルの環境は、とくに見慣れた環境というわけではなかったものの、完全に異質で異邦というわけでもなかった。しかし、当時わたしはシオニズムとそのイデオロギー的な境界へと身を投じつつも、無意識に自分を抑制していたと思います。当時のよりイデオロギー性の高かったキブツでは、離散先からやってきた新参者はヘブライ名をあてがわれました。そのヘブライ名は、その人のヨーロッパ名の聖書における対応する名前であったり、もしくはそれになんらかの関係がある名前で、その命名法というのは若きユダヤ人をヨーロッパの過去から引き抜いて、中東での未来へと移しかえるという、それほど巧妙繊細とはいえないプロセスの一部だったのです。「トニー」という名前には聖書の上での対応する名前がなかったので、わたしのあらたなキブツでの友人たちは、わたしの名前からnとtを取り、それをひっくり返してわたしを「ネイサン（Nathan）」と呼ぼうとしました。わたしは即座にその命名を拒否しましたので、わたしはたんにトニーと呼ばれるようになりました。

わたしはガラリヤのキブツ・ハクックで七週間働きました。のちにわたしが理解したのは、移民の準備をしているのにくわえて、わたしは安価な臨時労働者だったということでした。つまり、キブツがかなりの費用を投じて魅力的な代表者をイングランドに送ることは、もし彼らが農場で喜んで働く若者を連れてかえってくるなら、経済的に理にかなっていたのです。もちろんそれが、わたしの出資者たちが求めていたことでした。キブツ連合は、当時のイスラエルの主要な中道左派政党のひとつであった統一労働党のキブツ運動でした。統一労働党にとってキブツ運動とは財政的・社会的・政治的そして象徴的な資本なのであり、わたしたちのような新規加入者にその未来がかかっていたのです。しかしそれがたとえ搾取であったとしても、だれもそれに抗議はしませんでした。わたしはまちがいなくそこでの労働が大好きでした。バナナを収穫し、壮健で、トラックで国中を探検し、女の子たちとエルサレムを訪問する。

労働シオニズムの本源は〈ユダヤの労働〉の約束にありました。つまり、離散した若きユダヤ人たちはその退廃した、同化された生活から救い出され、はるかパレスチナの田園地帯の入植地へと移しかえられるであろう、そしてそこで、搾取をすることもされることもない、生けるユダヤ農民を創造する（または、そのイデオロギーの言い方では、再創造する）であろう、と。わたしはイスラエルをバラ色の色眼鏡で見ていました。そこはほかにはないような中道左派の国であり、わたしの知っているみながキブツに所属し、わたしはユダヤ人の住人全体に、奇妙にもユダヤ的な社会民主主義の理想を投影することができると考えたのです。わたしはアラブ人には会いませんでした。左派のキブツ運動はアラブ人の労働者を雇うことは避けたのです。今振り返ってみると、このことは左派キブツ運動の平等主義の信用をけがすというよりは、中東における不都合な事実から目をそむけることに資したのです。当時こういったことすべてを理解していたとは思いませんが、わたしが長々とキブツに逗留しているあいだ、イスラエルでももっともアラブ人が集中している地域の近くに住んでいるのに、なぜアラブ人に会わないんだろうと不思議に思ったことはたしかに覚えています。

わたしはそこに参加した、ミラン・クンデラが言うところの「踊り手」のひとりでした。[*1] わたしはその集団に参加し、そこでの言語を、つまり文字通りの言語と政治的言語の両方を学びました。わたしは彼らの一員に——より正確には、いいいい、わたしたちの一員に——なりました。ですから、わたしはある程度の自信をもって、その集団の内側にいるというのはどういうことなのかについての、インサイダーに保証された特別な知識をクンデラやパヴェル・コホウト[*2]と共有していると言うことができます。信仰なき者たちに気取って見下した視線を投げかけ、連中は愚かで、無知で、啓蒙されていないと軽蔑する、そんな態度ですね。

わたしは社会主義シオニズムの信奉者となってイングランドに戻り、一五歳にして、この社会主義者とシオニストという両方のアイデンティティがわたしの中心的な信条となりました。わたしにとってのシオニズムはまちがいなく青年時代の反乱でしたが、それはなんらか特定の父権的または社会的な規範や権威を相手取った反乱ではなかったと思います。わたしはたしかに、わたしの両親にとってはなじみのない形式の政治を奉ずることはしませんでした。それどころか逆です。またわたしは、イングランドの文化、衣服、音楽、または政治に対して反乱していたわけでもありません。その点では、すくなくとも、同時代のほかの人たちとおなじくらいか、もしくはおそらくほかの多くの人たちよりはそういう面が弱かったと思います。わたしが反乱していたのは、わたしのイングランド性、または、それまでは検討に付していなかった、わたしの子供時代の曖昧性でした。つまり、いっぽうでは完全にイングランド人であり、そして同時にまちがいなく東欧ユダヤ人の子供でもあったということです。一九六三年のイスラエルで、わたしはその曖昧性を解決し、シオニストのトニー・ジャットとなったのです。

母はそれにひどいショックを受けました。母にとってはシオニズムなぞユダヤ性をこれみよがしに誇示することにすぎなかったし、彼女の頭の中ではこれみよがしのユダヤ性は下品で恥知らずなものだったのです。しかしまた彼女はとても聡い人だったので、シオニズムがわたしの勉学のじゃまになるかもしれないということに気づいていましたし、それはじっさいそうでした。母はなによりもまず勉学が大事であるということを主張しつづけ、そのいっぽうでわたしは、Aレヴェル（大学入学資格を与えるためのイギリスの全国卒業テスト）の勉強をするよりは、ガラリヤ湖でバナナ農園を経営するほうが楽しいだろうという確信をいだいていたというわけです。

とくに、母は、わたしが最初にわたしをイスラエルに連れていったカリスマ的な夫妻に強くひきつけられていることを見て取りました。わたしが、それほど年上でもないマヤにとってもひきつけられていたというのは、たしかにその通りでした。その後の四年間をシオニズムに捧げた理由が彼女だったとまでは言いませんが、彼女が重要な位置を占めていたのはたしかです。母の視点では、マヤはわたしを誘惑して、わたしのもう片方の自己から、つまり初期の孤独で、知的で、内省的な子供だったわたしからひきはなしてしまうかもしれない何かを代表していました。まさにその理由のために、父は最初はわたしのイスラエル行きに乗り気でした。しかし彼もまたおなじ危険信号を受け取りはじめました。それからは両親とも、学校をやめてキブツへと逃走したいというわたしの願望をあきらめるよう、強く圧力をかけはじめました。

わたしたちは非公式的な合意に到達しました。イスラエルに行ってもいいが、その前にまずAレヴェルを受験して合格せねばならない、と。こういった条件を受け容れたのは、わたしが結局それほどの反逆者ではなかったということでしょう。なんにせよ、わたしはAレヴェル試験のほとんどを受けることはありませんでした。しかし、学校を辞めることもありませんでした。というのも、そのかわりにわたしは一年飛び級で、高校の先生たちの勧めで、ケンブリッジ大学の入学試験を受けたのです。当時の規則は、もしこの入学試験に十分な成績で合格し、カレッジのひとつに受け入れられれば、大学入学の最低限の資格をみたしたとみなす、と定めていたのです。

一九六五年の秋、ケンブリッジの入学試験をひかえた数ヵ月のあいだ、わたしはシオニズムの青年運動で出会った女の子と夢中でつきあっており、それで受験勉強をおろそかにしていました。ある晩、午前二時ごろに家に帰って、父がダイニングルームでわたしを待っているのを見て鳥肌が立ったことがあります。わたしは宿題よりも女性とのつきあいを優先することの軽率——というのは控えめな言い方ですが――についての説教を聞かされました。わたしはのちにこの叱責を恨んだことはなかったと思いますし、当時でさえも、父がわたしに対して行っていることをちゃんと理解していたと思います。わたしはきっぱりとそのかわいそうな女の子と縁を切り、昼に夜に勉強をし、入学試験ではそれ以前もそれ以来もなかったほどによい成績を取りました。

当時、ケンブリッジは一般公募の奨学金を獲得したら、それを知らせる電報――本物の電報ですよ――を送ってよこしたものでした。わたしはある晩ロンドン北部のシオニストの友人の家にいて――その家がとくにわたしにとって魅力的だったのは、そこにわたしと同い年のとても魅力的な女の子が二人いたからなのですが――両親から電報が来たという電話をもらいました。両親は電報を当然に開いており、わたしがケンブリッジ大学キングズ・カレッジの奨学金《イクシビション》を授与されたという内容を読んでいました。両親はわたしに、これはどういう意味だと聞いたので、それは奨学金《スカラーシップ》と学籍をもらえるということだと説明しました。両親は、お祝いをしたいから家に帰ってきなさいと言って聞きませんでした。家に帰ってみると、聞こえてくるものといえば二階のどこかから聞こえてくる口論の声だけでした。結局分かったのですが、両親は、二人のどちらの家系の遺伝形質からわたしの成功がもたらされたのかについて、激しい口論をしていたのでした……。

つぎの週、わたしはキングズ・カレッジの上級講師に手紙を出して、Ａレヴェルの試験勉強をやめていいかどうか、つまり高校を中退していいかどうか尋ねました。おどろくほどに寛容で理解のある反応が上級講師から返ってきて、やめてよい、なぜならお前は入学試験でフランス語とドイツ語を受験して、成績はＡレヴェルをこえるもので、ケンブリッジ大学としては十分な資格があると認められるのだから、好きにしてよいということでした。

心からほっとして、わたしは六年間の高校生活をあとにして、一九六六年の春と夏をイスラエルのキブツ・マハナイムですごしました。わたしがマハナイムを選んだのには、キブツの管理組織がわたしにそのように指示を与えたという以上の理由はありませんでした。そこに到着したあとは、わたしはオレンジ果樹園で働きました。それは、ハクックの湖畔のバナナ園での仕事よりは楽でしたね。柑橘類の香りは、水へビのいる環境よりはるかによかった。

マハナイムはハクックとおなじキブツ運動に属しているキブツでしたが、そこのメンバーは日常的なイデオロギー的問題に関して、いくぶん強硬路線をとっていました（たとえば電化製品や衣服のクーポン券の分配といった問題です）。マハナイムはハクックよりも大規模でよく組織されているコミュニティでしたが、はるかに友好的でなく、反対意見に対する寛容さは皆無でした。わたしはそこで何ヵ月もすごしましたが、その雰囲気がしだいに息苦しくて居心地が悪く感じられ、共産圏の集団農場のようなにおいをかぎとり始めました。

キブツの仲間たちが、わたしがケンブリッジ大学に入学を認められて通うつもりだと知ると、彼らはおぞけをふるいました。「アーリヤー」の、つまり（イスラエルに）「上っていく」ことの文化全体は、離散状態においてもっていたつながりや機会を断ち切ることを想定していたのです。当時の青年運動のリーダーたちは、イングランドやフランスのティーンエイジャーがいったん大学に行ってそういった国に住むと、その若者はイスラエルからは永久に失われてしまう、ということをよく知っていたのです。というわけで、公式には、大学に所属している学生は、ヨーロッパでの学籍を放棄して数年はオレンジ収穫人、トラックの運転手、バナナの選別係としてキブツに身を捧げなさい、ということになっていました。そしてそのうえで、状況が許すならば、キブツのコミュニティに対して高等教育を受ける資格があるかどうか伺いを立てなさいと。その場合、その学生がいかなる学問を追究すべきかはキブツが集団的に、集団に対して将来利益をもたらすかどうかを重視しながら決める、という合意でした。

わたしはケンブリッジ大学に行きました。いま思い返せば分かるのですが、わたしは一九六六年の秋に、ある明確にきわだった世代の一員としてケンブリッジに行きました。たしかに、ジャン＝フランソワ・シリネリ[*3]の『知識人の世代』のような本をイングランドについて書くのは難しいでしょう。『知識人の世代』は一九二〇年代後半に高等師範学校を卒業した一団、つまりそのあと半世紀のあいだフランスの知的・政治的な生活の大部分を支配することになるメルロ＝ポンティ、サルトル、アロン、ボーヴォワールなどについての研究です。たとえオクスフォードとケンブリッジ、そしてロンドン・スクール・オヴ・エコノミクスをひとまとめにしても（ひとまとめにされるべきではないですが）、その卒業生は数が多く、その傾向があまりにも多様なので、首尾一貫した知識人の世代をつくりあげることはあり得ません。それにしても、一九六〇年代初期から一九七〇年代のはじめまでのあいだにイギリスの大学に通った世代には、どこか驚くべき性質があったのです。

この世代は、一九四四年の教育法とそれにもとづく改革から利益を得た若者の世代でした。その改革で、イギリスの中等教育は無料になり、そこから利益を得られるあらゆる人に開かれたものになったのです。その改革で、エリート養成システムが確立されました。教育内容においては古めかしい選抜制の国営の中等学校で、しばしば古いパブリック・スクール（というのはイングランドではもちろん私立学校ですが）をモデルにしているけれども、あらゆる階級からの才能の持ち主に開かれている学校が確立されました。それにくわえて、もっと数は少ないですがおなじようにエリート主義的でメリトクラシー的な直接助成校もあり、それは建前上は私立校ですが地方の教育委員会または中央政府の助成を受けているので、学生が受ける便宜は前者の学校と比肩するものでした。

こういった学校に通った下層階級または中流階級出身の少年少女は、一一歳で受けることになっていた全国テストでいい成績を出し、それによって進学校に進むことのできた生徒たちでした（試験に落ちた生徒たちはたいていの場合、水準の低い「実業《テクニカル》」学校に行く運命にあり、ふつうは最低限就学年齢——当時は一五歳——でドロップアウトしました）。グラマー・スクールまたは直接助成校のなかでももっとも才能がある、またはもっとも一生懸命に勉強した者は、オクスフォードとケンブリッジの入学試験という目の細かい網によってしかるべく選別され、進学していきました。

一九六〇年代の後半に、労働党はこの選抜手続きを廃止し、アメリカの中等教育をモデルとして、当時の呼び名で総合《コンプリヘンシヴ》制教育というものを確立しました。この、善意からなされた改革の帰結は、あまりにもあきらかでした。つまり、一九七〇年代も半ばになるころには、お金の力で子供を国家の教育システムから引き揚げさせることのできる階層の親たちは、そうしてしまったのです。かくしてイギリスは、確立されたばかりの知的なメリトクラシーから、金持ちが貧者にはほとんど手の届かない教育をふたたび買い取ることのできる、退行的で選別的な中等教育システムへと逆行していったのです。それ以来、イギリスの高等教育は過剰補償をしてきました。つまり、大学に行くための十分な基礎知識を生徒に与えることのできない高校を目の前にしつつ、公立学校出身の生徒を評価してその上澄みをなんとかしてすくいとろうと必死なのです。

その結果、イギリスは、教育法の最初の果実に始まり総合制で終わる、フランス人の言い方をもじるなら「メリトクラシーの世代」とでもいえるものを経験したのです。わたしはこの世代のど真ん中に入ったわけですが、この事態にかなり意識的でした。断言できますが、わたしの時代のケンブリッジには、親が大学に行っていないかなりの数の学生が初めて入ってきたのです。または、わたしやわたしの友人の多くの場合のように、親が中等教育さえ修了していない場合もありました。このことによって、わたしの通ったケンブリッジは、学生が典型的には卒業生の子供や孫であった前の世代のケンブリッジとはかなり異質な場所になりました。

このメリトクラシー的で階級上昇的な学生の世代のきわだった特徴としては、わたしたちのうちの異常なほどの割合が、学問の、または学問に関係する世界での職業に関心をいだいていたということです。結局、学問こそわたしたちが出世をして成功するための道であり、それこそわたしたちの関心をひきつけたものでしたし、わたしたちはそのように、自分たちが生まれた出自とコミュニティとの関係において自分たちのあるべき姿を見たのです。かくして、わたしの同級生たちの非常にかたよった数が大学を卒業すると学問の世界、学校教育のもっとも高級なところ（自分たち自身が卒業したような、とても水準の高い中等学校での教職）、出版、高級なジャーナリズムや政府の役人といったものになりました。

当時の学問的な生活は、現在ではほとんどの人には望めないような社会的地位を与えるものでした。報酬は十分だし仕事はおもしろいものだったのです。学者たち自身はかならずしも冒険的な人びとというわけではありませんでした。リベラルな職業であるという特性からも、リスク・テイカーを多くひきつけることはなかったのです。しかしそこは重要ではありません。当時、知識、思想、討論、教育、そして政策立案といったものは大変に尊敬をされ、しかるべく高給を保証される職業だったのです。またそれらはまた、なんといっても頭がよくておもしろい人たちがやりたがった仕事だったのです。

キングズ・カレッジは、その長い歴史をもつリベラルで因習にとらわれない学風で有名だったにもかかわらず、エリート主義を隠しもしないカレッジでした。わたしがそこで一年生のときに会った連中はみな入学試験でよい成績をおさめており、その関心領域は非常に多様でしたが、ほとんどはこのうえなく頭のよい連中でした。わたしはマーティン・ポリアコフと親友になりました。彼は現在、王立協会の特別会員で、イングランドのノッティンガム大学の無機化学の教授です。彼以外のわたしたちはセックス、政治、ポップ音楽にいろいろなかたちではまりこんでいましたが、マーティンはそういったものにとくに興味のない様子でしたね。彼の父はロシアの科学者にして実業家で、祖父はロシア帝国で鉄道建設に主要な役割をはたした人です。マーティン自身、ロシア語を覚えろと言われて、いまでもロシア語は話せます。彼はニューナム・カレッジ（当時あった三つの女子カレッジのうちのひとつ）の数学者と結婚しましたが、離婚せずにいたのは、当時のわたしの友人のなかではめずらしい人でした。

もうひとりの友人、ジョン・ベントリーは、彼の一族の中で初めて大学に通った人でした。どうも彼と共通だったのはほぼその点だけだったようです。ジョンはリーズの労働者階級の家庭出身で、彼の人生における主要な関心事は（関心の高い順に言うと）女、ビール、そしてパイプ以外には、荒れ野での散歩でした。しかし、いまわたしがイングランドを愛情をもって思うときには、わたしの念頭に浮かぶのはわたし自身の世界ではなく、ジョンの世界なのです。ジョンは英文学を専攻しており、イングランド北部のミドルズバラで先生になり、英文学を四〇年にわたって教えています。それが、彼がずっと望んでいたことかどうかは分かりません。彼とわたしは気の置けない、しばしば愉快で、ときにはきわどくさえある、かなり親密で愛情にみちた関係を結んできましたが、それがいまや電子メールという魔法によって強められているのです。

ケンブリッジ大学のわたしの世代は、独特なかたちで、出自のもつニュアンスというものにもちろん敏感になりました。合衆国では、どの高校に行っていたか尋ねることはできますが、それを知ったところでたいていの場合、その人についてそれほど多くを知ることにはなりません。その質問への答えを受け取っても、さまざまな社会的・文化的な出自の可能性は開かれたままでしょう。もちろん極端な社会階級の場合は別ですが。管見では、アメリカの大学生はほとんど、同級生の中等教育の経験や環境について、おどろくほど知りません。しかしイングランドでは、だれかが通っていた高校が分かれば、その人の非常に具体的で細かな出自を理解するのに必要なほとんどの情報が得られるのです。

ケンブリッジの寄宿舎に身を落ち着けたばかりの、内気な一〇代後半の男の子たちの集団であるわたしたちがはじめて集まった晩のことを覚えています。条件反射的で予想通りのことですが、わたしたちはおたがいに、どこの高校に通っていたのか聞きました。わたしは、いまではイングランド銀行総裁になったマーヴィン・キング〔二〇一三年に退任〕に、どの高校に行っていたか聞いたのを覚えています。わたしたちの世代にあっては驚くべきことではありませんが、彼もまた下層中産階級の出身で、地元のコミュニティの才能ある子供たちが通うグラマー・スクールに行っていました。ケンブリッジ大学の教師たちとの対照はこのうえなくはっきりしていました。わたしはウィンチェスター、ヘイリベリー、その他のエリートの有償パブリック・スクールに通っていた人たちばかりに教わっていたと思います。

このように、わたしたちは大きな社会学的な変革の震源地にいたわけですが、それにしてもアウトサイダーだと感じることはなかったと思います。キングズ・カレッジといえばジョン・メイナード・ケインズやＥ・Ｍ・フォースターのカレッジであり、したがってかなり自意識的に反因習的で、たとえば同性愛嫌悪的な反動の人物が、そこで真にゆったりとくつろいでいられるだろうなどとはだれも考えないでしょう。わたしは、そこはわたしのケンブリッジであって、わたしがなにかのまちがいで入るのを許されてしまった、見知らぬエリートのケンブリッジではない、というふうに感じ、またそのようにふるまっていたと思います。そのような排他的ではない感情は、ひとにぎりの例外を除いて、キングズ・カレッジの古老たちによっても感じられていたと思います。たしかに、それとはちがうケンブリッジが並行して存在していて、それは社会的・経済的な少数派の縄張りなわけですが、そこでなにが行われているかはほとんど分かりませんでしたし、まったくもって興味もない世界でした。なんにせよ、こちらには美人の女の子がいましたからね。

その一九六六年秋のケンブリッジで、わたしはほとんどはドロールの会合に出席するためにロンドンへ行ったり来たりしていました。わたしは、シオニズムの青年運動に属していて一九六五年に会ったジャッキー・フィリップスという、非常に魅力的な女の子とつきあっていました。わたしの同時代人や友人たちのほとんどがケンブリッジの内部で人脈をつくりだしていた当時、彼女はわたしをロンドンにつなぎとめてくれる存在でした。ジャッキーは、わたしとおなじように、またある程度はわたしを介してシオニズムにかかわっていましたが、彼女自身はあまり政治的な人間ではありませんでした。おそらく彼女は、その夏をイスラエルですごしたいという、よくある理由でシオニズム運動にひきつけられたのでしょうし、そこにここちよい社会的なコミュニティがあり、彼女とわたしで運動にかかわっていたから、そのあともやめずにいたのでしょう。なんにせよ、わたしたちはシオニズムにつながり、またおたがいにつながっていたからこそ、もう一度イスラエルに向かうことになったのです。

一九六七年の春、六日間戦争〔第三次中東戦争〕の直前に、わたしはその紛争の序盤においてイスラエルを支持する運動の組織に活発に参加していました。イスラエルのシオニズム組織、キブツ、それから工場が、戦闘を予期して招集された予備兵の補充のために、イスラエルで働くヴォランティアを募りました。わたしは、ヴォランティアを見つけて送りこむための全国組織をケンブリッジを中心として設立する手助けをしました。それからわたし自身イスラエルに行きました。ジャッキーともうひとりの友人、モリス・コーエンとともに、ロド空港が国外からのフライトを締め切る前の最後の飛行機でイスラエルに向かいました。ふたたびわたしは、学業を早めにきりあげる許可をキングズ・カレッジに求めることを余儀なくされ（ただしこの場合は、最終試験はすでに終わっていたので、ほんの数週間だけでしたが）、そしてふたたび、その許可は寛大にも与えられたのです。

わたしたちが到着すると、空港ではバスが待っていて、その飛行機いっぱいに乗ってきたヴォランティアたちをマハナイムに連れていこうとしました。しかしわたしはマハナイムに戻るつもりはなかったので、バスの運転手に、すくなくともわたしたち三人はハクックでおろしてもらうことになっていると伝えました。わたしたちはその入植地に割り当てられていると嘘をついたのです。当時イスラエルは戦争を前にして完全な灯火管制がしかれていたので、わたしは暗闇で運転手に道を指示せねばなりませんでした。わたしたちが到着したとき、まったくの幸運でしたがマヤ・デュビンスキーがダイニング・ホールにいました。これはまったくの偶然でした。わたしたちは到着する予定ではなかったし、何の連絡もなしにそこに行ったのですから。

マヤとは二年間会っていませんでしたが、そのときはわたしたちを迎えるのに最善の状態というわけではありませんでした。彼女は――何度目かは知りませんが――色恋沙汰のまっただなかで、そのキブツは、戦争に向けて気を引き締めるどころか、マヤの友人たちと、彼女の愛人の、寝取られた妻の支持者たちとのあいだで分断していました。ロマンティックな記憶や冒険を追い求めて、わたしは村での陳腐なセックス・スキャンダルのただ中に足を踏み入れてしまった、というわけです。

しかしともかくも、わたしたちはイスラエルに行きました。戦争のあいだとその直後の期間に、わたしはまたガラリヤ湖畔のバナナ農場で働きました。しかし数週間後にイスラエル軍は、補助部隊として軍に加わり、戦後の仕事を手伝うための志願兵を募りました。わたしは一九歳という未熟な年齢で、この招集は拒みがたいものがありました。わたしは友人のリー・アイザックスとともに志願しました。一緒にわたしたちはゴラン高原に行き、そこで部隊に配属されました。

わたしたちは、捕獲されたシリアの軍トラックをイスラエルへと運転していくという仕事をするはずでしたが、わたしはすぐに、いくぶん残念なことに通訳の仕事をまかされました。この時点で、わたしはヘブライ語をそこそこあやつることができ、フランス語は流暢に話せました。その場所には世界中からイスラエルにやってきてヘブライ語はほとんど、またはまったく使えない英語話者やフランス語話者の志願兵でごった返しているような状況でした。というわけで、わたしはつかの間のあいだ、イスラエルの若い将校と、その部隊に配属されたフランス語話者と英語話者の補助兵とのあいだの三方向の通訳となったのです。

その結果、わたしはもしトラックを谷間の方へと運転するだけだったら見ただろうより多くのことを、イスラエル軍に関して見聞し、それは非常に啓発的でありました。イスラエルは社会民主主義の楽園ではないし、偶然にイスラエル人になったけれども、それ以外の点ではわたしと変わるところのない、平和を愛し農場にくらすユダヤ人の国だというわけではない、ということをはじめて理解しました。それは、わたしがそれまでに知っていた、または自分で無理に想像しようとしていたのとはまったくちがう文化と国民だったのです。わたしが会った下級将校たちはキブツではなく都市部の出身で、彼らのおかげでわたしは、とっくにわたしの目にあきらかだったはずのことを理解できるようになりました。つまり、田園的社会主義の夢とは夢にすぎないということです。ユダヤ人国家の中心地は都市のうちにあるだろうし、そこにあるべきなのです。つまるところ、わたしはほんとうのイスラエルに住んではいなかったしそれまで住んだこともなかったのです。

そうではなくわたしは時代錯誤的な幻想を植えつけられ、時代錯誤を生きたわけですが、いまやその幻想の根の深さが理解できました。わたしははじめて、言葉のあらゆる意味での狂信的愛国主義にそまったイスラエル人を目にしました。すなわち、人種差別主義ぎりぎりのところまで反アラブ的であり、可能なあらゆる場所でアラブ人を殺すという可能性にまったくためらいを感じることもなく、シリアの首都ダマスカスまで進攻していって、これをかぎりにアラブ人どもをけちらすことができなかったのを残念がり、いわゆる「ホロコーストの後継者たち」、つまりイスラエルの外に住み、イスラエル生まれの新たなユダヤ人を理解も評価もできないユダヤ人を唾棄しているイスラエル人たちです。

それは、かくも多くのヨーロッパ人が喜んで想像しようとした（そして想像している）社会主義イスラエルの幻想世界——つまりそこから欠点をすべて取り除いた、中欧のユダヤ世界のあらゆる肯定的な性質を、願望をこめて投射した世界——ではありませんでした。イスラエルとは、隣国に敬意をはらわず、その国土を掌握・占領することで、破滅的で一世代にわたるような断絶をもたらそうとしている、中東の国だったのです。その夏のおわりには、わたしはまったく出口を失ってしまい、ふさぎこんでイスラエルをあとにしました。イスラエルには二年後、一九六九年まで戻りませんでした。ところが戻ってみると、わたしは自分が目にするほとんどあらゆるものを嫌悪していることに気づきました。わたしはそのころには、以前のキブツの仲間たちや友人からはアウトサイダーでありのけ者としてあつかわれていました。

その三〇年後にわたしはイスラエルという主題に戻り、イスラエルのヨルダン川西岸地域での所業を批判し、アメリカによるその無批判な支持を批判する一連のエッセイを書きました。二〇〇三年の秋には、『ニューヨーク・レヴュー・オヴ・ブックス』に発表した、その後悪名をはせることになるエッセイで、わたしは、一国家解決が、どれだけあやしく、関係する人びとのほとんどにとってどれだけ望ましくないとしても、中東にとってはいまもっとも現実的な見込みをもつ選択肢だと論じました。[*4] わたしは期待感とおなじく絶望にかられてこのような主張をしたわけですが、これは炎のような憤慨と誤解の渦をまきおこしました。ひとりのユダヤ人としてわたしは、非ユダヤ人にはできない――反ユダヤ主義だという、不当だけれども効力をもつ批判を恐れてできない――やり方で、イスラエルを力強く厳格に批判する責任を感じています。

わたしはまたシオニストとしての経験のおかげで、とくにイスラエルを応援するアメリカのチアリーダーたちの共同体のうちに、おなじような狂信主義と近視眼的で排他的な視野狭窄があると気づくことができました。じっさい、イスラエル問題とはしだいにアメリカ人にとってのジレンマになりつつあると気づいた（気づいている）のです。中東についてのわたしの著作はすべて、明示的・暗示的に当地域でのアメリカの政策と、紛争を扇動し悪化させるにあたってここ合衆国のユダヤ人組織がはたしているたちの悪い役割という問題に向いて書かれています。かくしてわたしは気づいてみれば、アメリカ内部での論争にいやおうなしにまきこまれていたのですが、その論争において当のイスラエル人は周辺的な役割しかはたしていないのです。この論争においては、わたしはユダヤ人であって、だからユダヤ人同胞からの手厳しい、精神的な恐喝を受ける心配はないという贅沢な立場にあったのみならず、わたしはまたイスラエルでくらし、シオニズムに傾倒していたユダヤ人だったのです。さらにはじっさい、六日間戦争のときに志願してイスラエル軍を手助けさえしたユダヤ人だったのです。これは、独善的な批判にさらされた際にはときには有効な武器となりうる経歴でした。

わたしが一国家解決案を論じたとき、わたしは抑圧されてきた論点を意図的にこじあけようとしたのです。いっぽうでは、わたしはここ合衆国でユダヤ人の「指導者」を自任する人たちに特徴的な、風見鶏的で無批判な同意という静かな水面に一石を投じたわけです。しかしわたしの著作のもういっぽうの読者は、中東に活発な関心をいだいている、または中東での合衆国の政策を憂慮している非ユダヤのアメリカ人ですし、いまでもそうです。その人たちは、声をあげるたびに反ユダヤ主義だという批判によって沈黙させられていると感じている人たちです。それがイスラエルのロビー活動の過剰さについてであれ、占領の不法性についてであれ、イスラエルの「ホロコースト」恫喝（アウシュヴィッツをくりかえしたくないなら、わたしたちを非難するな）の不適当さであれ、はたまたレバノンやガザでの戦争における醜聞についてであれ。

わたしを、教会の集会や女性団体、学校その他での講演に招待するのはアメリカ中のこのような種類の人たちでした。外の世界に平均以上の関心を向けているふつうのアメリカ人であり、『ニューヨーク・タイムズ』の読者、PBSの視聴者、[*5] 教師、道に迷える者たちのための導きを求めているそういうすべての人たちです。そしてここにいるわたしは、なんらか明確な党派的目的や民族的アイデンティティをもたずに、あけすけに語ることをいとわない珍しい人間で、それゆえに求められたわけです。

わたしは反イスラエルではなかったし、いまもそうではないし、また反イスラエルだという印象を与えているとも思いません。わたしはただ、アラブ世界でどれだけ事態がこじれているか知っており、それについて語るのにまったくためらいを感じないというだけです。わたしにはイスラエル人の友人もいれば、アラブ人の友人もいます。わたしはユダヤ人ですが、ホロコーストを記念することへの近年の執着のもたらした困難な帰結について、語ることをいとわないユダヤ人なのです。わたしは妥協のないスタイルをそなえていますが、生まれつきの論争家というわけではありませんし、なんといっても党派的な人間ではありません。ですからわたしは高校の生徒たち、キリスト教徒やさまざまな読書会の参加者といった人びとと喜んで議論をしますし、こういった負荷のかかった話題について議論をするというまれな機会を得て、どれだけありがたかったかと、その議論の終わりには言われるのです。

ユダヤ人の同化（あなたの場合はケンブリッジ大学と学問という職業への同化）と、ユダヤ人の政治参加（あなたの場合はイスラエルですごした年月）とのあいだの緊張関係は、近現代のユダヤ政治にははじめからありました。テーオドール・ヘルツルの[*6]、一九世紀後期の元祖のシオニズムは、かなり同化をされたユダヤ人による、ヨーロッパ的なよい生活様式の中東への輸出のこころみとして見ることができます。パレスチナでのユダヤ人国民国家というかたちで、ということですが。

さまざまなヨーロッパが、さまざまなユダヤ系ヨーロッパ人が、さまざまなシオニズムが存在します。厳密に知的な観点では、ドイツ、オーストリア、フランスのユダヤ人がいて、その人たちはヘルツルのように、一九世紀後期の幻滅したヨーロッパ世界に育ち、その人たちにとってシオニズムは、すくなくとも部分的には、彼らのコズモポリタン的なヨーロッパ人としての存在の延長線上にあるような、そういう人たちについて語ることはできます。しかしそれは単純な話、さらに東方に住んでいたユダヤ人——すくなくとも中央・東ヨーロッパ《アシュケナジム》ユダヤ人の大多数——にはあてはまりません。つまり、ロシアのユダヤ人強制集住地域と、ロシアそのものにくらしていたユダヤ人です。もちろんそのユダヤ人たちはその後につづく数十年でもっとも重要な存在となるユダヤ人です。そのユダヤ人の世界はいまだに宗教的な世界であり、困難をかかえつつもいまだ幻惑された世界で、それゆえに彼らにとっては反乱や分離は完全により劇的な転回となったのです。

そこでまた、すでに論じましたが、中欧のユダヤ人の、うまくいかなかった同化の経験と、東欧のユダヤ人の、分離と革命への傾向の経験とのあいだの違いもありますね。それはとくにまたシオニズムに、あなたが経験したロシア版の労働シオニズムのうちにも存在しています。理想的な田園コミュニティを再創造できるという理念は、シオニズムだけの理念ではなく、じっさいとりわけ、ロシア社会主義の理念でもあるのです。

回顧的にとらえられたシオニズムの歴史における大きな混乱のひとつは、シオニズムの思想家と、ロシア帝国から生じ、そのルーツが中欧または西欧にあるほかのラディカル思想家たちとのあいだにある強烈な緊張関係を見落としてしまうことです。この緊張関係は、彼らがどのような種類の国を創造しようとしていたか、という問題にとどまるものではなく、それは彼らの批判者や敵対者たちに対するかなり異質な態度に関係するものなのです。

ロシア帝国の急進派たちは、ユダヤ人であろうとなかろうと、妥協点を見いだすことがほとんどできませんでした。悲劇的な過去をめぐる妥協なき物語にどっぷりとつかった初期のロシア人（またはポーランド人）シオニストの観点からすると、〈歴史〉はつねにかならず闘争の物語であり、勝者がすべてを獲得する物語でした。対照的に、中欧人はすくなくとも、〈歴史〉をリベラルな観点で進歩の物語として、そこではすべての人が居場所を見つけることができ、進歩そのものがあらゆる人に空間と自律性を与えてくれるような物語として想像することができました。この、どこから見てもウィーン風の思考は、ゼエヴ・ジャボチンスキー*7のような明晰な頭脳をもったロシアのラディカル派によって、たんなるたわごととして頭ごなしに片づけられました。彼が主張していたのは、パレスチナでユダヤ人が求めているのは進歩ではなく国家だ、ということでした。国家を建設するとはすなわち革命である。革命においては勝者と敗者のどちらかしかあり得ない。この度《たび》は、ユダヤ人が勝者になるのである、と。

わたしは若いころ、より穏健で社会主義的な種類のシオニズムに傾倒していたわけですが、それにもかかわらずわたしはやがてジャボチンスキーの批評の、厳密さと明晰なリアリズムをすばらしいと思うようになりました。なんにせよ、その後勝利することになるのは、このロシアの伝統、ジャボチンスキーの修正主義シオニズムの場合には反動的革命の伝統でした。こんにちイスラエルを統治し支配しているのは、ジャボチンスキーの修正主義シオニズムの後継者たちなのであり、イスラエルの最初の三〇年間を支配していた、ロシア左派のユートピア主義と、中欧のリベラリズムの妙な混合物ではないのです。

この点は多くを語っていますが、現在のイスラエルは、ロシア帝国終焉後に東欧に生じたさまざまな小ナショナリズム国家に似ています。イスラエルが一九四八年ではなく、ルーマニア、ポーランド、チェコスロヴァキアのように一九一八年に建国されていたとしたら、イスラエルは第一次世界大戦が生みだした、そういった小さく、脆弱で、怨恨をかかえた、民族統一主義的だが不安定で、民族的に排他的な国家とほぼおなじ道をたどったことでしょう。しかしイスラエルが生じたのは第二次世界大戦後でした。その結果、イスラエルはちょっと誇大妄想的な国民の政治文化を特徴とし、ホロコーストに不健全にもたれかかるようになりました。あらゆる批判をかわすための道徳的支柱そしてえりぬきの武器としてホロコーストを使うという。

ユダヤ人のヨーロッパからの根本的な分離――まずは大量虐殺、それからユダヤ史の東欧からイスラエルへの移植という分離――によって、ユダヤ人はポスト・キリスト教のヨーロッパで新たに生じていた世俗的な倫理から距離をおくことになりました。こんにちのヨーロッパは、その伝統的な信仰と習慣がほとんど放棄されたという意味でポスト・キリスト教的であるというだけでなく、より劇的な意味でポスト・ユダヤ教的でもあります。

こんにちのヨーロッパに対して、ユダヤ人は一種の集団的救世主のような役割を演じました。つまり、長いあいだにわたってユダヤ人は、かなりやっかいな目の上のたんこぶで、多くのトラブルをひきおこし、やっかいな革命的思想やリベラル思想を吹き込む連中でした。しかし死んでしまえば、つまりひとまとめに絶滅させられてしまえば、ユダヤ人はヨーロッパ人に普遍的な教訓を与えてくれる存在になるのです。その教訓をヨーロッパ人は、三〇～四〇年も不愉快ながらによくよくかみしめて、ようやくみずからのものとしはじめたわけです。ヨーロッパ人にとっては、ユダヤ人がもはやいないということ――つまりわたしたちがユダヤ人を殺し、そののこりは逃げ出すにまかせたこと――が、過去からひきつがれたもっとも重要な教訓となったのです。

しかしこのように、ユダヤ人をヨーロッパ史の意味の中へと取りこむことは、まさにユダヤ人がいなくなったからこそできたことなのです。かつての規模とくらべて言えば、ヨーロッパにはそれほど多くのユダヤ人はいないと言えますし、新たな過去の記憶の倫理の中でのユダヤ人の役割に対して抗議をするユダヤ人となればほとんどいないと言えます。また、それを言うなら、すくなくとも一九三八年以前の活況とくらべて、ヨーロッパの知的・文化的な生活に重大な貢献をするようなユダヤ人は多くはのこっていません。じじつ、現代においてヨーロッパにとどまっているユダヤ人というのは、矛盾そのものなのです。つまり、もしユダヤ人たちがのこしたメッセージが、ユダヤ人の死滅と追放を前提としたものであるなら、まだユダヤ人がいるという状況は問題を混乱させるだけなのです。

このことからヨーロッパのイスラエルに対する肯定的な、といっても条件つきでのみ肯定的な態度が生じてきます。ヨーロッパ人にとってのイスラエル国家の意味は、ホロコーストとがんじがらめになっています。つまり、イスラエルがさし示すのは、失われた救世主であり、その遺産からわたしたちがすくなくとも新たな、世俗的な道徳を引きだすことのできた、救世主です。しかし、イスラエルに現存するユダヤ人が、この物語を台無しにしてしまいます。彼らは厄介者なのです。この思考法にしたがうならですが、あのユダヤ人たちがあれほどの厄介をひきおこすことがなく、ヨーロッパ人が彼らをゆっくりと解釈するに任せてくれるなら、その方がよかろうと。そういうわけで、ヨーロッパの評論家のあいだでは、イスラエルの不品行に注目が集まるのです。わたしはいま、分かると思いますが、イスラエルを擁護して言っているのですが。

なるほど。あなたの言うキリスト教によるユダヤ人の歴史では、キリストのごときユダヤ人は、敗北したとき（または敗北した後といった方がいいですが）にのみ、真に勝利するのだということですね。もしユダヤ人が勝利して、（だれかほかの人たちを犠牲にして）自分たちの目的を達成しているように見えるとしたら、問題があるのだと。この、ほかのだれかの物語をまったくちがう目的に盗用するヨーロッパ人の物語は、盗用でさえなければみごとなものなのですが、さまざまな不都合をひきおこします。第一の不都合は、あなたが正しく指摘するように、そこにイスラエルが存在するということです。

怒らずに聞いてください。イスラエルの存在はまるで、イエス・キリストが、彼の以前の自己よりはかなり打算的だけれどもその他の点では才能にあふれたかたちでふたたび肉体を得たようです。エルサレムのカフェに座って、以前の彼とほぼおなじことを言って、彼のかつての迫害者たちに、彼を十字架にかけてしまったことをうしろめたく思わせる。同時に迫害者たちはそのことを思い出させたことで彼に対して心の底から憤慨しているのですが。そこから考えると、短い期間、つまりほんの一〜二世代のあいだに、ユダヤ人の受苦という不快な記憶は、それがたえまなく引き合いに出されつづけたことで生じるいらだちによって消し去られてしまうだろう、ということです。

あなたであればだいたいつぎのような物語に帰着したいと思うでしょう。つまり、キリストのごときユダヤ人は、わたしたち自身の不完全さの証人として殉教した、と。しかし、わたしたちがユダヤ人に見いだすのは彼ら自身の不完全さであり、強迫的にわたしたちの欠点を食い物にして利益を得つづける行為なのです。こんにちにおいてすでに、ユダヤ人に対するこういった感情がおこりつつあります。やがてイスラエルは、ホロコーストの意味と利用可能性を切り下げ、その根拠を掘り崩し、最終的に破壊して、それを多くの人たちがすでに定義しているものへとおとしめてしまうでしょう――つまり、イスラエルの悪行のための口実へと。

こういった筋の議論はかつてはファシズムの狂信派から聞かれたものでした。しかし今ではすでに、対抗文化的な知識人の主流に、この議論は浸透してきています。たとえばトルコ、またはアムステルダムやさらにはロンドンに行ってみてください（アメリカではまだですが）。そういったところでは、中東やイスラエルについての真剣な議論がなされればかならず、だれかが、完全に誠実にですが、そろそろイスラエルとホロコーストとのあいだを区別すべき時が来たんじゃないか、というのもホロコーストを、ならず者国家のための「釈放カード」[*8]として使うことを許すべきではないのだから、という質問をします。

分からないですね。イエスが復活して、うるさいカフェ知識人として放談をしている、という様子を想像すると、どうしてキリスト教徒が腹を立てるんですか！　それは、彼が最初に生きていた時の状態とそんなに変わりませんし。イエスについての重要な点というのは、イエスはじじつ人間であるということで、もし彼が娼婦たちの足を洗いたいと思うなら（『ヨハネによる福音書』第一三章の、十字架にかけられる前に弟子の足を洗う逸話か）、彼はそのように意図されていたのです。というわけで、残念ですがあなたの挑発は失敗だと思います。エルサレムのカフェにいるイエス、というのは素敵なイメージですよ。

ただ、冗談はぬきにして言うと、ホロコーストに関して、アメリカとヨーロッパとのあいだで何か変化が起きています。双方とも、ホロコーストを（「汝……すべからず」という）道徳的な普遍性の源としてあつかいますが、もっとも重要な最近の実際的な事例、つまりイラク戦争では、そこで適用される教訓というのは驚くほど違うものになっています。ホロコーストは戦争をするための論拠と、平和のための論拠の両方にいとも簡単になってしまうのです。ヨーロッパの視点から見ると、第二次世界大戦とホロコーストのメッセージはだいたいつぎのようなものになっているようです。すなわち、嘘によって正当化された不法で乱暴な戦争は避けなさい。なぜならそれは、人間の最悪の部分を引きだして、恐ろしい所業をさせてしまうから、と。まあたしかにもっとも恐ろしい所業にはおよばないにせよ、そこへと転落する道を想像するよりは先へと進んでしまうかもしれない、と。

それとは対照的に、アメリカ人の反応はこのようなものかもしれません。ミュンヘン会談が教えてくれたように、侵略に対して立ち上がらなければ、無辜の人びとに恐ろしいことが起きてしまうだろう。しかもミュンヘン会談は——その宥和政策、またはほかの国の犯罪に目をつぶることは——現在流通しているどのシナリオにもあてはまることなのだと。であるからわれわれは第二次世界大戦前夜に似た状況がふたたび生じることはなんとしてでも防がねばならない、と。

この説明においては、イラク戦争はユダヤ人の受苦に直接に関係します。というのも、渦にまきこまれる可能性の高い無辜の傍観者はイスラエル人だからです。これはよく念をおされたことですが、サダム・フセインはイスラエルの敵であると。そのいっぽうで、イスラエル政府は、これはみずからの利害に逆らっていたとわたしは考えますが、イラクの侵略を独自の根拠で積極的に後押しすることによって、この物語を支持し確定しました。

なるほど、では、その二つの立場のどちらが正しいと裁定すべきでしょうね？　裁定するのは可能ですが、議論を抽象のうちにとどめているあいだは無理です。問題となっているのは倫理の解釈ではなく、歴史の解釈です。もしミュンヘン会談が適切な類推ではないなら（適切ではないと思いますが）それは、過去と現在にはあまりにも多くの局地的な状況や変数が存在するので、それらをきちんとならべてみるなどということはできないからです。しかしもしわたしがこの問題を論じたいと思うなら、その状況や変数から手をつけなければなりません。つまり、事実からはじめなければなりません。この議論は、相対する倫理的な立場をならべてみせればおのずと解決するようなものではないのです。

ベン゠グリオン[*8]以来、イスラエルの政策はかなり明確に、イスラエルは、そしてそれとともにユダヤ人世界の全体が、ホロコーストの再演の危険にさらされつづけている、という主張を手放しませんでした。もちろん皮肉なのは、イスラエルそのものが、その強力な反証のひとつとなっていることでしょう。しかしもしわたしたちが、ユダヤ人もイスラエル人も迫り来る絶滅の危機に直面しているわけではないと認めるなら（当然認めるべきなのですが）、現在起こっていることは罪悪感の政治的な利用と無知の悪用であるということがいやでも分かるでしょう。ひとつの国家としてイスラエルは、わたしの意見では無責任に、その国民の恐怖を悪用しているのです。同時にイスラエルは、ほかの国家の恐怖、記憶そして責任感を悪用しています。しかし長い目で見ると、それをすることでイスラエルは、そのような悪用をそもそものはじめに可能にした道徳的な資本を食いつぶしているのです。

わたしの知るかぎり、イスラエルの政治階級で、そしてもちろんイスラエルの軍事または政策決定のエリート階級で、イスラエルが生き残れるかどうかについて疑念を呈した人はいません。一九六七年以降はもちろん、多くの場合、それ以前にもです。イスラエルは「破壊され」「地上から根絶され」「追い散らされて」しまうだろう、またはなんらかのほかのやり方で、過去の再演にどこか似たものにさらされるだろうという恐怖は、本物の恐怖ではありません。それは政治的に計算されたレトリック戦略なのです。おそらくそれは致し方のないことでしょう。つまり、荒れ狂う地域の小国にとっての、あらゆる機会をとらえてはその脆弱さ、頼りなさ、外国の同情と支持の必要を言いつのることの使用価値というのは分かります。しかしそれでは、どうして外部者がそのエサに食いつくのかが分かりません。もちろん簡便な答えは、それは現在の中東の現実とはほとんど関係がなく、ホロコーストの問題だから、というものですが。

それは、あなたが明確に名指さなかったコミュニティに広まっている罪悪感とおおいに関係があると思います。つまり、アーリヤー〔イスラエルへの移住〕をしていない、アメリカのユダヤ人のことですが。

シオニストとは、ほかのユダヤ人がイスラエルに住むことができるようにお金を出すユダヤ人のことであるとわたしたちはかつて言っていました。アメリカにはシオニストがあふれています。アメリカのユダヤ人は並々ならぬアイデンティティ問題をかかえています。彼らは民族的なマイノリティが、明確で、ほとんどの場合肯定的な地位をモザイク状の国民のなかで占めている国において、しっかりと立場が確立され、傑出し影響力もある「民族的」マイノリティです。しかしユダヤ人とは、独特ですが、まさにそのようには自分たちを説明してはいけない民族的マイノリティです。わたしたちはイタリア系アメリカ人、ヒスパニック系アメリカ人、アメリカ原住民などなどについて口にします。こういった用語は、それが指し示している人びとに関して明確に肯定的な含意を獲得してきています。

しかし「ユダヤ系アメリカ人」について語る人は、即座に偏見を疑われるでしょう。アメリカのユダヤ人たち自身、確実にこの用語は使わないのですから。しかしそれでも、もちろん彼らはユダヤ人でありかつアメリカ人です。それでは、彼らは何が違うのでしょう？　宗教ではあり得ません。彼らのほとんどは宗教からは遠ざかって久しいのですから。典型から外れる少数を除けば、アメリカのユダヤ人はユダヤの伝統的な文化習慣になじんではいません。内密の、または継承された言語を明確にはそなえていません。アメリカのユダヤ人のほとんどはイディッシュ語もヘブライ語もまったく知りませんから。ポーランド系アメリカ人やアイルランド系アメリカ人とはちがって、彼らには「故国」の懐かしい記憶はありません。では、彼らをむすびつけているものは何でしょう？　非常に単純な言葉でまとめれば、答えはアウシュヴィッツとイスラエルです。

アウシュヴィッツは過去を象徴します。ほかのユダヤ人たちの、ほかの場所、ほかの時代での受苦の記憶です。イスラエルは現在の象徴です。攻撃的で自信にみちあふれた軍事国家というかたちでのユダヤ人の達成、反アウシュヴィッツ的なものです。ユダヤ人国家があることによって、アメリカのユダヤ人は実際にそこに移住したり、そこで税金を払ったり、そのほかなんらかの方法で国民としての所属を変更することなしにＩＤタグを手にし、肯定的なつながりの感覚を得られるのです。

現代において自己を記述し説明するにあたって、ほかの時代とほかの場所の、自分たちとはかなり異なった人びとへと転移してそれを行うというこの行為には、どこか病的なところがあります。アメリカのユダヤ人が過去のユダヤ人の犠牲者とこれほどまでに肯定的に同一化し、イスラエルを存続させる最大の理由はホロコーストがふたたび迫っているからだ、と信じるところまで行くのは——じっさい多くは確実に信じているのですが——健康的といえないのは確かです。ユダヤ人であるから、どう見ても一九三八年が再演される可能性を予期せざるを得ないなどということがあるでしょうか？　そうだとするならば、そういった事態を予期していると主張する国家への無条件の支持を提供することは完全に理にかなっているでしょう。しかしそんなのはふつうの生活様式とはとてもいえません。

アメリカのユダヤ人に話題を移すというなら、ほかに二つの要因がはたらいていると思います。わたしはあなたの所見のひとつを強調して、アメリカのユダヤ人の中でも、アメリカの中東政策についてもっとも実効的で明確な意見をもっている人たちは、イスラエルそのものと同一化はしていないと示唆してみたいと思います。そうではなく、彼らは政党リクードと運命をともにしている、もしくはおそらく、リクードの中でも彼らにもっとも罪悪感を覚えさせる部分と運命をともにしているのです。言い換えると、イスラエルの右翼は、アメリカの聴衆に罪悪感を与えて、彼らはそのお返しに、イスラエル右翼が罪悪を犯す権限を与えているわけです。

しかしそれだけではありません。アメリカのユダヤ人は思うに、黒人と共通している部分がありまず。それは外部者にはかならずしも明確に見える共通性ではありませんが。つまり、ユダヤ人は、黒人とおなじく、自分たちが何者であるか分かっています。アメリカのユダヤ人はすぐにほかのアメリカユダヤ人をそれだと分かりますからね。イスラエル人にはそれができません。わたしがこれまで生きてきた中で、わたしがユダヤ人かどうかを尋ねてきたアメリカのユダヤ人はたった一人で、それもかなり混乱しやすい状況、というのはプラハのある橋の上での出来事でした。イスラエル人はいつもわたしにそれを尋ねてきます。

イスラエル人が合衆国に来たときは、彼らは見回して、誰がユダヤ人で誰がカンザス州から来たバプテスト派か、さっぱり見分けがつかないと言っても、ほとんど誇張ではありません。対照的にアメリカのユダヤ人は、人生のあいだずっとそういう区別をしつづけて生きてきたわけです。そういう区別は、ほかのアメリカ人はまったく気づいていない区別なわけですが。結局、非ユダヤ系のアメリカ人はふつうユダヤ人とそれ以外を区別できず、またそういった区別をすることを避けようとします。

これはたんにマナーの問題ではありません。ほとんどのアメリカ人は誰がユダヤ人で誰がそうでないか、分からないのです。一般的に、もしアメリカで人にポール・ウォルフォウィッツ[*10]はユダヤ人かどうかと尋ねたら……いや、トニー、本当なんです、アメリカ人はそうなんですよ。彼らははたと考えこんで、言うでしょう。まあ、そう言われてみれば、彼はユダヤ人かもしれないね、と。

ふむ、あなたがそう言うならそうなんだと思いますが、それが正しいなら面白いですね。

それに対してアメリカのユダヤ人はポール・ウォルフォウィッツを見れば言うでしょう。うん、彼はユダヤ人同胞だ、しかし、ああ、彼はわれわれをいったいどんな厄介ごとにまきこもうとしてるんだ？　と。この、イラクでの狂った戦争（または人によってはイラクでのすばらしい戦争）は、われわれユダヤ人にとってどんな結果をもたらすだろうか？　と。

このことによって、アメリカ在住のユダヤ人は奇妙な立場におかれることになります。彼らは自分たちが何者であるかよく知っている。しかしまわりの社会は知らない、もしくはすくなくとも、アメリカのユダヤ人がしばしばそう思っているほどには知らない。さらには、まわりの社会は本当はそんなに彼らを気にかけていない。これまた、アメリカのユダヤ人が考えるほどには、確実に気にかけていないのです。ほとんどのアメリカ人は、スティーヴン・スピルバーグがユダヤ人だと知ったところで問題を感じるでしょうか？　そんなことはないと思います。アメリカ人のほとんどは、ハリウッドそのものが圧倒的にユダヤ人に支配されていることさえも、それほど気にしていないと思います。ユダヤ人の業績や卓越はこの国では、なんだかんだでそれほどの反響がないのです。

わたしたちは伝統の半分、つまり中欧・東欧ユダヤ人《アシュケナジム》的な様式の分離——つまり、自分の民族が誰か分かっていること——は保持していますが、のこりの半分は完全に喪失してしまったようです。というのも、キリスト教徒の農民たちが、自分たちのただ中にいるユダヤ人に対して本能的に、なんとはなしに意識的であるという状態、この伝統をわたしたちは失っているからです。合衆国はあまりに広く、あまりに多様で、そのいっぽうでユダヤ人の居住地域は地理的にあまりにも集中しているので、そのような意識や認知が維持されることはないのです。

そうかもしれませんね。しかしあなたのその説明には、過去四〇年間の反人種差別法、多文化主義政策、政治的公正の運動のおどろくべき成功を加味しなければいけません。さまざまな方法で、アメリカ人は、だれかが黒人であるとか、ユダヤ人であるとか、なんでもいいのですが、それについて気にかけるべきではない——気にかけてはならない——ということを、常識にしてきたのです。ついには、法と習慣によってそれは強化されていって、無関心が制度化されました。もし、他人を肌の色や宗教や文化によって区別するのは悪い行いですよと言われつづけ、そして人種差別主義的な政党や制度化された偏見、集団による脅迫や扇動的な大衆動員といった、それに対抗する圧力がなければ、最終的に人びとは習慣から正しい行いをするようになるのです。

フランスを除いて、アメリカと比較しうるような、同化と民族に対する無関心を生みだす法的・文化的な圧力が存在する場所はこれまで世界のどこにもありませんでした。しかもフランスの場合はご存じのとおり、かなり異質な一連の条件や状況によってそれは押し進められたのです。そうだとしても、その効果の一部は比較可能なものでした。フィンケルクロート[*11]といったような、まちがいなく（外国風の）ユダヤ名をもったおかしな有名人がいるという事実はおいておくとしても、フランスの聴衆、視聴者、読者が、ある知識人または著名な評論家がユダヤ人であることに気づいておらず、またそのような情報には無関心であるということは、まったくもってよくあることなのです。

おそらくもっともよく知られた現代の例を挙げるなら、ベルナール゠アンリ・レヴィ[*12]は、その名前のおかげで、どう考えてもまちがいなくユダヤ人だと分かるのですが、彼を侮っている人の口からさえも、彼がユダヤ人だという言葉を聞いたことはありません。フランスでは、公的な人物としての質や欠点がどんなものであるとしても、それを善意をもってであれその逆であれ適切に列挙しようというときに、民族という符丁に頼る必要はないということが了解されているようなのです。しかし、このことは一九四五年以前にはまったくあてはまらなかったという点は気をつけてください。

アメリカのユダヤ人は、自分たちの明確なアイデンティティの厳密に主観的な感覚があり、それが外部の観察者には共有されていないというあなたの示唆に関連して、ある興味深い疑問がもちあがってくるように思えます。ユダヤ人だけがおたがいを判別できるというのが本当なら、合衆国はシオニズムのまさに前提に対する挑戦をなげかけていることになります。結局のところ、ほかの人びとが、あなたがそう望むのでないかぎりあなたがユダヤ人だとは気づかないような国に、やがて時が満ちれば到達できるのだとすれば、そのときわたしたちは同化主義者たちの大きな野望のひとつを実現したことになります。そうした場合に、どうしてイスラエルが必要になるでしょう?

というわけで、同化が本当にうまく進んだ数少ない国のひとつにおいて、ユダヤ人が、同化が失敗したか頭ごなしに否定されたようなまさにその状況、つまり大量虐殺とユダヤ国家にほかではないようなかたちで取り憑かれている、というのは奇妙なパラドクスです。ほかの場所にましてとりわけアメリカで、どうしてユダヤ人はそういった問題に没頭するのでしょうか?

ここでシオニズムの師たちが、そのようなパラドクスへの答えをもっていることを忘れてはいけないでしょう。もし非ユダヤ教徒があなたを好み、自分の同胞としてあつかうとしても、あなたは自分自身を好むことはないであろう、と。それどころか、あなたはまさにその理由で自分を嫌いになってしまうだろう。そしてあなたは、自分の明確なユダヤ性を主張するためのべつの方法を探すことになるだろう。しかし同化の代償とは、あなたが主張するユダヤ性は倒錯し不健康なものになってしまうということなのだ、と。

時にはシオニズムも正しいとわたしは思いますね。

ここでほかにも重要なことがあり、それは同化の一般的な過程だけではなく、アメリカと、その東欧および中東との地理的・政治的距離にかかわるものだと思います。もっとも重要な二つの経験、つまりホロコーストとイスラエルは、すくなくともほとんどの人びとにとってはまったく直接的なあり方では、アメリカのユダヤ人の歴史の上での出来事でさえもないのです。

いや、その通りです。というのも、ほとんどのアメリカのユダヤ人は先祖のアメリカへの移住を、ホロコーストやイスラエル国家の誕生よりはるか前にさかのぼれるからです。

はい、そうなんですが、わたしはここでアメリカのユダヤ人がアウシュヴィッツとイスラエルに没頭している、という点を擁護しようとしているのですが。このことを、アメリカのユダヤ人の視点から見てください。よろめきながらも前に進んで、アメリカの生活に同化する。それはときには喜劇的で、ときには困難ですが、その移行はなんとかかんとかうまく行っているところだった……するとそこで、外部から批判をくわえられるわけです。

第二次世界大戦時のアメリカのユダヤ人と、ホロコーストに反応するにあたっての彼らの困難を考えてみてください。ヒトラーは、ユダヤ人が戦争をはじめたのであり、彼の敵は国際的なユダヤ陰謀組織の代理で戦っているのだと宣言し、アメリカのユダヤ人を厄介な立場に追いこみます。そして一九三〇年代と四〇年代の合衆国にはこんにちよりもはるかに強い反ユダヤ主義があったのです。多くのアメリカのユダヤ人は、ユダヤ人の虐殺を戦争の原因としてあつかってしまったら、ヒトラーの罠にはまってしまうだろうと推論しました。そのようなわけで、多くのユダヤ人は沈黙と静観を選んだのです。同時に、彼らをそのような苦境に追いこんだヒトラーを恨みながら。当時、合衆国が戦争に参加することを望んだ人びとは、こんにちのわたしたちがあの戦争の中心的な出来事としてあつかっているまさにその悪について、一定の慎みをもって沈黙したほうが賢明だよと、忠告をされたのです。

よく分かります。そして、アメリカのユダヤ人の歴史とは、多くの点において、ヨーロッパや中東での出来事への遅れた応答、それもしばしばひと世代かそれ以上遅れた応答の歴史だということに同意します。ユダヤ人にもたらされた災厄への意識と、イスラエル建国というかたちでのその余波は、かなり事後的にやってきたものです。一九五〇年代の世代が、それとは違う方向に目を向けつづけようとしたことは、ちょっと異質ではありますが比較は可能なイギリスでの経験からわたしは確言できます。当時のイスラエルは遠縁の親戚のような存在でした。好意をもって話題にはするし定期的に誕生日カードは送るけれども、もしその人があなたのところに来て遠慮なく長居するようなことがあると気まずく、最後にはいらいらさせるような存在ですね。

とりわけ、当時わたしの知り合いだったユダヤ人のほとんどは、その親戚を訪問したいとは思わなかったし、ましてや同居したいなどとは思っていませんでした。そしてもしイングランドでそうなのだったら、合衆国ではなおさらそうだったはずです。アメリカ人は、この点ではイスラエル人と似ているわけですが、成功と業績、昇進、個人主義、自己増進をさまたげる障害の克服と、過去を歯牙にもかけない態度、こういったものに重きをおいていました。そういうわけですから、ホロコーストというのはまったく気にもかけなくてよい出来事というわけにはいかなかった。とくにユダヤ人は「屠殺に送られる子羊のよう」だったという広まっていた見解については。

さらに言わせてもらうと、ホロコーストは、国民的な物語そのものが受苦と犠牲の物語を受容し、さらには理想化するすべを学ぶまでは、アメリカのユダヤ人の感性にぴったりと沿うものではまったくありませんでしたし、ましてやアメリカの公的生活の中に沿うものでもありませんでした。イングランド人はずっとダンケルクの敗北に不快な思いはしてきませんでした。それは、英雄的な勝利へと書き直された恥ずべき敗北なのです。そこへいくとアメリカ人は歴史的にごく最近までは失敗には共感がなく、それは否定するか、なんらか肯定的な道徳的側面をそこに見つけることを好みました。

そういうわけで、アメリカのユダヤ人が、習慣と好みの両方で、より古い物語にたよりつづけた長い時代がありました。古い土地からの、あとくされのない逃走と、過去のアイデンティティがほとんど意味をなさないあらたな故国への到着の物語です。アーヴィング・バーリン[*13]はロシア系のユダヤ人でした。ところが彼のロシア系ユダヤ人性について考え、語り、書くことよりも、彼はアメリカ的なメロディを作曲し、それにキャッチーで調子のよい物語風の歌詞をつけ、音楽によってアメリカを自己賛美することに長けていました。それを彼は、ほとんどのアメリカ生まれの人間よりもはるかにうまくやってのけたのです。バーリンは偶像化されました。しかしそのおなじ数十年に、アイザック・バシェヴィス・シンガー[*14]をいったいだれが賞賛したでしょうか? こういった状況はすべて変わることになるのですが、それは一九八〇年代を待たねばなりませんでした。

いくつかの中間的な段階、アメリカのユダヤ人が自分たちとホロコーストを同一化することをためらったほかの理由がないでしょうか? 冷戦と、それがもたらしたものについて考えてみてください。一九五〇年代初頭から、西ドイツは、ヨーロッパ大陸におけるアメリカのもっとも重要な同盟相手であったと言ってよいでしょうが、そのために即刻西ドイツが名誉回復し国際社会に復帰することが必要だというのは厳然たる現実でした。そこでキリスト教民主同盟の党首であったアデナウアーは、西ドイツの支持と同盟と、不快な近い過去の出来事については語らないというアメリカの約束とを交換条件とするということを、まったく意図的に提案したのです。

そのいっぽうで、西ドイツでは——ここでだけ起こったことですが——政治的忠誠のあの奇妙な逆転が起きました。つまり、左翼が、小さいけれども果敢な社会民主主義イスラエルを賞賛することから、シオニズムの帝国主義を憎むというところへ逆転し、そのいっぽうで右翼は反ユダヤ主義を放棄してユダヤ人国家の小さいけれども強力な同盟相手を愛するようになったのです。

国際社会によるイスラエルの認識にはそれ独自の歴史があります。イスラエルが誕生したとき、その産婆役はスターリンでした。共産主義者であれ非共産主義者であれ、イスラエルに対する左派の見方というのは、イデオロギー的および系譜の問題から社会主義の背景をもつ東欧のユダヤ人によって構成された国家は政治的共感が可能なパートナーであるにちがいない、というものでした。しかしスターリンが素早く、いつも通りにだれよりも早く気づいたのは、イスラエルが当然に向かう方向は、西洋の擁護者たちに対する政治的忠誠を形成するという方向だろうということでした。とくに、西洋の安全保障と西洋の経済的利害において、中東と地中海がしだいに重要性を増していることを考えれば。スターリン以外の左翼はこのことに気づくのが遅かった。一九五〇年代を通してずっと、そして六〇年代に入ってからもしばらくは、イスラエルは主流の政治的・知的左派とむすびつけられ、またその左派によって賞賛されていたのです。じじつ、イスラエルはその最初の三〇年間はなんらかの種類の、社会民主主義者を自任する人たちによってのみ排他的に構成された政治エリートによって支配されていたのです。

国際的な左派がイスラエルを見捨てたのは、一九六七年の六日間戦争〔第三次中東戦争〕においてではなく、むしろ六日間戦争とヨム・キプル戦争〔第四次中東戦争〕とのあいだの期間においてでした。それは、その時代にはほとんど変化のなかったイスラエルの内政よりは、イスラエルによるアラブ人のあつかいに関係があったとわたしは思います。

六日間戦争が、ヨーロッパにおけるほどの影響はなかったとしても、多くのユダヤ系アメリカ人をイスラエルにひきつけたというのは本当だと思います。しかしその同時代のホロコースト理解は、人間は極端な状況において人権を守るためには暴力を使うべきだという理念と関係づけられていました。ホロコーストは、犠牲だけではなく人権と同一化されたときにより問題の少ない連想関係をもつようになります。そしてそれによって、人権の名の下に軍事的介入が行われることになるわけです。

アメリカが一九九〇年代のバルカン半島での戦争をいかにして正当化したかを思い出すと、そこに関係したみなが型にはめたようにホロコーストをひきあいに出していたのはあきらかです。それは史上最悪の人権蹂躙であって、「けっしてくりかえされてはならない」ものだ、と。当時、政治的な権力におさまっていた世代は、そのような思考法を教えこまれていて、合衆国のセルビアへの介入を正当化するためにもちだされたのは、結局そういった論法だったのです。

そのような論法はヨーロッパで起こっていることにはうまく共鳴します。奇妙なことですが、ホロコーストの普遍化は、そのホロコーストの起源となった場所でじっさいにもっとも意味をなしたのです。それはとりわけヨーロッパで意味をなしました。というのも、古い世代のユーロッパ人たちは、そこに存在する論法を反射的に理解して、そこからでてくる結論に反射的に同意したからです。

しかしそのおなじ論法が世界全体に応用されると、またはよくあることですがアメリカ人によってイスラエルと中東に応用されると、まったく違う響きを鳴らすと思います。ここでの危険は、アウシュヴィッツからひきだされるべき教訓の普遍的な性質が、イスラエルに適用されるようになり、こんどはある国の話から普遍的な隠喩へと変わっていく、ということです。つまり、イスラエルのような場所が、二度とホロコーストなどという苦しみを受けることがないように、ということになる。しかし、アメリカ以外の場所、たとえばほかならぬ中東から見ると、このように道徳的な類推を局地的な政治闘争の現場に敷衍していくことは、ちょっと奇妙に見えます。

合衆国の海岸から遠くに離れれば離れるほど、イスラエルのふるまいは犠牲者の物語のたんなる政治利用に見えてきます。最終的にはもちろん、どんどん遠くに離れていけば、ホロコーストそのものが縁遠い抽象であるような国や大陸、つまり東アジアやアフリカにたどりつくことになります。そこまで来ると、人びとの目に見えるのは、危険な地域にある小さな、重要性もない国が、自分の利益のために、しかしその保護者の利害には損害を与えながら、世界でもっとも強大な国を利用しているという奇妙な光景だけになります。

したがって、この独特の状況には三つの側面があります。まず、アメリカによる無批判な関与があり、それはヨーロッパにおけるジェノサイドの粗雑な普遍化を介して行われています。それから、ヨーロッパからの反応があります。ちょっと待て、ホロコーストとはあなたたちが言う通りのものだと認めるにやぶさかではないが、それは濫用になってしまうのではないか、と。それから最後に、それ以外の世界です。彼らは尋ねます。地政学的な帰結をグロテスクなまでにゆがめつつ、わたしたちにおしつけられているこの西洋の物語はいったい何だ？　と。

根源である、アメリカに戻ってみましょう。わたしはアメリカのユダヤ人とその世界観の擁護をしてみようと思っているのですが、それはつぎのようなものです。トニー、イングランドからやってきたあなたには、深い、混乱をもたらすような非ユダヤ〔キリスト教〕の信仰と対決する必要がない。それはたんに、存在しないのです。たしかに、イングランドでは人びとはイングランド国教会に属しています。国教会は尊敬を集め、社会的に有用な組織で、さまざまな年中行事を行ったり、寡婦に仕事を与えたりしています。しかし、国教会はとても、熱烈な信仰の源泉とはいえません。

それに対してここ合衆国では、東海岸と西海岸のごく一部の地域から足を踏み出せば、キリスト教徒に——真性のキリスト教徒に——出くわすことになります。彼らはクリスマスを祝いますが、一部はお遊びではなく本気です。イースターも、その脅迫的な血なまぐさい含意もそのままに祝います。それから、さらに田舎へとおもむいていけば——そんなことは、正直なところ、多くのアメリカのユダヤ人はすすんでしようとは思わないことなわけですが——さらに奇妙な形態の、熱烈で風変わりなキリスト教信仰に遭遇することになります。

そして、この比較はかなり不正確だとは思うものの、わたしはそのように感じるのですが、それによってアメリカのユダヤ人は、心の中のある場所ではロシアやポーランド、ウクライナやルーマニアのことを思うのです。つまりそういった国にも、異質な儀式の習慣をもち、じっさいにそれを信仰しており、たんに違うというだけではなく本当に脅威となるような人びとがいたわけです。ホロコーストがもう一度起こるかもしれないという漠とした不安の背後にあり、また将来の避難所としてイスラエルを維持したいという欲望の原因となっているのは、この恐怖だと思います。もちろんそれはふつうはっきりと言葉にされることはありませんが。これはわたしには合理的ではなく、根本的にまちがっていると思えますが、しかしまったく理解できないわけではありません。

さて、これに対するもうひとつの、少数派そしてネオコンの反応は、交戦です。わたしの念頭にあるのは、イスラエルはほかのユダヤ人のための祖国として存在せねばならないと考えるアメリカのシオニストと、イスラエルはやがて来る終末における業火の中での絶滅にそなえて、ユダヤ人が集合する場所として存在すべきだと考えるアメリカのキリスト教原理主義者です。いっぽうには、イスラエルについてほとんどなにも知らないユダヤ人がいる。もういっぽうには、ユダヤ人についてほとんど無知なキリスト教徒がいる。しかしその二陣営はかさなりあうヴィジョンと、ユダヤ人にイスラエルに行ってほしいと思う、そしてさらには中東での戦争を求めるかさなりあう理由をもっているのです。これは、あとになってみれば、ユダヤ人の歴史のうちでももっとも奇妙な同盟のひとつとなるだろうと思わざるを得ません。一九三〇年代の、修正主義シオニストのポーランドとの協力関係も、これにくらべればまったく取るに足りないものです。

これをもうすこし広い視点で見てみましょう。あなたが論じたようにアメリカは、まわりの非ユダヤ世界の奇妙で強烈な信仰のせいでちょっと異質な場所に思えるわけですが、それとまったく同様に、憲法によって強制され、アメリカ人であることの本質の一部として人びとに盛んに吹き込まれてきた、強烈で積極的な、市民としての平等主義においても、アメリカは異質です。あなたが指摘したように、わたしの育った国では、かなり水で薄められた、イギリス国教会的なキリスト教が生活の基本的な状況であり、それが国家の体制組織まで——いやとりわけ国家の体制組織に——浸透しています。わたしはキリスト教の新約聖書、詩篇、賛美歌、教理問答、儀式といったことについては、専門的にそれを勉強しているわけではない、わたしの知り合いのアメリカのどのユダヤ人よりもよく知っています。アメリカ人とは違って、わたしは自己の中で宗教と、市民としての、または国民としてのアイデンティティとのあいだの区別を行いたいという肚の底からの願望はもっていません。ということで、アメリカはその点でも異質だと思います。両極端において異質だといいますか。同意しますか？

その通りだと思います。しかしこの異質さの中には、アメリカのユダヤ人をおそらくあなたが気づいているよりはさらに異質なものにしているなにかがあります。宗教と国家の分断のうちの国家のほうに強く同一化することによって、ヨーロッパでは想像不可能だった、そして今も想像不可能な水準の無知が生じています。たとえばアメリカのユダヤ人は、さまざまな種類のキリスト教信仰のあいだの区別ができないことがあります。わたしが言いたいのはさまざまな種類のややこしいプロテスタントの諸派だけではなく、原理主義者と非原理主義者とのあいだのかなり重要な差異や、礼拝に参加するカトリックと参加しないカトリック、さらにはカトリックとプロテスタントの差異です。

こういった混同はおどろくほどの文化的無知、息をのむほどの新約聖書の無理解から生じています。これは、アメリカのユダヤ人と、イングランドのユダヤ人を、一見したところでは予測できないほどにわけ隔てている要素です。というのも、せいぜい自己弁護が動機だとはいっても、アメリカのユダヤ人は半日くらいはかけてこの謎めいた、そして結局はかなり短い、聖書への付録に親しむくらいはするだろうと思うからです。

グレートプレーンズからロッキー山脈へと広がるキリスト教世界が、あなたが考えているであろうよりははるかによそよそしく、さらにはおそらく威嚇的でさえあるのは、これが理由だと思います。それに対してイングランドでは、わたしの見るところ、キリスト教はより広く、より人びとに親しまれた文化的な参照枠をもっているようです。たとえば欽定訳聖書について語るときには、聖書のたくさんある版のうちのひとつについてたまたま語っているということにはなりません。その場合それは、シェイクスピアとおなじくらいに普遍的でよく知られたある文化的なテクストについて語ることになるのです。このようなものの見方は、アメリカのユダヤ人にはほとんど共有されていないでしょう。

イングランドでは、最小限の、しかしそれゆえにもっとも容易に同化させられうる聖書解釈的、もしくは記憶術的な水準での信仰は、わたしの子供時代にいまだ普遍的でした。列車に乗って、気づけばリンカンシャー奥深くについて、リンカンシャー駅で降りて、リンカン大聖堂へと入っていかなければならないとしたら、またそれを言うなら土地の教区の教会に入っていかなければならないとしたら、非常に動揺するであろうようなイングランドのユダヤ人は、いないと思います。彼らは、とくに一九六〇年代以前の生まれであれば、それを、非常に違和感がなく、さらにはよくなじんだ経験だと確実に思うでしょう。それに対して、ニューヨークのアッパー・ウェスト・サイド生まれの人が偶然にテキサス州の北西部のバプテスト派の教会に放りこまれたとしたら、あらゆる理由から居心地悪く感じるのではないかと思います。

あなたをアメリカのユダヤ人コミュニティから除外しようとする読解があるというような感覚はあ

りますか?

『ニューヨーク・レヴュー』のわたしの悪名高いエッセイに関する『ニュー・リパブリック』誌上でのコメントで、レオン・ウィーゼルティア[*15]は有名な所見を述べました。いわく、わたしはあきらかに、ニューヨークでのディナー・パーティーに長居をしすぎて、人びとがイスラエル批判をするのをずっと聞いていたので、自分がイスラエルとのつながりをもっていることが恥ずかしくなってそこから距離を取ろうとしているユダヤ人だ、と。これは、わたしにしてみれば不思議な誤読でした。わたしはずっとディナー・パーティーが大嫌いで、なんとかして行かずにすませようとしてきたのですから。いまでも嫌いです。まあもちろん、いまでは招待を断る理由をでっちあげる必要もないのですが。

さらに、イスラエルが批判されることで、わたしがユダヤ人であることを恥ずかしく思うことはけっしてありません。まずいっぽうで、わたしはイスラエルと同一化はしていない。もういっぽうで、わたしは自分がユダヤ人であることについてなんら混乱したり不安をもったりはしていない。そういうわけで、ウィーゼルティアのコメントは、アメリカの右派ユダヤ人コミュニティからの恫喝としては奇妙なやり方だと思えます。そのコミュニティにわたしはいずれにせよ属することはないのですが。むしろ、わたしはユダヤ人であるがゆえにイスラエルのふるまいにあれほど困惑しているのだ、と示唆した方がよっぽど効果的な批判だったでしょう。しかしあなたがすでに指摘したように、わたしはコミュニティから追放されることをそんなに苦にはしないのです。おそらくそれどころか、それを楽しんでいるほどです。そのような排除の経験は、自分を外部者として見る機会をもう一度与えてくれます。その外部者という立場はわたしにとってずっと、そこにいれば安全で、さらには心地よいとさえ思う立場だったのですが。

ええ、マンハッタンのダウンタウンにパラシュート降下して、自分をアメリカの主流のユダヤ人コミュニティとの対立関係において定義するというのは、まあたしかに自分を外部者とするためには成功を約束されたやり方ではありますよね！

大きな危険をかかえるということはけっしてありませんでした。わたしが、グルーチョ・マルクス[*16]のように、そもそも特別に属したいとも思っていなかったコミュニティから追い出されたのではなく、わたしの収入や職業的な立場の根源を構成するような場所と社会から追い出されたのだと考えてみてください。まったく話は違ってきます。ですから、人びとが、ああ、あなたはそんなに不利な立場を取るなんてすばらしい英雄だ、などと言うと、わたしは本当に不快に思うのです。

たしかに、うまくものを書いたり、なにか正しいことやおもしろいことを述べたことで賞賛されたり尊敬されたりすることに、反感を覚えるようなひとはいないでしょう。しかしじつのところ、『ニューヨーク・レヴュー・オヴ・ブックス』でイスラエルについての論争的な文章を発表することは、有名大学で終身在職権をもっている以上はとくに勇気が必要なことではなかったのです。わたしがなんらかのリスクを負ったとしても、それは非常に部分的なものでした。おそらく、まったく偶発的に、数人のニューヨークでの友人を失ったかもしれませんし、ひとつか二つの雑誌で文章を発表する可能性がなくなったくらいでしょう。

ですからわたしは自分が勇敢だなどとはまったく思いません。わたしはただ――ちょっとあつかましく言わせていただければ――わたしの知っているほかのいく人かの人たちよりも、いくぶん正直で歯に衣《きぬ》着せずにものを言う人間なのです。

ケンブリッジ、そしてそれからパリにおいて、社会主義は政治的目的であるにとどまらず、わたしの学者としての研究対象でもありました。いくつかの点で、この状態は中年のはじめのころまで変わりませんでした。一九六六年に、わたしがはじめに学部生としてケンブリッジに進学したときは、人民戦線、つまり社会主義者のレオン・ブルムを首相としてフランスでつかのまの権力をにぎった左翼同盟から三〇周年でした。当時、この三〇周年記念にあわせて、人民戦線の失敗を記述し評価する書籍がどっと出版されました。この主題にとりくんだ人たちの多くは、つぎにおなじことが起きた際に成功を確実なものにするための教訓を垂れるという明確な目的をもっていました。左派政党が姿を変えつつ同盟を組むということは、いまだに可能であるしまた望ましいことであると、多くの人びとには思えたのです。

わたし自身は、そういった論争に含意された直接の政治問題には格別の関心をいだいていたわけではありません。ほかならぬわたしのような出自の者の視点から見れば、革命的共産主義は最初から惨憺たる結果になると分かっていましたし、その現在における展望を再評価することにはほとんど意味がないと思ったのです。そのいっぽうでわたしは、シニカルで、劣化して、弁解がましく、しだいに失敗が明白になっていたハロルド・ウィルソンの労働党政権のまっただなかの時期にケンブリッジに進学しました。イギリス労働党からは期待すべきことはほとんどないように思われました。ですから、社会民主主義の展望にまつわるわたしの関心は海外へ、パリへと向かっていきました。つまり、わたしをフランス研究へとかりたてたのは政治であって、その逆ではない、つまりフランス研究をしたから政治に目覚めたわけではないということになります。

ふりかえって見て、わたし自身の政治傾向とその激動を考えるとこれは奇妙に思えるかもしれませんが、わたしはまともな歴史の学徒になるためにパリを必要としたのです。わたしはケンブリッジ大学が毎年出している研究奨励金を受けて、パリの高等師範学校の博士課程修了後の研究員となりましたが、そこはフランス知識人とフランスの政治的生活を観察するには理想的な止まり木だったのです。いったんそこに身を落ち着けると、それは一九七〇年代のことでしたが、わたしはケンブリッジ大学でのわたしとはうって変わって真の学徒となり、一九二〇年代のフランス社会主義についての博士論文を真剣に進捗させました。

わたしは学問上の導きを求めはじめました。ケンブリッジでは、厳密な意味で指導は受けていませんでした。たんに本を読み、それについて語り合ったというだけでした。ケンブリッジでのわたしの教師たちはかなり多様でした。古くさい、リベラル派イングランドの経験主義的な歴史家たち、方法論的に繊細な知識人的歴史家たち、それから古き戦間期の左翼学派の経済史家たちがひとにぎり、いまだにいました。ケンブリッジではわたしの博士課程の指導教官たちは、歴史学のさまざまな方法へとわたしを導くどころか、わたしのもとから姿を消してばかりでした。最初にあてがわれた指導教官のデイヴィッド・トムソンは、初めて会ってそのすぐ後に亡くなってしまいました。二人目の指導教官はとても優しい、老齢の、第三共和制フランスの歴史家であるJ・P・T・ベリーで、彼はすばらしいシェリー酒を出してくれましたが、わたしの研究対象についてはほとんどなにも知りませんでした。わたしの博士課程のあいだ、彼とは三回以上会っていないと思います。このように、ケンブリッジでの博士課程の最初の一年、つまり一九六九年から七〇年には、わたしはまったくもって指導を受けずにいました。

わたしは博士論文のテーマを自分で考えなければならなかっただけではなく、問題構成《プロブレマティーク》、つまり問う意味のある疑問とそれに答える際に頼るべきさまざまな基準を、ゼロから独力ででっちあげる必要がありました。その疑問とはつぎのようなものです。社会主義はその約束を果たすことにどうして失敗したのか？　フランスの社会主義は、北欧の社会民主主義とくらべて、どうしてあれほどに結果を出せなかったのか？　一九一九年のフランスではどうして蜂起や革命が起きなかったのか？　それが起きるという期待があったにもかかわらず、またほかの場所ではラディカルな激動が起きていたにもかかわらず？　ソヴィエト共産主義が、共和制フランスの土地に根を下ろした社会主義よりも、フランス革命の精神をよりうまくひきつぐことができたのはなぜなのか？　その背景の奥深くにあったのは、一九三〇年代における極右の勝利についての暗黙の疑問でした。ファシズムと国民社会主義の隆盛は、たんに左翼の失敗として理解されるべきなのか？　当時、わたしはこのようにこの主題を考えていたのです。ずっとあとになってようやく、こういった疑問の亡霊がわたしにとって血肉をそなえたものになったのですが。

わたしは手当たりしだいに読みました。わたしはできるかぎりに、そのような主題についての情報源はいかなるものであり、それがどこで見つけられるかを探求し、それからそれを読み始めました。パリに移ってフランス語のアーカイヴを調べる前に、イングランドでわたしができる有用なこととは、第一次世界大戦後のフランスの新聞を読むことでした。そういうわけで、わたしは一九七〇年の四旬節のあいだロンドンへ行き、ジャッキー・フィリップスの母のところに居候をして、コリンデール〔新聞図書館がある〕の大英博物館所蔵の、フランスの新聞をかたっぱしから読み、一九二〇年代フランスにより精通するようになりました。当然の成り行きですが、この滞在によってわたしはフィリップス一家とより親しくなり、ジャッキーとわたしはつぎの年に結婚しました。わたしたちは大きな、伝統的なユダヤ式の結婚式をしました。フッパー〔ユダヤの結婚式用の天蓋〕の下で、最後にはグラスを割って終わるというものです。

高等師範学校で研究員となって、わたしはべつのとりくみと主題に向かっていきました。つまり、フランス、そしてフランス史とフランス知識人です。ケンブリッジ大学時代の準備のおかげで、わたしはパリで誰に連絡をとる必要があるのか完全に分かっており、独自の人脈をつくっていって、自分自身の指導教官になったようなかっこうでした（形式的にはフランス人の指導教官、ルネ・レモン教授をあてがわれましたが、わたしたちはおたがいに相性が悪く、相互の合意のもと、会ったのは一度きりでした）。

わたしは突然に共和制フランスの知的主流制度の過去から現在までつづく震源地に立っていたわけです。わたしは、一九世紀末にエミール・デュルケームやレオン・ブルムが学び、また三〇年のちにはジャン゠ポール・サルトルやレイモン・アロンが学んだまさにその建物で学んでいるということを強く意識していました。わたしはパリ五区のキャンパス風の環境の中、知的で関心の近い学生たちに囲まれて満足しきっていました。それは生活のうえでの快適さと、実際に本を借り出すことのできる（それは当時もそれ以来も、パリではほとんどなかったことなのですが）、このうえなく便利な図書館のある環境でした。

よかれあしかれ、わたしは高等師範学校生《ノルマリアン》らしく考え、しゃべるようになりました。これは部分的には形式の問題でした。学問的であれなんであれ、ある姿勢をとり、あるスタイルを採用することですが、これはまた浸透適応の過程でもありました。高等師範学校はあきれるほどに過剰な教育を受けた、自我は肥大しているけれども胸板はやせほそった若いフランス人でいっぱいでした。その多くはいまや著名な教授や上級の外交官になり、世界中で活躍しています。そこの雰囲気はケンブリッジとはまたかなり違った、集中的かつ英才教育的な環境で、わたしはそこで、そのあとずっと身につくことになる推論法や思考法を学びました。わたしの同業者や同時代人たちは、ほれぼれするような厳密さと深さで議論を展開したものですが、世俗的な経験によってもたらされる証拠や事例に対して開かれていることが、ときには少なかったのです。わたしはこのスタイルの美点を獲得したのですが、同時にまちがいなくその悪い点も身につけてしまいました。

ふりかえってみると、わたしがフランス知識人に親しんでいった多くの部分は、フランス共産主義の偉大な歴史家であるアニー・クリージェル[*1]との出会いのおかげでした。パリでわたしが彼女に連絡をとったのは、たんに彼女がわたしの研究主題についての決定的な書物を書いていたからでした。すなわち、二巻本の傑作、『フランス共産主義の起源』です。アニーは共産主義を歴史的に、つまり抽象ではなく運動として理解することをあくまで主張しましたが、それはわたしにおおいに影響を与えました。また彼女は、劇的なまでにカリスマをそなえた人物でした。逆にアニーは、まともなフランス語を話し、当時流行だった共産主義ではなく社会主義に関心をむけるイングランド人を見つけて目を丸くしていました。

社会主義は当時、歴史学の主題としては死んでしまったように見えました。フランス社会党[*2]は一九六八年の国政選挙で敗北し、それから一九七一年、その直前の大統領選挙で弱々しい結果を残して解党してしまいました。たしかに社会党は、日和見主義者のフランソワ・ミッテランによって粛々と再建されましたが、それはあらたな名前のもと、魂のぬけた、かつての精神をはぎとられた選挙のための機械としてでした。一九七〇年代のはじめには、長期的な展望をもった左派政党といえば共産党しかないように見えました。一九六九年の大統領選挙において、共産党は二一パーセントの得票率で、ほかの左派政党をすべて大幅に出し抜きました。

ということで、フランス左派の過去・現在・未来において共産党は中心を占めているように見えたのです。さらに東方の国々はいうまでもなくイタリアと同様に、フランスにおいて共産党はみずからが歴史の勝者だという顔をすることができましたし、実際そうしました。社会主義は、はるか北欧以外ではあらゆる場所で敗北したように見えました。しかしわたしは、勝者には興味がありませんでした。アニーはそれを見抜いて、それは真剣な歴史家としてあっぱれな性質だと考えました。ということで、わたしがフランス史の研究へと分け入っていくことがなんとかできたのは、アニー・クリージェルと彼女の友人たち、とりわけかの偉大なるレイモン・アロンのおかげだったのです。

アニー・クリージェルは屈強かつ複雑な女性でした。身長約一五〇センチという背の低さは誤解を与えるもので、アニーは一六歳でフランス・レジスタンス運動に参加しました（のちに『村の共和国』を書くことになる、モーリス・アギュロン〔一九二六年生まれ、フランスの歴史家〕は、パリ解放のずっと後になっても、アニーが自分の寮の部屋の壁にマシンガンを掛けていたことを回想しています）。彼女は一九五〇年代初頭に教条的なスターリン主義者となり、パリの共産主義学生運動の組織幹事にして、事実上の政治人民委員となりました。彼女の世代のほかの多くの人びとと同様に、アニーは一九五六年のハンガリー革命と、そのソヴィエトによる抑圧の余波のうちに、この若き政治的忠誠から変節していくことになります。それから彼女はやがて、彼女自身がかつて所属した政治党派を研究主題とする、著名な専門家となるのです。

わたしが会ったころには、アニーは彼女がかつてソ連に対して向けていたのとおなじ、疑念なしの献身と情熱を、イスラエルとシオニズムに向けているところでした。奇妙なことに、または奇妙ではないのかもしれませんが、わたしは気づいてみれば、共産主義の過去とシオニズムの現在という、そのどちらもわたしにとっては反感の対象であるものを信奉する女性に強くひきつけられていったのです。それにしても、アニー・クリージェルは一九七〇年代初頭にわたしに大きな知的影響を与えた二人の人物のうちのひとりでした（もうひとりはジョージ・リヒトハイム[*3]でした）。わたしは博士論文の中でアニーが出した結論に反旗を翻したけれども、それがフランスでわたしの最初の単著（『社会党の再建――一九二一―二六年』）として出版されたとき、そのまえがきを書くことにおおいに乗り気だったということは、彼女の人柄について多くを語っていると思います。

じじつ、わたしがあの本でアニーを引用したのは、彼女に反対するためだけでした。一般原則として、わたしは自分の主題についての二次文献をめぐる議論は完全に避けるようにしました。わたしは、すべての解釈を検討して、それからおずおずと独自のちょっとした修正をくわえていく、といった因習的なイギリス風の、またはアメリカ風の歴史研究書を反復することは絶対にすまいと心に決めていたのです。そうではなくわたしは、独力でどれだけのことをできるか、やってみたかったのです。

これが、二〇代の若い研究者の考えとしてはちょっと傲慢に聞こえるとすれば、わたしの言い訳は、たんにわたしが二次文献についてあまり多くを知らなかったというだけではなく、二次文献にとりくむ方法を教えてもらわなかったということになります。歴史文献という点において、わたしはほとんど独学で学びました。ケンブリッジ大学から歴史学の学位を取っているにもかかわらず、わたしはかなり

のですが、わたしは、導きなしの自分勝手な読書によって自分の教育の多く——あまりに多く——を行う、歴史家の長い、そしてときには傑出した伝統の中に自分の身を置いていたのです。

パリでのこのおなじ時期に、わたしはボリス・スヴァーリン[*4]とも知り合いになりました。彼はフランス共産党の創設者のひとりですが、おそらくスターリンとスターリニズムについての最初の（そしていまだにほぼ最良の）報告を書いた人としてもっともよく知られているでしょう。わたしが自分の多くの本のなかで伝えようとこころみたことを学び、そしておそらくそれについて確信を得たのはスヴァーリンからでした。古いヨーロッパ左翼を、ラディカルな政治のどの位置に立っていようとも強く下支えする、マルクス主義に対する深い信奉です。スヴァーリンはこの論点をかなり面白く証明してくれる、楽しい逸話をわたしに語ったことがあります。

シャルル・ラポポール[*5]はその共産党創設の世代の人物のひとりですが、彼とスヴァーリンは一九二〇年代の初頭のころに、第一次大戦期のフランス社会党の指導者のひとりであるジャン・ロンゲ[*6]について話していたそうです。ロンゲは生まれつきの折衷派で、いつもレーニンとヨーロッパの主流社会主義者とのあいだの中道を探し求めており、その奸計のために急進派の仲間たちからはかなり軽蔑されていました。彼はまた、マルクスの孫でした。ラポールはスヴァーリンの方を向いて言いました。「そう、ロンゲって奴は、とにかく〈みんなを、それから彼のおじいさんを満足させたい〉んだ」と。これは、ラ・フォンテーヌのもっとも有名な寓話のひとつである「粉ひき、その息子、ろば」の中の落ちの文句「彼はみんなを、それから彼の父を満足させたい」のウィットに富んだほのめかしでした。この発言はロンゲとその同類たちの性質、つまり自分たちのマルクス主義への忠誠を、自分たちが陥ったあらゆる状況に適合させようとすることをみごとに表現していました。ですが、さまざまな参照枠をもったこの逸話全体が、左翼知識人について、あるほかの本質をとらえてもいます。つまり、共有された政治的目的からだけではなく、大量の読書から生じている、共通の参照枠ということです。

博士論文で一九二一年から二六年という時代の研究を選択することによって、わたしは一九三〇年代と人民戦線の問題から一定の距離を保ちました。しかしいずれにせよ、わたしはすでにレオン・ブルムの悲劇的な人物像にひかれていました。彼はわたしが記述した一九二〇年代において社会党の政治の中心におり、もちろんその後の一〇年間にわたってフランスの首相を務めることになります。当時わたしは伝記に偏った歴史を書こうなどとは思っていませんでしたが、ブルムはすでにわたしの物語の中心に居座ってしまっていました。というのも、彼は政治の上での社会主義をこえた何か、つまり一九世紀のさまざまな理想を二〇世紀の大衆政治に適用してよみがえらせようとする、たゆまぬ努力を体現していたからです。

わたしはインタヴューをするのを好きではなかったし、いまもそれは変わりませんが、レオン・ブルムの息子と義理の娘、ロベール・ブルムとルネ゠ロベール・ブルムにインタヴューをしました。わたしは、かなり不器用にではあったと思いますが、一八七〇年から一九一〇年のあいだに生まれたヨーロッパ知識人の世代の心的世界へと分け入って行く道を見つけようとしたのです。ブルム自身は一八七二年生まれで、ローザ・ルクセンブルクのちょっと後、ルイージ・エイナウディの三年前〔正確には二年半前〕、ウィリアム・ベヴァリッジの七年前、そしてクレメント・アトリーとジョン・メイナード・ケインズの一〇年前に生まれています。ここに挙げた人たち全員とブルムが共有するのは、公共の改善にとりくむという義務によって与えられた、明確に一九世紀末らしい文化的な自信でした。

一九三九年以前の時代に関心を向けつつ、しかしリベラルなヨーロッパの左派における後継者たちに注意をしぼることで、わたしはまちがいなくその時代の政治的、そしてとりわけ知識人の生活についてのある決定的に重要な疑問を回避しました。戦間期の左翼と中道の思想に欠けていたのは、悪が、公共のことがらにおける、支配的とはいわないまでも影響力の強い要素になる可能性を理解することでした。ナチスによって実行されたような種類の意図的な政治的犯罪は、右であろうが左であろうが、同時代の観察者や批評家のほとんどにとってはそれ自体において認識不可能だったのです。

一九三〇年代の、スターリンによる飢饉と粛清は、ほとんどの西洋の評論家たちには理解されなかったという事実が、この論点を証明しています。第一次世界大戦はたしかに、その前の数十年の進歩主義的な幻想の多くを埋葬してしまいました。しかしいまだ、その幻想が詩の不可能性〔哲学者テオドール・アドルノの、アウシュヴィッツ以後を表現する言葉〕に置きかえられるところまでは行っていませんでした。じっさい、一九三〇年代をオーデンの言うところの「卑しい、不誠実な一〇年間」だとはまったくとらえない人びともいたのです。

オクスフォード大学の歴史家リチャード・コブ[*7]は、一九一七年生まれでしたが、人民戦線のパリを、幸福な、希望と楽観にみちた場所としてふり返りました。コブやほかの多くの人にとって、三〇年代とは巨大なエネルギーの時代であり、それがあとは動員されるのを待っている時代だったのです。破局や一時代の終わりの感覚に圧倒された人ばかりでは、まったくなかったということです。（スペインと同様にフランスにおける）人民戦線それ自体は、社会主義者、共産主義者、急進主義者たちのおどろくべき連合でした。それがフランスにもたらした改革は、たとえば有給休暇、労働時間の短縮、労働組合の権限の承認などがありましたが、それらはブルムの盟友たちが予想したものをはるかにこえていました。

とりわけ共産主義者たちは、興隆するナチス・ドイツに対抗してフランスの左派ブルジョワ政権を支持するようモスクワから指示を受けていたこともあり、中産階級をおびやかしたり、ましてや革命を推進することには関心がありませんでした。

しかし右派の目から見れば、じっさいにひとつの革命が進行中であるように見えました。聡明な反動批評家ロベール・ブラジヤックは『ジュ・スィ・パルトゥ』紙[*8]に書いていますが、彼はフランス革命の再現を経験していると心の底から思っているようでした。しかしその革命は、フランス革命やロシア革命といった先行する革命を上回る帰結をもたらすものだと、ブラジヤックは考えました。というのも、この革命は、それ自身の原理を侵害することとさえもなしに成功するかもしれない革命だったからです。さらに悪いことに、それはユダヤ知識人であるレオン・ブルムによって主導されていました。

ユダヤ人としてのブルムにわたしが関心を持ったのは、まさにその点でした。つまり、彼が引き起こした嫌悪です。当時ブルムのような人物が、主に、そしてたんにユダヤの出自であるという理由で引き起こした、これほどまでにあからさまで隠れもしない偏見と嫌悪は、こんにちでは想像することさえも難しいものです。それに対してブルム自身は公衆の反ユダヤ主義の規模と含意、それからそれが彼を批判するのに持ち出されているということを、しばしば等閑視しました。もちろん、ブルム自身のアイデンティティにはある程度の両価性がありました。恥じることもなくためらいもなくフランス人であり、それと同様に明白に、誇りをもってユダヤ人でもあったのです。後年になって、彼は中東に新たに生まれたユダヤ国家への大きな共感を示しつつ、同時にシオニズムのメッセージそのものにはほぼ無関心であるという態度を示しました。これらのうわべでは両立不可能な同一化と情熱は、さまざまな時点でのわたし自身のそれとそんなに異なるものではおそらくなく、それゆえにわたしは長いことこの人物に関心をいだいてきたのだと思います。

ただし当時、わたしはユダヤ人問題をわたしの学問的な関心からは遠ざけていました。その少し前まで活発にイスラエルにかかわっていたというのに、わたしは当時、つまり一九七〇年代初頭に、ブルムのユダヤ性をわたしの研究主題にしようとは考えませんでした。ユダヤ人としての政治的な関与は、わたしの青年時代の関心をすべて吸い上げていました。しかしいったんその関心を失ってしまうと、わたしの職業的な生活においてはユダヤ問題にとりくむことはおろか、それが目に入ることさえもなくなったようだったのです。ふり返って見ると、わたしはそのころに自分の「ユダヤの一〇年」を終えて、その後に来るフランスの年月に向けて全力をもって準備をしていたのだということが分かります。

一九七〇年代を通してわたしにとりついて離れなかったのは、制度、政党、そして社会理論でした。これらのすべてをわたしは、明確にそう述べることはしませんでしたが、社会の諸条件の産物とみなす傾向にありました。当時のケンブリッジ大学では、それぞれに違うやり方ではありましたが、クウェンティン・スキナーやジョン・ダン[*9]が、知的生産物を文化的、認識論的、そしてテクスト的な文脈を特権化して参照しながら思想史を教えていました。ほかの時代と場所で展開され詳述された思想を探求することとは何か、という問題について真剣に考えることにわたしが関心を抱いたのは、すべて彼らのおかげです。しかしわたしにとっての文脈とは、宗教的、文化的、または解釈学的なものではなく、ずっと社会的なもの、またはさらには高度に政治的なものでありつづけました。

パリでわたしは、学者がしてしかるべきことをしました。つまり博士論文を書き、その出版社を見つけ、それから新たな研究分野を探し出したのです。しかしそのほかの点ではわたしは自分が何をしており、どこへ向かっているのか、よく分かっていませんでした。わたしはどうやったら歴史学者になれるのか、そしてそうなることは何を意味しているのか、それ以外の職業にはほとんど適性がないにもかかわらず、ちゃんと理解をしていませんでした。最終的にはわたしは、自分のさまざまな関心や性向を学者としてのキャリアにうまく合致させることができましたが、それはたんなる幸運とほかの人びとの寛大な助力の結果でした。

博士号をとった後、わたしは最初は研究員の職や学者としての職を確保することができず、サウス・ロンドンの有名男子高での教師の職に甘んじるところでした。ジョン・ダンとわたしの友人、それからキングズ・カレッジの指導者のおかげで、わたしはその職を受けるのを延期して、そうしている間にキングズ・カレッジから研究員の職が提示されました。

わたしがケンブリッジ大学のドアに足を踏み入れることができたとして、それはマルクス主義と社会主義の偉大な歴史家であり、一度も会ったことのないわたしの恩人、ジョージ・リヒトハイムのおかげでした。一九六三年から一九七三年のあいだに、わたしは彼の重要な本をすべて読み、彼の視点に確実に影響を受けました。つまり、一九世紀終盤から二〇世紀初頭のマルクス主義の、共感にはみちているけれども批判にも容赦しない観察者の視点です。リヒトハイムとアニー・クリージェルはどうやら、両者ともわたしの博士論文を読んで、それを根拠としてわたしを強く推薦する手紙を書いてくれたようです。わたしは二人に大変な借りがあるのです。そして、進んで借りを作るとしたらこの二人しか考えられない、そんな二人です。

しかしリヒトハイムやクリージェルを好むのは少数派で、また二人ともアウトサイダーでした。すくなくともイングランドの大学界のアウトサイダーです。リチャード・コブは、当時の英語圏での主導的なフランス史家で、わたしの研究分野では影響力のある人物でしたが、彼はわたしのことを歴史家だとみなしたことはなかったようです。コブにとってわたしは、フランス知識人の最悪の本能をそなえた学問分野の侵害者で、歴史学者を装って政治について書いている人物と映ったようです。

彼の拒否のおかげで、わたしは当時応募したほかのすべてのオクスブリッジの研究員や職から落とされました。わたしの博士論文はイギリスでの出版社を見つけることができませんでした。博士論文のおかげでキングズの研究員にはなれましたが、それはフランス語でしか出版されていなかったのです。フランスではわたしは国立政治学基金出版局から出版契約を提示されました。この出版局は、どこの馬の骨とも知れないイングランド人の最初の本を出版する決定をするにあたって、なみなみならぬ強い推薦状を受けとっていたようでした。おそらくそれはアニー・クリージェルからのものだったのでしょう。

わたしが二度と英語圏の出版社を探そうとしなかったという事実は、おそらくなにかほかのことを示唆しているでしょう。つまり、わたしは本当に、学者ではなく知識人であり、キャリアを計算ずくで積み上げるとか、戦略的に計画を立てるといったことになると、からっきしのうぶであったということです。もしわたしがアメリカやイギリスで歴史学者として身を立てたいと考えるなら、最初の本をフランス語で出すのは愚かな一手だという考えは、これっぽっちも浮かびませんでした。コブはまったくの勘違いをしてはいなかったということです。なにかしらの、カテゴリーのまちがいがあったのです。わたしはイングランドの歴史家としての道を歩み始めましたが、自分のことを反体制的なフランス知識人とみなしており、そのように行動したのです。

一九七〇年代初頭には、イングランドで歴史を教えつつ、北米の学界から完全に距離をとっていることはまだ可能でした。当時、大西洋ははるかに広かったのです。しかし、キングズ・カレッジで特別研究員となった数年後に、偶然とまったくの行きがかり上の人間関係から、わたしはカリフォルニアに行く機会を与えられました。わたしはある晩キングズ・カレッジで、以前カレッジで学生であり、当時はカリフォルニア大学デイヴィス校で教えており、ヨーロッパ統合の初期の歴史『フランス、ドイツ、そして新たなヨーロッパ』を著したF・ロイ・ウィリスと夕食を共にしました。このちょっとした邂逅の九ヵ月後に、彼はケンブリッジのわたしのところに電話してきて、デイヴィス校に一年来ないかと尋ねました。

まったくアメリカらしい流儀で、彼は一年のサラリーをはっきり言いました。わたしはためらいました。というのも、そのサラリーはわたしがケンブリッジでもらっていたのよりはるかにいいもので、聞きまちがいではないかと思ったのです。するとウィリスは逆にわたしのためらいを誤解して、サラリーをさらに上げて提示してきました。これは、わたしがはじめて交渉ごとに手を出した事例で、しかもこれまで経験したなかでもかなりうまくいった交渉でした！　つぎの夏、ジャッキーとわたしはボストンに飛び、マサチューセッツ州ケンブリッジの友人のところにすこし泊まった後、大きな古いビュイックを買い、アメリカ横断旅行に出たのです。

一九七五年から一九七六年の、デイヴィス校でのその一年は、わたしがはじめて合衆国を体験した一年でした。すばらしい体験でした。さまざまな制約から解放されて。わたしはヨーロッパ史一般についての講義を初めて教え、ケンブリッジではほとんどみんながやっていたことがカリフォルニアではできないと気づきました。つまり、準備した講義原稿を読み上げるというスタイルです。そうではなく、わたしは即興で講義をすることを覚え、有能な大学教員となったのでした。

アメリカの学生たちはイギリスの学生たちとはかなりちがう姿勢で学問に向かっていました。カリフォルニアではわたしは、実際にはあまり多くのことを知らないけれども、知らないことを認めるのを恥じず、熱心に学ぼうとする人たちを教えました。イングランドでは、一六歳を過ぎたら自分の無知を認める人はほとんどいませんし、ケンブリッジにはなおさらいません。このことで、より自信にみちた会話のスタイルが育つわけですが、それが同時に意味するのは、典型的なイングランドの学生は多くの場合、一定の基礎的な書籍を読まずに何年も過ごしてしまうということです。なぜなら、だれも彼または彼女がそういった文献をよく知っていることに疑義をはさまないからです。

一九七六年にイングランドに戻ってから、ジャッキーとわたしのあいだには距離ができはじめました。一九七六年の一二月にわたしたちは別居、二年後に離婚しました。この決別の理由を見つけるのは難しくはありません。カリフォルニアはわたしの視界を広げてくれました。そしてわたしはデイヴィス校での常勤職の申し出を断っていたのですが、ケンブリッジに戻ってみるとがっかりし、さらにはケンブリッジに不満を覚えるようになりました。合衆国へと出発する前には、ジャッキーとわたしは寝室が二部屋の小さなアパートに住んでいました。カリフォルニアから戻ったとき、あきらかにそろそろもうすこし広い家を買うようなタイミングになっていました。しかし家を買うというような行動は、ふつうそうですが、精神の集中を必要とします。ふり返ってみるとよくわかるのですが、それまではわたしは大学院生時代に敷かれた一本のレールに乗って前に進んでいました。しかしそのとき、わたしは自分の人生がそのようなかたちをとることを自分が本当に望んでいるかどうか、確信が持てなくなったのです。わたしの人生に待ち受けているのがこれですべてだということを、受け容れることができなかった。つまり、ひとつのキャリア、ひとつの大学、ひとつの家、そしてひとりの妻という人生です。

ジャッキーと別れた後、わたしはしばらくフランスに住んで、二冊目の本『プロヴァンス地方の社会主義』のための研究をしました。一九七七年の前半はほとんどプロヴァンス南部、わたしの研究資料のあるスュド・トゥーロン゠ヴァール大学で過ごしました。ケンブリッジ大学の経済学者でキングズ・カレッジの評議員であるニコラス・カルドアが、サントロペの北一二キロくらいのところのラ・ガルド゠フレネという小さな町にある彼の邸宅を使うように言ってくれました。古く美しい一八世紀のプロヴァンス風のタウンハウスで、シャッターが閉まって人の住んでいない家のならんだ閑散とした通りにありました。家のいっぽうの側は日に焼けて、もういっぽうは陰になっており草がはえて丘に面している、そんな感じです。わたしは一八歳以来初めて、もう一度独り身になれて幸せでした。独りで暮らし、ひとつだけの目的を持って、そして仕事をして生活するために必要なだけの持ち物を持って――つまり車、服のつまったスーツケース、過不足ないお金と、それから夏までは住める家です。

ラ・ガルド゠フレネでの生活には、古くから変わらない日課がありました。夏に観光客がやってくるまでは、その地域はまったくもって古きプロヴァンスそのもので、伝統的な方言を話す数少ない古老たちの生き残りの住む場所です。羊と羊飼いの毎日の移動、農村経済の古来からつづくパターン、丘の上の村の生活は、一九世紀を彷彿とさせるものでした。わたしの研究主題――プロヴァンスにおける社会主義の、経済的・社会的な起源――は当時もわたしをとりかこんでいたというわけです。わたしはあらゆる点で満足しきっていました。

毎朝わたしは目を覚まして、玄関からよろよろと出て、合衆国から戻ってきたときに買った、古めかしいシトロエンDS19コンバーチブルに乗って、丘の斜面を転がらせてエンジンをスタートし（始動モーターがくたびれて使い物にならなかったのです）、そして、その道は家から海岸までずっと下り坂だったので、家に帰るには十分なバッテリーの充電ができたのです。わたしはサント゠マクシムに車を停めて、バゲット、チーズ、果物、ミネラルウォーターを一本と地元紙を買い、それからビーチに三時間座って、気の向くままに泳いだり読んだりしたものです。それから車に戻り、山を登って、シャワーを浴びて昼寝をし、それから著書に何時間も、夜遅くまでとりくみました。

午後は村立の図書館、地区の資料室、近くのコミューンであるドラギニャンの大学の資料庫、それから沿岸の町トゥーロンの市の資料室ですごしました。この後もわたしは著書のための調査ということは行ってきましたが、あれほどまでに集中的にやったことはないですし、あれほどに土地になじみながら調査をしたこともありません。この経験から、歴史家は長期間にわたって資料にしっかりアクセスできるという確証がないかぎりは、一次資料を基礎とするような研究を行うべきではないというわたしの考え方を確たるものにしました。ときどき駆け足で訪問することを基本とするような長距離をへだてた研究はよくてもいらだたしいもので、さらに通常はその目的を十分に果たせないものになります。

当時わたしは二〇歳代後半で、最初の妻と別れようとしており、それは両親をがっかりさせました。もちろんその後わたしはふたたび離婚をすることになりますし、妹のデボラも二度離婚することになりますし、それから結局はわたしの両親さえも離婚しました。ですがわたしの離婚はこの家族の中では最初の離婚だったのです。わたしはのちに、いろいろな組み替えや混成をともなう離婚と複数の結婚は、わたしの一族の中では非常によくあることだったと知ることになるのですが、両親とわたしは一九五〇年代のイングランドにあまりにも同化していたので、離婚は異常なことで避けるべきことなのだと思っていたのです。

当時あきらかになってきた、わたしが相性のよい妻を見つける能力に欠けているという事実はさておいて、両親はわたしの人生は、二人にはよく分からない世界ではあるけれども、いい人生になっていると思えたのでしょう。わたしが何らか認識可能な意味で「働いている」とは、（両親の目には）あきらかには見えなかったのです。わたしが六ヵ月間南フランスへと姿を消すことに、どうやら雇い主が何の反対もしないとなると、なおさらです。母は（同世代のほかのみんなと同様に）一九三〇年代の失業によって強い影響を受けていましたので、わたしがあまりにも長く外国にいたらケンブリッジがわたしの職をとりあげてしまうのではないかと心配していました。時が経つにつれて、両親は学者の生活や研究や終身在職権について理解するようになりました。ですが、両親とも、『ヨーロッパ戦後史』の出版と成功までは、わたしがいったいなにをしようとしているのかを完全には把握していなかったと思います。

一九七七年の段階で、フランスの農業労働者と一九世紀のフランス労働者階級について考え、書いていたとき、わたしはある種のマルクス主義――すくなくとも歴史へのアプローチ方法としてのマルクス主義――をいまだに擁護し、実践さえしていたと思います。そのいっぽうで、政治的にはマルクス主義からの距離をとり、わたしの仕事へのその影響力は半分しか認めることなしに、ですが。わたしの最初の本もマルクス主義に関するものでしたが、それは政党やその活動を主にあつかっていたのであって、当時考えられていたような意味での社会史というわけではまったくありませんでした。

わたしは、古典的な社会史だとわたしがみなしていたものに対してなんら悪感情はありませんでした。それどころかその逆です。当時のどんな著作にも増して、わたしはモーリス・アギュロンの『村の共和国』という範に動機を与えられていました。アギュロンは、一九世紀の前半にフランスの田舎で形成された政治的な急進主義の源をあきらかにし、それを描いてみせました。とりわけ、彼は一八五一年にルイ・ナポレオン・ボナパルトのクーデターによって破壊される、農村社会主義の一派に対して広く抱かれていた希望を記述しました。

アギュロンらのフランス南部農村地帯の歴史家たちに影響を受けて、わたしは独自の草の根社会史を、つまり一九世紀後半のプロヴァンスの地域研究を書き始めました。ただし、そのような種類の基礎研究的な歴史記述はある水準では得意とするところではなかったし、わたしの知的な性向に合致するものでもありませんでしたが。わたしはヴァールの資料庫に没入しました。その何年も前に、ケンブリッジ大学でのかつてのわたしの教師であったクリストファー・モリスが、歴史家は毎年の市場での豚の値段を知らなければならないと（いささか気取った金言風に）わたしに忠告をしたことがありました。そう、数年間の調査の結果、わたしはヴァールの毎年の市場での、一八七〇年から一九一四年にかけての豚の値段（と、それにくわえてほかの多く）を知ったのです。わたしも本当の社会史ができるのです（と、その研究は告げてくれたようでした）。というわけで、わたしは社会史をやりました。その後は二度とやりませんでしたが。

わたしは本当に、一九七〇年代に書かれた社会史には当惑していました。経済、政治、さらには社会そのものから焦点がずれていって、実際社会史という分野からそれらは完全に消え去ってしまいました。社会的・文化的なデータを選択的に利用することによって、大きな出来事を文脈化する、または政治的な観点から説明する従来の方法を廃棄するやり方に、わたしはいらだちました。そのやり方によって、たとえばフランス革命はジェンダーの反乱へと、さらに悪くすると世代間の不満の青年たちによる表現にまできりつめられてしまいます。過去の大きな出来事のもっとも重要な特徴だとかつては自明視されていたものが、これまでは完全に周辺的であった諸側面によってとってかわられたのです。

わたしが近代史にとりくんだのは、それが知識人としての社会への参加と、市民としての貢献につながる道だと思えたからです。しかし、実際にやっていることが、学者の同僚連中のみの関心をひきつけるような社会の周辺をもっぱらの主題とする仕事をしているというのに、市民として知的に参加するとは、さらには市民同胞たちにどうやってアピールするとは、いったいどうすれば可能だというのでしょう？　わたしの同業者たちの多くは、半分意識的な学問上の無礼講に参加しているようでした。つまり、二流の社会史家たちがしゃしゃりでて自分たちの分野を支配し、過去何十年間もその著作と関心がその領域の主流となってきたような大学者たちをひきずりおろしてめった打ちにしてしまう自由を与えられた、自由奔放なる役割の逆転です。

そのようなわけで、わたしは自分の学問分野の主流に対して逆らっていました。その主流というのは、いっぽうでは近代化論へとかたむいており、それにすこし遅れるかたちでもういっぽうでは「文化研究《カルチュラル・スタディーズ》」に向かっていたのです。わたしにとってとくにいらだたしかったのは、こういった社会史への新たなアプローチをする人びとの多くが、マルクス主義を拡張する、または豊かにするのだと――マルクス主義自体をだいたいにおいて誤解しつつ――主張していたことです。

当時の近代化論は、産業社会に関する一九五〇年代の著作という、尊敬すべき先達に多くを負っていました。つまり、ラルフ・ダーレンドルフやレイモン・アロンですね。[*10]しかしそのより粗雑なかたちでは、近代化論は明確で十分な検討をくわえられていない目的地に向けた進歩の物語を提示しました。つまり、産業社会と、その政治面におけるドッペルゲンガーたるデモクラシーの物語です。こういった議論はすべて、わたしにはかなり見え透いた雑な目的論であるように思えました。それは過去の過程と未来の帰結について、歴史家としては――そしてさらには、奇妙に聞こえるかもしれませんが、マルクス主義歴史家としては――相容れないとわたしには感じられるような確実性のヴィジョンを提示するものでした。文化研究については、わたしはそれを絶望したくなるくらいに皮相的だと思いました。それは社会的なデータや経験を、あらゆる経済的な起源や影響からきりはなす必要によって動機づけられており、信用を失ったマルクス主義と自分たちの主張のあいだに一線を画そうと努めるわりには、そういう区別をしようとする場合以外には恥知らずにもマルクス主義に依拠するのです。

初期の数十年の政治的ならびに学問的な論争において、マルクス主義はつねに、プロレタリア階級の利害と行動によって動力を与えられた歴史のモデルとして、分析の最終段階においてはあつかわれていました。しかしまさにその理由のために、先進社会の全体でブルーカラーのプロレタリアートの数が減少し、その重要性が減退していくと、マルクス主義の前提条件は信憑を失っていってしまうように思えたのです。

結局、プロレタリアートが歴史の原動力でなくなったら、何が起きるでしょうか？　一九七〇年代の文化と社会の研究の実践者たちの手にかかれば、その機械はまだ作動させることができました。その場合、「労働者」を「女性」、または学生、農民、黒人、それから——最後に出てきたのは——同性愛者、または現在の権力と権威のあり方に不満を持つ健全な理由をもつあらゆる集団におきかえるだけでいいのです。

わたしがこの潮流に対して未熟で青臭いという印象を抱いていたとして、そのようないらだちはわたし自身の受けた教育の明確な歩みのせいでした。一九七〇年代になると、わたしは一種タイムスリップのような状態におちいっていました。わたしは自分とおなじ学問的な世代の関心事よりは、エリック・ホブズボームやE・P・トムスンの世界観をよりよく理解し共有していました。この人たちは一九二〇年代と三〇年代の諸問題によって形成された人びとであり、まさにその諸問題を、わたしは自分自身の博士論文の主題に選んだのでした。

とりわけアメリカの同世代の人たちは、彼らが一体何を失いつつあるのかということを十分に理解もしないままに、ちょっと速く前に進みすぎているようにわたしには思えました。そのいっぽうでわたしはと言えば、二四歳で博士号を取得して、わたしの同世代の人たちが大学院の指導教官と出会って、新たな関心領域や新たな方法を探すように勧められているような段階ですでに教員となっていたわけです。わたしは自力で進む道を見つけていたので、世代的な関係が薄かったのです。ですから、わたしが一度ならず、自分自身の世代の性質に対して反発を覚えたことも当然でした。

わたしはこの時期に、いくつかまちがった選択をしてしまいました。一九七七年にプロヴァンスからケンブリッジにもどってそれほど経たないころに、カリフォルニア大学デイヴィス校の大学院生で、わたしのところへ勉強に来ていたパトリシア・ヒルデンと深い仲になりました。彼女の影響のため、わたしは新たな社会史に対する批判から女性史を除外してしまいました。わたしは女性史については本当に無知で、しかも知っている少しのことにそれほどのインパクトを受けてもいなかったにもかかわらず、です。しかしパトリシアは非常に攻撃的で自信にみちあふれたフェミニストであり、舌鋒鋭く容赦がなかった——これは、奇妙にも魅惑的な性質の混合でした。ですから恥知らずにも首尾一貫しないことですが、わたしはほかのあらゆる種類の、ハイフン付きの、またはアイデンティティ系の研究を容赦なく批判していたにもかかわらず、女性史は大目に見たのです。

パトリシアとわたしの関係は最初から誤解にみちたものでしたが、それは、それによってわたしが知的に不誠実な領域に足を踏み入れることを強いられたからというだけではありません。その後の数年間、わたしはイングランドとアメリカとのあいだを行ったり来たりしました。それは大部分、ひとつところにとどまって満足することを知らないパトリシアを追いかけてでした。一九七八年の春に、わたしは合衆国の二つの講師の職、つまりハーヴァードとカリフォルニア大学バークリー校に応募し、両方に採用されました。ハーヴァードは、わたしが去ろうとしているケンブリッジにあまりにも似ている、という表向きの理由で、わたしはバークリーを選びました。少なくとも、自分にはそういう理由を言い聞かせました。しかし主要な事情は、パトリシアがカリフォルニアに戻りたがったということでした。わたしは、社会史的なものに重点をおくがゆえにバークリーはおもしろいと思っていたのですが、わたしの関心はすでにそこからはそれてしまっていました。それでも、カリフォルニアに戻りたいと思いました。

そのような事情で、わたしは自分の興味関心に逆らうかたちで、一九七八年から一九八〇年まで、バークリーで立ち往生して社会史を教えていました。ある学期には、わたしはヨーロッパの社会主義と共産主義の歴史の講義をしました。二〇〇人以上の学生が出席して、最初はゼミとして始めたものが、大講義になってしまいました。レオン・トロツキーとロシア革命の悲劇のところまで到達したときに、わたしの講義の人気の理由があきらかになりました。一九二〇年代以来、トロツキーは進むことのできなかった道であり、道を踏み誤った歴史であり、「海外の王様」〔イギリスのジャコバイト王位継承者のひとりジェイムズ三世（イングランド王）／八世（スコットランド王）の別称〕であると考えるマルクス主義者（実際はレーニン主義者）が存在してきました。一九七〇年代後半の北カリフォルニアには、そういったマルクス主義者はいまだにいたのです。トロツキーについての講義の後、一団の若者たちがわたしのところにやってきて、つぎのような主旨のことを言いました。「トニー、あなたの講義は本当におもしろいです。サンフランシスコの第四インターナショナルの会合に来て、トロツキーのまちがいについて、それからつぎの革命の際にはそのまちがいをどうやったら回避できるのかについて、講義をしてくれませんか？」と。

ここアメリカという遠く離れた国に、わたしの父の若いころの関心事が、そしておそらくわたし自身をとらえて離さなかった疑問の現身があったのです。革命的左翼はいったいどうしてうまくいかなかったのか？　その失敗は、部分的には一九三〇年代と四〇年代のヨーロッパにおける恐ろしい暴力が原因ではなかったのか？　このバークリーの学生たちにとって、そしてまたわたしの父と彼の友人たちの一部にとって、そういった疑問は、当時まだその本性において個人に関連する答えを惹起するものでした。つまり、レーニン主義のジレンマに対する解決はスターリンではなくトロツキーだと。わたし自身は問題をそのようにとらえたことはなく、いかなる種類のものであれ革命的マルクス主義からはかなりの距離をとっていました。しかしその時、わたしはかなりおなじみの感性を、見たことのある願望を看取しました。気づいたのですが、わたしはじっさいには、いかにして極左的な政治を実践するかについての、歴史学に偏った一種の職業教育をしていたのです。バークリーは、それはそれで魅力的な場所でした。

しかしパトリシアはバークリーではなくデイヴィスに住むといって聞きませんでした。その結果、わたしたちはデイヴィスに居を構えたのですが、それはバークリーへの、片道一〇〇キロの大学バスでの通勤を意味していました。その年（一九七九年）の夏に、わたしたちはデイヴィスで結婚しました。しかしそのつぎの学期には、わたしはいずれにせよバークリーに引っ越すことになったのです。今いる場所にけっして満足できないパトリシアは、そのころには博士課程修了後の研究員としてイングランドに戻ってしまったのです。

カリフォルニアでの二年目が過ぎていくにつれて、わたしは完全に居場所を失ったことがあきらかになりました。バークリーはヨーロッパから遠く離れていて、わたしの関心のありかからはさらに離れているように感じられました。アメリカの制度では、学部や大学が有望な若手の教員に昇進と

「終身在職権《テニュア》」を与え、将来の教授としての永続的な雇用の見込みを提示するようになっています。自分の終身在職権を手にする（そしてほかの人たちからそれを奪う）ことが、大学での人生の主要な関心事です。というのも、その地位に昇進することで、地位と、財産と、独立性と安心が手に入るからです。これはみなが争うに値する報酬だといえます。

わたし自身のバークリーでの終身在職権の審査は、一九七九年に、社会史の流行を批判して書いた、「王の衣をまとった道化師」という長い論文の陰のもとで行われました。歴史学部の多くの同僚たちが、この悪名高い論文のために、わたしに反対投票が集まるだろうと耳打ちしました。そのうちのひとりがわたしに説明したところによると、それは論文の論争的な内容のためではなく、その論文が「名指し」のものだったからだそうです。とりわけ、わたしはウィリアム・スーエル[*11]の名前を、道を誤った社会史の戦犯として挙げたのですが、彼はバークリーの卒業生だったのです。わたしのような若い講師が、同僚の教え子の仕事を却下するのは制度に対する侵害であり、許されざる行為でした。制度に対する忠誠も、分別をわきまえる直感ももちあわせていなかったので、もちろんわたしは自分がどれだけの無礼を働いているのか、理解することはありませんでした。その論文のおかげで、わたしの終身在職権をめぐるわたしの学部での投票は分裂しましたが、ただはっきりと多数を勝ち取ることができました。わたしの長期的な見通しがどのようなものであれ、雰囲気は毒々しいものになりました。

そういうわけで、わたしはできればイングランドへ帰国しようと決心しました。オクスフォード大学の政治学部で求人があり、それはセント・アンズ・カレッジでの特別研究員を兼任する大学での講師職でした。わたしは応募し、採用されました。わたしはよろこびいさんでイングランドに戻りました。カリフォルニアでの生活を懐かしむことにはなりました。コンバーチブルのムスタングに乗って海岸の一号線をドライブしたり、トロツキー主義者たちと政治的な意見交換をしたり、などです。それから学生たちも懐かしかった。しかし、バークリーを去ったことを後悔したことはありません。

ここで、途中ですがお話を切りたいと思います。

私的にも、また学者としても、あなたは左翼の反逆者であって、左翼に対する反逆者ではないですよね。あなたのシオニズムでさえも社会主義的なものですが、みんなにとってのシオニズムはそうではないということに気づいたときに、あなたはイスラエルに対して反旗を翻すわけです。学者としては、あなたはマルクス主義歴史家にとって非常に伝統的な主題を取りあげていますし、一九七〇年代に対するあなたの不満は、左翼の同志たちがマルクス主義の諸概念を放棄したことと関連があります。そのことは、「王の衣をまとった道化師」の最後のほうににじみ出ていますね。そこであなたは、社会史の完全な崩壊について語り、それが結局は「歴史に対する信の喪失」にいたってしまうのだと述べています。しかしあなたは、人生とキャリアのその段階で、あらゆるものはマルクス主義の諸概念にあてはめることが可能だと自分自身に納得させようとする、最後のこころみをしていたと思います。

しかし二〇世紀の歴史は、マルクス主義の諸概念では部分的にしか理解できないし、またマルクス主義がそのうちのひとつであるところの、啓蒙主義とその変種のより大きな枠組みによっても、部分的にしか理解できないのです。以前の対話であなたがファシストについて言っていたことからすると、同意されると思います。ですから、左翼とその失敗の話題に行く前に、極右について議論しましょう。極右の知的生活をこの議論に導入し、またファシストについても語ってみましょう。

マルクス主義とレーニン主義の感情的そして知的な魅力についてはすでに語りましたが、くりかえし語ってみましょう。結局、人民戦線は反ファシズムの一形態です。しかし理屈としては反ファシズムの前にはファシズムがないといけない。一九二二年のムッソリーニの政権奪取、それとかなり似た、一九三三年のヒトラーの政権奪取、一九三〇年代のルーマニアのファシストの影響力増大、そしてそれを言うならフランスやイギリスの、より弱いけれどもそれでも重要なファシズムの思潮です。

ということで、あなたが博士論文で書くことを選ばなかった主題について質問することから始めさせてください。わたしたちはどうしてすぐに一九二〇年代と三〇年代のファシズム知識人を等閑視するのでしょう?

マルクス主義者について語る際には、概念から始めることが可能でした。ファシストは実際には概念というものをもっていません。連中には態度があるだけです。ファシストは戦争、不況、後進性に対する明確な反応を示します。しかし彼らは世界に適用すべき一連の観念から出発するということをしません。

わたしたちがファシストを思い出すのが難しいもうひとつの理由は、彼らが議論というものをしたとして、それはふつうなにかに反対する議論、つまりリベラリズム、デモクラシー、マルクス主義に反対する議論だったからではないかと思うのですが。

一九三〇年代終盤（もしくは一九四〇年代初期の戦時の占領時代）、つまりファシストが反ユダヤの法制など、本当に深刻な帰結をもたらすような政治に手を出し始めるまでは、ファシズム知識人は戦間期のほかの政治的な議論からそんなに明確に区別できるものではありませんでした。おそらくファシストだったフランス人ピエール・ドリュ・ラ・ロシェルやロベール・ブラジヤックと、スペイン内戦、人民戦線、国際連盟、ムッソリーニ、アメリカのような重要な問題に関する、中道右派のフランスの大新聞の社説とを区別することは難しいのです。

社会民主主義の、またはリベラリズムの批判と、マルクス主義やボルシェヴィズムへの態度もまた、区別するのがとても難しい。それは一九三三年以前のドイツにさえもあてはまります。その時代のドイツでは、外交政策をめぐるほぼおなじような態度が、たとえばリベラルのグスタフ・シュトレーゼマン[*12]からナチスにいたるまで共有されているのです。そしてもちろんルーマニアでは、いまであればわたしたちがファシズム知識人だと考える人びと——ミルチャ・エリアーデ[*13]やエミール・シオラン[*14]——は主流にいたというだけではなく、支配的な知識人だったのです。

ファシズム知識人の知的な美点というのは何でしょう？

ロベール・ブラジヤックの例を考えてみましょう。彼は同時代人には極右の洗練された声の持ち主のひとりと目されていました。彼は若いという点でも典型的でした。一九三〇年代に成人しているのですから。彼は、ファシズム知識人の多くとおなじように、美文を書きました。一九三〇年代のファシズム知識人の多くはしばしば、きまじめで融通のきかない傾向の左翼知識人よりもウィットに富み、またより冷笑的でした。美学的な感性もあり、現代芸術に対して共感にみち、教養もある反応をすることができました。たとえばブラジヤックは映画評論家で、しかもとてもいい評論家でした。現在彼の仕事を公平に読むならば、一九三〇年代の左翼映画、つまり現在もっとも賞賛されているような映画に対する彼の批評は、非常に鋭く辛辣であったことが分かるでしょう。

戦後の支配的な左派知識人の世代――つまり支配的な知識人の地位を直接にひきついだ、サルトルの世代――とは対照的に、一九三〇年代のファシズム知識人は、あらゆることについて見解を主張してやろう、という傾向が少なかった。彼らは汎用的な知識人ではなく、ある一定の分野に集中し、その分野で有名になるような知識人でした。ファシズム知識人は、文化批評家であろうが外交の専門家であろうが、そのような専門家であることを非常に誇りに思う傾向にあり、公共政策のあらゆる分野をぶらぶらとうろつくようなことはしませんでした。彼らの一部は、もし彼らがたんに汎用的なファシズム知識人だと思われたら望むべくもなかったくらいに、かなり広い人びとに、たとえ不承不承ではあれ、賞賛されました。このように、ブラジヤックの映画批評と、ほかの文化に関するエッセイは、それが『ジュ・スイ・パルトゥ』紙のような右翼紙で発表されていたとしても、たくさんのファンを集めていたのです。この専門性のおかげで、ファシズム知識人は、たんなる巧みなことばの細工師だという批判に対して自分たちを擁護するのには有利な立場におかれたのだと思います。

最後に、ブラジヤックのような人間の場合、一種の洗練された個人主義のようなものがあり、それはもちろん右翼にはぴったりとくるのですが、左翼にはしっくりこないものなのです。右派の知識人には、たとえば一八三〇年代や四〇年代のダンディーな文化批評家のようなおもむきがあります。彼らは、のちの世代の左翼のイデオロギー的知識人よりも、もっと分かりやすく共感も集めやすい社会的なタイプなのです。ブラジヤックのような人たちは、なんらか積極的かつ一貫したかたちで政党と一体化することはありません。まあ、もちろん皮肉なのは、ブラジヤックが一体化できるような重要性のある極右政党がフランスにはないことですが。しかしそのことはほかの国でもおなじなのです。ユンガー[*15]、シオラン、ブラジヤックのようなほとんどの右派知識人は、党に属する人間ではありませんでした。そのことは、知識人の世界においては強みです。

ファシズム知識人はどこからやってきたのでしょう？　ファシズム知識人の、純粋に知的な面での起源について語っていただけますか。

ファシズムの起源についての主流の物語は、大戦とそれにつづく戦後の時代に直面した、第一次世界大戦前生まれの世代の不安感から生じたというものです。その物語によれば、第一次世界大戦のエネルギーと暴力によって新たな種類の政治運動へと、大衆運動、それも潜在的には右翼的な運動へと変形させられた、ゆがめられ明確に新奇な種類のナショナリズムがあったということになります。これに対して、ジーヴ・スターンヘル[*16]は、第一次世界大戦前のデモクラシーに対する、もしくはデカダンスに対する態度、そこに戦争と、戦争における左翼の失敗の経験が、まるまるひと世代をファシズムに向かわせたのだと強調しています。この説明によれば、ファシズムの本当の起源は、そしてとりわけその経済政策とデモクラシー批判の起源は左翼にある、ということになります。

この二つの物語のどちらかを選ばなければならないということはありません。この両方の道をたどった個人をみつけるのは難しくないからです。そしてまた、この二つの説明は両方ともすこし時代錯誤的でもあるでしょう。もし一九一三年、つまり第一次世界大戦勃発の前年で時計を止めることができて、若い世代の政治的なスタンスと将来所属する可能性のある政治的な派閥を考えてみる、ということが可能なら、左翼と右翼との分割は的はずれであることが分かるでしょう。当時のさまざまな運動のほとんどは、意図的に自分たちを左翼とも右翼とも定義しなかったからです。彼らは、長きにわたって近現代の政治的な地図を決定する条件であった、フランス革命の語彙体系の中で自分たちを定義することをこばんだのです。

それではなくむしろ、第一次世界大戦以前の世代は、自由主義の社会内部での論争を、そこから解決が導き出されるものとしてではなく、それ自体ひとつの問題としてとらえました。イタリアの未来派とそのマニフェスト、そして未来派による、第二次世界大戦以前の一〇年間の芸術上の活動を考えてみてください。フランスでは、『こんにちの若者たち』という調査報告があり、それは、著者たちはそのような主張をしてそれを出したわけではありませんが、右派の若者たちのマニフェストになりました。若者たちが共有していたのは、彼らだけがこの二〇世紀を手中にできるのだという信念でした。我々は自由になりたいのだ、と彼らは主張しました。我々は国民の深く眠るエネルギーを解放したいのだ、と。一九一三年の時点では、この感情が左翼的なのか右翼的なのか分からなかったでしょう。それは、左翼の近代主義的マニフェストとなってもおかしくはなかったでしょう。変化が起こらなければならない、根本的な再出発をするのだ、我々は過去にとらわれるのではなく現在を生きるのである、と。しかし同時に、この若者らしい憤懣の衝動の表現は、その調子において、古典的にも右翼的に聞こえます。国民の意思、国民の目的、国民のエネルギー、と。一九世紀はブルジョワの世紀であった。二〇世紀は変化の世紀になるであろう。それはあまりにも速度が速いので、若者そして既得権益のない者だけが今日という日をつかみとって前に進むことができる。速度が肝心だ。それは、飛行機と自動車が発明されたばかりの時代でした。

ドイツでは、菜食主義者のグループから自転車クラブ、ハイキング・クラブ、そして自然保護結社にいたるあらゆる人びとが、例外はいましたが、右派ナショナリズムにかたむいていきました。逆に、イングランドではおなじような種類の人びとが――びっくりするくらいおなじような服装をして、似たような動機の運動をする人びとが――左翼にかたむいていきました。モリスの壁紙について語り、労働者階級を高い文化水準にひきあげ、大衆の善のために避妊と食事療法についての知識をひろめる、などといった形で。

一九一三年以降には、ほかならぬ第一次世界大戦があり、それから民族自決の原則の適用があり、それからボリシェヴィキ革命があります。ファシズムの勃興を見る際に、こういった要素を時間や場所の観点から切り離して考えることはできないのではないかと思いますが。

あとからふりかえっても驚かされるのは、第一次世界大戦の暴力は、こんにちのわたしたちが想像するような効果をもっていなかったということです。第一次世界大戦が若者時代の決定的な瞬間であったような人びとによって賞賛されたのは、まさに戦争の血なまぐさく破壊的な側面だったのです。エルンスト・ユンガーを、またドリュ・ラ・ロシェルを、さらにはエーリッヒ・マリア・レマルク[*17]への怒りにみちた反応を読むとき、闘争の中での共同性を懐古的に賞賛することが、「戦線世代」の多くにとって戦争に特別のかがやきをあたえるものだと分かるでしょう。大戦からの帰還兵は、生涯にわたる「泥の郷愁」(粗野なもの(この場合は戦場)へのあこがれ)をいだく人たちと、あらゆるナショナリズム的な政治と軍事主義から永久に疎外されてしまった人たちに分断されました。とくにフランスとイギリスでは、後者の人びとが絶対多数だったでしょう。しかしこの種の人たちは、知識人のあいだでは多数派ではありませんでした。

ボリシェヴィキ革命は一九一七年の後半、つまり大戦の終結前に起こりました。それが意味するのは、戦後が本当に始まる前にすでに、つぎの騒擾の影がしのびよっていたということです。戦争と、(本物であれ想像上のものであれ)不公平な和解の混乱によって助長され正当化される、ヨーロッパ革命の影です。イタリアをはじめとして、それぞれの国を順に検討してみれば、共産主義革命がなければ、ファシストたちが伝統的な秩序を保証する存在として自分たちを押し出す余地ははるかに少なくなっていただろうということが分かるはずです。じっさいファシズムは、すくなくともイタリアでは、急進派なのか保守派なのかよく分からなかったのです。それは大筋では右翼へと落ち着きましたが、それは右翼がファシズムを共産主義の脅威に対する適切な反応として提示することに成功したからです。左翼革命という亡霊がなければ、左派ファシストが支配的になってもおかしくはなかった。実際はそうならず、ムッソリーニは左派を粛清し、一〇年のちにヒトラーもおなじことをします。

逆に、戦後イギリス、フランス、またはベルギーでも、革命的左翼は相対的に弱かったために、そのつぎの一〇年間を通して、共産主義というお化けを利用しようという右翼の努力の信頼性は削がれました。イギリスでは、ウィンストン・チャーチルでさえも「赤の脅威」とボリシェヴィキに対する執着を馬鹿にされたくらいです。

ファシストの多くはレーニンを賞賛し、レーニンの革命を賞賛し、ソヴィエト国家を賞賛し、一党独裁をひとつの模範と見ましたね。

皮肉なことに、ボリシェヴィキ革命とソヴィエト連邦の創設は、右派よりも左派に対してはるかにやっかいな問題をひきおこしました。第一次世界大戦後すぐの時代には、西欧ではレーニンについても、彼の革命についても、ほとんど詳しいことは知られていませんでした。そのため、それぞれの文脈に都合良く合わせるかたちで、ロシアでの展開を勝手に抽象的に描き直すということが多く行われました。ロシア革命はサンディカリストの革命であるとか、無政府主義の革命である、ロシアの状況に適用されたマルクス主義的社会主義だ、一時的な独裁である、などなど。左翼は、この後進的な農業国での革命はマルクスの予言に一致するものではなく、したがって歪んだ結果を、さらには暴政という結果をもたらすかもしれないと心配しなければなりませんでした。それに対して、伝統的なマルクス主義者をもっとも困惑させたレーニン主義の側面、つまり自発的行動主義《ヴォランタリズム》と、歴史を加速させるのだというレーニンの傲岸たる意思は、ファシストにとってはもっとも喜ばしい側面でした。ソヴィエト国家は暴力的で断固たるもので、あくまで上に立つ権力によって主導されていましたが、これはこの初期にあっては、未来のファシストたちが心の底から望んだものであり、彼ら自身の社会の政治文化には欠けていると思ったものでした。ソヴィエトはファシストたちに、党が革命を起こし、必要であれば武力をもちいて国家を掌握し統治することは可能だということを確信させてくれたわけです。

この革命初期の時代に、ロシア革命はまた効果的で、美しくさえもあるプロパガンダを作り出してみせました。さらに、時が過ぎるにつれて、ボリシェヴィキは公共空間を占有して利用する明確なこつを心得るようになります。

もっと言ってもいいと思います。ファシズムと共産主義の公の顔は、ときにおどろくほどに似かよっているのです。たとえば、ムッソリーニのローマ開発計画は、おそろしいほどにモスクワ大学に似ています。ニコラエ・チャウシェスクの「国民の館」[*18]を、その来歴を知らずに見たら、それがファシズムの建築なのか共産主義の建築なのか、どうやって見分けられましょう? また、革命時代の最初の情熱のあとには、高級芸術においてはこの二つに共通の(そして表面的には逆説的な)保守的な趣味があります。音楽、絵画、文学、演劇と舞踊において、共産主義者もファシストも、革新や想像力に対してびっくりするほど慎重なのです。一九三〇年代には美学的な急進派たちはローマやベルリンで歓迎されなかったのとおなじくらいにモスクワでも歓迎されませんでした。

ルーマニアのファシストにとっては、公衆とともに歌うことが非常に重要だったというのを知って驚いたことがあります。それで、ファシズムというのは——ここでファシズムに関するある種のマルクス主義的な議論を導入したいのですが——一定の水準の技術の発展に依存しており、それによ

って国民は容易に動かすことはできるが、情報はそれほどに動かない、と言えるのではないかと思うのですが。つまるところ、合唱というのは、ラジオ以前であれば意味のあったコミュニケーション手段であり、戦間期ルーマニアの田舎にはラジオはほとんどなかったわけですから。

わたしたちは今まさに、ヨーロッパの社会が大衆時代に入っていく地点を論じています。国民が新聞を読めるようになる。人びとは大変に大きな集団となって働き、学校や、軍隊、鉄道での移動など、共通の経験にさらされる。そうして、壮大な規模の自意識的なコミュニティはできあがるのですが、真に民主主義的な社会に似かよったなにか、というのはほとんど生まれないのです。そういうわけで、イタリアやルーマニアのような国はとくに、非民主主義的な形式と民衆的な内容を組みあわせた運動や組織に支配されやすかったのです。

思うにこれが、ファシズムを理解できる人がほとんどおらず、とくにその批判者たちがファシズムを理解できなかった理由のひとつです。マルクス主義者はファシズム政党にいかなる「階級の論理」も見いだせませんでした。それゆえにマルクス主義者は、ファシストは古い支配階級の上部構造における代表者たちであり、左派の脅威に対して支持を動員するために発明され利用されたにすぎないと鼻であしらいました。これは、ファシズムの魅力と機能を説明する際には必然的に出てくる、しかしまったく十分とはいえない説明ですね。

そうであるからこそ、第二次世界大戦の余波のうちに、西欧の多くの地域と中欧の一部で安定した民主主義国家が生まれると、ファシズムがその足がかりを失ったということは理にかなっているのです。のちの時代にテレビが登場すると（そしてさらにはインターネットが生まれると）、大衆はどんどん小さな単位へと分散していくことになります。その結果、伝統的なファシズムは、その扇動的でポピュリズム的な魅力にもかかわらず、ハンディキャップを負ってきたのです。ファシストがだれよりもうまくできるひとつのこと、つまり怒れる少数者を大きな集団へと変容させ、そして大きな集団を群衆へと変化させることは、いまやこのうえなく達成が困難なことになってしまったのです。

そうですね。ファシストがうまくやったことは、一時的に、国民的な水準で脱断片化を行ったことですね。現在ではだれもこれは、すくなくともおなじやり方ではできないと思います。

こんにちファシズムがあり得るとすれば、大衆社会と、脆弱で断片化された政治組織の組み合わせの中にとらわれたような国が必要になるでしょう。目下、そういった条件が、ファシズムを生むに十分なほどに先鋭なかたちで広まっているところは、西洋には存在しないと思います。

しかし、ファシズム風の要求や、またはファシスト的な性格をもった個人が、永久にいなくなったということにはまったくなりません。それはごく最近にもポーランドやフランスで目にしましたし、ベルギー、オランダ、ハンガリーでもそういった人たちがかなり健闘しているのが観察できます。しかし現代のファシストの卵たちはハンディキャップを負っているのです。まず、彼らは自分たちの本来の政治的忠節のありかを公言することができません。第二に、彼らに対する支持は個々の都市や、単一の政治課題、たとえば移民の排斥であるとか、「国民テスト」の強制といったものに限られたままです。そして最後に、現代のファシスト志望者は変化した国際的な環境に直面しています。彼らはもっぱら国民という観点で思考をする本能的な傾向があるわけですが、それは、国家横断的な組織や多国籍的な企業を強調する昨今の潮流にはさからったものになってしまいます。

おそらくファシストというのは、権力は美しい、と信じた最後の人びとだったのでしょうか。

権力は美であると。そうですね。共産主義者はもちろん、権力の目的は善をなすことだと信じました。権力の発動は、正しい教義の体系にしっかりと守られていれば、いまだ堂々と提示しうると。しかし、美としての権力の堂々とした提示となると、これはファシズム以外にはありえません。しかし非ヨーロッパ世界についてこれが正しいかどうかは疑問ですね。つまり、たとえば明白な事例として中国を考えてみてください。

中国は非常に適切な事例でしょうね。

しかし、ヨーロッパに戻りましょう。ファシズムと国民社会主義は、第一次世界大戦後の不公正な和平協定の結果として説明されることがしばしばあります。アメリカが民族自決の原則を導入したけれども、じっさいには過去とほぼ同様の境界線が引かれました。つまり、敗れた敵は罰し、同盟国には報いを与えるという。

しかしじっさいのところは、さまざまな国家が第一次世界大戦の結果、いわばあまりに広い領土を手に入れたか、あまりにも手に入らなかったかはほとんど問題ではないように思えます。分かりやすい事例を挙げるならルーマニアはあまりに多くを手に入れましたが、戦間期ヨーロッパのファシズムのもっとも目立つ見本になりました。ですから、ファシズムとは和平協定に対する不満の問題であるという議論は成立しがたいものです。

イタリアはたしかに戦勝国のひとつでした。そう、イタリアが望んだけれども得られなかったものはたしかにあった。しかしイタリアはルーマニアと同様、勝者の側にいました。それにもかかわらず、ファシズムが権勢を得ます。ですから、おそらくもっと深い説明が、それぞれの国が民族自決の原則の名の下にどれだけの領土を獲得したかに関係ない、ファシストの不満を解きあかすような説明が、必要なのでしょう。

領土を得ることで、そしてじつのところまさにより多くの領土を得たがために、問題はより深刻になるのです。ファシストはつねに自分たちのあいだにいる少数者の存在を唾棄していました。少数者が身をもって証明したのは、国民国家が、どれだけ物理的に広がっていこうとも、ファシストが望むものに完全に一致はしないということでした。ハンガリー人、ウクライナ人、ユダヤ人のような癌のごとき存在が、詩人のいだくルーマニアのイメージを、また愛国者のいだくポーランドのイメージを、そのほか何でもいいのですが、汚すというわけです。

そのような感傷は、近年の拡大にもかかわらず、国民国家はほかの意味では、つまりほかの諸国民の観点やほかの文明とくらべたときに、いまだ小さすぎるという感情と完全に一致し得ます。したがって、もっとも美学的で洗練されており、コズモポリタン的だと自任するようなファシスト——ルーマニアのファシストがそれにあてはまりますが――でさえも、もっとも粗雑で怨恨をかかえたナショナリズムへと身を落とすことが多いのです。どうして人びとは我々の重要性を理解しないのか、と彼らは尋ねるのです。どうして人びとはルーマニアが（またはポーランド、イタリアが）ヨーロッパの文化的中心だと理解できないのだ？と。かくして満足した国とそうでない国の区別というのはかなり難しくなります。望むものをすべて手に入れた国々でさえも、より広い意味では望むものを得られていないということになります。そういった国々は、戦争によってなれるだろうと思っていた国にならなかった、けれども深いところでは、そんなものにはけっしてなれないとその国々は自分で分かっていたのです。

国家を想像することが歴史の目的であるとか、それが大衆の渇望をみたすであろうという考え方は、ポーランドやバルト諸国でそうだったように、すぐに虚偽だと分かってしまいます。その変奏としては、ルーマニアのように、すでに小さな国家をもっているが、必要なのはあとはより広い領土だけだ、という考え方で、これもすぐに虚偽だと露見してしまいます。

まさにその難問のおかげで、ファシストは問題を自分たち独自の観点で設定し直せるのです。問題は国家の不在ではなく（それは一九一九年以降のほとんどのヨーロッパ諸国にとって問題ではなくなっていたのですが）、まちがった種類の国家の存在だとファシストは一九二〇年代には議論したものです。ブルジョワ国家であれ、自由主義国家であれ、コズモポリタン国家であれ、国家は弱すぎる、と。それは限界ある西洋の国家の模範に軽率にもしたがったものである。それは、まちがった種類の人びとの存在を受け容れ、それに対して譲歩するよう強制されたのであり、したがって民族的に汚染されている、などなどといった議論です。

しかし戦間期初期のファシストたちにとって、国民の脆弱さについての心を苛《さいな》むような意識は、しばしば経済的な現実によって生みだされていました。中欧と南欧の小国のほとんどは（戦勝国であろうと敗戦国であろうと）物質的には荒廃していました。それが戦争の結果であれ、その後につづいた領土の再編成のせいであれ。とりわけ、貿易は壊滅状態でした。古い帝国は、その欠点がなんであれ、自由貿易のための広い領域をなしていたわけですが、さまざまな新たな国民国家の体制はそこからかけはなれたものになりました。

ここでファシズムは、同時代の民主主義的左翼の弱みにつけこみました。社会民主主義者たちには、なんの経済政策もなかったのです。社会民主主義者にはたしかに、社会政策とその財源をどうするかについての一般的な考えはありました。そしてもちろん、彼らにはなぜ資本主義が機能不全におちいるのかについての理論が――経済理論さえも――ありました。ところが、いざ自分たちが責任ある立場に立ってみると、機能不全におちいった資本主義経済をどうやって管理するのかについて、自分たちがほとんど分かっていないことに気づいたのです。

かくして、一九二〇年代と大恐慌をつうじて民主主義的左翼が完全に沈黙していたことによって、ファシストは完全な自由裁量権を手にし、ほとんど競争なしに好き勝手にラディカルな経済政策を提案することができたのです。じっさい、この時代にネオ・ファシズムへと転向したもっとも興味深い人物たちは、アンリ・ド・マン、ジョン・ストレイチー、オズワルド・モーズリー、マルセル・デア[*19]のような、若く、高度な教育を受けた有望な左翼の専門家たちで、彼らはみな、経済的な破綻に対して想像力をもって対応することができなかったことで、社会主義を唾棄したのです。

ファシストは、改革か革命かといったマルクス主義的な論争に足を取られることがなく、なんらかの教理に関係がなかったというまさにその理由で、初期の福祉国家の実験を自由に行うことができたのですね。ですから、ファシストはこのように言うことができた。たぶんソヴィエトのような計画経済がうまくいくかもしれない。または、ユダヤ人から財産を盗み取って再分配すればいいかもしれない。そちらのほうが実際的だ、とね。

公平を期するならば、もっと洗練された考慮もなされました。つまり、議会政治の冗長な手続きをふむのではなく、国家を道具化して経済政策を強制してはどうか、と。これからは、政策への支持をとりつけるのではなく、たんにそれを宣言するだけにしようではないか、と。こういったたぐいの議論は、「ブルジョワ・デモクラシー」に幻滅した元左翼の著作、またはそれまで政治に関わったことのない性急な若者たちによって考案された政治の計画のうちに、もっともよく登場するものです。どうしてわれわれは個人の行動をモデルにして公共政策を立てなければならないのか？　と彼らは尋ねます。人間は返せる以上に借りてはならないが、そのような制限は国家には当てはまらない、と。

そしてもちろん、ここでファシズムが生じてきます。つまり、国家は望むことを自由にできる、という観念からです。必要なら紙幣を増刷しよう、必要なところに支出と労働者を割り当てなおそう、たとえ何十年も元手がとれないとしても、公共の資金をインフラに投資しよう、気にすることなんかない、とね。こういった考え方はそれ自体がファシズム的というわけではありません。じっさい、この考え方を洗練させれば、それはすぐにケインズの著作とむすびつけられることになるでしょう。しかし一九三

○年代には、ファシストのみがこの考え方を実践に移すことに関心を向けていたのです。

ドイツではヒャルマル・シャハト[20]が、彼のナチスと反ユダヤ主義の黙認を忘れるなら、ケインズ理論とニュー・ディールの実践の翻案者と容易に考えることができる人です。部分的にはこういった理由で、ファシズムは実際は尊敬されただけではなく、一九四二年まではですが、大変に多くの革新的な経済思想を保護する組織だったわけです。ファシズムは国家を利用するにあたって制約がなく、ラディカルな政策の革新のための政治的な障害を飛び越え、公的支出に対する因習的な制限をよろこんで越えていきました。しかし、そこから、赤字を埋めあわせるためのもっとも簡単な方法として外国を征服することを好んだということは注意が必要ですが。

そこは重要な違いですね。ケインズは国民経済の内部での均衡のための提案をしていたのに対して、シャハトとその後継者たちは他者の強奪に依存した。

とはいえ、わたしたちはあまりに性急にファシズムをヨーロッパ思想の実際の系譜から切り離しがちではないかと思うのです。自分の国民とはその国に住んでいる人びとのことではなく、ある言語を話す、またはある伝統にむすびついている、またはある種類の教会で礼拝をする人びとのことだという考え方は、ロマン派から直接に生じてきたもので、また一九世紀のナショナリズムのうちにも簡単に見いだせるものです。わたしが言いたいのは、一九世紀ナショナリズムの語調はこんにち読めば素朴で害のないものに思えますが、それにもかかわらず、フィヒテやヘルダーを出発点として、最終的には一世紀後のファシストへとつながっていく連続性があるように思えるのです。

そういった連続性はいくらでもあきらかにできます。たとえば、ギリシャとその美徳をあらゆる場所へと広がる、あらゆる善の源泉として賞賛するバイロンから始めてもいいでしょう。その系譜は、ルーマニアの詩人ミハイ・エミネスク[*21]にたどりつきます。あきらかに、世界中がルーマニアの文化的アイデンティティを鷹揚に許容することから利益を得ると信じる人物ではなく、ルーマニア人が排他的に住むべき場所と定義される領土から非ルーマニア人を排除することにより、ルーマニア全体が利益を得るだろうと考えた人ですね。つまり言い換えれば、ロマン派の概念は時が経つにつれて縮減し、反転するのです。そして普遍的なアイデンティティの賞賛としてはじまったものが、領土の防衛に毛の生えた程度のものになってしまう。

これはフランスにさえもあてはまります。ヴィクトル・ユゴーを例にとってみましょう。彼の「フランス性」というロマン派的な概念は、彼の一九世紀中葉の反ナポレオン的な小冊子である『懲罰詩集』〔一八五三年〕にさえも登場しますが、それはあらゆる誠実な人びとが共有するはずの、フランスの徳を賞賛するものでした。この説明におけるフランスとは人間の徳と人間の可能性を煮詰めたものです。しかし、フランスという主題について書く戦間期の作家たちまで到達してみると、彼らにとっての国はある普遍的なモデルではなく、歴史の犠牲者、つまりドイツの、イギリスの、フランス自身の失敗などの犠牲者になってしまいます。こういった調子でフランスの概念を引き合いに出すこととは、どこかに置き忘れられてしまい、取り戻す喫緊の必要がある栄光を、ネオ・ロマン派的に回顧していることにすぎません。フランスの地図は（こういった目的にあってはルーマニアやポーランド、ドイツなどの比較可能な地図と対応しているのですが）右派のための一種の護符となります。つまり、空間と時間における神に与えられし完成形であり、最上の、可能なる唯一のフランスです。

共産主義者たちは非偶発的であると彼らが考えたものを崇拝する傾向にありました。つまり、あらゆる人に訪れるはずのもの、不可避であり、それゆえに望ましいものです。それに対して、ファシストもまた歴史を信奉しましたが、彼らは主意主義的で、必然性がなく、偶発的なものを愛好しました。結局のところ、言語は偶発的なものであり、民族性も偶発的、母語も祖国も偶発的なものなのです。そしてその偶発的なものをそのまま意思の力で愛することを覚えなくてはならない。それがファシズムのスタイルとダンディズムを説明してくれるかもしれません。

あなたの言うような一般化の魅力は分かりますが、偶発的なものを許容する際にも、ファシストはまったく一貫性がありませんでした。「ファシズム知識人の立場」などと呼ばれる抽象について語るというまちがいをおかすのは非常に簡単です。ファシズムは国によって、また人によって異なったものだったのですから。ブラジヤックのような人の世界のダンディー化された知識人は、エルンスト・ユンガーのような暴力に鍛えられたナショナリズム知識人とも、またファシズムの政策知識人ともかなり異質です。ドリュ・ラ・ロシェルのような人物は、経済に関する議論は右も左も分からなかった。それに対して、社会主義者からファシストに転向したマルセル・デアは、非常に才能にあふれる高等師範学校出身者であり、ケインズ主義経済学を非常にかっちりと理解していました。ですから、共産主義知識人とはちがって、彼らはある政治プロジェクトへの忠誠や、さらにはある出来事によってしっかりとむすびつけられるということがまったくないのです。彼らはファシズムそのものに似ています。つまり、思想内容よりもそのスタイルや敵のあり方において明確だという意味で。

共産主義者は歴史の展開のために客観的に要請されるものとして、暴力を認めます。ファシストは自分たちの主観を他者におしつけるための方法として暴力を好むようです。ダンディーも非常に暴力的になり得ます。わたしが言っているのはルーマニア人のことですが。

文化的な対話とレトリック上の人殺しとをへだてる空間は非常に狭いものです。わたしが言っているのは、本物のルーマニアのファシズムへとしだいに変化していった、コドレアヌと学生運動の半宗教的な狂信者たちのことではありません。わたしが言っているのは、世界中のどの大学の談話室にいても完全に上品でりっぱに見える人たちのことです。それは、のちの例を挙げるならミルチャ・エリアーデのような人です。[*22]

こういった人びとは、ユダヤ人の追放、ハンガリー人の虐殺、ルーマニアの汚染された国体から有害な少数派のすべてを浄化し去るために暴力を使う必要性について平気で口にできました。彼らは国境を、ルーマニア国境を、侵害から守られるべき外皮としてとらえました。これは怒りの言語です。たとえそれを口にしている人びとの個人個人がとくに怒っているようには見えないとしても。彼らには、たとえ明白に、またはかならずしも過激なことを言いたいと望んでいる場合でなくとも、過激なレトリックが染みわたっているようなのです。

このことは、そういった人物たちに出会った人びとによって、かならずしもコメントには残されなくとも観察されてきました。一九三〇年代と一九四〇年代初頭のブカレストでの日記で、ミハイル・セバスチアン[*23]はミルチャ・エリアーデとナエ・イオネスク[*24]との会話について書いています。三人はブカレスト市街のカフェに行き、一種のパリジャン風の、建築や絵画、なんでもいいのですがそういった話題についての会話をコーヒーを飲みながらしていました。そこで、セバスチアンが日記に書き記しているところによれば、エリアーデが突然に、ユダヤ人についてのまったくもって悪意にみちたコメントをするのです。ここで興味深いのは、ユダヤ人であるセバスチアンに対して言うには、それはまずい発言かもしれないという考えが、エリアーデには浮かばなかったことです。そしてまた、同じ考えが、のちになるまでセバスチアン自身にも浮かばなかったということです。あたかも、少数派に悪意を向けることがあまりにも自然な会話の一部なので、不快感を与えることが言われているとか、大きな違反が行われていると想像するためには、自己意識のための大変な努力が必要であるかのようなのです。

セバスチアンは、自分ではそれに困惑などしていないように見えるのに、それでもそれを書き留めるのですから、奇妙な人物ですね。思うに、そこに彼のユダヤ性が露見していると思います。つまりわざわざ書き留めるということに。セバスチアンにとっては、これこそ政治と文化が遊離していってしまう瞬間だったのではないでしょうか。というのも、反ユダヤ主義的なコメントは、ユダヤ人がブコヴィナで焼き殺されていると知れば、控えめに言ってもまずいものだからです。セバスチアンの日記がこれほどにおもしろいのは、彼が第二次世界大戦で何が起こっているかをじつのところ知らないで書いているということです。彼は一九四五年に事故死しますから、わたしたちが知っているようなホロコーストは知らないままでした。彼はルーマニアについて、そしてとりわけルーマニアという出自について語っているだけなのです。

それはわたしたちのような種類の人間にとってのより広い問題を指し示す、ちょっとした事例ですね。つまり、わたしたちはどうやって、ファシズム的な対話の世界へと戻っていく道を見つけることができるのか、という問題です。そこで、わたしたちはレッテル貼りには気をつけなければなりません。どのような基準から見ても、鉄衛団とコルネリウ・コドレアヌは、その行為、組織の方法、動員の方法、政治、プロパガンダという点で、はるかに直接的にファシズム的です。知識人は、通りに出て行って人びとののどを掻き切り、肉屋のかぎ針につるすといったことはしません。そのいっぽうで、コドレアヌはちょっと違った調子で活動をしており、彼をファシストと呼ぶことは、その呼び名はある程度彼の実践を表現はしてくれますが、彼が述べていることを正確にとらえることには失敗してしまいます。

コドレアヌの組織は鉄衛団として知られていましたが、それは実際は、大天使ミカエル軍団と呼ばれていました。コドレアヌは独房で大天使ミカエルの啓示を受けたのです。その原理というのは、神を愛し、おたがいを愛し、わたしたちの使命を果たし、などなどというものだったと思います。ファシズムの教科書的な定義から、こういった目的を導き出すことはできませんね。

そしてそれは、ずっと西方の、シニカルで非宗教的、不信心の、または反宗教的なファシストにとってはとても奇妙なものに見えるでしょう。

前に、マルクス主義とリベラリズムの問題に関して、あなたは最初の世代が宗教なき世界で、信仰が問題とはならないような世界で育ったということについて語っていましたね。それは、リベラル派やマルクス主義者の個人個人にはあてはまることだと思いますが、しかし社会学的には、ほかのあらゆる人がいかなる神を信じていないのか、そしてこれから信じるようになるかもしれないか、ということは大変に重要です。それで、ルーマニアの事例というのはもちろんキリスト教正教会の問題であり、それは重要なのです。

それがルーマニア独特の死の崇拝の背後にあるのでしょう。ルーマニアのファシストには本当に、個人の死に対する固執がありました。それも殺そうとしている人間の死だけではなく、自分を待ち受けている死を、ひとつの救済としてとらえるような固執です。これはキリスト教の曲解以外のなにものでもないように思われます。

そうすると、一九三〇年代に右派によって支配されたカトリック国、つまりスペイン、ポルトガル、オーストリア、イタリアが問題になってきます。フランスは戦時中にこのリストに仲間入りしますね。

カトリック国では、正教会の国とはちがって、教会が安定してある程度自律的な組織の基盤を持っています。それからそれぞれのカトリック国内部には個別の忠誠や組織の伝統があります。フランスでは人口の圧倒的な多数が名目上のカトリック教徒であり、国のおおむね半分が活発なカトリック教徒です。カトリック教会は歴史的に、対抗的な立場に立つことを定められてきました。つまり、それは機能の上で、また法的にも権力から排除されてきましたが、それにもかかわらず二〇世紀のほとんどを通じて大きな影響力をふるってきました。カトリック教会は極右政党とむすびつくことはなく、従来的な中道右派の政党にしっかりとむすびついてきました。それが、フランスにおいて、のちの第二次世界大戦中に外側からの命令によってそうなったのを除いては、ファシズムが権力をにぎらなかった理由のひとつです。

もうひとつの理由はもちろん、社会学的にはもっともファシズム政党に近づいて見えるフランスの政党、つまり怨恨をいだきつつ怯懦する下層中産階級をかかえもち、左翼による革命を恐れつつ富と権力を唾棄する政党が、ラディカル派の政党であるということです。これはフランス独特の偶発的な要因によりますが、その政党は左派にむすびついていました。その反聖職者主義と、支持者が好んだ立法のための根拠としてのフランス革命とのむすびつきにおいて。ちなみにこれはおそらく、フランスのファシズム知識人が、集団としての重要性をなんらか持つような、明確な政党への忠誠を示さなかった理由のひとつでしょう。

ベルギーやオランダの例を挙げて、そういった国ではカトリック政党が、右翼的な政治がその表現を得るための支配的な組織形態となっていると主張することもできるでしょう。ヴァチカンそのものが一九三八年から一九五八年まで極右的な組織構造とヒエラルキーに支配されており、そのためこの時代にはカトリックの権力と保守政治の重なりあいが非常に安定していました。

そのいっぽうで、イングランドの保守党は、イギリス国教会の支配層と緊密に協働することなしには何もしようとはしませんでした。それは、保守党があれほどに諸派をうまく包含する政党となり、それによって独立したファシズム政党が成功する機会を最小限にとどめ得た理由のひとつです。ときどき、この保守的で教会にがんじがらめになった政党の内部で過激主義が突発することはあっても、それは古いたぐいの文化的に反動的な政治として鎮圧されてしまいます。

一九三三年にヒトラーは政権につき、そう、遅くとも一九三六年にはナチス・ドイツはヨーロッパの内部でも強力な右翼国家になるだろうということがあきらかになります。ヨーロッパのファシストたちは、それぞれの国内の文脈において、この事実とどのように向きあったのでしょうか?

彼らはふつう、イタリアのファシズムとのつながりを強調し直します。イタリアのファシズムには、明白な人種差別的なニュアンスはありませんし、ほとんどのヨーロッパの国にとってとくに脅威となるという連想を与えることはないので、それぞれの国内で実践されるのを目にしたいと彼らが願っている政治の、国際的にもりっぱな事例となったのです。これはイングランドでもそうで、オズワルド・モーズリーはムッソリーニをおおいに信奉しました。フランスの右翼の多くもイタリアへ行き、イタリア語を読んでイタリアの生活に親しんでいることを公言しました。一九三三年から一九三六年のあいだ、イタリアはオーストリアをナチス・ドイツから守るために一定の役割をはたしさえしました。

しかし当時はまだヒトラーに対する賞賛を表明することは完全に可能で、多くの人はじっさいに表明しました。モーズリーの妻〔ダイアナ・ミットフォード〕と彼の義理の妹〔ユニティ・ミットフォード〕は二人ともドイツに行き、ヒトラーに会い、彼の力、決断力、独創性についてありとあらゆる賛辞を残しています。フランス人もドイツを訪問していますが、数はより少ないです。フランスのファシストはもともとナショナリズムという鋳型の中で形成されており、当時のフランスのナショナリズムは定義上、反イギリスであると同時に反ドイツだったのですから。

ルーマニア人は、すくなくとも第二次世界大戦までは、ドイツにほとんど関心を示しませんでした。ルーマニア人は自分たちのことをラテン文化の延長線上に見ており、スペイン内戦に強い関心をいだいて、それを一九三〇年代の大きな文化的選択だと見ていました。全体として、ほとんどのルーマニアのファシストは、ヒトラーとかかわりを持つのにあまり乗り気ではなかったでしょう。ヒトラーがなんらかの不快な政治を代表したからではなく、彼がドイツ人だったからです。彼らの多くは第一次世界大戦に由来する反ドイツ的な雰囲気の中で自己形成をしました。大戦ではドイツはルーマニアをこてんぱんに負かしたのですから（ただしルーマニアは戦争の終結時には、協商国の同盟国であるので、勝者とみなされたのですが）。ルーマニアは、戦争終結時に、とりわけハンガリーから大変な広さの領土を手にするのですが、それはフランスおよびイギリスと同盟関係にあったおかげでした。ヒトラーが出てきてその和平協定によって生み出された戦後秩序を破壊しようとしたために、ルーマニア人には彼を押しとどめなければいけない理由が生じます。ヒトラーが一九三八年以降、ヨーロッパの国境を命じて決めることができると証明してしまうと、ルーマニア人は彼に対処せねばならなくなったのです。じっさい、ヒトラーがルーマニアの領土の一部をハンガリーに返すという取り決めをした際に、ルーマニア人は手をこまねいて見ているしかありませんでした。

時には、例外的にではありますが、ドイツ国民社会主義のドイツ的な性質が魅力となることもありました。ベルギーのファシズム指導者であるレオン・ドグレル[*25]について考えてみましょう。ドグレルはフランス語話者でしたが、フラマン人地域でもっと広まっていたベルギーの修正主義の一派を代表する人でした。修正主義者たちは、現状維持にしか関心のないフランス、オランダ、イングランドといった近隣諸国よりは、ドイツの方がより共感を寄せてくれると正しく見ていました。彼らはとくに、領土の微調整とフラマン語の権利に関心を持っており、ドイツは明敏にも、一九四〇年にベルギーを占領した際にそれらを与えたのです。しかし親ドイツ・ファシズムの顕著な例といえばノルウェーの、クヴィスリング[*26]の党でしょう。ノルウェーのファシストたちは、自分たちをドイツ精神《ドイッチェトゥム》の延長として、偉大なる北欧ゲルマン民族の空間の一部を占めるものとしてみなし、自分たちはナチスの野望の一端をになうことができるのだと望んだのです。しかし戦争が始まるまでは、ノルウェーのファシストは取るに足らぬ存在でした。

それにしてもドイツ国民社会主義は、ヨーロッパで一定の魅力をはなちました。ドイツ人は、イタリア人は持ちあわせていない物語を持っていました。ヨーロッパについての物語、ポスト民主主義の、ドイツによって支配されているけれどもほかの西洋の国々もそこから利益を得るであろうような、強力なヨーロッパという物語です。西洋の多くの知識人はこの物語にひきつけられ、一部はそれを心の底から信じました。わたしたちはこの点を忘れがちですが、当時、ヨーロッパという思想は右翼的な思想でした。それは明白な水準ではボリシェヴィズムへの対抗思想でしたが、同時にアメリカ化への、「物質主義的な価値観」と、冷酷で、ユダヤ人に支配されているとされた金融資本主義への抵抗思想でもありました。新たな、計画経済のヨーロッパは強力なものになるだろう。じっさいのところ、もしそれが不要な国境を超え出ていければ、強力になるだろうと。

こういった議論の全体は、より若い世代の、経済学に意識の向かっていたファシズム知識人に訴えるものが強く、その知識人たちが最終的に占領した国々の行政管理をすることになります。ですから、一九四〇年以降、つまりポーランドとノルウェー、そしてとりわけフランスの陥落の後に、ドイツというモデルは一定のかがやきを、つかのまではあれ放ったのです。

そのような状況を背景にしてユダヤ人問題は考えられるべきです。人種の問題が避け得ないものとなり、とくにフランスとイングランドの多くのファシズム知識人がその問題を回避できなくなったのは当時、つまり戦時中のことでした。文化的な反ユダヤ主義の魅力を延々と公言しつづけることと、民族全体の大量虐殺を支持することはまったく別物でした。

ヒトラーが権力をにぎることによってまた、一年かそこらの遅延をともなってですが、共産主義インターナショナルによって表明されたソヴィエトの外交政策が大幅に転換することになります。ソヴィエトは反ファシズムという御旗を掲げます。もはや共産主義者は自分たちより右寄りのすべての陣営、なんといっても社会民主主義者と戦うことはなくなります。一九三四年の段階で、彼らは社会主義政党と選挙における連盟を形成し、人民戦線の名において選挙に勝利するという使命を課されます。そういうわけで、反ファシズムのおかげでソヴィエトの共産主義はそれ自身を魅力的な普遍的大義として提示し、ファシズムの敵をすべてたばねることが可能になります。しかし、当時の状況を鑑みると、この普遍主義は大部分フランスで実現されました。フランス共産党は、その権限が及ぶ以上にはるかに重要な存在になりました。ドイツ共産党はもはや存在せず……

……そしてヨーロッパのほかの共産主義政党のほとんども取るに足りない存在になっていました。唯一の選択肢はフランス共産党（ＰＣＦ）だけだったのです。一九三四年の段階でスターリンは、残された西洋の民主主義国のうちで、ＰＣＦだけが利用可能な手段だと気づきました。ＰＣＦは、かなり小規模だけれども小うるさい、フランスの左翼政治の参加者であったのが、突然に国際政治における重要な道具となったのです。

ＰＣＦは独特の存在でした。それはフランスの国民的な、長く強力な左翼の伝統に根づいており、開かれた民主主義的な政治の制度と、強力な革命的左翼の両方を同時に持っている唯一の国で活動をしていました。この政党は一九二〇年代にはなばなしく誕生します。ヨーロッパのあらゆるところで、ボリシェヴィキ革命は社会主義者に、共産主義と社会民主主義とのあいだの選択を強いましたが、ほとんどの国で社会民主主義のほうが優勢になりました。フランスではそうではありませんでした。フランスでは一九二〇年代なかばまでは共産党の方が大きかったのです。

それからしだいに、モスクワに押しつけられた戦略、内部分裂、そして共産党に投票する合理的な理由を説得的に示すことができなかったことのために、共産党は縮小していきました。一九二八年の選挙になると、ＰＣＦの議員集団は小さなものになっており、一九三二年の選挙の後には、微少なものになってしまっていました。スターリンその人も、フランスの政治における共産党の影響力が崩壊したのを見て、大いに動揺しました。その時期になると、残っていたのはもう労働組合の共産党による支配と、パリの「赤いベルト」の自治区だけでした。しかしそれだけでもかなりのものではありました。首都がすべてであり、テレビはないけれどもラジオと新聞はおおいに影響力をふるっているような国では、パリの急進的な郊外地域でのストライキや争議、そして街路行動に共産主義者が偏在していることによって、共産党には、その党員数にふさわしい以上にはるかに大きな存在感が与えられたのです。

スターリンにとっては幸運なことに、ＰＣＦはまたおどろくほどに従順でもありました。従順な傀儡であるモーリス・トレーズ[*27]が一九三〇年に書記長となり、そこから共産党は完全に周辺的な存在だったのがほんの数年で国際的な名声を勝ちとるまでになったのです。スターリンが人民戦線戦略に転換すると、共産主義者たちはもはや、左派の労働者に対する真の脅威は「社会ファシスト」である社会党だという主張をする必要はなくなります。

それどころか、いまやファシズムに対抗して共和国を守るために、レオン・ブルムの社会党と手を結ぶことが可能になったのです。これは、ソヴィエト連邦をナチズムから防衛するためのレトリック的な仕掛けであった部分が大きいのでしょうが、それにしてもそのレトリックは心地よく響くものでした。右翼に対抗して連合するという、長い伝統を持つ国内の傾向が、さまざまなブルジョワ共和国は国際的右翼に対抗してソ連と連合せねばならないという、新たな共産党の外交上の選択とみごとに合致したわけです。もちろん、一九三六年の選挙の統一戦線から生じた政府に共産党が参加することはありませんでしたが、右翼は共産党を、人民戦線の連盟を構成するうちでももっとも強力でもっとも危険な政党だとみなしており、それはあながちまちがいではなかったのです。

スターリンによるソヴィエト国家の利害の解釈は、いまやフランス国家の利害と一致するように見える方向に変化していました。そのため突然にトレーズは、以前の路線では命じられていたように、アルザスとロレーヌをドイツに引き渡すことになるだろうとことあるごとに言う必要はなくなって、ドイツを巨大な敵としてあつかえばよくなったのです。これははるかに都合のいい立場です。

問題はそれ以上です。ドイツという興隆する脅威に対して共通の戦線を組むことを拒否してフランスの期待にそむいた国々は、戦争が起こった場合に赤軍の自由な通行を保障できないことによって、いまやソヴィエト連邦の期待にそむくことになったのです。ポーランドは一九三四年一月にドイツとの不可侵条約を結び、ポーランドはソヴィエトの軍隊を唯々諾々と通過させることはないだろうとみな分かっていました。そのように、フランスとソヴィエトの利害はなんらかのかたちでからまりあっているように見え、多くのフランス人がそうだと信じるのも無理からぬことだったのです。人民戦線はまた一八九〇年代から第一次世界大戦にかけての仏露同盟を彷彿とさせるもので、仏露同盟といえばフランスが国際関係において力を発揮した最後の事例だったのです。

またソヴィエト連邦に対するフランス独特の態度があり、その態度においては、モスクワについて考えることとはすなわちパリについて考えることにほかならない、という関係が存在したのです。スターリニズムという問題は、フランスではまずは歴史的な難問としてとらえられました——ロシア革命はフランス革命の嫡出子なのか？　そうだとしたら、それはあらゆる外国の脅威に対して防衛されねばならないのではないか？　このように、フランス革命の影がつねに降りてきて、モスクワで起きていることをはっきり見すえることを難しくしました。そして一九三六年にはじまった見せしめ裁判は、多くのフランス知識人、それもその全員が共産主義者というわけではけっしてない人たちによって、全体主義的な大量虐殺ではなくロベスピエール的な恐怖政治とみなされたのです。

人民戦線は、共産主義と民主主義とのあいだの一定の融合を可能にします。というのも、同時にヒトラーがドイツの民主主義の残余を一掃しようとしていたからです。彼は一九三三年の前半にドイツ共産党を禁圧してしまいます。その一年後にソ連は共産主義者たちに、民主主義国の内部での働きかけを呼びかけます。そしてちょうどよいことに、フランス共産党は民主主義的な体制の中でうまく機能しつづけていたのです。

忘れてはならないのは、フランス共産党は当時すでにできてから十数年たっていたということです。ですから共産党を好意的に信じたい人たちが、それを伝統的な左翼の同盟という観点から「味方」としてあつかうことはまだ可能だったのです。そしてじっさい、多くの共産主義者たち自身も、自分たちが家族の一員に復帰したのを見て悪い気がしなかったのです。

それにしてもあれはいくぶん騒々しく劇的な家族の再会でしたね。一九三六年六月の人民戦線政府の結成だけでなく、その前に行われた多くの意思表示の行動のことです。共産主義者が『ラ・マルセイエーズ』を歌い始め、パリで政治集会が開かれ……

……社会主義者と共産主義者がナシオン広場、バスティーユ監獄、共和国広場などでの大きなデモで象徴的に手をつなぎ、その前一〇年間の左翼的な赤い郊外での激しい衝突をよく知っている人間を驚かせたわけです。失われた左翼の統一を回復したいという強い欲望があり、それがいまやナチズムに対する高まる不安と交わったのです。

一九三六年に初めて、局地的な水準ではいくつかの例外はありつつも、三つの左翼政党のすべてが第二回の選挙でおたがいと対立しないという合意に、つまり言いかえれば左翼のブロックが勝つことを確実にしようという合意に達しました。そしてほとんどの場合、それが意味したのは、急進党〔一九〇一年結成〕と共産主義者とのあいだの中間の候補である社会党が、許容可能な妥協点だということでした。

それゆえに、みなが驚いたわけですが、ブルム率いる社会党が、初めてフランスでのもっとも大きい単一の党として、そしてすくなくとも数の上では人民戦線の同盟の中では支配的な政党として頭角をあらわすことになります。社会主義者のほとんどもふくめてあらゆる人が、支配するのは急進党だろうと予期していたのです。

ブルムは、共産主義者たちが何者であるか完全によく分かっていました。彼は長年にわたって共産主義者のターゲットにされてきたのですから。しかしブルムは左翼の連帯、相互の協力そして左翼内部での苦々しい分裂を終わらせることを深く望んでいました。ブルムはそのような統一のたんなるお飾りではなく、その代弁者たるにふさわしい人間でした。

ブルムがそのような役割を、ある視点からは非常にうまく、また別の視点からは、かくもいまいましく果たすことを可能にした性質とは、正確に何だったのでしょう?

ブルムはユダヤ系の演劇評論家で、アルザス系の血筋で、かん高い声でしゃべる人でした。彼はほとんどの知識人よりも知識人らしく、服装はつねに一糸乱れぬものでした。鼻眼鏡だとか、スパッツだとか、そういったいでたちでね。彼は南部の農村部で非常に人気が高く、その地域ではジャン・ジョレスのかつての支持層をひきつぎ、同時に炭坑夫や鉄道労働者の人気をとるのもお手のものでした。

個人という水準では、ブルムはなみなみならぬカリスマを持っている人だということがあきらかになります。彼はどこからどう見ても誠実そのもので、言っていることを本気で言っているのだという感じを与え、彼本来の姿以外のなにかを偽ろうなどとはしなかったので、じっさい彼は非常に魅力的で、彼のあるがままの姿で受け入れられたのです。彼の文体は、わたしたちの目にはちょっとロマンティックで、政治の場面――とくに左翼で――で使うには流麗に磨かれすぎていましたが、その文体が、左翼は階級の指導者を持っているのだということの証拠としてみなされたのです。もちろんブルムは共産主義者にはとことん憎まれましたし、もういっぽうでフランス左翼にも憎まれました。

ブルムはまた、彼の政党、つまり社会党がフランスで政治的勢力でありつづけるためには何をしなければならないかを理解していた唯一の人でした。もし社会党がマルクス主義を捨てて北欧型の社会民主主義政党になることをめざすとすれば、社会党はたんに、おおいに社会的な基盤を共有する、現存する急進党へと溶け込んでしまったでしょう。もういっぽうで、社会党は革命的で反制度的な政党としては共産党と比肩することはかないませんでした。ですからブルムは、資本主義の転覆をめざす革命的な政党を指導しているふりをすることと、同時にじっさいには、これまでフランスに存在してきたうちでももっとも社会民主主義政党に近い政党として機能することとのあいだの隘路を進んだのです。

共産党の戦略は、急進党が勝利して穏健な中道左派政府を形成し、その政府はだれにも脅威は与えず、したがって共和国の確固たる指導者となるだろうけれども、親ソヴィエト的な外交政策に向かわせることは可能であるだろうという前提にもとづいたものでした。そうではなく実現したのは社会党の政府で、すくなくともレトリック上ではフランスの行政、制度的な構造、そしてその社会政策を変容させることを公約する男によって先導されていました。共産党の指導層は、革命はもちろん、フランスに根本的な変化をもたらすことに関心は抱いていませんでした。共産党に関心があったのは、ソヴィエト連邦の利害に奉仕するフランスだったのです。

ブルムには問題がありました。彼は彼がつくった同盟の不安定さという不利な状況を与えられていました。急進党は政策における革新をほとんど望んではいなかったし、共産党は外交政策のみの変化を求めました。共産党は政府を弱体化させるような国内問題を生み出したくはなかった。共産党の使命は、左翼政府を維持して、その外交政策をソヴィエトの利害に合う方向に向けることだったのです。かくして社会党は徒手空拳で、労働時間の制限や、植民地の改革、工場における組合の承認、有給休暇などについて国会で要求し通していくということをしたのです。

ブルムは経済には暗かった。彼は赤字財政や公的投資などといった概念についてあまり知りませんでした。したがって彼はほとんど経済政策を行わず、その結果まわりからはすべて恨みを買うことになりました。右翼は彼が冒険的にすぎると見ました。左翼は彼の想像力の足りない対応にがっかりしました。彼は追い詰められてしまいました。

その間ずっと、ブルムはまた外国に同盟相手を見つける困難に直面していました。スペインにも人民戦線政府はありましたが、軍事クーデターの脅威にさらされていました。ブルムは、スペインの人民戦線政府に対して個人的な共感をかなり抱いていましたが、それを助けることはほとんどしませんでした。彼はほとんど強迫観念的にイギリスの支持を失うことを恐れており、スペイン共和国に救援の手をさしのべるのをいやがったのはそのためだったのです。

パリは左翼にとって、それもフランス左翼だけではなくそれ以外の国の左翼にとっても、特別な場所でした。パリは一九三〇年代の後半にはヨーロッパの共産主義の一種の首都になりました。肝心のソヴィエト連邦でのソヴィエトの政策がとりわけ破壊的で血なまぐさくなったその時代にです。ドイツやそのほかの国からの、左翼の政治的避難民が反ファシズムのパリで安全に暮らすことができたがゆえに、彼ら自身のスターリンへの忠誠が消えることなくつづいたという仮定には賛成なさいますか？

ヒトラーの勝利と、それにつづくKPD、ドイツ共産党の破壊は、彼ら自身の共産主義に対する忠誠と、スターリンに対する敬意に、かなりの打撃をくわえました。しかしパリには、そのような人びとが慰藉を見いだせるような、好ましい種類の左翼政治がありました。共産主義は人民戦線のより穏健な路線によって許容されているように見え、フランスに実際の人民戦線政府が成立したために、共産主義は可能であるように見えました。

当時は、最終的な戦いは共産主義とファシズムとのあいだの戦いであり、民主主義がそのあいだでおしつぶされそうになっている、そしてどちらにつくのかを選ばなければならないという恐れは、そんなに突拍子もないものではなかったのです。イングランドにおいてさえ、オーウェルはスペイン内戦の回顧録である『カタロニア賛歌』を主流の左派出版社から出すことができませんでした。「良識ある」左翼は、共産主義への攻撃と結びつけられることを好まなかったのです。しかしパリはまた共産主義者に直接の影響も与えました。アーサー・ケストラーのことを考えてみてください。彼はスターリニズムを放棄したけれども、反ファシズムの連携を維持するためには、自分の変節を公には認められなかったと回顧録の中で白状しています。反ファシズムの論理は二項対立的なものでした。つまり、味方でない者は敵だと。これによってスターリンを批判することがはるかに難しくなります。批判をすればヒトラーを手助けしているように見えるわけですから。

ケストラーはソヴィエト領ウクライナのハルキウでしばらくすごしていました。そこで彼は強制的な集産主義と飢饉を経験しています。彼は、わたしたちが論じてきた集団の中でも、ソヴィエトの計画の最悪の局面を自分の目で実際に見た数少ない知識人のひとりです。そして彼はパリにやってきますが、そこではそういった実情について語るのは不適切だと考えられていました。

ケストラーは——この点はとても重要だと思うのですが——ソヴィエト連邦についてではなく、スペイン内戦について沈黙を破りました。パリは議論のための場所でしたが、スペインは行って戦うための場所でした。オーウェルとケストラーは両者とも、左翼の最上の思想家たちの多くと同様に、スペインに行きました。

一九三一年にスペインの君主制は打倒され、共和制の樹立が宣言されました。スペインは、一九二三年からそのときまで、一種のムッソリーニの穏健ヴァージョンのような体制でした〔プリモ・デ・リベーラ将軍の軍事独裁体制のこと〕。だれもそれほどスペインを気にかけてはいなかったのです。ムッソリーニ型の人物像に対する賞賛があったとして、それは〈首領〉〔ムッソリーニの称号〕その人自身に限定されたものであり、プリモ・デ・リベーラはほとんど知られてはいなかったのです。しかしいったん共和国が成立すると、スペインにおける政治的な布置は、いまだほとんどの外国人には大きな関心の対象ではなかったものの、かなり明確なものになっていきました。いっぽうではカトリック教会と軍が、自分たちは永久なるスペインを体現していると考えており、もういっぽうにはアンダルシア地方の無政府主義者、カタルーニャの自治論者とサンディカリスト、バスク地方のナショナリスト、アストゥリアス州の炭坑夫たちがおり、このすべての人びとのラディカルな政治的・経済的要求は、地方自治への要求、そして首都マドリードに対する積年の恨みとぴったりかみ合いました。当初はこういったことは外部者にとってはそれほどの意味を持ちませんでした。しかし、一九三四年にアストゥリアス州の炭坑夫たちが反乱を起こして鎮圧され、そのころにはおなじみのものになっていた、労働者を中心とする階級対立が国際的なニュースになると、事態は変わってきました。こういった出来事は、オーストリアでの聖職者・権威主義クーデター〔エンゲルベルト・ドルフーズによる独裁〕と同時に起き、ドイツでヒトラーが政権を掌握した一年後に起きたのですから。

しかし一九三六年にスペインはなぜあれほど重要になったのでしょうか？　部分的な答えは、ほとんどの観察者の目から見て、スペインはいまやおなじみのパターンをたどりつつあるように見えたというものです。すなわち、ファシズム的な、またはすくなくとも反民主主義的な勢力の脅威にさらされた民主主義共和国というパターンです。スペインの場合、その反民主主義的な勢力は明白に反動的なものでした。つまり、軍、地主階級、そしてカトリック教会ですね。とりわけ地主階級は、彼らの観点からすれば正当なことではありますが、意気揚々たる人民戦線の同盟の政治によって脅威を与えられているように感じました。その政治というのは、中規模農場への累進課税と、土地の集産主義化についての活発な議論だったわけですから。この政策は、南部を中心とする、新政府の支持者たちにはとくにアピールしましたが、中央部と西部の小規模土地所有者たちにはそうではありませんでした。かように当時、左翼は、中道を進む可能性のあった選挙民たちを右翼へとおしやってしまったことにいくぶんかの責任があったのです。しかしあきらかに、一九三六年のスペインについてはっきりと中心にある事実とは、民主主義的に選ばれた政府に対する軍事クーデターです。歴史的な観点からすると、これはスペインにおいては非常に伝統的なクーデターで、軍が国民を代表して、国民の利害を裏切りつつある政治階級に対抗して意見を表明し、行動すると主張するものです。しかしこの場合は、軍と政治家とのあいだの内戦は、一連の内的な闘争とローカルな内戦を吸収していって、そういった闘争や内戦のそれぞれが国民のあいだでの亀裂と結合して悪化させせられていったのです。

そういうわけで、ヨーロッパには内戦が起きていたわけです――パリでの討論、ソヴィエトの教義、ヒトラーとムッソリーニの演説という形をとった内戦が。このすべてがスペインというレンズの中に映りこんでいるように見えました。ヨーロッパじゅうで、左翼であれ右翼であれ同様に、スペインにおける紛争で共産主義が主要な役割をはたしていると主張することが好都合でした。しかし実際には、共産主義の存在が問題となったのは、スターリンが一九三六年一〇月に共和主義者への支持を宣言してからのことでした。それ以外の左翼は内部分裂し、オーウェルのひいき目の報告においてさえも政治的に無能で軍事的にも取るに足りない存在でした。

このように、スペインの紛争は、主に外国人による再解釈をつうじて、ヨーロッパの知的、政治的、軍事的紛争になったのです。つまり、カタルーニャとマドリード、南部の借地農業労働者と西部の土地所有の田園中産階級、はたまたカトリックの優勢な地域とほぼ反カトリック的な地域とのあいだの紛争ではなく、共産主義とファシズム、労働者と資本家とのあいだの紛争へと書きかえられたのです。スペインの共産主義者は、当初は周辺的な存在でしたが、中心的な役割をになうことを主張します。地方の社会主義者や中央の共和主義者に負けるわけにはいかない。時がたつにつれて、彼らはどんな支持であれとにかく必要になったので、なおさらでした。

非共産主義の共和制擁護者たちがソヴィエトの助力を得るために支払った代償とは、共和主義者が支配権をにぎった地域で共産主義の影響力が強まるということでした。そのいっぽうで、共和主義者が支配する地域では、事実上の自治権が獲得され、共産主義者や社会主義者、無政府主義者によって運営されている地域がありました。ある種、革命の内部に革命が進行していたのです。それはときには真にラディカルなものだったり、ときには共産主義者が左翼内部での競争に勝つために地方の支配権をにぎるというだけだったりしました。

もし亡命状態にある知識人がいれば、フランスの方がその人を選んだわけです。パリが単にそこで待っていました。しかしスペインに行くことは知識人の側の積極的な選択でした。なぜあれほど多くの人がスペインに行って戦ったのでしょう？

スペインに行って共和国のために戦うというのには、大変な魅力があったのです。それは魅力的な状況におかれた、非常に単純な選択に直面した社会に関わることによって、反ファシストになる方法だったのです。右翼からの志願兵もルーマニアなどからありましたが、圧倒的に志願兵は左翼から、反動勢力の犠牲者としての左翼から出てきました。ともかくついに——第一次世界大戦から一世代は後の人びとの話であることを忘れないでいただきたいですが——民主主義、共和国、進歩、啓蒙主義の世界などに対する強まる脅威について、なんらか積極的な行動を取ることができるのです。スペイン内戦で戦うことは知識人として非常に弁明のしやすいことで、かつ行って死ぬためのロマンティックな場所でもあったのです。

ではアーサー・ケストラーに戻りましょうか。彼自身を改めて論じたいのと、ひとつの事例としてです。彼にソヴィエト・モデルを最終的に拒否させ、共産主義の路線に従うことをやめさせたのがスペインだったのはなぜだと思われますか？

ケストラーはしばらく、死刑囚監房に入っていました。しかしそれはファシストの監獄でしたから、いったいなぜその経験によって、ケストラーの頭がモスクワで起きていることに向いたのかは自明とはいえません。それは部分的には、彼がパリから離れていたからだと思います。進歩的な知識人の中心地からきりはなされ、疑念を抱いているふりをするのではなく、その疑念についてはむしろ沈黙を守る多くの理由があるような状況から遠く離れていたのです。

というのも、ケストラーは当時スペインにいたのであり、スペインという場所の本質は行動にあったのです。その本質はもはや神話でもなければ、統一でもなんでもなかった。ケストラーにとっては、そのつぎの朝に、沈黙を選んで本当に考えたことを口にするのを忌避した同志の元共産主義者に出会う必要がないその状況では、みずからに真実を語るほうが容易だったのだと思います。

いったんその敷居を越えてしまえば、あとは驚くほど早いわけです。あなたは彼の、スターリンの見せしめ裁判についての本である『真昼の暗黒』を引き合いに出しましたが、あの小説は……

一九四〇年に出版されていますね。ケストラーの経歴のこの側面に関係の深い三冊の著作、つまり『スペインの遺書』、『地の屑』、そして『真昼の暗黒』の三冊は、二年以内というおどろくべき速さで書かれました。『スペインの遺書』は彼のスペイン経験についての省察であり、『地の屑』は一九四〇年のヨーロッパの現実と、彼の住んでいた世界がどのように変容してしまったのかについての省察、そして『真昼の暗黒』は最初の二冊の帰結です。スペインの経験を通じて、そしてそれ以外のさまざまなものの喪失ののちに、ケストラーはいまや共産主義の悲劇について公然と書くことができるようになったのです。

のちにケストラーは自分で自身の幻滅について書いています。しかし『神は躓ずく』[*28]のケストラーの章は、質的に違っている……

ほかのすべての寄稿者とは違っていますね……

……なぜなら、ケストラーは、自分が共産党に入党した詳細な理由について、信じるに足るかたちで、説得的に語っているからです。

もしオーウェル＝ケストラー・ダービーが、つまり二人のどちらがイングランドでもっとも重要な政治的な知識人の著述家かという競争があるとしたら、あなたはほとんどの人とは違ってケストラーをオーウェルより上に置くのではないかと思いますが。

オーウェルは二つの視点、ひとつはかなり広く見渡す視点で、もうひとつはかなり低く細かく見る視点で著述をしているとわたしには思えます。低い視点というのは、イングランド人による、イングランド人の特殊性についての洞察であり、イングランドにおける階級や幻想についての明確で微妙な記述です。『カタロニア賛歌』では、より大きな結論は述べられているとはいえ、オーウェルの役に立ったのはこの比肩する者のいない細部のスケッチをする技術です。

その反対の極端において、オーウェルはもちろん英語で全体主義について書いた最上の小説家でした。ただし、ロシアの名作の水準にはおよびませんでしたが。全体主義小説において、オーウェルはもっとも広い視点で、もっとも広い問題をあつかっています。『動物農場』そして当然に『一九八四年』で、わたしたちの時代において忠誠と幻惑と権力を代償としていかなる教訓が得られたかを示すために、全体主義の特徴が素描されています。

ケストラーは低く細かい視点でも、広い視点でも叙述をしていないようにわたしには思われます。彼が秀でているのは、まさに中間の視点なのです。ケストラーが関心を寄せているのは、イデオロギー的なモデルとその欠点を描くことではなく、精神の状態と、世界の誤認識を描いて示すことでした。彼は、その誤認識されている世界そのものには、どちらかといえば興味がなかったのです。

そのおかげでケストラーは（こういった話題については唐突に否定的になることのあるオーウェルよりもはるかに）二〇世紀の最大の物語に対してなみなみならぬ共感をよせることができています。つまり、なぜあれほど多くの聡明な人びとが、自分たちにあんな嘘を信じさせ、そこからあれほどひどい帰結がもたらされてしまったのかという物語です。この物語を語ることにおいては、ケストラーはだれよりもうまくやってのけています。そしてそれはまさに、彼がそのような人びとのひとりだったからにほかなりません。それに対してオーウェルは、おなじような形では欺かれることがなかったわけで、そのような人びとの観察者としては飛びぬけていましたが、とくに共感的だったわけではありません。

しかしケストラーとオーウェルの両者において、スペインから戻ってソ連へ向かうというつながりはまったくもっておどろくべきものです。オーウェルの『カタロニア賛歌』の終わりの方には、バルセロナでの電話局をめぐる戦闘に関連するある一節があって、そこでオーウェルはこのことの帰結はバルセロナだけではなく、スペインだけにも収まるものではなく、この帰結は世界全体にもたらされるだろうと書いています。これは、文脈をはずしてみるとばかげているように……

奇想天外でさえもありますね。

……そうなんですが、彼はまったく正しいのです。というのも、オーウェルがそこで指摘しているのは、ソヴィエト連邦での大粛清の論理の一部だからです。スターリンはじっさい、スペインとソ連をおなじ闘争の一部であると考えていました。スターリンはこういった問題について、オーウェルと完全におなじやり方で考えていました。もちろん、価値づけはまったく逆ですが。スターリンは、スペインで起ころうとしていることが、ソヴィエトで起こることは許されてはならないと憂慮していた。彼にとって闘争はすべて一体のものだったのです。そして、スターリンにとってそれがすべて一体だったがゆえに、オーウェルが……

……それを一体のものとして見たのは正しかった。一九三九年にオーウェルの言葉を信じなかった人びとは、後年になって、その考えを改めざるを得なくなりました。一九四五年から五〇年代半ばにいたるまで、当時のソヴィエト圏――ポーランド、チェコスロヴァキア、ハンガリー、ブルガリア、ルーマニア、東ドイツなどどこであれ――での裁判の主要な要素というのは、スペイン内戦であれば弾劾された側による訴訟であったということでした。くりかえし強調されたのは、共産主義の階層秩序にとって、反対意見は、またさらには独立した思想は許容不可能であるということでした。スペインにおける個々の共産主義者の相対的な自律性、そして、それほどではないにせよ、フランスのレジスタンス期におけるそれは、過去遡及的に弾劾されなければならなかったのです。

その意味では、スペインにおける共産主義の戦略は、一九四五年以降に東欧で権力を握るための予行演習のようなものだと分かりました。当然このことは、当時は理解するのがかなり難しいことでしたが。結局のところ、モスクワのみがスペインの共和制を実効力をもって支持する勢力だったのです。ソ連はしだいに、中欧ならびに東欧において、したがってスペインにおいても、ファシズムに対抗するために唯一のこされた砦であるとみなされるようになったのです。イギリスも含んだほかの国々は、喜んで譲歩しました……自分たちに影響が及ばないかぎりは。

安全なパリと、苦難のスペインからすこし視線を引いてみましょう。この時代はモスクワの見せしめ裁判、大粛清が最高潮の時代でした。一九三〇年代を通して、ソ連で起きていたことは、規模と抑圧性の観点から見て、ナチス・ドイツで行われていたことより比較にならないほど酷いものでした。ヒトラーが権力をにぎったころに、ソヴィエトは何百万もの人びとを飢え死にさせているところでした。一九三七年と三八年の大粛清で、さらに七〇万人の人びとが射殺されました。ナチス政権が出した死者は、戦前についてはせいぜい一万人くらいです。

まず出発点として、奇妙に聞こえるかもしれませんが、ナチス・ドイツはいくつかの点ではいまだ法治国家《レヒトシュタート》でした。ナチス・ドイツは法をもっていたのです。それは魅力的な法ではなかったかもしれませんが、あなたがユダヤ人であったり、また共産主義者、反体制主義者、障害者であったり、またはほかの理由で社会的に望まれない存在でないかぎりは、その法によって罰せられることはなかったでしょう。ソヴィエト連邦にも法はありました。しかしこちらの場合は、敵というカテゴリーに再分類されればだれでも罰せられる可能性のある法でした。ですから、犠牲者の視点からすれば、ソ連はナチス・ドイツよりも、予測がつかないがゆえに、はるかに恐ろしいものだったのです。

結局のところ、かなりの数の訪問者が民主主義諸国からナチス・ドイツへと行き、なんの問題も見いださなかったということを思い出すべきです。それどころかむしろ、その訪問者たちは、ナチス・ドイツの成功に魅了されたくらいです。たしかに、ソ連にも魅惑された西洋の旅行者たちが行きました。しかしナチス・ドイツは粉飾する必要がありませんでした。あるがままの状態で、多くの人がおおいにこの国を気に入ったのです。

対照的にソヴィエト連邦は、未知の部分がかなり多く、ソ連自身による自己記述とその真の姿は完全に異なっていました。しかし多くの人びとは——そのすくなからぬ犠牲者も含めて——革命の故国というその自己定義を信じこむ必要がありました。見せしめ裁判を受け容れ、ウクライナの飢饉を最小限に見積もり（または否定し）、生産性と民主主義と一九三六年の新たな偉大なるソヴィエトの政体について言われたことをすべて信じこんだ西洋の多くの論評家たちを、こんにちではどう理解すればよいのか分かりません。

しかし、知りうることはすべて知っているにもかかわらず、ソヴィエトの神話を信じた人たちがいるということを忘れてはいけません。たとえば、エヴゲーニャ・ギンズブルグ[*29]の回顧録の例を取ってみましょう。彼女はグーラグ（強制収容所）へとさらわれて行き、モスクワでも最悪の刑務所を転々とし、列車でシベリアへと送られます。彼女は同志の犠牲者たち、つまりいまだに信心深い女性たち、自分たちの苦しみの背後には論理と正当性があるにちがいないと確信している女性たちに出会うだけではありません。ギンズブルグ自身、一定の共産主義的な理想に献身しつづけているのです。彼女の主張によれば、システムはひどく道をふみはずしてしまったかもしれないが、まだ修繕は可能なのだということです。この、ソヴィエトのプロジェクトを良い方に信じる能力――そしてそう信じることの深いところでの必要性――は、一九三六年以前にあまりにも確固と植えつけられたため、ソヴィエトの犠牲者たちでさえも信念を失うことがなかったのです。

しかし、わたしたちが、すくなくとも一九四〇年以前の見せしめ裁判を理解したいならば思い出さなければならないのは、西洋における見せしめ裁判の批判者でさえも、比較のための参照点を持ちあわせていなかったということです。欠けていたのは、それと比較して同時代の出来事の意義を理解するための歴史的な範例でした。逆説的なことに、観察者がよりリベラルであり、その観察者の国がより民主主義的であればあるほど、スターリンの行動の意味を理解するのが難しくなったのです。そう、西洋の観察者であれば、告発にいくばくかの真理がなければ、人間はひどい犯罪を自白したりはしないものだろう、とコメントするでしょう。

結局のところ、もしあなたがイングランドまたはアメリカの裁判所で罪を認めれば、事件はそこでおしまいになるでしょう。ですから、もしスターリンが告発している人びとがあれほど積極的に罪を認めているのだとすれば、イングランドやアメリカの誰がそれに対する疑いを表明できるでしょうか? 疑うためには、その人たちはみな拷問にかけられたのだという仮説を前もって想定しておく必要があるでしょう。しかしそう想定すると今度は、ソ連は道徳的・政治的に腐敗しており、社会革命に傾注する制度なのではなく、絶対権力の保持に傾注する制度なのだということになってしまう。そうでないなら、ソ連はなぜそんなことをするというのか? しかし、一九三六年の段階でそのような考えを抱くためには、一定の濁りない認識と独立した精神が必要であり、それは非常にまれなものだったのです。

ソ連の外部からやってきたヨーロッパ人がじっさいにソヴィエトの最悪の犯罪を目にし、ヨーロッパに戻ってそれについて語るというのは、たしかにかなりまれでした。そう、たとえばケストラーのハルキウでの友人アレクサンダー・ワイスベルク[*30]などが念頭にうかびますが、彼はケストラーと同様にウクライナでの飢饉を目撃しています。それから彼は、大粛清の前に行われた一連の逮捕の波にさらわれていきます。ワイスベルクはまぐれで生き残ります。彼は一九四〇年にソヴィエトとドイツのあいだで交換された囚人のひとりだったのです。その結果彼はポーランドにたどり着き、ホロコーストを生き抜いて、大粛清についての独自の回顧録を書きました。それは、彼の友人ケストラーの小説とは別の見解を示してみせるものでした。

そう、一九四八年に『スターリンとヒトラーの軛のもとで』を書いたマルガレーテ・ブーバー＝ノイマン[*32]のようですね。

ブーバー＝ノイマンとワイスベルクは二人とも、一九四〇年にソヴィエト連邦から人民内務委員会によってゲシュタポの手に渡された人です。

多くの人びとが、ソ連で抑圧を受けた後にさえも制度に信をおいていたというだけではありません。一般的に、刑罰を受けた人びとは、なにかのまちがいでそうなったのだと確信していたのです。もしそのように考えてしまうのだとすれば、それは制度そのものが根本的に健全にできていると信じているから以外にはあり得ません。自分は司法上のまちがいの犠牲者であり、それに対してほかの囚人たちは確実に犯罪者である。自分自身の事例は例外だとみなす、そしてそれによって普遍的な制度の犠牲者を救い出すことができるように思えるわけです。

それがナチスの収容所の被収容者たちの状況とどれだけ異質かを注意してください。彼らは自分たちがなにもしておらず、犯罪的な体制によって投獄されたということを完全に分かっていました。たしかに、それが分かったからといって生き残りのチャンスが大きくなることもなければ、苦しみをやわらげることもまったくありません。しかし、それによって、真実をまっすぐに見つめ、真実を語ることがはるかに容易になるのです。

逆に、共産主義の経験によって、そこから生き残った知識人たちは奇妙なかたちで自分たち自身の信条について、犯したとされる犯罪以上に、こだわることになりました。ふりかえって見れば、彼らのトラウマの原因となったのは、看守たちのあつかいによるどのような受苦よりも、この偽りの政治的忠誠だったと分かります。アニー・クリージェルの回想録のタイトル『わたしが理解していると思ったこと』はそれをうまくとらえていますね。それは、自己に向けてくりかえされる疑問です――わたしはそれを誤解していたのだろうか？　わたしが理解したものとは何だったのか？　わたしが見ることができたもの、また見ることのできなかったものは何か？　つまり、どうしてわたしは曇りなき眼で見ることができなかったのか？

ソヴィエトの粛清は個人主義的なものでした。ですから、見せしめ裁判にかけられた個人たちは、まったく根拠のない犯罪をそれぞれに告白したわけですが、その告白はあくまで個人としてしたのです。逮捕もまたほとんど、大衆行動の中で行われたものであっても、個人の逮捕でした。一九三七年から三八年に射殺された七〇万人のうちのほとんどは、真夜中に、個人で逮捕されました。それによって彼ら自身とその家族は、何が起こったかを知ることのできない立場におかれました。そしてその、おそるべき不明確さ、その茫漠とした不確実性は、現在にいたるまでソヴィエトの記憶の風景の一部分でありつづけているのです。

だからこそ、オーウェルは曇りない眼をもっていたと単純に考えてしまうと、ものごとの半分しか理解できていないことになると思うのです。ケストラーとおなじように、オーウェルには舞台裏で行われている共謀や陰謀を――それらがどれだけばかげたものに見えようとも――想像し、それを現実のものとしてあつかう力がありました。その力によって、そういった共謀や陰謀はわたしたちにとって現実的なものになったわけですが。

それは決定的に重要な点だと思います。カフカのように予測というかたちであれ、また同時代の観察者としてであれ、二〇世紀を正しく理解する人は、前例のない世界を想像する能力を必要とします。彼らは、この前例のない、一見ばかげた状況が、まさに現実であると想定しなければならないのです。ほかのあらゆる人とおなじように、こんなグロテスクなものは考えられない、と想定するのではなく。そのように二〇世紀を考えることは、同時代を生きる人間にとってはこのうえなく難しかった。おなじ理由で、多くの人びとはホロコーストが起こっているなんてあり得ないと確信していました。たんに、それは道理にかなっていないという理由で。それがユダヤ人にとって道理にかなっていないからということではありません。そんなことはあきらかですから。そうではなく、それはドイツ人にとっても道理にかなっていないことだったのです。ナチスは戦争に勝ちたいのだから、ナチスはユダヤ人を、大変なコストをかけて殺すのではなく、当然に搾取するだろう、と。

このように、完全に合理的な道徳的・政治的な計算を人間の行動にあてはめて考えることは、一九世紀に育った人間にとっては当然のことでしたが、それは二〇世紀にはまったくもってあてはまらなかったのです。

第六章　理解の世代——東欧のリベラル派

わたしはカリフォルニアからマーガレット・サッチャーの国へと帰国しました。サッチャーは一九七九年に首相に就任し、そのあと一九九〇年まで在任することになります。バークリーでのわたしはいまだに、ポストマルクス主義の左翼の、わたしの目には未熟に映った文化的な関心に意識が向いていたわけですが、イングランドに戻って突然に、政治経済学的な革命に直面することになったのです。それも右からやってきた革命に。

わたしは左翼の、または社会民主主義の一定の達成を当然視していました。一九八〇年代のサッチャーのイギリスにおいて、過去に獲得されてきたものがどれだけすばやく無に帰してしまうのかを理解しました。二〇世紀中葉の社会民主主義のコンセンサスから生じた偉大な達成——メリトクラシー的な教育制度、無料の高等教育、助成を受けた公共交通機関、ちゃんと機能する国民医療サーヴィス、学芸そのほかへの国家の援助——がすべて、台無しになろうとしていました。サッチャーの政策の論理は、それ独立で見た場合には、反論の余地のないものでした。すなわち、帝国以後の零落状況にあるイギリスは、以前の時代のような水準の社会的な支出を維持することはできない、と。わたしがこの論理に対して抵抗を感じたのは、そのような政策がもたらす高い社会的コストを直感したからだけではなく、政治についての新たな考え方の結果でもあり、その考え方のおかげでわたしは、そのような政策を誘導する論理はすべて、おそらくはまちがいであろうと理解することができたのです。

わたしがオクスフォードでついた新たな地位は政治学のそれで、そのためにわたしは分析的かつ状況診断的な思考をすることを求められ、その両方のスキルを高めることができました。歴史家の、もっと距離をとった視点は、すくなくとも部分的には廃棄することができたのです。講義のために、わたしは（多くの場合初めて）ジョン・ロールズ、ロバート・ノージックやロナルド・ドウォーキン[*1]のような同時代の物書きの著作と、それからリベラル思想と保守思想の古典も読みました。当時、おそらく初めて、わたしは政治を説明しようとする相争うさまざまなジャンルの視点を通して考えることを強いられたのです。もはやわたしは、マルクス主義の不十分さのみを問題とはしなくなっていました。いまや、わたしの目には、すべての政治理論はその本性において、人間の条件の複雑なありさまを説明するには部分的で不完全なものに見えたのです……そして、それはいいことでした。

わたしは、アイザイア・バーリンが明確に使っているこの言葉の意味で、複数主義者になりつつありました。じっさい、わたしはこの年代にバーリンの著作に、有名なエッセイはそれ以前に読んではいましたが、向かっていったのです。（バーリン自身については、彼とオクスフォードで知り合いになることはなく、ちょっと偶然に何度か会っただけでした。わたしのバーリンへの忠誠は純粋に知的なものでした。）

バーリンの与えてくれる、日常的な政治的分析と論争にもっとも関係の深い教訓は、すべての政治的な選択は現実的で避けようのない犠牲をともなうことを忘れるな、というものです。問題は、正しい、またはまちがった決定がなされるかどうかではなく、また「正しい」決定をすることがすなわち最悪のまちがいを避けることになるというような、そのような選択に人が直面するのかどうかでもありません。

あらゆる決定は、あらゆる正しい決定も含めて、一定の選択肢を放棄することをともなうのです。つまり、ある一定のものごとを行う力を自分自身から奪うことなのであり、そのものごとの一部は行う価値が十分にあったかもしれないものなのです。つまるところ、正しい選択だけれども、その価値を否定することはできないほかの選択肢の拒絶を暗にともなうような選択があるということです。生活のほかの場面においてと同様に、政治の現実世界では、すべての価値ある決定は真の利得と損失をともなうのです。

単一の善が存在しないとすれば、さまざまな善のかたちをとらえきるような単一の分析形態というものも存在する可能性は低く、また倫理のすべてを統べるような単一の政治的論理もあり得ません。これは、同時代のヨーロッパ大陸の政治思想の概念や方法からにわかに引き出せる結論ではありませんでした。大陸の伝統においては、支配的な概念は絶対的な利得と、なしで済ましうるコストという概念で、政治にまつわるこのような調子の議論は、ゼロサム的な性質をおびてきます。よいシステムと悪いシステム、よい目的と悪い目的、正しい前提とまちがった前提から生じる、おなじくらいに正しい選択とまちがった選択があるというわけです。このような思考法は、近い過去においては全面戦争の経験において増強されたのですが、こういった思考法においては政治は全か無か、勝ちか負けか、生か死かのゲームとして説明され、あつかわれるのです。複数主義は定義上、範疇の誤謬か意図的な欺瞞、または悲劇的な錯覚ということになります。

それまでに出版されたうちでも最上のマルクス主義批判を読んだのもこの時期でした。一九七九年に『マルクス主義の主要潮流』が出版されたとき、わたしはポーランドの政治史や思想史についてまだほとんど知りませんでしたが、レシェク・コワコフスキ[*2]については、一九六〇年代に、彼がポーランドでまだ主要なマルクス主義修正派であったころに、その噂を聞いていました。コワコフスキは一九六八年に、反抗的な学生たちの世代の精神的指導者となった科《とが》で、当然のことながら共産党幹部に弾劾され、そののちにワルシャワ大学での哲学史教授の座を追われました。彼がポーランドから離れたことは、ほかのどの瞬間にもまして重要な、大陸ヨーロッパで真剣な知的勢力としてのマルクス主義の終焉が始まった瞬間だったでしょう。コワコフスキは最終的にオクスフォード大学のオール・ソウルズ・カレッジへとたどりつき、わたしはそこで、『主要潮流』の英語訳が出版された直後に彼に会いました。この三巻本は人文主義的な学者による記念碑的な仕事です。わたしはこの企ての純然たる規模の大きさに驚愕し、コワコフスキが、マルクス主義の信用を骨抜きにしようという企てに着手しつつも、マルクス主義と本当に真剣に向かいあっている姿勢に衝撃を受けました。

コワコフスキの視点とは、マルクス主義は、とりわけその全盛期には、知的な面からは注目に値するものだったが、政治的な展望や道徳的な価値は欠けていたというものでしたが、それはまさにわたしの考えと一致することになりました。コワコフスキはレーニン主義を、マルクスを読んだ必然的帰結ではないにせよ、妥当な帰結と見たわけですが（そしていずれにせよ政治的に唯一成功をおさめたものだったわけですが）、そのコワコフスキの著作を読んだ後には、マルクス主義思想とソヴィエトの現実とのあいだの区別という、子供時代から教えこまれていた区別を保持することが、わたしにはだんだん難しくなっていきました。わたしはコワコフスキと懇意になったことはありません。じっさい、（彼の傑作を読んだ後はなおさら）わたしはあまりにも気後れがしてしまって、彼に会ってくれと頼むなどできなかったことでしょう。ところがわたしの当時の妻は、気後れということからはほど遠い人物だったので、コワコフスキに面会を申し込むよう言って聞かず、かくしてわたしたち三人は八〇年代初頭のころにオクスフォードで昼食をともにすることになりました。そのあとは、わたしは何度もレシェクに会うことになり、最後に会ったのは彼の死のそれほど前ではありませんでした。彼はわたしにとって、つねに惜しみない賞賛と尊敬の対象でした。

そのあと何十年にもわたって親友となる人物のひとりに出会ったのはこの時期でした。リチャード・ミトンはミズーリ州の、ドイツ系の下層中産階級の出身者で、サウスイースト・ミズーリ州立大学に通い、それから、熱烈なトロツキー主義者として、シカゴの鉄道車両基地で働きました。それから彼は、いくつか幸運が重なって、コロンビア大学とケンブリッジ大学で勉強しました。リチャードはケンブリッジ大学で歴史学の博士号を取得することはありませんでしたが、それはおそらく、彼が愚かにも二〇世紀初頭のウィーンのオーストリアのマルクス主義者の研究に手を出したからでしょう。この主題は、重要で魅力的ではありますが、それは洗練された言語上の、そして知的な訓練を必要とするものでした。リチャードはそれをかなりの年月をかけて獲得することになりますが、それはウィーンに居をかまえてそこで生活することによってなしとげられました。この移動によって、わたしの世代の人びとがパリという罠にとらえられたのとまったくおなじように、彼は本国の大学の文脈からきりはなされてしまいました。そうして彼は「現地人化」し、自分が研究対象としている世界に真に根をはった学者または知識人となり、だがまさにそのために、その場所に来る動機となった研究計画を完成させることができなくなったのです。ですがリチャードはウィーン大学そのもので博士課程を修了することができ、ウィーン大学と、その近くのブダペストにある中央ヨーロッパ大学で教えました。現在彼はニューヨーク市立大学バルーク・カレッジの国際関係学部の学部長をしています。

当時のイングランドでのもうひとりの親友もアメリカ人でした。デイヴィッド・トラヴィスは、リチャードとおなじくわたしより五歳ほど年下で、一九七五年にわたしがカリフォルニア大学デイヴィス校で受け持ったゼミに出席した学部生でした。当時わたしはほとんどのアメリカ人の同僚よりもかなり若く、そしてデイヴィッドはほかのほとんどのアメリカ人の学部生よりも年上でした。それは彼が入学前にカリフォルニア州の狩猟局で働いていたからで、この年齢の近さのおかげでわたしたちの友情は助長されました。わたしの勧めに従って、デイヴィッドはケンブリッジ大学を受験し、イタリア史で博士論文の研究をしました。そのため、彼はわたしがオクスフォードにやってきた時にはイングランドに住んでいたのです。二年後にデイヴィッドはオクスフォードで博士課程修了後の研究員に選ばれ、彼とわたしは二人でつるんでアメリカ人であり、また「非イングランド人」であることを楽しんだものでした。

あるとき、学寮の食事を食べ飽きたので、わたしたちはオクスフォードのマクドナルドへ行き、わたしはチーズ・クウォーター・パウンダーを注文しました。カウンターのむこうの礼儀正しい若者は「申し訳ありません、チーズを切らしております」と答えました。よりによってマクドナルドがチーズを切らすなんてあり得るのか? ですが事実そうで、当時はまだグローバリゼーションは先の話だったのです。またべつのときにはわたしたちは一九八四年公開のジョン・セイルズの映画『惑星から来たブラザー』を、オクスフォード東部の、通路に電気ストーブが置いてある、凍えるほど寒い小さな映画館に見に行きました。この映画は黒人のような見た目の宇宙人が脱走し、ニューヨークに不時着し、ハーレムに連れて行かれるのですが、そこでは人びとが彼を完全にふつうの地球人としてあつかうという話です。最高に面白い場面があって、地下鉄で、その宇宙人と新たな友人がA線の北行きに乗ります。その友人（ニューヨーカー）は彼に「おれには魔法の力があるんだ。これから白人を消してみせるよ」と言います。

列車が五九番街駅に到着し、そこからは急行になってつぎの駅は一二五番外駅、つまり黒人ハーレムの真ん中である、というところで、その友人は「ドアが開いたら、白人をぜんぶ消してみせるよ」と言うのです。ドアが開き、すべての白人は当然に降り、そして宇宙人はびっくりする、というわけです。デイヴィッドとわたしはころげまわって笑いました。映画館のほかの客はみなしーんと静まりかえった中で。わたしの自分勝手な文化的周辺性の感覚が、エンターテインメントの中で確証されたというわけです。

オクスフォードに到着してすぐに、妻のパトリシアは——いつもの彼女らしく——合衆国に戻りたいという決心をしました。パトリシアはアトランタのエモリー大学の求人に応募し、採用され、一九八一年一月に就任しました。彼女についていくために、わたしはそのつぎの年にエモリー大学での客員教授の職を受け入れました。わたしはアトランタは大嫌いでした。蒸し暑く、退屈で、郊外で、孤絶している曖昧模糊とした土地です。エモリー大学そのものは、そこの教員たち自身は南部の砂漠にうかぶ教養と洗練のオアシスととらえていましたが、わたしにとってはみじめで凡庸な大学でした。この見解は、どれだけ不公平であるように見えても、修正する機会がこれまでみつからなかったのです。わたしがあの大学にいた時期のハイライトといえば、アトランタでの会議に参加していたエリック・ホブズボームの訪問でしょうか。アトランタ市街のおもしろみのない商業地区という、よそよそしい環境で、数時間ではあれ一緒にいられたことに関しては、おそらくおたがいに大歓迎だったのではないでしょうか。

アトランタでの逗留の、もっとも重要でもっとも長くつづく影響を残したことは、ポーランドの政治社会学者（現在は歴史学者）のヤン・グロスがやってきたことでした。わたしはオクスフォードでは政治学部にいたので、エモリー大学では政治社会学客員教授として、社会学部に所属しました。社会学部長は、学部のかなり凡庸な質を改善したいと思って、退任する社会学者の後任を探すための委員会に、ちょうどやってきたわたしを入れました。審査の対象になっていた応募者のほとんどは、アメリカの社会学のうちでも中西部に独特の計量モデルの社会学の、そのままのコピーといった感じでした。

しかしそこにグロスがいたのです。ヤンはポーランドから政治的な理由でやってきた移民であり、一九六八年の反ユダヤキャンペーンの際に亡命を余儀なくされた人でした。彼はイェール大学で博士号を取得し、そこで最初の教職についていました。わたしは戦時中のポーランドにおけるドイツ支配についての彼の本を読んだことを覚えており、ですからすぐに、「この人物以外にはない」と思いました。わたしは彼を、ほかの三人の、立派ではあるけれども個性には欠ける候補者とともに最終候補者リストに入れることに成功しました。そしてヤンはアトランタへと招待され、聴衆にとってはほとんど理解不可能であったにちがいないような講義をしました。ガリシアがどうの、ヴォルィーニがどうした、ベラルーシが云々……と、いずれ彼の、戦時におけるソヴィエトのポーランド東部の割譲についての彼の古典的著作となる素材を縦横無尽に語ったのです。それは、エモリー大学の社会学部にとってはなんの関心もない話題でした。

ヤンとわたしは夕食をともにして、ちょうど一九八一年の一二月に厳戒令によって鎮圧された〈連帯〉、共産主義ポーランドにおける労働組合について語り合いました。〈連帯〉は右翼と左翼の両方から知識人による支持をとりつけるのに成功した真の大衆運動だったのですが、それはポーランドを西洋へと再導入することに成功していました。ヤンは、ポーランドのほかの一九六八年世代の多くの人びとと同様に、故国ポーランドの知識人と連絡をとっており、ポーランドでの事態の展開を西洋の聴衆のために解釈する活動に活発に従事していました。わたしはヤンの人物とその研究主題は本当に魅力的だと思いました。その夕食の晩のあいだに、わたしはアトランタでの滞在は完全に無駄というわけではなかったと初めて感じました。ザーグ星〔ザーグはディズニー・ピクサーの映画『トイ・ストーリー2』に登場する悪役〕に着陸したのではなく、本当に自分と同類の人びとの中にいるんだと、初めて感じることができたのです。

人事委員会が（わたしの少数反対意見は当然に無視して）コピー人間のひとりを当然に推挙した後で、わたしはひそかに学部長のところへ行って根回しをしました。わたしは学部長に、この凡庸な社会学部を再生産していくつもりならそれでもいいが、もしそうでないなら、ヤン・グロスを雇いなさい、と彼に忠告したのです。ヤンは真のヨーロッパ知識人であり大学者で、社会学を理解しているだけでなくほかの多くのことも理解しており、あなたの社会学部のあり方を変えるであろう人物だと。学部長は愚かではない人物だったので、すぐにヤンを雇いました。社会学部はわたしをけっして許しませんでした。

ヤンの妻、イレナ・グルジンスカ＝グロスは彼女自身名を遂げた（比較文学の）学者で、二人には二人の子供がいました。ヤンと同様に、イレナは一九六八年のワルシャワにおける学生運動で活躍し、ヤンとおなじようにそのあとポーランドを離れました。エモリー大学にいるあいだに、ヤンは東欧研究における重要人物、そして同地域のもっとも高名な歴史家として地歩を固めました。のちに彼はニューヨーク大学へ、それからプリンストン大学へと転任します。彼が出版した単著は、ポーランド東部のソヴィエトによる割譲を主題とした『国外からの革命』という本ですが、これはソヴィエト学という、その主題となっている国そのものが数年後には自己崩壊してしまうであろう、枯れ果てた荒れ野の中に毅然としてそびえたつ記念碑的な著作です。のちにヤンは戦時中と戦後ポーランドにおけるユダヤ人の経験を描いた論争的な二冊の研究書を出版します。『隣人たち』と『恐怖』です。とくに前者はすぐに古典の地位を獲得し、ホロコーストと、それへのポーランドのかかわりがポーランドで論じられる方法を変容させてしまいました。

　大部分ヤンとイレナのおかげで、東欧と東欧人はわたしにオルタナティヴな社会生活のありようを提示してくれて、それが今度は――この地域にはまったくふさわしいことですが――更新されてあらたな方向性をもった知的な存在となりました。ヤンとイレナがいなかったら、一九八四年の秋に客員教授としてアトランタに戻るにあたってわたしはもっと気が進まなかったことでしょう。そのころにはヤンとイレナは家族とともにアトランタに定住しており、わたしは彼らの家でかなりの時間をすごしました。パトリシアはそれを嫌ったと思います。ヤンとイレナとわたしは、孤立と異邦の地《デペイズマン》にくらしているという共通の感覚をもっていました。わたしたちはアメリカ的というだけではなく、アメリカ南部的な環境の中で自分たちがヨーロッパ人であると感じ、それゆえ二重に外国人であるという感覚を抱いていました。わたしたちは煙草を吸い、酒を飲み、夜更かしをしては思想を語り、議論を強調をするため、もしくは見せびらかしでフランス語やイタリア語で話し、〈連帯〉について議論し、文化的な洞察やジョークを交換しました。パトリシアは、そういったやりとりを我慢することができず、言外に自分がのけものになっていることを心の底からいやがって、さっさと家に帰ってベッドで『ニューズウィーク』誌を読み、カボチャの種を噛んでいる方を好みました。

　一九八五年の前半に、パトリシアとわたしは別れました。わたしは非常にほっとしました。しかしそれにしても、状況が変化した後にわたしは所在なく、沈んだ気分になってしまいました。わたしがオクスフォードに戻った後にもヤンとは親密に連絡を取りあっていたのですが、彼は新しい友人をつくって気分を変えるといいとアドヴァイスしました。とりわけ彼は、彼自身のポーランドの友人と連絡を取り、またパリで人間関係をむすぶように勧めてきました。パリといえば、一九六八年のポーランドからの亡命者たちが、それ以前の多くの亡命者たちとおなじように本能的にひきつけられた都市だったのです。わたしはしかるべくポーランド風の名前の人びとと知り合いになりました。ヴォイチェフ・カルピンスキ、アレクサンデル・スモラル、そしてポーランドの一流の文芸誌『文学ノート《ゼーシティ・リテラツキエ》』の編集者であるバルバラ・トルンチックです。

一九八五年のオクスフォードの第二学期《ヒラリー・ターム》（春学期）のおわりに、わたしはヨーロッパで休暇をとり、最初はローマでデイヴィッド・トラヴィスに会い、それからパリ経由で戻っていきました。パリに着くと、わたしは気まぐれで、ポーランド語の愛称でバシアと呼ばれていたバルバラ・トルンチックに会おうと決めました。彼女はわたしを、むちゃくちゃに散らかったアパートに招待し、わたしはそこで、六時間かそこら、彼女が『文学ノート』を編集しているのを眺めていました。それから彼女はわたしの方に振り向いて言いました。「さて、これから友だちと一緒にサヴォイ・アルプスにスキーに行くんだけど、一緒に行く？」と。わたしはその日の午前中にローマから列車で到着したばかりだったのですが、それでも行くことにして、そのおなじ日の夜にべつの列車に乗って、エネルギッシュでスキーに目がないポーランド人の一団とともに南へと向かっていたのです。無茶ですが冒険にみちていました。

わたしはその時は何年もスキーをしていませんでしたし、どちらにせよそんなにうまくもありませんでした。スキーのシーズンも終わりに近づいていて、コースは危険でした。ところどころで雪が解けていて、わたしたちは草地や岩場をよけて滑らなければならなかったのです。リフトは使うことができず、ブリアンソン〔フランス南東部の市〕をかこむ山肌を足で登っていかねばなりませんでした。それでわたしはかなり必死で滑ったのですが、それは危険で怖かったというのもありますが、部分的にはバシアにいいところを見せようという動機がまちがいなくありました。ほかの人たちが帰国してしまうと、わたしは彼女と二人きりになれたのです。

バルバラ・トルンチックは並外れていて魅力的な女性です。勇敢で才能にみちていることといったら、ポーランドの学生の反乱の扇動者だと警察に名指しされるほどで、いまや東欧でももっとも注目すべき文芸誌をひとりで編集しているのですが、彼女のおかげでポーランドはさらに身近なものになりました。ヤンとおなじように、バシアはわたしとかなり年代が近かった。わたしはそのころ、政治的な分断をこえてわたしたちの世代をむすびつけている精神的な結束を意識し始めていました。

たしかに、わたしの経験した一九六八年はポーランドの友人たちのそれとはかなり異質なものでした。わたしは教育のおかげでそういった違いを理解できるようになっていました。わたしは、同世代の西欧人のほとんどと同様に、「鉄のカーテン」の向こう側の、一九六八年に起きていた出来事についてはぼんやりとしか気づいていませんでした。わたしはパリに行ったのはたしかですがポーランドには行きませんでした。ポーランドでは学生たちが催涙弾を撃ちこまれ、殴打され、逮捕され、多数が追放の憂き目にあっており、西洋でおなじことが起きればかなりショッキングだったはずです。共産主義ポーランドの支配者たちが国民に、つぎのように請け合っているということはぼんやりとしか理解していませんでした。すなわち、ポーランドでの学生運動は「シオニスト」によって組織され主導されている、現在政府はユダヤ系のポーランド人に旅券を発給しており、ユダヤ人たちに国を出ることは許しているが、帰還する権利は奪っているところだと。

告白せねばなりませんが、わたしは自分がヨーロッパの東部について無知であることに戸惑いを覚え、またわたしの一九六〇年代がヤン、バシアそして彼らの同胞たちの経験とどれだけ違っているかを重々承知していました。わたしはじじつシオニストだったわけですが、それは気楽で、またほとんど犠牲もともなわない道楽でした。まさにそれと同時に、彼らの政府は、彼らをポーランドの主流と同胞のポーランド人から孤立させるために、「シオニズム」の科《とが》で彼らを（それにくわえて何千ものほかの人びとを）糾弾していたのです。わたしたちはみな幻滅を経験していました。わたしはシオニズムの夢から醒めていましたし、彼らは修正主義的マルクス主義の残り滓から目を覚ましていました。ただし、わたしの幻想がむだな時間以上の犠牲をともなわなかったのに対し、ポーランドの同時代人たちは彼らの幻想のために大きな犠牲を払ったのです。街路で、そして監獄で、そして最後には移民の強制というかたちで。

この年代のあいだに、わたしは気づいてみればべつの世界へとここちよく滑りこんでいき、現実とはべつの歴史年表の中に身を置いているようでした。つまり、表面には現れないけれどもおそらくつねにそこに隠されていた、わたしがずっと半分しか意識化できなかったような歴史年表です。それは、東欧がたんなるひとつの場所であることをやめるような過去であり、その東欧の歴史はいまやわたしにとっては、直接的で非常に個人的な参照枠となったのです。

結局のところ、ヤン、イレナ、バシアたちはたんにわたしの同時代人というだけではありませんでした。わたしたちはみな、ちょっとした運命のいたずらがなければ、おなじ場所に生まれてもおかしくなかったのです。わたしの祖父はワルシャワ出身なわけですし。祖父の知り合い、つまり子供時代のわたしの身の回りにいた年老いた男性・女性たちは、そのあたりの出身だったのです。わたしの受けた教育はポーランドの友人たちとは明確に異なっていましたが、それでも同時にしばしば共通の参照点をもち、おなじ地点を経由していました。わたしの世代の人間はどこで成人しようとも、それとほぼ同時にマルクス主義の教条の軛から、異なる理由、異なる状況ではあるけれども、抜け出していました。たしかに、〈歴史〉は東欧の人びとに特権的な止まり木を与えました。わたしのポーランドの友人たちとわたし両方にとって重要なレシェク・コワコフスキその人が、社会主義を修正するというのは雪玉をフライパンで焼くようなものだという有名な所見を述べました。西欧では、このメッセージがちゃんと理解されるのにすこし長い時間がかかりました。そう、一世代くらいは。

バシア・トルンチックはポーランドの文化、文学、思想の失われた世界の重要性をわたしに伝えようと苦労しました。もちろんそれは、西洋にとって失われたものでもあったのですが、同時に、ソヴィエトの覇権の破壊的な影響によって、ポーランド人自身にとっても失われたものでした。その失われた世界はバシアにとってあきらかにとても大事なものだったのですが、第三言語（わたしたちはフランス語で話していました）を使うことにともなう障害のせいで、それを伝えることはおそらくさらにむずかしいものになっていました。しかしそれにしても、わたしたち西洋人はその世界の奥深くへと分け入って理解することは本当の意味では期待されていないのです。ティモシー・ガートン・アッシュはかつてわたしにある話を聞かせてくれました。彼の妻ダヌータはポーランド人で、したがって彼の息子たちはバイリンガルです。あるとき、その息子たちがまだ小さかったころ、ティモシーは兄の方に――当時はアリクと呼ばれていましたが、今はアレクと呼ばれることの方が多いのですが――講演をするためにミシガンに行かなければならないと言いました。アリクは「何について話すの、父さん？」と聞きました。ティモシーは「ポーランドについて話すつもりだよ」と答えました。すると沈黙が訪れました。それから小さなアリクは無意識に英語からポーランド語に切り替えて、言いました。「彼らには分からないよ《オニ・ニッツ・ニエ・ズロズミエーヨン》」

と。

ティモシー・ガートン・アッシュは東欧を本当に理解しているイングランド人でした。彼とわたしは両方ともオクスフォードに住んでいましたが、バシアの仲介なしではわたしが彼に会うことはなかったでしょう。バシアは、ガートン・アッシュには絶対に会わなければだめ、と言って聞かなかったのです。彼は分かっている《オン・ロズーミェ》人なのだ、と。ティモシーは当時まだ若く、三〇歳にもなっていませんでした。彼はそのときすでに、〈連帯〉についてのすばらしい本を書いており、英語圏の中でもポーランドを共感をもって、そしてじじつきちんとした理解を示しながら、弁解におちいることなしに提示することのできる唯一の人だと多くの人に目されていました。わたしたち三人はわたしの借家で会って夕食をしました。わたしはティモシーに対しては即座に、自然な親和性を感じ取りました（わたしたちはロンドン南西部の、数ブロックしか離れていないところで育ったということを知ったのは、何年も後のことでしたが）。

　ティモシーの本『ポーランド革命』は、真剣な政治的分析の著作です。しかしそれはまた同時に、深く政治に関わりをもつ本でもあり、距離や冷たい客観性を装う人間によって書かれたものではありませんでした。ポーランドはティモシーにとってのスペインであり、グダニスクについて書いた一節はスペイン内戦時のバルセロナについてのオーウェルの記述と比較可能なものです。のちに、一〇年間ほど東欧・中欧についてのすばらしいエッセイを書いた後に、ティモシーは自分の研究対象があたうるかぎり最高のやり方で彼の目の前から消えてしまうのを目にしました。彼は東欧で起こっていることを正しく理解し、それを解体することに積極的な役割をはたしたのです。そのはじめての夕食で、わたしたちはサッチャーについて、オクスフォードについて、東欧について語りました。わたしたちは「分かっている」発言についてバシアをからかったりして、とても楽しい一晩をすごしました。当時はまだしっかりと理解はしていなかったと思いますが、その「分かっている」ことは、わたしにとっての中心的な目的になりつつありました。たんに「正しい」ことよりも確固としており、より深く、より耐久性のあるものです。

ティモシーに会うことに後押しされて、新たな環境がつくりあげられていきました。それによってわたしはヨーロッパの東半分について無知であることが明確になりましたが、それによって同時にわたしは「故国」に近づくことが可能になりました。奇妙なことですが、東欧出身のわたしの同時代人の多くはわたしよりも高い地位の出身でした。ほとんどの場合は共産主義体制のエリートの息子や娘だったのです。バシアはそういった連中のことを「バナナ色の若者」と呼んだものでした。これは、フランス語とポーランド語の「黄金の若者時代」という観念、つまり有望で幸運な、特権的な若者時代の観念をもじったものでした。わたしにとってはバナナは社会主義シオニズムの幻想を思い出させるものでしたが、彼らにとってはバナナは洗練の象徴でした。というのも、バナナは〈党〉のエリート向けの特別な店でのみ買える商品の典型だったからです。

わたしはいまや、アウトサイダーの共同体のインサイダーとなっており、それは新しく、かなりここちよい感覚でした。ただそれにしても、わたしは一定の距離は保ちました。わたしが東欧にアプローチする道筋は、ポーランド人の友人が複数いたにもかかわらず、チェコスロヴァキアを経由していました。わたしはチェコスロヴァキアという主題にオクスフォードでたどりついたのですが、それはまったくの偶然でした。一九八一年に、高名なイングランドの歴史家で政治評論家のE・P・トムスンが、『ニュー・ステイツマン』誌にとりわけ愚かなエッセイを書いて、あるチェコの知識人が匿名でした示唆を批判しました。その示唆というのは、事態は西洋よりもチェコスロヴァキアにおいてより悪く、西側のヨーロッパ左翼の、東西の両方を非難する（そしてさらには、国際的な緊張関係をめぐって自分の国の政府を批判する）傾向はまちがっている、というものでした。わたしは『ニュー・ステイツマン』に手紙を書き、トムスンの批判がいかに井の中の蛙であるか、「鉄のカーテン」の東側のことについてトムスンがいかに無知であるとわたしが思ったかを述べました。

そのすこし後の会話で、オクスフォードの社会学者であるスティーヴン・ルークス[*3]が、彼のチェコの友人や研究者仲間に会ってみないかと尋ねてきました。そのようなわけで、わたしはロンドンでヤン・カヴァン[*4]の家を訪問することになりました。ヤンは一九六八年のプラハの春の学生運動家のひとりでしたが、一九六九年にはイギリスに逃れていました（彼の母はイングランド人でした）。当時彼は落ちこんでいました。意気消沈し、薬を飲んで、彼にも彼の母国にもまず未来はないと思いこんでいました。彼はロンドン・ウィークエンド・テレビ[*5]で、チェコスロヴァキアへの地下ルートでの書籍の密輸についての長い、いくぶん自分を売りこむようなインタヴューをしたところでした。ふりかえってみれば、ヤンは自分があまりにも熱心になってしまったため、内密の情報をばらしてしまい、彼の友人たちに偏見を向けることになってしまったのではないかと恐れているようでした。

わたしたちが会ったのは、ちょうどこの窮地の時だったので、ヤン・カヴァンは、オクスフォード大学のしがない教授の影響力を過大評価したのでしょう、わたしの立場を利用して、テレビ・ネットワークにその番組を放送しないように説得してくれと頼んできました。そのようなわけで、その主題についても番組についても、その文脈についてもまったく無知なままに、わたしはロンドン・ウィークエンド・テレビで自己紹介をして、カヴァンの件について交渉するという運びになりました。そのテレビ局のジャーナリストたちは、まさにわたしが防ごうとしていたスキャンダルをかぎ取って、なおさらその番組を放映したがりました。放映の結果、何かひどいことが起きたということはなかったと思いますが、彼のその番組への出演によってカヴァンはちょっと信頼のおけない人物だという評判を強めてしまったのはたしかです。彼の国が解放されたのちに、彼はついには外務大臣になるのですが、それは彼が共産主義の当局に密告者として協力したという噂を打ち消したうえでのことでした。

そのいっぽう、わたしは自分のその介入がちょっとばかげたものであったこと、そしてわたしの無知が恥ずかしいほどだということを意識しつつ、オクスフォードに戻りました。その日のうちにわたしはブラックウェルの書店に行き、『チェコ語独学教本』を買い、数ヵ月後には大学のチェコ語のクラスを履修しました。そしていずれは、オクスフォードの政治学部で東欧政治と現代史を教えようと決心しました。その後一年間、一生懸命に読書をしました。従来的な国民史、政治学の雑誌、一次資料など。とりわけチェコスロヴァキアを中心に、しかし中欧の地域を広く対象として。

チェコ語で全部読んだ最初の本は、カレル・チャペックとトマーシュ・マサリクとの対談で、それはチェコの作家とチェコスロヴァキアの大統領との、おどろくほどにオープンで率直な意見交換でした。それにしても、当時わたしが読んだものはすべて緊急で、独特で、直接的な意味のあるものと思えました。一九八〇年代で文化理論と歴史の枝葉末節に溺れていたフランス史との対照は、元気を与えてくれるものでした。フランス史を二〇年間研究したのちにわたしがどれだけそれに退屈していたか、わたしは気づいていませんでした。東欧は再出発の機会を与えてくれたのです。

ポーランド人の友人たちは、この新たに見いだされたチェコへの関心を、時には疑わしげに見ました。とりわけチェコ語は、彼らには真剣な注意を向けるにはまったく値しないものだと思われたようでした。ヤン・グロスは『オセロ』のある場面を例として挙げました。その場面では悲劇的主人公のオセロが、

「死」を意味するポーランド語で「シュメルチ！（Śmierć!）」と叫びます。チェコ語では、これは子音を凝縮してつなげた「スムルト！（Smrt!）」となります。英語話者のわたしの耳には、これらの発音はほとんど違わないように聞こえましたが、ヤンにとってはその違いは決定的に重要で、小さく周辺的なスラヴ地域を、誇らしい堂々たる歴史をもった国と言語から区別していたのでした。わたしは、チェコの歴史とチェコ語を、ポーランドのそれよりははるかに速く習得できるだろうと、まさにヤンが感じていたような理由で感じていたと思います。しかしまた、チェコの文学と政治の文化には、自己卑下し、自らを嘲笑し、アイロニー的で、どこまでも意気消沈した性質があり、それがわたしを惹きつけていたと思います。

わたしは依頼を受けるまでは東欧について書くことはなく、そのような機会はしばらく訪れませんでした。ダニエル・チロットはワシントン大学のルーマニア学者で、わたしは以前に彼と後進性の社会学について意見交換をしたことがありましたが、彼がワシントンのウッドロー・ウィルソン・センターでのシンポジウムで発表をするよう依頼してきました。そのつぎの年の一九八八年に、その発表は「反体制のジレンマ」という論文として新たな雑誌『東欧政治と社会』に掲載されました。この論文でわたしはヨーロッパの共産主義圏の国々を精査し、反体制勢力が政治にあけた小さな風穴を探し求め、さまざまな事例のあいだの差異を指摘しました。ソヴィエト連邦では一九八五年以来ゴルバチョフが政権をにぎっていましたが、一九八七年や八八年には、その衛星国が自由を獲得する兆候はほとんどありませんでした。ですからあの論文は、それ見たことかと得意になって書いたものではなく、当時はほとんど知られていなかったさまざまな具体的な政治集団を経験主義的に記述した社会学だったのです。

おそらく当時気づいていた以上に、わたしは「真実のうちに生きること」と実際の政治とのあいだの関係に関心を寄せていたのです。あの論文はカフカの『審判』からの引用で始まるのですが、その場面ではKが、法が必要性のみを根拠とすることを受けいれるのなら、嘘をつくことが普遍的な原理となるだろうと述べています。これが、わたしの東欧研究への最初の実質のある貢献となりました。それは東欧の諸革命の直前に書かれたのです。

東欧はわたしに新たな研究対象と、そして新たなヨーロッパを開いてみせました。しかしそれはまた根本的な視点の変更と、そして今にして思えば、成熟と同時に起きました。一九八〇年から一九八七年のオクスフォード時代と、そこで研究し、教えた政治哲学は、一定の節度と内省の力を育ててくれたようでした。わたしは、わたしがたどってきたある道のりの終着点まで到達したのでした。わたしの論文「王の衣をまとった道化師」は『プロヴァンス地方の社会主義』と、調子はかなりちがうものの似ていて、わたしが初期に受けた訓練のすべてが実を結んだものでした。一九七〇年代と八〇年代のわたしのほかの著作と同様に、それらの著作は知的な器用さを示すものでした。ふりかえってみればそれは、ケンブリッジ時代とパリ時代に培われたような機敏な機転だったのですが、それはまた弁証的な自己顕示への陥りやすさでもありました。つまり、社会史が袋小路に突き当たっていることを論証しようとして、わたしはおそらく、当時のわたし自身のアプローチの限界をうっかりと証明してしまったのです。

わたしは言ってみれば、フランス語を話しながら（そしておそらくマルクスを語りながら）育ちました。わたしは自分の研究対象をかなり近しく知っていました。わたしはフランスのことを、地理、歴史、政治、文化、言語といった面でこのうえなくよく知っていました。その結果生じたのは、だれかとあまりに長く一緒に生活したような状態でした。かつてはすべてをあれほど安楽にしてくれた慣れと親しみが、いらだちの源となり、最終的には軽蔑の源になるのです。それに対して、チェコ語とチェコはわたしが三〇代で学び始めた言語と世界でした。わたしはいらいらするほどにゆっくりと手探りで読書を進めていって、わたしがフランス左翼を熟知するようになったのとおなじようにはけっしていかない主題を探求しました。その結果得たのは、わたしには限界があるが、それはなんらわたしに害を与えるものでもないという、ほどほどにわきまえた認識でした。

それにしても、わたしが新たな関心をもって、さらには霊感さえ受けてフランス史へと戻っていったのは、オクスフォードと東欧のおかげでした。わたしの、いわばフランス知識人としての最後の大きな著作は『過去未完了——一九四四—一九五六年のフランス知識人』〔一九九二年刊〕となるわけですが、この本は戦後フランス左翼の共産主義びいきについての自意識的な考察で、オクスフォード時代の人間関係や読書をもとにしたものでした。わたしが三冊目の著書『マルクス主義とフランス左翼——フランスにおける労働・政治の研究　一八三〇年—一九八一年』〔一九八六年刊〕を上梓したのはオクスフォードにおいてでした。この本はそれまで未発表だった論文を集めたものでしたが、これによってわたしは「あのすべてにさようなら」をしたのだと、今では思えます。出版した当時はそれとはまったく違う見方をしていました。フランス独特のかたちでの社会主義の終わりを、部分的に記した年代記だと思っていました。

わたしの初期の著作の多くと同様に、『マルクス主義とフランス左翼』は英語圏の歴史学界においてよりもフランスでより大きなインパクトを与えました。この本の場合は、その反響はフランス革命の歴史家にしてその死亡記事執筆者であるフランソワ・フュレのおかげでした。彼は寛大にも一九八六年に出たフランス語翻訳に序文を寄せてくれたのです。一九七八年に出版されたフュレ自身の『フランス革命を考える』はおどろくべき著作で、わたしに大変な影響を与えました。非常にコンパクトにまとめられた一連のエッセイによって、フュレはフランス革命についての歴史記述の国民的伝統をみごとに、決定的に歴史化してみせて、フランス革命の解釈がそのはじまりからいかに政治的なものであったか、そして同時に二〇〇年の歴史をもつ分析とその流用のモデルがいかに使い古されてきたのかを、あざやかに証明しました。

一九八六年にわたしはオクスフォードで大学からサバティカル休暇を取ることになっていました。わたしはずっと前から、その年はスタンフォード大学ですごそうと決心していました。スタンフォードでは、フーヴァー・インスティテューションに東欧史と、よりひろいヨーロッパ思想史に関する比肩するもののない蔵書があったたいたからです。わたしは長らく、あらたな出発をしようと、とりわけ東欧についての読書をもとにして、フランス知識人と共産主義の蜃気楼について本を書こうと計画していました。わたしは応募をして、スタンフォード大学の人文学センターでの客員研究員のポジションを提示され、一九八六年から八七年まで、そこに行きました。わたしはカリフォルニアのパトリシア・ヒルデンと結婚していましたので、カリフォルニアに戻ることによって、そこで離婚の手続きを始め、迅速に完了することが容易になるという利点がありました。

カリフォルニアでわたしは、フーヴァー・インスティテューションの西欧図書の司書であるヘレン・ソラナムとたいへんに親しくなりました。ヘレンはヤン・グロスとイレナ・グロスの友人で、二人を介して彼女に出会いました。ヤンとイレナと同様に、わたしはヘレンと多くの共通の関心と、重なりあった視点があることが分かりました。ヘレンはポーランドで一九三九年八月三一日、つまり第二次世界大戦の発端となった、ドイツによる彼女の祖国への侵略の前日に生まれました。彼女の家族は東方へと、一九三九年九月一七日以降にはソ連に占領されることになる地域へと逃げました。何万人ものほかのユダヤ人たちとおなじように、ヘレンとその家族は一九四〇年にソヴィエト下のカザフ共和国へと強制移送させられ、ひどい状況におかれて、彼女の妹はそこで亡くなります。戦後、ヘレンの家族はまずはポーランドの、シュロンスクのヴァウブジフへと戻ります。そこで彼女は、両親にロシア語を忘れるよう指示を受けるのですが、それはちょうど、ソヴィエト連邦で彼女が家族のもともとの言語であるイディッシュ語を忘れるよう警告されたのとちょうどおなじような感じでした。彼女は当時六歳で、ドイツの敗北ののちにポーランドにあてがわれ、ドイツ人が追い出された領土に暮らしていました。

しかも彼女はユダヤ人で、ユダヤ人同胞の九〇パーセント以上がぬぐい去られた国に住んでいたのです。カザフ共和国で戦争を生き抜いて、ヘレンの家族は今度は、まわりをとりかこむ人びとからの偏見、迫害、そしてそれよりさらに悪いものに直面したのです。賢明にも、ヘレンの家族は引きつづきべつのところへと移動して行きました。シュロンスクは、ポーランド政府が最初はユダヤ人を再定住させようとしたところだったのですが、そこから彼らは、ドイツ人の強制移住者のキャンプへと向かいました。その数ヵ月のあいだの多くの生き残りユダヤ人たちと同様に、彼らはずっと東方の解放された地域よりも、敗北したドイツにいるほうが安全に感じたのです。合衆国に入国しようと試みて失敗した後、ヘレンの家族はフランスに定住し、ヘレンはアメリカへの入国許可がついに下りるまで、フランスに一〇年間住むことになります。

「ソラナム」というのはもちろん家族に伝わる名字ではありません。それは「じゃがいも」を表すラテン語に由来します。彼女のカザフ共和国での記憶は死とじゃがいもに支配されていたので、懐古的なオマージュをささげるためにその連想を選びとったのです。ヘレンは語学に恐ろしいほどに達者でした。若いころに覚えたポーランド語、イディッシュ語、ロシア語にくわえて、彼女はかなり達者なヘブライ語、ほとんどネイティヴといっていいフランス語、そしてもちろん完璧な英語、それから大学で習ったスペイン語とポルトガル語です。ヘレンとの交友のおかげで、わたしはフーヴァー・インスティテューションの書庫に収められた蔵書、つまり忘れ去られたフランスの出版物の貴重なコレクションやその他を参照する特権を得ることができました。フーヴァー・インスティテューションには、フランスではほとんど見つけることができず、国外ではなおさら見つからないような、短期間に発行された雑誌、定期刊行物、地方新聞といった貴重な資料が収められています。

もともと着想した際には、『過去未完了』は、第二次世界大戦後の、中欧および東欧の共産主義への移行と一致する年代における、パリの左翼の知的生活の歴史となるはずでした。もちろん一九八〇年代も終わりになると、ジャン＝ポール・サルトルとその同時代の同伴者たちは、たしかに才能にあふれており影響力もあったが、共産主義に対しては愚かなほどに甘かったと退けるのが常識になっていました。ですがわたしは過去遡及的に人物の採点をすることに興味はありませんでした。わたしの念頭にあったことはより野心的なことでした。わたしが書こうとしたのは、国民的な欠陥のケーススタディー、すなわち、全体主義の興隆に対するフランス知識人の反応の特徴であった、政治と倫理の両方の面における衝撃的な混乱です。

さらには、この主題は、人民戦線への幻滅から利敵協力とレジスタンスの時代、そして戦後の陰鬱とした分断的な政治的風潮にいたるまで、という、より広い文脈においてのみ理解できるとわたしはつねに考えていました。それは、フランス人自身がこれからまだ直面しなければならない歴史だったのです。一九八〇年代終盤になると、ヴィシー政権やレジスタンスの神話、そして〈最終解決〉へのフランスの協力という困難な歴史に直面して、フランスの学者もアメリカやイギリスの学者に追いつくようになっていました。じっさい、「ヴィシー症候群」をめぐる自己審問熱は、最高潮に達していました。しかし、冷戦時代の道徳的ジレンマと、それがともなったさまざまな妥協について書く歴史家は、本当に少なかった。ここでもまた、わたしの選んだ主題は学問的な主流に入るものでは——または当時まだ入っているものでは——なかったのです。わたしがこの本を完成させたのは一九九一年、ソヴィエトの崩壊と同時でした。

『過去未完了』を再読すると、わたしはこの本の中欧的な視点に驚かされます。たとえば市民社会におかれた力点や、知識人が〈歴史〉と国家を崇拝する傾向に対するわたしの批判は、一九七〇年代終盤、とりわけ憲章七七[*6]の起草から始まる、中欧から生じてきていた論争へのわたしのかかわり合いを直接的に反映しています。

このような公共的生活の概念は、国家を中心とするポリスからの離反という観念から生じているのですが、それは、共和国国家の主導権と中心性を強調するフランス風の市民の概念に対して、まっこうから挑戦をなげかけるものでした。その結果、多くのフランス人の批評家は『過去未完了』のこの側面を、フランスの政治的な伝統に対する典型的にイングランド的な攻撃だと読んだのです。基本的に、彼らはわたしがこのように尋ねていると受け止めました。すなわち、どうしてフランス人はもっとイングランド人のようではないのか、よりリベラルで、より脱中央集権化されていないのか、と。つまるところ、どうしてサルトルはジョン・スチュアート・ミルではないのか？

ですがこのような読みはわたしの目的を読み違えています。わたしが論じたこと、もしくは論じようとしたことは、まったく異質なことでした。あの本は、国家の地位を考える際の、明確にフランス的な考え方を描き、批判するものでした。そのフランス的な考え方というのは、もちろんフランスに限定されるものではありませんが、その起源は一八世紀のフランスにあり、それ以降一度ならず市民的な空間に対して害をなしてきた考え方なのです。わたしの批判は、ヨーロッパの東半分における国家中心の政治の経験から自然に、有機的に発したものでした。しかし一九九二年の段階ではそれは、神経質なフランスの批評家はもちろん、西欧の読者にはいまだかなりなじみのないものだったのです。

それはリベラル派による批判だったわけですが、そのリベラリズムはおそらくわたしが望んだようには認識してもらえなかったようです。わたしは計画経済に反対する長い伝統をもつ主張に関心があったわけでもなければ、当時わき起こっていた、福祉国家を批判するコンセンサスにはこれっぽっちも共感をいだいてはいませんでした。具体的な歴史的な時代と場所に細心の注意を向けていたにもかかわらず、わたしの議論は本質的には概念的で倫理的でさえありました。あるひとつの組織や、独占的な歴史の物語や、ひとつの政党、ひとりの人間に、秩序だった公衆の生活の規範や形態を規制し決定する権威と力を与えることは、知的に不適切であるし政治的に無分別なことである、ということですね。よき社会は、善そのものと同様に、ひとつの源に還元できるものではありません。倫理的な複数主義はひらかれた民主主義のために必要な前提条件です。

その思想をつきつめていって、第二次世界大戦の前後の時代をつなぐのに使えないかどうか考えてみたいと思います。単一の、統一された善という観念は、人民戦線をめぐる議論へとわたしたちを連れ戻します。というのも、戦前の国際政治の前提とは、倫理をひとつの統一体へと還元し、その統一体を単一の制度によって表現することだったからです。左派においては、反ファシズムの政治的な範例は人民戦線で、それはヨーロッパをファシズムと反ファシズムへと単純化して二分するものでしたが、それは最終的に革命の祖国たるソヴィエト連邦を守ることを意図してつくられていました。そしてあなたがスペインとの関連で指摘したように、ソ連が当初、東欧でさまざまな政府を樹立した際の方法は、まさに人民戦線をモデルとしていたのです。

そう、一九四〇年代後半の政治を理解したいのならば、人民戦線を出発点とすべきですね。東欧では共産主義者が政権をにぎったり、すくなくとも連立政権の一部をなして、最初は国家の高い地位を支配することには関心はそれほどなくとも、いくつかの重要な省庁を手中におさめるための方法を探求していました。人民戦線の概念、すなわち挙国統一の政府の概念に訴えることは、たとえばその国の社会党を吸収するための仮面になり得たのです。それによって、仲間に引き入れる望みのない頑迷な反共産主義の社会主義者と、左翼の統一を求めている、または共産主義の圧力に弱い、もしくはたんに怯懦しているより穏健な社会主義者を切り離したのです。

その結果できあがったのは左翼の大政党で、それは共産主義者と、吸収することの可能だった社会主義政党のすべての分子で構成されました。それから、人民戦線のそれぞれの地域における等価物、すなわち西洋の戦後のキリスト教民主主義者たちに、急進的な前線に整列するよう呼びかけます。この場合もまた、そういった人びとをより視野の広い、あつかいにくい、ふつうは少数派であるようなメンバーと切り離しながらですが。そうやって、大きな包括的な政党、または戦線、もしくは連盟をつくり出し、それは、それが吸収できなかった政党に対する抑圧的な政策を自己正当化する立場にみずからをおいたわけです。まずまちがいなく、以上のような風景が、一九三八年のスペイン、とくにバルセロナの縮図だったでしょう。フランスでは、一九四八年の二月にレオン・ブルムが社会主義紙である『人民』に社説を書いて、社会主義者が共産主義者と手を結ぶことが可能だと信じたのはまちがいだったと認めています。

深い水準において、一九三〇年代半ばと一九五〇年代半ばとのあいだには、当時は明確であったけれども今は見えにくくなってしまった連続性がありました。それは感性の連続性であり、また社会的・文化的な文脈の連続性です。というのも、そういったものは一九五〇年代以降大いに変わってしまったのですから。第二次世界大戦は六年間という枠にはめて考えるべきものではありません。第二次世界大戦を、イギリスがたまたまドイツに宣戦布告をした日や、ドイツがポーランドに侵攻した日からはじめて理解しようとするのは、そういった日付は偶発的なものなのですから、ナンセンスです。東欧人にとっては、第二次世界大戦の物語を一九四五年五月で終わりにするのはナンセンスなのです。大戦の語りを一九三九年から一九四五年に限定することは、人民戦線、占領、人種根絶、そして後年におけるイデオロギー的または政治的な再占領によってほとんど影響を受けなかった国々にのみあてはまることなのです。つまり言いかえれば、その年代に第二次世界大戦を限定するのは、イングランドにとってのみ意味のある物語だということです。

東欧の経験は占領、人種根絶の時代、そしてドイツとソヴィエトの邂逅によって始まります。フランスの物語は、ヴィシー政権をそのあとに起きたことと切り離しては、意味をなさなくなります。というのも、その後に起きたことは、ヴィシー政権を思い出す、または思い出しそこねるという観点から説明できてしまうからです。そしてヴィシー政権は、人民戦線時代からドイツによる攻撃にいたるまでフランスがおちいっていた事実上の内戦状態を理解しないとその意味が分かりません。この物語全体に、スペイン内戦の影が射しています。スペイン内戦は一九三九年四月に終わりますが、ソヴィエトの目的だけではなく、西洋の反応を理解するためには、じっさい中心的に重要なのです。そしてその歴史は、人民戦線の歴史とおなじように、一九三六年の選挙での左派の勝利から始まるべきです。そして、それとはまたちょっとちがう話にはなりますが、西洋と東洋の両方での、共産主義への信奉、スターリニズムをめぐる（意識的であれ無意識のものであれ）幻惑は、もし一九四五年から語り始めたら——または状況が急変する一九五六年以降まで語りを継続していったら——ちゃんと理解できないものになってしまいます。ですから、一九三六年から一九五六年を、ヨーロッパ史のひとまとまりの時代としてあつかうことは理にかなっています。

かなり特殊なフランスの事例においては、その二〇年間にわたって連続しているものといえば、ソヴィエト連邦の業績に対する尊敬の念でしょうか。フランソワ・フュレの議論によれば、サルトルたちはフランス革命の幻影にしばりつけられていたために、ボリシェヴィキ革命をフランス革命のこだまとして見てしまったのです。彼らはまたフランス史のうちに起きたあの革命を信奉し、普遍すなわちフランス、そしてフランスすなわち普遍であると見ようとした。そして、ソヴィエト連邦をフランス的なものにしようとあいかわらず試みていたことが、戦後のフランス知識人の悲惨なジレンマの一部だったのではないかと思うのですが。

フランス革命を外国へと投影することには、二重の意味があります。ひとつには、それはフランスを古代エジプトの中王国として想像することです。中王国は魅力的で、また当然の優越性をもっているという両方の意味で、フランスのモデルだったのです。その意味では、アメリカ人のことを念頭に置けばフランス人をより簡単に理解できるでしょう。残る世界はすべて、いずれアメリカのようになるだろうと信じてやまないアメリカ人の傾向を考えれば。しかし、もういっぽうの意味はもちろん、革命には構造がある、革命には一定の物語があり、それは歴史全体についての物語の一部である、そしてロシアで起こった革命は、ある意味で——時代と状況の違いを斟酌すれば——フランスで起こったことの地域的な変奏であるという、マルクス主義的な考え方です。ロシア革命は、フランス革命のような共和主義革命ではないが、すくなくともそれはロシアなりの反封建主義的な革命である。そして、多かれ少なかれ、ロシアはフランスよりもはるかに大きな国で、またより文明化されていない国であるために、ロシア革命はより暴力的であった、と。

それはまた、一種のにせもののリアリズムを許容するように、わたしには思われます。つまり、わたしたちは、革命を経験したのだから、革命が血塗られていることは知っている、それゆえに自分は、じっさいは無知でうぶであるのに、自分が強靱で、しかも適切なシニカルささえもそなえていると考えるのです。

第二次世界大戦後にはフランス知識人の著作、それもとくに女性の著作においてマッチョなリアリズムがかなり跋扈したことを思い出しましょう。良い利敵協力者は死んだ利敵協力者だけだ、云々と論じたのはシモーヌ・ド・ボーヴォワールでした。サルトルは占領が性的なものであった、つまりドイツ人がフランス人に「挿入」したと述べました。これが、実存主義のタフ・ガイはこうなのだ、という暗黙の態度です。人は自分の選択によって形成されますが、その選択は際限なく変更可能なものではなく、歴史が人に提示した選択肢からの選択なのである、と。

これが、マルクスの『ブリュメール一八日』のつぎの論点のフランス流の解釈でした——「人間は自分たち自身の歴史をつくるが、自分たちが選んだ状況のもとでつくるわけではなく、過去から与えられ、受け渡されて、人間が直接に遭遇することになった状況のもとでつくるのだ。」そう、と戦後の実存主義者は言います。いまここでわたしたちは自分たち自身の歴史をつくることを余儀なくされているが、状況を選ぶことはできなかったのだ、と。ロシア人もそうだった。わたしたちに与えられた選択とは、革命を放棄するか、そうでないなら革命の欠点を受けいれることなのだ、と。

あなたの著作『過去未完了』では、一九四〇年のフランス共和国の崩壊が重要な役割をはたしていますが、それは真っ正面から扱われることはなく、それはあたかも、ヴィシー政権はどのようなものであったか、フランスにとって戦争はどのようなものだったはずか、ということを、読者がすでに分かっているような感じになっています。しかし、そういったことは実際にはあの本では論じられていません。

ヴィシー政権は大激変をもたらしたもので、その衝撃の度合いを当時のわたしはまだ十分にはかりかねていたと思います。わたしたち英米人は、あの世代のフランス人にとって、敗北だけではなく、共和国の終わりを目にすることがなにを意味したかについて、まったく感じ取ることができません。フランスは制度的に崩壊しただけではなく、精神的に、あらゆる側面において崩壊したのです。共和国はあとかたもなく、人びとは蜘蛛の子を散らすように逃げまどっている。年老いた大御所の共和国の政治家たちは、ドイツの勝利ではなく、そこから生じるかもしれない共産主義者の蜂起を予期して戦々恐々としました。そのため彼らは、ドイツであれペタンであれ、自分たちをそこから救ってくれるであろうものであればなんでもよく、その庇護のもとへと逃げこんだのです。歴戦の勇士たち――ペタンやウェーガンなど、第一次世界大戦を戦った、戦間期フランスを代表する人物たち――が、唯々諾々とドイツの要求にしたがっていたのです。そのすべてがたった六週間のあいだに起きました。

戦争の終結もそれほどよいものだとはいえませんでした。フランスにとっての第二次世界大戦とは、四年間の占領とそれにつづく数ヵ月の解放で、ほとんどはアメリカによる爆撃と砲撃、そしてアメリカによるフランスの奪取でできあがっているように思えました。そのすべての意味を咀嚼する暇はなかったのです。フランス国民は戦間期に「偉大なる勢力」へと人為的に鋳なおされました。アメリカは孤立状態へとひきこもっていましたし、イングランドは半孤立状態で、スペインは内部から崩壊し、イタリアはムッソリーニの支配下に、ドイツはナチズムの支配下に落ちていました。したがって、フランスのみがヨーロッパに残された唯一の民主主義の強国だったのです。

一九四五年以降に、この物語は崩壊していきます。フランス人は自分たちの共同体を再建する、つまり自分たちの分断のありさまを理解して、共有の価値観を肯定しなおさなければなりませんでした。フランス人は、たんに誇りに思うことを見つけるだけではなく、国がそれを中心に団結できるような物語を見つける必要がありました。この感情は、レジスタンスと解放の雰囲気に密接に結びついていたのですが、フランスの復興はヨーロッパの復旧にかかっているという認識にとってかわられました。そしてヨーロッパの復旧は、アメリカによる庇護と助力なしでは達成できないものだったのです。しかしこのようなものの見方は、少数の、情報を多くにぎった行政エリートのみが取り得る見方でした。

知識人はいまだ、決然と反ヨーロッパ的——あるいは良くても非ヨーロッパ的——な態度を崩しませんでした。知識人のほとんどは（レイモン・アロンがもっとも有名な例外ですが）ヨーロッパの統合と合併を資本主義者の陰謀だとみて、同時におなじくらいに反アメリカ的でした。彼らは、新たに見いだされた合衆国の覇権を、帝国による簒奪であると、もしくはさらに悪く取れば、ドイツが別の手段で勝利したことにひとしいと唾棄したのです。そのような見方を取る人びとにとっては、フランスは冷戦体制のうちのまちがった側についてしまったという、さらなる不幸にみまわれたということになったのです。

フランスにおいてあれほどに中立性が強調されたのはそのためです。ソヴィエト連邦と合衆国、またはイングランドとのあいだの戦争においてフランスが中立を保てるなどと本気で信じた人はほとんどいませんでした。しかし、フランスは超大国同士の紛争においては、たんにそういった紛争に関して利害をもっていないのだから、できるかぎり中立を保つべきだという、ひろく共有された感情がありました。イギリスに対する信頼はかなりゆらいでいましたが、それは英国海軍によるフランス艦船の破壊と、戦後のロンドンとワシントンとの密約——フランスが事後的に知ったさまざまな密約——のためでした。ですから、フランスはもはや「自分の道を進む」ことができないという憤懣に満ちた意識と、フランスの新たな「友邦」に対する不信とのあいだで、左派と右派両方の知識人は同様に、自分たちのイメージにしたがって戦後世界を創造していったのです。自分たちの思想や理想にしっくりとくるけれども、国際関係の現実とはほとんど関係がないような世界を。

フランスは戦後超大国ではありました。ただし知識人の国という意味においてのみですが。じっさい、フランスにおける左翼政治の自足的で言説的な性格が重要性を増すいっぽうで、フランスその

ものの重要性はそれほどでもなくなっていきました。

ですから、もし一九世紀フランスの農民が、本当は自分たちの利益にはならない政策に賛同して、その結果あなたの二冊目のプロヴァンス地方についての本におけるフランスのように、社会主義者が選挙で勝利するとしても、それはそれほど重要なことではなかったのです。レオン・ブルムが一九三〇年代に彼独自のマルクス主義政策をなんとかかんとか押し進めて、最終的にはにっちもさっちも行かなくなったとしたら、それは大きな国民的災難であったわけですし、彼が政権の座についた時に、必要以上に混乱していたとしたら、それはヨーロッパ規模の問題になり得たのです。しかし、戦後になって、フランスが伝統的な意味での強国としてはもっとも重要ではなくなったとき、——すべての著作を総合すればそれがあなたの議論なのだと、すくなくともわたしは思いますが——言説が重要になるのです。というのも、人びとがフランスの声に耳をかたむけるか否かという観点で、フランスの重要性は測られることになるのですから。

うまい要約だと思います。戦後には、さまざまな要素が収斂してくるのだと思います。フランス的なものごとに対するラテン・アメリカの利害関心は四〇年代と五〇年代に頂点に達します。アメリカ、とくにニューヨークはいまだ、すくなくとも知的な側面においては偏狭に思われ、ヨーロッパの思潮とくらべて、アメリカから生じてくるものはまだなにもないように見えました。ほとんどのアメリカ知識人は、当時認めたでしょう。彼らはいまだ、親や祖父母の世代のヨーロッパ文明にとらわれているということを。またヨーロッパ知識人の新たな一世代がまるまる、共産主義とナチズムのおかげでアメリカに移民したばかりだったということも思い出してください。やがて、そういった移民知識人たちはアメリカの知的生活をつくりかえ、再活性化させて、フランスやヨーロッパの多くの国を出しぬいていくことになります。しかし当面のあいだは、ヨーロッパはその知的な中心の地位を保持し、さらにはヨーロッパにはフランスしかないというありさまでした。さらには、フランス語は当時いまだに、ほとんどの外部者が簡単に利用できる唯一の外国語であり、それゆえにフランスの著作や思想家は触れやすいものだったのです。ふたたび、ただしこれを最後に、パリは世紀の首都となりました。

つまり、幻想の連続性があるということですね。幻滅についてはどうなのでしょう？　この議論を、ヨーロッパ全体の規模で一九三六年から一九五六年まで展開していくとすると、人びとが共産主義に幻滅する重要な契機はいつになるのでしょうか？

一九三六年には、マルクス主義に幻想を抱きなおすということが起きました。一九二〇年代初頭以来、大衆的な政治行動が起こってこなかった国々での、民衆政治としてのマルクス主義の信奉の復活です。人民戦線はスペインとフランスでのたんなる選挙の勝利以上を意味していました。それはまたストライキであり、占拠であり、デモだったのです。つまり、民衆的な左翼政治の再生ですね。ほとんどの左派の論評家にとって、スペインの内戦はおなじような効果をもっていました。ケストラー、オーウェル、そしてフランスのジョルジュ・ベルナノス[*8]的な人物が一人いるのに対して、内戦のあいだにスペイン共和国を防衛する際に共産党がはたした積極的な役割について、情熱をもって書いた何十人もの左派のジャーナリストたちがいたのです。

それから一九三九年八月の独ソ不可侵条約が結ばれます。スターリンとヒトラーとのあいだの連盟ですね。穏健な共産主義支持者や古くからの共産主義者のほとんどにとって、これは幻滅をもたらすものでした。それとは逆に、条約は、一九三〇年代に引き入れられたより強硬な若い世代の信念をゆるがすことはないように見えました。しかし、歴史と革命を信じるからではなく、ファシズムを憎むがゆえに共産主義に走った人たちは、独ソ不可侵条約に深く動揺したのです。

しかし、二年とたたぬうちに、スターリンに対する絶望のまさにその根拠が、もう一度スターリンと運命をともにしようと考える理由になりました。ヒトラーが一九四一年六月二二日にソヴィエト連邦を攻撃するのです。ふりかえってみるとその時点では、独ソ不可侵条約はすばらしい戦略的な策であったと主張することが可能になりました。スターリンには選択の余地はなかったのだと。ドイツは強力で、西洋はスターリンとヒトラーがおたがいを破滅させあうままにしようと悪だくみをしていた。そんな状況でスターリンが、革命の祖国を守る立場に立てるまでは、すくなくとも短期的に自分の身を守るのも、当然ではないか？

第二次世界大戦の結果についても、このようになります。すなわち、それもまた、スターリンの容赦のない打算の先見の明を確証しているように見える、と。ソヴィエト連邦の西洋の同盟国とその国民の多くは、ナチズムの打倒におけるモスクワの役割を肯定するために、出来事のソヴィエト流の説明を喜んで受けいれました。たとえば、カチンの森でのポーランド人捕虜の大量銃殺を、[*9] ソヴィエトではなくドイツの戦争犯罪として提示したのは、たんなるソヴィエトのプロパガンダではないということになります。ほとんどの西洋人はドイツの戦争犯罪説を完全に信じるに値すると考えました。そしてたとえそれに関して疑念をいだいたとしても、それは心のうちにしまっておきました。

大きな変化は共産主義による乗っ取りと冷戦とともにおとずれます。それは、多くの知識人に、一九三〇年代以降なんとか避けてきたことをするように強いました。すなわち、西洋の民主主義国の利害と、ソヴィエト連邦の利害とを区別することです。一九五〇年にもなると、この選択肢をごまかすのはかなりむずかしくなりました。共和主義の、民主主義的なフランスと、ヨシフ・スターリンのソヴィエト連邦の両方の擁護者に、どうやったらなれるでしょう? 現実の政治とはなんの関係もない歴史の抽象という水準における以外に?

一九四七年以降のフランスやイタリアの共産党を支持し、同時にリベラルな民主主義を擁護するのだと主張することは不可能でした。なぜならばソヴィエト連邦自身がそのようなことは可能だと考えておらず、急進派は、どれだけそれを望まないとしても、選択することを迫られたからです。この基本的な問題があらゆる人の選択を、その決定の瞬間は国や状況によってちがったとはいえ、左右しました。一部の人にとっては、分断の瞬間は一九四七年一月のポーランドの、あからさまに偽装された選挙というかたちでやってきましたし、ほかの人にとっては一九四八年二月のチェコスロヴァキアでのクーデターでしたし、おなじ年の六月に始まってほぼ一年間続いたベルリン封鎖、または一九五〇年六月の北朝鮮による韓国の侵攻でした。

一九五三年三月にスターリンが死去した際にまだ忠実な共産主義者であった多くの人びとにとって、一九五六年二月のフルシチョフによる「秘密報告〔スターリン批判〕」は衝撃的な瞬間としてやってきました。フルシチョフはスターリン主義という外皮を破り捨てることで、レーニン主義という実を救おうとこころみたわけですが、これはレーニンを参照することによってスターリンを正当化することに生涯をかけてきた男女をかなり当惑させるものでした。そのすぐ後につづいたハンガリーでの反乱について言えば、それは共産主義の周辺の同盟者や支持者にとってより重大な事件だったと思います。それが証明してみせたことは、ある国がソヴィエトの権威のもとから自由になることを許すどころか、フルシチョフ氏のソヴィエト連邦でさえもその目的を達成するためなら戦車を送りこんで人びとを殺すのだ、ということでした。

そのいっぽうで、西洋の有権者たちはしだいにイデオロギー的ではなくなり、対立的でもなくなっていきました。その人びとの利害関心はより偏狭で、なにより経済的なものになっていきました。それが意味したのは、どこまでも大きくなる政治的・社会的対決の言語としてのマルクス主義が政治的文化において周辺的なものになっていったということです。マルクス主義はまず知識人へと、それから大学へと後退していき、一九七〇年代にはそこに漂着しているというありさまになりました。

一九五六年以前に暴力の使用によって幻滅を感じていれば、そんな人はもはや信を失っていてしかるべきだったと思いますが。というのも、すくなくとも知識人のあいだでの共産主義の魅力の大部分は、（ケストラーが若き日の自分について言ったように）暴力を好む一定の傾向とじっさいに関係があったのですから。メルロ＝ポンティもそのことを明言しています。ですから、このように考えてしまうのですが、一九五六年に起きていたこととは、フルシチョフによるスターリンに対する評決、つまりわたしたちはもはやおなじような暴力に訴えることはないという決断が、マルクス主義とソ連邦の興味深さを減じてしまったということでもあったのではないでしょうか。

現在、暴力は思想から、すくなくとも高等な思想からは切り離されてしまっています。一九五六年の、ブダペストでの蜂起につづくハンガリー人の譲歩は示唆的ではあるのですが、それはイデオロギーや、さらには経済よりも政治について示唆的なのです。ヤノーシュ・カーダール[*10]は、そうしていることを否定しつつ、また彼が行っていることが制度に譲歩をもたらすということを否定しつつ、いくぶんか経済制度を修正しました。ハンガリー人は消費をすることが許され、制度に活発に反対したりしないかぎりは多かれ少なかれ放っておかれました。「働いているふりをしなさい、そうすれば支払っているふりをしましょう」というわけです。敵でないものは味方である、と。モスクワとその衛星国と、西洋との観点から見て、ロジックは似たものでした。すなわち、あなたが信じるふりをしてくれれば、わたしたちもあなたを信じるふりをしますよ、と。

ハンガリーへの侵略は、過去三〇年間にわたってソヴィエトがみずからを提示していた物語のもとで培われていた、ソヴィエトへの知識人の信を弱めてしまいました。その一二年後に、ソヴィエトの戦車はプラハに侵攻し、わたしたちが「プラハの春」として記憶している改革運動を圧制します。これはさらなる効果をもたらしました。チェコスロヴァキアへの介入はマルクス主義の物語それ自体に対する信を破壊してしまうのです。ソヴィエト連邦や、レーニン主義だけではなく、マルクス主義と、それによる近代世界の説明そのものの信用を失墜させてしまったのです。

一九五六年のブダペストと一九六八年のプラハとのあいだには、東欧と西欧の両方における修正主義の大時代がありました。修正主義は東欧において、一定の注意深い交渉で開かれた反体制のための空間は可能であるし獲得する価値があるという幻想を生み出しました。それは西欧においては反体制的な共産主義者であることは首尾一貫した態度だという幻想を生み出し、そのいっぽうで「元共産主義者」というカテゴリーはいまだ鼻をつままれていたのです。東欧では最後の一世代がマルクス主義に魅了されました。それはレシェク・コワコフスキの世代だったのですが、彼は一九六〇年代にもっとも興味深い修正主義者だったのが、その後一九七〇年代にマルクス主義のもっとも根本的な批判者となりました。西欧のより若い世代は、もしラディカルな政治に惹きつけられたとしても、ソヴィエト連邦や東欧の問題にはまったく関心を示しさえもしないような種類のマルクス主義に惹きつけられていたのでした。

一九六八年チェコの改革者たちは、政治そのものに対するああいった種類の素朴な、改良主義的な態度を代表する、東欧の最後の世代に属していました。わたしたちチェコ人はマルクス主義のモデルたりうる、それゆえに西欧にちょっと教えることができる――そしてまた、モスクワにも教えることができる、と。

西欧の左翼のあいだでは、ソヴィエト政府は重要な存在から的外れな存在へと変遷していきました。そのプロセスはフルシチョフが始めてブレジネフが終わらせました。ブレジネフによる、ワルシャワ条約機構のチェコスロヴァキア侵攻の正当化、すなわちブレジネフ・ドクトリンの「友愛にもとづく支援」は大きな権力政治をおおいかくすためのものにほかならず、彼が押しつぶそうとしていたのはあきらかに、マルクス主義と共産主義の運動でした。これは暴力ではありますが、もはや興味深くない暴力です。この暴力は個人的またはイデオロギー的であるというよりは、伝統的なものなのです。ブレジネフ・ドクトリンは理論ではなく、口実です。同時にソヴィエト連邦には革命の祖国の称号をめぐってライヴァルがいたのですから。

そうですね。ソヴィエトの計画全体を声高に批判しつつ、なおかつ極左の立場を取りつづけるには、三つの方法がありました。第一の、もっとも重要性が低いのは、ペリー・アンダーソン[*11]が西欧マルクス主義と呼んだものです。つまりドイツ、イタリア、フランス、はたまたイングランドの無名の知識人たちで、公式の共産主義には打ち負かされ、それでも自分たちが内的な一貫性をもった、ラディカルなマルクス主義の代弁者であると宣言しつづけた人びとですね。カール・コルシュ[*12]、ジェルジ・ルカーチ、リュシアン・ゴルドマン[*13]、そしてもっとも重要だけれども少し異質なアントニオ・グラムシ。しかしこれらの人びとはみな、当時そのイメージが復活させられていたローザ・ルクセンブルク[*14]、そしてほかならぬトロツキーのような人びとでした。つまり、敗者であるということを明確な美点としていた人びとでした。〈歴史〉の勝者の側にいることは、一九一七年から一九五六年にかけてのソヴィエトが握っていた切り札でしたが、それ以降は敗者のほうが評判が高くなっていきました。少なくとも敗者の手は汚れていなかった。こういった個々の反体制派——カール・コルシュがもっとも非主流で、グラムシがもっとも重要でしょうけれども、それが公式の反体制派であれ、地下に隠されたそれであれ——の再発見は、学者や知識人が自分たちを、上品ぶったマルクス主義に対する反対派の列にくわえるためのひとつの方法となりました。しかしこの新発見の系統は、二〇世紀の現実の歴史から身を引くという代償をともないました。

自分が左翼の共産主義の先を行っていると考えることが可能になる、第二の、少しだけより重要な方法とは、若きマルクスと同一化することでした。それは、哲学者マルクス、ヘーゲル主義者マルクス、疎外の理論家としてのマルクスに対する新たな理解と強調を共有することを意味しました。一八四五年前半までのマルクスの著作、とくに一八四四年の「経済学・哲学草稿」はいまや、正典の中心へと躍り出ました。

ルイ・アルチュセールのような共産党のイデオローグは、これに対して棍棒を振り上げ、マルクス主義には認識論的切断があったのだ、カール・マルクスが一八四五年以前に書いたものは実際「マルクス主義的」ではないのだと、ほとんど滑稽に思えるほどの主張をしました。しかし、若きマルクスを再発見することの利点は、若きマルクスからまったく新しい語彙を得ることができるということでした。マルクス主義はより広く普及し得る言語になります。学生にアクセスしやすく、新たで、革命の代替的な範疇にとって役立つようになったのです。つまり女性、ゲイ、学生自身などなどといった範疇ですね。そのような人びとはいまや、ブルーカラーのプロレタリアートとなんら有機的な結びつきがなくても、簡単にマルクス主義の物語へと参入することができるようになったのです。

第三の、もっとも重要な要素はもちろん中国の文化大革命と、当時中央アメリカ、ラテン・アメリカ、東アフリカと西アフリカ、東南アジアで進行していた地方における革命でした。歴史の重心は西洋から、さらにはソヴィエト連邦からはずれていって、明白に農業的な社会へと移っていったように見えました。これらの革命は西欧と合衆国での農民研究および地方革命研究の隆盛と軌を一にしています。毛沢東の農民共産主義には独特の美点がありました。それは、どんな意味であれ、その人が選んだ好きな意味をそこに付与することができたという美点です。さらにはロシアはヨーロッパに属するのに対して、中国は「第三世界」でした。ヨーロッパや北米は左翼の失われた大義となってしまったような若い世代にとって、この条件はしだいに重要性を増していました。

ええ、つまりこれは、ソヴィエトが、成功することによって失敗したということですね。レーニン

の思想、または視点によってはレーニンの偏向は、革命ののちにはブルジョワ的な産業社会の複製を建設することができ……

そしてそれを転覆することができるという……

……それも内部から転覆し、そして社会主義を建設するということですね。ところが実際に起こったのは、資本主義の複製を建設したころには、原型の資本主義はすでに先に進んで、はるかにいいものになってしまっていたということです。そしてソ連は複製の状態のままで行き詰まってしまい、その状態はしだいに魅力を失い、西洋の快適さとも、第三世界の活気とも競うことができなくなりました。

ソヴィエト連邦は、その批判者の目から見て、ひどい国から退屈な国へと変わっていきました。そして支持者の目から見ると、希望にみちた国から望みのない国へと変わっていきました。ニキータ・フルシチョフその人について考えてみてください。いっぽうでは彼はアメリカに行き、どちらがよりよい冷蔵庫を作れるかについてニクソン大統領との討論をします〔いわゆるキッチン討論のこと〕。もういっぽうで彼はモスクワに帰ってきてキューバをめぐる革命的な情熱にふけります。ここで、ソ連は二度敗北しているわけです。つまり、それはアメリカの劣化版コピーであり、キューバで新たな姿を獲得したいと必死だったのです。

それに対して、毛沢東や（毛沢東の後に生まれた）ほかの国の二流の毛沢東たちには、そのような二重の野心はありませんでした。そして文化大革命は実際にはスターリニズムのいくつかの側面の一種の悪意ある模倣だったのですが、それは一九六〇年代後半のケンブリッジ大学でのわたしの同時代人たちには、モスクワの落ち着いてしまった老人たちとは対照的な、つねに〈革命〉を更新していく新鮮なエネルギーの爆発と若々しい決断として受けとられました。

中国は、レーニンの成功がすなわち彼の失敗となってしまったもうひとつの事例だと思います。というのも、レーニンとトロツキーがあてにしていたのは、もしあるひとつの後進国で時期尚早の革命が起こったら、西洋の工業化された、または工業化されつつある国々で機の熟した革命が起きるだろう、ということでした。しかしそれは起きませんでした。そうではなく起きたのは、レーニン主義的な革命が自己目的化してしまうということです。それはほかの農業国には拡散しうる模範となり、伝統的なマルクス主義的な視点から見た革命に適したものではますますなくなっていきました。

スターリンによるソヴィエトの知識人階級の破壊は漸進的なものでした。それは基本的に小売り的なものだったのです。毛沢東は大規模に殺戮を行い、ポル・ポトは徹底的に殺しました。知識人たちが、または都市居住者たち、ブルジョワたち（の生き残り）が、不満をかかえた批判的な反体制派の危険に直面する、または反体制的な徒党を組む危険に直面した場合、あなたならどうするでしょうか？　たんにそれを潰すでしょう。それを徹底的に消滅させるでしょう。革命的な暴力のロジックがカンボジアに到達するころには、共産主義のイデオロギー的な目的はナチスの集団主義的概念と混ざりあってしまったのです。

あなたは、唯一の物語は一九五〇年代と六〇年代の幻滅だけだったというように語りました。しかしマルクス主義とソ連に対して批判的な一団の知識人が存在し、その人たちははるかに早い段階でマルクス主義に幻滅したか、いくつかの場合にはそもそもマルクス主義とそれほどかかわりをもっていませんでした。つまり、冷戦リベラル知識人ですね。

知識人と文化の水準での、そして多くの国での政治的水準での真の冷戦は、左翼と右翼とのあいだでの戦いではなく、左翼内部での戦いでした。真の政治的な断層線は、いっぽうでは共産主義者と共産党シンパ、そしてもういっぽうでは社会民主主義者とのあいだに引かれました。そこにはたとえばイタリアのような特例はあり、イタリアでは社会主義者がしばらくのあいだ共産党の側についていました。文化的には、その断層線は一九三〇年代から引き継がれた文化政治によって引かれたのです。

いったんこれを理解すれば冷戦リベラルというのが何者であったかが分かります。彼らはシドニー・フックのような人びとでした。フックは非マルクス主義者へと転向したユダヤ系のマルクス主義者ですが、マルクスの専門家であり、ニューヨーク市立大学シティカレッジに学んだ人です。フックは一九〇二年に、ブルックリンの左派ユダヤ系移民コミュニティに生まれ、イデオロギーとしての共産主義に惹きつけられました。フックはスターリンの隆盛を不愉快に感じ、しばらくはトロツキーにシンパシーをいだきました。のちに彼はトロツキーを心の惑わされた人、もしくはそれ自体スターリニズムにそれほど優越はしていないレーニン主義の一変奏として見るようになりました。彼は果敢な社会主義の立場からの共産主義批判者となりました。

この「果敢な社会主義」というのが重要です。シドニー・フックにはなんら反動的な部分はありませんでした。彼は、文化的な趣味の一部においては保守主義的ではありましたが、政治において右翼的な部分はありませんでした。その点は多くの社会主義者とおなじです。レイモン・アロンと同様に、フックは六〇年代の学生の築いたバリケードの反対側にいる人物でした。彼は、大学がシット・インや占拠に対して無力であったことにうんざりしてニューヨーク大学を去りましたが、これはまったくもって冷戦リベラリストらしい挙措ですね。ですがフックの政治的立場は国内ではつねに中道左派であり、一九世紀の社会主義の伝統を直接に引き継いだ人でした。

フックの三年後に生まれたレイモン・アロンは、フックとかなり共通する部分の多い人でした。その世代の冷戦リベラル派は、多くの場合には二〇世紀の最初の一〇年のあいだに生まれているのですが、その世代は、一九三〇年代ではなく第二次世界大戦を決定的な経験としたような凡庸な急進派たちよりは少し年上の世代でした。アロンはフックと同様にユダヤ人でした。ただ、そのことはアロンの世代のフランス知識人にとってそれほど重要ではなく、アロンは大衆的な公立大学教育ではなく、高等師範学校でのエリート教育を受けた人でしたが。しかしフックと同様に、彼はマルクス主義のすばらしい専門家になりました。ただ、フックとちがって、アロンがマルクス主義者になることはけっしてありませんでしたが。権威主義的な支配に対するアロンの嫌悪の情は、むしろ彼がドイツにながらく滞在し、ナチズムを直接に観察した経験から生じたものでした。

第二次世界大戦後には、アロンは、ヨーロッパ人にとってアメリカとソヴィエト連邦とのあいだの選択とは、その二つの国のどちらがよりよい場所だと考えるか、という問題ではなく、どちらがより悪くないかという問題だという立場をとりました。アロンはある種の右翼的な保守だと誤解されがちです。けっしてそんなものではなかったのですが。じっさいは、彼はいかなる従来的な基準にてらしても、中道左派の人でした。しかし、彼の軽蔑の念は——彼にはそんな暇はなかったので——愚かな右翼に向けられることはなく、共産党シンパの左派の愚行に向けられていたのです。そこにはジャン＝ポール・サルトルやシモーヌ・ド・ボーヴォワールのような彼の旧友もふくまれていました。

ヨーロッパのほとんどの国には合衆国にはほとんど幻想を抱いていないような人たちがいました。つまり、マルクス主義のことをよく知っており、合衆国にはフックやアロンのような人たちがいないような人びとです。そういった人びとは、アメリカのどこがまずいのか理解するのになんら困難がありませんでした。つまり人種差別、奴隷制の歴史、もっともむき出しの形での資本主義といった問題ですが、ただしそういったことはもはや問題ではなくなっていました。当時彼らが直面していたのは、二つの帝国とその衛星国のあいだの選択であり、その二つのどちらかひとつのもとで生きることのみが可能で、また望ましいことだったのです。

もちろん、さまざまな例外はありました。冷戦リベラル派の中には、より極端なかたちの右派の反共産主義に直面して不快に思い、とまどった者たちもいました。そうではない、フックやケストラーのような人たちは、とまどうことはまったくありませんでした。ケストラーが言ったように、人びとがまちがった理由で正しいことをするのは止められないのです。冷戦リベラル派はアメリカ政治におけるマッカーシズムに対して嫌悪の情以外のなにものも表明しませんでしたが、彼らはマッカーシーやニクソンらが理解していた中心的な真実があるのだと主張はしていたのです。共産主義は現実の敵であり、選択はなされなければならない、第三の道があるふりはできない、ということです。文化自由会議は『エンカウンター』や『プルーヴ』などといった雑誌を出し、共産主義による平和プロパガンダに対抗して、よく喧伝された集会を開いた団体ですが、そういった組織を支配したのは冷戦リベラル派でした。

冷戦リベラル派は、自分たちを自主的に組織していただけではなく、それ以外の勢力によって組織されていたということはいまやよく知られたことですね。

当時の雑誌や会議はＣＩＡに、ともにフォード財団を通じて資金提供を受けていました。この話題についてわたしは何か見落としているのかもしれませんが、わたしはこの問題をだいたいつぎのようにとらえています。すなわち、一九五〇年代の文化戦争は、東西の両陣営の前線の組織によって戦われていた。当時の状況を鑑みるに、ソヴィエトの巨大なプロパガンダ機構に対抗するための資金を、社会民主主義者もリベラル派も受けとるのを拒むべきだったと、どのような立場から言えるのでしょう？

ＣＩＡはたしかにプロパガンダ的なマーシャル・プランに資金提供をしていました。ですが、一九五〇年代初頭に、ＣＩＡを構成していたのが誰だったかを忘れてはいけません。それはＦＢＩではありませんでしたし、レーガン政権以降のぶざまで、無能で、奴隷根性のＣＩＡでもありませんでした。戦時中の戦略事務局［ＯＳＳ、ＣＩＡの前身］からＣＩＡに入った、聡明な若者たちがまだたくさんいたのです。彼らは大変な分別をもって、ソヴィエトの転覆とプロパガンダに対抗する方法を編み出そうとしていました。

レイモン・アロンはこの点について、回顧録によればよく理解していたようです。つまり、わたしたちは、このお金はいったいどこから来ているのか、と尋ねてしかるべきだったと彼は述べているのです。わたしたちはその質問を発しませんでした。しかし、もし問いつめられれば、そのお金はおそらく、わたしたちが知らないで済ませたいような出所から出ているのだろうと認めたことでしょう、と。アロンは正しかった。結局、この知識人たちは政府の職の経験をそれほど持った人たちではありませんでした。アロン自身は一九四五年にアンドレ・マルローが大臣をつとめた情報省でたった六ヵ月働いただけで、それが彼の政府での経験のすべてでした。ケストラーにはそのような経験は皆無でした。フックはといえば哲学教授でした。

思想という観点で、明確な冷戦リベラリズムというものはあるのでしょうか？

冷戦リベラル派は、アメリカ革新主義とニューディールの跡継ぎだと見るのが最上でしょう。それが、冷戦リベラル派の、フランス語の意味における自己形成《フォルマシオン》でした。つまり、冷戦リベラリズムはそれらの鋳型によってつくられ、思想上形作られたのです。彼らは、福祉国家と、それが生み出すことのできる社会的な結束を、一九三〇年代のような急進主義的な政治を避けるための方法として見ました。それが、冷戦リベラル派の反共産主義の燃料となり、その特色を定めたものだったのです。そしてその共産主義もまた、一九三九年以前の反ファシズム活動においてリベラル派の多くが共有した背景を動機としていました。一九三〇年代の反ファシズムの組織、戦線、運動、雑誌、集会、演説と、五〇年代の反共リベラリズムは対応関係にあるのです。

一九三九年以前には、革新主義者とリベラル派は守勢にまわっていました。防衛されるべき中間地帯という概念は、ファシズムと共産主義の議論や訴求のあいだで押しつぶされてしまいました。マーク・マゾワー[*15]が『暗黒大陸』で書いているように、もし時計を一九四一年で止めたら、歴史が当然に民主主義の側に味方したと論ずるのは難しかったでしょう。しかし、一九五〇年代は事情が違っていました。

冷戦リベラル派の楽観主義は、第二次世界大戦の勝利と、戦後に起こった直近の危機が意外にもうまく解決したことから生じました。一九四八年以降、もしくは遅い例をとっても東ドイツの一九四九年以降は、ヨーロッパで共産主義がさらに勢力を広げることはなく、それと同時にアメリカはヨーロッパの共産圏以外で自由主義経済と民主主義的な制度を支持することができるし、そうするつもりであることを示しました。冷戦リベラル派たちは、歴史が自分たちの側についていると信じました。リベラリズムは可能かつ擁護できる生活様式だというのみならず、それはそのライヴァルたちに対して勝利するだろうと。リベラリズムはそれが本来的に価値があるから擁護されるべきなのではなく、それがそれ自身の価値を積極的に肯定する習慣を失ってしまったがゆえに擁護されなければならなかったのです。

さきほどあなたは、ケストラーが、人びとがまちがった理由で正しいことをする必然性について述べていたのを引用しました。その引用にはつづきがあって、その主旨は、そのような人びとからしりごみをするのは、自信のなさからなのだ、というものでした。冷戦リベラル派の自信を掘り崩す出来事がじっさいにあったとして、というのはわたしはとくにレイモン・アロンが念頭にあるのですが、それは一九六八年のヨーロッパでの、学生の反乱でした。

アロンの場合には、一九六七年の六日間戦争〔第三次中東戦争〕も重要でした。彼は、シャルル・ド・ゴールが公に表明した、イスラエルとユダヤ人に対する嫌悪に深く動揺しました。そして、彼の世代の多くの世俗的ユダヤ人と同様に、彼のユダヤ人としてのアイデンティティと、彼のイスラエルとの関係は、それまで許容していたほどには、彼の政治と集団的な目的の感覚において重要な役割を演ずるべきではないのだろうか、と悩み始めたのです。

一九六八年が決定的に重要なのは、古い教訓がすべて無意味だと考える新たな世代がそこで生じていたからです。まさにリベラル派が勝利していたがゆえに、そのリベラル派の子供の世代はそもそも何が重要問題だったかをまったく理解していなかったのです。フランスのアロン、アメリカのフック、ドイツの政治理論家ユルゲン・ハーバーマスはみなかなり似た見解をもっていました。つまり、西洋のリベラリズムのもっとも重要な資産は、その知的な魅力ではなく、その組織構造であるという見解です。つまるところ、西洋がよりよい場所であるのは、その統治の形式、法、熟議、規制そして教育のおかげであった、ということです。これらが一緒になって、時間をかけて、社会と国家とのあいだの暗黙の契約ができあがっていったのです。社会は国家から一定の、法と慣習によって制限された介入を受けることを認め、そのお返しに、国家は社会に、国家の諸制度に対する尊重という限定をともなうかなりの程度の自律性を認めました。

一九六八年世代の多くの人間にとっては、この暗黙の契約が軋みを立てていました。アロンやハーバーマスにとっての敵は、一九三〇年代とおなじように、この契約を破棄しようとする人びとでした。すなわち、当時の言い回しで言えば、リベラリズムの虚偽と幻想にかくされた真実を暴こうとする人びとです。そういった主張のいくつかには根拠があったということは忘れてはいけません。フランスでは、ド・ゴール主義による権力と政府の独占のために、政治は「閉塞」しているように見えました。ドイツでは、社会民主党はまるまる一世代をいわゆる議会外左翼に奪われてしまいました。議会外左翼の主張によれば、社会民主党は、かつてはナチスに属していたキリスト教民主同盟の首相〔クルト・ゲオルグ・

キージンガーのこと」との連立政権に参加することで、みずからの評判を地におとしめたのです。

一九七〇年代になると冷戦リベラル派は年老いて、米ソの対立はそのイデオロギー的な先鋭さをいくぶん失っていきます。

それ以外の何かが変化していました。目に見えるかたちではなく、根本のところで。冷戦リベラル派は、かつてのニューディール改革派と、そのヨーロッパ版の人びとが一九三〇年代から六〇年代まで享受していたような知的・政治的独占状態の終焉に苦しみました。ルーズヴェルトからリンドン・ジョンソン、そしてさらにはリチャード・ニクソンにまでいたる西側の世界は、進歩革新主義的な国内政治と「大きな政府」によって支配されていました。西欧では、社会民主主義とキリスト教民主主義とのあいだの歩み寄り、福祉国家と公的生活の脱イデオロギー化があたりまえのものとなりました。

しかしこのコンセンサスには亀裂が入りはじめます。一九七一年にアメリカ合衆国はドルを金の備蓄によって下支えすることをやめて、ブレトン・ウッズの国際的通貨体制を破棄してしまいます。それから原油価格のインフレーションが起き、それと結びついたかたちであの暗い一〇年間の景気後退がおとずれます。ほとんどの冷戦リベラル派は、ケインズ主義について本当の意味で考察したことはありませんでした。経済政策の基盤としては、ケインズ主義はたんに所与のものだったのです。彼らはよき統治のより広い目的という問題についてもたしかに考察しませんでした。それも、いわずもがなのことだったのです。それゆえに、これらの、またそのほかの前提が、新たな世代の保守的な政策知識人によって疑問に付されると、リベラル派はそれに対する応答をほとんどできなかったのです。

では、一九七〇年代にはリベラリズムはどこからやってくることになったのでしょうか？

ほかの場所からです。リベラリズムがいまだ獲得されていない目標であるような人びとからです。リベラルな国家というロジックが、その人たちの支配者の立場とはするどく対立しているような人びとからです。リベラリズムが、政治の問われることのない前提条件ではけっしてなく、かなりの個人的な危険を代償として追求すべき目的であったような知識人です。一九七〇年代になると、ほとんどの興味深いリベラル思想は、東欧のものでした。

さまざまな違いはありこそすれ、ポーランドのアダム・ミヒニック、[*16]チェコスロヴァキアのヴァーツラフ・ハヴェル、もしくはその同世代のハンガリーのリベラル派たちはみな共有するものがありました。つまり、共産主義を生涯ずっと経験したことです。東欧では、すくなくともワルシャワやプラハでは、一九六八年は父世代のリベラリズムに対する反乱ではなく、また政治的自由という虚妄に対する異議申し立てではなおさらありませんでした。そうではなくそれは、六〇年代世代の親たちのスターリン主義に対する反乱だったのであり、それは修正された、または復旧されたマルクス主義の仮面と名のもとに行われた反乱だったのです。

しかしマルクス主義の「修正主義」の夢はワルシャワで警棒のもとに、そしてプラハでは戦車の下に破れます。そのため、中央東ヨーロッパのリベラル派が共有していたのは、ある否定的な出発点でした。権威主義的な体制との交渉から得るものはないという状況です。リベラル派が真に獲得したいものは、定義上、体制がどうあっても承認できないものなのだから。そのような状況下で行われる交渉というものはつねに、両側にとって不誠実なものにならざるを得ず、その結果は前もって定められたものたらざるを得ません。将来の改革者たちが打ち負かされてしまうような対決になるか、そうでなければその改革派の従順な代表者が体制へと吸収され、そのエネルギーは拡散してしまうでしょう。

こういったごまかしのない認識から、東欧の新たな世代の思想家たちは、権威主義的な政治の形而上学にまつわる独特の結論に到達しました。転覆はできないけれども、効果的な交渉を行うことができるような体制という状況下にあっては、第三の選択肢が残されていました――つまり、行動すること、ただし「あたかも……であるかのように」行動することです。

「かのように」の政治は二つの形をとり得ました。いくつかの国では、体制は交渉に開かれており、その偽善的な法を真剣にとらえており、そしてとりわけ皇帝が裸であることをあきらかにしているかのように行動することが可能でした。ほかの、チェコスロヴァキアのような、政治的妥協の幻想でさえも粉々にされてしまった国では、個人の水準で自分が自由であるかのように行動することが戦略の要諦をなしていました。非政治的な倫理や徳の概念にもとづいた生活を送る、または送ろうと試みるのです。

そのようなアプローチにはもちろん、体制が（そして多くの外部者が）定義する意味での政治からの排除を受け容れることが必要とされました。それを、ヴァーツラフ・ハヴェルが言ったように、「権力なき者たちの力」と呼ぶにせよ、「反政治」（ジェルジ・コンラード）[*17]と呼ぶにせよ、それは西洋のリベラル派が経験したことのないものであり、したがってそれを表現するための言語をもたないものでした。じじつ、ヨーロッパ共産圏の反体制派は、純粋にレトリック的で個人的な水準において社会を再創造し、また想像しなおすことを主張していたのです。わたしたちが理解するような意味での社会を骨抜きにする、またはそれを取り込むことにかなり意図的に取り組みはじめていた国家の手の届かないところで。

反体制派が行っていたことは、新たな対話を練り上げることでした。おそらくそれが、彼らの目的を理解するもっとも簡単な方法でしょう。彼らは意図的に体制側の意図と、体制の彼らへの反応を見て見ぬふりしていたのです。彼らは、単に法律、共産主義の言語、それぞれの国家の政体やそれらが調印した国際的な協定を、それらがあたかも実効性があって信頼ができるものであるかのようにあつかっているふりをしたのです。

その協定のうちもっとも重要なものは、一九七五年のヘルシンキ最終合意のいわゆる「第三バスケット」です。この合意によって、ソヴィエト連邦とそのすべての衛星国は基本的人権を守ることを確約したのです。そういった政権はこの合意を真剣にはとらえておらず、それが署名をした唯一の理由だったのです。しかし、モスクワからプラハにいたるまで、体制の批判者はこの機会をとらえて、体制にその法的義務に注意を向けさせようとしたのです。

この意味で、この意味でだけですが、そこには、西欧のラディカル派たちが一九六八年に自分たちがしていると考えたこととのなにがしかの対応関係があったのです。権力に対して、その行動を通じて体制の真実を明らかにするように強いたという点で。そして、それによって、偶然にではありますが、外国の観察者だけではなく同国人に、共産主義の矛盾と嘘を教育したという点で。

これはより大きな人権の歴史のうちの一部分ですね。ヘルシンキ合意の「第三バスケット」は、たしかに、チェコ人やウクライナ人、ポーランド人やロシア人、そしてソヴィエト・ブロックのほぼあらゆる人に、あちらで何人か、こちらで何百人か、といった単位の人びとによって利用されました。しかしこれはまた、西洋のさまざまなグループ、つまりアムネスティ・インターナショナル、

ヒューマン・ライツ・ウォッチといった団体にも利用されました。こういった団体は基本的に共産圏の人びととおなじことをしていました。つまり、そういった団体は人権を守るという約束を文字通りに受けとったのです。そしてまた、用語としての——そして政策としての——「人権」は、ジミー・カーター大統領のもとで最重要なものになり、ロナルド・レーガン大統領のもとでも採用されました。一貫性のなさは指摘できますが、これは部分的に東欧に由来する新たな形態のリベラリズムの例だと思います。

それはじっさい、リベラリズムの生まれ変わった言語でした。しかもリベラリズムの言語というだけでなく、左翼の言語でもありました。わたしたちは反射的に、正当なことですが、ヒューマン・ライツ・ウォッチやアムネスティ・インターナショナルのような組織を左翼的な組織だと考えますし、実際そうです。左翼はもはや過去のような語り口を採用することができなくなっていました。制度的に、そしてまた感情的にマルクス主義の言語に結びつけられることがなくなったのです。左翼はまったく新しい言語を必要としていました。

しかしわたしたちはそこで流されてはいけません。チェコスロヴァキアの憲章七七と、そのさまざまな署名者の勇気をどれだけ賞賛するとしても、事実は、それに最初に署名したのはたった二四三人だったということであり、またそのあとの一〇年間のあいだでほんの千人ほどだったということなのです。じつのところ、とくにチェコスロヴァキアでは、政治からの撤退、または意見の個人化は、プラハの春の鎮圧以来、長い歴史をもっているのです。「正常化」——というのは、何千人もの男女を公的な、または目立った立場や仕事から追放することだったわけですが——は成功しました。チェコ人とスロヴァキア人は公的生活を放棄して、物質的な消費と、形だけの政治的体制順応主義へと後退していきました。
もちろんポーランドはべつの話、もしくはべつの年表のうえにいます。知識人や元ラディカル学生たちは一九七〇年代には本物の労働者階級運動とのつながりを維持することに、とりわけバルト海沿岸の造船都市で成功しました。何度か失敗したものの、労働者と知識人は実際に一九八〇年の大ストライキで協力しました。〈連帯〉は一〇〇〇万人のメンバーを擁する大衆運動となったのです。
しかし〈連帯〉もまた、すくなくとも最初は、一九八一年一二月の厳戒令の発布によって敗北しました。そしてポーランドにおいてでさえ、わたしはアダム・ミヒニックがこの運動から帰結するものについて非常に悲観的な見通しをもっていたことを覚えています。〈連帯〉は地下組織となっており、政権は消費財を購入するために外国からさらに借款をしようとしていました。一九八七年という段階になっても、このみじめな循環が延々とつづくのを止めるものはなにもないように思われました。

東欧の知識人が、古典的な理解によるブルジョワ的生活や教養教育《リベラル》とはほとんど関係のない個人的・歴史的経験からこういった問題にたどり着いた、ということには驚かされます。

まったくもってその通りです。もっとも分かりやすい例を挙げれば、ハヴェルは、伝統的な西欧の意味での政治思想家ではありません。彼がなんらかの確立された伝統を反映しているとすれば、彼は大陸の現象学と新ハイデッガー主義の伝統に属していました。それは彼の生まれたチェコスロヴァキアでは十分に発展した潮流だったのです。しかし、ある意味では、ハヴェルには見たところ思想のルーツがないことが、彼にとっては有利に働きました。もし彼が、ドイツの形而上学を共産主義の政治に応用するもうひとりの中欧の思想家だと認識されていたら、彼は西欧の読者にははるかに魅力に乏しく、はるかに理解の難しい思想家になっていたでしょう。そのいっぽうで、彼にもっとも強力なイメージを付与したのは、「真正性」と「非真正性」という、いかにも現象学的な対立でした。ウィンドウに「世界の労働者たちよ、団結せよ！」という標語を貼り出している八百屋のイメージです。[*18]

これは孤独な人間のイメージです。ですがより深い論点は、社会主義下のあらゆる人間は孤独だ、しかし、その人びとの行動は、いかに孤立していようとも、無意味ではないということです。もしたったひとりの八百屋が標語をはがして、自分の道徳的な基準にしたがって行動すれば、それは彼にとって、そして店に来るあらゆる人にとって違いを生み出すのです。この議論が適用できるのは共産主義だけではありません。それぞれの文脈における読者はそれぞれの読み方ができ、それによって容易に理解しやすくなるのです。

かくしてハヴェルの著作は自国のチェコ人の読者と外国の読者の両方に同時に理解できるものになりました。おなじことが、かなり違った理由でですが、チェコスロヴァキア出身のもうひとりの有名な文学上の反体制派、小説家のミラン・クンデラにもあてはまりました。わたしには、クンデラの西洋での人気を唾棄しているチェコの友人がいます。どうしてほかのチェコの作家は（多くの場合、自国の読者により人気のある作家ですが）、国境の外側では無視されているのだろう、と彼らは尋ねます。ですが、クンデラはたとえばフランスの読者にとっては文体的に違和感のない作家で、彼の遊び心にみちた実験はパリジャン風であり、彼の作品はフランスの知的・文学的な生活へと簡単になじませることができるのです。

クンデラによる、中欧という理念の天才的な点は、それが西欧をチェコの女性や焼き菓子、そして広大な歴史的参照枠や美文によって豊かにしてみせるという点です。彼は西洋に、言葉の両方の意味におけるボヘミア〔チェコスロヴァキアの一地方の名と、自由な生活様式という二つの意味〕を与えたのです。

一九七〇年代に生じた中欧への力点は、実践的な射程という意味ではかなり限られたものでした。それはハプスブルク家の世界を、その都市部における中核の部分にまで切りつめたものでした。このように見て、ウィーン、ブダペスト、そしてプラハが象徴するヨーロッパのコズモポリタンで知的な伝統を強調してみると、中欧はその問題ぶくみの歴史と内側の紛争をうまいこと取り除いて見ることができるようになるのです。そのような中欧からはまた、もっとも外来の要素、つまり宗教や農民、ヨーロッパ東部の荒れ野といったものがはぎとられます。

この、西欧の想像のうちにおける神話的な中欧はまた、決定的なことですが、ポーランドを、もしくはそのほとんどを排除してできあがっています。ポーランドという国は長い間、その文化の重要性を主張しつつも、西欧の観察者にとってはちょっと落ち着きの悪いジレンマを与えてきました。とりわけ一九六〇年代以来、西欧の想像のうちにおける中欧は、「ユダヤ的ヨーロッパ」と同一視されていました。すなわち、シュテファン・ツヴァイクによって描かれた、ノスタルジーと共感をこめた世紀末の中欧《ミッテルオイローパ》です。ですがポーランドはこのイメージにフィットしません。ポーランドは、今日の西欧の想像の中ではユダヤ人の住む場所ではありません。ユダヤ人が死ぬ場所です。そのいっぽうで、ポーランド人たち自身の喪失も、ユダヤ人の受苦だけでなく、ハプスブルク君主国の悲劇的な崩壊と比較して、取るに足らぬものへと縮んでしまうようです。なにしろそれらは、自分たちの説明だけでなくほかの人びとによる説明においても、ドイツ人やロシア人による連続した残虐行為の犠牲者たちだったのですから。

あなたははっきりおっしゃいませんでしたが、中欧は、もちろんクンデラは違いますが、ユダヤ人の地域だということは興味深いことです。その、一九七〇年代における中欧の観念は、ホロコーストをめぐる物語の発展によって可能になったのだと思います。ホロコーストがひとつの概念として生じたのは、合衆国における市民権運動とともに、一九六〇年代のことでした。それは都市をとりもどすというある種の思想と関係があります。都会的でコズモポリタンなものは、ノスタルジア的であるだけではなく、進歩的でもあるのです。

クンデラの中欧から消し去られているのは、農民、スラヴ人、キリスト教徒、醜い現実、非ハプスブルク的な世界だけではなく、非常に重要な思潮でもあります。ハヴェルのルーツは現象学にありました。このことは非常に始末におえないことなのですが、というのも、その誕生がホロコーストに毒された哲学の流派が存在するとすれば、それはまさに現象学にほかならないからです。しかもハヴェルはそれを意識して受容しています。これは、現在現象学者についての研究を進めているマーシ・ショア[*19]から聞いて知ったことなのですが。

ホロコースト意識が、西欧においてヨーロッパの近代史に取り組む際の中心的な推進力となりつつあったのとちょうどおなじように、それは、それと並行する理由で、中欧と、とくにドイツ語圏の思想を、ホロコーストの可能性に関連するその歴史の側面へと切りつめることを意味していました。それによって、中欧の歴史と思想のほかの側面、とりわけ関心を引きつづける側面や、局所的には積極的な帰結をもたらす側面を、認めることが難しくなってしまったのです。

現象学者について述べるなら、カロル・ヴォイティワ〔ヨハネ・パウロ二世の本名〕について考えてみてください。西欧が、このポーランド人教皇を、彼の持ったあらゆる側面において受けいれることが困難だった様子は驚くべきものでした。彼のカトリック教の性質は処女マリアに対する国民的な崇拝へと還元されます。彼の批判者は、彼の倫理的な立場の、妥協なき普遍主義に注目し、彼を反動的な東欧の伝統以上のなにものでもないと取り扱います。これによって、カロル・ヴォイティワの知的な遺産、また は彼が依拠した知的遺産を真剣に考えるのは不必要であり、また同時にどういうわけかあまりに寛容にすぎることになってしまいました。

思うに、問題はつぎの点です。つまり、中欧の歴史は二〇世紀においてあまりにも巨大な問題をはらんでいたので、より微妙な知的・社会的・文化的な潮流は、外部者にとってはほとんど不可視になってしまったのです。なんにせよ、ラリー・ウォルフ〔ニューヨーク大学の東欧史家〕がずっと前に指摘したように、中欧は、以前から存在した台本にしたがって西欧の頭の中で大幅に書きかえられた世界の一部分だったのです。

もうひとりのポーランド人の名前を挙げさせてください。おそらく教皇をのぞいて、世界史にもっとも大きな影響をおよぼしたポーランド知識人です。それは、イェジ・ギェドゥロイチ〔一九〇六—二〇〇〇年〕、共産主義時代の、ポーランド人にとってもっとも重要な雑誌のひとつであった、『文化』の編集者です。

ギェドゥロイチはおそらくもっとも重要な冷戦リベラル派でした。ただし彼はほとんどものを書くこともなく、ポーランドの外側ではほとんど知られることもありませんでしたが。彼はパリ郊外のメゾン・ラフィットのある印刷所から、ポーランドそして東欧の知的生活に並行するものを生み出すことに成功したのです〔先述の『文化』はフランスで出版された亡命雑誌〕。彼はソ連の崩壊後、一九九〇年代という困難な時代を通してのポーランドを予見するような、東欧の政治、もしくは壮大な戦略を描きました。それもギェドゥロイチは、彼が暮らし仕事をしたフランスで、彼の一九五〇年代から八〇年代までの仕事をだれも気にとめていないという状況の中でそのすべてをなしとげたのです。

イェジ・ギェドゥロイチとバルバラ・トルンチックとのあいだの一九八一年の対話には面白い瞬間があります。トルンチックはギェドゥロイチに、彼が西欧からなんらかの影響を受けたかどうか尋ね、彼はきっぱりとノーだと言うのです。それから、彼女は彼がフランスに影響を与えようとしたかどうかを尋ねます。ギェドゥロイチは、つぎのように答えます。ああ、その質問には意味がない、なぜなら西欧から何か引き出せるとして、それは涙とお金だけなのだから。

それは、もうすこし複雑な話です。チェスワフ・ミウォシュは報われることのない愛について、ひとり以上の目に流れるべき涙について語っています。東欧は同情と支援を必要としているだけでなく、それは理解をされたいと願っているのです。それも東欧は、西欧の目的に沿うようなかたちではなく、それ独自のものとして理解をされたいと願っています。そして、六〇年代から九〇年代にわたる、中欧のさまざまな人びととの、あらゆる政治や世代の水準における交流のわたしの経験は、理解されていないという彼らの感覚によって定義されるのが常でした。

それなりに分別のある西欧の観察者であれば、二〇世紀の中欧の人びとに出会えば、報われない愛という経験を避けて通ることはできないでしょう。わたしたちは独自な存在なのだと、言われるでしょう。そしてわたしたちの明確な独自性は、あなたたちの目には見えなくなってしまったのだと。そしてわたしたちは、それをあなたたちに説明しようと努力したり、あなたたちにはとても理解はできないと絶望して手をあげたりをくりかえして時をすごしているのだ、と。

それは共産主義の深いところでの失敗として見ることができるのではないかと思います。共産主義は、一種の普遍的で、それゆえに普遍的に理解可能な文化を体現し、例示し、そして広めると想定されていました。しかし東欧においては、共産主義はあの内向きで、そして東欧の文化においてはかなり民族的に中心化された場を生み出しました。それゆえに、コズモポリタンな中欧というクンデラのイメージは本質的に反共産主義なのです。のちの知識人は、野蛮だったと想定される戦間期の知識人たちとくらべても、主要なヨーロッパ言語の知識を失っていきます。ですから、ハヴェルやミウォシュのような著名な作家を理解する際の凡庸な問題は、誰かに翻訳してもらわなければ読めないということなのです。

世代間の断絶が決定的に重要だと思います。わたしがケンブリッジで知り合ったハンガリー人の経済学者であるニコラス・カルドアの中欧は、いまだドイツ語圏の中欧でした。みんなドイツ語を話し、ドイツ語で出版できたし、実際していたので、だれも翻訳ということをしませんでした。しかしつぎの世代はハンガリー語で書くようになりました。その世代が義務として学んだ唯一の外国語はロシア語でしたが、それは二重の意味で無駄でした。というのは、彼らはロシア語を使いたいとは思っておらず、それゆえにそれをちゃんと身につけることがなかったからです。それゆえに、西欧に届けるためには、あらゆる著作が再翻訳されなければなりませんでした。

これはアダム・ミフニクに見いだせることでしょう。彼は真に歴史的な重要性をもっているけれども、英語では機能しないまれなヨーロッパ人です。彼の著作や言葉はフランス語から翻訳する必要があり（これは当時としては普通ではないやり方だったのですが）、その結果、彼の言葉は、たとえば三〇年前にイングランドやフランスの聴衆に届いたであろうほどには、アメリカ人には届いていません。さらに断言させてもらうと、西欧の文化や言語において活躍をする東欧出身の知識人は、しだいに典型的な人たちではなくなっていくのです。冷戦期のパリにまでたどりついたブルガリア人――たとえばツヴェタン・トドロフやジュリア・クリステヴァ[*20]――は、フランスの知識人の世界をうまいこと泳ぎ回ることができました。しかしこういった人びとは、自分たちの起源である文化の、大変に歪曲されて誤解を生じさせるようなイメージをわたしたちに与えたのです。

しかしもちろん、考え方を逆転させて、こういった難しい言語の翻訳は多くの場合、個人的で、危険をはらむ、ときに非常に困難な選択と、資金の乏しい場所での出費をともなったということを思い出してもいいでしょう。一九五一年にミウォシュがポーランドを去る決心をしたとき、彼はパリ近郊のメゾン・ラフィットに基本的には隠遁して、そこの小さな発行所から『文化』は出版されたのです。彼はそこに一年ほど暮らしました。それからギェドゥロイチがミウォシュの『囚われの魂』〔一九五三年〕を出版する決心をして、この著作はそれから翻訳をされます。しかしこの本が翻訳できたのは、ミウォシュがポーランドを去ることを選び、またギェドゥロイチが彼の後見をすることを選んだがゆえでした。

しかしわたしにとって興味深いのは、そこにはたらいている政治で、というのもギェドゥロイチは『囚われの魂』の議論にこれっぽっちも同意していなかったからです。彼は、ミウォシュが、「ケトマン」だとか「ムルティビング」といった複雑な文学的隠喩を、権力をにぎった共産主義が困窮した知識人に対してもつ魅力を説明するために使うことは、正しくないと考えました。ギェドゥロイチにとっては、ポーランドではそれはつねにカネと怯懦の問題でしかなかったのです。それにもかかわらず、彼はミウォシュの本を出版することは政治的によいことだと考えました。それは、ポーランドの作家たちのスターリニズム下での知的な犯罪に対して、アリバイを与えてくれるだろうと。

それは有用な非真実だということですね。

それがまさにギェドゥロイチが説明している言い方です。それはまた西欧マルクス主義者、共産主義者、おまけに共産主義から立ち直ろうとしている人びとにも一種のアリバイを与えます。なぜなら自分がマルクス主義に惹きつけられたことを、「ケトマン」、つまり表向きは妥協をしつつ、内面では抵抗をしているのだと自分で信じこむことや、「ムルティビング」、すなわちひとつの真実を受けいれることで疑念に終止符をうつことといった観点から理解したほうが簡単だからです。

わたしが『囚われの魂』を教材にしたときは、学部生たちの反応はこのうえなく熱心なものでした。学生たちは、AからDまでの伏せ字になっているミウォシュの友人はだれなのかと知りたがったりしましたが、またとりわけ学生たちは立論と文体に夢中になりました。また、大学院のゼミでもこの本を教えたことがあります。そこではいくぶん異質な反応がありました。つまり、これは絶対に周辺的で非典型的な言説ですよね、という反応です。この本に登場するのは、高尚な道徳的選択と倫理的な妥協の世界について、ほかの知識人に語る知識人なのであって、当時ポーランド人が直面したより広い圧力や選択については語られていない、と。

あなたの学生たちのどちらが正しいかは決めるのが難しいですね。つまり、現代の東欧、たとえばポーランドで驚かされるのは、じっさいに共産主義の記憶がなく、人びとを共産党にひきつけた思想だけではなく、動機についてもなんら共感をいだいてはいないような若い、右翼的な世代が存在することです。そういった世代はだいたい、「浄化」、すなわち、現在影響力のある地位についている人びとの過去の強制的な調査を熱心に進める人たちです。しかしもちろん、これは遅く生まれてきたゆえの粗野だと考えたいと思います。彼らはもっとも野心的な人たちで、古い世代を一掃したいと願っているがゆえに、もし共産主義下に生きたとしたら体制に協力したであろう種類の人たちなのです。

体制順応主義には二種類があります。ひとつは凡庸な順応主義で、私利や洞察の欠如から生じる、共産主義の最後の年月に見られた順応主義です。もうひとつの種類は、クンデラの踊り手たち、つまり一九四〇年代から五〇年代の信者たちの順応主義です。そう、あの、おたがいの顔だけを見て、世界には背を向けつつ、でも自分たちはすべてが見えていると信じこむ人びとの輪です。

パヴェル・コホウトやクンデラ自身のような賢い作家たちが、信仰と信念、そしてより広い集団的な物語の中にのみこまれていき、その中では自分たちとほかの人びとの自律性は、考慮にはあたいしないものになるのです。この後者のほうがより危険な順応主義でしょう。しかしそれは、みずからの犯罪の潜在的な規模を把握する力がはるかに低いゆえに、より危険なのです。もちろん奇妙なのは外部的な視点では——つまり外部の観察者の視点から見ると——輪になって踊る知識人の繊細な順応主義は、小胆な人物による利己的な選択よりはるかに魅力的だということです。

それがクンデラの特筆すべき点ですよね。つまり、スターリニズムの魅力という問題についての、小説家としての正直さが。彼は、今日のわたしたちは魅力など感じることがなく、またクンデラ自身が苦々しく振り返るような行動を、魅惑的なものとして描いています。

クンデラが若いときに（一九五一年、共産政権のチェコスロヴァキアで）警察のスパイをしていたらしいということが、二〇〇八年に暴露されましたが、これはわたしに言わせれば完全な誤解です。

彼が真剣な共産主義者であったのなら（そうだったのですが）、彼が疑わしく思ったことを警察に通報するのは倫理的な義務だったわけで、それでわたしたちがショックを受ける理由はなにもないのです。

それでもわたしたちがショックを受けるとすると、それは誤解をしているからにほかなりません。半世紀にわたって、わたしたちは図式を単純化して、共産主義の反対者たちはみな、生涯にわたって善良なリベラル派だったにちがいないと考えがちです。ですがクンデラは善良なリベラル派などではありませんでした。彼は真剣なスターリン主義者だったのであり、結局のところ彼の小説の核心はそこにあります。あの時代と場所がなんだったのか理解し、そしてどうして共産主義が、まさにクンデラのような人びとに対して魅力をもったのかを理解するためには、わたしたちは共感のための想像力を拡張せねばなりません。

それは、マーシ・ショアが彼女の論文のひとつで述べているのとおなじ論点で、そこではショアは、クレメント・ゴットワルト[*21]が、一九四八年のオールド・タウン広場で無帽で立っている姿を熱烈に賞賛するコホウトの言葉を引用しています。この男はチェコスロヴァキアの大統領となる共産主義者であり、すばらしい新世界へとわれわれを導く男だ、と。そして、そのおなじパヴェル・コホウトが、手のひらを返して六〇年代の文学的・文化的反体制の英雄となるわけです。このおなじ男が、です。しかし、後者のコホウトを前者のコホウトへと投影させてさかのぼっていくことはできないのです。

冷戦リベラル派と東欧の反体制派とのあいだにはいくつか興味深い重複点があります。冷戦リベラル派については、現在からふりかえって見れば、彼らが経済についてなにも言えなかったことがちょっとした問題です。東欧の知識人が経済について沈黙していることは、その知識人にとっては利点となりました。それによって、西欧で受けいれられる可能性が高まったのですから。

中欧の知識人は、経済を最低限のところまで放棄しました。経済学は一種の政治的思想のように思われ、それゆえに腐敗したものだと見られるようになっていたのです。経済の改革は、それが明白なイデオロギー的正当化から完全にきりはなされたときと場合にのみ、可能になったのです。ハヴェルなどいく人かの作家は、マクロ経済学をそれ自体本質的に抑圧的だと考えました。

ですから彼らはこの主題を避けます。まさに、イギリスではマーガレット・サッチャーが彼女の革命を遂行し、フリードリヒ・ハイエクが西欧での名声をとりもどし、彼の、経済への介入はつねにどこにおいても全体主義のはじまりだと主張していた、その時代にです。

それは改革派共産主義の歴史の終わりですね。振り返ってみて、たとえばチェコの経済学者オタ・シークや、ハンガリーの経済学者ヤノーシュ・コルナイ[*22]の著作を読めば、一九六〇年代という段階になってなお、彼らは単一党による統制経済に市場の諸要素を注入することによって、社会主義経済の本質を保持しようとこころみていたことが分かるでしょう。しかし、彼らの幻想がばかげたものに見えるようになったのは、西洋がもはやケインズ主義を奉じなくなっていたからではありません。シークやコルナイのような人たちは、彼らが提案していたことがあからさまに実行不可能になったことに気づき始めていたのだと思います。

改革派共産主義経済の、実行可能なものにもっとも近いのは、ユーゴスラヴィアかハンガリーのそれだと思います。しかし、ユーゴスラヴィアは――「労働者による管理」と「自主管理」のユーゴスラヴィアは――神話であり、有能な経済学者の一部はそれをすでに見抜いていたと思います。その神話は、現地生産の理想化と、工場を基盤とした集産主義や現地でのサンディカリズムの自律性といったことが、遠く離れた場所で大きく響いたことによって生まれたのです。

ハンガリーのシステムについては、それはうまくいっていました。しかしそれがうまくいっていたのはまさに、第五輪、すなわち民間部門があったおかげにほかなりませんでした。民間部門は、カーダール主義の原理（Xであるふりをすれば、お前を信じるふりをしよう）のおかげで存在を許されていました。ハンガリー経済の民間部門がその存在をあまり強硬に当局にたいして主張しないかぎりは、それは非公式に与えられた役割を演ずることを許される、というわけです。ですがこれを真顔で社会主義経済だと呼べる人はいません。

共産主義への幻滅が訪れた際に、すべての改革派共産主義者が自由市場のイデオローグに鞍替えしたとは思いません。じっさい、そうした人たちはほとんどいませんでした。ポーランド人は一九八〇年代の非合法の〈連帯〉の時代に、予算、通貨、改革そして現実的なマクロ経済の基準へと急激に傾いて行きましたが、そのポーランド人でさえもハイエク主義者へと変身したわけではありませんでした。その方向に進んだのはほとんど、若い世代の、歴史の知識が欠落した経済学者たちでした。古い世代のハイエク主義者といえば、あの唾棄すべきヴァーツラフ・クラウス[*23]がいますが、彼はいまやチェコ共和国の大統領ですね〔二〇一三年まで〕。

それにしても驚きを覚えるのは、一九八九年以前の世界では、わたしたちが話題にしてきた反体制派は自由市場派の経済学者ではなく、また広く話題にしてきたのはそもそも経済学者でもなかったとはいえ、その人たちの述べる結論には、自由市場を魅力的なものに見せるなにかがあったということです。計画経済の国に住んでいると、そこかしこに存在する小規模な市場がきらめきを放ち、活気をもたらし、より明るいものを想起させます。それは市民社会、すなわち個人でも国家でもないものに似ているのです。

自由市場の八百屋には、ハヴェルの八百屋よりははるかに面白いものが売り出してあるというわけですね。

それ以上でしょう。レオポルド・ティルマンド[*24]の、一九五四年のスターリン主義下のポーランドでの日記にある、靴を磨いたり、ネクタイを洗濯したりする人物のことを考えてみてください。この人物像は魅力的なものです。これらの人物像は二重の意味で残存物なのですが、それは彼らがおそらくユダヤ人で、そしてもちろんティルマンド自身がけっして口にはしないもののユダヤ人であるからです。ですが彼らはまた戦前の資本主義の残存物でもあり、消えてしまった世界から残された魅力的な、清潔さとおしゃれさというブルジョワの倫理を体現する人たちです。

それからミウォシュは『囚われの魂』の最終章で、数着のシャツを盗んでそれを売る方法を見いだす人びとについて書いています。もちろんそれは、実際の資本主義下では魅力的な行動とはいえません。たとえばニューヨークで万引きをしたり、それを言うなら今日のワルシャワでも同じことです。しかし、ミウォシュの描く共産主義を背景にすると、それは個人主義のように見えるのです。そしてハヴェルでさえも、「権力なき者たちの力」で、もしあなたが醸造者であるなら、やるべきことはうまいビールを醸造することだと言っています。これは正確な意味で資本主義の倫理ではありませんが、資本主義と調和しうる倫理です。

その視点は、かつては西欧でも広まっていた幻想をうまくとらえて例証しています。つまり、もっとも純粋な形式、資本主義の精神面においてもっとも純粋な形式は、基本的には熟練工による生産であると。つまり、醸造者の重要な質は、うまいビールを作ることにある、と。ところがもちろん、資本主義においては、醸造者の重要な質とは、たくさんのビールを売ることにあるわけです。

資本主義の魅力に欠ける性質とは、その中間地帯にあります。いっぽうの極端には、うまいビールを作ったり、数着のシャツを売ったり、または国家の命ずる生産ガイドラインを無視して自由に生きる人びとがいる。もういっぽうの極端には、倫理的な自意識をもった人間の努力のもっとも高次の大志としての自由という、純粋なるアダム・スミス理論のジョン・ロック的なかたちのものが存在します。そのあいだの中間地帯は、それとくらべていくぶん魅力に欠けるものです。それは資本主義が生き残るためには必要とされているものなのです。純粋に「アダム・スミス的」な市場など存在したことはありませんし、善意の熟練工はふつう競争に勝って生き残ることはできないと、わたしたちは豊富な経験から知っています。フランスの熟練したパン職人が現在生き残ることができているとして、それは助成金のおかげなのです。おなじくらい雑な言い方をすると、国家はあまり魅力のない形式の資本主義の利益を再利用して、美学的により魅力のある周辺的な事業者を維持しているといえます。

わたしに言わせればそれはまったく非難されるべきものではありません。しかしそれは、高等理論の水準におけるシステム像の魅力をそこなってしまっているのはたしかです。東欧ではしばらくのあいだ、道徳的にゆらぎのないことや妥協をこばむことの魅力は、かなり意識的に政治的な反体制から経済法則へと拡張されていきました。つまり、資本主義に対する妥協はありえず、資本主義は徹底的に乗っ取られなければならないという姿勢ですね。こういった水準のイデオロギー的な硬直性は、現在では不人気だと思います。ただし、ヴァーツラフ・クラウスやレシェク・バルツェロヴィチ[*25]といった空論的教条派と、ほかのひとつかみの真の信者たちを除いては、ですが。

一九七〇年代と八〇年代に勢いを増していった民営化を擁護する議論、そして人権のレトリックから借用した、合衆国におけるトリクル・ダウンの経済学の議論ですね。その議論によれば、自由な企業の権利というのは、ほかの権利と同等のもうひとつの権利であり、わたしたちが重視するほかの権利が重要であり純粋だと考えるのとまったくおなじように重要で純粋だ、ということになります。そしてここには、相互的な高尚化のようなものが起きています。つまり、市場はある種の経済システムとして提示されるだけではなく、ソ連や東欧のあわれな反体制派たちが代表する自由の実例として提示されるわけです。

それをつなぐのはハイエクですね。忘れてはいけませんが、制限のない市場を求めるハイエクの議論は、経済のみを中心に据えたものではありませんでした。その議論は、戦間期オーストリアの権威主義と、さまざまな種類の自由を区別することが不可能であるようなハイエクの経験にもとづいた、政治的な主張だったのです。ハイエク的な視点からすると、あるひとつの権利を犠牲にしそれを譲歩することによって、べつの権利を保存するということは、それによってどれだけの利得があろうとも、不可能です。遅かれ早かれ、両方の権利は失われることになるのです。

この世界観は、共産主義の中欧の状況にしっくりとあてはまりました。中欧の状況といえば、経済的な自由が毀損されれば、それによってすぐに政治的な権利が喪失されるということの実例でしたから。そしてこれはひるがえって、レーガン＝サッチャー的な見解を補強することになりました。すなわち、国家にじゃまをされることなく好きなだけのお金を稼ぐ権利は、自由な言論の権利ととぎれなく連続したものになっているのです。

これは、アダム・スミスが考えたこととは違う、ということを思い起こしておくことはきっと無駄ではないでしょう。そしてまた、これはほとんどの新古典派経済学者の見解とも違うということも。経済的な生活の諸形態と、人間存在のほかのすべての側面とのあいだに必然的で永続的な関係が存在するという前提は、彼らの念頭には浮かぶことはまったくなかったでしょう。彼らは経済を、人間の私利のロジックと同様に、その内的な法則によるものとしてあつかいました。しかし、経済のみがこの世における人間存在の目的を与えることができるといった考え方は、奇妙に薄められた味気のないものと彼らは思ったことでしょう。

二〇世紀の自由市場擁護は、非常に具体的に中欧（オーストリア）を起源とするもので、戦間期の危機と、ハイエクによるその卓抜した解釈にむすびついています。ハイエクの解釈とその含意は、シカゴとワシントン経由で誇張され蒸留されたかたちで、中欧へとフィードバックされていきました。このような奇妙な成り行きについて、共産主義者にはもちろん間接的ながら主要な責任があります。

> まさにそのような変身が行われるに際して、市場はたんに国家に制限をくわえるものになるだけではなく、さまざまな権利の源に、さらには倫理の源にならなければなりませんでした。市場は、個人の水準での私有財産によって私的な生活を可能にしたり、または国家に対して市民社会を守ったりといったかたちで、それ独自の境界線をそなえたものではなくなります。ハイエク的な議論、もしくはその東欧におけるドッペルゲンガーにおいては、市場はその権限を拡大して、公的なものと私的なものを同時に覆ってしまいます。道徳的な生活のための条件をととのえるどころか、市場はそれ自体が道徳的な生活なのであり、それ以上のものは求められないのです。

東欧が一九七〇年代の半ばから後半にゴルバチョフ的な人物によってばらばらに結束を失っていたら、そのことの含意について大きな論争が起こっていたことでしょう。左翼はマルクス主義の大きな物語について完全に再考をせまられていたことでしょう。しかし当時は、市場のあるとらえ方がうまくはまるような対抗的な物語があり得たとわたしには思えます。つまりそれは、たしかに急進的な政治のさまざまな概念に革命を起こすものではありますが、それでも保守的、または古典的な自由主義的な出発点からは明確に距離をとったような物語です。

しかしながら、二〇世紀の最後の一〇年になると、東欧における体制への抵抗は、政治の内部における革命というだけではなく、政治に対する革命として、しばしば説得力のあるかたちで提示されました。この変容が、鋭敏な新自由主義派につけ入る隙を与えました。いわば、反体制派の洋服を奪って、本人たちは溝《どぶ》に投げ捨てたのです。もしふつうの意味での政治が「反政治」にとってかわったのなら、わたしたちはポスト政治の世界に生きていることになります。そして、倫理的な意味や歴史的な物語を奪い去られたポスト政治の世界には、いったい何が残されているでしょうか？　社会でないことは確かです。マーガレット・サッチャーが有名にも主張したように、残されているのは「家族と個人」だけです。そして経済的な意味で定義された、その個人たちの私利だけです。

第七章　統一と断片——ヨーロッパの歴史家

わたしは一九八七年にオクスフォード大学を辞してニューヨークで職を得ました。二年もたたないうちに、わたしは気づいてみれば一九八九年のさまざまな革命のおどろくべき渦の中に巻きこまれていました。その年の一二月、わたしはウィーンでタクシーに乗っていて、ルーマニアでチャウシェスクが倒されたことをラジオで知りました。それは、その地域での共産主義の崩壊によってもたらされた、最後のもっとも暴力的な一幕でした。わたしたちの戦後ヨーロッパ観の中には、東欧の共産主義政権は残りつづけるだろうという思いこみが組み入れられていたわけですが、そのようなヨーロッパ観はどうなってしまうでしょうか？　そして逆に、ヨーロッパの東半分の変容は、西欧と新たに設立された欧州共同体に何をもたらすでしょうか？

だれかがこのことについて新たな本を書かなければならない、とかなりはっきりと思ったことを覚えています。古い物語は急速に解体しつつありますが、将来その物語にわたしたちが与えるべきかたちが生じてくるにはまだ時間がかかる。ほどなくしてわたしは、自分が書きたいのはそのような本だということを決心し、腰を落ち着けてそのための読書を始めました——それは予想もしないことに一〇年間かかることになったのですが。しかし一九九一年にソヴィエト連邦が終焉をむかえるころには、わたしは自分の決断が正しいものだったと確信していました。

一九九二年、ニューヨーク大学に移ってから五年後に、わたしは歴史学科の学科長になりました。そのような立場で自分の学科の大学院生を誘惑することはもちろん、誘惑を拒まないことはとてつもなく不適切なことだったでしょう。しかし、幸福なことに、まさにそれがわたしの身に起こったことでした。一九九〇年代初頭のニューヨーク大学歴史学科では、わたしはおそらく唯一の結婚にふさわしい（つまり未婚で、異性愛者で、七〇歳以下の）男性でした。ジェニファー・ホーマンズは、アメリカン・バレエ・スクールのニューヨーク校でバレエ・ダンサーとして訓練を積み、サンフランシスコとシアトルでプロのダンサーとして踊っていましたが、怪我のため、またおそらく熱意を失ったために引退しました。それから彼女はコロンビア大学でフランス語を学び、それからニューヨーク大学で大学院の特別研究員の座を勝ちとり、アメリカ史の研究を始めていました。

ジェニファーはアメリカ史にしだいに不満を持ちはじめました。なにしろアメリカ史はハイフンつきのアイデンティティの歴史へと切りつめられて、前の世代の、おなじくらいに退屈だけれども教育の上ではより役に立つ、ミクロ政治的な著作にとってかわっていましたから。ですからジェニファーは、その数年前にプリンストン大学からニューヨーク大学に移籍していた高名な思想史家ジェロルド・ザイゲルに会い、しだいにヨーロッパ史に真剣な関心をいだきはじめました。しかしそのいっぽうで、彼女はダンスの世界にも活発に関わりつづけて、ジャック・ダンボワーズ[*1]が設立したナショナル・ダンス・インスティテュートで働いており、その関心からプラハに行ってダンサーへのインタヴューをし、それで東欧に魅惑されてしまったのです。

ほかの大学院生たちに、ニューヨーク大学で東欧の話題を教えている先生は誰かと尋ねると、ジェニファーはわたしの名前を教えられ、彼女はわたしの研究室に来てその年の秋学期に教えているかどうか尋ねたのです。わたしはそのつもりはなかったし、学科長だったので授業を開く義務もなかったのですが、その時のはずみで、わたしは東欧史について独立した研究をする機会を心待ちにしていたのだ、と決心しました。さらには、わたしの多忙なスケジュールのために、五番街のレストランで長い個人指導をする必要がありました——いや、そのようにわたしが提案したわけです。その指導を始めるころには、わたしの気まぐれな心が何を計画しているのか、わたしにははっきりしてきました。わたしの「学生」にはそうではなかったとしても。なにはともあれ、わたしたちは学問の上での距離感という虚構を維持し、公的にも私的にも、おたがいに惹かれあっていることを否定しましたが、それも一九九二年の感謝祭までの三ヵ月のことでした。

わたしがはじめて公的な人物になったのは、その年の一二月、ジェニファーとフランスにいたときでした。わたしたちは学期の終わりにパリに向けて発ち、そこでジェニファーの両親に会いましたが、わたしはすぐに二人を気に入りました。わたしたちは車を借りて、アルザス、スイス、オーストリアを通り抜けてクリスマス前にウィーンに着きました。そこからさらに車でイタリアへ行き、ヴェネツィアに滞在しましたが、その滞在はわたしが彼女にプロポーズするためには十分な長さでした。そのようなわけで、わたしたちは幸せな気分でパリに向けて運転していったわけですが、ブルゴーニュ地方のどこかで止まって、家の留守番を任せていた学生であるニコール・ドンブロースキに電話をしました。すると彼女は言いました。「今週の新聞の『過去未完了』の書評を見ました?」と。

わたしはほかのことに夢中になっていたので、彼女がなにを言っているのか分かりませんでした。しかしあきらかになったのは、わたしの新刊が『ニューヨーク・タイムズ・ブック・レヴュー』誌の一面で派手派手しく取り上げられたということでした。それだけではなく、『ワシントン・ポスト』『ニューヨーク・レヴュー・オヴ・ブックス』『ニューヨーカー』にも、ある程度時をおなじくして取り上げられたのです。これらの雑誌はどれも、わたしがそれまでに書いたものを取り上げたことはなかったですし、ましてやそのように大々的に取り上げることはありませんでした。そういうわけでわたしは、ほとんど一夜にして、かなりの有名人になったのです。それから一年もたたないうちに、わたしは『ニューヨーク・レヴュー』その他の討論雑誌に寄稿するようになりました。そして今度はそれによって、わたしは政治的な著述や真剣なジャーナリズムへと向かう歩みを加速していったのです。めまいのするくらいの速度でね。

より広い公衆に向けて書くことによってもたらされたことのひとつは、わたしが酷評することで快感を得るような人たちだけではなく、わたしが賞賛する人びとや場所について書きたいという傾向でした。つまり、とりわけのちに『失われた二〇世紀』に収録することになるエッセイでは、わたしは非難するだけではなく賞賛することもできるようになっていったのです。それはおそらく成熟することによって自然にもたらされたものでもあったのでしょうが、『過去未完了』の出版と『知識人の責任』の執筆とのあいだのどこかの時点で、あるフランス人の同僚から向けられた批判に刺激されたということもありました。彼はわたしのフランス人についての著述にいらだって、フランス知識人はそのような連中だと本当に思っているのか、と聞いてきました。まともな連中だっているだろう？と。わたしは、もちろんカミュやアロンや、モーリヤックにはそれぞれいいところがあり、ほかにもいろいろいると答えました。彼は、それなら、どうして彼らについて書かないんだ？とやり返してきました。

そのような考えが芽生え、そして『ニューヨーク・レヴュー・オヴ・ブックス』にカミュの『最初の人間』の書評の依頼をしてきたロバート・シルヴァーズの時機を得た介入によってそれは後押しされました。それはいい機会でした。わたしが想起し、称えたいと思う二〇世紀の偉人は誰でしょう? わたしを惹きつける、彼らに共通の魅力とは何でしょう? わたしはハンナ・アーレントについて(だいたいは)褒め言葉を書き始めました。それから、有名であれ無名であれ、二〇世紀の思想家についての長いエッセイがなだれを打って発表されることになりました。ケストラー、コワコフスキ、プリーモ・レーヴィ、マネス・シュペルバー、カロル・ヴォイティワ〔ヨハネ・パウロ二世〕などです。わたしの仕事がこれを通して改善されていったことに疑いはありません。じっさい、自分が尊敬する人物については、うまく書くのははるかに難しいものなのです。アルチュセールを却下し、マーティン・エイミスをあざけり、リュシアン・ゴルドマンをおとしめることは、子供でもできる仕事です。ですがカミュは偉大な作家である、コワコフスキは聡明な哲学者である、プリーモ・レーヴィはホロコーストの記憶の偉大な保持者であるなどと言うのは簡単であるものの、こういった人たちがどうしてそれほど重要なのか、どのような影響を与えてきたのかということを具体的に説明しようとすると、すこし頭をひねらなければならないのです。

もうひとつの、褒めることの促しは、『マルクス主義とフランス左翼』のフランス語版の序文を書いてくれたフランス革命史家であるフランソワ・フュレによってもたらされました。シカゴ大学の「社会思想委員会」の委員長として、フュレはわたしを一九九三年にブラドリー連続講演に招待しました。その講演は三人のフランス人、すなわちレオン・ブルム、アルベール・カミュ、そしてレイモン・アロンに捧げられたもので、それは拡張されて『知識人の責任』になったのです。『知識人の責任』は小冊ではありますが、おそらくわたしのほかのどの著作よりも、わたしが尊敬する人びとを詳細に論じるというかたちで、わたしが何者で何をしているのかということを表現した著作だと思います。この本を書き終えてようやく、わたしは『ヨーロッパ戦後史』に意識を完全に振り向けることができたのです。

一九九〇年代の半ばに、私は中欧で暮らしていましたが、そのころにわたしはそのプロジェクトを開始していました。一九九四年の一二月から一九九六年の三月にかけて、ジェニファーとわたしは人間科学インスティテュート（IWM）に招待されてウィーンに滞在していました。そしてわたしはいつも通り、ウィーンの夏は埃っぽくて退屈だし、冬は寒くて退屈だと思いました――つまり、それゆえにすばらしい場所だと思ったのです。この中規模の中欧の都市は、二〇世紀初頭のわずかな期間だけ知的・文化的な近代のゆりかごのような場所だったのですが、現在では小さなEU加盟国のほかとかわりのない首都であり、帝国の記憶が過剰に付与された都市です。わたしの経験では、ウィーンでは望むとおりの生活を送ることができます。社会生活もできますが、すばらしい孤立状態を保つことも可能なのです。

まさにその理由で、このオーストリアの首都は気が滅入ると思う人は多いのです。しかしわたしはウィーンのそなえている、みすぼらしく半分空虚な、失われた過去の感覚、興味深いものはすべて過ぎ去ってしまったという感じが、好きだったのです。クリストフ・ミチャルスキー[*2]の人間科学インスティテュートは、わたしの要望にぴったり沿ったものでした。同様のほかのほとんどの組織とはちがって、そこでは集団的な「知的な議事予定表」にしたがって貢献の努力をする必要はなく、完全なプライヴァシーを保っていることができました。またわたしは、おなじ分野の研究者がそこにはおらず、したがって「仕事の話」をする必要がないことも気に入りました。何時間も仕事をし、たくさん読書をして、あてもなく散歩をすることができました。夜は静かなものでした。

わたしはミチャルスキーと、陰湿なアイロニーを好むという共通点のため、かなりよい関係にあったと思います。彼もわたしの中に同胞の感覚を抱いていただろうと。ミチャルスキーは、自分で作り上げた研究所のために資金や支援やコネをかきあつめることに成功した人物であるにもかかわらず、どこか外部者のままでいるようなところがありました。それは、彼が生まれたポーランドにおいてもおなじで、彼は生まれた世代にもかかわらず「彼ら」——つまり、共産主義貴族の金ぴかの子供たち——の一員に、真の意味でなったことはありませんでした。人間科学インスティテュートは、知的な生産の偉大な中心となったことはありませんでした。わたしの経験の範囲では、あそこに所属する人たちはそれほどたくさんのものを書いていませんし、たとえ書いたとしても、その最上の著作はすでに過去のものになってしまっているのです。しかしそれは重要だとは思いません。ミチャルスキーが卓越した力で作り上げたのは、知的な流通のための媒体だったのです。彼のインスティテュートは切れ者たちに出会うための理想的な場所であり、そのような性質は過小評価されるべきではないのです。

　ウィーンにいるあいだに、わたしは『ヨーロッパ戦後史』の最後の部分のための素描を書きました。それは『壮大なる幻想——ヨーロッパについての試論』と題されていました。それはわたしが一九九五年にボローニャで行った、一連のかなり懐疑主義的な講演がもとになっていました。その講演の中心の命題とは、ＥＵは過剰な野心と政治的な近視眼のために崩壊の危機にあるということでしたが、それは現在でも通用すると思います。そのすぐ後に、わたしは『ヨーロッパ』[*3]を読みました。それは一九九六年に出版された、多作な歴史家でポーランドの弁明者であるノーマン・デイヴィスの本です。わたしは自分の本を計画するのに完全に没頭していたので、デイヴィス版のヨーロッパ史が、わたしが書きたいと望んでいるような種類の本ではないことについて異常なまでに気にかけていました。とりわけ、彼の大作はある種、「ほらほら、アレのことだよ」的な性質によって、つまり歴史の物語に著者が軽率に入りこんでくるような性質で画竜点睛を欠くといった風情だったのです。

しかしそれにしてもおそらく、その後『ニュー・リパブリック』誌に書いた書評で、わたしもすこし調子に乗ってしまったと思います。わたしはデイヴィスの『ヨーロッパ』がホロコーストの問題について深刻なほど無関心で、その偶像破壊的な修正主義はちょっと雑だと思いました。わたしはまた、東欧の等閑視された重要性をめぐる論争でしかないものが、ヨーロッパ大陸全体の客観的な歴史のふりをするようなことが許されてはならないと、強く感じました。さらには、事実のまちがいもあったのです。デイヴィスは『ニュー・リパブリック』に投書して応答し、そこで、わたしの書評の中でもっとも遺憾だったのは、わたしが彼を少々滑稽な人物として却下したことだとあきらかにしました。わたしは彼を、オクスフォードから排除されたことにいらだって、苔むした教授連が彼の愛するポーランドのことを知らないと子供っぽく論難している人物として描いたのです。（わたしは彼の態度を、『たのしい川べ』[*4]からの有名な、ヒキガエル氏〔トード〕の二連対句でもじりました。「オクスフォードの賢い人たちはなんでも知ってるが、だれひとりとして賢いヒキガエル氏の半分もものを知らない」と。）

数年後に、デイヴィスはわたしに短い手紙を書いてきて、それはすこし棘はありましたがまったく友好的なもので、二〇〇二年の、だったと思うのですが、わたしのイスラエル批判を賞賛してくれました。彼はつぎの年に、『ニューヨーク・レヴュー』に載せた単一国家解決策についてのエッセイで引き起こされた騒動にあたって、さらに支持のメッセージを送ってきました。わたしはかなり慇懃な返事を出して、人というものが時に、思いがけず独特の理由で人の意見に賛成するのはとても奇妙ですねと、まあまちがいなく棘はありますが、無礼ではないしそのつもりもない返答をしました。それから、わたしはまったくもってびっくりしてしまったのですが、デイヴィスは『ガーディアン』紙に、『ヨーロッパ戦後史』について、寛大で洞察にみちた書評を寄せたのです。わたしは礼状を出して、彼の「紳士らしい」ふるまいに感謝の意を示しました。おそらくデイヴィスが『ヨーロッパ戦後史』について述べたもっともいいことは——そしてこれは彼の視点からすればたしかに最高の賛辞ですが——ジャットは「とくにチェコスロヴァキアに詳しい」という主旨のことでした。

一九九五年に、わたしはシカゴ大学で、ジョン・U・ネフ社会思想委員会[*5]の委員長の座に誘われました。ちょっと悩んでから、わたしはそれを断りました。振り返ってみると、当時わたしは自分のことを違う視点から眺めはじめていました。歴史家としてだけではなく、かといって「公的な知識人」としてでもなく、自分の技能とエネルギーをある新たな仕事に振り向けるであろうような誰かとしてです。わたしは制度化された討論の場をつくり出して、わたしが尊敬するような仕事を推奨し、わたしが興味深いと思い支援をしたいと思うような人たちを集めるというアイデアに惹かれていました。そのような場は、シカゴよりも、またそれを言うならハイド・パーク〔ロンドンのこと〕の水で薄めたような雰囲気よりもはるかに、マンハッタンでなら容易に達成できると、当時のわたしには思えました。

結局のところ、ニューヨークという都市は特別だったのです。ニューヨークに移るまでは、わたしは大人になってからの人生をケンブリッジ、バークリーそしてオクスフォードで過ごしてきました。そのそれぞれの都市は、それぞれのあり方で、孤立した象牙の塔でした。しかしここニューヨークでは、大学（ニューヨーク大学、コロンビア大学、ニューヨーク市立大学大学院センター）は、大学と都市が別々のものだというふりをすることはできません。マンハッタンのアッパー・ウェスト・サイドの小さな丘のうえに燦然と孤立しているコロンビア大学でさえも、教員や学生を（プリンストンやニューヘイヴンやマサチューセッツ州ケンブリッジのライヴァルたちではなく）ここにひきつけている理由が、まさに、おそらく時代錯誤的ではあれ、世界でもっともコズモポリタンだと思われている都市にこの大学があるということだという事実は否定できないでしょう。

学問的な視点から見ると、ニューヨークは英米的なひな型にはまっているというよりは、大陸ヨーロッパ的なモデルに近いでしょう。この街で行われているもっとも重要な対話は、大学の塀の向こう側で学者が行っているものではなく、市井で、地元の教授連と同様にジャーナリスト、フリーの作家、芸術家、訪問者といった人びとによって行われているものなのです。このように、すくなくとも建前上は、大学は文化的・知的により広い対話に取り込まれているのです。すくなくともこの意味では、わたしはニューヨークにとどまることによってヨーロッパ人でありつづけることができました。

わたしは、具体的に実現したい、大学に対する提案をたずさえて、シカゴからニューヨークにもどりました。もし大学が、わたしが研究所を設立する手助けをしてくれるなら、わたしは喜んで大学にとどまるだろう、と。その研究所は、わたしがそれまでの一〇年間温めてきた思想やプロジェクトの館です。ニューヨーク大学は、この提案にかなり便宜をはかってくれて、わたしたちが実施する研究計画や招聘する人に関して、けっして介入をしないでほしいというわたしの主張もうけいれてくれました。大学は約束を守り、大学の援助のおかげでわたしはレマルク研究所を設立することができました。

もしわたしがレマルク研究所を設立できなかったら、ここニューヨークにとどまることはなかったと思います。じじつわたしは、ニューヨーク大学の歴史学科には、その政治的公正や歴史的な「実際性」をめぐるばかげた傾向のために、今も昔もとりわけ愛着を抱くことはありませんでした。しかし、これほどまでに支援を惜しまない組織も、世界のほかのどこにも見いだせないだろうとも思います。ニューヨーク大学は、その前の一〇年間のケンブリッジ大学キングズ・カレッジとおなじように、決定的に重要なキャリア上の前進を可能にしてくれたのであり、わたしは本当に感謝しています。

　レマルク研究所を設立したとき、わたしはまだ四七歳でした。どんな業界の会議に出ても、ほぼ一番若いというような年齢です。歴史家の集まるカンファレンスやシンクタンク、研究所、それから委員会などで、わたしは年老いて名声を確立した年上の学者たちに囲まれていたのです。外交問題評議会[*6]やそのほかの仰々しい組織で、わたしは三〇年にわたってテレビで見てきた人たちと、外交政策についてのパネルディスカッションに参加したのです。ほかのなににもまして、わたしは若い才能の持ち主たちの言葉を聞き、会い、励まして後押しをできるような討論の場を求めていました。

　さらには、合衆国であろうが外国であろうが、これまでほとんどの大学ではうまくなされていなかったことをするのがわたしの念頭にはありました。わたしは、その仕事が特定の「学派」にすっきりとは収まらず、確立された博士課程修了後の課程には自然にフィットしないけれども、まあとにかく優秀な若者を見つけることに興味がありました。わたしはそのような人たちが、おたがいに出会い、自分たちの仕事を自分たちの基準で、社会的・教育的な義務なしで追究し、そしてとりわけ因習的な学問分野の、国の、または世代の境界線をこえて意見を交換することによって、その人たちに資源、人的なつながり、機会と、最終的には職を提供したいと思いました。

　わたしが創造したいと思ったものには、名前さえありませんでした。とりわけ、わたしは国際的な対話を容易にしようとしていたのです。その対話に制度的なインフラストラクチャーと実際的な資源を与えつつ、しかしそれ以外の部分では、若い人たちが利用するような形式的な制度よりは、彼らに提供される機会を強調することによって。

やがて、レマルク研究所は名声を獲得し、わたしたちの扱える規模やもともとのねらいをはるかに超えていきました。研究所はつぎつぎにワークショップ、シンポジウム、カンファレンスを打ちました。毎年、スイスのカンダーシュテークでセミナーを、有望な若い歴史家たちのために行いました。レマルク・フォーラムでは、北米とヨーロッパの面白そうな若い研究者を集め、学界、ジャーナリズム、さまざまな芸術、実業界、公的サーヴィス、そして政府といったところに手を伸ばして、真に型にはまらないような国際的な対話を促進しました。ニューヨーク、パリ、フィレンツェで定期的なセミナーを行い、それはリラックスした雰囲気で発表が行われ、終わりを知らない討論が行われ、そしてとりわけたくさんの若い参加者を得ました。

わたしたちは、このうえなく有望な若者たちが、自分たちの学者としての、そして職業的な進路を決定する手助けをしてきました。これまでとは違った種類の学問的・知的な交流を実践することによって、わたしたちは新興の学者たちが、あまりにも多くの場合は野暮ったく、古くさく、浮き世離れしたものに見えてしまう職業に対する情熱を更新し、維持する助けになったならいいと思っています。

確実に、わたしたちは年長の学者と年少の学者を結びつけ、職業上の世代を超えた対話を開くことにかなり成功したと思います。レマルク研究所での多くの出会いは、制限がなく、凡庸で流行のものに対するありがちな儀礼といったものもなかったので、新鮮なものであり、それは永続的なもので、また魅惑的なものであったと望んでいます。なんにせよ、わたしたちは価値ある目的に奉仕していたと思います。

凡庸ではなく、また流行にへつらっているわけでもない歴史家になるというのはどういう意味かについて、もうすこし明確にしてみましょう。ある歴史家を中心として研究組織を設立するというのは、ふつう行われるやり方の反対です。わたしたちは、組織が歴史家をつくりだすと考えがちで、それを前提に、組織がいかにその人の仕事に影響をおよぼしたかと考え、もし可能だとしていかにして歴史家は本当の意味で学究的な人間になれるのかと問います。そしてわたしたちの多くは——あなたは特に違いますが——歴史をさかのぼって、かつての歴史家が、自分で気づいていようがいまいが、さまざまな枠組みのうちのひとつになんらかのかたちで閉じ込められてきたことを示そうとして時間を費やします。いまやわたしたちはそういったことに意識的になったのなら、歴史学は何のためにあるのでしょう？　歴史学を立派にやるというのはどうすればいいのでしょう？

まずは、大きな物語というアプローチがあり、それにはリベラルな形式または社会主義的なかたちのものがありました。リベラルな形式のそれは「ホイッグ党による歴史の解釈」というハーバート・バターフィールド[*7]の概念によってもっともうまく——軽蔑的にですが——とらえられています。それはつまり、ものごとは改善していくのだという解釈であり、歴史の本質はものごとが改善することであるとは言わないまでも、じっさい物事は改善していっているのだというものです。もっとも狭い例をとるなら、フランスの経済史のあるジャンルにおいては、フランスの経済の歴史は一体どうしてイングランドのそれとおなじような発展をとげなかったのか、というのが暗黙の命題になっていたことを思い出します。言いかえれば、どうして産業化が遅れたのか？　または、どうして市場の発展が遅れたのか？　なぜ農業部門があれほどに長く消えずに残っていたのか？　こういった疑問というのは煎じ詰めれば、どうしてフランスの歴史はイングランドの範例にもっとしっかりと従っていかなかったのだろうか、ということになります。ドイツ史の特殊性、ゾンダーヴェクつまり「特有の道」という観念も、似たような前提や論争を含意しています。そのようなリベラルな歴史観があり、それは英米を核としているのですが、言ってよければ後進国に適用されると部分的にしか通用しない歴史観なのです。

社会主義の物語はリベラル派の進歩史観からの借り物です。違いは、人間の発展の歴史はある時点、つまり資本主義が爛熟した時点で止まってしまうだろう、そしてそれ以上先に進むためには、前もって確立された目的、すなわち社会主義に向かって意図的・意識的に進むしかない、という仮定でした。

もうひとつの視点があり、それは左翼においては十分に疑義に付されていない、または意識的に反動的だと考えられています。すなわちその歴史は、精神史《モラル・ヒストリー》です。精神史の場合には、歴史は変化や変容の物語ではなくなります。歴史の精神的な目的やメッセージは不変のものになります。時間とともに変化するのはその具体例だけなのです。そのような調子で、精神史においては、歴史は自分たちの行動の帰結を知らない参加者によって終わることなく再利用されるホラー・ストーリーになります。または（もしくはそれと同時に）、歴史は倫理的または宗教的なメッセージや目的を実証する説話となります。〔トゥキディデスの〕有名な言い回しで言うなら、「歴史とは事例によって教訓を与える哲学である」というわけです。脚注のついた寓話ですね。

今日では、わたしたちは以上のどの歴史にも納得はできません。進歩の物語を口にするのは困難です。それを見ようとして探し求めても進歩はどこにも見いだせないと言いたいわけではなく、わたしたちは多くの退行も目にしてしまうので、進歩が人間の歴史の基本状態だというのは難しいということです。

そのような思考法へと素朴に回帰している唯一の分野は、過去三〇年間のより粗野な流派の経済思想です。すなわち、経済成長と自由市場を、人間の発展の必然的な条件としてのみならず、それらこそが最高の動因だとする思想ですね。公共倫理について言うなら、カントを経過したにもかかわらず、わたしたちはいまだに、宗教を起源としないような合意のための基礎をもっていないのです。

ホイッグ党的なアプローチと道徳化を行うアプローチの両方が不可能であることの結果として、歴史家たちはもはや自分たちが何をしているか分からなくなっています。それが悪いことなのかどうかは別問題ですが。もし歴史家たちに、歴史の目的は何か、または歴史の本性は何か、歴史は何を主題とするのかと聞いたら、返ってくるのは呆然としたうつろなまなざしでしょう。よい歴史家と悪い歴史家の違いは、よい歴史家はそのような疑問への答えなしでもなんとかやっていくことができ、悪い歴史家はそれができないということです。

しかしたとえ歴史家たちが答えを持っているとしても、それでも彼らは悪い歴史家であるかもしれません。その場合彼らは、仕事を行うための枠組みを持っているにすぎないかもしれないのです。その代わりに彼らは、ちょっとしたひな型——人種、階級、民族、ジェンダーなどなど——を持っていたり、はたまた搾取をめぐる残滓的なネオマルクス主義的な説明方法を身につけていたりするでしょう。しかし歴史家という仕事のための、共有された方法論的な枠組みは見あたらないのです。

歴史家が行うことをめぐる歴史学の倫理についてはどうでしょう?

それは職業倫理の話ですね。バターフィールド・マイナス・マルクスというよりは、デュルケーム・プラス・ヴェーバーとでもいいますか。

まず、現在の目的のために過去を創造したり、搾取したりしてはなりません。このことは、表面上そう見えるだろうほどには自明のことではありません。じっさい、現代の歴史家の多くは、歴史を、政治的な論争の応用編だとみなしています。重要な点は、従来的な物語が偽装をして隠してきた過去についての事実を暴露することだとされます。すなわち、過去の誤読を、ふつうは現在の大問題に決着をつけるために、修正することです。これが粗野で厚顔なやり方で行われると、わたしは気が滅入ってしまうのです。それは歴史の目的、つまり過去を理解するという目的をあきらかに裏切ってしまいます。

それを言った上でですが、わたしは自分自身がおそらくそのような営為にふけったという事実を強く意識しています。『過去未完了』は近い過去の深刻な誤読を修正するだけではなく、――これは副次的にではありますが――そういった誤読と比較可能な現在における過誤を見つけるこころみでした。というわけで、歴史家は現在に対する含意についての関心を持ちながら過去について書くべきではないと主張する立場には、わたしはないわけです。

分かれ目はつぎのようなところにあるとわたしには思えます。すなわち、歴史の物語には本当らしさがなければならない、と。歴史書は、そこに含まれる事実が正しいと仮定して、それが物語を語る際の確信の度合いによって成功したり失敗したりするものです。もしそれが、知的で知識をそなえた読者の耳に対して真実らしい響きをもっているなら、それはよい歴史書なのです。もし嘘っぽく響くなら、たとえそれが健全な学問を基盤として、偉大な歴史家によってみごとに書かれたものであるとしても、それはよい歴史書ではないのです。

後者のもっとも有名な例は、A・J・P・テイラーの『第二次世界大戦の起源』です。この本は見事な筆致で書かれた小冊で、円熟した外交史家の、関係資料に精通した専門家で言語にも通じた非常に知的な歴史家の仕事です。一見そこには、よい歴史書の構成要素がすべてそろっています。では何が欠けていたのでしょうか？　答えをはっきりと突き止めるのはむずかしいです。おそらく問題は、趣味のそれかもしれません。ヒトラーは第二次世界大戦に対して責任がないと主張するのは——テイラーは主張したのですが——ばかげているほどに直感に反することです。それがどれだけ繊細に表現されたとしても、その主張はあまりにも本当らしくなく、そのため拙い歴史になってしまっているのです。

しかしそうすると疑問がもちあがります。その本当らしさを評価するのは誰なのか？　テイラーの場合であれば、わたしは専門の時代なのですから自分自身の反応で満足をするでしょう。しかし、たとえば中世都市の興隆の説明の本当らしさについては、それが有能で評判の定まった学者の仕事だと仮定しても、わたしは判断をするなどとてもできません。だからこそ歴史は必然的に、おたがいへの信頼と尊敬にもとづいた集団的な学問的営為なのです。しっかりとした教養をもった内部者だけが、ある歴史書がよいものかどうかを判断できるのです。

わたしが今説明したことは、直感にもとづく判断だということは認めるにやぶさかではありません。数限りない委員会に出席して採用や昇進の候補者を検討してきて、わたしが「この仕事はよい仕事ではない」と述べたことが何十回となくあったはずです。するとだれかが「どうしてそう思うんだ？」と聞くわけです。わたしの同僚の多くは、予防線を張って弱い候補者を、彼女の議論は「独創性がある」だとか、彼女の仕事は「型にはまっていない」といった主張をして擁護しようとしました。それに対してわたしは、「そうですか。しかしこの仕事は嘘くさい。歴史を本当らしく語っていない。だからよい歴史研究の手触りがないのだ」と応答したものです。若い同僚たちは、このような発言はまったくもって人を煙に巻くような主張だと思ったでしょう。彼らにとっては、同意できる歴史がよい歴史なのです。

歴史家たちは自分たち自身を歴史化するのがうまくはありませんね。つまり、歴史家たちは、もともと自分たちが考えていたことを追認してくれるような議論か、ほかの多くの人びとが考えていることをある挑発的なやり方で解体するような議論に魅力を感じる傾向にあります。このどちらもおなじくらいにまずい。挑発は因習性のべつの形にすぎませんから。しかしあるひとつの世代、環境、党派の歴史家が、自分たち自身の前提でものを考えて、現実の感覚にしたがってなにかを判断する——というのは、あなたが今語っていたことだとわたしは思うのですが——のをやめることは、難しいのです。

まさに最上の人たちはのぞいて、現在の歴史家たちは、二重の不安定さにさらされていると思います。まず、歴史学という学問は学問のさまざまな範疇の世界のどこに位置するのか、あまり明確ではないということです。それは人文学なのでしょうか？　社会科学なのでしょうか？　アメリカの大学では、人文学部の学部長がときに歴史学を担当していますが、ときにはそれは社会科学の学部長の対象です。わたしがニューヨーク大学の人文学部長になったときには、歴史学はわたしの権限内にあると主張しましたが、それに対して社会科学部長（人類学者）はこう答えたのです——はいどうぞ、と。

歴史学者はどちらかといえば社会科学に含まれるほうを好みます。そしてもちろん、彼らはそのような範疇に入ることでもたらされる資金をねらっているわけですが。一九六〇年代と七〇年代には、人文学はアメリカの大学における制度的な構造や意思決定のプロセスにおいて力をもっていませんでした。社会科学、つまり社会学、人類学、政治学、経済学の一部、言語学、心理学などは、それ自身を、物理学のことを言うときとおなじ意味で科学的だとみなしました（また、しばしばほかの人びとによってそのように見られました）。そのいっぽうで人文学は、〈理論〉の肥だめの中に滑り落ちて、歴史学は犯罪的にも自己省察的なメタ概念に欠けており、その方法論と称されるものにおいては、胸が悪くなるほどに経験的だとみなすようになっていました。

　現在の歴史家は、この劣等感が高じて、理論やモデルや「枠組み」にとりつかれているのだと説明できるでしょう。そういった道具はこの通り、知的な構造をもっているのだという安心感をもたらす幻想を提供してくれます。歴史学という学問は規則と手続きをもっているのだと。何をやっているのかと問われれば、自信をもって「サバルタン研究」をしていますとか、「新たな文化史《ニュー・カルチュラル・ヒストリー》」をやっていますとか、なんでもいいのですが、化学者が自分は無機化学をやっているとか生化学をやっていると説明するのとほぼおなじように答えることができるわけです。

　しかしこれはたんに、あなたが指摘した問題へと逆戻りするだけです。つまり、そういった歴史の分野の名称は、非常に現在指向だということです。そして、歴史家の「批評的」なアプローチというのは、つまるところ、同業者にあるレッテルを貼り付けること、もしくは貼り付けるのをこばむことにほかならないことになります。このプロセスは、困ってしまうほどに独我論的です。だれかほかの人にレッテルを貼ることは、自分にレッテルを貼ることにほかなりません。

　ですが、他人は無意識的にまたは意図せずに偏見をもっていると言って拒むことができるいっぽうで、自分自身の仕事というものはつねに徹底的に汚染されていないものとされます。それゆえに、著者自身の利害の掛かり合いは自意識的で自己批判的だ、などなどと証明するために大変な骨が折られるわけです。その結果、これほどたくさんの、いびつに傾いた著作が大量生産されるのです。その研究の脱構築的な目的についての大きな主張で始まって終わるような著作です。しかしそれに挟まれた中間の章はじっさいは――よい歴史書であればそうなってしかるべきかたちで――非常に経験主義的で、そこに、著者自身が発見したまさにその証拠に疑問を投げかけるような脱構築的な節が時々放りこまれるといった感じなのです。そのような本は読んでも魅力を感じませんし、それと関係しますが、知的な自信に欠けたものになります。

そのようなやり方で通史を書くことはできません。一九六〇年代に、クェンティン・スキナーは思想史の方法論を鋳なおす一連のすばらしい記事を書きました。彼は、思想をその文脈に入れることをおこたったまま思想史を書くことがいかに一貫性に欠けるかということを示しました。言葉や思想は、たとえば一七世紀の読者や著者にとっては、その時代独特の意味をそなえていました。当時それらがどんな意味をもっていたか理解したいと望むのであれば、その言葉や思想を文脈から抜き取ることはできないのです。

スキナーのエッセイを読むと、思想史を一貫したかたちで語るのは不可能だという結論に飛びつきたくなります。歴史の素材を現代の読者に理解可能なかたちに変えるというまさにその営為が、その素材の意味に対する暴力となり、したがって歴史の企図そのものを台無しにしてしまうのです。それでもそれから一〇年後に、スキナーは『近代政治思想の基礎』を出版します。それはみごとな構成の、中世後期から初期近代までのヨーロッパ政治史を叙述する歴史です。上首尾にするために――そしてじっさいこの本は上首尾なのですが――この本は著者自身の方法論的な歴史主義を注意深く退けています。おそらくそれには必然性があったのでしょう。

文学批評が危機におちいり、政治学が理解不可能なものになってしまったにもかかわらず、歴史学

が前進しつづけており、生き残っている理由のひとつはまさに、読者が歴史は上質に書かれていることを期待するからではないでしょうか。

書き方の下手な歴史書は悪い歴史書です。悲しいことですが、よい歴史家であってもときには文体が不格好であれば、その本は読まれずに朽ちていくのです。

たとえばかつてわたしが友人を訪問したときには、その書棚におなじみの混合された蔵書を見つけたものでした。古典的な小説、現代小説がいくばくか、旅行記、伝記が少々、そしてすくなくとも一冊のポピュラーな歴史書です。この歴史書は、ふつう『ニューヨーク・タイムズ』や『ニューヨーカー』で好意的な書評をされたもので、その本が会話の足がかりになるのが常でした。典型的にはそういった本は、通史を書いて成功した学者によるものです。しかしそのような種類の著者は今も昔もめずらしいものです。歴史書の市場は広大ですが、ほとんどの歴史の専門家はその需要に応えることができません。

トニー、この問題には倫理的な側面もあるように思います。これを表現しようと思ったら、ひどく一八世紀的で形而上学的にならざるを得ないのですが……

一八世紀的で何が悪いのです？　一八世紀といえば最上の詩、最上の哲学者、最上の建築の時代ですよ……

……つまり、わたしたちは言語に負うところが大きいということです。人びとが本を買ってくれるようにうまく書かなければならないというだけではなく、また歴史とはうまく書かれるべきものだからうまく書かなければならないというだけではなく、言語に対して責任をもって応答するような職人技というものが、多くは存在しないからです。責任ある職人技がなんらか存在するとして、わたしたち歴史家はまさにその中心にいるのではないでしょうか。

分かりやすい対照を挙げるなら、小説家と比べるといいでしょう。一九五〇年代や六〇年代のフランスでの「新しい《ヌーヴォー》」小説《ロマン》の興隆以来、小説は非標準的な言語の形態によって植民地化されてきました。このことはなにも新しい事態ではありません。『トリストラム・シャンディ』や、もちろん『フィネガンズ・ウェイク』を思い出してください。しかし歴史家はその先例にしたがうわけにはいきません。非標準的な歴史書は、つまり物語の流れや統語法を無視したような歴史書は、たんに理解不可能なものになってしまうでしょう。わたしたち歴史家は、保守的たることを強いられているのです。

もし一八世紀初期のイングランドやフランスの文学を例にとって、それを現代の小説とくらべたら、文体、統語法、構造、またはつづりでさえもすべて劇的に変わってしまっていることに気づくでしょう。子供に『ロビンソン・クルーソー』の原典を読ませてみてください。物語はすばらしいですが、その文章は読めたものではないでしょう。それとは逆に、一八世紀の歴史書を、二一世紀のよく書かれた歴史書とくらべてみると、驚くほどに変化が少ないことが分かるでしょう。ギボンの『ローマ帝国衰亡史』[*8]は現代の歴史家でも――もしくは現代の生徒でさえも――完全に読みうるものです。議論の組み立て、証拠の配置と、証拠と議論とのあいだの関係は、読めばすぐにおなじみのものだと分かるでしょう。変化したことといえば、ギボンは、でしゃばりな傍白による議論はいうまでもなく、臆面もなく説教臭い調子で語ることを自分に許しているのです。これはまさに、『過去未完了』について批評家がわたしに向けた批判でしたね。

たしかに、歴史の叙述は一九世紀の前半にいくぶん道をはずれてさまよってしまいました。マコーリーやカーライル、もしくはミシュレのような歴史家による、ロマン主義的な誇張や虚飾は、現代のわたしたちの耳にはまったく異質なものというわけではありません。しかし流行は反転し、一九世紀後半の歴史家の著作は、少々冗長ではあるものの、今日でも完全に読めるものになります。ロマン派にも現代の継承者がいるというのも本当だと思います。ロマン派の大仰で、統語上の抑制がまったく利いていない文章の性質は、現代ではサイモン・シャーマによって苦もなくつぎからつぎに再現されています。それも当然のことです。それはわたしは嫌いな文体ですが、多くの人はこれが好きで、昔からつづくちゃんとした血統をもっているのですから。

ギボンと帝国の没落について言えば、わたしはあなたに、歴史の知識と現代の政治に対する感覚とのあいだの関係について伺いたいと思っていたのでした。歴史を知ることを是とする論拠のひとつは、一定のまちがいを避けることができる、ということです。

あいにく、わたしたちのもっとも大きな危険は過去を等閑視することではありません。現代の特徴的なまちがいは、過去を無知なままに引用することなのです。コンドリーザ・ライス[*9]といえば政治学の博士号をもっており、スタンフォード大学の副学長代理でもあった人ですが、イラク戦争を正当化するために戦後のドイツ占領をひきあいに出しました。その類推ひとつにどれだけの歴史的な無知が見いだせることでしょう。わたしたちが現在の公的な行動を正当化するために過去を利用せずにはいられないと仮定してしまうと、歴史を知ることの意義を肯定するのはかなり難しいということになります。より多くの知識をもった市民は、だまされて現在の過誤のために過去を濫用し利用する可能性がより少ない、ということでなければなりません。

開かれた社会にとって、その過去のことをよく知っているということはこの上なく重要です。左であれ右であれ、二〇世紀の閉じられた社会の特徴は、それらが歴史を操作したということです。過去を不正操作するというのは、知の統御のもっとも古いやり方です。過去に起こったことについての解釈に支配権をにぎれば（もしくはたんにそれについて嘘をつくことができれば）、現在と未来はあなたの思うがままになるのです。ですから、市民が確実に歴史の知識をそなえているようにすることは、純粋に民主主義の思慮分別といえるのです。

ここで、わたしの心配は「進歩的」な歴史の教授です。わたしが子供のころには、そしてあなたが子供のときもそうだったと想像しますが、歴史とはすなわち情報の山でした。歴史は組織化された、順番通りのやり方で、普通は時代順の年表にしたがって学ばれるものでした。このような学び方の目的は、子供たちが住んでいる世界の、時間の軸にそってずっと過去へと広がっていく想像上の地図を提供することでした。このアプローチは無批判的であると主張をした人びとはまちがってはいませんでした。しかし、情報で満載の歴史を、過去は修正の必要な一連の嘘や偏見であるという直感に置きかえてしまうのは重大なあやまちであると分かりました。つまり、白人や男性に有利な偏見だとか、資本主義や植民地主義や、なんでもいいのですが、そういったものについての嘘だと。

子供たちにつぎのように言ってアメリカ史を教えることはできません。南北戦争は奴隷制の廃止をめぐるものだったと広く信じられているが……いや、それはじつはまったく違うものをめぐる戦争だったのだよ、と。そうすると、教室の前列に座ったかわいそうな子供たちはおたがいの顔を見て尋ねるでしょう。「待ってください、何の話をしているのですか？　南北戦争って何ですか？　いつ起こったんです？　誰が勝ったのですか？」

こういった批判的とされるアプローチは、寛容に言っても、子供たちや生徒たちに自分で判断することを教えることを意図したものなのですが、自滅的なものです。そういったアプローチは明察よりも混乱の種をまくばかりで、混乱とは知の敵なのです。子供であろうが大学院生であろうがこれはおなじですが、過去にとり組めるようになるためには、何が、どのような順番で起きて、どのような結果をもたらしたかを知らなければなりません。そうではなく、わたしたちは共通の参照枠をまったくもたない二世代の市民を育ててしまいました。その結果、彼らは自分たちの社会の統治に貢献することがほとんどできなくなっています。このような思考法を是とされるなら、歴史家の使命とは、それなしでは健全な市民とはなれないような知と物語の体系を与えることなのです。わたしたちが歴史家として市民的な責任感をもっているとすれば、それが使命となるはずです。

一貫性をもちつつ、同時に批判的になる、というのが鍵かと思います。どういうわけか、伝統的な歴史叙述のほうが一貫性をもたせるのが簡単で、批評は断片へとかたむくものです。

あなたが会ったばかりのわたしの若い助手（ケイシー・セルウィン）は、ロシア史入門というふれこみの学部の講義をニューヨーク大学で履修しました。その講義は、ロシア史の重要問題についての討論に学生を巻き込むという教授法をとっていました。彼女が購入した教科書を見てみると、一冊も通史がなかったのです。その授業は、ニューヨーク大学の学部生、つまり高校で習った歴史以上のものはなにも知らない一九歳のアメリカ人が、ピョートル大帝からゴルバチョフにいたるロシア史の通史をどこかで習っていることを前提としていたのです。その講師は怠慢にも、そして少々傲慢という以上の態度で、学生たちが通史の物語を疑問に付する手助けをすることだけが自分の仕事だと考えたのです。ケイシーによると、その講義は惨憺たるものだったそうです。学生たちは、知らないことを疑問には付せないのですから。

歴史家には説明する責任があります。現代史の研究を選んだ人たちには、さらなる責任があります。現代の論争に参加する義務があり、それはもちろん、たとえば古代末期の歴史家にはあてはまらないようなことなのです。わたしたちは二〇世紀の歴史家なのですから。

ヤン・グロスとわたしはかつて、コロンビア大学の図書館の階段ですわっていたことがありました。彼は『隣人たち』という、一九四一年の夏に起きた、イェドヴァブネのユダヤ人のポーランド人の隣人たちによる虐殺についての本を書いているところでした。わたしのほうを向いて、彼はしみじみと言いました。生まれ変わったら、わたしは絶対にルネサンスの芸術史をやっただろう。そのほうがはるかに気楽な対象だから、と。わたしは、それはあきらかにその通りだが、彼がそうではない分野を選んだのはまったくの偶然とは思えない、と答えました。そして、ほかのわたしたち歴史家とおなじように、そのような選択をしてしまった以上、彼の仕事が必然的にともなう論争に参加する市民的義務があると感じなければならないと。

ここには古くからある倫理的な問題が刻みこまれていると思います。それはつぎのような感じです。歴史は、アリストテレスが言ったように、アルキビアデスが言ったり被ったりしたことを主題とするのか？ それとも、過去からやってきた素材は、たんにわたしたちが政治的または知的な目的に供するための原材料となるだけなのか？

一見批判的な歴史の多くは、実際は権威主義的だと思います。つまり、ある人びとを支配したいと思ったら、その過去を支配せねばならないのです。しかしもしその人びとがすでに、過去とは政治的なゲーム以外のなにものでもないと信じるよう教育を受けるか誘導されていたとしたら、そのゲームの親が教授であるか大統領であるかという疑問は二次的なものになります。もしあらゆる人が批評家になったら、あらゆる人は自由になったように見えますが、じっさいはその人たちは操作が一番うまい人間の奴隷となっているのであり、そこで自己防御のために事実や真実にうったえる可能性は皆無なのです。みなが批評家であるとしても、みな奴隷なのです。

歴史学の根本的な倫理的責任は、ものごとは本当に起こったのだと、行動や受苦は本物で、人びとはしかじかこのように生きて、その生はほかのやり方でなくこのやり方で終わったのだと、人びとに思い出させることです。その人びとは一九五〇年代のアラバマにいようと、一九四〇年代のポーランドにいようと、そういった経験の基底にある道徳的な現実は、わたしたちの経験とおなじ質を備えたものであるか、もしくはすくなくともわたしたちに認識可能なものであり、それゆえにある還元不可能なかたちで現実的なものなのです。

わたしであればその思想は二つの部分に分けます。ひとつめの部分は単純につぎのようなものです。つまり、歴史家の仕事は、ある出来事が起こったことを明らかにすることだ、と。わたしたちはそれをできるだけ効果的にやるわけですが、その目的は、なにかがそういった人びとに起こった際には、どのように、いつ、どこで起き、そしてどんな帰結をもたらしたのかを伝えることなのです。

この、いくぶん明白な仕事内容が、実際はかなり決定的なのです。文化・政治的な潮流は逆の方向に流れています。つまり、過去の出来事を消し去ってしまうか、無関係な目的のために利用する方向に。それを正すのが、何度も何度も正すのが、わたしたちの仕事なのです。この仕事はシーシュポス的です。歴史の歪曲の方法は変わりつづけるのであるから、それを修正する際の力点の置き方もつねに流動するのです。しかし多くの歴史家はこのような見方はせず、こういった種類の責任を感じることもありません。わたしに言わせればそういった人たちは真の歴史家ではありません。物語を正すことにまず第一の関心を向けることがない、過去を対象とする学者は、いろいろとりっぱなものになり得るでしょうけれども、歴史家にはなれないのです。しかし、わたしたちにはもうひとつの責任があります。わたしたちは歴史家であるだけではなく、またつねに市民でもあり、わたしたちの技能を共通の利益のために使用する責任をもっているのです。あきらかに、わたしたちは歴史をあるがままに、それがどれだけ現代の趣味にとって魅力に欠けるとしても、書かなければなりません。そしてわたしたちが行う事実の暴露や解釈は、わたしたちの主題となる対象と同様に、濫用される可能性があるのです。ヤン・グロスの『隣人たち』が、『コメンタリー』誌やそのほかの媒体で、ポーランド人が不変の反ユダヤ主義者であり、「わたしたち」があの畜生どもについて考えてきたことはすべて正しかったということの証拠として書評されたのを思い出してください。彼の仕事がそのように濫用されることについて、ヤンにできることはなにもありませんでした。しかしもちろん彼には応答する責任が——歴史家としての責任が——あります。わたしたちはこの責任から逃れることはけっしてできないのです。

それゆえに、わたしたちは二つの水準で同時に仕事をせねばなりません。それとおおまかな比較が可能な類似する学問といえば、生物学と道徳哲学で、それらもつねに自分たちの主張や議論の曲解と戦い、それに応答することを強いられています。しかし歴史学は生物学よりはとっつきやすいですし、道徳哲学よりは政治的な濫用の可能性が高いものです。じっさい、そういった意味では歴史学はもっとも危険な学問です。おそらくそうだからこそ、わたしたちの同業者たちは、同業者に向けて、もしくは図書館の書棚に収めるために本を書くのです。そのほうが安全なのです。

> よい歴史家は一種の否定的な直感をもっているのではないかと思うのですが。つまり、彼らはものごとが真実ではない可能性があるときにそれを嗅ぎつけることができるということです。彼らはものごとが真実であるときにはそれが分からないかもしれないし、事実を知らないかもしれない。いや実際、歴史学者のほとんどは現在それほど多くのことを知っていませんから。しかし彼らはどのようなものごとが違和感があるかについての一定の直感力をもっているようです。

わたしが本当らしさということで言いたかったのはそれです。よい歴史書は、歴史家の直感が働いていると感じられるような本です。その際に、あなたがその主題についての知識を持ちあわせていないことはそれほど重要ではありません。

関係のある質問をさせてください。しかしもっと一般の水準から。そう、たとえば一九八八年から二〇〇三年にかけてさまざまなかたちでなされた主張のひとつは、歴史は終わったというものです。フランシス・フクヤマ式のヘーゲル主義という、害のないカクテル・パーティから、はては二〇〇一年の九月一一日以降に流行した、有毒のテキサス版〔ジョージ・W・ブッシュのこと〕まで。これは、さらば古きものよ、わたしたちはいまや自由市場というクローケーのゲームに興じるブルジョワ・リベラルで大いに結構なのだ、ということか、それともそのクローケーに興じるわたしたちは現在のような状況は目にしたことがなく、先例がないためにルールも存在しない、したがって、だれの頭をクローケーの槌でたたき割るかも自由だということなのか、そのどちらかです。イラクは九・一一のテロと関係がなかっただって? 構うものか。原因と結果という古いルールはもう機能していないんだから、どちらにせよ侵略すればいいんだ、と。

しかしそのようなものごとのとらえ方をして、あたかも歴史は実際に「終わった」かのように子供たちを育てたら、民主主義は可能になるでしょうか?

いいえ。絶対に不可能でしょうね。真に民主主義的または市民的な社会、カール・ポパーが「開かれた社会」と名づけたもの[*10]を可能にするために必要な条件とは、ものごとはつねに変化しつづけているが、完全な全体的変化はつねに幻想であるという、継続的かつ集団的な意識です。フクヤマについて言うと、彼がやったのは共産主義の物語を自分の目的のために借用しただけです。歴史が向かっていく終着点そして目的地を与えるものとして共産主義を持ち出すかわりに、おなじ役割を共産主義の終焉が与えられているというだけなのです。歴史家の仕事とは、そのような一見分かりやすく提示されたナンセンスをぐちゃぐちゃにかき混ぜることなのです。

ということで、サダム・フセインはヒトラーの生まれ変わりだなどとどこかの馬鹿者が宣言するたびに、その論争に加わって、そのような単純化された馬鹿げた観念を複雑化していくことが、わたしたちの仕事なのです。正確に描いたゆえの混乱は、優美に描かれた非真実よりもはるかに生を忠実に描いているのです。しかし政治的な虚偽をあばくにあたっては、わたしたちはその代わりになにかを提示する義務があります。物語の筋であり、一貫性のある説明であり、理解可能な物語を。結局のところ、わたしたち歴史家が過去になにが起きてなにが起きなかったのかを自分たち自身の頭の中ではっきりと理解していなかったら、わたしたちはどうやって自分たち自身を、公平無私な信用に足る権威の源として世界に提示できるというのでしょう？

ですから、バランスというものがあって、そのバランスを取るのは簡単なことだとは言いません。たんにぐちゃぐちゃにかき混ぜたいなら、つまり歴史家の仕事はすべての分割線を不明瞭にすることだと考えるなら、歴史家は役立たずになってしまいます。学生や読者にとって歴史を混沌にみちたものにしてしまうと、市民的な対話をしていこうというときになんの説得力もなくなってしまうのです。

混乱をつくり出し、それを掃除する者としての歴史家というあなたの比喩をいじってみたいと思います。

わたしたちはむしろ、家具を移動させる運び屋のようなものではないかと思います。つまり、部屋は空ではなく、過去も空ではない。そこにはものがたくさんある。それを否定してもいいのだけれど、否定すれば四六時中家具にぶつかって怪我をすることになってしまう。家具はそれを受け入れようが受け入れまいがそこにある。合衆国の奴隷制の現実を否定したり、その恐ろしさを否定してもいいが……

怒れる黒人にぶつかりつづけるでしょう、ということですね。

そして歴史家の仕事は、動きの完全な自由を否定することではないかと思います。そのような自由は実際はわたしたち自身やほかの人びとを傷つけ、政治的な不自由への道を開いてしまう。わたしたちがみな知っておかなければならないもの、障害があるのです。部屋の中の家具のように。

それは同意できません。あなたやわたしは、部屋の中に家具を持ちこむ人間ではありません。その家具にラベルを貼る人です。わたしたちの仕事は、だれかに、これは木枠の大きなソファーであって、プラスチックのテーブルではありませんよ、と言うことです。もしあなたがこれをプラスチックのテーブルだと考えたら、あなたは範疇のまちがいをおかしているだけではなく、またあなたがこれにぶつかるたびに怪我をしてしまうというだけではなく、あなたはそれをまちがった方法で使ってしまうことになりますよ、と。あなたのこの部屋での生活はひどいものになりますが、ほんとうはそんなにひどい生活をする必要はないはずなのですよ、と。

つまり、歴史家は過去を書きかえるために存在するわけではないと、わたしは強く信じているのです。わたしたちが過去のラベルを貼り替えるときには、わたしたちは「家具」の範疇について新しい考えがあるからではなく、わたしたちは自分たちが扱っている家具がいかなる種類のものなのかについて、よりよい理解に到達したからそうするのです。「大きなオーク材のテーブル」と記された家具は、かならずしもずっとそのようなラベルを貼られていたわけではありません。人びとにとってはなにか別のものであった時代もあるでしょう。たとえば、かつてはなんでもオークで作ってあり、だれもわざわざオークでできていることを口にしないために、オークであることは当然だったかもしれません。しかし現在ではたとえば、オークはめずらしい素材なので、そのテーブルがオークであることはより重要になるでしょう。そういうわけで、わたしたちが扱っているのは大きなオークのテーブルだ、ということになりますが、この強調点をつけるのはわたしたちの役割なのです。

あなたのおっしゃることは正しいと思います。家具にラベルを貼ること、ですね。または足で踏み固めて通り道を作る、というイメージに近いかもしれません。ほら、ヨーロッパの公園で、通り道の表示がしてあるように。だれかが通り抜けたところには、五〇本ごとの木に赤いバツ印か緑の丸が描いてあるという。もし緑の丸の通り道を歩きたいなら、その印の木をたどっていきなさい、などというやつです。木はあなたの意思に関係なく存在しますが、その通り道は創りだされたものです。ほかの道もあり得たかもしれないし、まったくなかったかもしれない。しかし通り道なしでは森を見ることができない。だれかが道に印をつけなければ。

その比喩は好きですね。ただし、わたしたちは通り道に印をつけるが、人びとにその道を通ることを強制はできないと理解するかぎりにおいてですが。

この森にはたくさんの道が、現実の道や可能性の上での道が、印をつけられたものやつけられていないものがあるのです。過去は多くの事物であふれかえっています。でももしそこを通り抜けるための道がなかったら、あなたは地面を見つめて足場を探すことになり、木々を観賞することなどできなくなります。

わたしは教育者を自任しているので、それをつぎのように言い直したいと思います。まずは人びとに木について教えるのが肝要だと。たとえ通り道に印がしてある森であっても、人びとは木とは何なのかを知らずに森の中に迷いこむべきではない。それからたくさんの木が集まって森になっているのだということを教える。それから、森というものについてのひとつのとらえ方――ほかにもあるわけですが――は、さまざまな通り道がその中にありうる場所だ、というものであることを教えるのです。

つぎにあなた（歴史家）はその森を通り抜けるのに一番いいと自分の考える道を指し示します。それと同時にほかの道もあるが、それはあなたの見解ではあまりよくはないのだということも認めつつです。そうしたときにはじめて、あなたはさまざまな通り道について「理論化」する自由を得るのです。それが人間の創造物であるとか、それが森の「自然な」形態をゆがめているとか。わたしが恐れているのは、ますます多くの若い歴史家が、たんに木を記述するのに飽きてしまって、通り道の病因学を教えることから最大の満足を引き出しているということです。

つまりここにあるアイロニーのことをあなたは言っているのですね。二〇世紀は、記憶にとどめなければならない悲劇的な出来事であふれており、記憶ということはヨーロッパで、そしてそれほどではないにせよ合衆国で、一種の熱狂的な流行になっています。しかしそれと同時に、わたしたちはどうも、あまり多くのことを記憶できていないようなのです。

自然は森の中に通り道があるかどうかは気にかけませんが、真空状態は拒絶します。ところがわたしたちは真空状態の中で出来事を記憶しようとするようになりました。つまり、わたしたちはそういった出来事をほかから切り離して引き合いに出し、「二度とあってはならない」、つまり、ミュンヘン条約、ヒトラー、スターリンなどなどは二度とあってはならない、と言うのです。しかしそのような言及やラベルの意味をだれが理解できるというのでしょう？　現代のアメリカやヨーロッパのハイスクールでは、学生たちが世界史の科目はひとつだけしか取らずに卒業するということはまれではありません。よくあるのはホロコースト史であったり、第二次世界大戦、全体主義または二〇世紀中葉のヨーロッパから抜粋された、それと比較可能な惨事をあつかう科目です。そのような科目は、それがいかにうまく教えられ、いかに繊細に出典を示されつつ議論されたとしても、なにもない空白地帯から生じ、したがって必然的になにも生み出さないわけです。いったいいかなる教育上の目的に、このような授業が役に立つというのでしょう？

ホロコーストの歴史は、アメリカ人の市民としての自覚を発達させるのに、どれだけの価値がある

のでしょうか？

アメリカの非専門的な教育を受けた一般人の大多数は、第二次世界大戦の出来事全体と、とりわけホロコーストは、ほかにはない、唯一無二の出来事だったと教えられてきました。彼らはその過去を単一の破局的な瞬間として、歴史的・倫理的な参照点、それに鑑みてそれ以外のすべての人間の経験は暗黙裏に比較され、それには劣るものだとされるような参照点として見ることを推奨されてきました。

これが重要なのは、ホロコーストがわたしたちが行うあらゆる政治的行動の道徳的な基準になってしまったからです。それが中東の外交政策にかかわるものであれ、またジェノサイドや民族浄化に対するわたしたちの態度、もしくはわたしたちが世界に深く関わる、または世界から身を引く傾向にかかわるものであれ。ホワイトハウスで苦悩するハムレットとしてのクリントンの悲喜劇的なイメージを覚えていらっしゃるでしょう。バルカン情勢に介入すべきか否かを、彼の目の前にアウシュヴィッツを歴史的な参照項としてぶら下げながら思い悩んでいるという。アメリカの、国民的な利害のからむ重要な領域についての公的な政策は、人間の歴史上の単一の、独立した事例に人質にとられているのです。それはしばしば関連性はあまりないにもかかわらず、つねに選択的に引き合いに出される。あなたの質問はホロコーストを強調することの欠点でしたよね？　これが欠点です。

しかしここはあえて反対の意見を述べさせてください。アメリカ人が、現状のわずかな歴史教育を受けているのではなく、まったく歴史教育を受けていない、つまり過去について学んだり読んだりしたことはなく、ましてやヨーロッパの近年の歴史など知らないと仮定してみてください。その場合アメリカ人は精神・道徳的な面に役立つ過去の犯罪という参照項を完全に奪われ、世論を動かそうとする政策論争において引用することのできる、歴史的に利用可能な名前や瞬間を持ちあわせないことになってしまいます。

ヒトラーを、またはアウシュヴィッツやミュンヘン条約を引き合いに出せることには、いくぶんかの利点があります。すくなくとも、そうすることによって現在は過去を無視するのではなく、過去を利用することになるのです。現状においては、わたしたちは生半可で自滅的なやり方で過去を利用しているわけですが、すくなくとも利用はしているのです。重要なのは、そのような実践を放棄することではなく、より歴史的に繊細で学識にもとづいた方法で、それにとり組むことなのです。

それと関連した興味深い問題は、ホロコーストのアメリカ化、つまりアメリカ人がヨーロッパでの戦争に参戦したのは、ドイツ人がユダヤ人を殺していたからだ、という信念があるわけですが、じっさいは参戦はそのこととは無関係だったのです。

その通り。チャーチルとルーズヴェルトにはユダヤ人問題を隠しておく十分な理由がありました。両国での同時代の反ユダヤ主義を前提とすると、「わたしたち」はユダヤ人を救うためにドイツ人と戦おうとしているのだ、ということを少しでもほのめかそうものなら、逆効果になってしまったでしょう。

まさに。最近まで、合衆国は人びとをホロコーストに対抗するように動員しようとしても、おそらく難しかったであろう国だということを理解すれば、あらゆる状況は違って見えるのです。

そうですね。そしてそのことは、人びとが自分で考えたがらないことですね。イギリスもアメリカも、ヨーロッパの命運の尽きたユダヤ人のために多くの手助けはしませんでした。合衆国にいたっては一九四一年の一二月まで参戦することがなく、そのころまでにはユダヤ人根絶のプロセスはかなり進んでいたのです。

日本が真珠湾攻撃をしたころまでには、一〇〇万人近いユダヤ人が殺されていました。ノルマンディ上陸作戦までには五〇〇万人です。アメリカもイギリスもホロコーストのことを知っていました。ポーランドから、最初のガス室使用のほぼ直後に諜報筋からの情報があったというだけではありません。イギリスは東方での射殺作戦についての無線通信を解読し、トレブリンカでガス殺されたユダヤ人の数を伝える電報の解読もしていました。

そのような数字は記憶していくべきでしょうね。そのような記憶は、市民の教育と国民のすばらしい実践です。時にはそのような数字が物語を語ります——わたしたちが忘れたがるような物語を。

数年前にわたしは、アーネスト・メイ[*11]によるフランス陥落の歴史の書評をしました。その書評の中で、わたしは一九四〇年五月のドイツによる侵攻の後の六週間にわたる戦闘での、フランス人の犠牲者の数を数え上げました。(非戦闘員を除いても)約一一万二〇〇〇人のフランス兵が殺されており、その数はヴェトナム戦争と朝鮮戦争でのアメリカ兵の死者の合計を上回るものであり、合衆国がこれまで経験したことのないような死亡率だったのです。わたしは、善意の読者からたくさんの投書をもらったのですが、その人たちはわたしがその数字をまちがえたにちがいないと考えていました。フランス人はそんなひどい戦いに参加してそんなに死んではいないはずだ、と。それは二〇〇一年のことであり、九・一一後の、(「自由のポテトフライ」[*12]といった)ぞっとするような愛国主義の発作の直前だったことを思い出してください。アメリカ人は、自分たちが世界でもっとも英雄的な戦士ではないとか、アメリカの兵士たちはほかの国の兵士ほどに激しく戦い、雄々しく死ぬことはなかったといった考えには困惑してしまうのです。それと比較可能なことが、フランスには六人のユダヤ系の総理大臣がいたのに対し、ここアメリカ合衆国ではユダヤ人が副大統領に当選するのをいまだに待っている状況だといった主旨の論評を、これまた『ニューヨーク・レヴュー』に発表した際に起きました。それは、あの忌まわしいジョーゼフ・リーバーマンが、アル・ゴアが大統領になった場合の副大統領の指名を受けて[*13]、アメリカは、その民族に対する感受性と開放性についての自己賛美であふれかえっているときでした。この場合には、フランスは過去も未来もどこまでも反ユダヤ主義的であり、それはわれわれアメリカの寛容の伝統とは対照的なのだと請け合ってくれる読者たちからの――すべてが罵倒というわけではない――手紙の洪水に文字通りおぼれました。

こういった機会やその他の機会において、わたしは、アメリカに必要なのはなによりもアメリカ自身の歴史の批判的な視点からの教育だとしばしば思いました。フランスに唾棄すべき公式の反ユダヤ主義の記録があることはよく知られています。フランスの反ユダヤ主義はなによりも文化的なものでした。そしてもちろん、ヴィシー政権の旗印のもとで、文化的な偏見がしだいにジェノサイドへの参加へと変化していったのです。しかし、政治的には、フランスのユダヤ人は政府の要職に出世していくのが比較的自由にできました。そしてもちろん、彼らは高等教育に参入できたわけですが、それに対してハーヴァード大学やコロンビア大学などは、いまだにユダヤ人やそのほかのマイノリティに、厳格な入学制限をかけていました。

歴史とその目的の問題に戻りましょう。歴史と記憶は同類のものでしょうか？　この二つは味方同士でしょうか？　それとも敵同士なのでしょうか？

その二つは義理の姉妹ですね。それゆえに、おたがいに憎み合いつつ、離れられない程度には共有している部分がある。しかも、その二つは放棄もできなければ分割もできない遺産をめぐって争う定めにあります。記憶はより若くより魅力的で、はるかに誘惑をし、また誘惑に乗りやすい性格です。したがって彼女はより多くの友だちをつくります。歴史は年上の姉ですね。いくぶん骨ばって、器量もよくなく、まじめで、暇にまかせたおしゃべりに参加するよりは、ひきこもっているような性格です。ですから彼女は、政治上の「壁の花」、棚ざらしの本です。

さて、これまで多くの人が――まったくの善意からですが――この二人の姉妹の区別を曖昧にして混同してきました。たとえばわたしの念頭にあるのは、ユダヤ人が長年つづけてきた、記憶への強調を引き合いに出すようなユダヤ人の学者たちです。そういった学者たちは、国家なき人びとの過去は、ほかの人びとによって、その人たちに都合よく記録される危険がつねにあり、それゆえにユダヤ人は思い出すことを義務として課せられていると強調します。それはそれで大いに結構で、わたし自身それにはいくぶん共感します。しかしここで、過去を思い出す義務が過去そのものと混同されてしまうのです。ユダヤ人の過去が、集合的な記憶の役に立つ、過去の断片と融合されてしまうのです。しかる後に、何世代にもわたるユダヤ人歴史家たちの第一級の仕事があるにもかかわらず、ユダヤ人の過去の選択的な記憶（つまり受苦、追放、犠牲の記憶）が共同体の想起された物語と融合し、歴史そのものになるのです。わたしの知り合いの、教養あるユダヤ人のいかに多くが、自分たちの「国民の物語」にまつわる神話を信じこんでいるかを知れば驚くでしょう。アメリカやイングランド、フランスについてであればそれとおなじような神話を提示されても絶対に同意しないでしょうに。

そういった神話はいまや、イスラエル国家を正当化するためのおおっぴらに是認された公式の記録の中へと、しっかりと食いこんでいます。これはユダヤ人だけに見られる欠点とはいえません。アルメニアの小国家、またはギリシャやセルビア、クロアチアといった現代のバルカン諸国と、とりあえず四つだけの例を挙げますが、いずれもイスラエルとおなじような神話的な物語を基礎に生まれた国々です。ここで作用している感性はあまりにも強烈なので、実際の歴史をちゃんと正そうとしても、ほとんど不可能です。

ですがわたしは歴史と記憶とはちがうのだと強く信じています。記憶が歴史の代わりをしてしまうのは危険なのです。歴史が必然的に記録というかたちをとり、新旧の証拠にてらして終わることなく書きかえられ再検証されるのに対して、記憶は公衆に向けて、学問的ではない目的に供されるものです。テーマパーク、記念館、博物館、建造物、テレビ番組、イヴェント、記念日、旗といったかたちで。そういった過去の記憶を助ける象徴は、必然的に部分的で、簡潔で、選択的になります。そういったものを準備する人たちは、遅かれ早かれ偏った真実を、もしくはさらに完全な嘘を述べることになります。それは時には善意からなされますし、場合によってはそうではありません。どちらにせよ、記憶が歴史の代わりとなることはできないのです。

そういうわけで、ワシントンのホロコースト記念博物館は、歴史の記録となっていなければ、歴史の役に立つものでもありません。それは選択的に盗用された記憶であり、健全なる公共の目的へと適用されたものなのです。わたしたちはそれを抽象的には容認していいかもしれませんが、それがもたらす帰結について勘違いをしてはいけません。歴史なしでは、記憶は好き放題に濫用されてしまいます。しかしまず歴史があれば、記憶はそれが作用し評価されるための枠組みと基準を与えられるのです。二〇世紀の歴史を学んだ人であれば、ホロコースト博物館を訪問し、そこで目にするものについて考え、より広い文脈において評価し、批判的な知性によって検討することができます。その地点でなら、ホロコースト博物館は有用な目的に奉仕するでしょう。それが記録する記憶と、来館者の頭の中にある歴史を対照させることによって。しかし、博物館で見せられるものしか知らない観覧者は（つまりほとんどの人たちは）不利な状況におかれています。過去から切りはなされ、自力で評価することのできない過去の一形態をスプーンで給餌されているような状態なのです。

歴史と記憶とのあいだの区別をするひとつの方法は、歴史を表す動詞が存在しないということに気づくことでしょう。もしだれかが「わたしは歴史をつくっている《メイキング・ヒストリー》」と言ったら、その人が意味しているのはかなり特別で、ふつうは滑稽に見えてしまうようなものです。「歴史化する《ヒストリサイズ》」という動詞は専門用語で、伝統的には学問的な対話でのみ使われる言葉です。それと対照的に、「わたしは記憶している」や「わたしは思い出す」というのは完全にふつうに言われる言い方になります。

ここに本質的な差異があります。つまり、記憶は一人称というかたちで存在しているのです。記憶する人がいなければ、記憶は存在しないのです。それに対して、歴史はどこまでも二人称または三人称で存在しています。あなたの歴史についてわたしが語ることはできますが、あなたの記憶についてはとても限定された、通常は侮辱的またはは不条理な意味でしか語ることはできません。またわたしが彼らの歴史について語ることはできますが、なんらかの理由で、その人びとをこのうえなくよく知っているのでないかぎりは、彼らの記憶について真の意味で語ることはできません。わたしは一八世紀のポーランド貴族の歴史について語ることはできますが、わたしが彼らの記憶について語るのは不条理なことでしょう。

記憶は一人称で存在するので、それはつねに修正ができ、それは時が経つにつれてしだいにより個人的になっていきます。それに対して歴史は、すくなくとも原理的には、反対方向に進みます。歴史は修正されると、どんどん第三者の視点に開かれたものになり、それゆえ潜在的には普遍的なものになっていきます。歴史家は身近で個人的な関心事から仕事を始めてもいいのですが——そしておそらくそうしなければいけないのですが——そういった関心事から離脱していくのです。出発点の視点を昇華して、まったく異質なものを生産するのです。

それについては、ひとつだけ異をとなえたいと思います。公的な記憶は具現化された、集団的な一人称複数、つまり「わたしたちは思い出す」なのです。その結果生じるのは、集団的な記憶の硬化した要約であり、いったんそれを記憶する人びとがこの世を去ってしまうと、そういった要約が記憶や歴史の代わりになってしまうのです。

ドイツとの二〇世紀の戦争にまつわるフランスの公式な博物館であるメモリアル・ド・カーンと、あなたのイェール大学の同僚ジェイ・ウィンターも含む専門的な歴史家の国際委員会によって設立された、ペロンヌにある第一次世界大戦博物館との違いを考えてみてください。両方ともフランスの国民的な施設ですが、そこにある違いは興味深いものです。

大戦博物館は教育的です。それは、その主題の伝統的な直線的な物語を提示していますが、それは、現在の進歩的な風潮の中ではむしろ急進的であり、公的な歴史の教授のためには効果的なアプローチだとわたしは思います。それに対しカーンのメモリアルは、感情が塗りたくられています。ほとんど教育と呼べるものはありません。例外は訪問客が持って帰る、記憶のメッセージカードだけです。メモリアルは仕掛けや策略や技術をふんだんに使って、訪問客に、第二次世界大戦について自分たちがすでに知っているはずだと考えていることを思い出す手助けをします。もしあなたが、なんらかの記憶を自分の経験に関係するものとしてとらえていなかったら、メモリアルは無意味なものになるでしょう。メモリアルは空気のようなものを伝えるのですが、訪問客はそこに歴史をつけくわえる義務がある。大戦博物館とメモリアルとのあいだの対照は、わたしには、まさにわたしたちが保存し強調せねばならないものだと思います。もしメモリアルが本当に必要だというなら、人びとはすくなくとも、まずは大戦博物館の訪問を推奨されるべきです。

市民共同体を築いていくことに建設的に貢献する歴史に向かっていくような道筋が見えますか？

そういった使命を帯びていた一九世紀の偉大な歴史家たちを嫌うのは簡単です。ミシュレ、ランケ、フルシェフスキーなど。[*14] 彼らの歴史観はホイッグ史観の変奏でした。つまり歴史はある一定の方向に、偉大なる国民、もしくは統一、または解放に向けて進んでいるという歴史観です。彼らの神学を否定することは可能ですし、わたしたちは実際そうしています。それと同様に、ナルシシズムと方法論的な欠点にまみれた政治的な歴史を軽蔑し、また記憶を機能不全で危険な歴史の代替物として否定することも簡単です。しかし、そういった錯誤のどれにもおちいらずに、歴史を共同体の感覚を築くようなものとして制度化するにはどのようにすればよいのでしょう？

わたしの最初の妻は小学校の教師でした。何十年も前の話ですが、彼女はわたしを、九歳児のクラスに招いて、わたしはフランス革命を教えることになりました。わたしは小学校で教えた経験がなかったものですから、ちょっと考えた後に、わたしは小さなギロチンを教室に持って行って、マリー・アントワネットの首を切り落とすことで授業を始めました。そののち、ちょっとした視覚的な補助の助けがあれば、フランス革命の通史は非常にスムーズに進むことが分かりました。

このように、小学三年生からバークリー、ニューヨーク州立大学、オクスフォードその他の大学院生までを教えた経験がわたしに教えてくれたことはこれです。つまり、まだ歴史を知らない若者は、歴史をもっとも従来的でひねりのない方法で教えてもらう方を好むというのは、普遍的な真実だということです。ほかのどのような方法で、彼らは歴史を理解できるというのでしょう？　もし歴史を深い意味や解釈上の細部から始めて、深層から表層へと向かって教えていたら、理解などできないでしょう。わたしが言いたいのは、歴史を退屈なやり方で教えるべきだということではありません。単に、従来的なやり方で教えるべきだと言っているのです。

そうは言っても、それとぶつかる問題があることは認めています。歴史を従来的なやり方で教えるためには、教えようとしている従来的な歴史はじっさいにどのようなものなのかについて、それなりに合意を得た参照枠が必要になるのです。わたしたち自身の社会だけではなく多くの社会は、ここ三〇年間で過去の解釈についての自信を失ってきました。とまどったり、憤りを覚えたりすることなしに一貫した国民の物語を語る方法をもはや知らないのはアメリカ人だけではありません。おなじことはオランダ、フランス、スペインにもあてはまるのです。

こんにちのヨーロッパのあらゆる国が、その過去をいかにして教え、それをどのように利用するかについて大混乱のうちにあります。最悪の場合には――イギリスが念頭に浮かびますが――伝統的な国民の語りが完全に放棄されて、子供たちは一連の相争う部分的な物語を教えられ、それらの物語はそれぞれの道徳的または民族的な視点から語られているのです。

一〇年かそこら前に、わたしはマーク・トラクテンバーグ[*15]の講演を聴くためにイェールに行きました。聴衆の中にいた、一団のイェール大学大学院生たちが、講演の後にわたしを夕食に誘ってくれました。彼らは、自分たちの就職の見込みが低いと思いこんで、驚くほどに案じており、ほとんど偏執的でさえありました。イェール大の歴史学科は（今もそうですが）どちらかといえば保守的だと思われていたので、格の落ちる大学出身のポストなんたらの文化史家が簡単に就職を見つけているいっぽうで、イェール大学出身の外交史家は就職を得られずにいたのです。

わたしは彼らに言ったのを覚えています。お願いだから、あきらめずにがんばってくれ、と。すくなくともひとつの一流の大学が、若い歴史家たちに真の学問的技法の訓練をしているのは完全によいことだ、と。つまり、外交の資料庫やそのほかの資料をいかにして解釈するかだとか、聞き慣れない外国語を覚え、彼らが研究している伝統的な高踏的な政治の主題に対してうしろめたさを感じないでいること、などです。わたしは学生たちに請け合いましたが、遅かれ早かれ振り子は逆にふれてくるだろう、そして、その時には、伝統的な厳密さで伝統的な学問分野の完全な訓練を受けていることは君たちの利点となるだろう、と。

わたしは今でもそれを信じています。自信をもって通史を語る学問としての歴史学は復活するだろうと。じっさい、読者層という観点からすれば、それはなくなったことはないのですから。いかなる社会であれ、その過去についての一貫して合意を得られた物語なしでやっている社会を想像するのはこのうえなく難しいことです。ですからその物語を生み出し、それを正当化して教えることは、わたしたちの義務なのです。

こういった国民を中心とした物語には避けようもない欠点があります。盲点が。あらゆる人にあてはまるくらいに一般的な物語は、かならずや少数派を、それもおそらく多くの少数派を打ち消してしまうのです。これはつねにそうでした。たとえば、わたしが高校で習ったイングランドの歴史にはユダヤ人はまったく登場しなかった。わたしたちは不可視の存在も同然だったのです。

後になってようやく、「わたしたち」ユダヤ人はエドワード一世によってイングランドから追放されたのであり、クロムウェルの時代にはすでに複雑なユダヤ人の歴史が存在しており、それはまさにわたしたちの現代まで影響を及ぼしていると知って驚きました。わたしが積極的に、ユダヤ人は存在しないと推量したというわけではなく、たんにどういうわけかだれもユダヤ人の存在を口にせず、わたしがその問題を考えてみることがなかったということでした。もちろん今では、そのような「沈黙」は非難されるべきものであり、偏見に近い、もしくはさらに悪いものだとみなされるでしょう。だれかが、すべてのユダヤ人を代理して語っていると思いなして、ユダヤ人の「分け前」の導入を主張するでしょうし、またさらには、イングランドの発展の物語を相殺するような「対抗物語」を強制化することを主張するかもしれません。そういうことはおそらくもう行われているのでしょうか？ ですが、それは前に進むための方法だとはいえません。

『ヨーロッパ戦後史』を執筆しているときには、あなたはこういった問題についてどのように考えていたのでしょうか？ あなたの本は戦後のヨーロッパの歴史の、定番の説明になるかもしれないと考えましたか？ あなたは、さまざまな国民史をそれぞれの各国史へと分解していると考えましたか？ 統一と断片については考えましたか？

たしかに、あの本をどう構想するかについては、長いこと一生懸命に考えました。いっぽうでは、執筆中にはあなたの質問についてはあまり時間をかけて考えませんでしたし、それを考えてもそれほどの利益があったかどうかについては確信がありません。そうではなくわたしが追究しようとしていたのは、伝統的な西欧と東欧の区分を崩壊させる方法でした。やりすぎにおちいることなしにべつの断層線を引き直し、わたしが意図的に過度の補償をしているように見えないように、小国をとりあつかう方法です。ある主張をしようというときに、わざと従来的なものとは違う事例を使い、なおかつそれによって賢いところを見せようとしている、とは見えないようにする方法です。

これは誓って言いますが、あの本を書き終わってからようやく、わたしはそれを振り返って、悪い出来ではないと、そしてじっさいこの本があなたが提起したような問題のいくつかにとり組んでいるということに気づいたのです。それに気づいてやっとわたしは、ああ、これは、すくなくともしばらくの間は、戦後ヨーロッパについて考える際のスタンダードな考え方になるかもしれないと思ったのです。執筆中にはそのような考えはありませんでした。そんなことを考えるのは不遜というものだったでしょう。もしわたしに執筆の目的と呼べるものがあったとしたら、それは二つのことに関連していました。まず、わたしは世界の見え方をすこしずらしていきたかった。戦後の数十年を考えるに際しては「EUの勃興」というのとは違ったことを、読者に考えてもらおうとしたのです。わたしは読者に、その時代を「六〇年代」ということではなく、「社会民主主義の時節」として考えてもらいたかった。わたしは読者に、東欧をロシアの共産主義的な郊外のような縁遠いものではなく、ひとつのヨーロッパの物語の一部分として考えてもらいたかった。ただし、かなり異質で複雑な脇筋をそなえた物語ですが。

第二の、よりささやかな野望は、文化や学芸を、脚注や補遺に追いやるのではなく、うまく取り込んだ歴史を書くことでした。とりわけ映画ですが、また小説や演劇、歌謡が物語に自由に出入りして、生き生きとした事例を与えるのです。これは通史の書き方として異例ですが、わたしはこれがうまくいったと胸をはっています。しかしやはり、こういった野心によってほかとは一線を画した歴史ができあがるだろうと考えたのは最後になってからでした。

おそらく、わたしは十分に野心的ではなかったか、商才に欠けていたので、そのような目的を最初から思いつくことがなかったのでしょう。しかしじっさいには、方法論的なものであれ解釈上のものであれ、大きく包括的な目的を設定することは、よい著述の敵だとわたしは信じています。わたしはきっと、自分が手を出した仕事の規模に恐れをなして、開始時にそのような目的をそのプロジェクトに設定することができなかったのだと思います。そしてもしそれを設定していたら、うまくはいかなかっただろうと思うのです。

第八章　責任の時代——アメリカのモラリスト

一九九〇年代に、わたしは公共的な著述の幅をひろげていきました。つまり、フランス史から飛び出して政治哲学、社会理論、東欧の政治と歴史、そしてそれからヨーロッパとアメリカ双方の外交問題へと手を広げていったのです。わたしは、自分からこういった主題を提起するほどの知的または社会的な自信はなかったでしょう。わたしに、自分では知らなかったけれどもそういった種類の著述ができると、わたしの学者としての形式上の関心事からはるかに離れた主題について論評できると教えてくれたのは、『ニューヨーク・レヴュー・オヴ・ブックス』の編集者であるロバート・シルヴァーズでした。シルヴァーズは、わたしの手にはあまると思っていたことについて書く機会を与えてくれました。わたしは彼に、そういった機会を与えてくれたことに永久に感謝したいと思います。

わたしは二種類の領域で仕事をすることになり、働き過ぎになっていました。『ニューヨーク・レヴュー』そのほかの雑誌に定期的に、さらには頻繁に寄稿するいっぽうで、わたしは『ヨーロッパ戦後史』そのほかの本を書いており、それにくわえて新しい家族生活を始め、授業と大学運営で忙しい日々をすごしていました。

こういったことをすべて切りはなしておくことには、かなりの知的な努力と、計画と時間を必要としました。しかしすくなくともわたしは、安定した地位の歴史家にありがちな平凡な仕事を避けることはできました。つまり学会だとか、業界のつきあい、専門的な業績の出版などです。この点ではすくなくとも、わたしは——なつかしいリチャード・コブが主張していたように——ちゃんとした歴史家ではないことから利益を得ていました。おかげで歴史家たちのあいだで昇進の道を追求して時間を無駄にするという方向にはまったく向かわなかったのです。

わたしが書いていたことの多くは、一種の価値評定的な思想史で、それらのエッセイは『失われた二〇世紀』にまとめられることになります。二〇世紀は知識人の世紀であり、そこには多くの裏切りや適応や妥協をともなっているのです。問題は、わたしたちは幻想と幻滅と憎しみが中心にせり出してきている時代に生きているということです。したがって、二〇世紀の知識人の生のなにがよかったのか、その核の部分を見つけ出し、またそれを救い出すための意識的な努力が必要なのです。

二〇年もたたないうちに、こういったことのなにが重要なのかを正確に思い出すことがかなり難しくなるでしょう。とりわけ、そこには真実の問題が、というよりむしろ二種類の真実の問題がありました。より大きな政治的真実、もしくは物語的な真実を受け容れた人が、より小さな真実、もしくは真実に忠実であることとそのものに寄り添うことによって、知識人として、または人間としての自分自身を救済することは可能でしょうか？　それが、わたしによって二〇世紀に向けて問われた疑問でしたが、おそらくそれは、わたし自身に向けられた疑問でもあったのでしょう。わたしは政治的な知識人としての著述を始めると同時に、その疑問に答えを出そうと試みていたのです。

アメリカのほとんどの歴史家にとっては矛盾するであろう二つの方法論的な前提を擁護したいと思います。まず、歴史家はものごとを、その文脈において書かなければならないということ。文脈化は説明の一部分なのであり、文脈化をするために主題から身をひきはがすことは、代替的な、おなじくらいに正統性のある、人間の行動を説明するための方法――人類学や政治学、なんであれ――と歴史学を区別するものなのです。このような場合における文脈化は、関係変数として時間を必要とします。ですがわたしの第二の主張はつぎのようなものです。すなわち、歴史家であれほかのなんであれ、学者というものは、学者であるというただそれだけの理由で、自分のおかれた状況から倫理的に免罪されているというものです。わたしたちは同時に自分たち自身の時代と場所の参加者であり、そこから撤退することはできません。そしてこれら二つの文脈は方法論的に分離させられなければなりません。それでもなお、それらはほどきようもなくからまりあっているのです。

『ニューヨーク・レヴュー』は、わたしが公共的な知識人について公共的に著述をする手助けをしてくれましたが、わたしを公共的知識人にしてくれたのはニューヨーク・シティでした。わたしはこれ以上先に進んでほかのどこかで職を見つける計画はありませんでしたが、わたしはニューヨークにずっととどまるつもりであったことはないと思います。しかし二〇〇一年の九月一一日のおかげで、わたしはアメリカの公的な問題についてしだいに論争的にかかわっていくようになります。

アメリカの問題についての対話に身を投じることは、しだいに喫緊の問題になっているようにわたしには思えた、というのが公平でしょう。不快な問題を、自己検閲と従順さの時代においてオープンに、制限なく議論するべきだと要求することが。メディアにアクセスできて、大学での安定した雇用を保障されている知識人は、政治的な困難をかかえた時代においては明確な責任を負っています。わたしは当時、自分の職業的な地位をほとんど危険にさらすことなく、発言をすることのできる立場にいました。それは、すくなくともわたし自身の個別的な事例においては、ほとんど市民的な責任の定義にほかならないように思えました。おそらくちょっと説教くさい話かもしれませんが、それでもわたしはそのように感じたのです。かくして、奇妙なことではありますが、わたしはそうやってアメリカ人になる方法を見つけたのです。

わたしはどのような種類のアメリカ人になりたいと思ったのでしょうか？　フランスには、モンテーニュからカミュにいたるまで、そのもっとも偉大な著者たちのいく人かを表現するための言葉があります。すなわちそれは「モラリスト」で、この言葉は、対応する英語の言葉よりも広い言葉で、英語には含意されているような軽蔑的なニュアンスがまったくありません。フランスのモラリストは、小説の執筆に積極的にとり組んでいるのであれ、哲学や歴史学を生業にしているのであれ、英米のモラリストたちと比べると、その仕事に明示的に倫理的な色を出すことが多いです（すくなくともその点で、アイザイア・バーリンもまたモラリストだといえます）。

自分の持ち場を超えていこうなどという大志をいだくことはなしに、わたしもまたフランスのモラリストに似たなにかになろうとしたのだと思います。わたしの歴史研究は、ジャーナリスティックな書き物におとらず、同時代についての関心や市民としての参加という一連の明確な動機に突き動かされたものでした。わたしもまたモラリストだったのです。ただし、アメリカのモラリストですが。

自分の国を裏切るかどうかはともかくとして、あなたの言う、より小さな真実という問題を考えるにあたって、近現代の政治に知識人が介入していくきっかけとなったドレフュス事件から始めてみましょう。あるフランス陸軍の、ユダヤ系の士官が、冤罪の反逆罪に問われ、団結したフランス知識人によって弁護された事件ですね。この瞬間、つまり一八九八年一月のパリで、エミール・ゾラが「われ弾劾す」という有名な書簡を公表した瞬間は、政治的な知識人の歴史のはじまりとみなされています。しかしわたしにとって驚きなのは、この瞬間は歴史的な観点のみでは見ることができず、知識人とは何かというわたしたちの感覚には最初から倫理的な要素が組み込まれているということです。

バーナード・ウィリアムズ[*1]は真実（truth）と誠実さ（truthfulness）とのあいだの区別をしています。ドレフュス擁護派は、その敵対者が望んだように、より高次の真実の存在を認めるのではなく真実を述べようとしたのであり、その態度が誠実さというものです。「より高次の真実」が意味するのは、フランスがなによりも優先されるべきだとか、軍は侮辱されるべきではないとか、または集団的な目的は個人的な利害にまさるということです。この区別は、ゾラの書簡の背後にある区別です。つまり、重要なのは、高次の真実が何であるかを見極めて、それに固執することではなく、真実をあるがままに述べることにすぎないのだ、と。知っていることはなんであれ、それを知っている形態のままに述べるべきなのだ、と。

さて、二〇世紀の知識人はそれで終わりというわけにはいかなくなりました。かなり多くの場合、彼らはそのまったく逆をすることになるのです。いくつかの点で、二〇世紀の知識人の模範は、ドレフュス派というよりは反ドレフュス派でした。小説家のモーリス・バレス[*2]のような人は、ドレフュス事件の細かな事実には関心がありませんでした。彼が関心を寄せたのはドレフュス事件の意味だったのです。そしてわたしは、二〇世紀の知識人の論争の起源がいかなるものであったか、わたしたちが完全に理解してきたかどうかはあやしいと思います。ドレフュス事件は二〇世紀のあいだずっとわたしたちにつきまといつづけた、人格の分裂でした。

そのおなじころに、オーストリア＝ハンガリー帝国の中欧で、トマーシュ・マサリクが、中世のチェコ語叙事詩だということになっていたものが捏造であることをあきらかにし、また血の中傷[*3]を受けていたユダヤ人を弁護しました。あきらかな違いはあるものの、ここでも知識人が、大きな国民的物語の要請に対して小さな真実を守る姿が見いだせます。

まったくその通り。わたしが非常に驚いたことは、わたしが教育を受けたときに、二〇世紀の外交史の一部分として以外には、この文脈でマサリクの名前を耳にすることは、わたしが四〇代になってしばらく経つまではなかったということです。しかしこれはあきらかに、ドレフュス事件と類似するヨーロッパ的な瞬間だったのです。自分の未来の国の真の利益だと自分が考えるものに心底から身を捧げた人が、国民の物語をきっちりとつくりあげることを絶対的な優先事項とするような人びとと真っ向から対立してしまう。もちろんその点がまさに、マサリクとゾラを結びつけるものなのです。そしてまたそれが、西欧と東欧のリベラル派に、二〇世紀の共通の出発点を与えるものなのです。一九七〇年代まで再発見されることのない、共有された参照枠組みを。

ゾラの有名な「われ弾劾す」を実際に読んでみると、それは構成がいびつで、長すぎて、ほとんど理解できないような引用をたくさん含んでいる文章です。大きな見出し以外には、この文書に説得的な部分はありません。そのことは、わたしたちがその後の一世紀くらいにわたって抱えた問題と関係があるのではないかと思います。すなわち、誠実さは醜く複雑なもので、高次の真実は純粋で美しく見えるという。

当時、善と悪、真実と虚偽といった抽象的な問題をめぐる公的な論争に参加した人びとは、ジャーナリスト、劇作家、一般の支持者をもつ大学教授などに、まだかぎられていました。のちの時代には哲学者、さらに後になると社会学者などがそこに参入してきます。それぞれの専門分野によって、一定の形態の真実や虚偽を排除する、または推奨する推論の様式が生まれることになります。

二〇世紀初頭の数十年においては、ほとんどの知識人はなんらかの種類の文学者でした。彼らのレトリックの嗜癖は一九世紀の演説の痕跡を多くとどめており、それは二一世紀の人間の耳には冗長で誇大なものに聞こえます。そのような男性女性は自分たちのことを、予言者と調査報道ジャーナリストのあいだの公的な職務を負っているものと見ました。二〇年後には、すべてが様変わりしてしまいます。一九二〇年代に、『知識人の裏切り』で、抽象と過剰な理論的な論証についてジュリアン・バンダ[*4]が批判する知識人たちは、自分たちのスタンスになんら裏切りを見いだすことはありませんでした。彼らにとっては、抽象こそ真実だったのです。

それに対して、ゾラのようなジャーナリストにとってはそれはナンセンスに聞こえたことでしょう。真実とはさまざまな事実でしかなかったのです。マサリクも、彼の哲学的な素養にもかかわらず、ものごとをおなじように見ていました。かつて一八九八年には、真正性や抽象的な理性が真実と虚偽への直接のとりくみに勝るなどと論じる人はほとんどいなかったでしょう。知識人としての参加とは、なにかが虚偽であることを暴くことを本質としていました。その一世代後には、知識人としての参加とは真実について高々と声を上げることをその内容とするようになりました。

それは前に話した話題ですね。道徳的価値観が歴史に内在しており、それは、レーニン主義やスターリン主義によれば、未来にあって現在を指図しているわけですし、ファシズムや国民社会主義によれば指導者の意思の中にあるというものです。

こういった種類の政治に対する多くの知識人の反応は、倫理それ自体を拒んでしまうことか、または実存主義者のように、そのような価値観は必然的に空虚なものへとおしやられてしまうべきものとみなす、というものでした。

そしてそこから、一九四〇年代後半にカミュが熱心に述べた、例の瞬間が訪れます——それにしても、わたしたちがみなまちがっていたらどうするのか？　と。ニーチェやヘーゲルはわたしたちを道に迷わせたのであり、道徳的な価値は本当は存在するのだとしたら？　ずっと、じつはそれについて議論をつづけてしかるべきだったとしたら？

モーリス・メルロ゠ポンティ、シモーヌ・ド・ボーヴォワール、ジャン゠ポール・サルトルはみな、カミュがその発言をした際にそこにいたわけですが、その三人がカミュの哲学的な無邪気さにびっくりしているさまを想像せねばなりません。アーサー・ケストラーもいましたが、彼がどう反応したかはそれほどの確信をもっては言えませんね。

しかしカミュは正しいと仮定してみましょう。その場合、そういった道徳的価値とは何なのでしょう？　つまり、もし知識人の使命が、虚偽に対立する、もしくは高次の真実とは区別される誠実《トゥルースフルネス》さの追求であるなら、それ以外の何を彼または彼女はすべきなのでしょう？　もし知識人が大きな真実を代表するのではないのなら、もしくは代表しているように示唆をする姿勢をとることを避けるべきなのなら、知識人はいったいどこに立っていることになるのでしょう？　トマス・ネーゲル[*5]の表現を使うなら、どこでもないところからの眺めとはどのようなものなのでしょう？

なんらかのかたちで、これは現代の真剣な知識人であればだれでも直面している課題だと思います。つまり、いかにして一貫性のある普遍主義者になるか、という課題ですね。これは、権利、自由、またはなんらかの規範を信じていると述べるだけの問題ではありません。なぜなら、もしあなたが人びとの選択する権利を信じており、しかし同時にほかの人びとになにがよい選択か、その人たちよりよく知っているとも信じているなら、あなたは潜在的な矛盾に直面するからです。一貫性のある普遍主義者として、あなたはいかにしてべつの人にひとつの文化や、一連の選択肢を押しつけることができるでしょうか？　そして同時に、自分自身の価値観を真剣に信じているなら、そのような押しつけをしないでいることがどうやって可能でしょうか？　たとえこの問題が解決可能だと認めるとしても、どうしようもなく複雑な政治の世界において、ほかの矛盾をわたしたちが回避できたとどうやって確信することができるでしょう？　ヴァーツラフ・ハヴェル、アンドレ・グリュックスマン、またはマイケル・イグナティエフ[*6]のような倫理普遍主義者たちは、二〇〇三年のイラク戦争を一般的な原理にもとづいて肯定しましたが、彼らは実践上は矛盾にみちた帰結に直面せねばならなくなり、彼らの整然とした抽象的規範は、それに直面するための道具とはなってくれなかったのです。

先制戦争という観念は、カントの普遍性の第一の基準を満たしていません。それは、自分たちが行っていることが規範を生み出しているかのように行動することなのですから。すくなくとも非宗教的な知識人にとって、カントのもうひとつの前提、つまり倫理的なものは個々の人間のうちにやどっているという前提を出発点としないような普遍へと通ずる道は存在しないと思います。イラク戦争が、それ以外の多くの冒険と共有したひとつのことは、それが、たとえば解放といった一般的な概念を使って、様式化されて抽象的な方法で描かれたということです。それによってわたしたちは、本当に知らなければならなかったことを見過ごしてしまいました。つまり戦争は悲惨なものであり、戦争は人を殺し、いまも多くの人が殺し殺されつつあるのだということです。

倫理的なものは個人の中にやどっているという考え方の魅力は、それが倫理的なものを意思決定のプロセス、または、なんであれ集団化され得ない、したがって強制されることのできない利害の一連の評価へと切りつめてしまうことです。

しかしそれはもうひとつの問題を引き起こします。それは倫理的な諸概念を個人から集団へと拡大していくことの問題です。自由は人間の普遍的な価値であるとわたしたちが言うとき、つまり言論の自由、移動の自由、選択の自由への権利は個々の人間に内在的に備わっていると言うとき、わたしたちは自分たちがなにを意味しているか、かなり明確に理解しているつもりになります。しかし一九世紀以来ずっと、わたしたちはひとりの人間の自由から集団的な自由について語ることへと、それら二つがまるでおなじものであるかのように、あまりに安易に移行してきたのではないかと思います。

しかしいったんある国民を解放する、または、抽象概念としての自由をもたらすのだと語り始めると、かなり異質なことが生じ始めます。啓蒙主義以来の西洋政治思想の問題のひとつは、この、カント的な倫理の評価と抽象的な政治的概念とのあいだの往復運動だったのです。

国民国家の場合にもっとも顕著に生じる、個人と集団とのあいだの類比には、あきらかにひとつの問題があります。国民のリベラルな観念の大部分は、個人のリベラルな観念でした。つまり、国民が存在し、国民には一種の宿命があり、自由への権利があると。それゆえに、国民の自決権〔民族自決〕は右派リベラルにとってあれほど問題のないものに思えたわけです。

ですがこれはカテゴリーの錯誤だと、単純に言えるのではないでしょうか？

個人もまた構築された実体であると言うことによって、集団的な個人としての国民という考え方を擁護することもできます。つまり、時間をかけて存在するようになり、記憶を、また偏見を獲得していくのだ、などなどという風に。結局、国民について重要なのは過去についてのその主張が真実であるか虚偽であるかということではありません。そうではなく、そういった主張を信じ、そしてそこから生じる帰結を受け止めようという集団的な願望と選択が重要なのです。

さて、わたしはと言えば、そういった帰結をわたしたちが受け入れるべきだとは思いません。幻滅や信仰の喪失といった代償をともなうとしても、国民の神話には反対した方がいいと考えるのです。ですがそれとは関係なく、国民の歴史や国民の神話は国民の必然的で避けられない副産物です。ですから、明白な事実と――国民は存在するのですから――構築されたもの、つまり国民が自分たち自身について抱きがちな信念とのあいだの区別をするに際しては、注意深くあらねばなりません。

じっさいに、国民はあまりにも安易に、個人が自分たちがもっていると主張する権利との類推によって、自分たちは純粋に国民としてのさまざまな権利をもっているのだ、という観念にたどりついてしまいます。しかし、事態はそんなに単純なものではありません。国民が権利や義務をもつためには、まさにそういった権利主張や義務が、個人と同時に集団にもあてはまるものでなければならないのです。もしひとつの国民が「自由になる」権利をもっているなら、そこに含まれる個々の市民や主体もまたすべてその権利をもっていなければなりません。そうでないとするなら、「自由」という言葉がかなり独特の、異質な意味で使われているということになってしまいます。

個人の権利やその主張が、集団へと適用された際の、問題のある事例を挙げさせてください。わたしはいまこの通り、アメリカに住んでいる、アメリカ国民です。わたしはこの国が、黒人の住民になんらかの借りをもっていると考えるでしょうか？　つまり、奴隷制によって、ここに強制的に連れてこられて、意思に反してこの国の繁栄に貢献した男性女性によって生み出された借りを？　はい、その通り。ではその目的のために、アファーマティヴ・アクションは正当な戦略だったと考えるでしょうか？　はい、その通り。などなどとつづきます。

ですが、わたしは、白人として、それについてうしろめたく感じるでしょうか？　いいえ、確実に、ノーです。奴隷貿易の当時、さらには奴隷制廃止の時代にいたるまで、わたしの祖先はベラルーシ東部のへんぴなユダヤ人町で貧困のうちに暮らしていたのです。その人たちが、わたしが今偶然に住んでいるアメリカという国に対してなんらかの責任をもっているというのはまったく理にかなわないことです。

そう、わたしは市民としての責任は持っています。ですが、わたしは自分が改善しようとしている状況に対して、なんら道徳的な責任は感じていない。わたしは「白人アメリカの黒人に対する罪」と呼ばれるある集団的な主体の一部分ではないのです。こういった区別は微妙なものに思われるでしょうけれども、公共的な倫理や政策の水準では決定的に重要であることが多く、それもここ合衆国においてだけの話ではないのです。

国民には積極的な権利はありますが、消極的な権利はないと思います。つまり、国民には、消極的な権利である自由への権利はない。それは国民には相容れないからです。個人のみが消極的な権利を持ち得ます。それは基本的に、干渉されない権利であり、殺されない権利である。

しかし国民は存在するかぎり、福祉という積極的な権利をもっています。つまり個人は国民をよりよいものにするよう努めなければならないということです。つまり、個人は、道路や鉄道や学校を建設するといったことのために、国民が存在できるよう努めなければならない。そしてある国民に属すると主張する個人は、その国民に対して責任を負っている。その義務とは国民の積極的権利の裏返しであり実現なのです。

だとすると、知識人が国民の形成に参加したり、社会政策の擁護者として活動したりする際には、知識人は何を語るべきなのでしょうか？　国民というのは今日、判断と行動のための適切な単位と言えるのでしょうか？

それは興味深い指摘ですね。

利害関係者やその目的に取り込まれる危険がもっともない知識人というのは、自分たちが偶然に属することになった国民との緩やかな、もしくは存在しないつながりを出発点とするような知識人です。わたしの念頭にあるのはエドワード・サイード[*7]で、彼はニューヨークに住みつつ知識人としては中東をめぐって活動しています。またはブレイトン・ブレイテンバッハ[*8]で、彼はアフリカの公共問題にとり組みつつ、アフリカ以外の聴衆に向けてもよく語っています。

あらゆる知識人にとっても、出発点となるべき疑問はつぎのようなものです。つまりその疑問とは、アメリカの知識人としてだとか、ユダヤ系の知識人としてだとか、そういったラベルを貼って閉じられた論争へと参加する知識人として何を考えるか、ということではありません。そうではなく問うべきは、具体的に、Aという問題やBという決定、またはCというジレンマについてどう考えるか、という疑問なのです。わたしは偶然にニューヨークそのほかの場所にいるが、そのことが、わたしがそのような問題に応答する際の視点を色づけしてはならないのです。

わたしは、だれかが自分の国を激しく攻撃したり、ほかの国の問題に干渉したりすることが、なぜこれほど不評を呼ぶものなのかが、理解できません。どちらの場合にせよ、必要とされているのはその人が自分が話題にしていることについて理解しており、なにか論争に貢献できるものを持っているということだけです。しかし、たとえばフランスやイングランドの知識人が、ロシアの新聞でロシア国内の政策について激しく非難する文章を書くのがどうしてまちがったことなのか、わたしにははっきり分かりません。

そう、でもトニー、そのような国民からの断絶は、同時に福祉からあなたを遠ざけることにもなりませんか？

もしあなたが身の回りで起こっていることに関心を抱かないとしたら、それはあなたが国と同一化できないためではなく、なんらかほかの欠点のためでしょう。つまり言いたいのは、わたしはアメリカとは、合衆国とは深いところで同一化することはないのですが、そこで起こっていることについては強い興味をもっており、おおいに関心を寄せているということです。

それはどうやって可能なんでしょう、トニー？というのも、わたしはアメリカと深いところで同一化しているからです。そしていくつかのものごとについてわたしが批判的な理由は、それはなにかを愛せば、その愛したものには最善の姿であってほしいからでしょう。

わたしにとって驚きなのは、あなたが、あなたの表現を言いかえるなら、国のよりよい姿を再発見する必要があるアメリカ人だと感じるところから出発しており、それに対してわたしは……どこだか分かりませんが、すくなくともアメリカからは出発していないという事実にもかかわらず、アメリカの何がおかしいのかということをめぐる多くの問題について、あなたとわたしが同意する、もしくはすくなくともおたがいを理解するのがいかに簡単か、ということです。

そうですね、順を追って考えてみましょう。あなたが正しく、そのような場所が存在すると仮定して、そのようなユートピア的な眺めにはどうやったら到達できるのでしょう。

ジョン・ロールズは『正義論』の中で、道徳性について考えるための方法とは、自分が無知のヴェールに覆われており、自分自身についてなにも知らない、自分の才能や自分が一生懸命になっていることさえも知らないと想像することだという考え方を提示しています。そういうところから出発して、なんらかの集団的なゲームに参加した場合に自分がなにを求めるか、決心するこころみをしてみなさいというのです。二〇世紀のもっとも崇敬されたリベラリズムの見直しはそのように始まったのです。

ロールズ流の、リベラリズムのアルキメデス的支点の探究の問題は、その目的地に到着するためには、それははじめに答えようとしていたまさにその疑問を棚上げにすることを余儀なくされるということです。自分自身の関心や能力のある重要な側面をよく分かっていないような人、そしてロールズの議論の目的にかなうために、そのような無知をかかえた人は、わたしに言わせれば道徳的に一貫しており知的に矛盾がない選択をできるほどに自分自身のことを知る立場にはないように思われるのです。そのような人は、正しいこととまちがっていることの違いを理解し、自分のような人間がいかなる世界を求めるのかを知っていると期待されるはずです。そうだとすると、その人は確実に、文化的な伝統、つまり自己と他者についての考え方や、自分自身の行動や目的の適切性を見積もる方法に挑戦をすることになります。それらは脱価値的な視点ではないのであり、ですからそういった価値の源泉は何なのかという問題は解かれないままなのです。

ロールズのパラダイムにおいては、そのような人間は北西ヨーロッパ人もしくは北米人で、たとえ自己についての詳細で具体的な知識に欠けているとしても、こういった種類の問いを問いかけ、そして答える方法を備えた人間であるように見えます。そのような思考実験から生じてくるリベラリズムは、現実世界のさまざまな課題に応答することができないという批判につねにさらされるものです。それは現在の状況から出てきたものでもなければ、過去の経験に応答するものでもないのですから。

リベラル思想の基礎を築こうとするロールズ流のアプローチが、リベラルな性向をもった人に主に向けられているのなら、おそらくこれは問題ではないのでしょう。しかしそれでは無意味です。そのような公理の正しさをはかるのは、それがそのような性向を最初から備えていない人をいかにうまく説得できるかということですから。そしてたとえそれができたとしても、そのようなリベラル派が、彼らの好みには一致しないような人間や社会に対処するにあたって、正確にどのように行動すべきかという問題は残ります。この点についてロールズは沈黙しているわけではけっしてありませんが、彼は自分の仮説そのものから由来するものではない、外側からの考察を持ちこむことを強いられています。

じつをいえば、わたしはロールズの世代とそのすこし後の世代の懐疑主義的な倫理家たちが好きではあるのです。つまり、普遍的な倫理を見つけ出してそれに基礎を与えるという企図そのものが、よくても望みのないものに思われ、なんにせよ最終的には無意味に思えるようになった世代ですね。人間の行動にかんする一定の規範が、魅力的かつ普遍化可能なものとして現れて、それらは、妥当な状況においては強制可能なものになる、ととらえた方がいいと考えるような世代ですね。これはのちの世代の新相対主義とはおなじではありません。強制できる倫理は現実的なものであり、それは強制したくないと考える倫理よりも許容可能であると同様によりよいものでもあるのですから。しかしそういった倫理が魅力的であるのは、部分的には人びとがその倫理を許容可能だと思うからなのでもあり、またいずれにせよ、わたしたちが道徳を理論化するのではなく倫理を実践することに従事しているのなら、そのような倫理はおそらく望みうる最上のものなのでしょう。

影響力をもつ知識人は、国民の物語をいじくりまわすためにはすくなくともその物語に通じていると感じなければならないだろうとあなたは示唆しているように聞こえます。じっさい、重要な論争は国民のレヴェルで起きているわけですから。

それは必然的なパラドクスでしょうね。後世にすこしでも残るような知識人は、偏狭な主題にのみ閉じこもっていてはなりません。そのいっぽうで、世界はじっさいにはそれぞれの狭い空間の集まりなのであり、そのような空間から軽やかに身を引こうとするような人間はだれであれ、ほとんどの人びとの日常的な現実について言うべきことをほとんどもたないでしょう。フランスについて言うべきことがなにもないようなフランスの知識人がいたとすれば、その知識人は早晩フランスでは耳を貸してもらえなくなるでしょう。そしてアメリカにおいてさえも、そのような知識人の魅力はいずれ立ち消えてしまうでしょう。

しかし、ある限定された文脈においていったん信用を確立したなら、知識人は、局地的な対話に彼または彼女が貢献できるその方法は、原理上、その対話の外側の人びとの関心も惹きつけるようなものだということを証明する必要があります。そうでなければ、政策オタクだとか新聞のコラムニストでもみな知識人の地位を主張できることになってしまいます。

これは、実践上は何を意味するでしょうか? わたしは、自分にその力があると感じるなら、アメリカ国内での対話にためらいなく参加するでしょう。わたしが中東問題に介入する理由は、わたしがエルサレムで起こっていることに影響を与えられると思っているからではありません。それをするにはもっと適切なほかの人たちがいます。そうではなく、ここ合衆国で起こっていることに影響を与えようところみることが、わたしの義務だと感じるのです。というのも、問題が解決されるとしたらエルサレムではなくワシントンにおいてでしょうから。わたしにとって心配なのは、わたしたちアメリカ人がこの主題にとり組むことができていないことです。そして注意を向けなければいけないのは、わたしたちの対話なのです。

ですが、わたしがなにか貢献できる有用なものを持ちあわせているとは感じられないようなアメリカ内部のほかの議論もあります。わたしは、世俗的な国家における信者の責任をめぐるキリスト教内部での論争に参加する資格はないでしょう。もちろんわたしはそれについて意見はありますが、わたしはその論争のはるか外側にいて、なにか言ってもその参加者に声は届かないだろうと分かっているのです。

おなじように、ティム、もしあなたがこんにちのイングランドに行ったとしたら、イギリスのヨーロッパに対する態度とか、イギリスの中東をめぐる外交政策についての議論に参加したいと思うでしょうし、またその資格があると感じるでしょう。ですが、イングランドとスコットランドとのあいだの関係をめぐる、活発だけれども外部者には理解しがたい論争に参加したら、十中八九、混乱して途方に暮れてしまうでしょう。外部者が十分に参加できて活躍できるような種類の議論と、外部者は黙っておいたほうがいいような種類の議論があるのです。

さて、コズモポリタンな知識人とは何でしょうか？　それは、パリに住んでパリで著述をするが、パリの関心事のみにとらわれていない人、フランス人であり、同時にフランス人以上である人です。おなじことはニューヨークの知識人にもあてはまります。ニューヨークの知識人は、この都市から想像されるコズモポリタニズムとはうらはらに、おどろくほど偏狭になることがあるのですが。わたしがその文章を読む多くの人たち、とくに『ディセント』[*9]のような雑誌に書く人たちは、自分たちの偏狭な出自に深いところで閉じこもっています。

フランス知識人からべつのなにか、なんであれより大きなものになるにはどうすればいいのでしょうか？　というのもおっしゃるように、ありがちなのは、ある水準では反響をひきおこすものごとは、距離をとって見るとどこまでも偏狭にこりかたまったものに見えるからです。それにしても同時に、二一世紀においては確実に、知識人は国民国家という環境を超えたところで機能しなければなりません。

しかしここに問題があるようにわたしには思えます。そしてこれは二〇世紀があきらかにした問題です。つまり、代理で思考をすること、または、あなたがときに言う言い方では、集団の単位で思考をすることの問題です。たとえば国際的な労働者階級という観点でものを考え始めたら、いろいろと問題が出てきます。また、世界の貧しい人びとや植民地化された人びとの解放という観点で考えはじめても、当然に問題が出てくるでしょう。そのような、偏狭なカテゴリーを超えてものを考えようというこころみはあっぱれなものではありますが、永続的成果をもたらしたものはほとんどありません。

参照枠が大きくなればなるほど、細部の理解やローカルな知識は薄っぺらいものになっていくのです。だから、何が本当に起きているのかを尋ねる場合に一番いいのは、ふつう知識人ではなくジャーナリストになるのです。「グローバルな視点」をそなえた人間になりつつ、同時に通常の、地に足のついた知識を持っていることは不可能なのです。しかしそのような知識を持っていない知識人を尊敬しつづけるのは難しいことです。そのような知識人は遅かれ早かれ、空回りしつつ自分の主題からそれていってしまうでしょう。その主題を超越する視点を求めてのことですが。つまるところ、すべてについて語る人は、なにについて語る能力も失ってしまう危険があるのです。

結局知識人にはインプットの弁とアウトプットの弁があるわけです。インプットの弁は読書であり、見ること、知ること、学ぶことです。ですがアウトプットの弁は聴衆であり、それなしでは知識人はたんなるかかしのようなものです。問題は、「グローバル」な聴衆など存在しないということです。もしあなたが『ニューヨーク・レヴュー』にエッセイを寄稿したとすると、それは世界中で読まれるかもしれません。しかし、あなたの本当の聴衆は、あなたが参加しているその特定の論争に積極的にかかわっている読者のコミュニティなのです。著述家が影響力と消えることのない重要性をもつのは、その論争の枠組みの中でのみなのです。

ですから、そのようなラベルは氾濫しているものの、「グローバル知識人」などいないのです。スラヴォイ・ジジェク[*10]は本当は存在しないのです。おなじ理由で、わたしはいつも「世界システム論」のようなたぐいのものに対しては懐疑的でした。イマニュエル・ウォーラーステイン[*11]のような社会学者は、ときどきは鋭い洞察を思いつくかもしれません。しかしそういった学者がその巨大な一般命題に枠組みを与える際の観点ときたら、ほとんどの場合に彼らは陳腐な議論のリサイクルをするであろうことを保証してしまうようなものなのです。

もちろん、そのような観点でものを考える人たちはつねに存在するでしょうし、それは緻密な経験的な研究をする人たちがつねにいるのとおなじことです。知識人とは定義上、定期的に一般的命題の水準まで浮上したいという性質をもともとそなえた人間なのですから。わたしたち全員が専門家になれるわけではなく、また専門家だけでは複雑な世界を理解するために十分ではないのです。しかし重要なのは中間地帯、つまりローカルな細部とグローバルな理論体系とのあいだの地帯であり、その地帯は現代でさえも、国民国家という枠組みで決定される傾向にあるのです。世界を変えたいと真剣に思っている人はだれであれ、逆説的なことですが、この中間の区域で活動することが多いのです。

これから重要になるべき知識人は、たとえ主に国民国家の水準で語っているとしても、ドレフュス事件のころにはまだ国際的なものにはなっていなかった諸問題にとり組むような知識人になるでしょう。たとえば気候変動やエネルギー源の不平等な分配といった問題は、本来的に国際的な問題ですが、それでも国民的な社会や個人も対処しなければならない問題です。

ですが、ほとんどは一九世紀の終わりですが、似たような問題について議論し始めた少数の人びとがいましたね。機関銃の登場によって、戦争をめぐる法に注目が集まりました。交通手段のスピードが増すにしたがって、より緻密な規制が必要になりました。度量衡から品質、値付けなどすべてについて完全に違った基準をもっていたら、べつの国とは交易などできません。そのことによって、国民国家的な問題にとり組むにあたってグローバルに思考する、もしくは当時の言い方では国際的に思考するというプロセスが加速したのです。

現代では鉄道の軌間《ゲージ》がほとんど世界中でおなじになっているという事実を、わたしたちはあまり深く考えません。歴史的な理由で例外はあって完全におなじにはなっていないのですが。ともかくも、もしおなじでなかったら、たとえばカナダからメキシコに商品を送るためのコストは軌間を変更するための作業やそのための時間などによって二、三倍になることでしょう。ですから、当時から現在にいたるまで、国際的に思考することなしに国益について考えることはできないということを、わたしたちはいろいろな点で受け容れてきているのです。そしてわたしたちは、国境をこえて思考することなしに国民国家の政策の目標について語ることはできません。しかしそれでも、現在でさえも対話は国境の内部で行われているのですが。

こんにちのヨーロッパについて考えてみてください。カントは単一の市場と、商品の自由な移動、お金の自由な流通、人間の自由な移動について語りました。しかし、もちろん完全に予想できることでしたが、実際に起こったのは、商品は自由に流通し、お金はほとんど光の速さで流通するようになったのですが、人間、すくなくともほとんどの人間についてはそんなことはないということでした。エリート階層は移動できますが、ほとんどの人びとは無理です。ほとんどの人は、たとえば北フランスで自分の暮らす世界を離れて、よりよい仕事があるからという理由でルクセンブルクに移動するという決断をするのに、非常に長い時間悩まなければいけないでしょう。こんにちでは通貨はおなじで、急行列車で行けばすぐで、生活にとって重要な法律は似たようなものであるにもかかわらずです。人間は、ヨーロッパにおいてでさえも、国民国家の枠組みの中で生きているのです。

国民国家内部での議論から、なんらかほかの種類の議論へと移っていこうとするこころみのうち、興味深いものとそうでもないもの、うまくいっているものとそうでもないものにはどんなものがあるでしょうか？　というのも、わたしたちは、そう、一種の運命を決する瞬間にあるように思えて、そこで重要なのは一定の国民国家的な因習にのっとって行われる国民の議論のうちにおいて、人びとの考えを変えられるか否かということなのです。そこでは、国民国家以外の知の源泉やほかの視点に訴えていては、効果がないように思えるのです。

わたし自身すこし偏狭な言い方をするなら、最近のもっとも重要な変化は、ごく最近までは自分たちが主に、またはもっぱら国民国家内の議論の中で機能していると考えてきた、多くの国の政策立案者や教育あるエリートたちのうちに、ヨーロッパというアイデンティティが生まれ育ってきたことです。ヨーロッパとは、ほとんどの知識人がそこに関係してはいないとはいえ、知的な創造物なのです。

ヨーロッパという国民アイデンティティが存在するかどうかの試金石だとわたしが考えるのは、ヨーロッパ代表のサッカーチームが存在するかどうか、またはオリンピックでヨーロッパの代表選手が出るかどうかです。それは、わたしが生きているあいだはなさそうです。

しかしヨーロッパという概念が非常にうまく個人化されてきたということを考えてみてください。最近、ロンドンを本拠とするサッカーチームであるアーセナルは、イギリスやヨーロッパでの大会で勝ちつづけていますが、まったくもってみごとな試合をしています。完全にヨーロッパ的なチームなのです。ある時点では、イングランドの選手がひとりもいませんでした。ブラジル人が入るのは避けられないとして、アーセナルはヨーロッパの才能ある選手を全面的に起用していたのです。そういうことを、ある国民国家の水準では行えるわけですが、それを国民国家を超えた水準では行えません。

ブラジル人、イタリア人、ウクライナ人を集めてイングランドのクラブ・チームをつくることはできる。でもイングランド人をかき集めてヨーロッパ代表はつくれないというわけですね。

イングランドの国民精神のうちには、興味深い混乱があります。サッカーチームは典型的なアメリカの野球チームよりもさらにひどいやり方で売られたり買われたりします。そしてそのいっぽうで同時に、かつてチームに一人一人のスミスという名前の選手がいたような時代〔イングランド人ばかりでチームができていた時代〕へのロマンティックな先祖返り的な郷愁があるのです。

現時点でのイングランドのフットボール・クラブは、一五〇年前の田舎の城のようですね。たとえばロシアで大富豪になったら、クラブをひとつ買ってそれでいい気分になれる。[*12]

しかしここにアメリカとヨーロッパの違いがあります。都市のチームという水準ではおなじです。大金持ちが指を一振りすれば野球チームができて、選手はドミニカ共和国、エクアドル、ヴェネズエラの選手であってもアメリカ人はそのチームを興奮して応援するというわけです。しかしアメリカでは、いかなる国際的な大会でもアメリカ代表を出すことができて、だれもテキサス州やアイダホ州がオリンピックに代表チームを送るべきだなどとは言い出さない。

みずからをいまだ国民国家だとみなしているすべての国のなかでも、アメリカはもっとも人工的な国です。つまり、アメリカは文字通り、一団の知識人の選択によって創造されたのであり、その知識人たちがアメリカを記述し、定義し、宣告したのです。しかし逆説的にも、アメリカが人工的であるがゆえに、アメリカに同一化する人びとにとってこの国ははるかによりリアルなものになるのです。フランスまたはスペインのような場所には純然たる事実性が備わっており、そのおかげで多くのスペイン人やフランス人は国民や国家とのそれ以上の抽象的な同一化から、非常に積極的かつ根本的に身をひきはなして、なおかつ自分たちのアンデンティティの感覚を失わないでいることが可能になっています。彼らは単純にフランス人であったりスペイン人であったりするのです。国旗など必要としない。国語さえも必要ない。その方が便利であれば違う国の人たちとは喜んで英語で話すのです。

アメリカへやってきて、そのもっともリベラルでコズモポリタンな市民が深く国民国家と同一化していることに気づくのは、イングランド人にとって、そして思うに大陸ヨーロッパ人にとってはさらに、奇妙な経験です。そのような同一化は、全体的にはヨーロッパには見られないものなのです。かつては、国家と国民との同一化のさまざまな形態は、市民生活において必須の部分をなしていました。女王がテレビに現れると起立をするというような、わたしの母が実際にしていたのですが、そういうことですね。映画館で国歌が流れたら起立するなどということです。そういうことはかつてはあったのです。しかし、そういった習慣はある国民であることの意味の深い一部分であるというよりは、それはたんに伝統の一部分だったということです。スコットランドのタータン・チェックのキルトのようなものです。言ってみれば、それらは創造された伝統[*13]なのですが、現実的なものと認識されたものなのです。対してアメリカの伝統はいまやあまりにも深く根をおろしたものになっており、それとアメリカ人であることの意味を区分することは難しくなっています。そのために、完全に分別をもったアメリカ市民が、だれかが国旗に敬礼しなかったり国歌を歌わなかったりすると、心底腹を立てたりするのです。そのような感情は、現代のヨーロッパには見られないものです。

わたしはまだ、この国民国家的なものから国際的なものとのあいだの障壁を越える方法について考えあぐねているのですが。普遍主義の生き残りについてあなたが最初に言ったことからすると、あなたはそれを、つねに適切かつ可能ではないにせよ、望ましいものと見ているのだと理解しました。ですから、わたしがあなたに尋ねたいのは、ヨーロッパ人とアメリカ人が、海外にむけて語りうるような、価値観とはいわないにせよ、すくなくとも習慣が存在するのかどうかです。

まず思いつくのは民主主義です。イラク戦争は、あなたがさきほど参照し、わたしたちが何度も振り返っていますが、この視点ではかなり興味深い事例です。というのも、イラク戦争は、アメリカ政府によって戦われましたが、そのアメリカ政府は民主主義的に正当化はされていないのであり、その論点はだれも主張していませんけれども、戦争の理論、つまりカント的な戦争の理論の観点ではかなり重要なことです。結局、このような事態は予想通りと言えばそうです。つまり、しゃしゃり出ていってあのような愚かな戦争を行う可能性がもっとも高いのは、まさにそのような政府であると。ただしそのいっぽうで、そのおなじ国、合衆国が、キエフでの出口調査の結果を信じることによってウクライナで民主主義を押し進めていました。もちろん、マイアミではまったく逆のことが行われ、基本的にそれによってアメリカは現在の状況にいたったわけですが。*14

知識人の活動というものは、ちょっと女性の誘惑に似たところがあります。もし目標にまっすぐに進んでいったら、まず確実に成功しないでしょう。もし世界史的な論争に貢献をするような人間になりたいと望むとして、世界史的な論争に貢献することから始めてしまったら、まず確実に成功しないのです。もっとも重要なのは、言ってみれば、世界史的な響きはもっているのだけれども、自分が影響力を行使できるような水準においてそうであるようなものごとについて語ることです。もしあなたのその議論への貢献がとりあげられて、より広い議論の一部になったり、もしくはほかの場所で行われている議論の一部となるなら、願ったり叶ったりというところなのです。

ですから、わたしは知識人が世界を民主主義的な場所にする必要があるとか、人権が世界中でより尊重される必要があると語ってもだめだと思います。そういった発言が望ましい内容に達していないということではなく、それはその目的を達成したり、議論をより活発にしたりということにほとんど貢献しないのです。それに対して、おなじ知識人が民主主義や民主主義体制についていかなる欠陥があるのかを正確に示したとしたら、わたしたちの民主主義はほかの人たちが模倣すべき民主主義だという議論に、はるかによい基盤を与えることでしょう。わたしたちの国は民主主義国だとか、わたしたちの民主主義には関心はないが、あなたたちの民主主義を建設する手伝いはしたいとか言うだけでは、つぎのような反応を引き出すだけでしょう。つまり、あっちに行って自分たちの民主主義をちゃんと修繕しなさい、そうすれば外国でも聞く耳を持ってもらえるだろうよ、などなど。ということで、国際的になるためには、まず国民国家内の問題をかたづけなければならないのです。

わたしたちはこんにち、何に関心を向けるべきなのでしょうか? わたしたちは発展の非常に長いサイクルの終わりにいます。そのサイクルは一八世紀おわりに始まって、それ以来起こったことはいろいろとあるにもかかわらず、基本的に一九九〇年代までつづきました。それは国の覆う範囲がしだいに広がっていき、その支配者は法の支配に類するものを受け入れることを強いられた、そのような発展です。一九六〇年代以来、その発展の上に二つの異質だけれども関連のある要素が上書きされました。すなわち、経済的自由と個人の自由です。この二つの後発の発展は、最初の国民国家の発展と関係があるように見えつつ、じっさいは潜在的にはそれにとって危険なものです。わたしは今世紀とは、部分的には過剰な経済的自由――これはこの言葉の具体的な意味におけるそれですが――によってもたらされた、いや増す不安定さ、そしてまた気候変動と予測不可能な状態によってもたらされる、加速する不安定さの世紀だと思います。わたしたちは知識人として、または政治哲学者として、わたしたちの主な使命はよりよい世界を想像することではなく、より悪い世界をいかにして避けるかを考えることである、そのような状況に直面するだろうと思います。そしてそれはちょっとこれまでとは異質な状況であり、そこでは理想化された、証明不可能な状況の大きな図を描くような種類の知識人は、もっとも耳を貸すに値する知識人ではないかもしれないのです。

わたしたちは、確立された法的または憲法上の権利、もしくは人権、そして規範、自由、組織などを、いかにして守るかということを問うことになると思います。イラク戦争は民主主義、自由、市場などを中東にもたらすためのよい方法だったかどうかを問うことにはならないでしょう。そうではなく、それはたとえその目的を達成したとしても、賢明な行いだったかどうか、と問うことになるのです。機会損失ということを考えてください。つまり、かぎられた資源によって、ほかのことを達成する可能性が失われたということを。

このすべては知識人にとっては大変なことです。知識人のほとんどは、自分たちは大きな抽象概念を擁護し、前進させているのだと想像しているからです。しかし、つぎの世代において大きな抽象概念を擁護し前進させる方法は、そういった大きな抽象概念を実現しようとしたわたしたちのこころみの結実である、組織や法、規則や習慣を擁護し、守ることになるだろうと思います。そしてそれらにもっとも深い関心を寄せる知識人が、もっとも重要な人たちになるだろうと思います。

わたしが前に民主主義について触れたときに念頭にあったのは、人は民主主義について抽象的に語るべきだとか、それを広めるべきだという観念ではなく、民主主義はたくさんの小さなこわれやすい機構や習慣によってつくりあげられた、非常に柔弱なものである、ということでした。たとえばそのひとつとして、投票がちゃんと数えられていることを確かめることがあります。

わたしはウクライナ人の友人に、二〇〇〇年の合衆国大統領選挙について話したことを覚えています。それで、カリフォルニア州やフロリダ州に、それらの州はもっとも最近に併合された州なので不正の可能性が高いという根拠で、ロシア人が選挙監視人を送りこんだらどうだという冗談を言っていました。笑いましたね。結局、ローカルな習慣と、上から下までのあらゆる重要な人たちによるその擁護をめぐってわたしが取った傲慢な立場は、完全にまちがっていたのです。あの選挙は、魅力的で、魅惑に満ちてさえいる制度である民主主義の大変によい事例だったのです。わたしたちがその細部を看過しているあいだに内側からからっぽにされてしまったのですが。

わたしたちが民主主義と結びつけるような美徳を最大化させた国民の歴史を見てみると、最初に生じたのは立憲制、法の支配、そして三権分立であることに気づきます。民主主義というのはつねに最後に生じる要素です。もし民主主義ということばでわたしたちが意味するのが、自分たちを支配しようとしている政府の選択にすべての成人が参加できる権利なのであれば、その意味での民主主義が生まれたのはかなり遅かったのです。わたしが生まれてからでは、現在では偉大な民主主義国だと思われているような国、たとえばスイスがそうですし、わたしの父の世代であれば。フランスのようなほかのヨーロッパの国々がそうです。ですから、民主主義が出発点だと言ってはいけないのです。

民主主義と、秩序だったリベラルな社会との関係は、過剰な自由市場と、うまく統制された資本主義との関係とおなじです。マスメディアの時代における大衆民主主義《マス・デモクラシー》が意味するのは、いっぽうではブッシュが選挙でずるをして勝ったということをすぐにあきらかにできるということであり、もういっぽうでは国民の多くはそれを気にもとめないということでもあります。ブッシュは、選挙権がより制限された、古い一九世紀のリベラル社会であれば、ずるをするのはより難しかったでしょう。その選挙に実際に関わってくる比較的少数の人びとは、もっと選挙を気にしたでしょうから。そのように、わたしたちはリベラリズムの大衆化《マス》の代償を支払っているのであり、それは理解せねばならないのです。これは制限選挙や投票者の二階級分離——学識ある投票者とそうではない投票者への分離とか、なんであれ——

そういったものへと還るべきだという議論ではありません。そうではなく、民主主義は自由のない社会の問題への解決策ではない、ということを理解すべきだという議論です。

しかし、民主主義はより悲観的な世紀にとってはよい解決策の候補ではないでしょうか？　というのも、民主主義はより悪いシステムがこの世に生まれるのを防ぐためのシステムとして擁護されるのが最善であり、人びとが毎回おなじようなやり方でだまされることがないことを確実にするための大衆政治と表現されるのが最善だと思うのです。

民主主義は、これまでとられたほかのシステムを除いては、あたうるかぎり最悪のシステムだというチャーチル流の格言にはいくぶんかの、しかし限られた真実があると思います。民主主義は非民主主義的な代替案に対抗するための最高の短期的な防壁ではあるのですが、それ自身の遺伝子に書きこまれた欠点に対する防壁にはならないのです。ギリシャ人は、民主主義は全体主義や権威主義、または寡頭政治の魅力に屈することはないだろうと分かっていました。それはそれ自身の腐敗したヴィジョンに屈する可能性のほうがはるかに高いのです。

民主主義体制は非常に急速に腐食します。それは言語的に、もしくは言ってみればレトリック的に腐食します。それが言語をめぐるオーウェルの論点ですね。民主主義体制が腐食するのは、ほとんどの人びとがそれについてあまり気にとめないからです。ＥＵの最初の議会選挙は一九七九年に行われ、平均の投票率は六二パーセントをこえていましたが、いまや投票率は三〇パーセントを切ろうかというところです。ヨーロッパ議会は現在のほうがより重要でより大きな権力をもっているというのに。自分たちを支配する人間を選ぶという行為に対する自発的な関心を維持することの難しさは、しっかりと証明されているわけです。そして知識人が、それと同時にできるだけよいジャーナリストが必要な理由は、民主主義の二つの部分のあいだに開いていっている空間を埋めるためなのです。つまりそれは、統治される者と統治する者とのあいだの空間です。

ゲーリングによる格言もありますね。いかなる政治体制においてであろうと、自分たちは犠牲者だと主張し、戦争を始めれば、国民のほとんどは味方になるという。この格言は、わたしたちがそんなことはないと願うのとはうらはらに、真実を言い当てています。そしてそれは、民主主義を擁護したいのならば、外国での戦争は大きなひずみをもたらす要因のひとつだと認めなければならないという、かなり自明だと思える結論を引き出すことになります。このことは最初から、ルイ・ボナパルト以来問題でした……

マルクスが、自由な選挙が扇動的に不自由な社会へとつながっていく可能性の例としてルイ・ボナパルトに注目したのは偶然ではありません。マルクスは、これはある特定の種類の選挙民、つまり前産業時代の選挙民がいたことの帰結だと論じることで、ボナパルトの事例を自分の議論にひきつけて利用したのです。しかし悲しいことに、ポスト産業時代の選挙民もそれとおなじくらいに脆弱だということをわたしたちは目撃してしまいました。マイケル・マンデルバウム[*15]のような人が、民主主義は戦争を起こしたことがなく、民主主義にみたされた世界は安全な世界になるであろう、という本を書いたのはほんの数年前なのです！

イラク戦争はまさにその正反対を証明しています。つまり民主主義国、それもとりわけ軍隊をもった民主主義国は簡単に戦争に誘い込まれてしまうことを。その国の自己イメージと矛盾しないような物語を与えられれば、ということですが。我々は征服のための戦争をするのだ、などとは言えません。そのような物語は、民主主義が行っていることは正しいと自分に言い聞かせる可能性に完全に反してしまうでしょうから。しかし、その民主主義国は、かつて幸運にもみずからのためになし得たことを、ほかの国にもたらすために戦争に出るのだ、とか、自分たちを民主主義的にしているまさにその諸価値を破壊しようとしている権威主義的社会に対して自衛をしているのだとか語れば、そうすればその国は、不法で攻撃的な戦争も含む非民主主義的な目的のために簡単に動員できてしまうのです。もし民主主義国がそれをできてしまうなら、それを——ゲーリングに戻るなら——独裁制と区別するものは、その自己正当化のための自由の物語以外にはほとんど残されていないのです。

その物語は価値を保持しつづけるでしょうけれども、それほどの弁護にもならないでしょう。それはチャーチルの民主主義をめぐる基準はみたすでしょうけれども、それ以上ではありません。

わたしはもうすこし楽観的なのですが。合衆国をあの戦争へと引きずりこんだ政府は、民主主義的に選ばれた政府ではありませんでした。そしてその事実が、あなたが予期するであろうような結果をもたらしたのです。つまり、一度非民主主義的な方法で権力をにぎったら、それをもう一度やる方法を考えようとするものなのです。そしてイラク戦争はじつのところ、再選を勝ちとるための手段だったのです。戦争なしではブッシュは再選を勝ちとる力がなかったでしょう。戦争はじつは二〇〇四年の共和党の問題だったのです。

まず選挙で不正をおこない、それから戦争を起こし、そして戦争が意味しているのは、相手方が不法だということだと言うのです。そのような意味で、わたしは民主主義と戦争とのあいだにはつながりがあると思いますし、自分の国で起こっていることを確かめるためのリトマス紙による試験とは、つぎのように自問することだと思うのです。つまり、わたしたちは不法な侵略戦争をしているのではないか？　と。そしてもし答えがイエスであるなら、その国の民主主義の制度になんらかの問題がある可能性がかなり高いのです。

民主主義はよい、開かれた社会のための必要条件でもなければ十分条件でもありません。わたしは民主主義に過剰に懐疑的な人間、つまり一九世紀の貴族的リベラル社会を好む人間と見られたくはありません。しかしわたしが主張したいのは、アイザイア・バーリン的な論点なのです。かつての非民主主義的な社会はいくつかの点においてはのちの民主主義社会よりもよかった、ということを、わたしたちは単純に認めるべきではないのか、ということです。

立憲主義と法の支配という考え方は歴史的に、そしてかつ、わたしが思うに、倫理的にも民主主義に先行するものだという点には同意します。しかし、大衆政治がすでに現実のものとなってしまった世界においては、それをなんとか管理する方法がなければなりませんね。

その点はその通りだと思います。しかし、ランプから解放されたランプの精にあまりにも恩義があって、大衆民主主義者たちが引き継いできた社会の価値観を体現してしまうようなことからすこしも身を引けないような、そんな政治家とは違った政治的エリートを生み出すことができればいいと言いたいですね。

凡庸な政治家を生み出す大衆民主主義の傾向を、わたしは憂慮しています。こんにちの世界の、自由社会の政治家の大多数は、基準に達していません。イギリスから出発してイスラエルに目をやっても、フランスから始めて東欧のどこであろうが眺めわたしても、アメリカから出発してはるばるオーストラリアを見ても、そうなのです。政治というのは、自律した精神や深い洞察の持ち主が向かう場所ではないのです。それは、アメリカの現在の大統領、バラク・オバマのような人物についてもあてはまると思います。彼はわたしたちの一部が、彼の目立った特徴になるだろうと恐れていたもの、つまり分別があると思われたいという欲望について、そのように思われることにどこまでも熟達していることがあきらかになりつつあるのですから。かならずしも譲歩をしたいという欲望ではありませんが、譲歩をする姿勢があると思われたいという欲望ですね。それは指導者になることを非常に困難にします。

もうすこし元気の出る話というのはないものでしょうかね、トニー？ もしくは、知識人の道徳的な重責というのは、まさに元気のない人になることなのでしょうか？

そう、カッサンドラ〔ギリシャ神話、トロイの女予言者で、真実の予言を信じてもらえなかった〕は非常に有名ですね。最後のひとりになるまで戦って、不都合な真実を述べるというのは悪くないと思いますよ。

わたしたちはカッサンドラを記憶していますが、彼女の述べた不都合な真実がなんだったかはだれも覚えていませんね。

なるほど。まずほとんどの場合に、不都合な真実というのは、嘘をつかれているのだ、という真実です。そして知識人の役割は、その事実をあかるみに出すことです。あかるみに出した上で、それがなぜ真実なのか説明することです。調査ジャーナリストの役割は真実をあかるみに出すことです。それに対し、知識人の役割は、真実があかるみに出されなかったときに、何がまずかったのかを説明することです。知識人は元気を与える人だと考えることの危険は、そうすると知識人にふたたび大きな物語を、もしくは大仰な道徳的な決まり文句を求めることになってしまうということです。そしてその決まり文句が大仰であればあるほど、物語が大きければ大きいほど、その知識人は、求められているような、元気を与える知識人に見えるようになるのです。そういうものはいらないと思います。

イラク戦争はどうしてドレフュス事件のグローバル版にならなかったのでしょう？　もしくはすくなくともアメリカ版に？

ドレフュス事件は非常に単純でした。真実か、嘘かという問題だったのですから。それはイラク戦争にはあてはまりません。イラク戦争はまちがっているという議論をしたいなら、ある程度の分量の、付随的な要件とでも呼べるものを論証しなければなりません。先行事例をおもんばかることや、ほかの国に法を破ってほしくないなら、自分が法を破ることは賢明ではないこと、主張されているようなよい結果はどれも実際に生じる可能性がないという予測など。こういった議論は論争としては大変結構なのですが、これらは単純な倫理や事実だけの問題からは飛び出してしまっています。

わたしには完全に明確に思えるひとつの倫理的問題は、ドレフュス事件をめぐる議論ではなく、ニュルンベルク裁判をめぐる議論から生じたものです。じっさい、民主主義国が、ほかの戦略が利用可能であるのに、自発的に——先制攻撃をおこなう根拠を見つけて——戦争を起こすことは、国際関係をめぐる実用的な倫理の観点から、非常に愚かなことなのです。というのも、そのような行為は、民主主義国の模範となるべき性質——それぬきでは民主主義国は独裁制が悪いと言えないわけですが——を腐食してしまうだけではなく、民主主義体制の本質とは何であるべきか、という部分を内側から腐食させてしまうからです。

ドレフュス事件との類似性で言うと、決定的に重要な点は、アメリカの国家は、戦争への助走の過程でさまざまな嘘をふりまいたということだと思うのですが。たとえば、イラクの当局が九・一一の攻撃となんらかの関係があったとか、イラクは核兵器を今にも作ろうとしているといった嘘です。こういった嘘は、国民を戦争への準備のできた状態にするために、かなり意識的に使われました。

民主主義国が戦争をする際には、その国はまず戦争に向かう精神異常状態を創りださねばならず、そのような精神状態を創りだすこととはすなわち、民主主義の価値観を腐食させる危険をおかすことにほかなりません。嘘をつき、誇張し、歪曲するなどをしなければなりません。

二〇世紀には、アメリカは、他国にもたらされた犠牲とくらべれば、自分にほとんど犠牲をもたらさずに戦争をしました。スターリングラードの戦いで、ソ連の赤軍は、アメリカが二〇世紀の戦争で失った兵士と民間人の数を合わせた数よりも多くの兵士を失ったのです。アメリカ人にとっては、戦争が何を意味するのかを理解するのは容易ではなく、したがって、アメリカの政治指導者にとってはこの国民をだまして民主主義国を戦争に巻きこむのはおどろくほど簡単なのです。

二〇〇三年の四月のことでしたが、深夜にテレビチャンネルを回していて、あなたが画面に出てきたのを覚えています。とても落ち着いた物腰で、あなたは完全に理にかなったことを言っていました。すなわち、イラクに侵攻するためにアメリカが使った正当化の方法であれば、いかなる種類の戦争も正当化されるだろうと。そしてわたしは、あなたがテレビに出ているのは例外的なことだという奇妙な感覚を抱きました。というのも、性質と内容の両方において当時みなが行っていたこととは異質だったからです。それからデイヴィッド・ブルックス[*16]が介入してきて反対し、「現実」と呼ばれるものがあるのだと、それに政策立案者たちは対応せねばならず、彼らは論理的な一貫性を求めているのだと主張しました。もちろん当時、問題の「現実」、つまりイラクの脅威という想定は、完全にでっちあげられたものであり、そのでっちあげにブルックスは手を貸していたのですが。あなたが落ち着いて理性的に語ったというのはほめ言葉ですが……

そうでしょうね。

……しかしわたしが伺いたいのは、当時、なぜものごとはあれほどにまちがった方向に進んでしまったのか、ということです。というのも、もし知識人が「われ弾劾す」を書き、より広い人間の集団に呼びかける努力をし、必要ならその思想を結晶化させ、必要に応じてメディアを活用すべきだった瞬間があるとすれば、それは二〇〇三年の四月、アメリカ合衆国がみずからの身をあのような、これまでのところ今世紀を定義づけている混乱の中に投じ、じっさいおそらくアメリカから、アメリカの世紀となるべきだった世紀を奪った、あの瞬間でした。あなたはその渦中に、すこしだけ身を投じていましたが、違う選択はあり得なかったのでしょうか？

いくつかわたしが出会ったものを振り返ってみたいと思います。

ひとつはイラク戦争への助走期で、わたしたちの一部が先制攻撃による戦争は必要か、そして賢明なのかという疑問を提起していました。テレビ番組でのわたしの対談相手は、つぎのように聞きつづけていました。でも、ドナルド・ラムズフェルドは信頼しますよね？　彼はあれだけ経験を積んでいるのだし、あなたは自分が、国家安全保障についてドナルド・ラムズフェルドよりも勝った見解を持っているなんておっしゃらないですよね？　と。こういった種類の推論法はひどく危険なものだと考えたのを覚えています。この議論では、すでに権限を付与された権威、という立場からものが語られているのです。国防長官は、その責を負っているのだから馬鹿ではないはずだ、と。そして批判的な知識人のとり組みとは、その反対のことを言うことにほかなりません。もしだれかが役職についたら、それによって残るわたしたちは、引き下がって「パパが一番よく分かってる」と言うのではなく、その人たちを非常に激しく詰問するという特別な責務を負うことになるのです。

「彼らは専門家なんだからよりよくものを知っているはずだ、彼らがボスで、お偉いさんで、男の中の男で、現実主義者で、彼らは内部情報をつかんでいるのであって、モラリストたちが一体何を知っているというんだ？」という雰囲気は、不穏なものでした。それこそが、権威主義の雰囲気なのです。

デイヴィッド・ブルックスといえば思い出すのは、また違った論点で、「チャーリー・ローズ・ショー」での彼とのべつの討論です。それは、イラク危機を、アメリカにまかせて好き放題にさせるのではなく、国連が解決するために何ができるか、というテーマでした。ブルックスは滔々と、国連は無能で、なんらか強制力のある行動を期待はできないと論じていました。彼は、バルカン諸国で国連がいかに無能だったかを見てみろ、と言いました。わたしはその時点で、コソヴォ危機の解決、とくにそこで国際機関がはたした役割についていくぶん詳細に論じました。破滅的な状況においても、国際機関が役に立つことは可能なのであり、それはその機関が国際機関であるという、まさにその理由のためなのだ、とわたしは論じました。ブルックスは、じゃあこの例はどうなんだ、またこれは、というふうに反論してくるだろうと予期していました。ところが彼は、いや、わたしはそれについてはあまり知らない、とだけ言ったのです。そして話題を変えてしまいました。

わたしはつぎのように考えたのを覚えています。テレビに出て、危険地帯での政治的な危機を国際的な行動が解決するという考え方を権威たっぷりに否定して、ほかの国にはできないという理由でアメリカが好き放題にすることを擁護し、それからそれについて反論を受けたら、いやいや、わたしは自分が語っていることについてはじっさいはあまり知らないんです、と言うと。ここに、テレビでの著名な立場を独占するだけではなく、英語圏でのもっとも影響力ある新聞の特集ページで権勢をふるっている公的知識人がいる。そして彼はなにも知らないのだ、と。

レイモン・アロンがサルトルの世代の知識人が、自分たちが語っていることについてなにも知らないと批判したことは有名ですが、すくなくとも彼らはそれ以外に知っていることがあったのです。ブルックスのような人たちは、文字通りになにも知りません。そういうわけで、あの困難な数ヵ月のあいだにわたしが出会ったのは、権威に対する破滅的な盲従と、論評という仮面をかぶった、たんなる古びたどうしようもない無知との組みあわせだったのです。その状況にいては、犯罪的な政治行動がほとんど抵抗もないままに公的空間を大手を振ってまかり通っていました。

しかし、ほかに覚えているのは、すこしはものを知っている人たちが簡単に寝返ってしまったということです。わたしが言っているのはマイケル・イグナティエフ、デイヴィッド・レムニック[*17]、レオン・ウィーゼルティア、はたまたマイケル・ウォルツァー[*18]のような人たちです。彼らは、疑問を発するかわりに、知識人の唯一の機能とは非知識人の行動を正当化することであるかのような行動をとりました。わたしは深いショックを受けて、また非常に孤独に感じたことを覚えています。ただ、孤立派の議論に納得したというわけでもありませんでした。わたしはバルカン諸国への介入にはおおいに賛成しましたし、それは正しい介入だったといまだに信じています。

イラク戦争にほかに反対していたのは、新キッシンジャー派とでもいえる人たちで、自分たちの利益にならないのだから愚かな行動は慎むべきだと主張する人たちでした。それは正当な立場に近くはありますが、でもまだ完全に不十分な立場です。提示している根拠が、それがわたしたちの利益にならない、というだけなのであれば、ヴェトナムやイラクのような場所で醜態をさらすべきではない、と言うだけでは十分ではないのです。そのような前提からであれば、チリのような場所で醜態をさらすべきだ、なぜならばそれはわたしたちの利益になるからだ、という議論も十分にできてしまうからです。そのようなわけで、当時わたしはわたしの見解を共有するようなエッセイや記事、とりわけアメリカ人によって書かれたものは、それほど読んだ記憶がありません。

最初の二つの論点はおたがいに関係していると思います。つまり、ジャーナリストによる権威主義的な認識論の擁護、つまり、たとえば、権力を握っている人間は正しいはずである、といった認識の擁護は同時に、ジャーナリストたち自身と、その仕事の方法の擁護でもあるかもしれないのです。というのも、こういったジャーナリストたちの多くには、自分たちの権威以外にどのような権威があったでしょう？ そしてその権威は、権力との結びつき以外にどのような根拠を持ち得るでしょう。

その主張はその通りだと思います。これは現代の権力と情報伝達の本性に関係のあることですが、ほとんどのジャーナリストはまちがったことを言ってしまうのとおなじくらいに、権力とつながった地位を失うことを恐れています。しかし、知識人は自分のことを動力伝達ベルトだと考えるべきだという観念は、まさにソ連で知識人はその動力伝達ベルトだった――この隠喩はレーニンによるものです――ことを考えれば、もちろん危険です。しかしあの連中は、あなたの言うとおり、自分たちの立場が切り崩されてしまうのを恐れたのでしょう。

ブルックスは興味深い事例なのですが、それは彼の仕事がすべてトリックで行われているからです。そこには専門知識なんかありません。見た目上の学識といえば、毎週どんなものであろうとも公的な出来事についてペラペラと、読者が一種の啓蒙された論評だと考えるのに慣れているようなやり方でしゃべる能力がすべてです。もうひとりの現代の高名な「専門家《エキスパート》」であるトマス・フリードマン[*19]は、ちょっと違った専門知識の概念を利用しています。フリードマンのコラムはほとんどどれをとっても、だれかしら彼がそれまでに話したことのある有名人の名前を出していることに注意してください。そうやって彼は、学識とはコネのあるなしの問題であるという概念を明確にしています。アブドゥッラー二世がわたしに言ったところによれば、とか、韓国の情報省の、国務次官の離婚した妻が、わたしが出席したパーティで耳打ちしたところによると、などなどといった感じですね。じっさいのところ、それがだれであるかは重要ではないのです。なにか特別なものにアクセスできる、という概念が重要なのです。

フリードマンの場合には、情報へのアクセスをもっていることは、いかなる政策問題についてであれ、人びとに許容できるような中立的なことだというふうに調整しなおされています。そしてフリードマンのイラク戦争をめぐる立場は見下げはてたものでした。彼はほかの人たちに迎合したというだけではなく、おそらくいくぶん情勢を見誤って、反フランス、反ヨーロッパの方向にすこし勢い余って進んでしまいました。あのような重要な問題についてあつかましくも合衆国に反対したフランスは、国連安全保障理事会から追い出されるべきだと主張するコラムを書いたのは、フリードマンでした。

マーク・ダナーや、『ニューヨーカー』誌のシーモア・ハーシュ[*20]のような調査報道ジャーナリストは、それとは違う伝統のうちにいました。彼らの仕事は単に、政治的な決定や政治的な声明のなめらかな表面の裏側に、いかなる汚物が隠されているかをあきらかにするということでした。そして、二一世紀の最初の一〇年間に何が起きたのかを示すという仕事が、知識人ではなく、また主流のジャーナリストでもなく、当然評論家でもなく、泥さらいをする人たちによってなされたということは、偶然ではありません。その泥が大量破壊兵器をめぐるものであれ、イラクの核分裂性物質についての嘘をめぐるものであれ、捕虜の虐待をめぐるものであれ。

正反対の極端の事例はジュディス・ミラーでしょうか。彼女の業績は大量破壊兵器が存在するという主張を正当化することであり、その情報源であったアフマド・チャラビーは、イラクの政権交代に対して明白な個人的権益をもっているだけではなく、その後イランの諜報機関のスパイだと判明したのですが[*21]。

わたしが最後にジュディス・ミラーにあったのは、たしか二〇〇二年の中ごろで、〔ニューヨーク郊外の〕ハンプトンズでの、一種のディナー討論会においてで、そこにはジョージ・ソロス[*22]、高名なジャーナリストやほかの有名人がいく人か参加していました。わたしはイラクについて話しましたが、当時はイラク戦争への助走の初期段階でした。ジュディス・ミラーは軽蔑的かつ頭ごなしなやり方でわたしに反論しました。彼女は専門家で、わたしは単なるおしゃべりの学者にすぎない、というわけです。ジョージ・ソロスがわたしが言ったのとほとんどおなじことを言ったがゆえになおさら、わたしが攻撃対象になるのはまったく奇異でした。まあ、ハンプトンズでジョージ・ソロスを攻撃するなんてできませんね。お金がいつ必要になるか分からないのですから！　それから討論はいくぶん個人攻撃的なものになりました。わたしが応答しようとすると、多くの人びとが立ち上がって、基本的にはつぎのようなことを言ったのです。「ジュディス・ミラーに反対するなんてなんのつもりだ？」と。彼女には権威があり、知識があり、内部者の情報源がある。この経験は、チャーリー・ローズの番組についてわたしが説明したやりとりをそのまま再現したものでした。ただ、マイクが入っていなかったために、より粗暴だったことは別ですが。

ハンプトンズでのディナーの後で、わたしのところへやってきて、あなたは正しく、ミラーは危険なまでにまちがっていると言った唯一の人は、国連の平和維持活動を統括するジャン＝マリー・ゲーノでした。[*23] 彼は言いました。あなたが言ったことはすべて正しく、彼女が言ったことはすべて、ワシントンの公式見解を、政府の御用ジャーナリズムのフィルターを通して述べただけのものだ、と。心配なのは、これが有力者たちの集まるディナーの催しだということです。『ニューヨーク・タイムズ』の重役、公共テレビの上級プロデューサーそのほかの人たちの集まる。そのうちのだれひとりとして、わたしを支持する勇気をもっていませんでした。当時、ミラーはアンタッチャブルな存在だったのです。その後、それはとつぜんに崩壊して、今度はだれも彼女と話したいとは思わなくなってしまったのです。

ここでの問題のひとつは、人が本当に真実を信じていない場合には、権威と真実とを切りはなすことができないということではないかと思います。イラクが一種のグローバルなドレフュス事件にならなかった理由のひとつは、アメリカ人が真実そのものへの関心を持っていなかったことではないかとわたしには思えました。

それは一九六〇年代とひきかえにわたしたちが支払っている不幸な代償のひとつです。つまり、虚偽に対する十分な対抗手段としての真実への信を失ったことです。彼女は真実を語っていない、というだけでは十分ではなく、彼女は兵器製造企業とつながりがあるから嘘をついているのだ、と言わなければならないのです。または、彼女はシオニズムの圧力団体とつながっているから嘘をついているのだとか、彼女には隠しておきたい大きな計画があるから嘘をついているのだ、と言わなければならない。つまり、彼女の問題は、彼女が嘘つきだということではないのです。だれでも嘘つきなのですから。彼女の問題は、悪い動機をもっていることなのです。

こんにちでは、これこれの人は、嘘をつくから悪い政治家だ、と、ごく最近、ウォーターゲート事件のころには人びとが言っていたように言うためには、かなりの程度の倫理的な確信が必要になります。その政治家が軍需産業の圧力団体の、またはイスラエルのロビー、または、銃砲ロビーなどなんであれ、その代弁者として嘘をつくからではなく、ただひたすらに、彼が嘘をついているから、ということですが。もしあなたがこんにち、そのような主張を誠実にしたとしたら、おそらく軽蔑のまなざしで見られることでしょう。わたしたちはみな嘘をつくし、連中もみんな嘘をつく、という論理が述べられます。問題は、彼がどちらに向けて、つまりわたしに向けて嘘をついているのか、それともあなたに向けて嘘をついているかという点ではないか？

このような、道徳的な根拠が失われたという困った状況の歴史的な背景は、大部分は旧左翼が、それなりの欠点もかかえつつ、崩壊してしまって、それにともなって軟弱な文化左翼が優勢になったことです。その結果、アメリカのリベラル派は、彼らがなにかに反対だ、と言うときに、自分たちがよって立つ根拠が何なのかについてどうも確信がもてないという状態なのです。問題がべつの時代（や場所）のものであれば、善悪の問題は簡単に言うことができます。わたしたちは魔女の水責めはまちがっていると思うとか、ゲシュタポはまちがっていると言うのはより容易なことです。ですが、わたしたちはたとえば東アフリカでの女性器切除に対しては、文化的な攻撃になってしまうのではないかと恐れて、反対意見をどのように表明していいか、かならずしもはっきりとはしません。そしてそれによって、はるかに粗雑に、自分たちは何が正しくて何がまちがっているか、何が虚偽で何が現実か、などを完全に分かっていると考える（かならずではないけれどもふつうは右翼の）人間に、多くを譲り渡してしまうのです。分かっているのだと、無遠慮で自信たっぷりに言いたがる人たちですね。倫理的な確信のなさは、二世代のリベラル派から影響力を奪ってしまったのです。

それはアイザイア・バーリンを悩ませた問題ですが、明確な答えがありましたね。つまり、バーリンは道徳的なリアリストであり、彼は単に道徳へとすべてを還元する人ではなかった。彼は、そういった道徳的な問題はすべて現実的なものだと考えました。道徳的生活の悲劇とは、そういった問題を、基礎となる道徳的善とおなじ基準で測ったり、それに還元したりできないということです。しかしバーリンは、道徳的なものは実際に存在して重要であり、つきつめればどれだけ矛盾しているとしても、人間的な価値なのだと考えました。

ですが、ここで関連の深いもうひとつのバーリン的な論点があると思います。それは道徳的な複数主義ではなく、知と関係することです。バーリンは政治的な判断についてのエッセイを書き、その中で彼はこの問題を慎重に論じ、政治的な判断とは何か、そして何でないかを定義しようとしました。当時（一九五〇年代や六〇年代ですが）、そのような考察は等閑視されていました。バーリンにとって、政治的な判断は現実の感覚を必要とするものでした。意図的に生み出された混迷の中から真実をかぎ当てる能力ですね。

それはバーリン自身が積極的に関わっていた、政治的に思考することの問題という、より広い問題の一部ですね。わたしたちは、政治理論や政治思想、または政治哲学とは何なのかについて知っていると思っています。しかしじっさいにはそれらは、いっぽうには倫理や哲学があり、もういっぽうには政治学やさらには政策にはさまれた、非常に微妙な中間地帯の問題なのです。

アメリカでの学問においては、政治とはたんに人びとが公共的な問題に関わる際に生起することの呼称です。そして学者はそれを研究するのであり、それに関わるものではありません。もし関与せねばならないなら、あなたはそこに、「規範定立的な《ノーマティヴ》」政治的な推論という、軽蔑的な匂いのする言葉を適用するのです。つまりそれが示唆するのは、あなたは研究対象に、密かに自分自身の政治的見解を挿入している、ということですね。あなたが今「判断」という言葉で説明した活動は、じっさいにはかなり繊細なものです。それをするためには、公共的な問題の意味を理解する際にわたしたちが動員する諸概念の応用の可能性に関連する、具体的な一連の法則を確立することが必要になるのです。

ですから、政治家は一貫性に欠けており、高邁な理想に到達できないということを示すのは簡単です。しかしそれだけでは、道徳的な整合性や誠実さ、または実践的な倫理でもなんでもいいのですが、そういったものの望ましい一連の規範に従っていくためには、人びとが何をすればいいのかという問題に答えることができません。それは政治思想の領域になるのです、〔イギリスの政治学者の〕ジョン・ダンの有名な言葉にあるように、それは簡単ではないのです。

政治的な決定に関与することは、三つの異なる疑問を介して行われるべきです。ひとつは結果主義的な疑問です。わたしたちは、ある選択の結果は、直接的な結果であれ、それが事例、先例になるという意味であれ、危険なものではないと確信しているだろうか? たとえイラク戦争がブッシュの観点から見てみごとな成果をあげたとしても、結果主義的な観点からすれば、戦争の決断は腐敗した考えであり、ほかの国々に、うまくは行かずひどい結果をもたらしてしまう行動をするよう後押ししたかもしれないのです。ですから、戦争が成功したという事実だけではそれを正当化する根拠にはならないのです。

第二に、リアリズム的な議論があります。つまり、われわれにとっての利点は何だ？　というね。それはいかなる政治的な決断であれ、その一部分にあるべき視点です。というのも結局政治とは、統治にかかわるものであり、そしてそれはその行動をとった人たちの利益になると想定される結果を生み出すことを本質とするからです。しかし政治的リアリズムと道徳的シニシズムを区別する細い分断線を横断するのは簡単なのです。そしてそれを越えてしまった代償としてやがてもたらされるのは、公共空間の腐敗なのです。

そして第三の疑問はつぎのようなものであるはずです。つまり、これは、わたしがここまでくわえた考察とは無関係に、よい、正しい、または公正な行いなのかどうか、という疑問です。この三組の議論をすべて（区別しつつ）機能させつづけることを、わたしたちの時代はできなくなっているのですが、それこそが政治的な論理思考のより大きな失敗を反映しているものなのです。

このイラク戦争の事例から離れずに言うと、その三つのすべてはもちろん、どれかひとつであろうと実行することを難しくするような基礎的問題があるのではないかと思います。それは、政治思想に対する、もしくはたんに論理に対するある軽蔑です。

説明させてください。たとえわたしたちがイラクを民主主義国家にしようというのであっても、わたしたちは本当に、アメリカが際限なく彼らの国を占領しているような状態に賛成投票すると思っているのでしょうか？　または、アメリカが彼らの石油資源をにぎることに賛成投票すると本当に思っているのでしょうか？　そのような基本的な考察は、ほとんど現地の状況に関する知識を必要としないものですが、公的な議論には完全に不在でした。

私見では、論理的に考えることができないことは、イデオロギーと結びついていると思います。一九六〇年代の共産主義知識人や改革者たちのことを考えてください。共産主義の破局の規模を彼らが把握できなかったことは、大部分、イデオロギーに起因するものです。彼らが「改革」経済だと思いなしていたものの矛盾が目に入らなかった彼らは、愚かだったわけでもなければ悪意をもっていたわけでもありません。彼らの論理的な思考が、教条的な第一の原則に従属してしまったのです。必要な修正を加えれば、バグダッドで民主主義を押しつけることは、イスラエルとパレスチナとの紛争を解決するための必要かつ十分な条件だったと考えるためには――という議論は何度も耳にしたのですが――ルイス・キャロルを引用するなら、朝食前に恐ろしいほどたくさんのあり得ないことを信じなければならないでしょう。[*24]そのあり得ないことのひとつは、世界はあらゆる点において、あなたが抽象的にでっちあげたものとそっくりである、という見解です。

じっさい、このでっちあげられた世界は、レゴのようなプラスチックでできた世界を、好きなように組み合わせてできているのです。まずはアラブとイスラム教の国々を二次元的な全体像にまとめ、ある部分を押せば、予想可能なかたちでべつの部分が押し出されるというふうにします。それから、バグダッドでの破壊的な爆撃によって、みなが恐れをなし畏怖をして、何百マイル離れていようとすぐに従って列をなすだろうという、（二〇世紀の歴史の無知をさらけだす）奇妙な思いこみです。そしてもちろん、イスラエルとパレスチナの紛争は冷戦式の問題のひとつであって、そこには自律的で局地的な要因はなく、グローバルな力を反映しそれに従属しているだけであり、そしてその力をアメリカは意のままに操作できるのだ、という、さらに信じがたい前提があります。

弁証法というわけですね。しかし、二一世紀はじめのアメリカにおける論理を支配しているイデオロギーは何でしょう？　わたしはひとつ候補を思いついていて、それはアメリカのナショナリズムですが。

アメリカのナショナリズムは一度たりとも消えたことはないとわたしには思えます。わたしたちはグローバル化された世界に住んでいると思っていますが、それはわたしたちが政治的にではなく、経済的に思考するからです。そのため、わたしたちはグローバリゼーションによって、またじつ経済によって明確に形作られているわけではない行動をどうあつかってよいものやら分からないのです。ここには興味深いパラドクスがあります。アメリカ合衆国はすべての先進国の中でも、もっともグローバル化の進んでいない国なのです。アメリカは、国際的な情報伝達や、国際的な人間の移動、さらには通貨や通商の国際的な変動の結果の直接的なインパクトに、もっともさらされていない国なのです。そういったものはアメリカ経済に巨大な影響を与えてはいますが、ほとんどのアメリカ人は生活をじっさいに国際的なものと感じることはないですし、自分たちの個人的または局所的な状況を国民国家を超えた展開に直接に結びつけることはしません。

かくしてアメリカ人はめったに外国の通貨に出会うことはありませんし、自分たちがドルとほかの通貨との関係によって影響を受けているとは考えません。この偏狭な視点はいやおうもなく政治的な帰結をもたらします。有権者にあてはまることはその代表者たちにもあてはまりますから。したがってアメリカ合衆国は一連の近視眼的な関心事にどっぷりとつかっているのです。それはいまだに唯一の世界的な強国であり、世界中で巨大な軍事的影響力を行使しているにもかかわらずです。合衆国の国内政治とその国際的な能力とのあいだには乖離がありますが、それは過去に存在してきた超強国にはまずもってなかったことなのです。

多くのロシア人や多くの中国人は、あなたがアメリカ人を説明したのとおなじような意味で無知なのではないかと思います。現在、ロシアも中国も、国際問題についてアメリカほどの勢力範囲をもっていないという点は違いますが。しかし、ある距離をもって言える範囲では、どちらもいくぶんナショナリズム的です。

しかし正確に、アメリカのナショナリズムは実際上はどのように機能し、それはイラク戦争のような失敗とどのような関係にあったのでしょう？　いかにもナショナリズム的だという印象をわたしに与えるのは、いつシニカルになって、いつ愚直になるべきかということについて混乱があることです。つまりパリで言われていることについてはこの上なくシニカルになり、シラク大統領が言ったことをなんであれ信じる人間はだれでも、常軌を逸していると思われます。シラク大統領は概してひかえめで慎重であり、最終的には正しいと判明した多くのことを言ったという事実にもかかわらずです。そのいっぽうでわたしたちは、ワシントンからもたらされる、どう見ても空虚な、そして知的でも分別を備えてもいないとわたしたちが知っている情報源や個人から発せられる主張や政策を受け容れてしまうのです。

アメリカのナショナリズムは恐怖の政治と非常に緊密に結びついています。一七九〇年代の外国人・治安諸法や、一九世紀のノウ・ナッシングを思い出してください。[*25] また、第一次世界大戦後に顕著だった外部者への恐怖、そしてマッカーシズムとほかならぬブッシュ゠チェイニー時代を。これらすべては、アメリカの公的な対話において、外部の影響や攻撃に対する超ナショナリズム的な感性と、憲法を、その精神と文章の両方において軽んじようとする意思を結びつける契機の例となっています。

ブッシュが、われわれは「向こう」のテロリストたちと戦っているのであり、したがって「ここ」で連中と戦う必要はないのだ、と言ったとき、彼は非常にアメリカらしい政治的な一手を打っていました。それは、たとえばヨーロッパではまったく意味をなさないレトリックでしょう。というのも、それがレバノン、ガザ、バグダッドのどこであれ、「向こう」はEU圏の境からちょっと飛行機に乗れば行ける場所にじっさいにあるのですから。ですから向こうで「彼ら」に対して行うことは、その仲間のイスラム教徒やアラブ人、そしてハンブルクやパリの郊外、レスターやミランにいるアウトサイダーたちに、直接の影響をおよぼすのです。言いかえれば、もしわたしたちが、西洋の価値観とイスラム原理主義とのあいだの戦争を、アメリカの評論家たちにはおなじみで分かりきったやり方で始めてしまったら、それは都合よくバグダッド内にとどまるものではなくなるのです。エッフェル塔から三〇キロ離れたところでもその戦争のコピーが始まるでしょう。ですから、長くつづく地理的な孤立のうちにあるアメリカのナショナリズムにとっては決定的に重要な、われわれとやつら、向こうとこちらという考え方は、ほかの西洋諸国の感性にはまったく存在しないのです。もちろんその国々にもそれなりのナショナリズムがありますが、それはもはやアメリカのように閉じこもった形式をとることはないのです。

もしグローバルなレトリック、もしくはすくなくとも西洋世界において一般的なレトリックがあるとすれば、それは犠牲のレトリックだと思います。人びとは、たった二〇年前なら非常に奇妙に映ったであろうようなやり方で、その犠牲を求めています。

合衆国では、右翼で共和党に投票するような多くの人びとは、自分たちは犠牲者だと考えています し、それはある程度理解できる理由からです。彼らは、あなたのおっしゃるように、自分たちがグローバル経済の中にいるとは見ないでしょうが、グローバリゼーションはたしかに彼らを痛打し、一定の、田園的な生活様式を破壊したのです。ウォルマートはアメリカの田園または半田園地帯をめちゃくちゃにしてしまいました。田舎に住んでいる人たちは、三〇年前よりもひどい生活をしています。アメリカ人は親の世代とおなじ生活水準を保てなくなっていますが、それは都市よりも田舎で顕著なのです。ですからそのような人たちは自分たちが犠牲者だと感じ、また感じる理由があり、そして共和党は彼らのために、その犠牲者の感覚に言葉を与えているのです。部分的には共和党は、彼らはいつの日か金持ちになるだろうと言うことで彼らの機嫌を取り、部分的には、彼らがいまだ金持ちになれない理由を、民主党がずっと建設してきたことになっている、介入的で、コストが高く、非効率的な国家のせいにして説明しているのです。

というわけで、カンザス州に住んでいるだれかの犠牲者の感覚と、世界のほかの場所にその権勢を誇ることのできるアメリカの能力とのあいだのギャップは、それはもう巨大だというしかないのです。そして、このようなギャップはほかの国では再現はされないのです。

エリートには理解できない、という疑いは、アメリカのポピュリズム的な憤懣のうちに深く根づいたものです。それはすくなくとも、ウィリアム・ジェニングス・ブライアン[*26]と一八九六年の選挙までさかのぼれます。この点でも距離が問題となります。オランダでは、アムステルダムの連中は理解していない、という言い方に出会うでしょう。ですがアムステルダムの人たちというのは、せいぜい七五マイルしか離れていないのです。それに対して、ワシントン、ニューヨーク、はたまたプリンストンやバークリーの人たちというのは、彼らが理解していない「それ」から数千マイル、さらには文化的には数千光年も離れたところにいるのです。

ですから、アメリカの偏狭なナショナリズムが、世間から切りはなされていて理解されないというのには、二つの意味があります。その二つの意味は、国連に対する恐れと嫌悪のうちに、いくぶんあざやかに組み合わされて表れています。国連というのは外国のもので、見知らぬ、そしてどういうわけかとても遠い（正確に言えば、ニューヨークにある）ものなのですから。

それにしても、大きな謎は、ナショナリズムが、ほとんどのヨーロッパ諸国ではある時点で行われたようなかたちで、現実的な扇動政治へと翻訳されることがなかったことです。これは部分的には選挙制度の結果だといえるでしょう。しかしそれはまた、地理的な現実を反映してもいます。イングランドのようなところでは、外国人嫌悪やナショナリズムは、それが決定的な瞬間において保守党へと昇華されたおかげで、弱められてきました。しかしアメリカでは、その純然たる規模の大きさが効いてくるのです。あらゆる人たちがほかのあらゆる人から遠く離れているので、政治的な扇動に必要とされる結合力や組織的なエネルギーが、拡散してしまうのです。それにしても、それはマルクスであれば外皮とでも呼んだであろうものを通じて、ニュート・ギングリッチ、ディック・チェイニー、グレン・ベック[*27]、はたまたノウ・ナッシングやマッカーシズムといったかたちで間欠的に爆発してきたのです。そういった爆発は、共和国の質をおびやかす程度の害をなしはしましたが、こういった動きが本来なしうるほどの害は与えていません。これらは、アメリカ土着のファシズムなのですから。

それは、アメリカの愛国的知識人に与えられたひとつの使命を示唆していますね。つまり、制度の擁護と憲法の擁護です。そしてまた、自分たちが愛国者だと主張する人たちを試すひとつの基準も示唆しています。すなわち、その人たちは制度を守ろうとしているのか、それとも、そういった制度をどうしていくべきなのかについて、例外主義的な議論（もしくはセイラ・ペイリン[*28]のような人の場合には、完全に奇想天外で無知な議論）をする傾向にある人の支持に集まっているのか、という問題です。

アメリカの評論家たちは、そういった脅威を、あくまで事後的にですが、見つけて指摘することに長けています。ですが重要なのは、それを、生じているその時点で見つけ出すことなのです。それを現在さまたげているのは、支配的な恐怖の文化です。

合衆国はわたしの知るほかのどの民主主義国よりも（イスラエルはおそらく例外ですが）、政治的な目的に恐怖を利用することに弱い国です。トクヴィル[*29]はそれを見抜きましたから、わたしはなにも独創的な発見をしたわけではありませんが。わたしたちが暮らしているのは、体制順応的な公共空間なのです。ニューヨークの反体制の伝統はそれと比較すれば周辺的であり、影響力はほとんどないのです。ワシントンについて言えば、そこは反体制、もしくはさらにはほかのどんな種類の知的な活動も、推奨されない場所なのです。たしかにワシントンDCには自称知識人がいますが、そのほとんどは影響力をもちたいという欲望にあまりに目がくらんだので、精神的な独立性をとっくの昔に失ってしまいました。

恐怖はさまざまに違った方法で機能します。それは、王様や、人民委員や、警察署長がやってきてあなたを逮捕するのを怖がる、というような古い、分かりやすいものではないのです。それは自分の共同体を侵犯したくないという気持ちの問題であり、リベラル派のユダヤ人たちがわたしに対して表明してきたような、反ユダヤ的だとか反イスラエルだと思われる危険をおかしたくないという恐れだったりします。非アメリカ的だと思われるという恐れ。政治的公正《ポリティカル・コレクトネス》から、伝統的なラディカルな意見にいたるまで、良識ある学問的な見解とのつながりを断ってしまう恐れ。人気が美徳である国で、不人気になってしまうことに対する、最初は中学校で植えつけられる恐れ。多数派という概念が、正当性の観念のうちに非常に大きな価値をもって座を占めているような国において、多数派に対立してしまうことの恐れです。

最後に媒体の問題、つまり体制順応的な社会において人びとに声を届ける際の媒体の問題を考えてみてはどうでしょうか。あなたは、一種の古典的なエッセイという媒体が消え去る前の、最後のひとあがきになるであろう時代に間に合うことができて、ある意味では幸運だったわけです。

普遍的な読み書き能力の隆盛と、文字によるマス的な伝達手段の出現が、公的な知識人の出現と一致したということの結びつきを強調させてください。そう、たとえば一八九〇年代から一九四〇年代までの典型的な知識人は、文学を本業としていました。バーナード・ショウ、エミール・ゾラ、アンドレ・ジッド、ジャン＝ポール・サルトルはたまたシュテファン・ツヴァイクのだれを見ても、この人たちは自分たちの文学的な才能を大衆的な影響力へと変換するのに成功した人びとです。そして、一九四〇年代から一九七〇年代にかけて、先ほどの人たちとおなじような影響力と影響の広さをもった知識人といえば、なんらかの種類の社会科学者であるという傾向になっていきます。歴史家や人類学者、社会学者、そして時には哲学者といったぐあいです。この傾向は高等教育の拡大、そして知識人としての大学教授の出現と一致します。この年代になると、本業は小説を書くことではなく大学で教えることであるような人びとが知識人となります。

一九五〇年代イングランドにおける、ラジオのドンたちの隆盛も、もうひとつの衝撃的な転換でした。それは、マス・カルチャーと大衆の読み書き能力が、どうも脱線していってしまっているのではないかという、拡大する恐れに対応しました。ほとんどの先進社会はもう識字率が一〇〇パーセントとなっていましたが、知的な公的討論の聴衆は、じっさいは減少していました。それは多くの人にとってテレビ、映画、そのほかの物質的な反映のせいでした。リチャード・ホガートの『読み書き能力の効用』と、レイモンド・ウィリアムズの初期の著述の一部は[*30]、この論点を論じるものです。いまやいわば飽和してしまった公的な情報伝達空間があるが、教育を受けた素人衆の側の能力はどんどん減退している、という恐れは、広まっていました。

そこでわたしたちは第三の、もっとも最近の段階、つまりテレビの時代に至ります。テレビ時代の典型的な知識人は、単純化をできなければならない人たちです。ですから、一九八〇年代以降の知識人は、彼の所見を省略し、単純化し、的を絞ることができ、またそうするつもりのある人間となります。その結果、わたしたちは知識人と、現代の問題についての評論家とを同一視するようになりました。これは、ゾラの時代、またさらにはサルトルやカミュの時代の知識人とはかなり異質な機能とスタイルです。インターネットはこの傾向を倍加させただけですね。

こんにちの知識人はひとつの選択に直面しています。知識人は、一九世紀後半に生じたような種類の雑誌を媒体にして見解を公にすることができます。文芸週刊誌、政治月刊誌、学問的な定期刊行物などですね。しかしそれでは、似たような精神をもった聴衆にしかとどかず、その数は国内では減少してしまっているのです。ただし、公平に言えば、その聴衆はインターネットのおかげで国際的には広がってもいるのですが。その代替案は「メディア知識人」になることです。それが意味するのは、あなたの関心や発言を、テレビ討論やブログ、ツイッターといったものの、しだいに短くなっている注意持続時間へと絞っていくことです。そして、大きな道徳的問題が生じたり、危機があったりといったまれな場合は除いて、知識人は選択をせねばなりません。知識人は思慮にみちたエッセイの世界にひきこもって、選ばれた少数者に影響を与えることもできます。さもなければ、彼は自分が望むようなマスの聴衆に向けて、ただし希釈され、切りつめられたやり方でですが、語りかけることもできます。しかし、貢献の質を犠牲にすることなしに、その両方をできるかどうかはわたしにはまったくよく分かりません。

終わりにする前に、非常に重要で、確実に知識人ではあったのですが、ただしここまでわたしたち

が使ってきた範疇には簡単にあてはまらない人物について論じたいと思います。それはウィーンのジャーナリストで、『炬火』の編集者、さまざまな政治階級を何十年にもわたって悩ませつづけた、カール・クラウス[*31]です。

クラウスが面白いのは、彼が言語に力点を置き、彼の批判がまったくもって輝かしいほどに否定的だからです。言葉を使って迷妄のヴェールと自己欺瞞の幕を切り裂いて。クラウスは二〇世紀初頭のウィーンという明白な場に位置していましたが、現代のわたしたちの状況の導き手となってくれます。前に指摘したように、現代のアメリカでは、権力の唯一の実効的な批判者はジャーナリスト、それもとりわけ調査報道ジャーナリストです。そしてクラウスはまずなによりも、つねにジャーナリストでした。

ジョージ・ブッシュのアメリカで、知識人の役割――権力に対して真実を語ること――を誰が果たしたかと問われれば、それは確実にマイケル・イグナティエフのような人物ではないですし、また、どれだけひいき目に見てもトニー・ジャットのような人物でも、また公的な政策の愚かさをあかるみに出そうとするほかの知識人たちの集まりでもありませんでした。それはシーモア・ハーシュやマーク・ダナーのような人たち、つまり、それなりのささやかな程度においてではありますが、わたしたちの時代のカール・クラウスたちです。

クラウスは、この状態が生じるのを一世紀前に予見しました。社会が民主主義的になればなるほど、真の知識人の影響は限定されたものになっていくのです。権力を握った者たちに対する、知的で文学的な、もしくは文字媒体による批判は、影響力や権力が限定された仲間社会でまわされている場合にもっともうまく機能します。ヴォルテールがフリードリヒ大王と親交をもったように、ゾラはうたがいなく、彼の時代のあらゆる政治家に読まれました。しかし現代では、知識人は伝統的な権力への接近ルートを、うまくターゲットを絞ったり、または純然たる幸運によって飛び越えるか、近道をし、政策決定者、もしくは世論のとりわけ敏感な部分を突いていくことができた時にのみ、成功できるのです。そのようなご都合主義以外では、公衆を権力者に対抗して動員する唯一の方法はスキャンダルをすっぱ抜き、評判を引きずり下ろして、代替的な情報の軸を打ち立てることです。つまり、現代版のクラウスとして行動することですね。

もし知識人が高次の真実に対して、もしくはブッシュ政権時代に使われた言葉を使うなら「真実らしい性（truthiness）」[*32]に対して誠実さを重視するなら、彼らはなんらかのかたちでそれらしく響かなければなりません。つまり、なんらかのかたちで、言語をうまく使うよう気を遣う必要があります。知識人が生き残り、重要な存在でいるためには、オーウェルが述べたように、その言語は透明でなければならないのです。

知識人の責務とは、これはあきらかにあらゆる人がその才能に恵まれていることではないのですが、簡潔さという神髄をつかまえることです[*33]。なにか重要なこと、できれば人びとの信念に逆らうようなことを言いなさい、それをうまく言いなさい、その説明の明快さが、内容の真実性に対応しているのだと聴衆が理解できるように。しかしその主張を、アクセスしやすいやり方で行いなさい。韜晦は知識人の自殺であるから。複雑な議論も、明確に行えば理解できる人びとの力を尊重する、ということにはおおいに擁護すべきところがあります。それで、それを尊重してどうなるかですって？　あなたは、公的な空間にはまだそのような貢献の余地があるという希望を持たなければなりません。その余地はないかもしれない、つまりそのようなコミュニケーションのための公的な討論場は死滅してしまうかもしれないし、すでに死滅しつつあるのかもしれない。たしかに、こんにち知識人として通っている人びとのほとんどは、なんら首尾一貫した効果をもたらすような著述や伝達をできていませんから。

大きな疑問は、わたしたちはメディアが中心となった——それが中心からはずされたように見える場合でも、じつは中心となった——ような政治経済のうちに生きてるのかどうか、そしてそれは反体制的な意見を伝えていくのが難しい理由のひとつなのかどうかということです。

そう、その疑問は、わたしたちが目下行っていることに関連して、わたしたち自身に向けられてもいいかもしれません。わたしたちは何ヵ月にもわたって、長い真剣な対話をしてきています。それが終わって、わたしたちはそれをどうしようというのでしょう? それを本にして、もし幸運であれば『ニューヨーク・タイムズ』にくわえて多くの良質な知的な雑誌で書評されるでしょう。そして、そういった書評が好意的なもので、ペンギン社が、評判通りに本を売るのがうまかったとすれば、そう、その本はアメリカ国内で八万部は売れるでしょう(それはそれで、ものすごいことです)。そして、そう、楽観的に見積もって(かなり楽観的なのですが)残る英語圏の市場でさらに四万部売れるとしましょう。それから、わたしたちの本はブラジルから、大陸ヨーロッパなどまで流通するでしょう。つまり、もしこの本が感銘を呼べば、世界中で総計二五万部売れるかもしれません。それだけ売れれば、このような種類の本に関しては特筆すべき成功とみなされるでしょう。

しかし同時に、そのような売り上げなど些細なものにすぎないと却下することもできます。二五万人の読者、しかもそのほとんどはすでにわたしたちの意見に同意している読者など。しかもその多くはすでに、わたしたちのどちらかか両方を、直接であれ間接であれ知っており、彼らの見解を知的な形で提示し返してもらって喜んでいるかもしれません。分かりませんが、わたしたちのどちらかが──あなたであることを望みますが──チャーリー・ローズに招待されて、この本について議論をするチャンスは、ないとはいえません。しかしお分かりのように、なにが起きようとも、百万部売れたり、その半分売れることでさえも、まずありません。そのことをわたしたちが恥じる必要はありません。なぜならもしそんなに売れたら、わたしたちはスティーヴン・キングのような種類の人間になってしまい、わたしたちの天職を裏切ることになるからです。

このような感じで、わたしたちがしていることは奇妙なことです。わたしたちは、世界に大変革をもたらすことのない知的な実践を、その影響力を分かっていつつも行っています。あきらかに、これは著述をしているほとんどの人たちのおかれた状況です。だれかに拾ってもらえるのではないかと空しい望みを抱いて、言葉を海に投げこんでいるわけです。しかし、知識人が、自分たちの影響力は限られていると重々承知しながら書いたり語ったりするというのは、すくなくとも一見したところでは、奇妙にも無意味な行為です。それでも、それがわたしたちの望みうる最善なのです。

結局、ほかにどのような道があるのでしょう？『ニューヨーク・タイムズ・マガジン』に、知識人についての安っぽく感傷的な文章を寄稿することでしょうか？ 相対主義、ナショナリズム、はたまた知識人の責任やさらには政治的判断についてわたしたちが述べることは、たしかに何百万人もの人に読まれるかもしれません。しかしそれは編集され蒸留され、切りつめられて許容可能な主流の、漠然とした記述へと変えられてしまうのです。その後には、わたしたちの対話のうちの表層的で周辺的な面――わたしがイスラエルについて言ったこととか、あなたがアメリカのナショナリズムについて言ったこと――のみに焦点を当てた投書のやりとりがつづいて、わたしたちは自己を嫌悪するアメリカ人だとか反ユダヤ的なユダヤ人だと断罪されるわけです。それでおしまいです。

ですから、あなたの質問にはどう答えてよいのか分かりません。より広い世界に影響を与えるための本当の方法？　わたしは、知識人に何ができるかということについてはかなり懐疑的です。最善の瞬間はほんの時々しか訪れません。レイモン・アロンがかつて言ったように、だれもが自分のドレフュス事件を持ちうるわけではないのです。でもわたしは、自分の非学問的な貢献については誇りをもっています。つまり、この点ですね。イラク戦争へとつながっていった議論において、わたしは「ノー」と言ったということです。わたしは、わたしの友人や同僚も含めて、ほとんどほかのすべての人が「イエス」と言っていたときに、それなりに注目を集める討論会において「ノー」と言いました。わたしとおなじように感じており、わたしとおなじ考えをもっており、おなじくらいうまくその考えを表明できる人たちは多くいました。しかしその人たちはそうする立場になかったのです。その人たちはチャーリー・ローズ・ショーに招待されませんでしたし、『ニューヨーク・タイムズ』の特集ページに書いたり、『ニューヨーク・レヴュー』にエッセイを投稿したりはできなかったのです。わたしは特権的な立場にあり、その特権をしかるべき形で使ったことを誇りに思っています。

あなたの本『知識人の責任』で、あなたは、カミュはいろいろな問題にもかかわらず典型的なフランス知識人であり、アロンは、ほかのみながどう見たかにかかわらず、典型的なフランス知識人で

あり、そしてブルムは、政治家だけれども、また典型的なフランス知識人だったと主張しています。そしてあなたがそのような主張をするたびに、わたしにとってはその主張はちょっとこじつけめいていると感じられました。あなたが本当に主張したかったのは、彼らが典型的にフランス的であるということではなく、彼らが知識人だった、それも彼らが責任を負ったからだ、ということではなかったのでしょうか。

わたしがカミュやブルム、そしてアロンについて伝えたかったことは、彼らは自分たちがまさにフランスにおける討論において周辺的な存在だとみなされ、そしてフランスの利害に反する発言をしているとみなされていたまさにその時に、フランスを代表する人びとだったということです。わたしは、この三人は、独立してあることによって本当に危険な位置に立つことになり、同時に自分のコミュニティの周辺に押しやられ、仲間の知識人たちに唾棄されてしまうような時代と場所において、真に独立した思想家だったという考えに傾いていっていました。

おそらくわたしが、この本の主題は語るに値するものだと考えたのは、自分が生まれおちたコミュニティやその利害の外側に立ち、さらには状況に強いられてそれに反逆した知識人たちについての、二〇世紀の隠された物語があるからです。

第九章　善の陳腐さ――社会民主主義者

二一世紀の最初の一〇年の半ばには、わたしはニューヨーク大学教授となり、国際的な名声を確立させて、戦後ヨーロッパについての大冊を出版しようとしているところでした。完成した瞬間に、わたしは――こういう事後の発見というのはよくあることですが――『ヨーロッパ戦後史』はわたしの子供たちに読んでほしいと思うような本になったことに気づきました。わたしが今書きたいと思っているのは、もし子供たちの気が向けば読めるような本です。『交通機関』という、鉄道の歴史です。

自分が理解する以上のことについて書くべき時がやってきました。それは、自分が大事だと思って関心を向けているものを書くことよりも重要とは言いませんが、おなじくらいに重要なのです。わたしはすでにそういった種類の著述をすこしはしてきましたが、それは人間や思想、つまり、言ってみればわたしがそれを理解することで給料をもらっているような主題を参照枠としながらでした。すこし時間はかかりましたが、わたしが鉄道について書くことに、なんらかの関心を向けてもらえるのではないかと納得できたのです。

わたしが書きたかったのは、鉄道の歴史を媒介とする、近代生活の誕生についての研究です。近代生活だけではなく、過剰に個人化されたわたしたちの社会における、近代の社会性と集団的な生活のゆくえについてです。つまるところ、鉄道とは社会性を創造するものでした。鉄道の誕生は、わたしたちがのちに公共的な生活として知ることになるものの出現を可能にしたのです。公共の生活とはつまり、公共交通機関、公共の空間、公共の道路、公共の建造物などですね。ほかの人たちと連れだって旅行することを強いられていなければ、そして身分に関する感性と、身体的な快適さに関して準備がととのっているならば、ひとりで旅行することを選択できるという考え方は、それ自体革命的でした。その、社会階級（そして階級格差）の誕生や、距離や時間をこえた共同体の感覚に対して持った意味は、巨大なものでした。鉄道の勃興と没落（そしてヨーロッパにおける復興）の物語は、アメリカやイギリスのような国で何がおかしい方向に向かっているのかを考える上で、有益な方法になるだろうと思えました。

公共政策から一歩先に進めば、当然に公共生活の美学という問題に行きあたります。つまり、都市計画、建築デザイン、公共空間の利用法などですね。パリ東駅は、一八五六年に建造された交通の要衝ですが、それがこんにちでも完全に機能しているのみならず、見て美しいのに対して、その一〇〇年後に造られた空港（やガソリンスタンド）が、すでに機能不全におちいっており、またその見た目はグロテスクであるのはどうしてでしょう？　近代主義的な自信にみちあふれた時代に建てられた鉄道駅（ロンドンのセント・パンクラス駅、ミラノ中央駅、プラハ本駅）がいまだにかたちと機能において魅力的であるのに対して、モンパルナス駅やペン駅、ブリュッセル中央駅といった、一九六〇年代の破滅的な「最新化《アップデイティング》」の産物が、その両方の点において劣るのはなぜでしょう？　鉄道の、そのインフラと、味わいと有用性が不朽であることには、近代の最上の部分、もっとも自信にみちた部分を表象し、体現する部分があるのです。

あなたは、鉄道は、あなたの人格を大きく形成した福祉国家とあなたの若者時代をむすびつけるという点で、あなたの若者時代の切り離せない一部分となっているとおっしゃいましたよね。しかし、公共サーヴィスと私的な利得とのあいだにあなたが設定しているむすびつきは、自明ではないのではないでしょうか？　国家は、機能する国家になるために、そういった資源を共有する必要はないかもしれない。それとは反対に、孤独は経済成長のための底なしの源であり、わたしたちそれぞれの個別化はわたしたちみんなの利益になるのだ、と主張するひとたちによって国家は運営されるかもしれない。それこそ、一九世紀のイギリスの改革者たちが直面した趨勢であり、そして現在わたしたちが合衆国で直面しているものです。これこそ、かつては社会問題と呼ばれていたものです。このような言い方で正しいでしょうか？

社会問題について語ってみれば、わたしたちはけっしてそれから逃れられないということを痛感するでしょう。トマス・カーライルにとって、一九世紀終わりのリベラルな改革者たちにとって、イングランドのフェビアン協会やアメリカの進歩党員にとって、社会問題とはつぎのようなもののことでした。すなわち、資本主義が人間にもたらした帰結を、いかにして管理するか、ということです。経済の法則についてではなく、経済の帰結について語るにはどうすればよいのか？　そういった疑問を発した人たちは、二つの思考のうちのどちらか、ただ多くの人はその両方の思考法で考えることが可能でした。つまり、思慮分別的《プルデンシャル》な思考と、倫理的な思考です。

思慮分別的思考とは、資本主義をそれ自身から、もしくはそれ自身が生み出す敵から救おうという思考です。資本主義が、分断と没落の原因となってしまう、腹を立て、貧窮化し、憤懣をためこんだ下層階級を生み出さないようにするにはどうすればいいのか？　倫理的な思考は、かつては労働者階級の状況と呼ばれたものに関わるものでした。労働者階級とその家族を助けて、彼らに生活の糧を与えている産業に傷をつけることなく、彼らがほどほどに暮らしていくにはどうしたらいいのか？

社会問題への基本的な答えは計画でした。まずは問題の根本にある倫理的な問題、つまり、こういった問題に対して国家がとりくむべきだという命題から始めてみてはどうかと思うのですが。

第二次世界大戦後の計画経済の選択の背後にあった知的なものは何かと尋ねられるなら、あなたはまったく異なった二つの出発点から始めなければならないでしょう。ひとつは一八九〇年代から一九一〇年代の、合衆国、イングランド、ドイツ、フランス、そしてとりわけベルギーなどの小国家での、リベラルで進歩的な改革の時代でしょう。これは、ヴィクトリア朝の社会をそれ自身の成功から救い出す唯一の方法は統制の制度をつうじて上からの介入を行うことだと考えるようになった、ウィリアム・ベヴァリッジ[*1]のようなヴィクトリア朝後期の自由主義《リベラル》者たちから始まりました。もうひとつの出発点は大恐慌に対する一九三〇年代の反応です。とりわけ、ほとんどは合衆国とフランス、それから東欧にもそれなりにいた、若い経済学者たちの反応ですが、それによれば合衆国のみが経済的な崩壊の帰結に対して積極的に介入できるのです。

言い方を換えれば、計画経済は一九世紀に提示された案で、その多くは二〇世紀になってから実現されたのです。ですから、つまるところ二〇世紀のかなりの部分は、産業革命と大衆社会の危機に対する一九世紀の反応を実践に移し、実行したのです。西欧と北欧の都市は、そう、一八三〇年から一八八〇年のあいだに急激に成長しました。その結果、一九世紀の終わりには、当時五〇歳だった人たちが子供のころには想像もできなかったような規模の都市がヨーロッパじゅうに生じていたのです。都市の増大の規模は、国家による行動の規模をはるかに追い抜いてしまいました。そのため、国家が生産と雇用に介入すべきであるという考えが、一九世紀の最後の三分の一に、大変に急速に拡大していったのです。

イングランドにおいては、この疑問はまず、ほとんどもっぱらに、倫理的な観点でとらえられました。産業都市へと移動し、その労働なしではその時代の繁栄する資本主義は想像不可能であったような、生まれながらに困窮し、不利な立場におかれ、つねに貧しい非常に多数の人びとをどうすればいいのか？この問題はしばしば宗教的な問題として提示されました。イギリス国教会（やほかの宗教）は、産業都市における慈善や救済の莫大な必要性という仕事に、いかにして応答するのか？のちに、二〇世紀初頭に高名な計画家、社会政策の専門家、さらには労働党や自由党の大臣となる人たちが、貧困を緩和することをめざした新キリスト教的な隣保事業や慈善組織から出発したというのは、興味深い事実です。

一九世紀後半のもうひとつの主要な産業国であるドイツにおいては、この疑問は思慮分別的な観点から提起されました。保守主義的な国家は、いかにして社会的な絶望が沸騰していって政治的抗議へと変わっていくのを防げるのか？ヴィルヘルム二世のドイツにおいては、その思慮分別的な応答とはすなわち福祉でした。失業給付であれ、工場での児童労働規制であれ、労働時間の規制であれ。

プロイセンやドイツを話題にするなら、マルクス主義と社会民主主義の問題は避けられないように思います。というのも、プロイセンの国家がなんらかの革命的な政治を避けるために行動していたのとちょうど軌を一にして、その革命的な政治を実践していた人びとは、国家に経済関係に介入させるのが最上かもしれないという結論に達していたのですから。

一八八三年のマルクスの死から、一九一四年の第一次世界大戦の勃発までのあいだの、ドイツ社会民主主義における偉大な論争は、雇用者と被雇用者とのあいだの関係を緩和し、調整し、作りなおすにあたって、資本主義国家がいかなる役割をはたすことができ、そしてはたすべきか、という問題をめぐるものでした。社会民主党のゴータ綱領とエルフルト綱領をめぐる論争[*2]、またはカール・カウツキーとエドゥアルト・ベルンシュタインとのあいだの論争は、前に論じたように、マルクス主義の伝統の中に位置づけて理解できます。しかしそういった論争はまた、ビスマルクやドイツのカトリック系の中央党が関心を向けていたのとおなじ問題に対する、社会主義者の矛盾をはらむ怒りにみちた反応としても見ることができるのです。

ドイツでは、社会主義者たちは自分たちの進歩の観念に疑いをいだくようになっていました。つまりそれは、資本主義はある種類の労働者階級を生み出す。必然的に大きく、反抗的な。同時に、イギリスそのほかのリベラル派は、彼らの考えた進歩の観念にはそれ独自の不足があるという結論に達しつつありました。

イングランドにおいては、論争は本当は政策をめぐるものでした。イングランドでは、独特のことですが、暴動に訴えそうな労働者階級の脅威は一八四〇年代に死に絶えてしまったのです。一八四〇年代のチャーティスト運動はイギリスの労働階級ラディカリズムの始まりではありません。それは、終わりだったのです。一九世紀後半になると、イギリスには多数のプロレタリア階級が存在しましたが、その階級はすでに労働組合へと組織され、飼い慣らされ、そして最終的には労働組合を基盤とする政党である労働党へと回収されていきました。この大きな労働運動がなんらかの革命に向けた熱望をいだくかもしれないといった考え方は、もう長いこと死滅してしまっていました。ですから、イングランドにおける国家と労働者階級についての議論の重心はつねに、言ってみれば、改良主義にあったのです。

そして当時、二〇世紀の最初の一〇年にすでに、ウィリアム・ベヴァリッジはこの労働者階級のために何をすべきか、国家が何をすべきかを考えていました。一九四〇年代にはベヴァリッジは現代の社会計画の創設者のひとりとみなされることになります。彼は、福祉社会《ウェルフェア・ステイト》と戦争国家《ウォーフェア・ステイト》とのあいだの区別をしたことで有名です。しかし彼の初発の関心事は、道徳的な悪としての貧困でした。

一八七九年生まれのベヴァリッジは、ヴィクトリア朝後期の修正主義的な大望の産物です。彼の多くの同時代人とおなじく、彼はオクスフォード大学に行き、売春、児童労働、失業、無宿者などの問題をめぐる論争に巻きこまれました。オクスフォード大学を卒業するとすぐにベヴァリッジは、そういった産業社会の病を克服することをめざした慈善事業に打ちこみます。多くの場合、彼とその友人たちが力を注いだ組織には、「キリスト教」という言葉が登場します。おなじことが、ほぼ同時代のクレメント・アトリー、*3 つまりベヴァリッジの思想を実践に移すことになる、未来の労働党首相にも言えます。

彼らがどういったところから出てきたのかを理解するためには、イングランドの、現在では社会政策と呼ばれているものの歴史観が必要になります。エリザベス朝期の救貧法や一五九〇年代のスピーナムランド制は、困窮し助けを必要とする人たちに、その受益者たちが彼らを援助する義務を負う地域にいるかぎりは、理論上は制限なく慈善的な援助を提供するもので、地方税によってまかなわれていました。ですから、貧者は救貧院に入ることを強いられたり、労働を強いられたりはしませんでした。彼らには、生きていくための手段が与えられなければならなかったのです。

一八三四年の救貧法は、労働を義務づけました。救援を受けるためには、土地の救貧院に行って、一般の雇用市場で得られるよりも低い賃金で働かなければなりませんでした。その意図は、人びとが救貧制度を利用することをさまたげようということであり、またそれを利用しなければならないような状況におちいるのは、恥ずべきことであるとはっきりさせることでした。このように、救貧法はいわゆる救済に値する貧者とそうではない貧者との区別をもうけ、経済的な現実には対応しない道徳的なカテゴリーを創りだしたのです。そしてじじつ、それは人びとを貧困へと押しやりました。というのも、人びとは公的もしくは地方の援助を受ける資格を得る前に、自分たちの持てる資源を使い果たしてしまわなければならなかったからです。かくして救貧法は、それが対処するということになっていたまさにその問題を悪化させたのです。かなりの初期から、救貧法はイングランド社会という顔についたしみだとみなされていました。それは、資本主義が一時的に排除した人びとに、彼らの咎ではないのに烙印を押したのです。

ベヴァリッジとアトリーをむすびつけ、彼らをかなり異なる出自の改革者たちにつなげているのは、救貧法を改革したいという強い思いでした。

では、重要なのがヴィクトリア朝とイングランドの労働運動の歴史の〈長期持続〉[*4]であるならば、

国家が動員されることになる第一次世界大戦や、マクロ経済をめぐる論争が本当の意味で始まった大恐慌は、わたしたちが考えるより重要ではないということでしょうか？

ある基本的な形態の福祉国家の知的な正当化のほとんどは、第一次世界大戦以前にすでに用意されていました。第二次世界大戦後に福祉国家を導入する際に重要な役割をはたすことになる人びとの多くは、一九一四年以前にすでに大人になっており、この分野、もしくはそれに関連した分野で活躍していました。これはイングランドだけでなく、イタリア（ルイージ・エイナウディ[*5]）やフランス（ラウール・ドートリー[*6]）にもあてはまります。

また、ドイツとイングランドでは第一次世界大戦前にかなりの制度的な達成がありました。一九〇八年から一九一六年のロイド・ジョージとアスキスの政府は一連の改革、それも基本的に年金と失業保険を軸とする改革を導入しました。わたしが生まれたころでも、年金のことは「ロイド・ジョージ」と呼ばれていました。しかしそのような改革は、税収に頼ったものでした。ほかにどうやって、そのような給付金を払うことができるでしょう？　さらに、主要なヨーロッパ諸国で累進所得税に相当するものをもたらすことができたのは、過去に例がないほどに高価な戦争のみでした。というのは、戦争における課税とインフレが、福祉国家を、政府の総支出とくらべて比較的に安価なものにしてくれるような資源を生み出したからです。

第一次世界大戦は政府の支出を大幅に増加させ、また政府による経済の統制というモデル、政府による労働の監督、政府による原材料の管理、輸出入される商品の管理なども前進させました。さらに、フランスはその暴落している通貨を安定させ、公的支出を減らそうとしましたし、イギリスは二〇年代半ばに金本位制に戻って、戦後の経済危機を克服するためにデフレ政策を実行しようとしました。ほかの、社会的な福祉国家の方向へとかなり進んだ国においてさえも、給付や支出を厳格な管理下におくことを余儀なくされました。終戦直後に達成された社会給付の水準は、その後二〇年間にわたって、いくつかの局地的な例外は除いて、超えられてはならないものでした。

ベヴァリッジがこの物語の半分なら、もう半分は経済学者のジョン・メイナード・ケインズです。ベヴァリッジは、ヴィクトリア朝的なキリスト教の感性を代表する人物で、それが一九四二年に表現を得たと論ずることができるでしょう。しかし、そのような議論はケインズについてはできません。

ケインズとベヴァリッジ、「計画」と「新たな経済学」とは、おなじものとして語られる傾向にあります。そこには広い意味での類似性があり、二つの政策が重なっています。ケインズ的な財政・通貨政策にもとづく完全雇用に、ベヴァリッジ的な計画がむすびつけられているのです。しかし注意しなければならないのですが、ケインズはかなり異質な伝統から出てきた人なのです。それは、ベヴァリッジがオクスフォードに行ったのに対してケインズはケンブリッジに行ったからというだけではありません。

ベヴァリッジはベーリアル・カレッジ出身ですね。

そう、ケンブリッジのキングズ・カレッジとオクスフォードのベーリアル・カレッジ。この話題において重要なのは、これら二つのカレッジだけだというのはたしかですね。

第一次世界大戦前に、ケインズはケンブリッジの若き教授《ドン》になっていました。彼の個人的な関係はかなり同性愛関係を含んでおり、彼はロンドンで頭角を現していたブルームズベリー・グループと強いむすびつきをもっていました。意識的に偶像破壊的なスティーヴン姉妹――つまりヴァネッサ・ベルとヴァージニア・ウルフ*7――は彼を双手《もろて》をあげて賞賛しました。そしてもちろん、ブルームズベリー・グループの男たちはみな彼を愛しました。彼は聡明でウィットに富み、魅力的であるだけではなく、ぐんぐんと頭角を現している有名人だったのです。第一次世界大戦中と大戦後に、ケインズは大蔵省で大活躍をし、そこでしだいに、イギリスの公的財政に対して批判的な見解をいだくようになり、それからヴェルサイユで戦後条約の交渉の仕事につきました。イギリスに戻ってすぐに、彼はヴェルサイユ条約とそれがもたらすであろう帰結に対する批判のパンフレット〔『平和の経済的帰結』〕を書き、国際的な著名人となりました。かくして一九二一年には、ケインズはまだ三〇代で、先駆的な著作『一般理論』をまだ書いていないにもかかわらず、彼はすでに有名だったのです。

それでも、ベヴァリッジと同様に、ケインズはまちがいなく前世紀によって形成された人物でした。まず、アダム・スミスからジョン・スチュアート・ミルにいたるまで、前の世代の最上の経済学者の多くとおなじく、ケインズはまずなによりも哲学者であり、たまたま経済学的なデータを扱ったというだけでした。彼は違った状況におかれていれば哲学者になってもおかしくない人で、実際ケンブリッジ大学時代には、数学に傾いたものではありますが、哲学の専門論文を何本か書いています。

経済学者としては、ケインズは自分が経済学的な論理の一九世紀の伝統に応答しているのだとつねに考えていました。J・S・ミルを継いだアルフレッド・マーシャル*8そのほかの経済学者たちは、市場の本来的な状態は、すなわち資本主義経済全体の本来的な状態は、安定状態であると想定しました。したがって、経済的な不況であれ、市場の歪曲であれ、政府の介入であれ、不安定性は経済的・政治的な活動全体の本来的な秩序の一部として存在することが期待されますが、それらは経済活動そのものの、必然的な本性として理論化される必要はなかったのです。

第一次世界大戦前にすでに、ケインズはそのような前提に反対した著作を書き始めていました。戦後にはもっぱらそればかりになります。やがて彼は、不安定性と、そこに必然的にともなわれる非効率ぬきでは、資本主義経済の本来的な状態を理解できないという立場に到達します。均衡と合理的な帰結が規範であり、不安定性と予測不可能性は例外であった古典経済学の前提は、いまや逆転されたのです。

さらに、ケインズが組み立てつつあった理論によれば、不安定性を生み出す原因は、それがなんであれ、その不安定性を考慮に入れることのできない理論では取り扱うことができませんでした。ここに見られる基本的な革新はゲーデルのパラドクスに似たものです[*9]。今日風の言い方では、システムが外側からの介入なしでそれ自身を解決することは期待できないのです。したがって、市場は仮説上の見えざる手にしたがって自己規制をしないだけでなく、それは時間が経つにつれて自己破壊的な歪曲を蓄積していってしまうのです。

ケインズの主張は、『道徳感情論』におけるアダム・スミスの主張と、みごとに対称になったもういっぽうのブックエンドのようなものです。スミスは、資本主義はその成功を可能にするような諸価値をそれ自体が生み出すことはないと主張しました。資本主義はそれを前資本主義または非資本主義の世界から引き継ぐか、そうでなければ宗教や倫理の言語から諸価値を（いわば）借りてくるというのです。契約が信頼に値することへの信頼、信念、信用といった諸価値、そして未来は過去の約束を忠実に守るだろうという想定などは、市場の論理そのものとは無関係であるが、それでも市場が機能するためには必要なのです。これに、ケインズは、資本主義はそれ自身を維持するために必要な条件を生み出さないという論点をつけくわえました。

ですから、ケインズとベヴァリッジは同時代人であり、出自は似ているけれども違っており、関係はあるけれども異なる問題にとりくんだのです。ベヴァリッジは経済よりも社会から出発しました。法制や規制、強制的な調整によって国家のみが供給し、実行できるような一定の社会的な便宜がある、ということです。ケインズはかなり異質な関心事から出発しますが、二人のアプローチはぴったりとかみ合っています。ベヴァリッジが彼の生涯を、経済的なひずみの社会的な帰結を緩和することにささげたなら、ケインズは大人になってからの人生の多くの部分を、ベヴァリッジの政策が適用でき、最善の効果を発揮できるような、必然的な経済状況を理論化することに費やしたのですから。

もうすこしケインズについて論じましょう。第一次世界大戦と、とりわけヴェルサイユ宮殿での条約交渉の経験、そして『平和の経済的帰結』という小冊によって彼は名をなしました。しかしもちろん、一九三六年の『一般理論』があり、それは二〇世紀の政治経済学のもっとも重要なテクストのひとつです。『一般理論』はケインズのそれ以前の思想を発展させたものであるという命題に固執されますか、それとも一九二九年の暴落と、そのあとにつづく大恐慌を議論する必要があるのでしょうか?

一九二〇年代のインパクトを過小評価しないでください。二〇年代のケインズは多作で、『一般理論』

で鋳なおされることになる著作のいくつかは、大恐慌がはじまる前にすでに発表されていたのです。たとえばケインズは一九二九年よりずっと前に、通貨政策と経済との関係を再考していました。そしてもちろん、多くの国々がオタワ会議で金本位制から足を洗うずっと前から、ケインズは金本位制を徹底的に批判していました。彼は、金本位制にしがみついていては、国々が必要に応じて平価切り下げを行う能力がうばわれてしまうと考えました。

さらに、ケインズは一九二九年よりずっと前に、新古典派経済学は失業問題の解決にならないということを、頭の中ではっきり理解していました。広い意味での新古典派経済学者は、それぞれの目的を追求する消費者や生産者によってなされた小さな決定の集まりが、経済そのものの水準においてより大きな合理性を生み出すのだと考えます。そうやって、需要と供給は一定の均衡状態を見いだし、市場は究極的には安定するのです。失業のような見た目の上での社会悪はじっさいは、経済全体が円滑に機能していくことを可能にするための、過渡的な経済の要因なのです。

これでは現実を不完全にしか記述できていないというケインズの確信は主に、一九二〇年代初頭のイギリスとドイツでの雇用危機の観察から生じたものでした。新古典派のコンセンサスは、経済的な問題が起きた余波のうちにおいて、政府は消極的な姿勢をとるべきだというものでした。ケインズは当時すでに、ほかの人たちが大恐慌のあいだに論じるであろうものを予見していました。つまり、伝統的な応答——デフレ、緊縮財政、そしてあとは結果を待つ——は、もはや許容できないものだ、と。そのような経済政策はあまりに多くの社会的・経済的資源を無駄にしてしまい、新たな戦後世界において根深い政治的な激動を引きおこすだろう。もし失業が、効率的な資本主義市場のために必要な代価でなく、たんに市場資本主義の風土病であるなら、どうしてそれを許容するのか？これは一九二九年よりずっと前にケインズの著作において提起された疑問でした。

一九三六年の『一般理論』は、国家、財政、そして通貨の力を経済思想の中心に据えます。それらを、古典経済学理論という体の上にできた醜い吹き出物として認識するのではなく。これは二世紀にわたる経済学的な著述の書き直しです。そしてこの書き直しに彼の教え子たち、とりわけ「乗数」という考え方をもたらしたケンブリッジ大学のリチャード・カーン[*10]といった教え子からの重要な貢献をくわえれば、一九二〇年代のケインズ自身の仕事が要約できます。政府は景気循環対策的に介入することができ、それが持続的な結果をもたらしうるとケインズが確信したのは、カーンたちのおかげだったのです。

ケインズの一九三六年の記念碑的著作は政府の政策についてのマクロ経済的な思想を完全に鋳なおすものでした。そして重要だったのは、理論そのものよりも、この鋳なおしだったのです。新たな世代の政策立案者たちはいまや、経済における国家の介入を擁護する根拠となるような言語と論理を与えられたのです。かくして、ケインズの仕事は、それが反対した一九世紀の偉大な著作のどれにもおとらぬほどに野心的で影響力のある、資本主義のはたらきについての大きな物語となったのです。

古典派自由経済学への挑戦についてのあなたの説明だと、わたしたちはほとんどイギリスの外側を見る必要がないようですが、一九三六年の段階では、ほかの国にも比較可能な潮流があったのもたしかですね。ポルトガル・モデル、またはイタリア・モデルの協調組合主義《コーポラティズム》ですとか、基本的には資本主義的な社会における計画経済、たとえば一九三六年に計画経済が始まったポーランドなど……。

そうですね、高等理論ではなく、実践や政策に限定して考えるなら、一九三〇年代には新ケインズ主義的に見える実践が多く、ケインズによる説明を予期するかたちで起こっていたように見えます。

戦間期には、すこしでも真剣な若者たちのほとんどは、経済の非効率に反応するための代替的な方法を探し求めていました。代替的というのは、一九世紀の左派や右派とおなじように、たんに双手を挙げて、これが資本主義の悪であり、それについてはなにもできないと言うか、さもなければこれはわたしたちが資本主義の善のために支払っている代価なのだから、それについてはなにもできないと言うか、というのとは違う方法ということです。この二つが、一九三二年にいたるまで、不況に対する経済的・政治的な反応をする際の基本的な立場だったのです。ところがポーランド、ベルギー、フランスなどでは、若者たちが左翼的な反応に不満をいだくようになって、独自の政党や分派を立ち上げ、政府の支出や介入を支持するようになっていました。

じっさい、計画経済と上からの介入を擁護する意見はあまりにも広まっていたので、それに反対する議論もすでに進行中でした。フリードリヒ・ハイエクは、彼が一九四五年の『隷属への道』でもっとも明確に表明することになる議論にすでにとり組んでいました。この本のなかでハイエクは、市場のリスクの自然な過程に介入しようとするこころみはどのようなものであろうとも、権威主義的な政治という結果を招来してしまうと説明しています。そしてハイエクが参照するのはいつもドイツ語圏の中欧です。ハイエクの議論によれば、労働党の福祉国家、またはケインズ主義経済学が政策化される際にあきらかになるそれらのまちがいとは、最終的にはそれらが全体主義になってしまうということでした。それは、計画が経済的な働きをしないかもしれないということではなく、政治的にあまりに大きな対価を払うことになるだろうということです。

ここでちょっと立ち止まっていいですか？　この問題は何度も出てきたように思いますが、ハイエク的な議論はすべて、二〇世紀の全体にとって絶対的に重要な論争に、そしてこんにちまでつづいている重要な論争についてまわる歴史的な誤解にほかならないように思います。

ハイエクの歴史的な起源はひどく不思議なものだと思います。彼はオーストリアにいて、そこでは保守的で権威主義的なカトリック国家が、協調組合主義と呼ばれるものを肯定すると宣言していました。それはなんらかの政治経済的な姿勢を示したものであったのですが、実際にはそこにはなんの政治経済もなかったのです。協調組合主義とは国家のイデオロギーの名称でしたが、オーストリアにおいては協調組合主義は政府と社会のさまざまな部分との協力関係を意味していました。そこには介入主義的な財政・通貨政策のようなものはほとんどなかったのです。

それどころか、オーストリアは、まさにハイエクが推奨するであろうくらいに、財政・通貨政策については信じられないほどに因習的で厳格で、そのためにこの国はあれほど大恐慌の打撃を強く受け、政府はあれほど打つ手なしになってしまったのです。オーストリアが外貨と金であの準備金をため込んだのもおなじことで、それをヒトラーは一九三八年に奪い取ることになります。

ですから、ハイエクはいったい何に対抗して反応していたのか、わたしはずっとよく分からないでいるのです。オーストリアは政治的には権威主義的な国でしたが、ケインズ的な意味での計画経済はまったくなかった。オーストリアの経験はじっさい、ハイエクの議論を反証するように思えるのです。むしろ、もうすこし計画経済があれば、オーストリア経済を救ったでしょうし、そうすれば局地的な権威主義やヒトラー、そしてヒトラーが引き起こしたあらゆることが、起こらない可能性が高まったでしょう。

なるほど。『隷属への道』を読んでも、その点についてよく分かるようにはならないでしょう。ですが、もしハイエクの著作を同時代のカール・ポパーの著作と対照させてみれば、ある法則が浮かび上がってきます。見えてくるのは、二つの憎悪の融合です。一九二〇年代初頭のウィーンにおける自信過剰な社会民主主義的な都市計画に対する憎悪と、一九三四年の反動クーデターののちに全国レヴェルでそれにとってかわった、キリスト教社会主義の協調組合主義のモデルに対する憎悪です。

オーストリアでは社会民主主義者とキリスト教社会主義者は、そのころまでには「祖国戦線」[*11]に吸収されてまとめられてはいましたが、かなり異なる支持層と目的を代表していました。ですから、レトリックや綱領の名目上の共通性は、歴史的なものというよりは圧倒的に理論上のものだったのです。しかしハイエクの視点からすると――この点で彼はポパーおよびほかの多くのオーストリアの同時代人と一致するのですが――両方の勢力はそれぞれのやり方で、オーストリアが一九三八年にナチスの権威主義の手に落ちたことに責任があったのです。

ハイエクはこの点について非常に明確です。もしどんなものであれ福祉政策から始めてしまったら、それが個人を特定の産業に割り当てたり、社会的な目的のための課税を行ったり、市場の関係の結果を計画したり、なんであれ、それはヒトラーに結びつくのです。社会民主主義的な住宅計画や、「正直」

なワイン製造者への右翼的な助成金だけではなく、ヒトラーに結びつくのです。ですから、そのような危険を冒すくらいなら、民主主義諸国は、市場経済の本来的に非政治的な機構をゆがめてしまうような、あらゆる形態の介入を避けるべきなのです。

そのような、ヒトラーやなにやらを参照する議論は五〇年、さらには七〇年くらいずっとつづいてきたのですが、そのような議論の問題点は、一九三四年のウィーンまたはオーストリアの政治の多くの部分を等閑視してしまうということです。そこでは民主主義が実際終止符を打たれたわけです。政府の介入を好む一般的な傾向があるゆえに似たり寄ったりだと考えられるこういったグループは、おたがいを相手に内戦を行っているのです。そして赤いウィーン[*12]という偉大な達成は、文字通りに破壊されます……

爆弾で……

ウィーンをとりかこむ丘から打ちこまれた砲弾で、多くの建造物は破壊されました。

これはハイエクの政治的な自閉症で、彼が好まないさまざまな政治を彼が区別できないことにあらわにされています。この初期に起こった混同が、一九八〇年代から九〇年代まで押し進められていって、ここ二五年間わたしたちが経験してきた経済政策が生まれたわけです。ハイエクは「歴史にその正しさを証明されて」、ふたたび流行するわけですが、彼自身の、非政治的な市場経済の歴史的な正当化は完全にまちがっていたのです。

その間に起こったことのひとつは、その数十年前にさかのぼるケインズ対ハイエクの決闘よりは地味なものですが、ケインズとベヴァリッジにとっては非常に重要な概念であった完全雇用が、経済成長といういまや支配的な概念にとってかわられたということです。

成熟した経済における成長率は、つねに比較的低いものだと考えられてきました。古典派および新古典派経済学者は、急速な経済成長は、急激な変化を経験している後進社会で起こるものだと理解していました。ですから、一八世紀後半のイングランドが、農業から工業を基礎とする社会へと変化する際には、それ相応の急速な経済成長が見込まれるのとまったく同様に、一九五〇年代のルーマニアでも、それほどではないにせよより強制的なペースで、後進的な田園社会から、すくなくとも初期的な、非常に生産的な原始産業社会へと変化していく際に、おなじことが期待されるのです。

そうして、産業化が進行中の社会における成長率は七パーセント、さらには九パーセントになるのが通例でした——こんにちの中国がまさにそうですね。これが示すのは、高い経済成長率は、繁栄、安定、近代性を示唆するわけではないということです。こういった性質は長い間、過渡的な性質と考えられてきたのです。一九世紀後半から二〇世紀初頭の西欧の平均的な経済成長率は、かなり穏やかなものへと収束していきましたが、それと同時に金利もかなり低くなり、そのままにとどまりました。一九五〇年代に経済成長率があれほど高くなり、経済学者たちが、それを成功と安定を示すものだと夢中になってしまった理由は、それ以前の経済的な破局のせいだったでしょう。

そこまでを押さえておいた上で思い出さなければならないのは、ケインズの『一般理論』は「雇用、金利、そして通貨」の理論だったということです。失業はイギリス人とアメリカ人の意識から離れることのない問題でしたし、またベルギーに代表される大陸ヨーロッパでもそうでした。しかし、雇用の問題はじっさいはフランスやドイツの著作においては理論的な出発点ではありませんでした。はるかに、インフレに関心が向けられていたのです。ケインズがヨーロッパの政策立案者たちにとって重要なのは、雇用そのものの問題についてではなく、不況期の赤字財政のような景気循環対策によって経済を安定化させる際の、政府の役割を理論化することでした。これが意味するのは人びとを失業させないための政策ということだけではなく、通貨を安定させ、金利が大きく変動して預金をそこなってしまうのを防ぐことでした。ですから、イングランドやアメリカの思想においては重要な雇用は、大陸では全面的な関心事ではなかったのです。そうではなく安定が問題でした。

ドイツの経済学者たちはおもにハイパーインフレの傷跡に関心を向けており、政治的な思考をする場合には、彼らは一九二〇年代について考えますが、じっさいにはヒトラーはかなり雇用に目を向けていました。おそらくこの点に注目すれば、わたしたちは、言ってみれば一九三六年あたりのケインズと、おなじ年のドイツ四カ年計画との違いを歴史的に直視することができるでしょうか。

ファシストたちとナチスは、所有を基礎とした資本主義と、もういっぽうでは政府の介入、この二つを混合させることができると想定しました。産業資本家、資産家、大規模農場所有者、小規模工場主、商店経営者は完全に自律的になることができますが、政府は彼らの労働者との関係に介入することができ、生産する商品の計画を立て、生産された商品の価格を決定することができます。そこでは政府は、経済システムの根本的に資本主義的な性質に疑いを投げかけることなしに経済に関係し、介入し、行動することができます。この混合はイデオロギー的には理解するのが難しいものでした。ですからナチスの政策、またはファシズムの政策は親資本主義的に見えるかと思えば反資本主義的に見えることもあり、また新ケインズ主義的に見えることもあるのです。その政策は基本的に、ほかに収入源がないならですが、将来の安定性、または将来の歳入を犠牲にして、政治的・社会的危機をお金で解決するための、政府による大規模な過剰支出――「過剰」というのは、持てる資源を超えた支出ということですが――でした。

ケインズ主義の前提においては、追求されるのはひとつのシステム内での均衡を再確立することです。それに対して、ヒトラーの前提では、均衡はなんらか非常に離れた将来にのみ、すべてのユダヤ人が消え去って、東方で人種的なユートピアが創造される未来にのみ達成されるものです。

ケインズにとっての均衡とは目的であると同時に、じっさい、美徳でもありました。それは理論的な根拠にもとづいた話ですが、部分的には心理的な理由にもよるものだと言ってみたいと思います。第一次世界大戦と、エドワード朝的な、それゆえにヴィクトリア朝的な確信と安全の崩壊によってケインズと彼の世代の人たちが経験した均衡の喪失は、彼の理論的な著作を彩るもっとも重要な感情なのです。それは、ケインズの福祉国家への支持にも言えることです。彼は福祉国家を、イデオロギー的な根拠でないのはもちろん、経済的な根拠において支持したわけではなく、人びとが第二次世界大戦後に感じることになるであろうような安心感が、圧倒的に必要とされていることを理解し、予見したからです。
均衡はケインズにとって美徳でした。政府による介入はまずなによりも経済を再均衡化させるための方法でした。そのような問題意識はナチスの思想にはまったく縁遠いものです。ナチスにとっては、均衡とはまさに、すでに破壊されてもはや戻ってはこないものなのですから。言ってみれば、複雑な社会の収支決算をすることには関心がないのです。そうではなく、社会のある部分を犠牲にして一定の目標を達成しているというだけなのです。それ以外の部分がその努力に感謝をするように。

もうひとつの根本的な差異は、ハンナ・アーレントが気づいているものですが、それは、ケインズが構想したような安定した社会においては、人びとは私的な生活を送ることが可能だというものです。このことは、ツヴァイクの『昨日の世界』のまさに最初のページに書いてあることで、わたしたちはそこから出発しましたね。それが、安定性を持つということの意味の一部分、つまり私的生活を送ることができるということで、それはつまり、自分自身の事柄以外のなににも関心を抱かない、そしてその事柄は多かれすくなかれ予想通りに調整できるものなのです。それに対してヒトラーは人びとが私的生活など考えることができないようにしよう、ということをかなり意識的にこころみていたわけです。

そのとおりです。つまり、ちゃんとした生活を不可能にしたい願望という概念は、ケインズが想像可能な範囲にはまさに入ってこないものです。ケインズが望んだのは、リベラルなイングランドを、それ自身の経済イデオロギーの帰結から救うことでした。そう、ヒトラーはリベラルなドイツを何かから救うなどということとは無縁ですね。

もうひとつ、検討できる比較は、リベラルな計画経済とスターリンの五カ年計画とのあいだの比較です。

第二次世界大戦後の福祉国家的な形式における計画経済が、なんらかのかたちでソヴィエトの経験に負うものだったという思いこみは、議論から取り除く必要があります。せいぜい言えることは、政策立案者としてではなく知識人として計画経済に賛成した多くの人びとは、彼らがソヴィエト連邦に見いだしたものはよいものだと思ったからそれに賛成したのだと考え、また彼らはそれはスターリンが計画したからよいものだと考えたのです。

計画経済の歴史とは、さまざまなヨーロッパ社会が、そういった倫理的かつ実用的な目的を追求するにあたって、どこで、そしてどうやって国家を使うことが望ましいのかについて異なる結論にいたる歴史です。まさにこの複数性が、ソヴィエトの経験が実際はいかに重要ではなかったかということを示しています。ソヴィエトモデルはひとつしか存在せず、ソ連政府は複数主義の価値を否定し、必要に迫られないかぎりはソヴィエト流の計画経済を実践するヨーロッパの政策立案者はいませんでした。必要に迫られる、というのは戦後東欧の歴史のことであり、別の話です。

イギリスの福祉国家そのものは計画経済を行ったことはありませんでした。一九四二年のベヴァリッジ報告があり、計画経済についての論争がありました。しかし実際に生まれたのは、一連の組織、それもまずは国営化された組織であり、それらの組織は国家と社会とのあいだの、一連のよりよい関係のための必要十分条件だと考えられました。言ってみれば、だれも計画を計画することはしなかったのです。そしてまた、だれも細部を計画しませんでした。イギリスではだれも、鉄道にはどれだけ投資すべきか、自動車はどこで作られるべきか、こちらの地域では労働はどれだけ操業を抑制され、こちらの地域ではどれだけ促進、または再教育されて稼働するべきかを、じっくり座って計画した人はいません。

そのような種類の計画は、もっと大陸ヨーロッパ的なものです。スカンディナヴィア半島の計画経済は、イングランドのそれよりもはるかに指示的で、はるかに非規制的だったので、個人の投資をある方向へと向けようとすることに関心がありました。フランスの計画経済は中央集権的で指示的であり、それゆえに、直接的に強制することなくある種類の生産を促すことに関心を向けています。戦後西ドイツの社会経済政策ははるかに局地化されている、もしくは生産の促進は局地化された決定機関からもたらされるものでした。国有化は、イギリスにおけるよりも西ドイツでははるかに重要ではありませんでした。イタリアでは公的資金は、IRIやENIなど、またはカッサ・デル・メッツォジョルノのような巨大な上部組織を通じて個別の地域的な目的へと供されていきました。このように、「計画」はさまざまに異なる意味を持っていたのです。しかしそれが持たなかったひとつの意味は、大規模で、宣言され、また要求された結果を出すというソヴィエトモデルに従って計画を行うという意味でした。

ソヴィエトとそのほかの事例とのあいだの基本的な差異を理解するためには、政策が何であったかと同時に、いかにして政策が生み出されたかを調べる必要があります。西欧の計画経済はすべて、長期的なインフラストラクチャーに投資する技術的な必要と、消費者の不満をお金で満足させたいという短期的な政治的願望とのあいだの妥協でした。共産主義が押しつけられた東欧では、消費者の不満をお金で満足させる必要はふつうありませんでした。理論にしたがえばたくさん持つ必要があるものを、なんであれ蓄積することに焦点を当てればいいのです。そして、それが大いに消費者の幸福を生み出すだろうという点は、閉じられた政治システムの内部においては関心を向けられないことがらだったのです。
西欧における妥協は、マーシャル・プランとして知られる、アメリカによる戦後の支援によって政治的に好ましいものになりました。もしマーシャル・プランが戦後の状況から取りのぞかれたら、イギリスをふくむいくつかのヨーロッパ諸国は、大きな政治的抗議運動を誘発することなしに公共政策の一定の目的を達成するにあたって深刻な問題をかかえたことでしょう。一九四七年のフランスでのストライキは、それをよく示す出来事です。

マーシャル・プランはアメリカによる国際的な政治経済の計画の、すばらしい一例ではないでしょうか？　またそれは、（マーシャル・プランが援助して可能にした、単一のヨーロッパの国の水準での計画経済と同様に）極端な政治的モデルから生じてきたものではなく、それが人気を得るのを防ぐように設計されたものとして見られるべきではないでしょうか？

ジョージ・マーシャルは戦時中はアメリカ陸軍参謀総長で、一九四七年には国務長官になっていました。マーシャルが一九四七年三月にモスクワに行ったとき、彼はその道中でヨーロッパのいくつかの首都に立ち寄りました。マーシャルは、イギリスの労働党が、二年間にわたる立法のてんやわんやで、息切れしていることを知っていました。フランスでは、政権交代するたびに政府は弱くなっていき、ついには一九四七年春の、左派連立政権の崩壊にいたります。イタリアでは、自由選挙で共産党が勝利に迫りました（一九四八年の選挙はローマ教皇とアメリカの支持によって、キリスト教民主主義に大きく流れが傾きました）。チェコスロヴァキアでは、共産党はすでに勝利していました。共産党は、ベルギー、そしてつかの間でしたがノルウェーのような国で大変に健闘していました。

西欧は、一九五〇年代と六〇年代という、チャーチルの表現を使うなら「日の当たる高地」[13]へと登ることができるとは、まったく保証されていませんでした。戦後のつかの間の小景気は落ち着いてしまい、多くの国の経済は財と外貨の不足に苦しんでいました。国々は必要なものを購入する資金がなく、自分たちで生産するしかなかったのですが、ほとんどの国はそれもできなかったのです。ドルを借款することができず、でもドルはしだいに国際的な通貨の座を確固としたものにしていました。西ドイツやベルギーのような、じっさいに回復を始めていた国々の経済でさえも、通貨の備蓄の不足によって窒息しているところでした。

アラン・ミルワード[14]は、ヨーロッパはみずからの成功の帰結に苦しんでいたのだと論じています。戦後初期の経済復興の開始、とりわけ西ドイツや北海沿岸低地帯での産業の回復は、経済的な隘路を作りだしており、それが今度は失業をふたたび生み出そうとしていました。それはもちろん、ヨーロッパの貧窮化の結果でした。ヨーロッパは、当時のような低い水準であっても、それ自身の経済復興の炎にくべる薪がもはやなく、外貨と輸入された原材料に完全に依存していたのです。

ですから、ある視点からすると、マーシャル・プランは水道管のつまった蛇口をひねっただけなのです。しかしたとえそうであっても、その重要性が陰ることはないでしょう。それは、忘れられがちなのですが、経済的な応答ではなく、まずは政治的な応答だったのです。ワシントンの見方というのは、ヨーロッパはあまりにも政治的な自信を失っているので、経済的に復興することはできず、共産主義へとなだれ込むか、そうでなければファシズムへと逆行してしまうだろうというものでした。わたしは後者を強調したいと思います。とくにドイツの場合には、外から見ていた人たちは、ナチスをなつかしみ共感する感情が復興することを、真剣に恐れたのです。

ヨーロッパが政治的に崩壊するのを防ぐために救わなければいけないという考えは、びっくりするような洞察というわけではまったくありません。新しかったのは、西欧と中欧を救う方法は、その国々に、みずからの責任で復興をなしとげさせることだが、それもその国々に利用可能な手段をもってさせることだという考え方でした。これはアメリカの側での、事情を理解して斟酌した上での自己利益を目指すものだったのかどうかはまた別の議論ではあります。それはそうだったかもしれません。マーシャル・プランでの支出は、支出、購買などといったかたちで合衆国に戻ってくるという意味では短期的にアメリカの利益になるし、またそれはヨーロッパを安定させて重要な西洋の同盟国を作りだしたという意味では長期的にもそうだったかもしれません。

しかしおそらく、このことは重要ではないのです。マーシャル・プランが自己利益に基づく、現状の理解に基づいたものだったかどうかはともかくとして、それは非常に重要だったことに変わりはないのです。あるアメリカの顧問がフランスの総理大臣について言ったように、それは、共産主義の攻勢の前にぐらぐらと頼りなく揺れていたビドー[*15]に、自信と支えを与えたのです。

復興と同時に、青息吐息にではあれ、福祉国家が登場します。

わたしたちが福祉国家の到来について語る際に参照している法制は、ほとんどの国で一九四四年か一九四五年に始まっていますから、マーシャル・プランはここでは関係がありません（ただし、トルーマン政権はヨーロッパの福祉改革に対して、民主主義に安定をもたらすものとして大体において好意的だったことは忘れないでください)。福祉国家の理想は、レジスタンス運動から、または戦後の左派政党、もしくはキリスト教民主主義勢力から生じました。福祉国家は、スカンディナヴィア半島を除いては、社会民主主義者の専売特許というわけではなかったのです。

しかし、計画経済について述べた論点をもう一度強調したいと思います。すなわち、さまざまに異なる変種からなるひとつの共通の潮流があったということです。国によってアプローチはさまざまで、それと同様に福祉国家の財政基盤も異なりました。いったん福祉国家が機能し始めた際には、マーシャル・プランがそれらの福祉国家の初期費用をまかなったことはたしかです。しかし、マーシャル・プランは四年間しかつづかず、それはほとんど社会的サーヴィスには使われなかったことを思い出すべきです。

そうするとおそらく、マーシャル・プランに対するヨーロッパ共通の反応としてもっと説得力がありそうな案としては、経済的な協力というものになるでしょうか。

マーシャル・プランは、受益国がたんに分け前をつかみ取って、近隣諸国からの搾取に着手する、ということにはならないことを確実にするように設計された、国際的な返済システムをともなったものでした。純粋に国家的な基金があり、そこから、存在しない返済銀行を担保にお金を借りることができ、そしてほかの国との交易から得た収入で返済できたのです。それは大変に単純なシステムでしたが、それは貿易上の協力を必要とし、助成金や保護主義に走るのを抑制しました。

このつながりを証明するのは難しいですが——つまり、マーシャル・プランぬきだったら歴史はどうなっていたかを証明するために戦後史を再演するのは不可能ですが——ワシントンに強制されたものだとはいえ、こういった技術的な水準における協力が存在したというその事実のみが、つい最近相互破壊にいそしんでいた大陸が協力可能なのだということを証明したのです。しかもたんに協力するというだけでなく、同意された規則と規範に従って競争したり共同作業をしたりできたのです。そんなことは、一九三〇年代というそんなに離れていない過去には、考えられないことでした。

それは主に、マーシャル・プランの、一種意図された副作用だと考えるのは正しいでしょうか。それともヨーロッパ人の中には、フランス人であれ、ドイツ人であれ、ベルギー人であれ、そういうことを前もって……

考えていた人たちが……

……いなかったのでしょうか？

幸い、いました。ただ不幸なことに、その人たちの多くは、ナチスとファシズムによって押しつけられた「ヨーロッパ」統合の理論をよろこんで受け容れることで、経済的協力という伝統を汚してしまっていたのです。

かくして、フランスのヴィシー政権を運営した人たちのいく人かが、ド・ゴールのフランス、もしくは共和制のフランスにおいて主要な計画者として頭角を現すことになります。戦後に西ドイツ経済の管理運営に積極的にかかわっていた、聡明な若い経済学者たちの一部は、ナチス・ドイツの中級の政策立案者だったのです。ピエール・マンデス＝フランス、[*16]またはベルギーのポール＝アンリ・スパーク、[*17]はたまたイタリアのルイージ・エイナウディのまわりに集まった若者たちの多くは、貿易、投資、産業、農業についての、戦時中のファシズム政権または被占領政府の非政治的な経済アドヴァイザーだったのです。

こういった、改革を志向する革新者たちの共通項は、戦間期にかくも多くの若き官僚たちをひきつけた、ヨーロッパの計画経済の崇拝でした。「ヨーロッパ」というまさにその言葉――統一ヨーロッパ、ヨーロッパの計画、ヨーロッパの経済統合など――は、戦後の一〇年間には、非効率な戦間期の民主的ヨーロッパにとってかわるべき、より理性的なヨーロッパというナチスのレトリックとの連想のおかげで、ちょっと疑いの目を向けられるものになってしまっていました。このレトリックは、ヒトラーが一九四二年に、すべての占領国における利敵協力の公式的な基礎として「新しいヨーロッパ」という理念を導入するにいたってその最高潮に達しました。

それは、スカンディナヴィア半島の人びとと、特にイングランド人が、ヒトラーの敗北の直後にヨーロッパの統合について気安く口にすることに対して、理解のできることですが懐疑的だったことの理由のひとつです。疑念のもうひとつの原因は、「統一ヨーロッパ」や「ヨーロッパ統合」といった表現が、とりわけカトリックのヨーロッパとの連想関係にあったことでした。ヨーロッパの制度化された経済協力の基礎であった欧州石炭鉄鋼共同体の条約に署名をした六人の外相は全員、カトリックでした。イタリア、フランス、カトリックに支配された西ドイツ、そしてベネルクス三国です。欧州石炭鉄鋼共同体は、そういった国々を、一種の新協調組合主義的な経済協力モデルを軸にして再建しようというカトリック・ヨーロッパの策略として提示されうるものでしたし、実際にしばしばそう提示されました。

そう、ここで、歴史は笑劇としてくり返すという例の問題を指摘したくなります。つまりその笑劇は現在演じられているわけですが。ですが、まずは歴史がいかに悲劇としてくり返すかについてすこし述べさせてください。そう、一九七〇年代、計画が知識人の水準で信用を失った時代です。どうしてそのようなことになったのでしょう？

フランスでは計画経済はけっして完全に信用を失うことはありませんでした。また、ドイツでは、わたしたちが使っているような意味での「計画」はそもそもなかったので、信用を失う必要もありませんでした。ラインラント経済モデルとフランスの指示計画モデルは、それぞれの国で、広い政治的な意見の範囲において、成功したものだと認識されていました。そして、今日においても、それらは成功したとみなされているのではないでしょうか。とりわけ、過去三〇年間のアングロ・サクソンもしくは英米の経験という観点から見れば。もっとも国際的な基準から見て、フランスやドイツの生活水準は（オランダやデンマークのような、類似した経済構造を持つほかの国は言うまでもないですが）アメリカやイギリスを、驚くほどに引き離しています。戦後のさまざまなモデルは、あらゆる場所で信用を失ったということはないですし、部分的に信用を失った場合でも、それらはわたしたちが今日直面している金融危機へのさまざまな反応の中に生きているのです。

計画経済そのものが失敗だったなどという主張をするのは、英米に偏った新たな世代の経済理論家や政策決定者たちだけだということを忘れないでいるのが肝要です。計画というのは、これまで述べたようになんでも意味しうるし、なにも意味しないかもしれないし、そのあいだのいろんな意味を持ちうるわけですが、イングランドとアメリカ合衆国、そして（かなり異質な理由で）イタリアや共産主義以降のヨーロッパで、独占的な魅力を失ってしまいました。

計画経済に対するイングランド人の幻滅は、国有化と経済の国家統制に対する幻滅の（完全に正当とは言いがたい）副産物でした。そしてその幻滅は今度は、わたしに言わせれば正当である主張を敷衍すれば、戦後の好景気の中での達成は一九六〇年代の終わりまでにはだいたい消尽されてしまったという事実の結果だったのです。一九七〇年代になると、人びとはもはや、なぜそもそも計画経済や福祉国家が存在したのかを思い出せなくなっていました。

時間の経過はべつの点で重要になりました。世代を超えた福祉国家の論理は、前もって理解するのが難しかった。全員が仕事を持つだろうと保証することと、全員が年金を受けとるだろうと保証することは、べつの問題だったのです。この違いが、一九七〇年代にまさにはっきりするのです。七〇年代には雇用は減って、税収が減少していましたから、社会的サーヴィスの増大するコストが主要な関心事になったのです。どんどん多くの人たちが、長いこと楽しみに待っていた給付金を受けとる資格を得る年齢に達していました。かくして、戦後の福祉国家は、それがもたらす手助けをした戦後の好景気の終焉と衝突をしたのです。そして、一九七〇年代の不満が、その結果でした。

おなじくらいに重要なのが、インフレの問題です。戦後のケインズ主義者たちはだいたいにおいて、インフレや、それに関係した国家債務の過剰な蓄積に関心をいだいていませんでした。彼らは、完全雇用が目的であり、政府の支出はそのための手段だということを受け入れていました。ですが、景気循環対策の政策は二つの方向で行われなければならないということをあまりよく理解していなかったのです。つまり、好景気の時には支出の抑制が必要になるということです。しかし政府の支出を抑えるのは大変に難しい。その結果、インフレは悪化していきます。

もちろん、このような説明は単純化しています。一九七〇年代のインフレの起源はいまだ論争の対象であり、いくつかの原因は確実に外的なものです。たとえば、七〇年代の原油価格の上昇ですとか。しかし不況とインフレの組みあわせは意気阻喪させるものであり、また大体において予想されていなかったものでした。その結果、政府はどんどん大きな額のお金を使って、達成された目的はどんどん減っていっているように見えたのです。

より広くは、ソヴィエトの計画経済の失敗は、新たな世代の批判者たちの視点から見た西欧の努力の信用を失わせました。その二つのあいだに歴史的または論理的な関係がないにもかかわらず、また西欧式の計画経済は共産主義の政治に対する解毒剤となることを意図され、またじっさいそうだったにもかかわらず、信用は失われたのです。ソヴィエトの計画経済の成功という戦間期の神話は、一九七〇年代から八〇年代のあいだに、社会主義の計画経済は完全なる失敗だったという普遍的に受け入れられた説明にとってかわられました。この逆転が含意するものは重要でした。ソヴィエト連邦の失敗と崩壊は共産主義だけでなく、進歩と集産化という進歩的物語の全体の基礎を掘り崩したのです。ソヴィエトの計画経済と西洋の計画経済は、すくなくともそれらの賞賛者の視点では、その物語の中に統合されていると想定されていたのですが。

この物語が錨を失ってしまうと、それ以外の多くの物事が目標を失って漂流し始めました。

ベヴァリッジとケインズについての説明で、あなたは経済と倫理と政治とのあいだの関係を示唆されましたね。二〇世紀の最後の二五年間にわたしたちが見いだすのは、倫理や政治は経済から引き出されるのだという、ときに教条的で、独断的にさえ響く信念です。

その通り。または、たとえ引き出せないとしても問題はなく、というのも現在隆盛している集団性の核となる条件は、経済的な生産高、経済的安定、経済成長なのですから。それがもたらす帰結は、必然的なものであろうが偶然のものであろうが、手に余るものになってくるわけですが。

計画経済の起源を語る際に、あなたは思慮分別的な思考と倫理的な思考について強調しましたね。わたしが思うに、こういった問題に対する知識人の影響の条件というのは、美的な意味におけるものです。エンゲルスの『イングランド労働者階級の状況』は非常に記述的な本です。そしてもちろん、さまざまなジャンルの、産業化を直接に扱うヴィクトリア朝小説があります。ディケンズが想起されますし、またエリザベス・ギャスケルもです。[18] そのような文学は労働者階級の苦しみのイメージをつくりだし、社会を以前とは違う形に見せるという機能を果たしました。

二〇世紀にはそういった文学の残響が、アプトン・シンクレア（『ジャングル』）、スタッズ・ターケル（『大恐慌！』）、ジョン・スタインベック（『怒りの葡萄』[19]）などに聞き取られることになります。アプローチとテーマの類似性に注目してください。ターケルの場合には、ディケンズの小説のタイトルを借用するところまで行っています（『大恐慌！』の原題は『ハード・タイムズ』）。

こんにち、わたしたちは貧困、不公正、病気に対する美学的な嫌悪感をいまだに経験していることはたしかですが、わたしたちの感性は、かつて第三世界と呼び習わしていたものに限定されることが多いのです。わたしたちは、インド、サンパウロのスラム、またはアフリカのような場所での貧困と経済的な不公正、不公平な分配のまったき不正を意識しています。しかし、シカゴ、マイアミ、デトロイト、ロサンジェルス、またはさらにはニューオーリンズのスラムにおける、それと比較可能な資源と生活機会の不公平な分配には、はるかに鈍感なのです。

アメリカでは、出世をしていくこととは、貧苦のしるしから物理的に遠ざかっていくことを意味します。ですから、都市の没落は、再生への刺激ではなく、全体的な没落の原因となるのです。

たとえば、ディケンズが『リトル・ドリット』の鉄道の場面を書いていたとき、またはエリザベス・ギャスケルが『北と南』を書いていたとき、この二人はかなり意識的に、二人の目の前で展開していたけれども多くの人がうまいこと注意を背けていた破滅的状況に、読者の注意をひきつけようとしていました。

わたしたちはこれとおなじように、目と鼻の先にあるものに対する注意を新たにせねばなりません。現代ではわたしたちの非常に多くがゲーティッド・コミュニティ、つまりある種類の社会的現実は排除し、同時にべつの種類の社会的現実は侵入されないよう守る、物理的な孤立領域に住んでいます。そういった囲まれた極小社会は、その受益者たちに、あなたたちは自分たちの受けるサーヴィスの対価を支払っているのだから、ゲートの外側の社会の費用や要求に応える責任はないのですよ、と言います。そのため彼らは、自分たちが直接の個人的な利益を得ていないサーヴィスや給付のために対価を支払うことをいやがるようになります。

ここで失われるもの、共通の課税に対する嫌悪において侵食されてしまうものは、共有された責任の領域としての社会というまさにその考え方です。あきらかにこれは不誠実なことなのですが、というのもたとえばそういった人たちがゲーティッド・コミュニティを出る場合にはその人たちは州間をつなぐハイウェイを利用するわけで、それは全国民的な課税によってのみ可能になっている、政府が供給するサーヴィスなのですから。そして、そのような富の囲いこみを最終的に保証している警察は、現地の税金でまかなわれているわけですし。

ここで都市の没落が非常に重要になります。あなたはその点で正しい。中世的な都市とは異なる近代都市の隆盛は、まさに社会問題の発生と同時代に起きたものです。フランスの地理学者ルイ・シュヴァリエ[20]は、五〇年ほど前につぎのような主張をしていました。彼の著書『労働階級と危険な階級』で一九世紀初期のパリについて書く中で、中世の行政都市が近代の労働者階級の大都市となる際に何が起きたのかをみごとに実証しています。

かつては都市社会の全体が相互依存していたのに対して、新たな産業の中心は、それを構成する階級を分断します。都市の公的生活を支配する商業ブルジョワジーは、彼らがまさに依存しているけれども、日々の人間的な関係においてはもはや交わることのない労働者階級に対する恐れをつのらせながら暮らしていました。労働者階級は富の源泉であると同時に、それに対してつねに脅威となるものだったのです。都市は、共通の必要によって結びつけられながらも、同時におたがいに対する恐怖としだいに大きくなる領土上の分離によっても支配されつつ、分断されていったのです。

今日でも、わたしたちはそのような恐怖と分離を経験しています。ですが共通の必要と共有された利害の感覚の侵食は急速です。それには例外があります。ニューヨークはちょっとした例外でしょう。しかし、上流階級、中流階級、労働者階級がいて、一連の社会関係に上書きされるかたちで一連の地理的な関係が存在する古典的な都市は、この国からはだいたいいなくなってしまいました。

都市は、国家が資源を分配するのが、ロジスティックスという観点でもっとも容易な場所です。そして都市から遠く離れれば離れるほど、国家が行動するのがより困難でコスト高になります。つまりそれが意味するのは、自分たちがもっとも利益を受けとっていないと思っている人たちが、実際はもっとも利益を受けているということです。地理的に、人びとがもっとも税金を支払いたがらない場所が、連邦政府からの給付をもっとも受けている場所なのです。

合衆国西部の、水不足に悩まされる州はどこも、ヨーロッパ人なら地域への助成金だと考えるようなもののアメリカ版なしでは一年たりとも生き抜けないでしょう。もちろんその点ではヨーロッパ人も変わりません。アリゾナ州やワイオミング州が、政府に完全に依存しつつ自分たちは政府の介入から自由であると思い込んでいるのとおなじように、アイルランドやスロヴァキアのような逆説的な事例があるのです。これらの国は（フランス、ドイツ、オランダの計画経済または統制経済によって資金を受けた）EUからの地域的助成金の、最大の受益者であったし、今もそうなのですが、それぞれの国内では自由市場と最小限の統制の魅力を謳っているのです。

サウスダコタ州やネヴァダ州の人びとに、あなたたちはEUの地域開発基金と同等のものを受けとっているんですよ、と言ったら、彼らはきっと、非常に腹を立てるでしょう。しかし、基本的には合衆国の仕組みとはそういうものです。

じっさい、かなり長い間そのように機能してきましたね。ネブラスカ州のとうもろこし農家の例を想像してみてください。もちろん彼らは、とうもろこしから大豆生産にいたるまで、非常に偏った莫大な助成金から、そしてまた安い水、安いガソリン、そして公的な資金でつくられたハイウェイから、巨大な利益を受けています。ですがもしその農家がそのような気前のよい公的援助を受けられなかったら、農業は（とりわけ家族経営の農業は）死滅するでしょう。しかも、家族経営の農業はアメリカの国民的アイデンティティの決定的に重要な部分なのです（これはフランスにおける助成金をめぐる習慣と神話にかなり一致するのですが、ただすくなくともフランス人は助成金を受けていることを認めているわけです）。

個人が自己を恃みとする精神の出現は、アメリカのフロンティアという神話の一部分をなしています。その精神を破壊してしまうと、というよりはむしろそれを破壊されるにまかせてしまうと、アメリカ人のルーツの一部を破壊してしまうことになるのです。これは、擁護可能であり、理にかなったとさえいえる政治的な主張です。原理的に、自分たちの伝統のうちで、もっともアメリカ的だと考えるものはなんであれ維持するためにアメリカ人が財布を開くべきではないという根拠はなにもないのですから。しかし主張としてはそれは、資本主義、個人主義、または自由市場とはなんの関係もありません。それどころか、それはある種類の福祉国家を擁護する主張になるのです。とりわけ、そこには、ある種類の持続可能な個人主義は国家からの援助をおおいに必要とするという、疑われていない前提があるのですから。

あなたは社会民主主義の倫理的な資源と、思慮分別的な資源について語り、そしてわたしは美学について質問しました。また重要な真実らしさという問題もあるということも思いつきます。わたしたちがギャスケル、エンゲルス、ディケンズ、またはアプトン・シンクレアについて考えるとき、彼らが導入して、いまだにわたしたちが使っている言葉のことを考えます。たとえば「困難な時代《ハード・タイムズ》」のような。そして、現代に欠けているのは、経済と社会においてじっさいに起きていることを定式化しようという、知識人の意思とその能力ではないかと思うのです。

その能力は二段階に分けて切り崩されていきました。最初の段階は一九五〇年代の終わりからだと思うのですが、その段階では知識人が、経済活動における分かりやすく目に見える不公正への関心から、知識人がみずから距離をとってしまいました。あたかも、そういった目に見える不公正が、すくなくとも知識人が暮らしている場所では、克服されつつあるとでもいうように。言ってみれば、「パリとロンドンでのどん底生活」〔ジョージ・オーウェルの作品より〕への注目は、ほとんど幼稚な問題設定だと。そう、「分かった分かった、でも、これはそれよりももっと複雑な問題なんだ、ほんとうの不公正というのは」などなどといった調子です。もしくは、現実の対立は、不公平な収入の分配であれなんであれ、そういったものではなく、心の中にあるということになります。そういうわけで、左派の知識人は不公正を見つけ出すにあたってより巧妙になったのですが、一九三〇年代的に見えるもの、もしくは歴史意識がより強ければ一八九〇年代流の、単純な経済的不公平と苦しみに対する道徳的な戦慄には関心が低くなったのです。

より最近になって、一九七〇年代終わり以降の、経済学に向けての言説的なシフトの犠牲者に、わたしたちはなったと思います。知識人たちはなにが正しいか間違っているかを問うことはせず、ある政策が効率的か非効率かを問います。ある方策がよいか悪いかを問わず、それが生産性を高めるかどうかを問うのです。知識人がそのような問いを発する理由は、彼らが社会に関心を抱いていないからというわけでは必ずしもなく、経済政策の本分は資源を生み出すことだと、かなり無批判に思いこむようになったからです。資源を生み出すまでは、それを分配することについての議論は無駄だ、というのが決まり文句になったのです。

これは一種の、穏やかな恫喝に近いものだとわたしには思えます。つまり、お前は手段よりも目的を優先するほどに非現実的で浮き世離れしていて、理想主義的じゃないよな？　というわけです。ことほどさように、わたしたちはすべてが経済から始まるのだと忠告されます。しかしそれによって知識人は、知識人が論じる労働者たちとおなじように、踏み輪の中のハツカネズミにされてしまいます。生産性や資源を増やすということを口にしたら、それをどこで止めればいいのか、分からなくなるのです。いったいどこまで行けば、財の分配に注意を向けられるくらいに、十分な資源を持ったと言えるのでしょう？　生産高や効率についてではなく、相応の報酬や必要について語る時が来たと、どうやって知るのでしょう？

つねに「専門家」の権威に弱い知識人の文化において、経済学の言語が支配的になったことは、より道徳的に見聞の広い、社会をめぐる討論がブレーキをかけられてしまうという効果を与えました。

知識人が経済から議論を始めるときに、ほかに奇妙なことが起きると思います。それは、製品となるものだけがどういうわけか現実的なものだということです。そしてわたしたちが使う名辞が変化すると、その意味も変化するのです。もしわたしが通りのカフェで水を注文すると、ウェイターはどの種類のボトル詰めされた水が欲しいのかと聞いてくるでしょう。人間はみな、水を飲まないと生きていけません。水は重要です。風呂に入るにも水は必要ですし、水はきれいでないと困る。それにしても、水をボトル詰めにしなければいけない理由はどこにもない。むしろ、それは非常に害がある。子供の歯はフッ素不足で溶けてしまいます。ボトルを作るには石油が必要ですし、水をほかの大陸から輸入するに際しては石油を海に廃棄することになります。そしてこのすべてが公共の善、つまりわたしたちがなんとか達成してきた水道水の価値を切り下げてしまうのです。

それはあらゆる市場経済の欠点です。マルクスは一九世紀における商品の偶像崇拝について述べましたが、彼は最初の人ではなく、カーライルも同様の指摘をしていました。

しかしわたしが考えるに、これはほかでもない、現代の私有化の崇拝の副産物なのです。つまり、私有化されたもの、そのためにお金を支払われたものは、まさにお金を支払われているというその理由でよりよいものなのだ、という感覚ですね。これは、二〇世紀の前半の三分の二、とりわけ一九三〇年代から一九八〇年代の、世紀の真ん中の五〇年間のあいだ共有された前提の逆転ですね。つまりその前提というのは、一定の財は集団的または公共的な基盤においてのみ適切に供給でき、それゆえにその財はよりよいのだという前提です。

この点におけるわたしたちの感性の変容は、さまざまな種類の副作用をもたらしました。人びとが、わたしは製品を買って私有したいが、公共的な製品のために課税されたくはないと言い始めると、公共財のために課税をするのは難しくなっていきます。このことはあらゆる人たち、それも大変な金持ちにとっての損失になります。というのも単純な話、国家は一定のものごとを、ほかのいかなるものよりもうまく、より安く行えるからです。ゲーティッド・コミュニティの家族はボトル詰めの水を飲むかもしれませんが、彼らは公共の水道水で料理をし、掃除をし、風呂に入るわけで、水道というのは、いかなる私企業であろうとも、公共的な保障と価格支持がなければ、供給して利潤を得られるとは考えられないようなものなのです。

このことから、二〇世紀初期の政治経済学者や社会理論家たちを悩ませた問題に接近していくことになります。政府が、ある商品やサーヴィスは公共的に供給されたほうがよい、と言うのは、いったいどの地点まで正当と言えるのだろうか、という問題です。自然発生的な公共独占は、どの時点で正しいと言えるのか？ですが、一九八〇年あたり以降、この疑問は違うかたちで提起されてきました。いったいなぜ公共独占が存在するのか？なぜすべてのものが利潤の対象として開かれていないのか？と。これは、わたしたちが現在も、そして過去二五年間にわたってともに生きてきた、原則的には私有化されうるものはなんであれ、公共独占されていることについての腹の底からの疑念です。そしてこれは、わたしたちが現在経験している、過剰に騒ぎ立てられている危機のために変化していくということはないと思います。わたしたちは、規制をくわえるものとしての政府がより大きく認められるということは目にするでしょうが、一定の種類の財やサーヴィスを独占するものとしての政府というものは目にすることはないでしょう。

水はその中でもわたしにとってはとりわけ衝撃的な事例なのですが、というのもそれは、わたしたちがどれだけ、文明を堕落させつつそれでもなおあらゆるものを私有化することによって進歩していると考えられるか、ということを示しているからです。どこかにふらりと立ち寄って、水を一杯求めれば与えられるという倫理は、古くからあるものです。その倫理の近代版が、これはわたしが生きてきたほとんどのあいだはこの国で一般的だったものですが、公共の空間に水飲み場があるというものです。それも現在しだいに消え去りつつあります。

おなじことがほかの、より近年の文明的な獲得物についても言えますが、それらも、ここ四半世紀まではずっと当然のものだと思われていたものでした。アメリカの記憶にはもはや、健全な公共交通機関は存在しません。多くの場所ではかつては存在したのですが。イギリスでは、交通機関の民営化がいかに社会を変えてしまうかが目の当たりにできます。グリーン・ライン・バス〔一九八六年に民営化〕はわたしをロンドンっ子にしてくれましたし、わたしをイングランドの少年にしてくれましたが、それはおそらく学校とおなじくらいの影響力をもっていました。

今日では、それに相当するものがロンドンの少年のためにはありません。わたしが若いころは、グリーン・ライン・バスに乗って学校へ行きました。バスはよく手入れされており快適で、そのルートによってロンドンという都市の輪郭を示してくれていました。現在のグリーン・ライン・バスは「アリーヴァ社」、すなわちイギリスの通勤・通学者に鉄道・バスのサーヴィスを提供する、最悪の私企業に所有され、運営されています。アリーヴァ社の主要な目的は、孤立した郊外居住者たちを、都市の地理の論理はしばしば無視しつつ、巨大なショッピング・モールに接続することであるように見えます。ロンドンを横断するようなルートはまったくないのです。

この論点をより抽象的な水準に押し戻して考えてみたいと思います。交通機関、水、また食料や、それを言ったら空気など、さまざまな財について議論できるのと同時に、経済学的ないくつかの概念範疇を保存することに関連する基本問題があります。

このことは、知識人のなんらかの役割の問題であり、知識人には用語の使用法を正すというオーウェル的な役割、または概念を保存するというアロンの理念を擁護する役割があります。金融危機以降は、ある概念範疇が念頭にうかびます。それは、富という概念です。もしあなたが家屋を所有していて、その家屋が価値を失ったら、あなたは富を失ったことになる、もしくはだれかが富を失ったことになります。それに対し、ある金融資本組織がある賭けを行って、その賭けに負けたら、その組織も富を、わたしたちが現在使っている意味での「富」を失ったことになります。賭けをする人の半分、または割合はどれくらいにせよ、それくらいの人びとは賭けに負けざるを得ないわけですから、その場合の「富」には実際にはなんら実体がないとしても、です。そして、雑ぱくな話、それらの富のあいだにはなんの違いもないかのように、銀行に対する緊急援助が粛々と行われるわけです。

もしくは、富のような言葉を救済しようとするのではなく、計画といった言葉を使おうとすることもできます。金融資本は、政府の計画に対して反対してきたという点で罪が重いようにわたしには思われます。結局、金融資本主義も一種の計画経済なのですから。それはひとりの人間によってなされた計画ではなく、あるあり方において有機体的なものなのですが、それはわたしたちが資本を配分する方法ではあるのです。そしてそれは自由なものではありません。アメリカ経済の金融部門は二〇〇八年に企業利益の三分の一以上を占めていました。給与の七パーセントを占めていました。

それに関連して指摘したいのは、そこにいわゆるヘルスケア産業——そのほとんどはもちろん、人びとの健康を守ることではなく産業のための健康管理に奉仕するのですが——が占めるかなり大きな割合を付け足し、これら二つの産業を過去四半世紀のアメリカの経済の実績から引いたら、合衆国はほとんどの先進国よりも深刻なほどに悪い実績を残したということになってしまうということです。ですから、先進的なゆたかな社会だというわたしたちの自己イメージの大部分は、まさにあなたが説明したような歪曲の上に成り立っているのです。

ここから、リスクについての論争が喚起されます。ある社会は、紙の上での富を生み出す以外に社会のためになにもしない人びとへの不公平な報酬という形で割り増し金を支払っています。それを擁護する論拠というのは、紙の上の富とは実体経済という車輪を回すための形式的な「潤滑油」だというものです。そして、巨額の紙の上での富を生み出す（もしくは失う）ことにつきまとうリスクを、人びとが進んで取る唯一の理由は、その報酬が莫大なものであることだと吹聴されます。もっと複雑な議論になる場合もありますが、それが基本的なかたちです。

さて、この議論をカジノの論理に翻訳してみましょう。結局、資本主義は金融という水準ではカジノにすぎないのですから。だれかがある結果に賭けをします。その人は、そうなると信じる十分な根拠をもっているから賭けるのかもしれませんし、そう信じたいから賭けるのかもしれませんし、信頼しているだれかがそれに賭けるのを見たから賭けるのかもしれません。その人は大きなリスクを背負っています。しかし理論上は、リスクが大きければ大きいほど、取り戻せるかもしれない報酬は大きくなるのです。

もしそこにだれかがやってきて、「君は破産させるには大きすぎる《トゥー・ビッグ・トゥー・フェイル》」とか「あなたの損失の何々パーセントはわたしたちが吸収すると約束しましょう。というのも、わたしたちカジノは、あなたに賭けをつづけていただきたいからです。ですから、あなたの損は減らされますので安心して賭けをつづけてください」とそのギャンブラーに言ったとしたらどうか、想像してみてください。リスクをめぐる議論は成立しなくなり、その結果、そのカジノは早晩倒産するでしょう。

資本主義市場に戻ってみましょう。現在の体制では、もっとも大きなギャンブラーの損失は十分に補塡されて、人びとは実際にリスクを取りつづけるけれども損失は出ないということになっています。それが意味するのは、そういったギャンブラーの取るリスクはどんどん正当化されなくなっていくということです。まちがった決断をする心配がないなら、まちがった決断をする確率は高まっていくのです。すくなくともこの意味では、わたしは超市場万能主義者と意見をともにします。資本主義の健全さは、政府の保証をあまりにも手厚く受けてしまえば、深刻な脅威にさらされることになるのです。工業生産の国家による所有は、だれも損失について憂慮することがなくなるゆえに非効率的だということを、わたしたちは経験から知っています。この命題は金融部門についてもすくなくともおなじくらいの力をもっているでしょう。

ギャンブルのたとえは、トップ、つまり金融資本家や国家という水準のみならず、底辺、つまり社会や企業や家族という水準にあてはめても興味深いものです。つまり、もうひとつ起こっていることというのは、アメリカ社会におけるリスクの観念がすこし変わってきているということです。

リスクというのは、わたしはおそらくロマン化しているのかもしれませんが、たとえば仕事を辞めてビジネスを始めるためにリスクを取るというようなものをかつては意味していました。または、小さな企業に投資するために、家に二つ目の抵当を設定することでリスクを負う、というような。それはギャンブルとおなじような意味は持っていませんでした。近年の住宅市場は一種のギャンブルに近づいて行きました。人びとはあまりにも簡単にものが手に入るので、基本的には賭けをするようになったのです。金融資本家と似た行動を始めて、必要がなく、身の丈に合っていない財を、だれかほかの人が近い将来買い取ってくれるだろうという投機的な希望をもって購入したのです。

このことは、ギャンブルそのものの合法化と軌を一にしています。（ところで、ギャンブルという言葉は保存の必要な言葉なのですが、というのもギャンブルを擁護するひとたちはそれを「ゲーム」と呼んで、無害で通常のものにしようとするからです。）そして同時に、この時勢はアメリカ人に数学を理解しないように要請しているようです。一定の量の、数字をめぐる魔術的な思考を求めているのです。このことは、もし何億ドルもの金額が賭けられていて、しかもその金額が自分のものではないとすれば、ある意味で危険なことです。しかしもし何万ドルと同時にあなたの生活が賭けられているとすれば、それはある意味ではより危険なのですが。

アメリカの中等教育において数学が遅れていることと、経済的な幻想とのあいだの相関関係というあなたの主張に同意できればと思うのですが。ですがそれが本当に証明しているのはつぎのことだと思います。すなわち、今日の人類の大多数は、たんに自分の利益を守る能力がないのだと。

面白いことに、これは一九世紀にはまったくあてはまらないことでした。人びとが自分たちに損害を出してしまうようなまちがいの種類というのは、かつてはより分かりやすいもので、したがってより簡単に避けることができたのです。いかさま薬のセールスマンや、見た目そのままのペテン師を分別をもって避けていれば、借金の規則が（宗教的な理由であれ）あまりにも厳格であったため、こんにちでは可能な放縦は、ふつうの人たちにはたんに手の届かないものだったのです。

そこからギャンブルについて考えてみます。借金とおなじように、ギャンブルは眉をひそめられ、ほとんどの場合は禁止されていました。ギャンブルは犯罪にむすびつくし、したがって回避すべき社会病理だと、正しくも広く想定されていました。もちろんそれは、長いキリスト教の伝統において、悪そのものだとも考えられてきました。お金がお金を産むというのは、まちがっているのです。

そのような視点に立ち戻ることに利点はあると思います。ギャンブルは罪だと考えるか否かにかかわらず、それは社会政策における後退だということはまず否定できないでしょう。ギャンブルというのは逆進的で、差別的で、間接的な課税のようなものですから。ギャンブルというのは、貧しい人たちが富を期待してお金を使うことを基本的には推奨しています。それに対して富者は、たとえおなじ金額を使うことを選んだとしても、痛くもかゆくもないでしょう。

その最悪の形態においては、ギャンブルは多くの国（イギリス、スペイン）で公式に推奨されていますし、公営くじという仮面のもとに、アメリカの多くの州でも推奨されています。一定の公共施設——学芸、スポーツ、交通に関する施設——の必要性を訴えるのではなく、わたしたちはそのような支出をくじの収入でまかなうことで、不人気な課税を避けているわけです。そういったギャンブルは偏ったかたちで、社会の情報をもたず貧しい集団によって行われ、支えられています。人生のうちで劇場やオペラハウス、またはバレエの劇場におそらく足を踏み入れたことのないイギリスの労働者たちがいまや、そのギャンブル好きの傾向から、少数のエリートの文化活動を助成しているわけです。そしてそのエリートの税負担はその分軽くなるわけです。しかし、現在生きている人たちの記憶の中でも、その正反対のことが起きていたのです。つまり、一九四〇年代と五〇年代の社会民主主義の時代には、あらゆる人たちが図書館や美術館を利用できるようになるために課税されたのは富裕層と中流階級だったのですから。

これはあらゆる意味での退行というべきで、税金を上げることを恐れ、かといってサーヴィスを削減することはいやがって、自分たちに投票してくれるひとたちの最善の判断力ではなく、もっとも低い本能を利用しようとする、無能な政府によって押し進められたものです。ギャンブルを完全に禁止するのは軽率で効果の薄いものだということはよく分かっています。アルコールやドラッグについての過去の経験から、そのような一律の禁止は逆効果を生み出すかもしれないと知っています。しかし人間の不完全さを認めることと、社会政策の代替物としてその不完全さを利用することとのあいだには大きな隔たりがあるのです。

現代生活はそれほどに複雑なものなのでしょうか？　ほとんどのアメリカ人がしていることとは、

自分たち自身をクレジットカードの借金にまみれさせることです。それは、もしあなたが利子の累積がどういうことなのか分かっていれば、つまりもっとも初歩的な計算ができるか、または九九の表をちゃんと理解するだけでも、避けることができるはずです。労働者階級一般をもっともよく守ってくれるものは、計算なのです。ですからそれゆえに、このように考えてみれば、社会政策は、人びとが自分の生活に関係のある計算ができるということを確実にすることを含んでいるべきなのです。

まあ、たしかにそのとおりだと思います。また、より広い枠組みでは、社会政策はできるだけ教養のある有権者を生み出すことを本分とすべきだとも思います。というのもまさに、こんにちの一般市民は、かつてなく濫用の危険にさらされているのと同時に、自分たちを濫用する「権威」をかつてなく備えているからです。

しかし、教養ある一般市民というのも、民意の濫用を行う政治経済に対する十分な防護とはいえません。そこには、市民と経済にくわえて三つ目の行為者が必要で、それは政府なのです。そして政府は正当に選ばれたものでなければなりません。つまり、人びとが自分たちの支配者を選んだ際の根拠にその政府が沿うようなものであり、政府の行動がその言動と一致しているという意味で。

いったんそのような正当な政府ができれば、その政府が人びとにつぎのように言うことは適切であるのみならず、じっさい可能になると思われます。すなわち、計算をしてみれば、あなたたちがだまされていることに気づくはずだ、と。でもたとえ計算ができなくても、あなたたちはだまされていると我々は伝えるつもりだ、と。そして我々は一定の種類の金融的な取引を、ニューヨーク市の五番街で北向きに走行するのを禁止するのとおなじように禁止するだろう。それはあなたたち自身の利益のためであり、共通善のためでもあるのだ、と。

ここでわたしたちは、社会民主主義の可能性に疑問を呈する議論に逢着するのですが、その議論には二種類があります。ひとつは、言ってみれば、構造的なもの、もうひとつは偶発的なものです。構造的な議論は、この正当性の感覚を生じさせるのは難しく、アメリカ合衆国のような大きく多様な国においては不可能でさえある、というものです。さまざまな世代、職業、能力や資源の持ち主を横断した集団的な信頼関係は、巨大で複雑な社会においては簡単に達成できないというわけです。であるから、もっとも成功した社会民主主義国はノルウェー、スウェーデン、デンマーク、オーストリア、そしてそれに劣るとしてもオランダ、ニュージーランドなど、小さくて均質的な社会であるというのは偶然ではないということです。

社会民主主義の可能性に異を唱える、偶発性をめぐる議論によれば、社会民主主義は歴史的には可能であったが、わたしたちがもはや再現できない状況下でのみ可能だったということになります。大恐慌の記憶、ファシズムの経験、共産主義の脅威と戦後の好景気という組みあわせが、フランス、西ドイツ、イギリス、またはカナダのような、社会的にではなくとも物理的にかなり大きな社会においてさえも社会民主主義を可能にしたのです。わたしはこの反論を完全に認めるわけではありません。話はより複雑で、社会民主主義への動機はもっと持続性のあるものだと思うのです。ですが、そういった議論には一理あると思います。

それにしても、アメリカ人が歴史的な議論を受けいれる場合とそうでない場合は、非常にえり好み

がうるさいという印象です。わたしたちは社会民主主義を実践すべきではなかったという歴史的な議論はまったく真剣に受け止められますが、社会民主主義がかなりよいものを生み出したという歴史的な議論は真剣に受け止められません。

また、高名なアメリカの評論家たちが、わたしたちはヨーロッパを超克したと主張するにもかかわらず、最近のアメリカの知的な活動はヨーロッパをめぐる関心事に支配されていることにも驚いています。つまりわたしが言いたいのは、ここ合衆国での社会政策をめぐるほとんどあらゆる論評が、ヨーロッパとの比較を背景にして論じているということです。わたしたちはヨーロッパに対抗していかにやっていくべきか、と。ここでの含意というのはまちがいようもありません。すくなくともある側面においては、わたしたちはヨーロッパの影に入ってしまったのではないかと恐れているのです。

ほとんどだれも、つぎのように言う人はいないように思われます。我々はアメリカ合衆国である。それゆえに我々は、借りた言葉で言えば、〈偉大な社会〉〔リンドン・ジョンソンが一九六四年から六五年に行った政策名〕とならなければならぬ。もういちどニューディール政策が必要だ。ヨーロッパの社会民主主義がよいからとか悪いからとかではなく、アメリカ人は独自のすばらしい社会民主主義を作り出せるからだ、と。

一九三〇年代から一九六〇年代にかけて、アメリカの社会・政治的な議論は反対方向に向かっていました。基本の想定は、もしアメリカがそれ自身をよい社会にすることができるなら、そうしたいと望むべきであるということでした。ジョンソン流の社会的な投資の反対者や批判者でさえも、ほとんど、いわば局地化された自己利益という根拠でそれに反対していたのです。その政策が黒人をあまりに利するものであるなら、南部では求められない。あまりにも極端な再分配的な政策であれば、それによって求人のやり方を考え直さなければならないような組織に支持されないなど。

ですが、抜本的な社会改革は、こんにちとはちがって、先験的なハイエク的根拠で反対されたわけではありません。そして一貫性もなくそのような反対をした人たちは、たとえばバリー・ゴールドウォーター[*21]のように、重い政治的な代価を支払ったのです。そのような保守派のアプローチが「レーガン主義」へと統合されて主流の顔をするようになるまでに、二〇年間がかかりました。ここでも、よくあるように、わたしたちはアメリカのかなり近い過去についてアメリカ人が容易に忘れてしまう様子に遭遇します。

それは右翼のせいであるのと同程度に左翼のせいでもあると思います。集団的な社会的目標というジョンソン的なレトリックは、ヴィクトリア朝およびエドワード朝的なリベラル改革のアメリカ版に起源をもつものですが、それはニューレフトとは折り合いの悪いものでした。ニューレフトは社会のばらばらの部分が自己主張する利害に、圧倒的にひきつけられていたのです。わたしはマクガヴァン時代[*22]の民主党に向けられた、同時代の批判に同意したいと思います。それが、考えうるあらゆるハイフン付きのグループの利害を優先していこうとしたとされているからではなく（それらの多くは実際に優先される喫緊の必要があったのですから）、それを行うに際して、民主党はそれ自身のレトリックの伝統を手放して、集団的な社会について語る方法を忘れてしまったからです。

一九九〇年代のクリントンによる福祉改革は、一八九〇年代から一九七〇年代にかけての、英米およびヨーロッパの左派リベラルの、国家を中心におく改革の伝統の全体に逆らったものでした。そこで行われたのは、初期産業社会における分割された市民の概念を再導入することでした。つまり働く市民と、働かない低級な市民との分割です。雇用はかくして、公共の事柄への十全な参加の基準として、社会政策のうちに回帰します。そしてそれは、一九一〇年代から一九六〇年代までの、三世代の社会・経済改革者たちが必死で回避しようとしてきたことでした。クリントンはまさにそれを再導入したのです。

ハイフンつきの〔アイデンティティの〕政治は、階級の分断を強調するものだと、わたしは思います。このアメリカで実現してきたフェミニズムは、大金をかせぐ女性の弁護士の役に立つでしょうし、女性の教授や女性の学生に、ある心理学的な水準においては役に立つでしょうが、合衆国のフェミニズムは産休や育休を最優先事項としないために——それらはほとんどの女性にとっては、フェミニズムの当然の優先事項だとわたしは思うのですが——子育てをしている女性や、とりわけシングル・マザーを排除してしまうのです。それと似たように、これはわたしは歓迎していることなのですが、人種宥和の政治は黒人やヒスパニック系のブルジョワジーを教育機関、そして政府などへと引き入れました。しかしそれは同時に、人種の問題を階級の問題からきりはなし、それは多くのアフリカ系アメリカ人にとってはゆゆしき事態だったのです。

アメリカの社会思想は経済によって決定された社会の分割の問題を完全に回避します。というのは、アメリカ人はほかの種類の利用可能な分割に焦点を当てるほうが、より気楽で政治的に論争を引きおこさないものだと考えるからです。

ですが子育てについてのあなたの例はいいものでしたから、それにちょっと注目してみましょう。保育や、より一般的に、母親に平等な機会を与えることを意図した社会サーヴィスが、場当たり的に、企業ごとに提供されることは非常に困難です。従業員にそのような資源を提供するどのような雇用者も、それを提供しない人たちと比較したときに自分が経済的な不利をこうむっているのではないかと思うでしょう。それを提供しない人は、そのサーヴィスを提供するコストを負わないゆえに、より多くのお金をかせげるか、もしくは手元に現金がより多くなるゆえに、女性の労働者により多くの給与を支払い、可能なら個人で必要な保育先を探すことを可能にし、それも給与が低く、社会サーヴィスを提供する競争者から女性労働者たちをひきつけて奪ってしまうでしょう。

現在ヨーロッパのほとんどの国では、政府が税金から拠出した普遍的な保育を提供し、この問題を解決しています。その制度は課税を通じてあらゆる人に追加の負担を生み出しますが、ある階級の受益者たちには、経済的なコストなしに具体的なサーヴィスを提供します。

わたしたちがよく知っているように、一部の人に利益を与えるためにあらゆる人に課税をするというまさにその考え方に、深い怒りを覚える人たちがつねにいます。しかしそれは、近代国家のまさに核心にある理念なのです。わたしたちは、一部に教育を提供するためにあらゆる人に課税をしています。一部に年金を支払うためにあらゆる人に課税をします。ある一定の場合に、一部の人しかそこから利益を得ることがないような警官や消防士のためにあらゆる人に課税をしています。あらゆる人が同時に使うことはない道路を造るために課税します。ある遠く離れた地域の人びとに利益を与えるように思える、その地域につながる鉄道サーヴィスをわたしたちは持っていますが（もしくは持っていましたが）、それはすべての遠く離れた地域を社会へとつなぎ、そして社会の全体をあらゆる人にとってよい場所へと変えたのです。

さて、一部に利益を与えるためにすべての人に課税をするという考え方――もしくは、すべての人に利益を与えるために一部に課税をするという考え方――は、アメリカの社会政策立案者の関心の中心には入ってきません。その結果は、もっとも善意の改革者においてさえ見られる、混乱した論理にあきらかです。たとえば、女性が利益を得るであろう保育やほかの施設などについてのフェミニストの主張を考えてみましょう。この実践のより広い目的は、すべての人に利益を与えるように課税制度や社会サーヴィスを修正することであると考えるのではありません。主流のフェミニストの立場は、排他的に女性のみに利益を与えるよう設計された法制をめざすことです。

一九七〇年代には、ハイフンつきの政治にかかわる急進派が、自分たちの利益を追求することは、集団全体の利益に影響することなく可能であると想定したのはまちがいでした。彼らは皮肉にも、そして無意識に、彼らの政治的敵対者の要求をオウム返しにしてしまっていたのです。彼らは政治を個人化し、自己利益を個人化してしまったのです。

わたしはかなり古くさい人間なので、アメリカの左翼の多くは客観的には反動だと思いますね。

古くさい主張をしたいのなら、このように言えばいいでしょう。これだけ多くのフェミニストが上流中産階級、つまり、彼女たちがこうむる不利が、まさに女性であるということ、つまり多くの場合は周辺的なハンディキャップでしかないことからのみ生じるような階級から出てきているという事実が、女性であることが自分たちの苦難の最大の要素ではけっしてないような、より広い階級の人びとが存在することを理解することができないのはなぜかを説明している、と。

フェミニズムは、女性弁護士や女性企業家を輩出し、さまざまなガラスの天井を破ったという点では成功しました。その水準では、驚くべき成功をおさめました。しかし、底辺にはより多くの女性が、家族を抱えて男性はおらず、または経済的・社会的に役立たずの男と一緒に暮らしています。彼女らはガラスの床を踏みぬいて落ちてしまい、破片と血にまみれて呆然としているのです。彼女たちの生活は、労働時間は長く、保育やヘルスケアは乏しいかまったく存在しないのですが、それはアメリカ人のなんでも可能だという感覚を体現するとともに、こういった種類の個人化＝私有化《プライヴァタイゼーション》の悲劇を白日のもとにさらしているのです。わたしは、わたしたちアメリカ人の楽観主義が、助けを必要とする人に助けの手をさしのべない口実として働いているのではないかと首をかしげざるを得ません。

個人化＝私有化に触れられたのは非常に重要だったと思います。「プライヴァタイゼーション」とはなんでしょうか？　それは国家から、人びとの生活に不足している部分を改善する能力や責任を取りのぞきます。それはまた、おなじ市民の良心からおなじような責任を取りのぞき、その人たちはもはや共通のジレンマをともに背負っているという感覚を感じずにすむようになります。のこされたのは、苦しんでいる個人に対する、個人的な罪悪感から生じる慈善的な衝動だけということになります。

この慈善への衝動は、ゆたかな社会における、不平等に分散された資源の欠点に対する応答としては、どこまでも不十分なものであると信じる十分な理由があります。ですから、たとえプライヴァタイゼーションがそれが主張するような経済的な成功をもたらしたとしても（そして断じてそんなことはないのですが）、それは現在も、道徳的には壊滅的な帰結をもたらしつづけているのです。

この文脈で、ベヴァリッジによる、戦争国家《ウォーフェア・ステート》と福祉国家《ウェルフェア・ステート》との区別を引き合いに出してみたいと思います。というのも、合衆国における福祉国家または社会的民主主義を困難にしてきたのは、そう、過去四〇年間の戦争だったように思えるからです。ジョンソンの事例があきらかな例でしょう。〈偉大な社会〉を建設しつつ、同時にヴェトナム戦争の戦費を払うことは難しかったのです。ですがもっと最近の、ヴェトナム戦争以後においては、全志願制軍が発展すると、興味深いことが起きました。

軍そのものが、一種の効率的な福祉組織となったのです。つまり、軍は、それがなければそのような機会がなかったであろう人たちに、教育と階級上昇を提供したのです。それはまた、かなりうまく機能する国営の病院も提供します。もしくはすくなくとも、イラク戦争の最中にブッシュ政権が資金を削減して、わたしが今しているような議論ができないような状態になるまでは、かなりうまく機能していました。

ともかくも、平時においては、軍は階級上昇を可能にする国家の政策のよい例なのです。しかし実際に戦争を遂行しており、周縁にいる人たち、または時には国民でさえない人たちを、殺し合いへと送りこむ際には、そうでもなくなるのです。その瞬間に、戦争は企業福祉制度となります。イラク戦争は大変な金額の税金を、かなりの少数の企業の受益者へと再分配したのです。

ほかの点とおなじようにこの点においても、合衆国は西洋の経験全体とずれています。西洋の先進国においては、初期近代と近現代の戦争国家は、永続的な福祉国家へと変身していきました。平時には考えられないような規模の政府の支出が、戦時には不可避なものとなります。まずは第一次世界大戦で、それから一九三九年以降に決定的に。戦時において可能だと学んだものを、その後政府は平和的な目的のために再生産することを強いられていきます。おどろくべきことに、イデオロギー的な対立関係に関係なく、諸政府はこれがきわだって効率的な目標達成の方法だと気づいたのです。

おっしゃる通り、アメリカはちょっと違います。一九五〇年代までその起源がさかのぼられる、永続的な「小さな戦争」の連続のあいだに、合衆国政府はそれ自身がおおっぴらに認めたがらないほどの金額を、紛争を戦うために借りました。これらの戦争のコストは、インフレというかたちではあれ、ほかのすべての公的支出、つまりとりわけ福祉と社会サーヴィスに対する負荷または制限というかたちではあれ、未来の世代によって背負われました。福祉国家が、保守派のアメリカ人にとって、福祉政策の勃興を抑えこむための許容できる方法であったとすれば、それはこの国では戦争がいまだ破局としては経験されていないからです。たしかにヴェトナム戦争は社会的なコストを要しました。政治的な階級そのものが分断され、消えることのない世代間の亀裂が生じ、国内の問題のために外交政策は一時妨害されました。しかしわたしの知る限りだれも、それが政府の前提条件やその社会における役割を考え直すことをうながしてしかるべきだった、たとえば第二次世界大戦がイギリスに政治的革命をもたらしたように、とは議論しませんでした。

これをどうやって変化させうるのかは、なかなか分かりません。イラク戦争のようなばかげた戦争のさなかにあっても、アメリカ人の大多数は、曖昧な、もしくははっきりと不正な軍事的目的のための巨大な政府支出を支持し、そのいっぽうで自分たちは全面的に税金を下げることを、おそらく軍事の支出に充てられることを意図された税金もふくめて下げることを信奉しているのだ、と主張しました。アメリカ人は彼らの人生と生活における政府の役割を強めることにはなんの関心も示さず、そのいっぽうで政府が国民の生活に介入するもっとも重大な方法、つまり戦争でまさにその役割を強めることは熱烈に支持したのです。このことは、政治的に乗り越えるのがかなりむずかしい、アメリカ人の集団的認知不協和をあきらかにしています。合衆国がほかの西洋社会のよりよい例に従うことができない文化的な理由があるとすれば、それこそがそうです。

あなたはアメリカ社会のメンバーによって表明された意見について中立の立場で語っておられ、それは安全な選択だと思いますが、政府の行動の正当性についての彼らの意見は、アメリカのナショナリズムから生じているものです。

二つの種類のナショナリズムがあります。ひとつのナショナリズムはつぎのように言うでしょう。あなたとわたしは二人とも郵便サーヴィスに慣れ親しんでおり、またわたしたちの年金制度にも慣れ親しんでいます。それはオフィスに向かう地下鉄の中で話題にできるような種類のことで、そのオフィスではわたしたちはどちらも七時以降は、法律で定められているゆえに働くことはないのです。

それからつぎのように言うナショナリズムもあります。わたしは金持ちだけれどもほとんど税金を払っておらず、君は労働者階級であるけれども税金を払っている。わたしは運転手つきだが君はバスで通勤しており、わたしたちのあいだには共通の話題はほとんどない。そしていずれにせよわたしたちが会うことはない。しかしなにかとても悪い事態が起きたときは、君がわたしの利益を守る必要がなぜあるのか、なぜ君の子供が、わたしの子供ではないにもかかわらず、殺し合いに参加せねばならないかを説明してくれる、愛国主義的な論拠を見つけてあげよう、と。

そうですね、それらの国民的同一化の二つのかたちを両方検討してみましょう。後者のかたちについておどろかされるのは、それがうまく機能するかどうかの理由は、政治的ではなく文化的なものであるということです。アメリカ人であるとはどういうことか、アメリカ人になったらなにが正当な権利として期待できるかなどには、アメリカの文化的な想定というものがあり、それは単純な話、オランダ人であるとはどういうことかとはまったく異質なのです。そしてそれは、たとえ現実にそうであるようにその二つの国が法律、制度、経済などの点でおどろくほど似ているとしてもそうなのです。

ヨーロッパとアメリカとのあいだの文化的差異、そしてアメリカの富者と貧者を団結させるアメリカのナショナリズムの魔法は、アメリカン・ドリームです。大陸ヨーロッパ人は一般的に、ほかの人たちと比べて、収入という観点から自分がどこにランクづけられるか、正確に言うことができ、退職までにどうなるかという期待もほどほどのものです。合衆国では、はるかに多くの人たちが自分たちがトップにいると、現実に逆らって考えますし、そうではない別の多数のグループは退職するまでにトップになるだろうと信じています。そのためアメリカ人は、とても金持ちで特権を持った人を見て、そこに不公正を見いだす傾向が低いのです。彼らはたんに、自分たちの楽観的な将来像を見つめているのです。

アメリカ人はこのように考えます。制度を多かれ少なかれ現在あるままに変えないでおこう。自分が金持ちになったときに、高い税金に苦しみたくないから。この思考を文化的参照枠にすると、公的支出に対する態度について多くのことが説明できます。すなわち、原理上はみんなで共有された利得に関してほかの人たちと平等に課税されていると感じるなら、時々しか使わない鉄道のために課税されることをわたしは気にはしないでしょう。もし、自分が鉄道という公共機関を使うことがないような種類の人間にいつの日かなるのだ、という期待を抱いていたら、課税されるのはいやがるかもしれません。

ですが、福祉国家の建設についてすばらしかった点は、主要な受益者が中流階級だったということです（専門職で専門知識をもったエリートも含む、ヨーロッパ的な意味での中流階級です）。無料の学校や無料の医療が利用できたために、収入を突然に自由に使うことができるようになったのは中流階級でした。保険、年金などの公的な受給のおかげで、真の私的な安寧を得たのは中流階級でした。福祉国家はそのような意味での中流階級を生み出し、そして中流階級は福祉国家を擁護するのです。マーガレット・サッチャーでさえも、彼女が医療サーヴィスの民営化について口にしはじめた際にこのことを痛感させられました。彼女の支持層である中流階級の有権者は、どの階層にも増してその民営化に反対していることに気づいたのです。

決定的に重要な部分は、そもそも中流階級をつくりだすことだと思います。中流階級がいなかった

ら、金持ちになりたいから税金を払いたくない人たちと、すでに金持ちだからなんのために税金を払うのか分からない人たちがいるだけになってしまいます。中流階級とは、巨大な富がなくとも、年金、教育、そして医療について心配のないグループだとわたしは見ています。その、非常に穏健な基準にしたがえば、アメリカには中流階級がいないということになります。

戦争がわたしたちの生活に政府による統治をもたらすというあなたの論点には、より強力な定式が存在するのではないかと思います。アメリカ政府は国内とはちがって海外では介入主義なので、戦争は一定の倒錯した状況を生み出します。戦争をすることを主張しつつ、同時に戦費をまかなうための増税を拒むことは、単純な話、中国政府をわたしたちの生活に招き入れる遠回りな方法なのです。自分たちの起こした戦争の戦費を支払いたくないのなら、それが意味するのは中国に借金をするということであり、それがともなうのは将来の国力と自由に対するリスクです。イラク戦争が起きたときに、これを言う人がほとんどいなかったことには、おどろかされました。

そこにはさらに深い真実が隠されているかもしれません。わたしたちが一種の中国式資本主義をアメリカの生活に招き入れている危険があるのです。これが本当だというのは、かなり単純な意味であきらかです。つまり、中国は政府に借款をし経済を潤わせて、アメリカ人の財布にドルを流し込んで中国製品を買えるようにするという。

ですがべつの側面もあります。今日の中国政府は、戦略的な水準を除いては経済活動から手を引きつつあります。その根拠は、ある種の経済活動を最大化することは、あきらかに中国にとっては短期的な利益をもたらすいっぽうで、競争相手を排除する以外の目的での規制は、だれの利益にもならない、というものです。同時に、中国政府は権威主義的な政府です。ひどく口やかましく抑圧的です。中国は自由のない資本主義社会です。合衆国は自由のない資本主義社会ではありませんが、アメリカ人が、自分たちがなにを許容しなにを許容しないかという考え方は、中国とおなじような方向に向かっています。

アメリカ人は、彼らを「テロリズム」から守ったり、脅威を遠ざけておくためであれば政府がかなりの介入的な行為を行うことを許容します。近年では（近年だけではなく、一九五〇年代や一九二〇年代、または一七九〇年代の外国人・治安諸法でもそうだったのですが）、アメリカ国民は、政府が憲法を濫用したり権利を抑圧したりすることには、それが自分たち自身に直接の影響がないかぎりは、おそろしいほどの無関心を示しています。

しかし同時に、そのおなじアメリカ人が、政府が経済や彼ら自身の生活においてなんらかの役割をはたすことには腹の底から反対するのです。もちろん、すでに話したように、国家は自分たちの、もしくはだれかほかの国民の利益になるようにさまざまな方法で経済への介入をすでに行っているのですが。言いかえると、アメリカ人はその行動原理において、ヨーロッパ型の市場における社会民主主義の理念よりも、中国型の資本主義の理念を好む傾向にすくなくともあるということです。これは言い過ぎでしょうか？

ええ、それはひとつの悪夢的なシナリオには一致します。そのシナリオは、政治的な用語法よりも経済的な用語法を使うことでより現実らしく見えます。あなたも指摘されましたが、疑問をさしはさまれないできた用語のひとつは、「グローバルな市場の諸力」という観念です。「グローバルな市場の諸力」はだんだん中国が行うことを意味するようになってきているようなのです。またはさらに悪い場合には、中国がわたしたちに行わせたがっていること、です。

それは、わたしたちを二〇世紀半ばの社会民主主義の時代を通り越して、一九世紀の、市場をめぐる左派と右派との合意の時代に連れ戻します。そこでの考え方というのは、分析をつきつめていくと、市場は、市場の思うままにさせておくべきだというものです。その根拠は、その方が長い目で見て最善の働きをするからであるか、そうでなければ市場がいずれよりよいもので置き換えられることになるのならば、それ自身を徹底的に駆り立てるにまかせなければならないからでした。しかしそのような二項対立は、それが何十年も昔に「資本主義対共産主義」の論争を支配していた時代と同様に、現在においても虚偽の対立なのです。

グローバルな市場の諸力をすべか無かの見方で見ることの欠点は、そのような見方では個々の国家が、それぞれが選んだ社会政策を行うことが不可能になってしまうということです。もちろん、一部の人にとってはそれは望ましく、さらには意図した結果でもあります。わたしたちはそのような想定にあまりにも慣れっこになっていて、社会民主主義――もしくはたんなる規制そのもの――に反対する際の第一の論拠は、グローバルな競争と市場をめぐる戦いが、それを不可能にしているというものになるのです。

この論理に従っていくと、無作為に例をとるなら、もしベルギーが、その労働者たちがルーマニアやスリランカの労働者よりもよい条件を与えられるような経済的・社会的規範を整備しようと決定したとすると、それが意味するのは、ベルギーはルーマニアやスリランカに雇用を奪われるだろうということになります。ですから好もうと好むまいと、あのとんでもないトマス・フリードマンがかつて言ったように、ヨーロッパの社会主義はアジアの資本主義に負けるだろうということになります。この展望は、真の決定論者であるフリードマンが喜々として述べたものですが、もし実現したならば、すべての関係者にとってこのうえなく不快なものとなるでしょう。ですが、その仮説が正しいかどうかはわたしにはあやしく思えます。それは確実に、最近の経験には一致しません。一九八九年以降に起こったことを考えてみてください。当時は、西欧の社会民主主義は東欧の自由市場資本主義の手によって絶滅させられるだろうという議論がなされました。どのような分野であれ、チェコ共和国やハンガリーやポーランドの熟練労働者が、西欧の労働者が享受している高賃金やそのほかの手当を切り下げてしまうだろう、雇用はすべて東方へと吸い取られてしまうだろう、と。

じっさいには、そのようなプロセスが進んだのはせいぜい一〇年間でした。一〇年たつと、ハンガリーやチェコ共和国のそのおなじ雇用が、ウクライナやモルドヴァなどの安価な競争相手の脅威にさらされたのです。その理由は、自由市場の信奉者たち自身の目にあきらかだったはずです。開かれた国際的な経済において、団体交渉の自由と移動の自由という条件のもとでは、もっとも安価な生産者でさえも結局は西洋のほかの、より高価な競争者とおなじくらいのコストを支払うことになってしまうのです。

これらの国々のほとんどが現在直面している選択肢は、賃金、労働時間、労働条件などについての合意にもとづく規制か、そうでなければ事実上の保護経済を受けいれることのどちらかです。そうでなければありうる代替案は、血を血で洗うような競争と平価切り下げの、自分がよければそれでよいというような政策になるでしょう。

たとえスリランカに雇用を奪われたからベルギーが没落したとしても、ベルギー政府はスリランカ並みにまで賃金水準を下げるしかないとか、現在持っているすばらしい手当類は、スリランカに対する競争力を下げているからなくさなければならない、と単純に言うことはできません。どうしてでしょうか？　なぜなら、政治は経済にまさるからです。グローバリゼーションの「必要性」にあまりにも従順な政府は、つぎの選挙で、それを拒絶する政党に負けて政権を失ってしまうでしょう。そのように、先進国で、自己利益を追求する政治を行えば、それはグローバルな市場がもつと想定される経済のロジックに、いちいち逆らうことになるのです。

そしてそれとおなじくらいにおどろくべきことですが、政治は経済へと侵入していくのです。イギリスを除く西欧のほとんどの地域での生活水準は、一九八九年以来ひたすらに上昇しており、それもかなりの程度に及びます。そしてもちろん、東欧の生活水準も改善しています。

「グローバルな資本の力」を根拠とする議論に対しては、べつの種類の応答が可能です。つまり、労働者階級や貧者に対する政治的な譲歩に見えるものの一部は、じっさいは純粋に財政の、または経済的な観点から正当化できるのです。そのひとつは公的な医療です。（わたしたちの知る限りでは）医療に責任をもつ政府は、民営セクターよりも、コストを下げることが得意です。政府は四半期の利潤ではなく長期的な予算を念頭におくために、コストを下げるための最善の方法は国民を健康に保っておくことだと考えるのです。というわけで、公的な医療が存在する場合には、予防にかなりの注力がされることになります。

オクスフォード大学の経済学者であるアヴナー・オファーは、それがほかの多くの領域にもあてはまることを示した、とても興味深い本を最近書きました。[*23] つまりじっさいに、うまく規制されて安定した資本主義の自己利益は、それ自身の成功の結果を制限することにあるのです。国民皆保険があるがゆえにこそ、私企業は効率的に稼働することができる。企業は、首にするにしても、人びとからそれなりの水準の医療を奪うことがないのです。医療を受けられない失業者というのは、いかなる社会も許容できないものなのです。

極端に機能不全の収入体系や資源分配の形式をもっている社会の経済は、社会的な不安定によって最終的には脅かされると、何度も何度も示され、証明されてきました。ですから、それ自身の機能不全のロジックをあまりつきつめないことは、経済にとってよく、労働者にとってよいというだけではなく、資本主義という名の抽象にとってもよいことなのです。このことはアメリカでは長いこと受けいれられていました。一九七〇年代のこの国における富者と貧者とのあいだのへだたりは、西欧のよりゆたかな国に慣れた人にとって、それほど極端に常軌を逸したものではありませんでした。

こんにちではそうです。アメリカ合衆国には、富める少数と、貧窮した、もしくは不安定な多数とのあいだの、機会とその不在とのあいだの、有利な立場と剝奪された立場とのあいだの、どんどん広がる溝が存在するのです。この溝はもちろん、有史以来、後進的な、もしくは貧窮化した社会の特徴だったことです。わたしが今合衆国について述べたことは、たとえばブラジル、もしくはナイジェリア（または、より的を射た例としては、中国）についての正確な説明でもあるでしょう。しかし、これはブダペスト以西のヨーロッパ社会についてはまったく当てはまらない説明でしょう。

現代のアメリカにおける道徳的な言説について奇妙なことは、それがまちがった地点から出発しているということです。わたしたちは、自分たちが国民として何を求めるのか、社会的な利益とは何

かを問い、しかるのちに国家と市場のどちらがそれを生産する、または生み出すのに適役かを考えるべきです。そうではなく、もし政府がなにかをするのに秀でている場合、そのなにかは政府とのつながりがあるゆえに汚染されているのだ、という議論が優勢となるのです。しかしわたしたちが誠実に、その物自体から出発したらどうなるでしょうか？　たとえば健康です。健康になりたくない人間がいるでしょうか？

お金は財を計測可能にしてくれるものです。しかしそれは、その金や財のそれぞれが、社会の目的をめぐる倫理的、または規範を確立させるための議論においてどのような位置にあるのかを曖昧にしてしまいます。（シェイクスピアをもじるなら）「すべての経済学者を殺す」のはわたしたちのみなにとって利益があるのではないかと思います〔『ヘンリー六世』の「すべての弁護士を殺そう」という台詞〕。経済学者のほとんどは、社会的または科学的知を増加させることはしておらず、それどころかこの専門職のかなりの大部分は、いかにして社会的に考えるのかという問題をめぐって市民同胞を混乱させることに積極的に荷担しているのです。その例外は有名な人たちでしょうから、その人たちはおそらく放免できるでしょう。

ですが、社会的利益についてのあなたの論点は興味深いものです。二種類の問題があります。第一のものはもちろん、単純に、社会的な利益を構成するのは何かを決定する問題です。ですがいったん社会的利益とは何かが決められたら、それとは違った問題が生じますが、それはその利益がどうやって届けられるのが最善かというものです。健康はあらゆる人たちがもつべきものであるが、それは利潤を基本とする市場において私的に提供されるのが最善だ、と決定することは、原則上は完全に理にかなっています。わたしはそれを毛ほども信じませんが、それでもそれは論理的には一貫しており、証明を必要としているのです。

しかし、なにかを供給するもっとも模範的な方法はは何でしょう？　そのなにかは社会的な利益なのだということを明確にしつつ供給する方法は？　民営化以降、イギリスの鉄道の均一だった色は、さまざまなロゴや広告の万華鏡へと変わりました。それは、鉄道は公共サーヴィスではないということを明白にしてみせたのです。それで、列車がすべて時間どおりに運行されるか否か、私営であろうが公営であろうが、おなじくらいに効率的に安全に運行されるか否かは、わたしたちが共有し、その利益をわたしたちが分けあうような集団的なサーヴィスの感覚を失ってしまったという事実を減ずるものではありません。それは、社会的利益の提供をいかにすべきかと問う際に、考慮に入れなければならないことです。

実践上の問題のひとつは、国家が一定の公共的利益を提供できると証明することだと思います。そして、多くのアメリカの政策は、そこにかかわるものだと思います。共和党員たちは、国家はそれを提供することはできないと論じます。そして彼らは、そういった利益を提供しないか、もしくは、イラク戦争時の退役軍人病院のように、存在するのにそれをそこなってしまうことによって、それを証明します。アムトラック〔全米鉄道旅客公社〕がもうひとつの例です。公共交通機関は機能不全であるし、つねにそうであるはずだということを証明するために、いつもよろめきながら進んでいるゾンビのような鉄道網ですね。

国家がなにかを供給する必要があるということを人びとに納得させるには、危機が必要なのだと思います。その供給がないがゆえにもたらされる危機ですね。総体としての人びとは、自分たちが時々しか必要としないサーヴィスがつねに利用可能な状態にされるべきだということは、けっして信じないでしょう。それがそういった人びと自身にとって利用できず、不都合を引き起こすときにのみ、普遍的な供給の必要性を訴えることができるのです。

社会民主主義国は、今日の世界のもっとも裕福な社会の一員になっていますが、そのうちの一国たりとも、主導権を国家にゆずりわたした代償として支払うことになるだろうとハイエクが考えた、ドイツ式の権威主義への回帰に似たなにかへと向かって進んだ国はありません。ですから、よい社会を建設することにとり組む国家に反対する議論のうち強力な二種類の議論——つまり、それは経済的に機能しない、というのと、それは専制政治につながるという議論——は、単純にまちがいだと、わたしたちには分かっているのです。

議論の上では、じっさいに権威主義の手に落ちた社会はしばしば、国家の主導権にかなり依存した社会だったことは認めたいと思います。ですから、わたしたちは単純にハイエクの主張を退けることはできない。そしておなじように、わたしたちは経済的なものの制約の現実を認めなければならない。社会民主主義国が、みずからのすべてをユートピアへと変容させることができないのは、ほかのあらゆる政治体制とおなじです。ですが、それは社会民主主義を退ける根拠にはなりません。それはたんに、市場経済の未来についての理性的な議論の中に可能性として含まれていなければならない、ということを確証させるだけなのです。

生命、自由、幸福の追求。西欧の福祉国家に暮らす人びとは、わたしたちよりも高い幸福度を享受しているとされますし、たしかに彼らは現時点ではより健康で平均余命も長いです。ホッブズ以前の状況、つまり孤立して、貧しく、危険で、野蛮で短い人生を送るような状況にその構成員を先祖返りさせたいと願う社会が存在するなど信じるのは難しい。

アメリカでの社会民主主義に反対する論点で、本当に力をもっている議論は、自由をめぐるものであるはずです。しかしそれにしても、一定の公共の利益が存在しないがゆえに、アメリカ社会は自由ではないということもできます。しかもそういった利益の一部は、論争の余地なく供給可能なものなのです。たとえば都市の公園のように。疲れたときに座っていられる安全な場所がないとなると、そういう場所がある人とくらべれば自由とはいえないでしょう。

ヨーロッパ人がもっていて、アメリカ人には長いこと欠けてきたのは、安全ですね。経済的な安全、物理的・身体的な安全、文化的な安全です。こんにちのしだいに開かれていく世界では、政府も個人も自分たちが競争や脅威に対して安全であるとは保証できないわけですが、そこでは安全は急速に、それ自体立派な社会的利益となりつつあります。どうやってその安全を供給するのか、そしてそれをする際にわたしたちの自由にいかなる代償を求めるのかという問題は、新世紀の中心的な問題となろうとしています。ヨーロッパ人の答えは、「社会的」安全と呼ばれるようになったものに注力することです。英米の答えは、捜査と拘束のみによって安全を確保することを選ぶ、というものでした。長い目で見てどちらが効果的なのかは、まだ分かりません。

アメリカ英語では「社会の安全《ソーシャル・セキュリティ》〔社会保障〕」と「国民の安全《ナショナル・セキュリティ》〔国家安全保障〕」がまったくちがうものを指しているのは、意味論的に興味深いことです。政治的な習慣においては、自分たちの生活のさまざまな側面で安全に感じている人たちは、外部からの打撃に対して脅威にさらされている度合いが低いということになるのがふつうだと思います。そこへいくと、アメリカ人がテロの政治に対する危険にさらされているのは、まさにテロが、アメリカ人から自分たちが安全だと思うひとつの意味を奪い去ってしまうからです。その意味というのは……

物理的・身体的な安全ですね。それは完全に正しいと思います。わたしたちはふたたび不安の時代に入りました。ある職業や仕事につくために身につけたスキルは、生涯のあいだ有効なままだろうという感覚は消え去りました。栄光にみちたキャリアのあとには快適な老後が待ち受けていると考えても法外な期待とはいえないという確信も消え去りました。こういった、人口学的・経済学的・統計学的に正当な、現在から出発した未来についての推定は、戦後数十年間のアメリカ人とヨーロッパ人の生活の特徴だったわけですが、それはすっかり吹き飛んでしまいました。

かくして、わたしたちが今生きている不安の時代とは、やってきて爆弾を投げるかもしれない、見知らぬ他者に対する不安であると同時に、見知らぬ未来に対する不安でもあるのです。それは、わたしたちの政府がもはやわたしたちの生活の状況を支配はできないかもしれないという不安です。政府はゲーティッド・コミュニティを作ってわたしたちを世界から守ることはできないのです。それはもう制御がきかなくなってしまったのです。このような不安による麻痺状態は、アメリカ人が非常に深いところで経験しているものだと思いますが、それはかつて持っていたと彼らが思っていた物理的・身体的安全を、もはや持っていないという認識によって強められました。ですからアメリカ人は八年間にわたってブッシュ大統領と進んで運命を共にしたのです。不安の動員とその扇動的な利用にのみ頼ってアピールをする政府を支持して。

この不安の再浮上と、それが引き起こす政治的な帰結は、あたうるかぎり最強の、社会民主主義擁護の議論を提供してくれると思います。そのような社会民主主義は、自分たちの安全に対する現実の、または想像上の脅威に対して個人を守ってくれるものであり、また、いっぽうでは社会の統合に対する、そして他方では民主主義に対する、非常に可能性の高い脅威に対して社会を守ってくれるものです。

とりわけヨーロッパでは、そのような不安、つまり見知らぬ者、移民、経済的不安定や暴力に対する不安を動員するのにもっとも成功したのは、おもに因習的で古くさい扇動者、ナショナリストで外国人嫌いの政治家であるということは忘れないでください。アメリカの公的生活の構造のせいで、そういった種類の政治家が政府全般を足がかりとすることは難しく、その点では合衆国はほかにはないほどに幸運だったといえます。しかし現在の共和党は近年、まさにそういった種類の不安を動員し始めており、それに乗っかって政権に返り咲くかもしれません。

二〇世紀は、わたしたちが教えられた視点で見えてくるような姿のものではかならずしもありませんでした。二〇世紀は民主主義とファシズム、または共産主義とファシズム、左翼と右翼、自由と全体主義とのあいだの偉大な戦いではなかった、もしくはそれだけではなかったのです。わたし自身の感覚はといえば、二〇世紀のほとんどの期間にわたって、わたしたちは暗黙であるか明示的であるかを問わず、国家の隆盛をめぐる論争に参加していたというものです。自由な国民はいかなる種類の国家を望むのか？　そのためにはいかなる対価を支払う用意があり、国家にいかなる目的に奉仕してほしいと思っているのか？

　この視点では、二〇世紀の偉大なる勝利者は、その後継者たちが融通無碍な形式をもつ福祉国家を創造した、一九世紀のリベラル派だったといえます。その後継者たちは一九三〇年代にはほとんど想像も不可能だったものを達成しました。すなわち、強力で、高課税で、活発に介入を行う民主的かつ立憲的な国家の建造であり、しかもそれは暴力や抑圧に訴えることなく複雑な大衆社会を包摂することができたのです。このような遺産を考えなしに放り出すとしたら、わたしたちは愚かでしょう。

　ですから、つぎの世代でわたしたちが直面する選択肢は、資本主義か共産主義か、または歴史の終わりか歴史の回帰か、ではなく、集団的な目的にもとづく社会的な結束か、それとも不安の政治による社会の腐食か、というものになります。

ちょっとよろしいですか？　それが問題なのなら、知識人がなにを考えようが、それが事態を左右するでしょうか？　議論する価値はあるのでしょうか？　対話をつづけてきた中でのわたしたちの二つの関心事は、歴史と個人でした。つまり、過去と、人びとが過去を道徳的・知的な議論に開かれた、議論の余地のあるものにした方法でした。ここには、議論の余地があるのでしょうか？　社会民主主義は、合衆国においては非常に扱いに困るものであるように思えます。もしくは、一般的にもそうです。

　つまり、ヨーロッパという、社会民主主義が大規模に実現した場所でさえも、第一次世界大戦後に、または第一次世界大戦のころに、社会民主主義者はリベラル派に対する妥協をしたと言えますし、それからキリスト教民主主義者たちは、第二次世界大戦後に社会民主主義者に対する妥協をした、というより実際は社会民主主義者の政治目標を横領し、そのいっぽうではアメリカ人はマーシャル・プランというかたちでヨーロッパ人の一部に対する妥協をしました。これが示唆するのは、ヨーロッパが社会民主主義を確立することは……

二つの世界大戦なしでは無理だった。

二つの世界大戦と、その終わりに国外からやってきた天啓のような正当化なしではできなかったわけです。しかしアメリカ大陸で戦争を起こしてアメリカを敗北させる国はないし、アメリカにマーシャル・プランを提供する国はない。アメリカがすることは、医療制度をつくることであれ、国を中国に売り飛ばすことであれ、自分で自分に対して行うことです。

それは社会民主主義の擁護をしないための主張にはなっていませんね。それは主張を歴史的に行うための議論です。

合衆国をめぐって重要なのは、的外れではあるけれども理解できる楽観主義です。しかしその楽観主義の——ゲーテをして、あの有名なアメリカの幸運についての所見を述べさせた[*24]、アメリカの独特の幸運に対する楽観主義の——根拠の大部分は、もはや失われたものなのです。

国々には、さまざまな帝国には、そしてアメリカ帝国にさえも歴史というものがあり、その歴史にはそれぞれのかたちというものがあります。人びとが長いあいだ、合衆国についての深い真実だと思いこんできたことは、歴史的な偶発事だと分かるでしょう。つまり、空間、時間、人口学的な偶然と世界的な出来事との組みあわせで生じたものです。アメリカの産業社会の好況は、二〇年以上もつづきませんでしたし、戦後のアメリカ消費社会についてもほぼおなじことがあてはまりそうです。過去二〇年間の歴史を見てみれば、それとはかなり異質なものが目に入ってきます。すなわち、ひとにぎりの少数者に与えられたとんでもない機会によって偽装され、平均化してみれば継続的な成長の見た目を保っている、アメリカの社会的・経済的な滞留の姿です。

アメリカ合衆国は変化しました。そしてその変化が、議論と改善の可能性を摘み取っているのではなく、その可能性を開いていると見ることが重要です。かつては楽観主義と過剰な自信がわたしたちの有利になるように働いたのですが、それはいまやハンディキャップになっています。わたしたちは没落しつつありますが、終わりのない可能性のレトリックを背負わされています。これは、惰性を助長してしまうがゆえに、危険な組みあわせです。

すでに指摘したように、合衆国は不運なことに真のカタルシス的な危機にみまわれないできました。二〇〇三年のイラク戦争も、二〇〇八年の金融の破綻も、そのような危機の役割を果たしませんでした。あまりにも多くのものがうまくいっていないので、アメリカ人は混乱し腹を立てていますが、それをなんとかしようというほどに危機感を覚えてはいません。または、彼らをその方向へと導くことが可能な政治的指導者を生み出していません。奇妙なことではありますが、わたしたちがそういったハードルを飛び越えられないのは、アメリカがこれほど古い国であり、わたしたちの政体と制度的な構成が先進社会のうちでももっとも古びたもののひとつだからです。

アメリカの公的な討論に参加するいかなる知識人も、ヨーロッパの模範やヨーロッパの問題に議論を制限しては、それほどの成果は得られないでしょう。ですからもしわたしがアメリカ人に、社会民主主義の彼らにとっての魅力について考えるように促すのなら、わたしはアメリカ固有の問題から始めるでしょう。つまり、「それが誰の役にたつのか?」という問いからです。退行的な社会政策の根拠としてアメリカで典型的に引き合いに出されるリスク、公平、公正の問題が、進歩的な社会政策のために引き合いに出される必要があるのです。

アメリカのひどい交通機関をめぐる政策はまちがっているとか、わたしたちは国民皆保険のためにもっと投資をしなければならないと言っても無駄です。この国では、それ自体が独立で善であるようなものは、医療であれ交通機関であれ、ないのです。そこには物語がなければならず、しかもそれはアメリカ的物語でないといけない。わたしたちは、大量輸送機関や国民皆保険、またはより公平な(つまりより高い)課税の利点について、国民に納得をさせなければなりません。わたしたちは公的な利益をめぐる議論を組み直さなければならないのです。

これは長い道のりになるでしょう。ですが、それ以外になんらか真剣な代替案があるふりをするのは、無責任というものでしょう。

あとがき

ティム・スナイダーが、二〇〇八年の一二月にわたしにアプローチして一連の対談を提案したとき、わたしにはそれは難しいのではないかと思えた。ALS（筋萎縮性側索硬化症）と診断されて三ヵ月後で、わたしは未来の計画について確信のない状態だった。わたしは新しい本の執筆に入るつもりだった。それは、何年かにわたって構想していた、二〇世紀の社会思想・文化思想史である。しかしそれに必要な研究は――書くという行為そのものは言うまでもなく――すでにわたしにはとてもできないことだと分かった。本そのものはすでにわたしの頭の中にあり、またメモのかたちでかなりの分量ができあがっていた。しかしそれが完成できるかどうかは不明だった。

さらには、そのような長時間にわたる対談というまさにそのアイデア自体が、わたしには縁遠いものであった。公的な著述家はたいていそうだが、わたしはメディアのインタヴューを受けたことはあった。しかしそれはほとんど、わたしが出版した本についてだったり、公共の事柄に属するある問題をめぐるものだったりした。スナイダー教授の提案はそれとはかなり異質なものだった。彼が示唆したのは、長期にわたる一連の対話であり、それを録音して書き起こすというのだが、それは、わたしが書こうと思っていた本の主題も含めて、わたしの頭を長年にわたって占めてきた多くの主題にわたるものだった。

わたしたちはそのアイデアをしばらくのあいだ真剣に検討し、そしてわたしは説得された。まず、わたしの神経疾患は回復の見込みがなく、歴史家としての仕事をつづけたいなら、自分の考えを「語る」すべを心得なければならなかった。ALSは精神にはなんの影響もなく、ほとんど痛みもないため、思考は自由にできるのだ。しかしそれは手足を麻痺させる。ものを書くというのは、せいぜいが人にお願いしてやるしかなかった。口述筆記である。それはかなり効率的ではあるが、それなりの編集が必要にはなる。中間的な形態として、対談を録音するというのは、かなり実際的で、理想的ともいえる解決方法だと思えはじめた。

しかしわたしがこの企画に賛成したのにはほかの理由がある。インタヴューと対談は別物である。ジャーナリストから発せられた、もっとも愚かな質問に対してでも、なんらか知的な答えをすることは可能である。しかし自分が何をしゃべっているか分かっていない人間や、伝えようとしていることについてあまりものを知らない人間とは、記録するに値するような対談はできない。

そこへいくとスナイダー教授は、わたしがすでに知っていたように、並はずれた人物であった。わたしたちは違う世代に属していた。わたしたちがはじめて出会ったのは、彼がまだブラウン大学の大学生で、わたしがそこに講演のために訪問したときであった。わたしたちはまた、異なる場所の出身であった。わたしはイングランド生まれで、中年になってからアメリカにやってきた。ティムはオハイオ州の奥地の出身である。それでも、わたしたちはおどろくほど幅広い興味関心を共有していた。

ティム・スナイダーは、わたしが一九八九年以来、ヨーロッパの東半分を研究する、アメリカの学者の一世代とわたしが呼んできたものの典型である。第二次世界大戦から共産主義の崩壊までの四〇年間にわたって、英語圏での東欧研究とソ連研究はその地域からの亡命者たちが主に受け持っていた。そのこと自体が、第一級の学問を阻害したということはない。ヒトラーとスターリンのおかげで、わたしたちの時代の最高の精神の持ち主はドイツ、ロシア、そしてそのあいだの国々からの追放者や亡命者だったのである。彼らは自分たち自身の国についての研究を様変わりさせただけではなく、経済学や政治哲学そのほかの多くの学問も様変わりさせた。ウィーンからウラル山脈、タリンからベオグラードへと広がる広大なヨーロッパの領域の歴史や政治を研究する者はだれであれ、そういった男性や女性のもとで研究できるという幸運に、ほとんどまちがいなく恵まれた。

しかしそういった亡命学者たちは、枯渇しつつある資源であった。彼らは一九八〇年代なかばにはほとんど引退しており、どうもその代わりはいなかったのである。合衆国では（それほどではないにせよ西欧でも）外国語を教えていないこと、共産主義国に行くことの難しさ、そこで真剣な研究をすることの不可能性、そしてなによりも西洋の大学での、その地域への関心の欠如（その結果として、大学でのポストがほとんどないこと）によって、アメリカ生まれの歴史家のうちに東欧やロシアへの関心がうまく育たなくなっていた。

東欧には血のつながりも感情的な愛着もないにもかかわらず、ティムはオクスフォード大学に行ってポーランド史の博士論文研究を行った。指導教授はティモシー・ガートン・アッシュとイェジー・イェドゥリツキであり、レシェク・コワコフスキの助言を受けた。その研究をした年月でティムは東欧の言語のすばらしい能力を身につけ、彼の世代では比肩する者のない、その地域の国々や歴史についての知識を獲得した。彼は独特の著書を何冊も出版しており、そのうちでも最新刊『血にまみれた土地――ヒトラーとスターリンのあいだのヨーロッパ』は今年出版された。さらに、彼の最初の著書『ナショナリズム、マルクス主義、そして近現代の中欧――カジミエシ・ケレス＝クラウズ（一八七二―一九〇五年）

伝』（一九九八年）のおかげで、彼は中欧の社会史と政治史のみならず、政治史にも精通した。それは、より広い主題であって、西洋の読者にとってはいまだによく分からない主題なのである。

わたしが二〇世紀を「語る」つもりなら、あきらかにわたしは、わたしの専門領域について突っ込んだ質問ができるだけではなく、わたしが間接的に知っているとしか主張できないような領域についての対談に、わたしの専門領域とおなじくらいの知識をもっている人物を必要としていた。わたしは中欧と東欧についてかなりの文章を書いてきた。しかしチェコ語（とドイツ語）を除いては、わたしはその地域の言語についてなにか知っているとは主張できない。また、わたしはよくその地域に行ってはいたけれども、そこで一次研究を行ったことはない。わたし自身の学問は、最初はフランスに限定されており、そのあと西欧のほとんどと、政治思想史へと広がっていった。というわけで、スナイダー教授とわたしとは、相補うには理想的な組みあわせだった。

わたしたちは歴史的な興味のみならず、政治的な関心も共有した。世代のちがいにもかかわらず、わたしたちは一九八九年以降の「苦難の歳月」を、おなじように心乱されながらすごした。最初は「ビロード革命」に対する楽観と希望、そしてクリントン政権時代の意気阻喪させる独善、そしてついには、ブッシュ＝ブレア時代の破局的な政治と実践である。外交政策と国内の政治の双方において、ベルリンの壁崩壊以降の二〇年は浪費されてしまったように思えた。二〇〇九年の時点で、バラク・オバマの選挙によって引き起こされた楽観にもかかわらず、わたしたち二人は未来について不安をいだいていた。

二〇世紀の教訓は、記憶は、達成はどこへ行ってしまったのか？　何が残されており、それらを取りもどすには何ができるだろうか？　あたりを見回せばあらゆる人が――同世代人と学生の両方が――二〇世紀はもう過ぎ去ったと考えなしていた。二〇世紀とは独裁、暴力、権威主義的な権力の濫用と個人の権利の抑圧といった、忘れてしまうのが最上のごみごみとした記録である、と。二一世紀はもっとましな世紀になると主張された。ただしそれは、最小限の国家、あらゆる人に提供される、グローバリゼーションの利益の「平坦な世界」と、市場に制限なく与えられる自由に基づいているがゆえなのだが。

わたしたちの対話が展開するにつれて、二つの主題が浮上してきた。ひとつめは狭い、「専門的」な主題である。つまり、二人の歴史家が、近年の歴史について語り合い、それを回顧してなんらかの意味を見いだそうとした記録である。しかし二つ目の関心事がつねにそこに介在してきた。二〇世紀を過去のものだとしてしまう際に、わたしたちは何を失ったのか？　近い過去のどの部分が忘却されており、よりよい未来を建設するためには何を取りもどして利用できるのか？　これはより喫緊の議論であり、そこでは学問的な分析に対して、現代的な関心事や個人的な嗜好が必然的に侵入してきた。そういった議論はその意味で専門性がより低いのだが、それゆえに重要なのである。その結果できあがったのは、このうえなく活発な対話である。これ以上の結果は望むべくもなかっただろう。

本書は二〇世紀を「語って」いる。しかし、なぜ一世紀を単位とするのだろう？　世紀という概念を、単純に便利な決まり文句として却下し、ほかの基準、つまり経済的な革新、政治的な変化や文化的な変動に従ってわたしたちの年表をつくり直したいという誘惑にかられる。しかしそれは、すこし不誠実な行いというものだろう。それが人間による発明であるがゆえにこそ、一〇年間や一世紀によって時間を切り分けることは人間に関する諸事において重要なのだ。人びとは転換点というものを真剣に受け取るものであり、その結果それらの転換点は大きな重要性を獲得するのだ。

時にはこれは偶然の問題となる。一七世紀のイングランド人は、一六世紀から一七世紀への移行が、エリザベス一世の死とジェイムズ一世の即位——イングランドの政治においては本当に重要な瞬間——に重なったがゆえに、その移行に意識的だった。一九〇〇年にもおなじことがあてはまる。とりわけイングランド人にとってはこの年の直後に、六四年間にわたって統治をしてその名前が時代の名称となっているヴィクトリア女王が死去しているゆえになおさらである。しかし、フランス人もまた独特のかたちで、つまり「世紀末」というかたちでひとつの時代を集団的に形成した文化的な転換を強く意識していた。

しかしたとえたいした出来事が起こらなくとも、そういった世俗的な一里塚はつねに、後から見れば、なんらかの参照点となるものである。わたしたちが一九世紀について語るときには、その時代が独特の特徴をそなえているがゆえに、またその世紀が終わるずっと前にそのような特徴は生じていたがゆえに、自分たちが何について語っているのか、わたしたちは分かっている。「一八〇〇年かその辺り」に世界がなんらか大きく変わったなどと考える人はいない。しかし一八六〇年にもなると、その同時代人の目には、自分たちの時代の何が一八世紀という先行する世紀とは異なっているのかが完全にあきらかになっていた。そしてその変化が、人びとの自分たちの時代の理解にとって重要になったのである。そのことは、真剣に受けとめる必要がある。

それで、二〇世紀はどうだろうか？　二〇世紀について何を言えるのだろうか？　それとも、周恩来がフランス革命についてしゃれを効かせて言ったように、まだ結論を出すのは早いのか？　わたしたちには答えを先送りにする選択肢はないと思う。というのも、二〇世紀という世紀はほかのどの世紀にも増して烙印を押され、解釈され、引き合いに出され、酷評を受ける世紀だからだ。最近のもっとも有名な、エリック・ホブズボームによる説明では、「短い二〇世紀」（一九一七年のロシア革命から一九八九年の共産主義崩壊まで）は「極端な時代」である。このかなり陰鬱な――もしくは多かれ少なかれ、迷いを解かれた――歴史観は多くの若い歴史家たちの仕事に影響を与えている。ヨーロッパの二〇世紀の歴史を『暗黒大陸』と名づけたマーク・マゾワーがその代表例であろうか。

そのような、ぞっとする記録の、まずまず信用できる要約についての問題はまさに、そういった要約が、人びとが当時それらの出来事を経験したありかたに、あまりにも忠実たろうとすることである。その時代は破局的な世界戦争で幕を開き、その時代の信念体系のほとんどの崩壊で幕を閉じた。ふり返ってみるときに、好意的なあつかいを期待できるような時代ではない。アルメニア人の虐殺からボスニアまで、スターリンの隆盛からヒトラーの没落まで、西部戦線から朝鮮戦争まで、二〇世紀はたゆまぬ人間の不幸と集団的な受苦の連続の物語であり、わたしたちはその手痛い経験から学んだのである。

しかしもしわたしたちが、恐怖の物語から出発しないとしたらどうだろうか？ ふり返ってみると、そしてこれは必ずしも懐古的に見なくても、二〇世紀は人間の一般的な状況について驚くべき改善を見たのである。医学上の発見、政治的な変化、制度の革新の直接の結果として、世界のほとんどの人びとは、一九〇〇年の時点でだれが予見できたよりも長く、健康な人生を送っているのだ。人びとはまた、これはわたしが書いたばかりのことからすると奇妙かもしれないが、より安全になっている。すくなくともほとんどの場合には。

おそらくこのことは、この時代の逆説的な性質として考えられるべきだろう。多くの確立された国家のうちで、生活は劇的に改善したのである。だが国家間の紛争の過去に例をみないような緊張のために、戦争や占領にともなう危険というものは、衝撃的なまでに増大した。かくしてある視点からすれば、二〇世紀は一九世紀が喜んだ改善や進歩を単に継続したとも言える。しかしべつの視点から見ると、二〇世紀は一七世紀的な国際的無秩序と暴力、つまりウェストファリア調停（一六六〇年）が国際システムをその後二世紀半にわたって安定させる前の状況への、残念な退行であった。

同時代人にとって、目の前で展開していく出来事の意味は、それらが現在のわたしたちに見えているものとはかなり異質であった。そのことは明白に聞こえるかもしれないが、そうでもない。ロシア革命とその後の東西での共産主義の拡大は、近い将来であれ、特定はできないがいつかやってくる未来において、資本主義が敗北を定められているという、確固とした必然性の物語を創出した。そのような見込みに絶望した者たちにとってさえも、それはまったく可能性のないことには思えなかったのであり、その物語の含意がこの時代に形を与えたのである。

ここまでは問題なく理解できる。一九八九年は、共産主義の見込みがかなり多くの人たちにとってどれだけ信憑性があったか（すくなくとも彼らがそれを実際に経験するまでは）を忘れるほどに昔というわけではない。わたしたちが完全に忘れてしまったのは、戦間期におけるもっとも信頼のおける共産主義の代替案は、リベラルな資本主義の西洋ではなく、ファシズムだったということだ。とりわけ、そのイタリア的なかたちの、権威主義的な支配と近代性との関係を強調しつつ、ナチス的な人種差別主義は（一九三八年までは）放棄していたファシズムだ。第二次世界大戦の勃発のころには、ファシズムか共産主義か、という選択が真剣に考慮すべき問題であり、しかもファシズムが強力な選択肢であるような人たちが、わたしたちが現在考えたがるよりは多くいたのである。

この両方の形態の全体主義はいまや（知的にではなくとも、制度的には）過去のものになってしまったがゆえに、その二つがともに唾棄した立憲民主主義よりも、それらがはるかに信憑を寄せられていた時代を思い出すのに困難を覚えている。立憲民主主義が心と精神をめぐる戦いに勝つだろうとはどこにも書かれていなかったし、なおさら戦争に勝つとは書かれていなかった。要するに、二〇世紀は暴力の脅威とイデオロギー的な極端主義によって支配されていたと考えるのはまちがいではないけれども、そういったものがわたしたちが考えたがるよりは多くの人たちにとって魅力的だったということを理解しないかぎり、二〇世紀を理解はできないということである。リベラリズムがやがて勝利する、というのは――ただし、その勝利はそれがかなり異質な制度的基礎の上に再建されたおかげが大きいのだが――この時代の、本当に予想外の展開のひとつだったのである。リベラリズムは、資本主義と同様に、おどろくほど融通のきくものであると分かった。どうしてそうだったのか、というのが本書の主題のひとつである。

歴史家ではない人たちにとっては、物語っている出来事を経験したことは利点であると思えるだろう。時間の経過はハンディキャップになるだろう、物証は乏しくなるし、主人公たちの世界観はわたしたちにとって縁遠いものになり、習慣的な範疇（「中世」「暗黒時代」「啓蒙時代」など）は物事を説明してくれるよりは誤解を生じさせる方が多くなるだろう、と。距離もまたハンディキャップになる。言語や文化に通じていないことによって、もっとも熱心な研究者でさえも道に迷ってしまう。モンテスキューのペルシャ人は、ある文化をその文化の中に住む人よりもより深く知るであろうが、彼らとて無謬ではない、と。

だが、慣れ親しんでいることもまたそれなりのジレンマをもたらす。歴史家は伝記的な洞察が分析的な冷静さを染めてしまうことを許すかもしれない。わたしたちは、学者は自分の著作からは一歩身を引かなければならないと教えられており、全体としてこれは分別に満ちた忠告である。歴史家が（すくなくとも自分の視点の中では）歴史よりも重要になった場合の帰結を考えてみよ。だがわたしたちはみな歴史の産物なのであり、自分自身の生きた時代の偏見や記憶を抱えており、そういった偏見や記憶がなんらかの役に立つ場合もあるのだ。

わたし自身の場合には、一九四八年生まれであるがゆえに、近年自分が書いてきた歴史の事実上の同時代人である。わたしは過去半世紀のもっとも興味深い出来事のすくなくともいくつかを、直接に観察した。そのことは客観的な視点や、より信頼に足る情報でさえも保証するものではないが、それはアプローチのある新鮮さを可能にはする。しかし現場にいることは、超然とした学者には欠けた一定の参加を要請する。思うに、人びとがわたしの著作が「自説に固執している」と言うときに意味しているのはそのことだろう。

それの何が悪いというのか？ 意見のない歴史家（またはじっさい意見のないあらゆる人間）は面白くないし、もし自分自身の時代についての著作の著者が、それを支配した人びとや思想について突っ込んだ意見を持たなかったら、それは奇妙なことだろう。自説を主張する本と、著者の偏見によって歪曲された本との違いとは、つぎの点にあると思う。つまり、前者は自分の見解の出所と性質を認め、純粋な客観性を見せかけたりはしない。わたし自身の場合、『ヨーロッパ戦後史』と、より最近の回顧録的な著作で、わたしは自分の視点を自分の時代と出生地——わたしの教育、家族、世代と階級——に基礎づけるように気をつけた。これらの要素のどれも明確な解釈に対する弁解でないのはもちろん、その説明として解釈されてはならない。それらは、読者がそういった情報を吟味し、文脈化できるように、そこに置かれているのだ。

もちろんだれひとりとして、自分の時代のたんなる産物ではない。わたし自身のキャリアはときには知的・学問的な流行を追うものになっているし、ときにはそこから逸脱している。マルクス主義の家庭に育ったおかげで、わたしは同時代のニューレフトたちよりは過剰な熱意にとらわれることがあまりなかった。そういった政治的情熱の等価物としてわたしはイスラエルで二年間をすごし、シオニズムに夢中になったのだが、そのおかげでわたしは一九六〇年代の荒々しい情熱のいくつかに、間接的にしか影響を受けなかった。わたしはこういった変化をあきらかにしてくれたティムに感謝したい。それは、わたしにはまったくはっきりとは見えておらず、じっさいこれまでそれには比較的に注意を払ってこなかったと告白せねばならないのだ。

　ケンブリッジ大学というのは、思想史とイングランド史の新しい学問の温床ではあるが、現代ヨーロッパ史となると停滞そのものといった場所である。そこでフランス史を研究することで、わたしは放し飼いになって好き放題をした。その結果わたしは、ケンブリッジ大学のサー・ジョン・プラム[*1]やオクスフォード大学のリチャード・コブとともに仕事をした同時代人が属したような意味での「学派」に属することはなかった。そうしてわたしは自然に、もともとのわたしの性分であったものになった。つまり学問的な歴史学の、専門化していく世界に対する、外部者《アウトサイダー》となったのだ。

　それにはマイナス面があるのだが、それは外部から社会的・学問的なエリートの世界に参入することに不利があるのとおなじことである。そのような人物はつねに、参考文献表や方法論、受け継がれた習慣をそなえた「内部者《インサイダー》」に対してすこし疑念を抱きつづけることになる。これは、専門職的な順応主義が（過去の、かもしれないが）イングランドにおけるよりも高く評価されているアメリカにおいては、より大きな不利だと分かった。わたしはよく、バークリーそのほかの場所で、わたしの若い同僚たちを心酔させたこれこれの本についてどう思うかと尋ねられることがあったが、そんな本のことは聞いたこともないと認めなければならなかった。わたしは「当該分野の先行研究」を渉猟したことは一度もないのである。逆に、そのおなじ同僚たちは、わたしの公式の「割り当て」が社会史であるのに、政治思想の本をわたしが読んでいると知ってびっくりしたものだ。若い頃にはこのことでわたしはかなり不安になったものだが、中年になってみると、誇りに思う点となった。

ふり返ってみて、わたしは学校教師や大学教授による、文学や政治学の学者になれという誘惑を断ち切って、歴史学をつづけていてよかったと思う。歴史学についてのなにか――時間軸上の変化を説明することへの力点、そして主題に限りがないという性格――が、一三歳のわたしを魅惑したし、いまでもそうである。ついには回り回って自分自身の時代の通史を書くことになったとき、わたしは歴史こそがこの時代の意味を理解するための唯一の方法だと強く確信したし、いまでもその確信は強まるばかりである。

ケンブリッジ大学でわたしを指導した古参の教授のひとりがかつて、わたしが物理的・地理的な構造に魅了されていることを強く非難したことがある（当時わたしはプロヴァンスの社会主義の研究をしており、風景と天候の重要性にとりつかれていたのだ）。彼はわたしに、「地理学は地図《マップ》についての学問で、歴史は人間《チャップ》についての学問だ」と教えてくれた。わたしはこのせりふをけっして忘れることがなかったのだが、それは、それがあまりにも自明に真実であった――人間は自分たちの歴史を作る――からだけでなく、それが同時にあまりに明確にまちがってもいたからである。わたしたちがその歴史を作る舞台は、所与のものとはいえず、十全に、愛着をもって記述されなければならないのであるが、その際に地図が中心的な役割を果たすのも当然なのだ。

じっさい、地図《マップ》／人間《チャップ》の区別は、自明にも現実的な区別であるが、同時に誤解を生じさせるものでもある。わたしたちはみな、現実の地図と隠喩的な地図の両方の産物なのだ。わたしの子供時代の地理、つまりわたしの行った場所、わたしの見たものは、わたしの両親や教師と同程度にわたしという人物を形作っている。だが若者時代や青年時代の「地図」もまた重要だ。それは明確にユダヤ的な考え方であるが、また同時に非常にイングランド的な性格でもある。一九五〇年代のサウス・ロンドンは、いまだエドワード朝的な風俗や人間関係に満ちあふれていたが、そこでは場所が非常に重要でもあった（わたしはパトニーの出身であって、フラムの近隣の出身ではない、など）。そういった座標なしでは、その後につづいた人生を説明するのは難しくなる。一九六〇年代の、貴族の義務《ノブレス・オブリージュ》とメリトクラシー的な階級上昇の混合のケンブリッジ大学、一九七〇年代の、衰退するマルクス主義と人格主義的な情熱とが不安定に混ぜ合わされた学問の世界――これらすべてが、わたしの著作と、その後の歴程の文脈となったのであり、これらの意味を知ることに関心のある人は、地図が役に立つ道しるべになると、きっと気づくだろう。

もしわたしが一〇冊ほどの本と、何百本という、意図的に超然とした姿勢のエッセイを書いていなければ、本書の対談や考察はちょっと独我論的ではないかと心配していたかもしれない。わたしはここ数ヵ月は回顧録のためのスケッチを公表しているものの、自伝は書いておらず、わたしはいまだ、歴史家の適切な基本姿勢は文章の陰に身を隠すことであると強く確信している。しかしわたし自身の過去にすこし足を踏み入れてみるよう勧められてみて、そうすることが、ほかのさまざまな過去を対象とする研究へのわたしの貢献を理解する助けになると分かったと、告白せねばならない。ほかの人たちもおなじように感じてくれるよう願っている。

二〇一〇年七月五日、ニューヨークにて

訳 注

まえがき

＊1　『マサリクとの対話――哲人大統領の生涯と思想』石川達夫訳、成文社、二〇〇四年。カレル・チャペック（一八九〇―一九三八年）はチェコの作家・劇作家。戦間期チェコスロヴァキアの国民作家で、『ロボット（R. U. R.）』（一九二〇年）で「ロボット」という言葉を作ったことで有名。トマーシュ・マサリク（一八五〇―一九三七年）はチェコの社会学者・哲学者・政治家。チェコスロヴァキア共和国の初代大統領（一九一八―三五年）。

＊2　*My Century: The Odyssey of a Polish Intellectual*. Ed. and trans. by Richard Lourie. Berkeley: University of California Press, 1988. アレクサンデル・ヴァット（一九〇〇―一九六七年）はポーランドの詩人・美学理論家。一九二〇年代のポーランドにおける未来派の先駆者。第二次世界大戦中はナチスから逃れてソ連支配下のリヴィウ（ポーランド語読みでルヴフ）に逃れるが、ソ連の内務人民委員部に逮捕され、カザフスタンに抑留される。戦後はポーランドに戻るが、晩年はフランスに移住しパリに暮らした。

＊3　チェスワフ・ミウォシュ（一九一一―二〇〇四年）はリトアニア系ポーランド人の詩人・作家。ノーベル文学賞（一九八〇年）。第二次世界大戦においてはワルシャワで地下出版活動をし、ナチスに抵抗。戦後は共産主義体制のポーランドからフランスへ政治亡命、一九五八年にはアメリカに移住し、カリフォルニア大学バークリー校で教鞭をとり、一九七〇年にはアメリカ市民権を獲得している。翻訳のある代表的な著作に『囚われの魂』（工藤幸雄訳、共同通信社、一九九六年）、『ポーランド文学史』（関口時正ほか訳、未知谷、二〇〇六年）、『チェスワフ・ミウォシュ詩集』（関口時正・沼野充義編、成文社、二〇一一年）など。

＊4　ティモシー・ガートン・アッシュ（一九五五年―）はイギリスの歴史家。オクスフォード大学ヨーロッパ研究教授。共産主義体制下の東欧の国々を訪問し、報告を書いた。『ファイル――秘密警察とぼくの同時代史』（今枝麻子訳、みすず書房、二〇〇二年）『ヨーロッパに架ける橋――東西冷戦とドイツ外交』（杉浦茂樹訳、みすず書房、二〇〇九年）など。

＊5　トマス・W・サイモンズ・ジュニアはアメリカの元外交官でハーヴァード大学所属の政治学者。メアリー・グラックはブラウン大学の歴史家。一九世紀・二〇世紀ヨーロッパの思想史を専門とする。

＊6　アダム・ミフニク（一九四六年―）はユダヤ系ポーランド人の歴史家・エッセイスト・左派新聞『ガゼタ・ヴィボルチャ』の編集主幹。左派の立場を堅持しながら共産主義体制へのたゆまぬ批判を行った。一九八九年には東欧の諸革命の発端となったポーランド円卓会議に重要人物として参加している。ヴァーツラフ・ハヴェル（一九三六―二〇一一年）はチェコの劇作家。チェコスロヴァキア大統領（一九八九―一九九二年）、チェコ共和国初代大統領（一九九三―二〇〇三年）。一九八九年の、共産主義政権を打倒した「ビロード革命」の中心人物。

＊7　アイザイア・バーリン（一九〇九―一九九七年）はラトビアのリガ（当時はロシア帝政下）出身、イギリスの哲学者。オクスフォード大学。「積極的自由」と「消極的自由」を論じたエッセイ「自由論」で名高い。（原題の直訳は「自由の二つの概念」。一九五八年の講義。）

第一章

＊1　ハンク・グリーンバーグ（一九一一―一九八六年）はユダヤ系のメジャーリーグ野球選手。デトロイト・タイガース（一九三〇年、一九三三―一九四六年）とピッツバーグ・パイレーツ（一九四七年）に所属した一塁手。一九五六年に殿堂入りを果たし、デトロイト・タイガースでは彼の背番号5番は永久欠番となっている。

＊2　キシナウでは一九〇三年と一九〇五年の二度にわたってユダヤ人虐殺が起こっている。一九〇三年のそれは、ウクライナ系キリスト教徒のある少年が殺害され、またもうひとりの少女が服毒自殺をした際に、かねがね反ユダヤ的な記事を

載せていたキシナウの新聞『ベッサラビア』が、それらの死をユダヤ人の所業であると扇動したことを発端とする。暴動と虐殺は四月一九日に始まり、三日間続いた。四七人のユダヤ人が殺害され、九二人が重傷、五〇〇人が軽傷を負い、七〇〇以上の家屋や商店が破壊された。

＊3　エイモン・デ・ヴァレラ（一八八二―一九七五年）はアイルランドの政治家・アイルランド共和国第三代大統領（任期一九五九―一九七三年）。ここで話題になっている一九二〇年代から一九三〇年代には、共和党（フィアナ・フォイル）を設立（一九二六年）し、政治的勢力を増して、アイルランド自由国第二代行政評議会議長（一九三二―一九三七年）、みずからの起草した新憲法下での初代首相（一九三七―一九四八年）を務めていた。

＊4　ナンセン・パスポートとは、国際連盟によって発行された、無国籍移民・難民のための身分証。一九二二年にノルウェーの科学者・政治家であるフリチョフ・ナンセンによって考案された。一九四二年には五二ヵ国が承認し、四五万部が発行された。

＊5　ベルゼンはドイツ北部の村で、付近のベルゲン村とともにベルゲン＝ベルゼン強制収容所があった。アンネ・フランクが命を落とした収容所としても知られる。一九四三年に創設され、そこでの死因の大部分は粗末な食事に起因する衰弱死・餓死そして病死であった。死亡者数は不明であるが、一七万人以上が死亡したという説もある。一九四五年四月一五日にイギリス軍によって解放された。

＊6　ブリティッシュ・ムーヴィートーン・ニュースはイギリスで一九二九年から一九七九年まで配給された音声付きニュース映画（アメリカではフォックス・ムーヴィートーン・ニュースとして一九二八年から一九六三年まで）。

＊7　バルミツヴァとはユダヤ教で一三歳に達した少年のこと、またはバルミツヴァとして認める儀式のこと。つまりユダヤ式成人式。少女の場合はバトミツヴァという。

＊8　マルセル・プルーストの『失われた時を求めて』は、マドレーヌの味が過去の記憶を呼び覚ますという逸話から語り起こされる。

＊9　シュテファン・ツヴァイク（一八八一―一九四二年）はウィーン生まれ、オーストリアのユダヤ系作家。小説のほかに『マリー・アントワネット』（一九三三年）や『メアリー・スチュアート』（一九三五年）といった伝記文学・歴史文学

で名をなした。反ユダヤ主義が高揚する一九三四年にイギリスに亡命、その後一九四〇年にアメリカへ、そして一九四一年にブラジルに移住するが、戦況を悲観しブラジルで自殺する。

＊10　ヨーゼフ・ロート（一八九四―一九三九年）はオーストリアのユダヤ系ジャーナリスト・作家。『果てしなき逃走』（一九二七年）や『酔いどれ聖譚』（一九三九年）といった作品で知られる。ヒトラーが政権を取るとパリに逃れるが大量の飲酒も原因となって病死する。

＊11　カール・ショースキー（一九一五年―）はアメリカ、プリンストン大学の文化史家。一九八〇年出版の『世紀末ウィーン――政治と文化』（安井琢磨訳、岩波書店、一九八三年）によって一九八一年にピューリッツァー賞を受賞している。

＊12　カール・ルエーガー（一八四四―一九一〇年）はオーストリア＝ハンガリー帝国の政治家、ウィーン市長。裕福とはいえない家庭の生まれで苦労したルエーガーは、労働者階級に味方をしてユダヤ資本を敵視するという姿勢をとった。彼の反ユダヤ主義はのちにヒトラーに影響を与えることになる。

＊13　ニコラス・カルドア（一九〇八―一九八六年）はハンガリー生まれ、イギリスの経済学者。ユダヤ系。ロンドン・スクール・オヴ・エコノミックスおよびケンブリッジ大学で教えた。一九六〇年代には労働党の政策立案にもかかわり、のちにサッチャーのマネタリズムを批判した。

＊14　ブロニスワフ・ゲレメク（一九三二―二〇〇八年）はポーランドの社会史家・政治家。ポーランドの民主化運動を主導した人物のひとりであり、一九八〇年に結成された独立自主管理労働組合「連帯」に参加、一九八九年の「円卓会議」において「連帯」を代表する議長として参加した。

＊15　エリック・ホブズボーム（一九一七―二〇一二年）はエジプト生まれ、イギリスのマルクス主義歴史家。父はポーランド系のユダヤ人。幼少期はオーストリアとドイツで過ごし、一九三三年にイギリスに移住。ケンブリッジ大学で博士号を取得し、同大学で教鞭をとった。『市民革命と産業革命』『資本の時代』『帝国の時代』によって「長い一九世紀」論を展開したのちに、『二〇世紀の歴史』を執筆した。政治的には共産党に属し続けており、その点についてジャットは強い批判を行っている（『忘れられた二〇世紀』を参照）。

＊16　ここに列挙されているのは、哲学者のポパーを除いて、いわゆるオーストリア学派（またはウィーン学派）と呼ばれ

る経済学者たちである。現在の（新）自由主義的な経済理論に大きな影響を残している。ポパー（一九〇二―一九九四年）はオーストリア出身、イギリスの哲学者。ハイエクとは友人関係にあり、影響関係があった。ミーゼス（一八八一―一九七三年）はオーストリア＝ハンガリー帝国出身の経済学者。ハイエクはその弟子である。シュンペーター（一八八三―一九五〇年）はオーストリア＝ハンガリー帝国出身の経済学者で後年はアメリカのハーヴァード大学で教えた。「経済成長」という観念の創始者であるとされる。ハイエク（一八九九―一九九二年）はオーストリア生まれの経済学者。一九四四年にこの後触れられる『隷属への道』（西山千明訳、春秋社、二〇〇八年）を著し、社会主義、共産主義、ファシズムを批判する返す刀で自由主義思想を展開した。その後、リバタリアニズムを押し進める知識人のネットワーク「モンペルラン協会」を組織、シカゴ大学で教鞭をとるなど、現代の新自由主義的な経済思想の土台をつくりあげた。

＊17　『隷属への道』のイギリス版は一九四四年の出版であるが、翌年の一九四五年にはアメリカでダイジェスト版が出版されており、この本を広めたのはむしろこのダイジェスト版である。ジャットが一九四五年と述べているのはこのダイジェスト版を指しているのだろう。

＊18　カール・マルクス・ホーフは、戦間期ウィーンに世界最初に建設された公営集合住宅。一九三〇年竣工。全長一キロメートル、六万戸におよぶ。

＊19　アーサー・ケストラー（一九〇五―一九八三年）はハンガリー出身、イギリスの作家・ジャーナリスト。小説『真昼の暗黒』（一九四〇年）では粛清に遭う知識人を描き、スターリン体制を告発した。マネス・シュペルバー（一九〇五―一九八四年）はオーストリア出身、フランスの心理学者。ウィーンでアルフレッド・アドラーに会い、その影響を受けるも、個人心理学とマルクス主義との関係についての意見の相違で袂を分かつ。この二人のユダヤ系知識人について、ジャットは『忘れられた二〇世紀』において論じている。

＊20　それぞれ『ラーエル・ファルンハーゲン――ドイツ・ロマン派のあるユダヤ女性の伝記』（大島かおり訳、みすず書房、一九九九年）〔または『ラーヘル・ファルンハーゲン――あるドイツ・ユダヤ女性の生涯』（寺島俊穂訳、未來社、一九八五年）〕と、『イェルサレムのアイヒマン――悪の陳腐さについての報告』（大久保和郎訳、みすず書房、新装版、一九九四年）。

＊21　『普通の人びと――ホロコーストと第101警察予備大隊』（谷喬夫訳、筑摩書房、一九九七年）。クリストファー・ブラウニング（一九四四年―）はアメリカのホロコースト学者。『普通の人びと』は、ポーランドでのホロコーストを実行した警察予備大隊の隊員が悪魔のような人間なのではなく、ハンブルク出身の中年の労働者階級の「ふつうの」人びとであったことを論じている。

＊22　ジュディス・シュクラー（一九二八―一九九二年）はアメリカの政治学者。「恐怖のリベラリズム（The Liberalism of Fear）」は彼女を代表する一九八九年の論文の題名から。この論文は死後編集のつぎの本に所収されている。Judith N. Shklar. *Political Thought and Political Thinkers*. Ed. Stanley Hoffman. Chicago: U of Chicago P, 1998.

＊23　ワシーリー・グロスマン（一九〇五―一九六四年）はウクライナ生まれのソヴィエト連邦の作家。第二次世界大戦中は赤軍の機関紙『赤い星』の記者として、スターリングラードなどの戦闘を取材するほか、ここに述べられるトレブリンカの取材をした。スターリングラード攻防戦を舞台とする歴史叙事小説『人生と運命』（齋藤紘一訳、みすず書房、二〇一二年）はスターリンによる反ユダヤ主義が激化するにしたがって、生前に発表の機会を失った。

＊24　ヤン・グロス（一九四七年―）はポーランド生まれのユダヤ系、アメリカの歴史学者。現プリンストン大学教授。著書『アウシュヴィッツ後の反ユダヤ主義――ポーランドにおける虐殺事件を糾明する』（染谷徹訳、白水社、二〇〇八年）は、一九四四年から一九五六年のポーランドにおける反ユダヤ主義的な暴力を論じ、特にポーランド本国での賛否も含めて話題となった。

＊25　国内軍（アーミア・クラヨーヴァ、英語ではHome Army）は、第二次世界大戦中のナチス占領下におけるポーランドの最大の抵抗勢力であった。その起源は一九三九年に結成されたポーランド勝利奉仕団。公式には一九四五年に解散するが、これは国内軍がポーランド亡命政府の指揮下にあったゆえに、ソ連との衝突を避ける必要があったからである。したがって国内軍の残党は地下組織化して対ソ連の活動を継続した。

＊26　ワルシャワ・ゲットーは、第二次世界大戦中にナチスが五〇万人のユダヤ人を強制的に住まわせたゲットー。多くは収容所に送られ、一九四三年に残った者たちが蜂起を企てるが、大半が虐殺された。

＊27　ギュンター・グラス（一九二七―二〇一五年）はドイツの小説家、劇作家、彫刻家。代表作は『ブリキの太鼓』（一

九五九年）。一九九九年にノーベル賞を受賞したが、二〇〇六年に、自伝的作品『玉ねぎの皮をむきながら』で戦時中にナチスの親衛隊に入っていたことを告白し、物議をかもした。ここで触れられている小説は、二〇〇二年発表の『蟹の横歩き――ヴィルヘルム・グストロフ号事件』（池内紀訳、集英社、二〇〇三年）である。

第二章

＊1　直接助成校は、一九四五年から一九七六年まで存在したイギリスの中等教育学校。部分的に政府から助成金が支給され、一部の学生に無償で教育を行った私立の学校であった。ジャットが述べる通り、選抜制なので学業成績は平均的には一般的なグラマー・スクールよりは高かったとされる。一七九校の直接助成校が存在したが、一九七四年に政権を取った労働党は、それを地方教育当局（ＬＥＡ）の運営とするか、そうでなければ助成金なしの独立私立校とするかを選択させ、制度を廃止した。

＊2　マシュー・アーノルド（一八二二―一八八八年）とＦ・Ｒ・リーヴィス（一八九五―一九七八年）は、イギリスにおける「文化」をめぐる基本的には保守派の言説の伝統を代表する二人である。アーノルドは『教養〔文化〕と無秩序』（一八六九年）、リーヴィスは『大衆文明と少数文化』（一九三〇年）をその文化論の代表作とするが、いずれにおいても、近代の産業社会で伸長する、商業化され分断された大衆文化を嘆き、少数者によって文化の全体が保存されるべきことが訴えられている。

＊3　イーヴリン・ウォー（一九〇三―一九六六年）はイギリスの小説家。作品に『大転落』（一九二八年）、『回想のブライズヘッド』（一九四五年）など。イギリス上流階級を風刺的なユーモアをもって描く。『卑しい肉体』は一九三〇年の作品で、戦間期のデカダンなロンドン社交界を、イギリス伝統のロマンティック・コメディを風刺的にパロディする形で描く。

＊4　スティーヴン・スペンダー（一九〇九―一九九五年）はイギリスの詩人、批評家。Ｗ・Ｈ・オーデンらとの交流から

左翼に傾き、共産党に属したこともあったが、スペイン内戦への参加の経験などから左翼に幻滅する。その経験はアーサー・ケストラーらが中心となって編まれた、共産党離党者たちの証言集『神は躓ずく』（一九五〇年）に寄稿した文章に見て取れる。

＊5　スペンダーは二度結婚しており、アイネズ・マリア・ペアンは一九三六年に結婚した初婚の相手である。アイネズとの結婚は三年で解消し、その後スペンダーはピアニストのナターシャ・リトヴィンと一九四一年に結婚した。ちなみにスペンダーの性指向は微妙な問題で、結婚はしたもののアイネズと結婚するまでは男性との関係もあった。

＊6　レイモン・アロン（一九〇五―一九八三年）はフランスのユダヤ系の社会学者・哲学者。ドイツ留学中にナチスによる焚書を目撃し、第二次世界大戦ではフランス空軍に参加。フランス敗北後はイギリスに渡り、戦後はフランスに戻ってソルボンヌ大学、コレージュ・ド・フランスなどで教鞭を執る。著書に『現代の知識人』（原題の直訳は『知識人の阿片』）など。

＊7　ケンブリッジ・グループというのは、この直前でジャットも言及しているスパイ、いわゆる「ケンブリッジ五人組」のことであろう。キム・フィルビー、ドナルド・マクリーン、ガイ・バージェス、アンソニー・ブラントの四人と、未確定のもうひとりは、戦間期にケンブリッジ大学で共産主義に傾倒し、外務省やMI6の職員を務めながらソヴィエトのスパイとして活動しており、一九五〇年代にそれが露見してスキャンダルとなった。

＊8　オットー・ワーグナー（一八四一―一九一八年）はオーストリアの建築家・都市計画家。古典派から出発して、最終的には機能性・合理性を重視する近代建築を提唱した。

＊9　エリオットは一九二五年にフェイバー・アンド・グワイア社（現フェイバー・アンド・フェイバー社）に参加し、オーデン、テッド・ヒューズ、そしてスペンダーらの詩集の出版にかかわっている。

＊10　G・K・チェスタトン（一八七四―一九三六年）はイギリスの作家・批評家。ブラウン神父を主人公とする探偵小説で有名だが、産業主義と物質主義を批判し、分配主義を唱えた文明批評家でもあった。一九二二年にイギリス国教会からカトリックに改宗している。ヒレア・ベロック（一八七〇―一九五三年）はフランス系イギリス人の作家・社会思想家。『奴隷の国家』（一九一二年）などで、チェスタトンとともに分配国家を提唱した。

＊11　ノエル・アナン（一九一六—二〇〇〇年）はイギリスの軍人・歴史家・政治家。経歴はここに述べられる通りであるが、日本語訳のある著作としては『大学のドンたち』（一九九九年）がある。

＊12　「ボヘミアの醜聞」のこと。この短編はアーサー・コナン・ドイルのシャーロック・ホームズ・シリーズのうちでも最初に発表された短編である。『ストランド・マガジン』一八九一年七月号に掲載され、一八九二年の短編集『シャーロック・ホームズの冒険』に所収。正確にはホームズはボヘミアに行くわけではなく、物語はロンドンを舞台とする。ボヘミア王国は現在のチェコの西部・中部地方にあった。

＊13　『冬物語』は前半をシチリア、後半はボヘミアを舞台とするロマンスである。ボヘミアを舞台とする後半では、羊飼いの娘に身をやつす不遇のシチリア王女パーディタがボヘミア王子フロリゼルと結ばれる。

＊14　共産党歴史家グループは、一九四六年から一九五六年にイギリスで力をもったマルクス主義の歴史家グループ。エリック・ホブズボームのほか、E・P・トムスン、クリストファー・ヒル、ラファエル・サミュエルら。民衆史を重視し、さらにそこに革命の伝統を見いだそうとした。

＊15　『紅はこべ』は、ハンガリー出身のイギリスの作家エムスカ・オルツィによる一九〇五年の小説。舞台はフランス革命の時代で、「紅はこべ」と呼ばれる一団が、フランスの貴族を革命から救い出して亡命させている。やがて、「紅はこべ」のリーダーは、イギリス社交界切っての伊達者サー・パーシー・ブレイクニーであることがあきらかになる。ここで言う「紅はこべ」とはサー・パーシーのことであり、表向きは伊達者を気取っているスパイの典型である。ちなみにこの作品は映画化、ブロードウェイでのミュージカル化などされており、日本ではブロードウェイ版を脚色したものを宝塚歌劇団が『スカーレット・ピンパーネル』の題名で上演した。

＊16　一九五〇年に、アメリカのユダヤ人夫妻ジュリアス・ローゼンバーグとエセル・ローゼンバーグは、原爆工場に勤務していたエセルの弟を介して原爆製造に関する機密情報を入手し、ソ連に渡していたとして逮捕され、一九五三年に二人は死刑となった。これに対しては、サルトル、アインシュタイン、ブレヒト、ピカソといったヨーロッパの知識人による冤罪の訴えがあった。しかしその後の調査により夫妻は実際にスパイであったことがあきらかになっている。

＊17　この引用は、フォースターが一九三八年七月一六日に『ネーション』紙に発表した「わたしの信念」というエッセイ

からのものである。フォースターはつぎのように述べている。「もしわたしが、国を裏切ることと友を裏切ることのどちらかを選ばねばならないとしたら、国を裏切る勇気をわたしが持っていることを望む。」

＊18　アレクサンデル・ヴァット（一九〇〇—一九六七年）はポーランドのユダヤ系詩人。一九二〇年代にはポーランドにおける未来派を先導した。一九三九年のナチスによるポーランド侵攻時にソ連占領下のリヴィウに移住した。共産主義を信奉していたにもかかわらずヴァットはソ連の内務人民委員部に逮捕され、カザフスタンに流刑となる。後にフランスに移住。英語圏では『わたしの世紀』と題された聞き取りによる回顧録で知られる。

＊19　サー・オズワルド・モーズリー（一八九六—一九八〇年）はイギリスの政治家。準男爵の息子として生まれ、第一次大戦後は保守党の議員となる。一九二四年に保守党を離党し、その後労働党に入党、一九二九年には入閣をはたすも、ここに述べられている通り、一九三〇年には労働党を離党し「新党」を結成する。一九三二年にはドイツとイタリアを訪問し、とくにムッソリーニの影響を受けてイギリスファシスト連合（ＢＵＦ）を結成、「黒シャツ隊」による示威行動を行った。第二次世界大戦が勃発するとＢＵＦは活動を禁じられ、モーズリーも逮捕・拘禁される。戦後もモーズリーはファシズムの政治活動を続けるが、政界に返り咲くことはなかった。

＊20　ここで述べられているのは、一九三六年一〇月四日に起こった、「ケーブル・ストリートの戦い」であろう。ケーブル・ストリートはロンドンのイースト・エンドにあり、ＢＵＦはイースト・エンドの労働者階級のあいだで人気を博していたが、同時にまた当地域は多くのユダヤ人の居住区でもあった。当日、デモ行進をしようとしたモーズリーの黒シャツ隊を、現地の反ファシズム勢力（ユダヤ人、社会主義者、共産主義者、無政府主義者グループなど）がむかえうち、警察もまじえた乱闘となった。結局モーズリーらは撤退したが、全体で一五〇名の逮捕者、約一七五名の負傷者を出した。現在、現地の町役場建物にはこの出来事を描いた壁画がある。

＊21　ユニティ・ミットフォード（一九一四—一九四八年）は、第二代リーズデイル男爵デイヴィッド・フリーマン＝ミットフォードの六姉妹の娘たちのひとり。四女であったユニティの姉で三女のダイアナは、オズワルド・モーズリーの再婚相手である。二人の結婚は一九三三年に、アドルフ・ヒトラーの立ち会いのもと行われた。ダイアナの影響を受けたユニティはイギリスファシスト連合に加入、ダイアナとともに度々ドイツに渡り、ヒトラーに心酔してファシズム運動を進め

た。この後名前の挙げられるナンシーは長女で、みずからの社交界での生活をもとに小説を書き、ベストセラー作家となった。ジェシカは五女で、共産主義に傾倒し、アメリカに渡ってジャーナリストとなった。

＊22　ポール・ケネディ（一九四五年―）はイギリスの歴史学者。イェール大学教授。専門は軍事史、外交史で、著書『大国の興亡』（鈴木主税訳、草思社、決定版一九九三年）はベストセラーとなった。ここで触れられている『英独敵対関係の起源』の原題は *The Rise of Anglo-German Antagonism 1860-1914* で、出版は一九八二年。

＊23　ブレニムはドイツ南西部の村で、一七〇四年にマールバラ公率いるイングランド・オーストリア連合軍がフランス・バイエルン連合軍を破った古戦場。

＊24　『わが半生』（中村祐訳、保育社、一九五〇年）はチャーチルが誕生した一八七四年から一九〇二年あたりまでの自伝である。原題は *My Early Life* で出版は一九三〇年。第一次世界大戦の回顧録とは、一九二三年から三一年に六巻本で出版された『世界の危機』（原題は *World Crisis*）のこと。ボーア戦争についての著作とは『ロンドン発、プレトリア経由、レイディスミス行き』（出版一九〇〇年。原題は *London to Ladysmith via Pretoria*）のことであろう。

＊25　イギリス帝国の歴史についての著作とは、ほかの多くの著作にくわえて『英語話者民族の歴史』（*A History of the English-Speaking Peoples*, 一九五六―五八年、全四巻）が念頭にあるのだろう。マールバラ公の伝記は『マールバラ公爵――その人生と時代』（*Marlborough: His Life and Times*, 一九三三―三八年、全四巻）。

＊26　レオン・ブルム（一八七二―一九五〇年）はフランスの政治家。社会党に属し、一九三六―三七年、一九三八年三月―四月、一九四六―四七年の三度にわたって首相を務めた。ヴァルター・ラーテナウ（一八六七―一九二二年）はドイツの実業家、政治家、作家。ワイマール共和国が成立するとドイツ民主党を共同設立し、外務大臣となった。極右テロにより暗殺されている。

＊27　「外の闇に放り出される」というのは聖書の引用で、『マタイによる福音書』で三度使われる表現である。一般的には地獄のことと解釈される。

＊28　ライオネル・トリリング（一九〇五―一九七五年）はアメリカの文芸批評家。アメリカのリベラリズムの価値を代表する批評家である。著作に『リベラルな想像力』（一九五〇年）『〈誠実〉と〈ほんもの〉』（一九七二年）など。

第三章

＊1　A・J・P・テイラー（一九〇六―一九九〇年）はイギリスの歴史家で、ヨーロッパ近現代史（外交史）について一般向けの著作もふくめて多数の著作を刊行するほか、ここに述べられている通り、テレビの教養番組においても名人芸的な語りで人気を博した。一九四二年にBBCラジオに出演したのを皮切りに、一九五〇年代には多くのテレビ番組に出演した。ここでジャットが触れているのは、五〇年代終わりにITV（イギリスの民放局）で製作されたシリーズであろう。ただしこれは一時間ではなく三〇分の番組だった。五〇年代終わりには、テイラーが罹患していたパーキンソン病がすでに表れており、テレビ出演はその後途絶えた。

＊2　アイザック・ドイッチャー（一九〇七―一九六七年）はポーランド系ユダヤ人でイギリスの歴史家。一九五四年から六三年にかけて出版したトロツキーの伝記三部作は彼の主著のひとつである。（ジャットは一三歳の誕生日にこの三部作を買ってもらったと述べているが、ジャットが一三歳の時にはまだ三冊目が出ていなかったはずである。）三部作の日本語訳は下記の通り（いずれも新潮社から一九六四年刊行）。『追放された予言者・トロツキー』（山西英一訳）、『武装せる予言者・トロツキー』、『武力なき予言者・トロツキー』（以上、田中西二郎・橋下福夫・山西英一訳）。

＊3　ヘダ・マルゴリウス・コヴァーリ（一九一九―二〇一〇年）はチェコのユダヤ系作家。コヴァーリの一家は一九四四年にアウシュヴィッツ収容所に送られ、両親はすぐにガス殺されるがヘダは生き延びて強制労働をした。戦後、夫のルドルフ・マルゴリウスは一九五二年のスラーンスキー裁判で告発され処刑される。その後一九六八年の「プラハの春」で合衆国へ移民、一九九六年にプラハに戻った。回想録の『残酷な星のもとで』は一九四一年から一九六八年までの回想となっており、最初の英語版は一九七三年に出版された。

＊4　トニー・ジャットが学んだのはケンブリッジ大学キングズ・カレッジである。トランピントン通りはケンブリッジの中心部を南北に走る通りで、キングズ・カレッジなどのケンブリッジ大学の主なカレッジはそのトランピントン通りの北

の方にある。

＊5　ダニエル・コーン＝ベンディット（一九四五年―）はフランス生まれ、ユダヤ系ドイツ人の政治家。一九六八年パリの五月蜂起の指導者のひとり。当時はフランスのナンテール大学の学生であった。現在は欧州議会の議員。「敷石の下は砂浜だ」はパリ五月蜂起の際のスローガン。学生たちはカルチエ・ラタンの敷石をはがしてバリケードとしたが、その際に現れた敷石の下の砂地に自由のイメージをこめたスローガンである。

＊6　ヘンリー・ハインドマン（一八四三―一九二一年）はイギリスの政治家・ジャーナリスト。一八八一年に初の社会主義政党である社会民主連盟を創設。当初のメンバーにはウィリアム・モリス、マルクスの末娘のエレノア・マルクス、ラムゼイ・マクドナルドなどがいた。

＊7　ドイツ社会民主党の前身である社会主義労働者党が結成されたのは一八七五年である。ヴィルヘルム・リープクネヒト（一八二六―一九〇〇年）、アウグスト・ベーベル（一八四〇―一九一三年）、カール・カウツキー（一八五四―一九三八年）、エドゥアルト・ベルンシュタイン（一八五〇―一九三二年）はいずれも社会民主党の結成に関係した政治家・政治理論家たちである。

＊8　ジャン・ジョレス（一八五九―一九一四年）はフランスの社会主義者。一九〇五年にフランスの社会主義諸政党を結集させ統一社会党を、さらに同年にフランス社会党を結成した。

＊9　ジョージ・エドワード・ムーア（一八七三―一九五八年）はイギリスの哲学者で、ラッセルやヴィトゲンシュタインらとならんで分析哲学の基礎を築いた人物。ケインズを含むブルームズベリー・グループの一部はケンブリッジ大学の知的秘密結社である「使徒会」の一員であったが、ムーアは使徒会のこの世代にとって影響力の強い人物であった。

＊10　赤いベルトとは、パリ郊外の労働者階級が住む地域の総称である。赤いバンリュー（郊外）とも言われる。一九二〇年のフランス共産党結成以降、同党はこの地域で影響力を持ち、票田としてきた。フランス語ではそのまま Ceinture Rouge または Banlieue Rouge（赤い郊外）と呼ばれる。

＊11　ウィリアム・コベット（一七六三―一八三五年）はイギリスのパンフレット作者・ジャーナリスト。農家の出自から、農業と農民生活を中心とするイギリスを理想としつつ、支配階級に対しては批判を展開し、一八三二年の選挙法改正へと

つながる運動を展開した。

＊12　『ノイエ・ツァイト』はドイツ社会民主党の機関誌で、一八八三年から一九二三年まで発行された。創刊者はカール・カウツキー。

＊13　ホルヘ・センプルン（一九二三―二〇一一年）はスペイン人の作家・政治家。スペイン内戦により亡命し、人生のほとんどをフランスで過ごし、おもにフランス語で著述を行った。『なんと美しい日曜日！』（榊原晃三訳、岩波書店、一九八六年）は、正確にはここでジャットが述べるように回顧録ではなく、ナチスのブーヘンヴァルト強制収容所に収容されたセンプルンの体験に題材を取った小説である。

＊14　アントニオ・グラムシ（一八九一―一九三七年）はイタリアのマルクス主義思想家。イタリア共産党の設立に加わるが、その後ムッソリーニ政権によって逮捕・投獄される。投獄中に多くのノートを執筆した。アントニオ・ラブリオーラ（一八四三―一九〇四年）はイタリアのマルクス主義理論家。マルクス主義政党に属して活動することはなく、ローマ大学で講じた。スタニスワフ・ブショゾフスキ（一八七八―一九一一年）はポーランドの哲学者・批評家。マルクス主義を基礎として「労働の哲学」を唱えた。その初期マルクス読解はグラムシやルカーチに先んじている。ジェルジ・ルカーチ（一八八五―一九七一年）はハンガリーのマルクス主義哲学者。第二次世界大戦後は政権で教育大臣をつとめるなどしたが、ハンガリー動乱以降は著作に傾注する。『歴史と階級意識』『小説の理論』など。（なお、ルカーチも含むハンガリー人の人名は、原語では日本風に氏＋名の順番であり、ルカーチであれば「ルカーチ・ジェルジ」となるが、本書では西洋風に名＋氏の順に統一した。）

＊15　クロード・ロワ（一九一五―一九九七年）はフランスの詩人・エッセイスト。第二次世界大戦ではナチス・ドイツへの抵抗運動に参加。翻訳された詩集に『忍び逢の詩篇』『暁の暗闇』（いずれも水谷清訳、舷燈社刊）がある。

＊16　イニャツィオ・シローネ（一九〇〇―一九七八年）はイタリアの小説家・政治家。戦間期はイタリア社会党から共産党に移り政治活動をしたが、スターリニズム批判をしたために共産党から除名される。戦後は社会党に所属。スターリン批判の小説『葡萄酒とパン』は翻訳されている（齋藤ゆかり訳、白水社刊）。ウィテカー・チェンバーズ（一九〇一―一九六〇年）はアメリカの作家・編集者。アメリカ共産党に属し、ソ連のスパイとして活動をしたが、のちにアルジャー・

ヒス事件で証言をする。この顚末についてはジャット自身が『失われた二〇世紀』で述べている。

＊17　シドニー・フック（一九〇二―一九八九年）はアメリカのプラグマティズム哲学者。フランソワ・フュレ（一九二七―一九九七年）はフランスの歴史家。いずれも若いころには共産党に所属し、支持していたが、戦後に反共産主義へと転向した。

＊18　野村修訳「あとから生まれるひとびとに」『ブレヒト詩集』（土曜美術社出版販売、二〇〇〇年）六七頁。

＊19　第二次レバノン戦争は、二〇〇六年七月一二日から約一ヵ月間つづいた、レバノンの軍事組織ヒズボラとイスラエル軍とのあいだの軍事衝突。一般的な呼称は二〇〇六年レバノン戦争（日本語ではレバノン侵攻）であり、ジャットがここで使っている「第二次レバノン戦争」はイスラエル側の呼称である。ちなみに「第一次」は一九八二年、日本では第五次中東戦争とも呼ばれるレバノン内戦にたいしてイスラエルが行った侵攻である。

＊20　ジョナサン・リテル（一九六七年―）はユダヤ系のアメリカ・フランスの作家。主にフランス語で執筆している。『慈しみの女神たち――あるナチ親衛隊将校の回想』（菅野昭正・星埜守之・篠田勝英・有田英也訳、集英社、二〇一一年）は、フランス人とドイツ人の血をもつナチスの親衛隊将校を語り手とする小説で大きな話題となり、ゴンクール賞とアカデミー・フランセーズ賞を受賞した。

＊21　ロベール・ブラジヤック（一九〇九―一九四五年）はフランスの作家・ジャーナリスト。ヴィシー政権においてドイツに協力する論陣を展開し、パリ解放後にレジスタンスに逮捕され、処刑される。ピエール・ドリュ・ラ・ロシェル（一八九三―一九四五年）はフランスの作家で、対独協力者。ブラジヤックとおなじくヴィシー政権下でファシズムの賛美を行う。パリ解放後はレジスタンスから逮捕状が出て、パリの潜伏先で自殺する。

＊22　ジュゼッペ・マッツィーニ（一八〇五―一八七二年）はイタリア統一運動時代の政治家・運動家・著述家。労働運動を基礎としたイタリアの統一を目指し、一八四八年革命の際には、成立したローマ共和国の三頭執政官の一人となった。その後は第一インターナショナルに参加するもマルクスとは対立した。邦訳のある著書に『人間の義務について』（齋藤ゆかり訳、岩波書店、二〇一〇年）。

第四章

＊1　ミラン・クンデラ（一九二九年―）はチェコ生まれ、フランスの小説家。ここでふれられている「踊り手」というのは、クンデラがフランス語で初めて書いた作品『緩やかさ』（西永良成訳、集英社、一九九五年）で導入している否定的な人物像で、現代のメディアが提供する不可視であるが無限の聴衆を求める軽薄な知識人のことである。

＊2　パヴェル・コホウト（一九二八年―）はチェコの小説家・劇作家・詩人。一九六八年の「プラハの春」で指導的な役割をはたす。邦訳のある作品に『プラハの深い夜』（田才益夫訳、早川書房、二〇〇〇年）など。

＊3　ジャン＝フランソワ・シリネリ（一九四九年―）はフランスの歴史家。二〇世紀の政治史・文化史を専門とし、著作は多数。ここで述べられる『知識人の世代 *Génération intellectuelle*』は一九八八年刊。

＊4　「イスラエル――代案」『ニューヨーク・レヴュー・オヴ・ブックス』第五〇巻第一六号、二〇〇三年。このエッセイの発表の後、ジャットは『ニュー・リパブリック』誌（シオニズム系の有力誌）の編集委員を解任された。

＊5　ＰＢＳ（Public Broadcasting Service）はアメリカの公共テレビ網で、政府・企業からの助成金によって良質の番組を提供する。『ニューヨーク・タイムズ』はアメリカで発行部数第三位のリベラル系高級紙であり、つまりここで述べられているのはアメリカの中産階級リベラル派のことである。

＊6　テーオドール・ヘルツル（一八六〇―一九〇四年）はオーストリア＝ハンガリー帝国出身のユダヤ人ジャーナリスト・作家。近現代の政治的シオニズムの始祖と言われる。フランスのドレフュス事件に新聞記者として遭遇し、反ユダヤ的な大衆運動にショックを受けて、ユダヤ人の解放と独立の理想に目覚めた。その思想と具体的なユダヤ国家建設の計画は、一八九六年刊の『ユダヤ人国家』に記されている。

＊7　ゼエヴ（ウラディーミル）・ジャボチンスキー（一八八〇―一九四〇年）はロシア帝国領オデッサ出身のシオニスト運動家。第一次世界大戦ではイギリス軍内にユダヤ人部隊を設立して参加。のちにユダヤ人武装組織エツェル（または英語名からイルグン）を率いる。本名はウラディーミルであるが、ヘブライ語で「狼」を意味するゼエヴに改名した。この

後述べられる彼の「修正主義シオニズム」とは、一九二〇年のパレスチナ暴動ののち、イギリスによるバルフォア宣言に従ってヨルダン川西岸にユダヤ人国家を建設しようと主張するシオニストに対して、ヨルダン川両岸にまたがる大国家を建設すべしというものだった。

＊8　「釈放カード」（正式には「刑務所からの釈放カード」）とは、ボードゲームの「モノポリー」における手札のひとつ。文字通り、「刑務所」に入った際に提示することで釈放される。

＊9　ダヴィド・ベン゠グリオン（一八八六―一九七三年）はイスラエルの政治家。初代（一九四八―五四年）と第三代（一九五五―六三年）の首相。

＊10　ポール・ウォルフォウィッツ（一九四三年―）はアメリカの政治家。第二五代国防副長官（二〇〇一―二〇〇五年）、第一〇代世界銀行総裁（二〇〇五―二〇〇七年）。父はポーランドのユダヤ人で、祖父とともにアメリカに移住したが、残った親類の多くはホロコーストの犠牲となった。いわゆるネオコンの代表者であり、親イスラエル派。イラク戦争のシナリオを書いた人物であるとされる。

＊11　アラン・フィンケルクロート（一九四九年―）はフランスの評論家・エッセイスト。父はポーランドのユダヤ人で、アウシュヴィッツの生き残り。ユダヤ人問題、フランスの植民地主義など、広い話題についての著作がある。邦訳のある著作に『愛の知恵』（磯本輝子・中嶋公子訳、法政大学出版局、一九九五年）など。

＊12　ベルナール゠アンリ・レヴィ（一九四八年―）はフランスの哲学者・小説家。フランス領アルジェリア出身で、高等師範学校でジャック・デリダ、ルイ・アルチュセールに学ぶ。新哲学派（ヌーヴォー・フィロゾーフ）を代表する一人。邦訳のある著作に『人間の顔をした野蛮』（西永良成訳、早川書房、一九七八年）など。

＊13　アーヴィング・バーリン（一八八八―一九八九年）はベラルーシ生まれ、アメリカの作曲家・作詞家。五歳の時にアメリカに移住、カフェのウェイター兼専属歌手をしていた際に、自作の曲を歌うようになり、やがてポピュラー・ソングの作曲家として名声を博すようになる。一九一八年作曲の「ゴッド・ブレス・アメリカ」はのちに「第二の国歌」と呼ばれるようになる。

＊14　アイザック・バシェヴィス・シンガー（一九〇二／〇四―一九九一年）はポーランド生まれ、アメリカのノーベル賞

作家。イディッシュ語文学運動を先導した。著作はほとんどイディッシュ語で執筆され、一八冊の長編小説以外に短編小説を得意とし、一二冊以上が出版されている。最近出版された邦訳に、『不浄の血――アイザック・バシェヴィス・シンガー傑作選』（西成彦訳、河出書房新社、二〇一三年）などがある。

＊15　レオン・ウィーゼルティア（一九五二年―）はニューヨーク生まれの著述家・哲学者。親はホロコーストのサヴァイヴァーである。一九八二年以来、『ニュー・リパブリック』の文学編集者。

＊16　グルーチョ・マルクス（一八九〇―一九七七年）はニューヨーク生まれ、アメリカのコメディアン。ユダヤ系ドイツ移民を親にもつ五人兄弟のうち、チコ、ハーポ、ゼッポとともに四人で「マルクス兄弟」として活躍した。

第五章

＊1　アニー・クリージェル（一九二六―一九九五年）はフランスの歴史家。共産主義の歴史と理論を専門とする。かつては共産党に所属していたが、一九五六年のハンガリー動乱以降は反共産主義に転向した。

＊2　ここで言うフランス社会党（SFIO; Parti Socialiste Français / Section Française de l'Internationale Ouvrière）は、現存する社会党（PS; Parti Socialiste）の前身。一九〇五年結党。

＊3　ジョージ・リヒトハイム（一九一二―一九七三年）はドイツ生まれの知識人。社会主義者で社会主義、マルクス主義の理論と歴史についての著作がある。邦訳のある著作に『社会主義小史』（庄司興吉訳、みすず書房、一九七九年）など。

＊4　ボリス・スヴァーリン（一八九五―一九八四年）はフランス（ロシア生まれ）のマルクス主義者・共産主義活動家。フランス共産党の創設メンバーのひとりで、非ロシア人としては唯一、コミンテルンの委員を三年連続で務めた。この後触れられているスターリンについての著作は『スターリン――ボルシェヴィキ党概史』（上下巻、江原順訳、教育社、一九八九年）として訳されており、原著は一九三五年に出版された。

＊5　シャルル・ラポポール（一八六五―一九四一年）はロシア生まれ、フランスの共産主義政治家・著述家。スヴァーリ

ンと同様にユダヤ系。

＊6　ジャン・ロンゲ（一八七六―一九三八年）はフランスの社会学者。この後述べられるように、母のジェニー・ロンゲはカール・マルクスの娘であり、マルクスの孫ということになる。

＊7　リチャード・コブ（一九一七―一九九六年）はイギリスの歴史家。オクスフォード大学。フランス史、とくにフランス革命の歴史で著名である。主著は『国民軍』（フランス語版一九六一年、英語版一九八七年）。

＊8　『ジュ・スイ・パルトゥ』紙は一九三〇年に創刊され、一九四〇年のドイツによる占領の直前に発行禁止になるまで出版されていた新聞。当初は明確なイデオロギーを持たなかったが、やがて極右ナショナリズム、さらにはファシズムに接近し、たとえば一九三二年にはムッソリーニの支持を表明している。

＊9　クウェンティン・スキナー（一九四〇年―）はイギリスの政治学者。政治思想を専門とする。ケンブリッジ大学教授、ロンドン大学クイーン・メアリー・カレッジ教授。『思想史とは何か――意味とコンテクスト』（半澤孝麿・加藤節編訳、岩波書店、一九九九年）など。ジョン・ダン（一九四〇年―）もおなじく政治学者でケンブリッジ大学教授。『政治思想の未来』（半澤孝麿訳、みすず書房、一九八三年）など。

＊10　ラルフ・ダーレンドルフ（一九二九―二〇〇九年）はドイツ生まれの社会学者・政治家。政治家としては六〇年代に西ドイツ連邦議会に自由民主党議員として参与し、ヨーロッパ共同体の各種委員としても活躍した。七〇年代以降は学者生活に戻り、イギリスを中心に活動。主著は『産業社会における階級および階級闘争』（富永健一訳、ダイヤモンド社、一九六四年）。

＊11　ウィリアム・スーエル（一九四〇年―）はアメリカの歴史学者で専門はフランス史。現在シカゴ大学名誉教授。カリフォルニア大学バークリー校で一九七一年に博士号を取得している。

＊12　グスタフ・シュトレーゼマン（一八七八―一九二九年）はドイツの政治家。一九二三年八月から一一月まで首相。その後は外相として活躍し、一九二五年のロカルノ条約の締結に尽力し、二六年にノーベル平和賞を受賞した。

＊13　ミルチャ・エリアーデ（一九〇七―一九八六年）はルーマニア出身の宗教史家・作家。シカゴ大学。一九三〇年代にはルーマニアで、極右・反ユダヤ組織の鉄衛団への支持を何度も表明しており、これについては一九七〇年代以降に自己

批判した。

＊14　エミール・シオラン（一九一一―一九九五年）はルーマニアの哲学者・作家。エリアーデと同様に、メンバーにはならなかったものの鉄衛団にかかわり、その機関誌に文章を寄せ、第二次世界大戦の初期までは支持していた。後年になってこれについては後悔の念を表明している。

＊15　エルンスト・ユンガー（一八九五―一九九八年）はドイツの作家・思想家。エッセイ、小説などにくわえて、第一次世界大戦の従軍記『鋼鉄の嵐の中で』（一九二〇年）で著名。ナチス時代にはゲシュタポに逮捕されそうになったところを、この従軍経験を評価したヒトラーに止められる。その思想はファシスト的だと言われることも多い。

＊16　ジーヴ・スターンヘル（一九三五年―）はイスラエルの歴史家・政治学者。ファシズムとフランスにおける左翼の研究で著名である。シオニストでありながら、パレスチナに対するイスラエルの占領政策には批判的で、パレスチナ人の自由と独立を訴えている。

＊17　エーリッヒ・マリア・レマルク（一八九八―一九七〇年）はドイツの作家。第一次世界大戦では西部戦線で戦い、負傷兵として帰還。一九二九年の『西部戦線異状なし』はベストセラーとなり、翌年にはアメリカで映画化される。その後、反戦的な思想からナチスの迫害を受け、一九三九年にはアメリカに亡命した。

＊18　国民の館は、現在はルーマニアの国会議事堂であるが、着工時（一九八三年）の大統領で共産党書記長ニコラエ・チャウシェスク（一九一八―一九八九年）が宮殿として建設した巨大な建造物。

＊19　アンリ・ド・マン（一八八五―一九五三年）はベルギーの社会理論家で、第二次世界大戦中にナチスに協力した。アメリカの文芸批評家のポール・ド・マン（ナチス統治期に書いた反ユダヤ的な文章により批判された）の叔父にあたる。ジョン・ストレイチー（一九〇一―一九六三年）はイギリスの政治家。基本的には労働党に所属したが、後述のモーズリーの「新党」に一時的に参加した。オズワルド・モーズリー（一八九六―一九八〇年）はイギリスの政治家。労働党を離脱して「新党」を結成、やがてそれをファシスト政党へと変化させ、イギリスファシスト連合（ＢＵＦ）を結成した。マルセル・デア（一八九四―一九五五年）はフランスの政治家。初期は社会主義者であったが、ヴィシー政権下では対独協力的でファシズム的な政党「国民・人民集会」を結成した。

＊20　ヒャルマル・シャハト（一八七七—一九七〇年）はドイツの経済学者・銀行家・政治家。第一次世界大戦後にはドイツ民主党の結成にくわわり、ハイパーインフレからの立て直しのために臨時貨幣であるレンテンマルクを政府が発行する政策を押し進めた。『我が闘争』に感銘を受けてヒトラーに接近、ナチス政権下で経済相に任命された。

＊21　ミハイ・エミネスク（一八五〇—一八八九年）は詩聖と称されるルーマニアの国民的詩人。本名はミハイル・エミノヴィチだが、ルーマニア風の名前に改名した。もっとも有名な詩「金星ルチャーファル」はその暗唱が高校の卒業試験に課されることもあるほどの、国民的な詩である。

＊22　コルネリウ・コドレアヌ（一八九九—一九三八年）はルーマニアの政治家で、ファシスト組織鉄衛団の指導者。コドレアヌは一九二二年にキリスト教学生協会を設立し、反共で右派の排外的な運動を行っていた。鉄衛団は一九二七年に創設した大天使ミカエル軍団の政党であった。

＊23　ミハイル・セバスチアン（一九〇七—一九四五年）はルーマニアのユダヤ系の劇作家・著述家・ジャーナリスト。ナエ・イオネスクの思想の影響を受け、ユダヤ系にもかかわらず反ユダヤ的な鉄衛団に関わった。一九三五年から四四年までの日記が一九九六年に出版され、物議をかもした。トラックに轢かれて事故死。

＊24　ナエ・イオネスク（一八九〇—一九四〇年）はルーマニアの哲学者。三〇年代には極右の反ユダヤ主義的な立場を強めた。先述のセバスチアンとは一時期まで良好な関係にあったが、ルーマニアのユダヤ人の経験を描くセバスチアンの小説『もはや二千年……』（一九三四年）に、反ユダヤ的な序文を書いて物議をかもし、決別する。

＊25　レオン・ドグレル（一九〇六—一九九四年）はベルギーの軍人・政治家。ベルギーのカトリック系の反共産主義ファシズム政党「レクシズム」（一九三五年）を設立した。ドイツがベルギーを侵攻すると、レクシズムはナチズムに吸収される。第二次大戦中、ドグレルは第二八SS義勇擲弾兵師団の師団長となり、東部戦線で戦った。

＊26　ヴィドクン・クヴィスリング（一八八七—一九四五年）はノルウェーの軍人・政治家。一九三三年にはファシズム政党の国民連合を創設しており、一九四〇年にドイツがノルウェーに侵攻するとそれに協力して傀儡政権を樹立する。戦後は連合国に逮捕され、銃殺刑に処せられた。

＊27　モーリス・トレーズ（一九〇〇—一九六四年）はフランスの政治家で、一九三〇年から死去する六四年まで書記長を

務めた。フランス北部の炭鉱地帯出身で、自身も一二歳から炭坑夫として働いた。戦前だけでなく戦後も一貫してソ連に追随する姿勢を崩さなかった。

＊28『神は躓ずく——西欧知識人の政治体験』（村上芳雄訳、ぺりかん社、一九六九年）は、イギリスの労働党の政治家であるリチャード・クロスマンの編集で一九五〇年に出版された書物である。元共産党員と、かつては共産主義に共感したものの幻滅を味わった六人の著者による文章がまとめられている。寄稿者はアーサー・ケストラー、イグナツィオ・シローネ、リチャード・ライト、アンドレ・ジッド、ルイス・フィッシャー、スティーヴン・スペンダー。

＊29 エヴゲーニャ・ギンズブルグ（一九〇四—一九七七年）はロシアの著述家・ジャーナリスト。トロツキー派の反革命勢力との嫌疑で一九三七年に裁判にかけられ、一八年間を強制収容所で過ごす。その回顧録は『明るい夜 暗い昼』（田中甫訳、平凡社、一九七四年）、『続 明るい夜 暗い昼』（田中甫訳、平凡社、一九九〇年）、『続々 明るい夜 暗い昼』（田中甫訳、集英社、一九九〇年）として訳されている。

＊30 アレクサンダー・ワイスベルク（一九〇一—一九六四年）はポーランドおよびオーストリアの物理学者・著述家・実業家。『被告——ソヴィエト大粛清の内幕』（荒畑寒村訳、新泉社、一九七二年）でスターリンの粛清と見せしめ裁判をヨーロッパに知らしめた。『被告』が『沈黙という共謀』のタイトルで一九五二年にイギリスで出版された際に、アーサー・ケストラーが序文を書いた。

＊31 マルガレーテ・ブーバー゠ノイマン（一九〇一—一九八九年）はドイツ共産党の党員で、第二次世界大戦中はソヴィエトとナチス・ドイツの両方の強制収容所を経験した。戦後は政治評論家として活躍。その経験を一九四八年出版の『スターリンとヒットラーの軛のもとで——二つの全体主義』（林晶訳、ミネルヴァ書房、二〇〇八年）で書いた。

第六章

＊1 ジョン・ロールズ（一九二一—二〇〇二年）はアメリカの分析哲学者。一九七一年刊の『正義論』（川本隆史・福間

聡・神島裕子訳、紀伊國屋書店、二〇一〇年）で著名。ロバート・ノージック（一九三八―二〇〇二年）はアメリカの哲学者。リバタリアニズムの論客として、ロールズの『正義論』への反論『アナーキー・国家・ユートピア』（津島格訳、木鐸社、一九八五年）を書いた。ロナルド・ドウォーキン（一九三一―二〇一三年）はアメリカの法哲学者。

＊2　レシェク・コワコフスキ（一九二七―二〇〇九年）はポーランド出身の哲学者。主著の『マルクス主義の主要潮流』はポーランド語版が一九七六年、英語版が一九七八年に出版されているので、ここで一九七九年と言っているのは勘違いであろう。ジャットは『マルクス主義の主要潮流』が一巻本で再刊されるにあたって文章を書いている。「さらば古きものよ？――レシェク・コワコフスキとマルクス主義の遺産」『失われた二〇世紀 上巻』（河野真太郎・生駒久美・伊澤高志・近藤康裕・高橋愛訳、NTT出版、二〇一一年）一七七―九七頁。

＊3　スティーヴン・ルークス（一九四一年―）はイギリス出身の社会学・政治学者。現在はニューヨーク大学教授。著書に『現代権力論批判』（中島吉弘訳、未來社、一九九五年）など。

＊4　ヤン・カヴァン（一九四六年―）はロンドン生まれ、チェコスロヴァキアの政治家・外交官。

＊5　ロンドン・ウィークエンド・テレビは、ロンドンと周辺諸州で、金曜の夕方から月曜の朝まで放送をしていたテレビ局。一九六八年から二〇〇二年まで独立したテレビ局として放送していたが、現在は民放ネットワークのITVの一部となっている。

＊7　憲章七七とは、一九七六年から一九九二年まで続いた共産主義チェコスロヴァキアに対する反体制運動の名前およびその運動を象徴する、一九七七年に出された憲章の名称。憲章はヘルシンキ条約を遵守するよう求めたもので、当局の弾圧に遭いながらも二四三名の署名つきで西ドイツの新聞に発表された。

＊8　ジョルジュ・ベルナノス（一八八八―一九四八年）はフランスの作家。アクシォン・フランセーズ（ドレフュス事件に際して結成された、フランス王党派のナショナリズム政党）に属するなど、反民主主義・民衆主義的な傾向をもっており、スペイン内戦にあたっても当初はフランコを支持した。しかし、マジョルカ島で内戦の実情を知ると、フランコに対して幻滅し、批判した。著作に『田舎司祭の日記』（渡辺一民訳、春秋社、一九九九年）など。

＊9　カチンの森はロシア西部で、第二次世界大戦中に、約四三〇〇人のポーランド人将校が虐殺された場所。一九四三年

にドイツはその集団墓地を発見したと発表したが、スターリンは、それはドイツの仕業であるとしつつも赤十字による現地調査を拒否。ロンドンに亡命中であったポーランド政府はそれを批判した。一九八七年にポーランド・ソ連の共同調査委員会が発足し、ソ連の凶行であったことが判明、一九九〇年にソ連は公式に謝罪している。

＊10 ヤノーシュ・カーダール（一九一二―一九八九年、ハンガリー風に氏・名の順番にすればカーダール・ヤノーシュ）はハンガリー社会主義労働者党の指導者。ハンガリー首相（二期、一九五六―五八年、一九六一―六五年）。ハンガリー動乱後の新政府においてカーダールは、国民の生活水準の向上を中心とした「一五ポイント・プログラム」を実行した。

＊11 ペリー・アンダーソン（一九三八年―）はイギリス出身の思想家・歴史学者。マルクス主義を中心とする思想史を専門としつつ、彼自身ニュー・レフトの核心的な人物であり続けている。一九七六年刊の著書『西欧マルクス主義』（中野実訳、新評論、一九七九年）はその題名にある西欧のマルクス主義の思潮にその名をつけたことで名高い。

＊12 カール・コルシュ（一八八六―一九六一年）はドイツ出身のマルクス主義理論家。所属していたドイツ独立社会民主党が共産党と合同したため共産党員となったが、共産党とソ連に対しては批判的だった。著書に『マルクス主義と哲学』（一九六六年、平井俊彦・岡崎幹郎訳、未來社、一九七七年）など。

＊13 リュシアン・ゴルドマン（一九一三―一九七〇年）はルーマニア出身、フランスの哲学者・社会学者。ルカーチ研究から出発して、独自のマルクス主義的文学批評を実践した。著書に『隠れたる神』（一九五五年、山形頼洋・名田丈夫訳、社会思想社、一九七二―七三年）など。

＊14 ローザ・ルクセンブルク（一八七一―一九一九年）はポーランド出身、ドイツの革命家・社会理論家。ドイツではスパルタクス団を母体としてドイツ共産党を創設した。ドイツ革命中、一九一九年一月の一月蜂起における国防軍と義勇軍（フライコール）との衝突で、カール・リープクネヒトらとともに虐殺される。

＊15 マーク・マゾワー（一九五八年―）はイギリス出身の歴史家。コロンビア大学教授。専門はギリシャ、バルカン半島史、二〇世紀ヨーロッパ史。『暗黒大陸』は一九九八年刊で、民主主義の偶発的な勝利についての歴史書である。邦訳書に『国際協調の先駆者たち――理想と現実の２００年』（依田卓巳訳、ＮＴＴ出版、二〇一五年）。

＊16 アダム・ミヒニック（一九四六年―）はポーランドの歴史家・知識人。ポーランド最大の新聞である『ガゼッタ・ヴ

ィボルチャ』の編集長。

＊17　ジェルジ・コンラード（一九三三年―）はハンガリーの小説家。一九五六年のハンガリー動乱では国民軍に参加している。その後、児童福祉監督員の経験をもとに『ケースワーカー』（一九六九年）を書く。一九九〇年から三年間、国際ペンクラブの会長を務める。

＊18　ハヴェルの著作『権力なき者たちの力』のエピソードより。スローガンを貼り出すことは権力に対して従順であることを示すためのジェスチャーである。

＊19　マーシ・ショアはイェール大学准教授。専門は思想史でマルクス主義や現象学を研究している。著書の『キャビアと灰――ワルシャワ世代のマルクス主義における生と死　一九一八年―一九六八年』（二〇〇六年）はポーランドのマルクス主義思想をめぐる思想史で、数多くの賞を受賞している。ティモシー・シュナイダーは夫。

＊20　ツヴェタン・トドロフ（一九三九年―）はブルガリア出身の思想家・文芸批評家。一九六三年からフランスで活動しており、ロラン・バルトの影響のもとに（ポスト）構造主義的な文学研究を展開する。著作は二〇冊を超える。ジュリア・クリステヴァ（一九四一年―）はブルガリア出身の文学理論家。一九六五年以降フランスで活動している。ラカンの精神分析も利用した（ポスト）構造主義理論を展開、「セミオティーク」「間テクスト性」「アブジェクト」といった概念が有名である。著書に『セメイオチケ』（一九六九年）など。

＊21　クレメント・ゴットワルト（一八九六―一九五三年）はチェコスロヴァキア共産党の指導者で、チェコスロヴァキア共和国首相（一九四六―一九四八年）、チェコスロヴァキア大統領（一九四八―一九五三年）を務めた。一九四八年とはチェコスロヴァキア政変（二月事件とも）の年で、ゴットワルトは警察から非共産党員を追放、それに抗議した非共産系の議員が辞職し、当時のエドヴァルド・ベネシュ大統領も辞任を余儀なくされた。冷戦の始まりを印象づけた事件。

＊22　オタ・シーク（一九一九―二〇〇四年）はチェコの経済学者で、一九六〇年代の新経済モデルの立役者。「プラハの春」で主導的な役割を果たした。ヤノーシュ・コルナイ（一九二八年―）はハンガリーの経済学者。東欧の共産主義国における計画経済を批判した。自伝が日本語訳されている。『コルナイ・ヤノーシュ自伝――思索する力を得て』盛田常夫訳、日本評論社、二〇〇六年。

＊23　ヴァーツラフ・クラウス（一九四一年―）はチェコ共和国第二代大統領。経済学者でもある。一九八九年の共産体制の崩壊後には市民民主党を率い、ミルトン・フリードマンやマーガレット・サッチャーの新自由主義経済思想を信奉した。

＊24　レオポルド・ティルマンド（一九二〇―一九八五年）はポーランド出身のユダヤ系の小説家。一九六六年にアメリカに移住し、反共月刊誌『クロニクルズ・オヴ・カルチャー』を編集した。ここで話題になっている日記『日記　一九五四年』は一九五四年の最初の三ヵ月を記録したもので、一九八〇年にポーランド語版が、二〇〇四年には英語版が出版されている。

＊25　レシェク・バルツェロヴィチ（一九四七年―）はポーランドの経済学者・政治家。副首相、財務相、ポーランド国立銀行総裁などを歴任している。一九九〇年代、ポーランドの共産主義から資本主義への移行における立役者となり、「バルツェロヴィチ・プラン」と呼ばれる移行計画を指揮した。

第七章

＊1　ジャック・ダンボワーズ（一九三四年―）はアメリカのバレエ・ダンサー・振付家。ニューヨーク・シティ・バレエ団のダンサーと振付家として活動した。一九七六年にはナショナル・バレエ・インスティテュートを設立し、子供たちにバレエのみならず、文化や歴史、文学なども教えている。

＊2　クリストフ・ミチャルスキー（一九四八―二〇一三年）はポーランドの哲学者。ハイデッガー研究などで知られ、ウィーンの人間科学インスティテュートの設立者。

＊3　『ヨーロッパ』（別宮貞徳訳、Ⅰ～Ⅳ巻、共同通信社、二〇〇〇年）はノーマン・デイヴィス（一九三九年―）による著作。デイヴィスはイギリスの歴史学者であり、ヨーロッパ史、ポーランド史などを専門とする。現在はロンドン大学名誉教授、オクスフォード大学聖アントニー・カレッジの名誉フェローなど。

＊4　『たのしい川べ』（原題は *The Wind in the Willows*）はイギリスの児童文学作家ケネス・グレアムの一九〇八年の作品。

＊5　ジョン・U・ネフ（一八九九―一九八八年）はアメリカの経済史家で、シカゴ大学の社会思想委員会の設立者（一九四一年設立）。社会思想委員会は、領域横断的な大学院組織である。

＊6　外交問題評議会（Council on Foreign Relations）は一九二一年に設立された非営利の会員組織・シンクタンク。アメリカの外交政策に大きな影響を及ぼしてきた。会員には政治家、CIAの上級官吏、大学教授などがおり、隔月刊の雑誌『フォリン・アフェアーズ』を発行している。

＊7　ハーバート・バターフィールド（一九〇〇―一九七九年）はイギリスの歴史家。ケンブリッジ大学に学び、教えた。『近代科学の誕生』（渡辺正雄訳、講談社、一九七八年）で、一七世紀の近代科学の誕生を重要視し、それに「科学革命」の名を与えた。ここで参照されているのは、一九三一年刊の『ウィッグ史観批判』（越智武臣ほか訳、未來社、一九六七年）である。

＊8　エドワード・ギボン（一七三七―一七九四年）はイギリスの歴史家。一七七六年から八八年にかけて出版した六巻本の『ローマ帝国衰亡史』で知られる。『ローマ帝国衰亡史』は当時、そしてその後の時代にもかなり広く読まれた。

＊9　コンドリーザ・ライス（一九五四年―）はアメリカの政治家・政治学者。ジョージ・W・ブッシュ大統領のもとで、第二〇代国家安全保障問題担当大統領補佐官（二〇〇一―二〇〇五年）、第六六代国務長官（二〇〇五―二〇〇九年）を歴任した。デンバー大学で政治学の博士号を取得し、一九八一年からスタンフォード大学で教鞭をとり、一九九三年には教授職につき、この後述べられているように副学長代理（アメリカではprovostと呼ばれるポスト）についた（一九九九年まで）。二〇〇九年にはスタンフォード大学に戻っている。

＊10　ポパーについては第一章注17を参照。『開かれた社会とその敵』（内田昭夫・小河原誠訳、未來社、一九八〇年）は一九四五年に出版された著書で、その中でポパーはプラトンやアリストテレスに「全体主義の起源」を見いだし、後者の系譜の上にヘーゲルやマルクスを置いている。

＊11　アーネスト・メイ（一九二八―二〇〇九年）はアメリカの政治学者・歴史家。アメリカ外交史が専門。ハーヴァード大学教授であった。ここで触れられている著書は二〇〇〇年出版の『奇妙な勝利――ヒトラーのフランス征服』である。

＊12　二〇〇三年ごろに、フランスがイラク戦争への参戦を拒否した際に、アメリカではフランス製品の不買運動などが起

きたが、その一環としてフライドポテト(アメリカではフレンチ・フライという)の呼称を「フリーダム・フライ」とする動きがあった。

＊13　アル・ゴア(一九四八年―)はアメリカの民主党の政治家で、一九九三年から二〇〇一年まで、ビル・クリントン大統領のもとで副大統領を務めた。二〇〇〇年の大統領選では共和党のジョージ・ブッシュと接戦を演じ、敗れた。その際に副大統領に指名されたのがジョーゼフ(ジョー)・リーバーマン(一九四二年―)で、彼は安息日には審議に参加しないことがあるくらいの敬虔なユダヤ教徒である。

＊14　ジュール・ミシュレ(一七九八―一八七四年)はフランスの歴史家。一八五五年の『フランス史』において「ルネサンス」という言葉を学術的に初めて使った。レオポルト・フォン・ランケ(一七九五―一八八六年)はドイツの歴史家。実証主義的な歴史学の始祖とされる。ミハイロ・フルシェフスキー(一八六六―一九三四年)はウクライナの歴史家。ウクライナ民族運動の指導者でもあった。

＊15　マーク・トラクテンバーグ(一九四六年―)アメリカの歴史学者。カリフォルニア大学ロサンゼルス校。専門は冷戦史、米欧関係史。

第八章

＊1　バーナード・ウィリアムズ(一九二九―二〇〇三年)はイギリスの道徳哲学者。オクスフォード大学出身で、ロンドン大学、ケンブリッジ大学で教えた後はアメリカに移住し、カリフォルニア大学バークリー校に所属した。ここでの真実と誠実さとの区別という話題は、二〇〇二年の著書『真実と誠実』の議論であろう。

＊2　モーリス・バレス(一八六二―一九二三年)はフランスの小説家・ジャーナリスト・政治家。ドレフュス事件では主導的な反ドレフュス派であった。小説三部作『自我礼拝』(伊吹武彦訳、中央公論社、一九七〇年)が代表作。

＊3　血の中傷とは、古くは古代からつづいてきたキリスト教社会におけるユダヤ人迫害の総称。

＊4　ジュリアン・バンダ（一八六七―一九五六年）はフランスの哲学者、小説家。一九二七年出版の『知識人の裏切り』（宇京頼三訳、未來社、一九九〇年）で知られる。ここでジャットはバンダの主張を完全に逆に理解している。バンダが批判したのは、不偏不党の真理や抽象的な理想を捨ててナショナリズムや人種差別といった政治の片棒をかつぐ知識人たちである。

＊5　トマス・ネーゲル（一九三七年―）はユーゴスラヴィア出身、アメリカの哲学者。ニューヨーク大学教授。ここで引用されているのは、一九八六年刊の『どこでもないところからの眺め』（中村昇ほか訳、春秋社、二〇〇九年）。

＊6　アンドレ・グリュックスマン（一九三七年―）はフランスの哲学者。「新哲学者」のひとりとされ、マルクス主義が必然的に全体主義に結びつくという批判を展開した。アメリカのアフガニスタンおよびイラクでの戦争を支持。マイケル・イグナティエフ（一九四七年―）はカナダの政治学者・政治家。カナダ自由党党首。大量破壊兵器の製造を根拠としたイラクへの侵攻を支持した。

＊7　エドワード・サイード（一九三五―二〇〇三年）はパレスチナ出身、アメリカの文学研究者・批評家。一九七八年出版の『オリエンタリズム』（今沢紀子訳、平凡社、一九八六年）は文学・文化研究におけるポストコロニアル批評という一大領野を切り開いた。パレスチナ問題に、言論と政治の双方において積極的に関わった。ジャットはサイードの死去に際して追悼文を寄せており、それは『失われた二〇世紀』（河野真太郎ほか訳、NTT出版、二〇一一年）に収録されている。

＊8　ブレイトン・ブレイテンバッハ（一九三九年―）は南アフリカの作家・画家。反アパルトヘイト運動に参加し、一九七〇年代には大逆罪で裁判にかけられるが、国際的な運動によりほぼ無罪放免となる。その後はフランスの市民権を獲得し、活動を展開する。

＊9　『ディセント』はアメリカの左派系の季刊誌。ペンシルヴァニア大学出版局が発行している。一九五四年に、アーヴィング・ハウ、ノーマン・メイラーらの、いわゆる「ニューヨーク知識人」のグループによって創刊された。

＊10　スラヴォイ・ジジェク（一九四九年―）はスロヴェニアの哲学者。一九八九年の『イデオロギーの崇高な対象』（鈴木晶訳、河出書房新社、二〇〇〇年）以来、ジャック・ラカンの精神分析とマルクス主義を結合した理論を展開して現代

思想を牽引してきた。

＊11　イマニュエル・ウォーラーステイン（一九三〇年―）はアメリカの社会学者。世界をひとつのシステムとして、社会学、政治経済学などの包括的な視点からとらえる仕事をライフワークとしている。その『近代世界史システム』は現在第四巻まで（年代としては一九一四年まで）出版されている。

＊12　ここでほのめかされているのは、イングランド・プレミアリーグのチームであるチェルシーを二〇〇三年に買収したロシア系ユダヤ人の石油王であるロマン・アブラモヴィッチ（一九六六年―）であろう。

＊13　エリック・ホブズボーム、テレンス・レンジャー編『創られた伝統』（前川啓治・梶原景昭訳、紀伊國屋書店、一九九二年）は、国民国家の「伝統的」と思われている文化が、近代における創造物であることを指摘する。第二章ではヒュー・トレヴァー＝ローパーがここで触れられているタータンのキルトも含めたスコットランド高地地方の「伝統の創造」を論じている。

＊14　二〇〇四年一一月に行われたウクライナ大統領選挙では、決選投票で出口調査とは違う結果となり、ヴィクトール・ヤヌコーヴィチが勝利したが、大規模な選挙不正が明らかになり、キエフで大きな抗議運動が起き、選挙はやり直しとなった。その結果、野党の対立候補ヴィクトル・ユシチェンコが勝利した。また、ジョージ・ブッシュがアル・ゴアを破った二〇〇〇年の米国大統領選挙では、勝敗を決したマイアミ州の集計について不正が訴えられ、法廷闘争となった。結果的に票の数え直しは行われず、ブッシュが勝利した。

＊15　マイケル・マンデルバウム（一九四六年―）はアメリカの外交史家。ジョンズ・ホプキンズ大学。ここで触れられている著書はおそらく、*Democracy's Good Name: The Rise and Risks of the World's Most Popular Form of Government*（Public Affairs, 2007）であろう。

＊16　デイヴィッド・ブルックス（一九六一年―）はアメリカの保守派コメンテーター。当初はイラク戦争を熱烈に支持していたが、しだいにそのトーンを低めていった。邦訳のある著書に『人生の科学――「無意識」があなたの一生を決める』夏目大訳、早川書房、二〇一二年がある。

＊17　デイヴィッド・レムニック（一九五八年―）はアメリカのジャーナリスト。一九九四年に『レーニンの墓――ソ連帝

国最期の日々』（三浦元博訳、白水社、二〇一一年）でピューリッツァー賞を受賞。『ニューヨーカー』誌の編集者。

＊18　マイケル・ウォルツァー（一九三五年―）はアメリカの政治哲学者。プリンストン大学高等研究員名誉教授。コミュニタリアンの立場をとるリベラル左派であるが、イラク戦争は支持をした。著書に初版が一九七七年に出版された『正しい戦争と不正な戦争』（萩原能久訳、風行社、二〇〇八年）など。

＊19　トマス・フリードマン（一九五三年―）はアメリカのジャーナリスト。ユダヤ系。外交問題、グローバル国際関係などを中心的な関心事とし、ピューリッツァー賞を三度受賞している。

＊20　マーク・ダナー（一九五八年―）はアメリカの作家・ジャーナリスト。『ニューヨーク・レヴュー・オヴ・ブックス』誌上などでイラク戦争に反対する論陣を張った。シーモア・ハーシュ（一九三七年―）はアメリカの調査報道ジャーナリスト。ヴェトナム戦争のソンミ村虐殺事件の報道で世界的に有名になり、ピューリッツァー賞を受賞した。イラク戦争では、アブグレイブ刑務所での捕虜虐待が組織的なものであることをあきらかにするなどした。

＊21　ジュディス・ミラー（一九四八年―）はアメリカのジャーナリスト。『ニューヨーク・タイムズ』紙上で、イラクが大量破壊兵器を保持しているというキャンペーンを行った。その情報源であったアフマド・チャラビー（一九四四年―）はイラクの政治家で、サダム・フセイン時代には国外に逃亡していた。ミラーに提供した大量破壊兵器をめぐる情報が不正確であったことが原因となり、イラク新政権に入ることができなかった。二〇一二年にはフランスの諜報部員が、チャラビーはイランのスパイであると発言している。

＊22　ジョージ・ソロス（一九三〇年―）はハンガリー出身、ユダヤ系アメリカ人の投資家。一九四七年に単身イギリスに渡り、重労働をして学費を稼ぎながらロンドン・スクール・オヴ・エコノミクスに通ったという。一九五六年にアメリカに渡り、一九六九年にジム・ロジャーズとともにファンドを設立。ファンドマネージャーをしつつ、哲学者、慈善家、政治家といった顔も持つ。

＊23　ジャン＝マリー・ゲーノ（一九四九年―）はフランスの元外交官。二〇〇〇年から二〇〇八年まで、国連の平和維持活動担当事務次官。著書に『民主主義の終わり』（舛添要一訳、講談社、一九九四年）がある。

＊24　ルイス・キャロル『不思議の国のアリス』からの引用。自分が一〇一歳五ヵ月と一日だと言う女王にアリスは、そん

なありえないことは信じられないと言うが、女王は、ありえないことを信じる訓練が足りないのだ、自分がアリスくらいの頃には、朝食前に六つはありえないことを信じたものだ、と言う。

＊25 外国人・治安諸法は一七九八年に制定された四つの法律。当時、フランスとの宣戦布告のない疑似戦争をしていたという背景を持つ。そのうち、敵性外国人法（戦時に敵の外国人を国外退去させられる法律）だけは現在も有効である。ノウ・ナッシングは一八五〇年代に外国人排斥を訴えた政治運動体。主にドイツ系やアイルランド系のカトリック移民の増加に対する反動であった。

＊26 ウィリアム・ジェニングス・ブライアン（一八六〇―一九二五年）はアメリカの政治家。民主党の大統領候補に三度選ばれた雄弁家で、ポピュリズム運動の主導的人物であった。一八九六年は彼が戦った最初の大統領選挙の年である。

＊27 ニュート・ギングリッチ（一九四三年―）はアメリカの保守派政治家。一九九四年の中間選挙で共和党の公約作成に尽力し、同党の復活に貢献した。ディック・チェイニー（一九四一年―）はアメリカの政治家・実業家。国防長官と副大統領を歴任。グレン・ベック（一九六四年―）はアメリカの保守系ラジオ・パーソナリティ。過激な発言で物議をかもし、ティー・パーティ運動の成立にも貢献した人物である。

＊28 セイラ・ペイリン（一九六四年―）はアメリカの保守派の政治家。共和党所属で、アラスカ州第一一代州知事。二〇〇八年には副大統領候補。ティー・パーティ運動でも活躍。インタヴューでまったく的を射ない回答を繰り返すなど、政治家としての資格に疑問を持たれている部分がある。

＊29 アレクシ・ド・トクヴィル（一八〇五―一八五九年）はフランスの政治思想家。アメリカに渡った際の見聞を記した『アメリカのデモクラシー』（第一巻一八三五年、第二巻一八四〇年）は民主主義論の古典である。

＊30 リチャード・ホガート（一九一八―二〇一四年）はイギリスの文化研究者。この後のウィリアムズとともにイギリスのカルチュラル・スタディーズの始祖とも言われる。一九五七年刊の『読み書き能力の効用』（香内三郎訳、晶文社、一九七四年）は、五〇年代のマス・カルチャーの広がりによって失われつつあった労働者階級文化を記述した。レイモンド・ウィリアムズ（一九二一―一九八八年）はウェールズ出身、イギリスの作家・文化研究者。文化を「生活の全体的様式」として定義しなおした。主著は一九五八年刊の『文化と社会』。

＊31　カール・クラウス（一八七四―一九三六年）はオーストリアの作家・ジャーナリスト。一八九九年に評論誌『炬火』を創刊、社会批判・風刺によって大きな影響を与えた。

＊32　「真実らしい性（truthiness）」とは、アメリカのコメディアン、俳優であるスティーヴン・コルベアが、二〇〇五年に開始した風刺番組『コルベア・レポー』の初回で使った造語。ブッシュ政権が使うような、「腹の底から信じている真実」といった、感情のみに訴えて客観的な根拠は薄弱な「真実」を風刺した。アメリカ方言協会によって、二〇〇五年の流行語大賞に選ばれた。

＊33　シェイクスピア『ハムレット』の台詞「簡潔は機知の神髄（The Brevity is the soul of wit）」のもじりであろう。

第九章

＊1　ウィリアム・ベヴァリッジ（一八七九―一九六三年）はイギリスの経済学者・政治家。一九四二年の、いわゆる『ベヴァリッジ報告（社会保険と関連サーヴィスについての報告書）』は、戦後福祉国家の基礎を築いた。

＊2　ゴータ綱領は一八七五年にドイツ社会民主労働党（アイゼナハ派）と全ドイツ労働者協会（ラサール派）が統一党を結成するに際してゴータにおいて発表した綱領。両派の主張を折衷するものであったが、ラサール派の影響についてマルクスの批判をあびた。エルフルト綱領は、のちの一八九一年にドイツ社会民主党が出したもので、ラサール主義の払拭を目指すものだった。

＊3　クレメント・アトリー（一八八三―一九六七年）はイギリスの政治家。労働党党首（一九三五―一九五五年）、首相（一九四五―一九五一年）。

＊4　長期持続とは、アナール学派のフェルナン・ブローデル（一九〇二―一九八五年）の概念。一九四九年に刊行された博士論文『地中海』で、社会、経済などを含む地中海文明の全体的でシステム的な、長期間にわたる変化を記述し、これを長期持続と呼んだ。

＊5　ルイージ・エイナウディ（一八七四—一九六一年）はイタリアの経済学者・政治家。第二代共和国大統領（一九四八—一九五五年）。自由主義の立場をつらぬいて、ファシズム批判をし、戦時中はスイスに亡命するなどしていた。

＊6　ラウール・ドートリー（一八八〇—一九五一年）はフランスの実業家・政治家。鉄道技師、事業家ののち政界に入り、第二次世界大戦後には臨時政府でシャルル・ド・ゴールに復興・都市計画相に任命された。

＊7　ヴァネッサ・ベル（一八七九—一九六一年）はイギリスの画家・インテリア・デザイナーで、ヴァージニア・ウルフの姉。ヴァージニア・ウルフ（一八八二—一九四一年）はイギリスのモダニズム文学を代表する作家で、代表作は『ダロウェイ夫人』（一九二五年）など。二人とも、ロンドンの高級なブルームズベリー地区を本拠としたことから名づけられたブルームズベリー・グループの一員とみなされる。

＊8　アルフレッド・マーシャル（一八四二—一九二四年）はイギリスの経済学者。新古典派を代表し、ケンブリッジ大学でケンブリッジ学派と呼ばれる経済学派を主導した。

＊9　クルト・ゲーデル（一九〇六—一九七八年）はオーストリア＝ハンガリー二重帝国出身の数学者、論理学者。ここで言われているパラドクスとは彼が一九三〇年に証明した不完全性定理のことで、大まかに言えば、ある理論はその理論自体の無矛盾性を証明できない、というもの。

＊10　リチャード・カーン（一九〇五—一九八九年）はイギリスの経済学者。ケンブリッジ大学でケインズのもとで学び、ケンブリッジ大学で教える。彼の「乗数」という考え方を、ケインズは「投資乗数」の理論に役立て、カーンは『一般理論』の共著者的存在とみなされる。

＊11　祖国戦線は、オーストリアのオーストロファシズム（一九三四年から三八年のナチス・ドイツ併合まで続いたファシズム運動）の中心政治組織。一九三四年二月の二月内乱の結果、社会民主党を中心とする社会民主主義勢力が解体され、祖国戦線が覇権をにぎることになった。

＊12　赤いウィーンとは、一九一八年から一九三四年まで、オーストリア社会民主党が与党となって、民主主義的な政治を行った時代。住宅政策においては、カール・マルクス・ホーフなどの大規模な集合住宅が建造された。

＊13　これは、パリが陥落した後、一九四〇年六月一八日にウィンストン・チャーチルが下院で行った演説からの引用。ヒ

トラーに対して立ち上がることでイギリスは「日の当たる高地」へと登ることができるだろうと訴えた。この演説は、「これこそが彼らの最良の時だった」という通称で呼ばれている。

＊14　アラン・ミルワード（一九三五―二〇一〇年）はイギリスの経済史家。第二次世界大戦後の経済史について多くの仕事を残している。マーシャル・プランはそれほどの影響をもたらさなかったという説をとなえて論争を呼んだ。

＊15　ジョルジュ・ビドー（一八九九―一九八三年）はフランスの政治家。戦時中はレジスタンスに参加し、戦後は外相、国防相、首相（一九四九―五〇年）などを歴任した。

＊16　ピエール・マンデス＝フランス（一九〇七―一九八二年）はフランスの政治家。一九五四年から五五年まで首相。首相の任期中にジュネーヴ協定を締結し、一九四六年からつづいていた第一次インドシナ戦争を終結させた。

＊17　ポール＝アンリ・スパーク（一八九九―一九七二年）はベルギーの政治家。ベルギー社会党に属し、三期にわたって首相を務めた（一九三八―一九三九年、一九四六年、一九四七―一九四九年）。

＊18　チャールズ・ディケンズ（一八一二―一八七〇年）はイギリスの小説家。産業化の進むヴィクトリア朝社会の風刺や批判を小説を通して行った。『オリヴァー・トゥイスト』（一八三七―一八三九年）、『デイヴィッド・コパフィールド』（一八四九―一八五〇年）、『ハード・タイムズ』（一八五四年）など。エリザベス・ギャスケル（一八一〇―一八六五年）はイギリスの小説家。労働者階級も含むヴィクトリア朝社会のあらゆる階層を描いた。『メアリー・バートン』（一八四八年）など。

＊19　アプトン・シンクレア（一八七八―一九六八年）はアメリカの小説家。社会主義の立場からアメリカ社会を描いた。『ジャングル』（一九〇六年）は精肉産業の実態を暴いた。スタッズ・ターケル（一九一二―二〇〇八年）はアメリカの著述家、歴史家。『よい戦争』（一九八四年）でピューリッツァー賞。『大恐慌！』（一九七〇年）は大恐慌のオーラル・ヒストリーである。ジョン・スタインベック（一九〇二―一九六八年）はアメリカの小説家。一九三九年刊の『怒りの葡萄』で一九三〇年代の農業労働者の悲惨を描き、アメリカ社会の問題を訴えた。

＊20　ルイ・シュヴァリエ（一九一一―二〇〇一年）はフランスの歴史家で、地理、人口移動、社会学などを軸として仕事をした。ここで触れられている『労働階級と危険な階級』（喜安朗ほか訳、みすず書房、一九九三年）は一九五八年刊で

ある。

＊21　バリー・ゴールドウォーター（一九〇九―一九九八年）はアメリカの政治家。一九六四年の共和党大統領候補。リンドン・ジョンソンの政敵であり、一九六四年の大統領選ではネルソン・ロックフェラーとの共和党の候補指名争いに、ニューディール路線の批判によって勝ったが、大統領選では大敗を喫した。

＊22　ジョージ・マクガヴァン（一九二二―二〇一二年）はアメリカの政治家。一九七二年の民主党大統領候補。

＊23　アヴナー・オファー（生年不詳）はイスラエル出身の経済学者。現在、オクスフォード大学オール・ソウルズ・カレッジの評議員。ここで触れられている著作はおそらく、二〇〇三年出版の『なぜ市場社会において公的部門はこれほど大きくなったのか？』という講演録であろう。

＊24　一八三〇年に、晩年のゲーテは、「アメリカよ、汝は古き大陸よりも栄えている」で始まる詩で、滅び行くヨーロッパを歎き、アメリカの未来を讃えている。

あとがき

＊1　サー・ジョン・プラム（一九一一―二〇〇一年）はイギリスの歴史家。一八世紀を中心として三〇冊以上の著作を残した。『一八世紀のイングランド』（一九五〇年）など。

訳者あとがき——二〇世紀の精神史とその終わり

二〇世紀とは何だったか。それを考えるにあたっては、このあとがきを執筆している二〇一五年という段階で、ようやく二〇世紀が終わり始めている、と考えてみるところから出発してもいいかもしれない。そこで終わり始めている二〇世紀とは何か。

もちろん、現在進行中の歴史に切断を見いだすのには慎重であらねばならない。しかし、二〇〇八年のリーマン・ショック、またはサブプライム・ローン危機と呼ばれる世界金融恐慌、そしてその余波の中、二〇一一年に起きた「ウォール街を占拠せよ」運動、そして最近ではフランスの経済学者トマ・ピケティの著書『21世紀の資本』（みすず書房、二〇一四年）のブームが物語っているのは、二〇世紀の、すくなくともその一部分の終わり——もしくはすくなくとも、それを終わらせたいという願望——ではないか。その一部分とは、二〇世紀の最後の四分の一と、二一世紀の最初の一〇年の間つづいた、国家の役割と国家による福祉を最小限にし、それどころかそれらを市場へと切り売りすることが最善であるというイデオロギーの支配する二〇世紀の一部分であった。つまり、新自由主義的な経済理論と、それに基づく社会である。

二〇世紀は、それに先行する一九世紀への反省から始まったと言ってもいいだろう。つまり、自由放任主義《レッセ・フェール》的な資本主義のもとでの、社会階級のあいだの隔絶や貧困といった社会問題を、二〇世紀はまず解決しようとした。それは一方では共産主義革命という形をとったし、もう一方ではたとえばイギリスのように、リベラルな改良主義という形をとった。二つの大戦によって記憶・記録される二〇世紀前半であるが、そのイギリスだけを見ても、その歴史は二〇世紀初頭の自由党の「ニュー・リベラリズム」による福祉改革に始まって、第二次世界大戦後の大量生産・大量消費・完全雇用を背景とする福祉国家の隆盛へと向かう歴史だったとも言える。（また、ファシズムについても、それが行った唾棄すべき虐殺行為のために、それが一種の福祉政策であり、自由放任主義へのリアクションであったことは現在では忘れられがちである。）

しかし一九七〇年代、そしてとりわけ一九八〇年代のサッチャー＝レーガン（そして中曽根）体制下で、こういった成果は放棄されていくことになる。その旗印は民営化と規制緩和である。福祉国家下での非効率な国営の産業はより効率的な民営の企業へと譲り渡され、また市場の純粋な競争を阻害する規制は撤廃された。それによって一見、階級格差はふたたび開いていくように見えた。規制緩和された金融産業では紙上の（というより電子上の）数字のやりとりで巨万の富が生み出される一方で、雇用は流動化させられ、不安定な非正規雇用で、またはそれにさえもありつけないで貧困にあえぐ人たちが増殖していった。しかし新自由主義のイデオロギーは、そういった富は「したたりおちる《トリクルダウン》」のであると、格差を正当化した。

しかしいまや、富はしたたりおちて来ることはなかったと、だれの目にもあきらかになりつつある。二〇一四年にはOECDが、富の「トリクルダウン」は起こらなかった、それどころが格差はここ三〇年で拡大しつづけており、しかも格差は経済成長を抑制してしまっているという報告を公表した。これは、同様の主張をするトマ・ピケティの本とおなじく、完全に新たな科学的認識というよりは、先に述べたような、二〇〇八年以降に興隆している、「こんなのはもううんざりだ」という雰囲気を反映したものだとも言えるだろう。「ウォール街を占拠せよ」の若者たちは、富をにぎる一パーセントに対して、「我々は九九パーセントだ」をスローガンとし、新自由主義的な富の集中に否をつきつけた。

もちろん、それが「より平等な再分配」のみに帰着するのか、それともよりラディカルな代替的社会への衝動となっていくのか、はたまた逆に世界史に大きな爪痕を残すことなく消え去っていくのかは未知数である。しかし、トニー・ジャット『二〇世紀を考える』を訳出し終えた今、新自由主義の支配で大団円を迎えた二〇世紀が、本当の意味で終わりつつあることを、こういった潮流は示しているのではないかという感慨を、訳者は禁じ得ない。

本書『二〇世紀を考える』は、Tony Judt with Timothy Snyder, *Thinking the Twentieth Century* (New York: The Penguin Press, London: William Heinemann, 2012) の全訳である。訳者あとがきでは、著者の人となりや業績を紹介するのが常套であるが、トニー・ジャットの著書は多く訳出されており、その訳者あとがきや解説で十分な紹介がされていること、そしてなによりも、ジャットの人生と業績は本書自体の主題であることから、屋上屋を架すことは控えたい。また、本書の成立過程についても、ティモシー・スナイダーによるまえがきと、ジャット自身によるあとがきに書かれているので繰り返さない。

ただ、本書の性格をあきらかにし、本書をいかに読むべきかの示唆をするために、本書がトニー・ジャットの「絶筆」であること、そして彼がALSを罹患していると判明してから出された三冊の本のうちの一冊であることを強調しておこう。ほかの二冊は、『荒廃する世界のなかで——これからの「社会民主主義」を語ろう』（みすず書房、二〇一〇年〔原著二〇一〇年〕）と『記憶の山荘——私の戦後史』（みすず書房、二〇一一年〔原著二〇一〇年〕）である。

これら二冊の、本書と並び立つ「絶筆」と、本書との関係は、さらにはジャットの主著『ヨーロッパ戦後史』（みすず書房、二〇〇八年〔原著二〇〇五年〕）と本書との関係はどのように理解できるだろうか。それを考えるには、本書はいったいどのようなジャンルの本として読めるのか、と考えてみてもいいかもしれない。

本書は形式的にはインタヴュー集とも言える。しかし、インタヴューという形式は、ジャットがALSを罹患して口述筆記以外はできなくなっていたという偶発的な事情によるものである。インタヴューであることが本書の本質的な特徴でないとすると、本書は何であろうか。ひとつには自伝である。出生から時代を追ってジャットの人生を語る本書は、たしかに自伝ではある。だが、それだけではない。本書は「自伝」とのみ名づけて汲み尽くせるものでもない。というのも、各章でジャットがそれぞれの時代の自分について語る自伝的なパートのあとにつづくスナイダーとの対話は、時代についての歴史家としての叙述でもあり、政治的な考察でもあり、また知識人のあり方についての論究でもあり、そしてやはりまた同時に自伝でもあるのだ。

わたしは、本書を、歴史書だとみなしたい。もちろんこの断言には歴史学者から反論がもたらされるだろう（ちなみに訳者は歴史学者ではない）。しかし、本書の叙述は、歴史の叙述のひとつの方法だとみなした方が、その価値をより正確に理解できると考えるのである。「客観的な歴史は存在しない」といったポストモダニズムとはまったく関係のない意味で、歴史とは同時に経験でもある。歴史もだれかが物語ったものである以上、それは歴史そのものに埋めこまれている。その意味で、「記憶」と「歴史」は突き詰めたところでは区分不可能である。個人の経験の意味を理解するためには歴史を知る必要があるし、歴史に血肉を与えるのは個人の経験なのである。本書は一九四八年という、戦後のはじまりに生をうけたトニー・ジャット自身の経験に寄り添いながら二〇世紀史を語る試みだと言えまいか。本書を読めば、みずからの経験を手放すことがなく、かつその経験の歴史的な意味を俯瞰的に叙述できるジャットの力が実感されるだろう。ここでわたしは、そのような二重の視点で語られた歴史のことを、「精神史」と名づけて話を進めてみたい。本書は、二〇世紀の精神史である。

本書をそのような特殊な意味での「精神史」（これは藤田省三の「精神史」にも近いと思うのだが）と考えてみると、ほかの著作との関係があきらかになり、本書がまさに絶筆にふさわしく、ジャットの仕事の集大成であることが分かる。つまり『記憶の山荘』が、ジャットの記憶に重点を置くものであったとするなら、『荒廃する世界のなかで』は政治を主題とした。『記憶の山荘』における「記憶」への訴えかけは、もちろん、ジャットがALSに倒れ、資料を駆使して叙述するような歴史を書くことができなくなり、動かぬ身体の中でみずからの記憶との対話を強いられたせいでもある。だが、興味深いことに、ジャットの妻で歴史家のジェニファー・ホーマンズが証言しているように、ジャットはみずからのうちに「引きこもれば引きこもるほど、より公共的になった」(注)。病に冒されたジャットは、社会的不公正に対する怒りを研ぎ澄ましていったという。その結実が『荒廃する世界のなかで』であった。

本書はこれら二作の特徴、つまり記憶と経験を中心とする叙述、そしてその経験に基づく政治とを、『ヨーロッパ戦後史』のような通史へと昇華させている――出来上がったものは「通史」という言葉が想像させるものからはかけはなれているものの。そう考えると、本書『二〇世紀を考える』は、ALS罹患がもたらした「新境地」も含めた、トニー・ジャットのすべてがこめられた一冊だといえる。

さて、ではこの二〇世紀の精神史は具体的に、どのような内容を持っているのだろうか。ここから先は、訳者自身が『忘れられた二〇世紀』(NTT出版、二〇一一年)のあとがきで書いたことにゆずらなければならない。そこでわたしは、ジャットにとっての二〇世紀は、(1)知識人、(2)ヨーロッパ的社会民主主義、(3)パレスチナ＝イスラエル問題、(4)アメリカという四つの軸を持っていると述べた。また、これらの軸をつらぬくジャットの立場として、「リベラリズム」を挙げておく必要がある。これら四つ(または五つ)の軸は本書でも健在だといえるだろう。

しかし、本書を通読しておそらく得られる印象は、最終的にジャットにとってはヨーロッパ的社会民主主義と、その中での知識人(または歴史家)の問題、そしてまたそれを支える、アメリカ流リベラリズムとは違うリベラリズムが重要である、というものだろう。

本書では、ジャットの出自が、彼自身の出生より前にさかのぼられる。なかでも、彼の名前トニーが、アウシュヴィッツで命を落とした父の従姉妹の名前から取られているというエピソード（第一章）は印象深い。だがつまるところ、そのような出生前の、東欧やホロコーストとのつながりを超えて、トニー・ジャットは戦後イギリスの産物であるという印象もまたぬぐえない。それは戦前の、まだ貴族的なものが残滓的に支配していたイギリスではなく、大衆化した福祉国家という、社会民主主義のひとつの（あくまでひとつの）かたちをとったイギリスである。トニー・ジャットは奨学金少年《スカラーシップ・ボーイ》であった。ケンブリッジ大学の奨学金を獲得する一種ほほえましいエピソードは第四章で語られているが、この奨学金少年という人物像は、戦間期のイギリスで萌芽し、戦後イギリスで一般化していく人物像である。ジャット自身が述べるように、彼の世代は、親が大学を出ていない人びとが多数大学に入学した最初の世代だったのである。

教育機会の開放に象徴される戦後の社会民主主義。（ただしそれはあくまで福祉資本主義であるが。）いかにも非アメリカ的でヨーロッパ的な経験である。ジャットにとっての「二〇世紀の経験」の基底にはそれがあった。最終章で述べられる、ジャットがいまわの際にあって書きたいと考えていた「鉄道の歴史」は、教育とならんで、いかにもよくこれを象徴しているだろう。ティモシー・スナイダーにはあまりピンときていないように見えるのだが、鉄道という公共的で大衆的な交通機関は、イギリス的、そしてヨーロッパ的な社会民主主義の物質的基盤であり、その経験のひとつの中心であっただろう。しかし、社会民主主義という、人間の反省と努力による産物も、冒頭に述べたように、二〇世紀の最後の四半世紀には急速に忘却されていくことになる。述べた通りの、新自由主義の隆盛、そしてそれと前後して起きた、共産主義の崩壊である。（イギリスでは一九九〇年代に鉄道が民営化され、その後の「効率化」のために鉄道事故が頻発することになる。これについてはジャットも『忘れられた二〇世紀』や『荒廃する世界のなかで』で書いている。新自由主義が鉄道労働者にもたらした悲劇については、ケン・ローチ監督の映画『ナビゲーター――ある鉄道員の物語』をお勧めしたい。）

ジャットの『ヨーロッパ戦後史』の重要なねらいのひとつには、ベルリンの壁とソ連の崩壊の後に二〇世紀史を語り直すということがあっただろう。それは、これらの崩壊ののちに忘却されつつあった二〇世紀を思い出す作業であった。その際に忘却から救われるべき重要な要素のひとつが、先ほど述べた「アメリカ流リベラリズムとは違うリベラリズム」であっただろうと訳者は考えている。

たしかにジャットは、共産主義と、共産主義を手放さない知識人に対しては常に手厳しかった。訳者がいつも心配してしまうのは、このジャットの反共産主義が、アメリカで支配的な反共リベラリズムと同一視されてしまうのではないかということだ。だがジャットがつねに抵抗するのは、そのような粗雑な同一視である。つまり、共産主義、ファシズム、社会民主主義を粗雑に同一視し、「全体主義」のレッテルを貼り、返す刀で自分たちのリベラルさを確認するような、反共リベラリズムの変奏である（バラク・オバマ大統領が国民皆保険のことを口にしただけで全体主義者呼ばわりされたことを思い出そう）。現在の新自由主義をささえるのは、この、冷戦の残滓ともいうべきリベラリズムである。

ジャットが共産主義知識人への攻撃の手をゆるめないのは、まさにそのような粗雑な同一視を批判し、歴史的に実在した共産主義（もちろんそれによる暴政も含めて）と、実在した改良主義的な社会民主主義、そしてさらには、あり得べき社会民主主義との差異を知らしめ、主張するためである。先述の『忘れられた二〇世紀』のあとがきでの言葉を繰り返せば、歴史を「徹底操作」することで、未来の可能性を取りもどすこと、ジャットはそれを歴史家の使命と見たのではないか。たとえば新自由主義経済理論の始祖とされるハイエクの、特殊オーストリア的な経験を正確に見すえることは、現在支配的な新自由主義がその曲解にすぎないことをあきらかにするというふうに（第六章・第九章）。

残念ながらジャットは、「ウォール街を占拠せよ」運動も、アラブの春も、はたまた彼が強く反対したイラク戦争の不気味な帰結ともいえる新たな暴力も、見ることなくこの世を去ってしまった。しかし彼は、わたしたちが踏み込んでいるかもしれないポスト新自由主義の新たな世界を理解し、構想するための種子を残した。その種子は、決して無から生じるものではない。未来の種子は過去に埋められている。そして忘却されつつあるそれらの種子を思い出させることが、歴史家の、いや、過去を研究と考察の対象とするあらゆる人間の義務だ。そして本書は、そのような種子そのものなのである。

最後に、本書の「共著者」ともいえるティモシー・スナイダーについて、一言紹介しておきたい。スナイダーは一九六九年生まれ、アメリカの歴史家で、現在はイェール大学教授である。博士号はオクスフォード大学で取っている。専門は中欧・東欧史およびホロコースト史である。単著だけでもすでに五冊を数えるが、日本の読者にアクセスできるものとしては『赤い大公——ハプスブルク家と東欧の20世紀』（池田年穂訳、慶應義塾大学出版局、二〇一四年）がある。この本は、ハプスブルク家の末裔ヴィルヘルム・フォン・ハプスブルクの、ウクライナ国家の創設の夢が破れ、ファシズムに傾倒したかと思えばナチス・ドイツとソ連に対するスパイ行為を働いて獄死するという数奇な一生を描きつつ、この人物に寄り添うことで二〇世紀前半のヨーロッパを中・東欧の視点から描くという、専門書であるにもかかわらず読んで面白い、みごとな叙述の本である。『赤い大公』は、スターリンのソ連とヒトラーのナチス・ドイツに翻弄される東欧のホロコースト史である *Bloodlands: Europe between Hitler and Stalin*（2010）とならぶスナイダーの主著といえるだろう。

みすず書房の尾方邦雄さんが本書の翻訳をもちかけてくださったのは、原著が出版された二〇一二年の暮れだったと記憶している。以来、当初の予定より大幅に遅れた翻訳を辛抱強く待ってくださり、かつタイミング良く「圧力」を加えてくださった尾方さんに感謝したい。また、本書に頻出するポーランド名の発音については、ポーランド広報文化センター事務局の栗原美穂さんに助力をいただいた。記して感謝したい。

二〇一五年三月

河野真太郎

注　Jennifer Homans. "Tony Judt: A Final Victory." *The New York Review of Books*. March 22, 2012. <http://www.nybooks.com/articles/archives/2012/mar/22/tony-judt-final-victory/>

索　引

ア 行

カ 行

サ　行

タ 行

ナ 行

ハ 行

マ 行

ヤ 行

ラ 行

ワ行

本書で論じられる著作

注――本書は対談から出来上がったものである以上、これは普通の意味での参考書目ではない。これは著者たちが言及している著作の参照著作リストで、できるだけ入手可能な版本をあげてある。[　　] 内の年号は初刊の年を表している。〔邦訳は（　　）に掲げた。〕

Agulhon, Maurice. *La République au village: les populations du Var de la Révolution à la Seconde République*. Paris: Plon, 1970.

Annan, Noel. *Our Age: Portrait of a Generation*. London: Weidenfeld & Nicholson. 1990.

Arendt, Hannah. *Eichmann in Jerusalem: A Report on the Banality of Evil*. New York: Penguin Books, 2006 [1963].（ハンナ・アーレント『イェルサレムのアイヒマン――悪の陳腐さについての報告』大久保和郎訳、みすず書房、1969）

――. *The Human Condition*. Chicago: University of Chicago Press, 1998 [1958].（同『人間の条件』志水速雄訳、ちくま学芸文庫、1994）

――. *Origins of Totalitarianism*. New York: Harcourt, Brace, Jovanovich, 1951.（同『全体主義の起原』大久保和郎・大島通義・大島かおり訳、みすず書房、1972-74）

Arnold, Matthew. *Culture and Anarchy: An Essay in Political and Social Criticism*. Cambridge: Chadwyck-Healey, 1999 [1869].（マシュー・アーノルド『教養と無秩序』多田英次訳、岩波文庫、1984）

――. "Dover Beach." in *New Poems*. London: Macmillan and Co., 1867.（同「ドーヴァー海岸」『イギリス名詩選』平井正穂編、岩波文庫、1990）

Aron, Raymond. *Introduction à la philosophie de l'histoire. Essai sur les limites de l'objectivité historique*. Paris: Gallimard, 1986 [doctoral dissertation, 1938].（レイモン・アロン『歴史哲学入門』霧生和夫訳、荒地出版社、1971）

Baldwin, Peter. ed. *Reworking the Past: Hitler, the Holocaust, and the Historians' Debate*. Boston: Beacon Press, 1990.

Benda, Julien. *La trahison des clercs.* Introduction by André Lwoff. Paris: B. Grasset, 1977 [1927].（ジュリアン・バンダ『知識人の裏切り』宇京頼三訳、未來社、1990）

Berlin, Isaiah. "On Political Judgment." *New York Review of Books*, October 3, 1996. Vol. XLIII, Number 15, 26-30.

Beveridge, William. *Full Employment in a Free Society*. London: Allen and Unwyn, 1944.

Browning, Christopher R.. *Ordinary Men: Reserve Police Battalion 101 and the Final Solution in Poland*. New York: Harper Perennial, 1998 [1992].（クリストファー・ブラウニング『普通の人びと――ホロコーストと第 101 警察予備大隊』谷喬夫訳、筑摩書房、1999）

Buber-Neumann, Margarete. *Under Two Dictators: Prisoner of Stalin and Hitler*. Translated

by Edward Fitzgerald. Introduction by Nikolaus Wachsmann. London: Pimlico, 2008 [1948].（マルガレーテ・ブーバー＝ノイマン『スターリンとヒットラーの軛のもとで——二つの全体主義』林晶訳、ミネルヴァ書房、2008）

Čapek, Karel. *Talks with T. G. Masaryk*. Translated by Dora Round. Edited by Michael Henry Heim. North Haven. Conn.: Catbird Press, 1995 [1928–1935].（カレル・チャペック『マサリクとの対話——哲人大統領の生涯と思想』石川達夫訳、成文社、1993）

Churchill, Winston. *Boer War: London to Ladysmith via Pretoria and Ian Hamilton's March*. London: Pimlico, 2002 [1900].

——. *Marlborough: His Life and Times*. New York: Scribner, 1968 [1933–8].

——. *My Early Life: A Roving Commission*. London, 1930.（ウィンストン・チャーチル『わが半生』中村祐訳、保育社、1950）

——. *The World Crisis*. vols. 1–5. New York: Charles Scribner's Sons, 1923–31.

Davies, Norman. *Europe: A History*. New York: Oxford University Press, 1996.（ノーマン・デイヴィス『ヨーロッパ』別宮貞徳訳、共同通信社、2000）

——. "The New European Century." *The Guardian*, December 3, 2005.

Deutscher, Isaac. *The Non-Jewish Jew and Other Essays*. Oxford: Oxford University Press, 1968.（アイザック・ドイッチャー『非ユダヤ的ユダヤ人』鈴木一郎訳、岩波新書、1970）

——. *The Prophet Armed: Trotsky. 1879–1921*. New York: Oxford University Press, 1954.（同『武装せる予言者・トロツキー：1879–1921』田中西二郎他訳、新評論、1992）

——. *The Prophet Unarmed: Trotsky. 1921–1929*. New York: Oxford University Press, 1959.（同『武力なき予言者・トロツキー：1921–1929』田中西二郎他訳、新評論、1992）

——. *The Prophet Outcast: Trotsky. 1929–1940*. New York: Oxford University Press, 1963.（同『追放された予言者・トロツキー：1929–1940』山西英一訳、新評論、1992）

Dickens, Charles. *Hard Times*. Dover Classics, 2001 [1853].（チャールズ・ディケンズ『ハード・タイムズ』山村元彦・竹村義和・田中孝信訳、英宝社、2000）

Eliot, T. S. "The Wasteland" [1922] in *Collected Poems. 1909–1962*. New York: Harcourt Brace & Company, 1963.（T. S. エリオット『荒地』岩崎宗治訳、岩波文庫、2010）

Engels, Friedrich. *Anti-Dühring: Herr Eugen Dühring's Revolution in Science*. New York: International Publishers, 1972 [1878].（フリードリッヒ・エンゲルス『反デューリング論——オイゲン・デューリング氏の科学の変革』栗田賢三訳、岩波文庫、1974）

——. *The Condition of the Working Class in England*. Translated by W. O. Henderson and W. H. Chaloner. Stanford: Stanford University Press, 1968 [1887].（同『イギリスにおける労働者階級の状態』浜林正夫訳、新日本出版社、2000）

——. *Socialism: Utopian and Scientific*. Translated by Edward Aveling. Westport. Conn.: Greenwood Press, 1977 [1880].（同『空想より科学へ——社会主義の発展』大内兵衛訳、岩波文庫、1966）

Friedländer, Saul. *The Years of Extermination: Nazi Germany and the Jews. 1939–1945*. New York: Harper Perennial, 2008.

Furet, François. *Le passé d'une illusion*. Paris: R. Laffont/Calmann-Lévy, 1995.（フランソワ・

フュレ『幻想の過去——20世紀の全体主義』楠瀬正浩訳、バジリコ、2007)
——. *Penser la Révolution française*. Paris: Gallimard, 2007 [1978].（同『フランス革命を考える』大津真作訳、岩波モダンクラシックス、2000)

Garton Ash, Timothy. *The Polish Revolution: Solidarity*. New Haven, Conn.: Yale University Press, 2002 [1983].

Gaskell, Elisabeth. *North and South*. New York: Penguin, 2003 [1855].（エリザベス・ギャスケル『北と南』朝日千尺訳、大阪教育図書、2004)

Gibbon, Edward. *The Decline and Fall of the Roman Empire*. New York: Modern Library, 1932 [1776-1788].（エドワード・ギボン『ローマ帝国衰亡史』中野好夫・朱牟田夏雄・中野好之訳、ちくま学芸文庫、1997)

Ginzburg, Evgeniia. *Into the Whirlwind*. Translated by Paul Stevenson and Manya Harari. London: Collins, Harvill, 1967.（エヴゲーニャ・ギンズブルグ『明るい夜暗い昼』中田甫訳、集英社文庫、1990)

——. *Within the Whirlwind*. Translated by Ian Boland. New York: Harcourt Brace Jovanovich, 1981.（同『明るい夜暗い昼』中田甫訳、集英社文庫、1990)

Goldsmith, Oliver. *The Deserted Village*. Introduction by Vona Groarke. Oldcastle. Co. Meath: Gallery Books, 2002 [1770].（オリヴァー・ゴールドスミス「見捨てられた村」鈴木健三訳『世界名詩大成9イギリス1』平凡社、1959)

Grass, Günther. *Crabwalk*. Translated by Krishna Winston. New York: Harcourt, 2002.（ギュンター・グラス『蟹の横歩き——ヴィルヘルム・グストロフ号事件』池内紀訳、集英社、2003)

Gross, Jan. *Fear: Anti-Semitism in Poland after Auschwitz: An Essay in Historical Interpretation*. New York: Random House, 2006.（ヤン・グロス『アウシュヴィッツ後の反ユダヤ主義——ポーランドにおける虐殺事件を糾明する』染谷徹訳、白水社、2008)

——. *Neighbors: The Destruction of the Jewish Community in Jedwabne, Poland*. Princeton: Princeton University Press, 2001 [2000].

——. *Polish Society under German Occupation: The Generalgouvernement. 1939-1944*. Princeton: Princeton University Press, 1979.

——. *Revolution from Abroad: The Soviet Conquest of Poland's Western Ukraine and Western Belorussia*. Princeton: Princeton University Press, 2002 [1988].

Grossman. Vasilii Semenovich. "Treblinka Hell." in *The Road*. Translated by Robert Chandler. New York: New York Review Books, 2010 [1945].（ワシリー・グロスマン「トレブリンカの地獄」、『赤軍記者グロースマン——独ソ戦取材ノート1941-1945』川上洸訳、白水社、2007に抄録あり)

Havel, Václav. "The Power of the Powerless" [1979] in *From Stalinism to Pluralism: A Documentary History of Eastern Europe since 1945*. Edited by Gale Strokes. New York: Oxford University Press, 1996. 168-174.

Hayek, Friedrich. *The Road to Serfdom*. New York: Routledge, 2001 [1944].（フリードリヒ・ハイエク『隷属への道』西山千明訳、春秋社、1992)

Hobsbawm, Eric J. *The Age of Extremes: The Short Twentieth Century, 1914–1991*. London. Vintage Books, 2006.（エリック・ホブズボーム『20世紀の歴史――極端な時代』河合秀和訳、三省堂、1996）

——. *The Age of Revolution: 1789–1848*. New York: New American Library, 1962.（同『市民革命と産業革命――二重革命の時代』安川悦子・水田洋訳、岩波書店、1968）

——. *Interesting Times: A Twentieth-Century Life*. London, 2002.（同『わが20世紀・面白い時代』河合秀和訳、三省堂、2002）

Hoggart, Richard. *The Uses of Literacy*. Introduction by Andrew Goodwin. New Brunswick, N. J.: Transaction Publishers, 1998 [1957].（リチャード・ホガート『読み書き能力の効用』香内三郎訳、晶文社、1974）

Hook, Sydney. *Out of Step: An Unquiet Life in the 20th Century*. New York: Harper & Row, 1987.

Hugo, Victor. *Les Châtiments*. Edited by René Journet. Paris: Gallimard, 1998 [1853].（ヴィクトル・ユゴー『詩集』辻昶訳、潮出版社、2000）

Ingarden, Roman. *Spór o istnienie świata*. Cracow: Nakł. Polskiej Akademii Umiejętności, 1947.

Judt, Tony. *The Burden of Responsibility: Blum, Camus, Aron, and the French Twentieth Century*. Chicago: University of Chicago Press, 1998.（トニー・ジャット『知識人の責任：ブルム、カミュ、アロン』土倉莞爾・長谷川一年・渡辺和行・神垣享介訳、晃洋書房、2009）

——. "A Clown in Regal Purple." *History Workshop Journal*, Vol. 7, No. 1, 1979, 66–94.

——. "Could the French Have Won? *Strange Victory: Hitler's Conquest of France* by Ernest R. May." *The New York Review of Books*, February 22, 2001.

——. "Crimes and Misdemeanors." *The New Republic*, September 22, 1997. Vol. 217, No. 12, 36–42.

——. "The Dilemmas of Dissidence." *East European Politics and Societies*, Vol. 2, No. 2, 1988, 185–240.

——. *A Grand Illusion?: An Essay on Europe*. New York: Hill and Wang, 1996.

——. "Israel: The Alternative." *The New York Review of Books*, October 23, 2003.

——. *Marxism and the French Left: Studies in Labour and Politics in France 1830–1982*. Oxford: Clarendon Press, 1986.

——. *Past Imperfect: French Intellectuals, 1944–1956*. Berkeley: University of California Press, 1992.

——. *Postwar: A History of Europe since 1945*. New York: Penguin Press, 2005.（同『ヨーロッパ戦後史』森本醇・浅沼澄訳、みすず書房、2008）

——. *Reappraisals: Reflections on the Forgotten Twentieth Century*. New York: Penguin Press, 2008.（同『失われた二〇世紀』河野真太郎・生駒久美・伊澤高志・近藤康裕・高橋愛訳、NTT出版、2011）

——. *La reconstruction du Parti Socialiste. 1920–26*. Introduction by Annie Kriegel. Paris:

Presses de la Fondation nationale des sciences politiques, 1976.
——. *Socialism in Provence, 1871-1914: A Study in the Origins of the Modern French Left*. New York: Cambridge University Press, 1979.
Kafka, Franz. *The Trial*. Translated by Mike Mitchell. New York: Oxford University Press, 2009 [1925].（フランツ・カフカ『審判』池内紀訳、白水社 u ブックス、2006）
——. *The Castle*. Translated by Anthea Bell. New York: Oxford University Press, 2009 [1926].（同『城』池内紀訳、白水社 u ブックス、2006）
Keegan, John. *The Face of Battle*. New York: Viking Press, 1976.
Kennedy, Paul. *The Rise of the Anglo-German Antagonism, 1860-1914*. London: G. Allen & Unwin, 1980.
Keynes, John Maynard. *The Economic Consequences of the Peace*. London, 1971 [1919].（ジョン・メイナード・ケインズ『平和の経済的帰結』早坂忠訳、東洋経済新報社、1977）
——. *The General Theory of Employment, Interest, and Money*. London. Macmillan, 1973 [1936].（同『雇用、利子および貨幣の一般理論』間宮陽介訳、岩波文庫、2008）
——. "My Early Beliefs." in *Two Memoirs: Dr. Melchior, A Defeated Enemy, and My Early Beliefs*. Introduction by David Garnett. London: Rupert Hart-Davis, 1949 [1938].（同『若き日の信条』中内恒夫訳、中公クラシックス、2005）
Koestler, Arthur. *Darkness at Noon*. Translated by Daphne Hardy. New York: Bantam Books, 1968 [1940].（アーサー・ケストラー『真昼の暗黒』中島賢二訳、岩波文庫、2009）
——. *The God That Failed*. Edited by Richard Crossman. New York: Harper, 1949.（リチャード・クロスマン編『神は躓ずく――西欧知識人の政治体験』村上芳雄訳、ぺりかん書房、1969）
——. "The Little Flirts of Saint-Germain-des-Près," in *The Trail of the Dinosaur & Other Essays*. New York: Macmillan, 1955.
——. *Scum of the Earth*. New York: The Macmillan company, 1941.
——. *Spanish Testament*. London: V. Gollancz ltd., 1937.（同『スペインの遺書』平田次三郎訳、新泉社、1991）
Kołakowski, Leszek. *Main Currents of Marxism: Its Origins, Growth and Dissolution*. Translated by P. S. Falla. New York: Oxford University Press, 1981 [1979].
Kovály, Heda Margolius. *Under a Cruel Star: A Life in Prague, 1941-1968*. New York: Holmes & Meier, 1997 [1973].
Kriegel, Annie. *Aux origines du communisme français: contribution à l'histoire du mouvement ouvrier français*. vols. 1-2. Paris: Mouton, 1964.
——. *Ce que j'ai cru comprendre*. Paris: R. Laffont, 1991.
Kundera, Milan. *The Book of Laughter and Forgetting*. New York: Knopf, 1980 [1978].（ミラン・クンデラ『笑いと忘却の書』西永良成訳、集英社文庫、2013）
——. "The Tragedy of Central Europe." *New York Review of Books*, April 26, 1984.
Marx, Karl. *Capital: A Critique of Political Economy*. vols. 1-3. Harmondsworth. Eng.:

Penguin Books in association with New Left Review, 1976-1981 [1867].（カール・マルクス『資本論』向坂逸郎訳、岩波文庫、1969）
——. *The Civil War in France*. Introduction by Frederick Engels. Chicago: C. H. Herr, 1934 [1871].（同『フランスの内乱』細見和之訳、マルクス・コレクション、筑摩書房、2005）
——. *The Class Struggles in France, 1848-1850*. New York: International Publishers, 1969 [1850. 1895].（同『フランスにおける階級闘争』中原稔生訳、国民文庫、1960）
——. *The Eighteenth Brumaire of Louis Bonaparte, with explanatory notes*. New York: International Publishers, 1987 [1852].（同『ルイ・ボナパルトのブリュメール一八日』横張誠訳、マルクス・コレクション、筑摩書房、2005）
——. *Value. Price, and Profit*. Edited by Eleanor Marx Aveling. New York: International Publishers, 1935 [1865]
——. *Wage-labor and Capital*. Introduction by Frederick Engels. Chicago: C. H. Kerr, 1935 [1847].（同『賃労働と資本』長谷部文雄訳、岩波文庫、1981）
Marx, Karl and Friedrich Engels. *The Communist Manifesto: A Modern Edition*. Introduction by Eric Hobsbawm. New York: Verso, 1998 [1848].（マルクス・エンゲルス『共産党宣言』大内兵衛・向坂逸郎訳、岩波文庫、1971）
Mazower, Mark. *Dark Continent: Europe's Twentieth Century*. New York: Knopf, 1999.（マーク・マゾワー『暗黒大陸』未來社より刊行予定）
Miłosz, Czesław. *The Captive Mind*. Translated by Jane Zielonko. New York: Vintage Books, 1990 [1953].（チェスワフ・ミウォシュ『囚われの魂』工藤幸雄訳、共同通信社、1996）
Offer, Avner. *The Challenge of Affluence: Self-Control and Well-Being in the United States and Britain since 1950*. New York: Oxford University Press, 2006.
Orwell, George. *Animal Farm*. New York: Harcourt, Brace and Company, 1946 [1945].（ジョージ・オーウェル『動物農場』川端康雄訳、岩波文庫、2009）
——. *Nineteen Eighty-Four*. New York: Plume, 2003 [1949].（同『一九八四年』高橋和久訳、ハヤカワ epi 文庫、2009）
——. *Orwell in Spain: The Full Text of Homage to Catalonia, with Associated Articles, Reviews, and Letters*. Edited by Peter Davison. London: Penguin, 2001 [1938].
Rawls, John. *A Theory of Justice*. Cambridge, Mass.: Belknap Press of Harvard University Press, 1999 [1971].（ジョン・ロールズ『正義論』川本隆史・福間聡・神島裕子訳、紀伊國屋書店、2010）
Roy. Claude. *Moi je*. Paris: Gallimard, 1969.
——. *Nous*. Paris: Gallimard, 1972.
Schorske, Carl E. *Fin-de-siècle Vienna: Politics and Culture*. New York: Vintage, 1981.（カール・E・ショースキー『世紀末ウィーン——政治と文化』安井琢磨訳、岩波書店、1983）
Sebastian, Mihail. *Journal, 1935-1944*. Translated by Patrick Camiller. Introduction by Radu Ioanid. Chicago: Ivan R. Dee, 2000.
Semprun, Jorge. *Quel beau dimanche*. Paris: B. Grasset, 1980.（ホルヘ・センプルン『なん

と美しい日曜日！――ブーヘンワルト強制収容所・1944冬』榊原晃三訳、岩波書店、1986)

Shakespeare, William. *The Winter's Tale*. Edited by Harold Bloom. New York: Bloom's Literary Criticism, 2010 [1623].（ウィリアム・シェイクスピア『冬物語』松岡和子訳、ちくま文庫、2009)

Shore, Marci. "Engineering in an Age of Innocence: A Genealogy of Discourse inside the Czechoslovak Writer's Union." *East European Politics and Societies*, Vol. 12, No. 3, 1998.

Sinclair, Upton. *The Jungle*. New York: Doubleday, 1906.（アプトン・シンクレア『ジャングル』大井浩二訳、松柏社、2009)

Sirinelli, Jean-François. *Génération intellectuelle: khâgneux et normaliens dans l'entre-deux-guerre*. Paris: Fayard, 1988.

Skinner, Quentin. *The Foundations of Modern Political Thought*. New York: Cambridge University Press, 1978.（クエンティン・スキナー『近代政治思想の基礎：ルネッサンス、宗教改革の時代』門間都喜郎訳、春風社、2009)

Snyder, Timothy. *Bloodlands: Europe Between Hitler and Stalin*. New York: Basic Books, 2010.

――. *Nationalism, Marxism, and Modern Central Europe: A Biography of Kazimierz Kelles-Krauz*. Cambridge. Mass.: Harvard University Press, 1998.

Souvarine, Boris. *Stalin: A Critical Survey of Bolshevism*. New York: Alliance Book Corporation, Longmans, Green & Co., 1939 [1935].（ボリス・スヴァーリン『スターリン――ボルシェヴィキ党概史』江原順訳、教育社、1989)

Spender, Stephen. *World Within World: The Autobiography of Stephen Spender*. Introduction by John Bayley. New York: Modern Library, 2001 [1951].（スティーヴン・スペンダー『世界の中の世界――自伝第2部』高城楢秀・小松原茂雄・橋口稔訳、南雲堂、1959)

Steinbeck, John. *The Grapes of Wrath*. London: Penguin Classics, 1992 [1939].（ジョン・スタインベック『怒りの葡萄』黒原敏行訳、ハヤカワepi文庫、2014)

Taylor. A. J. P. *The Origins of the Second World War*. New York: Simon & Schuster, 1996 [1961].（A. J. P. テイラー『第二次世界大戦の起源』吉田輝夫訳、講談社学術文庫、2011)

Terkel, Studs. *Hard Times: An Oral History of the Great Depression*. New York: Pantheon Books, 1970.（スタッヅ・ターケル『大恐慌！』小林等・高橋早苗・忠平美幸・藤井留美・矢羽野薫訳、作品社、2010)

Toruńczyk, Barbara. *Rozmowy w Maisons-Laffitte, 1981*. Warsaw: Fundacja Zeszytów Literackich, 2006.

Tyrmand, Leopold. *Dziennik 1954*. London: Polonia Book Fund, 1980.

Wat, Aleksander. "Ja z jednej strony i ja za drugiej strony mego mopsożelaznego piecyka," [1920] in *Aleksander Wat: poezje zebrine*. Edited by Anna Micińska and Jan Zieliński. Cracow, 1992.

Waugh, Evelyn. *Vile Bodies*. New York: The Modern Library, 1933 [1930].（イーヴリン・ウ

ォー『卑しい肉体』大久保譲訳、新人物往来社、2012)

Weissberg-Cybulski, Alexander. *The Accused*. Translated by Edward Fitzgerald. New York: Simon and Schuster, 1951.

Wieseltier, Leon. "What is Not to Be Done," *The New Republic*, October 27, 2003.

Willis, F. Roy. *France. Germany, and the New Europe, 1945–1963*. Stanford. Calif.: Stanford University Press, 1965.

Zola, Emile. *Emile Zola's J'accuse: A New Translation with a Critical Introduction by Mark K. Jensen*. Soguel, CA: Bay Side Press, 1992 [1898].（エミール・ゾラ「私は告発する」小倉孝誠訳、ゾラ・セレクション『時代を読む』所収、藤原書店、2002)

Zweig, Stefan. *The World of Yesterday: An Autobiography by Stefan Zweig*. Lincoln: University of Nebraska Press, 1964 [1943].（シュテファン・ツヴァイク『昨日の世界』原田義人訳、みすずライブラリー、1993)

著者略歴

(Tony Judt, 1948-2010)

ロンドン生まれ，ケンブリッジのキングズ・カレッジ，パリの高等師範学校を卒業．オクスフォードのセント・アンズ・カレッジでフェローおよびチューターを務めた後，ニューヨーク大学教授に就任．1995年から，レマルク研究所長としてヨーロッパ研究を主導した．『ニューヨーク・レヴュー・オヴ・ブックス』その他に寄稿．著書に『マルクス主義とフランス左翼』(1990)『過去未完了』(1992)『責任という重荷』(1998) など．2005年に刊行された『ヨーロッパ戦後史』(みすず書房，2008) はピュリツァー賞の最終候補となるなど高く評価される．2007年度ハンナ・アーレント賞を受けた．2010年8月6日，ルー・ゲーリック病により死去．没後，『荒廃する世界のなかで』(みすず書房，2010)，『記憶の山荘 私の戦後史』(みすず書房，2012) が刊行された．

(Timothy Snyder)

1969年，アメリカ合衆国オハイオ州生まれ．イェール大学教授．専門は中東欧史，ホロコースト史．著書に『赤い大公——ハプスブルク家と東欧の20世紀』(池田年穂訳，慶應義塾大学出版会，2014) など．*Bloodlands: Europe Between Hitler and Stalin, A History of Nazi and Soviet Mass Killing on the Lands Between Berlin and Moscow* (2010) はハンナ・アーレント賞を始め数々の賞を受けている．

訳者略歴

河野真太郎〈こうの・しんたろう〉1974年生まれ．東京大学大学院人文社会系研究科博士課程を満期退学．博士(学術，一橋大学)．一橋大学商学研究科准教授．専門は20世紀イギリスの文化と社会，新自由主義とその文化，批評理論，ウェールズ英語文学．著書『〈田舎と都会〉の系譜学——二〇世紀イギリスと「文化」の地図』(ミネルヴァ書房，2013)，編著『文化と社会を読む 批評キーワード辞典』(研究社，2013)，訳書 ジャット『忘れられた二〇世紀』(共訳，NTT出版，2012)，ウィリアムズ『共通文化に向けて——文化研究Ⅰ』(共訳，みすず書房，2013)など．

トニー・ジャット
20世紀を考える
聞き手 ティモシー・スナイダー
河野真太郎訳

2015年 6月15日 印刷
2015年 6月25日 発行

発行所 株式会社 みすず書房
〒113-0033 東京都文京区本郷5丁目32-21
電話 03-3814-0131(営業) 03-3815-9181(編集)
http://www.msz.co.jp

本文組版 キャップス
本文印刷・製本所 中央精版印刷
扉・表紙・カバー印刷所 リヒトプランニング

ISBN 978-4-622-07916-3
[にじゅっせいきをかんがえる]